国家出版基金项目
NATIONAL PUBLICATION FOUNDATION

『十三五』國家重點出版物出版規劃項目

唐宋文學編年繫地譜叢刊　王兆鵬　陳冠明　主編

兩宋閩粵作家行年繫地譜

柯貞金　著

中国教育出版传媒集团

高等教育出版社·北京

圖書在版編目（ＣＩＰ）數據

兩宋閩粵作家行年繫地譜/柯貞金著. --北京：
高等教育出版社，2024.3
（唐宋文學編年繫地譜叢刊/王兆鵬，陳冠明主編）
ISBN 978-7-04-060068-1

Ⅰ.①兩…　Ⅱ.①柯…　Ⅲ.①作家-年譜-福建-宋
代②作家-年譜-廣州-宋代　Ⅳ.①K825.6

中國國家版本館 CIP 數據核字（2023）第 036297 號

兩宋閩粵作家行年繫地譜
LIANGSONG MINYUE ZUOJIA XINGNIANXIDIPU

| 策劃編輯　鄭韻揚 | 責任編輯　鄭韻揚 | 封面設計　王凌波 | 版式設計　童　丹 |
| 責任繪圖　裴一丹 | 責任校對　竇麗娜 | 責任印製　趙義民 | |

出版發行	高等教育出版社	網　　址	http://www.hep.edu.cn
社　　址	北京市西城區德外大街 4 號		http://www.hep.com.cn
郵政編碼	100120	網上訂購	http://www.hepmall.com.cn
印　　刷	北京盛通印刷股份有限公司		http://www.hepmall.com
開　　本	787 mm×1092 mm　1/16		http://www.hepmall.cn
印　　張	34.75		
字　　數	540 千字	版　　次	2024 年 3 月第 1 版
購書熱線	010-58581118	印　　次	2024 年 3 月第 1 次印刷
咨詢電話	400-810-0598	定　　價	126.00 元

《唐宋文學編年繫地譜叢刊》總序

王兆鵬

《唐宋文學編年繫地譜叢刊》，是我主持完成的國家社會科學基金重大項目"唐宋文學編年繫地信息平臺建設"的綫下成果，綫上成果爲 2017 年上綫的"唐宋文學編年地圖平臺"。綫上地圖平臺的作家活動和作品編年繫地數據，是從綫下的作家年譜和編年的別集、總集中挖掘提取而來。作家年譜，大多是利用前賢今彦已有的著述成果，部分爲我們團隊成員新近撰著。我們的著述，之所以稱"編年繫地譜"，而不沿用"年譜"之名，是因其從學術理念到操作範式，與傳統的年譜都有顯著不同。

一、編年、繫地觀念探源

編年和繫地，向來被分隔在兩個學科。編年是史學的任務，繫地則是地理學的職責。中國史學，重編年而輕繫地，編年的傳統要比繫地的觀念早得多。編年體史書，始於《春秋》；"編年"的概念，《春秋公羊傳·隱公六年》《春秋穀梁傳·桓公元年》就已明確提出：

> 夏，五月，辛酉，公會齊侯盟於艾。秋，七月，此無事何以書？《春秋》雖無事，首時過則書。首時過何以書？《春秋》編年，四時具，然後爲年。[1]

---

[1] 何休解詁，徐彦疏，刁小龍整理《春秋公羊傳注疏》卷三，上海古籍出版社 2014 年版，第 91~92 頁。

冬，十月，無事焉。何以書，不遺時也。《春秋》編年，四時具，而後爲年。[1]

編年體和紀傳體，是中國史書的兩種基本體式。唐劉知幾《史通·六家》說：

爲紀傳者則規模班、馬，創編年者則議擬荀、袁。[2]

班、馬，指班固《漢書》和司馬遷《史記》，荀、袁指荀悦《漢紀》和袁宏《後漢紀》。胡應麟《經籍會通》卷二亦謂：

編年，昉自《春秋》，荀悦、袁宏浸盛，至李燾《長編》一千六十三卷，極矣。[3]

除了《資治通鑑》《續資治通鑑長編》《續宋中興編年資治通鑑》和《靖康要錄》《中興小紀》《建炎以來繫年要錄》這類編年體史書，《皇宋通鑑長編紀事本末》《三朝北盟會編》《宋史紀事本末》等紀事本末體史書和《唐會要》《宋會要輯稿》等會要體史書，也帶有編年性質，只是分類分事編年而已。甚至紀傳體史書中的本紀，也是編年敘事。因我國編年史盛行，編年觀念深入人心，因而編撰以個體生平行實爲中心的年譜，也往往以編年爲主。

相較於“編年”的觀念和實踐，人物事迹的“繫地”觀念，要滯後很多。就管見所及，直到中唐時期繫地意識才産生。白居易贈元稹詩《十年三月三日，別微之於澧上。十四年三月十一日夜，遇微之於峽中。停舟夷陵，三宿而別，言不盡者以詩終之。因賦七言十七韻以贈，且欲記所遇之地與相見之時，爲他年會話張本也》[4]，所言“記所遇之地與相見之時”，體現出一種比較自覺

---

[1] 范寧注，楊士勛疏，黃侃經文句讀《春秋穀梁傳注疏》卷三，上海古籍出版社 1990 年版，第 27 頁。

[2] 劉知幾撰，浦起龍釋《史通通釋》卷一，上海古籍出版社 1978 年版，上冊第 16 頁。

[3] 胡應麟《少室山房筆叢》卷二，上海書店出版社 2001 年版，第 22 頁。

[4] 謝思煒《白居易詩集校注》卷一七，中華書局 2006 年版，第 1428 頁。

的繫地編年意識。詩題明確記述所遇之地與相見之時，目的是作爲人生歷程的記憶，以便"他年會話"時有所依憑。雖然白居易是就創作而言，但對後來作家年譜的編撰和詩文別集的編纂有直接的啓發意義和實質性影響。

到了北宋，人們已意識到編詩文集應該編年又繫地。蘇軾就有這樣的編年繫地意識。元豐四年（1081），陳師道之兄陳傳道（字師仲）寫信告知謫居黄州的蘇軾，説在爲他編次《超然》《黄樓》二集，蘇軾回信時特地叮囑，編詩集，不必按古體、律詩分類編次，而應以時間爲先後，"以日月次之，異日觀之，便是行記"[1]。行記，即行程日記。詩集按年月先後編次，多年之後，就可以當作行記來看。蘇軾雖然只説按時間月日編次，但其中也隱含空間定位之意。因爲詩人行迹所至，也包含相關地點區域，只是他没有特別强調繫地而已。從詩集題作《超然集》《黄樓集》來看，實已隱含繫地之意。《超然集》當是輯録蘇軾在密州時所作詩，而《黄樓集》則是收録他在徐州期間的作品。後來南宋楊萬里自編詩集，分別題爲《江湖集》《荆溪集》《西歸集》《南海集》《朝天集》《江西道院集》等，一地一集，就是繼承蘇軾的依地分集法。在蘇軾的觀念裏，詩歌可以當作"行記"來閲讀，編年繫地之後，能反映詩人一生或某個階段的活動軌迹和心路歷程。這與白居易"欲記所遇之地與相見之時，爲他年會話張本"的編年繫地意識，是一脈相承的。

蘇軾在詩歌創作實踐中，也常把詩歌當行記來寫。最典型的莫過於他早年在鳳翔所作《壬寅二月，有詔令郡吏分往屬縣減决囚禁。自十三日受命出府，至寶雞、虢、郿、盩厔四縣。既畢事，因朝謁太平宮，而宿於南溪溪堂，遂並南山而西，至樓觀、大秦寺、延生觀、仙遊潭。十九日乃歸，作詩五百言，以記凡所經歷者寄子由》，題目將所行之時與所行之地記述得清清楚楚，詩作更是逐日記述所"經歷"之地與見聞。詩中蘇軾自注：

> 十三日宿武城鎮，即俗所謂石鼻寨也，云：孔明所築。是夜二鼓，寶雞火作，相去三十里，而見於武城。

[1] 蘇軾《答陳師仲主簿書》："見爲編述《超然》《黄樓》二集，爲賜尤重。從來不曾編次，縱有一二在者，得罪日，皆爲家人婦女輩焚毀盡矣。不知今乃在足下處。"（孔凡禮點校《蘇軾文集》卷四九，中華書局1986年版，第4冊第1428~1429頁）

十四日，自寶雞行至虢。聞太公磻溪石在縣東南十八里，猶有投竿跪餌兩膝所著之處。

十五日至郿縣，縣有董卓城，其城象長安，俗謂之小長安。

是日晚，自郿起至清秋鎮宿。道過太白山，相傳云：軍行鳴鼓角過山下，輒致雷雨。山上有湫，甚靈，以今歲旱，方議取之。

十六日至盩厔，以近山地美，氣候殊早。縣有官竹園，十數里不絕。

十七日，寒食。自盩厔東南行二十餘里，朝謁太平宮二聖御容。此宮乃太宗皇帝時，有神降於道士張守真，以告受命之符所爲立也。神封翊聖將軍，有殿。

十八日，循終南而西，縣尉以甲卒見送。或云，近官竹園，往往有虎。

是日遊崇聖觀，俗所謂樓觀也，乃尹喜舊宅。山腳有授經臺，尚在。遂與張果之同至大秦寺早食而別。有太平宮道士趙宗有，抱琴見送，至寺，作《鹿鳴》之引，乃去。又西至延生觀。觀後上小山，有唐玉真公主修道之遺迹。下山而西行十數里，南入黑水谷，谷中有潭名仙遊潭。潭上有寺三，倚峻峰，面清溪，樹林深翠，怪石不可勝數。潭水，以繩縋石數百尺不得其底，以瓦礫投之，翔揚徐下，食頃乃不見。其清澈如此。遂宿於中興寺。寺中有玉女洞，洞中有飛泉，甚甘，明日以泉二瓶歸至郿。又明日，乃至府。[1]

此詩儼然是一周“行記”，詩與注相互印證，沿途所歷之地，每日所見之景與所遇之事，巨細無遺。蘇軾“以記凡所經歷者寄子由”，與白居易“記所遇之地與相見之時”寄元稹，如出一轍。

蘇軾這類詩作並非個案。他同期在鳳翔所作《七月二十四日，以久不雨，出禱磻溪。是日宿虢縣。二十五日晚，自虢縣渡渭，宿於僧舍曾閣。閣故曾氏所建也。夜久不寐，見壁間有前縣令趙薦留名，有懷其人》《二十六日五更起行，至磻溪，天未明》《是日自磻溪，將往陽平，憩於麻田青峰寺之下院翠麓

---

[1] 王文誥輯注，孔凡禮點校《蘇軾詩集》卷三，中華書局 1982 年版，第 1 冊第 122~129 頁。

亭》《二十七日，自陽平至斜谷，宿於南山中蟠龍寺》《是日至下馬磧，憩於北山僧舍。有閣曰懷賢，南直斜谷，西臨五丈原，諸葛孔明所從出師也》[1]，也是逐日記述遊歷之地，無不體現出以詩爲“行記”的意識。

如果説蘇軾是在創作上記時記地，隱含編年繫地的意識，那麼，賀鑄在整理編次自己的詩集時，就表現出明確而自覺的編年與繫地並重的觀念。紹聖三年（1096），四十五歲的賀鑄“衰拾”平生所爲詩歌，自編成《慶湖遺老詩集》，並給每首詩加上題注，標明創作的時間、地點和創作緣由，以記録人生軌迹、留下生命印記。他在自序中宣稱：

> 隨篇敘其歲月與所賦之地者，異時開卷，回想陳迹，喟然而歎，莞爾而笑，猶足以起予狂也。[2]

“隨篇敘其歲月與所賦之地”，就是在每篇詩歌題下標注創作時間和地點，如《黄樓歌》題注：

> 熙寧丁巳，河決白馬，東注齊、宋之野。彭城南控吕梁，水匯城下，深二丈七尺。太守眉山蘇公軾，先詔調禁旅，發公廩，完城堞，具舟楫，拯溺療饑，民不告病。增築子城之東門，樓冠其上，名之曰黄，取土勝水之義。樓成水退，因合宴以落。坐客三十人，皆文武知名士。明年春，蘇公移守吳興，是冬，謫居黄岡。後五年，轉徙汝海。余因賦此以道徐人之思。甲子仲冬彭城作。[3]

又如《彭城三詠》題注：

> 元豐甲子，余與彭城張仲連謀父、東萊寇昌朝元弼、彭城陳師仲傳

[1] 王文誥輯注，孔凡禮點校《蘇軾詩集》卷四，中華書局 1982 年版，第 1 冊第 173～179 頁。
[2] 賀鑄《慶湖遺老詩集》卷首《慶湖遺老詩集序》，景印文淵閣《四庫全書》，臺灣商務印書館 1986 年版，第 1123 冊第 197 頁。
[3] 賀鑄著，王夢隱、張家順校注《慶湖遺老詩集校注》卷一，河南大學出版社 2008 年版，第 3 頁。

道、臨城王適子立、宋城王玨文舉，採徐方陳迹分詠之。余得戲馬臺、斬蛇澤、歌風臺三題，既賦焉。戲馬臺在郡城之南，斬蛇澤在豐縣西二十里，歌風臺在沛縣郭中。[1]

另如《三鳥詠》題注：

> 元祐戊辰三月，之官歷陽石磧戍。日從事於田野間，始聞提壺、竹鷄、子規三鳥。其聲殊感人，因賦之以寄京東朋好。[2]

這仿佛是自編的詩歌年譜。詩作的時間、地點、寫作背景，敘述得一清二楚。賀鑄編詩集時"隨篇敘其歲月與所賦之地"，與白居易"記所遇之地與相見之時"、蘇軾"記凡所經歷者"的觀念，也是一脈相承、先後呼應的。

至於"繫地"概念，到南宋初才正式出現。鄭樵（1104—1162）著有《集古繫時録》十卷、《繫地録》十一卷，首次將"繫時"（編年）與"繫地"並舉。陳振孫《直齋書録解題》謂此二書"大抵因《集古》之舊，詳考其時與地而繫之，二書相爲表裏"[3]。鄭樵將歐陽脩的《集古録》，重新按時間先後和地區分佈編成《集古繫時録》《繫地録》二書，相互參證，體現出明確的編年與繫地並重的理念。雖然鄭氏是編次金石目録，但與詩文別集的編次是相通的。

鄭樵《集古繫時録》《繫地録》二書久佚，幸而《嘉泰會稽志》還保存有《繫地（録）》三則佚文，可略見一斑：

> 桐柏山《金庭館碑》，沈約造，兒琉之正書，永元三年三月。石已亡。《繫地》云："在嵊縣東七十二里本觀内。"[4]

---

[1] 賀鑄著，王夢隱、張家順校注《慶湖遺老詩集校注》卷一，河南大學出版社 2008 年版，第 5～6 頁。
[2] 賀鑄著，王夢隱、張家順校注《慶湖遺老詩集校注》卷一，河南大學出版社 2008 年版，第 12～13 頁。
[3] 陳振孫撰，徐小蠻、顧美華點校《直齋書録解題》卷八，上海古籍出版社 1987 年版，第 237 頁。
[4] 施宿《嘉泰會稽志》卷一六《碑刻》，《宋元方志叢刊》，中華書局 1990 年版，第 7018 頁。

唐虞世南碑……《繫地》云：“貞觀二年立，在會稽南二十里。龜趺猶存，碑已亡矣。”[1]

　　王右軍祠堂記……《繫地》云：“范的書，碑無書人姓名、歲月。趙德父《金石録》附唐末，在府城蕺山戒珠寺。”[2]

《嘉泰會稽志》所引《繫地》，應該就是鄭樵的《繫地録》。《繫地録》詳載前代石碑所存地點方位，便於讀者尋訪。其後，陳思《寶刻叢編》、王象之《輿地碑記目》也沿例“繫地”編次碑目。[3]人物事迹和作品繫地的理念，到南宋已完全確立。

二、年譜的源流和傳統觀念

　　年譜的起源，據現有考古發掘的文獻，最早可追溯至秦始皇時期。1975年12月，在湖北省雲夢縣睡虎地發掘出十二座戰國末至秦代的墓葬，其中十一號墓出土大量秦代竹簡。經整理，第一篇《編年記》記載一位名“喜”的人物，他很可能就是墓主。睡虎地秦墓竹簡整理小組《睡虎地秦墓竹簡》卷首《出版説明》據《編年記》考明，喜生於秦昭王四十五年（前262），在秦始皇時歷任安陸御史、安陸令史、鄢令史及鄢的獄吏等與司法有關的職務。《編年記》止於秦始皇三十年（前217），是年喜四十六歲。根據醫學部門對墓主人骸骨的鑑定，死者剛好是四十多歲的男子。[4]由於《編年記》有喜的行年事迹，謝巍在追溯年譜的起源時將《編年記》徑稱《喜之譜》，説：“春秋至秦代間出現了士大夫自編的年譜，以睡虎地的秦簡《喜之譜》來説，其編譜的目的是爲了記述國家、家庭、個人的大事，它的作用類似後世的墓文。自漢代以後，它逐漸變爲專記個人歷史的一種體裁。”[5]謂《編年記》具有年譜的雛形尚可，直

[1]施宿《嘉泰會稽志》卷一六《碑刻》，《宋元方志叢刊》，中華書局1990年版，第7019頁。
[2]施宿《嘉泰會稽志》卷一六《碑刻》，《宋元方志叢刊》，中華書局1990年版，第7023頁。
[3]永瑢等《四庫全書總目》卷八六《寶刻叢編提要》：“是書蒐録古碑，以《元豐九域志》京府州縣爲綱，其石刻地理之可考者，案各路編纂。”（中華書局1965年版，上冊第737頁）
[4]參睡虎地秦墓竹簡整理小組編《睡虎地秦墓竹簡》，文物出版社1990年版，第1~2頁。
[5]謝巍編撰《中國歷代人物年譜考録》卷首《論年譜的作用和價值（代序）》，中華書局1992年版，第1頁。

接稱之爲《喜之譜》則依據不足。任何一種文體，從起源發展到定型，都有一個漫長的分合過程。後世的多種文體和詩體，都可以在《尚書》《詩經》中找到端倪，但不能直接説起源於《尚書》《詩經》。就《編年記》而言，後世的年譜、墓誌、傳記、行狀等文體樣式，都可以從中找到端倪，但並無直接的淵源關係。睡虎地秦墓竹簡整理小組將此定名爲《編年記》，是比較客觀、合適的，名實相副。

至於"年譜"之名，始見於《漢書》卷三〇《藝文志》著録"《古來帝王年譜》五卷"[1]。《古來帝王年譜》前有《黃帝五家曆》《顓頊曆》《夏殷周魯曆》《律曆數法》《帝王諸侯世譜》等，《漢書·藝文志》將其歸屬於"曆譜十八家"。[2] 小序説："曆譜者，序四時之位，正分至之節，會日月五星之辰，以考寒暑殺生之實。故聖王必正曆數，以定三統服色之制，又以探知五星日月之會。凶阨之患，吉隆之喜，其術皆出焉。此聖人知命之術也，非天下之至材，其孰與焉！道之亂也，患出於小人而强欲知天道者，壞大以爲小，削遠以爲近，是以道術破碎而難知也。"[3] 王先謙補注引沈欽韓曰："《隋志》：'漢初得《世本》，敘黃帝以來祖世所出。而漢又有《帝王年譜》。'"[4] 循名責實，與後世通常所説的"年譜"完全不同。

《北齊書·宋顯傳》載："顯從祖弟繪，少勤學，多所博覽，好撰述。魏時，張緬《晉書》未入國，繪依准裴松之注《國志》體，注王隱及《中興書》。又撰《中朝多士傳》十卷，《姓系譜録》五十篇。以諸家年歷不同，多有紕繆，乃刊正異同，撰《年譜録》，未成。河清五年並遭水漂失。"[5] 宋繪所著五部史書，《隋書·經籍志》無一著録。據行文及六朝通行的主流門閥意識，《年譜録》與《姓系譜録》一樣，都是"譜系"類著作。清張澍《古今姓氏書目考證·姓氏書總目》，先後並列宋繪《姓氏譜録》《年譜録》[6]，可證。

歐陽脩《新五代史》卷七一《十國世家年譜》，其實是五代十國時期的紀

[1] 班固撰，顏師古注《漢書》，中華書局 1962 年版，第 6 冊第 1766 頁。
[2] 班固撰，顏師古注《漢書》，中華書局 1962 年版，第 6 冊第 1765～1766 頁。
[3] 班固撰，顏師古注《漢書》，中華書局 1962 年版，第 6 冊第 1767 頁。
[4] 王先謙《漢書補注》，中華書局 1983 年版，第 899 頁。
[5] 李百藥《北齊書》卷二〇，中華書局 1972 年版，第 1 冊第 271 頁。
[6] 張澍《姓韻》，三秦出版社 2003 年版，下冊附録第 8 頁。

年表。《十國世家年譜》的寫作原委是："十國皆非中國有也，其稱帝改元與不，未足較其得失，故並列之。作《十國世家年譜》。"[1] 此"年譜"爲年表、圖表，所列縱爲年份，横爲十國之名，是"年世圖譜"之意。

年譜之中，有一種稱爲"行年考"。所謂"行年"，意爲行事編年。"行年記"最早出現在唐初。《新唐書·藝文志》著録劉仁軌《劉氏行年記》二十卷，譜牒研究者見有"行年"二字，以爲是年譜之始，實則不然。《新唐書》將此歸入"雜史類八十八家"[2]之一。《舊唐書·劉仁軌傳》説："仁軌身經隋末之亂，輯其見聞，著《行年記》行於代。"[3]《宋史·藝文志》"傳記類四百一部"著録劉仁軌《河洛行年記》十卷，即《劉氏行年記》，然已散佚一半。這是一部隋末亂世群雄逐鹿中原的行年載録及人物傳記。古代《行年記》大多屬此類。宋劉摰（1030—1098）有《劉忠肅公行年記》一卷，陳振孫《直齋書録解題》卷七《傳記類》著録[4]，這是最早的名爲"行年記"的自編年譜。謝巍《中國歷代人物年譜考録》已著録。[5] 劉摰爲仁宗嘉祐間進士，官至尚書右僕射，謚忠肅。李燾《續資治通鑑長編》卷四〇二哲宗元祐二年（1087）六月"王巖叟既辭起居舍人"事下原注："張舜民事已用王巖叟繫年編修。劉摰《行年記》三年六月八日載其事，大略與巖叟同，今附注此。……此一段事予奪適當，《時政記》備書之。"[6] 因爲是朝廷大臣，故所記兼及國家大事。與年譜相比，"行年記"相對靈活，不必如年譜，必須從生到死有始有終。"行年考"取譜主某一段即可，不必有始，鮮克有終，而且往往就是因爲譜主生年或卒年不詳，故用"行年考"形式。發展到後來，也有有始有終者，這就與年譜没有區别，只是名稱不同而已。

作家年譜，始於北宋中葉。現存最早的年譜，應是神宗元豐七年（1084）吕大防所作《杜工部年譜》《韓吏部文公集年譜》。這是作家年譜的兩部開山之作。吕大防在《杜工部年譜後記》《韓吏部文公集年譜後記》中説：

[1] 歐陽脩撰，徐無黨注《新五代史》，中華書局 1974 年版，第 3 册第 873 頁。
[2] 歐陽脩、宋祁《新唐書》卷五八，中華書局 1975 年版，第 5 册 1469 頁。
[3] 劉昫等《舊唐書》卷八四，中華書局 1975 年版，第 8 册 2796 頁。
[4] 陳振孫撰，徐小蠻、顧美華點校《直齋書録解題》，上海古籍出版社 1987 年版，第 211 頁。
[5] 謝巍編撰《中國歷代人物年譜考録》，中華書局 1992 年版，第 161 頁。
[6] 李燾撰，上海師範大學古籍整理研究所、華東師範大學古籍整理研究所點校《續資治通鑑長編》，中華書局 1992 年版，第 27 册第 9781～9782 頁。

予苦韓文杜詩之多誤，既讎正之，又各爲年譜，以次第其出處之歲月，而略見其爲文之時，則其歌時傷世、幽憂切歎之意，粲然可觀。[1]

注重譜主的活動編年和作品編年，即"出處之歲月"和"爲文之時"，成爲後來作家年譜的基本範式。現存宋人所撰作家年譜，都注重考實譜主的活動歲月，而不注重考明譜主的行止地理。南宋紹興五年（1135）文安禮《柳文年譜後序》也説：

予以先生文集與唐史參考，爲時年譜，庶可知其出處，與夫作文之歲月，得以究其辭力之如何也。[2]

文安禮所説"作文之歲月"，與吕大防所言"次第其出處之歲月"，以見其"爲文之時"，是一樣的意思，都只重視作品編年，而不大顧及繫地。

早在吕大防撰杜甫年譜的二十年前，曾鞏在宋敏求編次的李白詩集基礎上爲李白詩編年，也只强調考其詩作年月之先後，而未提及考明創作地點。英宗治平元年（1064）曾鞏作《李白詩集後序》説：

《李白詩集》二十卷，舊七百七十六篇，今千有一篇，雜著六十篇者，知制誥常山宋敏求字次道之所廣也。次道既以類廣白詩，自爲序，而未考次其作之先後。余得其書，乃考其先後而次第之。[3]

所謂"考其先後而次第之"，就是考明詩作創作時間，按創作年代的先後來編次詩集。其後薛仲邕在曾鞏等人編年的基礎上，"取唐史諸紀傳與李陽冰、魏顥、樂史、宋敏求、曾鞏所序述，參校文集"，撰爲《李翰林年譜》，也是注重

[1] 佚名《分門集注杜工部詩》卷首《年譜》，《四部叢刊》，高等教育出版社 2016 年版，第 143 冊第 216~217 頁；吕大防等撰，徐敏霞校輯《韓愈年譜》，中華書局 1991 年版，第 6 頁。

[2] 童宗説撰，張敦頤音辨，潘緯音義《增廣注釋音辨唐柳先生集》附録，《四部叢刊》，高等教育出版社 2016 年版，第 155 冊第 765 頁。

[3] 曾鞏撰，陳杏珍、晁繼周點校《曾鞏集》卷一二，中華書局 1984 年版，第 193 頁。此文編年，參李震《曾鞏年譜》，江西人民出版社 2019 年版，第 151 頁。

譜主李白的行蹤及其創作時間，所謂"先生遍遊宇內，篇什最多，然往往不著歲月，故可考者少"[1]，而不大留意李白的行經之地和寫作之地。

元明清人作年譜，也大多承傳宋人所作年譜的範式，重時而輕地。如元人李庭《跋陶淵明年譜序》説：

> 詩家之有年譜尚矣。所以著出處之實，記述作之由。千載之後，使人誦其詩，而知其志。……六十三年之間，災變廢興，班班可考。[2]

所謂"著出處之實"，凸顯的是譜主活動的時序，行止出處的地理非所措意。清代著名史學家章學誠曾説：

> 年譜之體，仿於宋人。考次前人撰著，因而譜其生平時事與其人之出處進退。而知其所以爲言，是亦論世知人之學也。[3]

清沈峻《沈存圃自訂年譜》也強調年譜是"詳敘世系，詮次歲月"[4]。近人朱士嘉《中國歷代名人年譜目錄序》亦謂："敘一人之道德、學問、事業，纖悉無遺而繫以年月者，謂之年譜。"[5] 二人都是強調時間維度的編年，而忽略空間維度的繫地。

唐宋時代在詩歌創作和別集編次上已形成的編年繫地並重的觀念，並沒有被年譜所吸收採納。自北宋以來形成的作家年譜體例和觀念，都只重編年，而不注重繫地。雖然歷來的年譜並非完全忽視譜主活動的地點，但編年意識自覺強烈，而繫地意識相對淡薄。加之年譜作者，大多不熟悉歷史地理，連翁方

[1] 薛仲邕《李翰林年譜·跋》，北京圖書館編《北京圖書館藏珍本年譜叢刊》，北京圖書館出版社1999年版，第9冊第428頁。
[2] 李庭《寓庵集》卷八《跋陶淵明年譜序》，《元人文集珍本叢刊》，新文豐出版股份有限公司1985年版，第50頁。
[3] 章學誠《韓柳二先生年譜書後》，《章學誠遺書》，文物出版社1985年版，第70頁。
[4] 沈峻《沈丹厓年譜》，北京圖書館編《北京圖書館藏珍本年譜叢刊》，北京圖書館出版社1999年版，第110冊第482頁。
[5] 朱士嘉《中國歷代名人年譜目錄序》，李士濤編纂《中國歷代名人年譜目錄》卷首，商務印書館1941年版，第1頁。

綱這樣的大學者，也"於史學地理，實非所長"[1]，以致所編《元遺山年譜》不無缺失。一般學者對歷史地理就更加生疏。清代地理學家顧祖禹曾感慨：《大明一統志》一向稱爲善本，然"於山川條列，又復割裂失倫，源流不備。夫以一代之全力，聚諸名臣爲之討論，而所存僅僅若此。何怪今之學者，語以封疆形勢，惘惘莫知"[2]。編撰一代地理志的學者對山川地理、封疆形勢尚且莫知其詳，那一般學者對地理的陌生就更不用説了。歷來年譜的作者重編年而輕繫地，與知識結構的局限不無關係。

三、"編年繫地譜"的理念與範式

鑑於歷代年譜重時間編年而輕空間繫地的缺失，我們梳理了史上編年與繫地的學理資源，在 2012 年度國家社會科學基金重大項目"唐宋文學編年繫地信息平臺建設"的投標書中，明確標舉"繫地"概念，並在項目成果《唐宋文學編年繫地譜叢刊》中堅持編年與繫地並重的理念，力圖改變傳統作家年譜重時輕地的觀念和以時間爲中心的"時間＋人物＋事件（活動）＋作品"的四要素範式，而轉變爲時地並重的"時間＋地點＋人物＋事件（活動）＋作品"的五要素範式，作家活動和作品寫作的時間、地點信息一併考實。本叢刊體制上與年譜相同，但特別注重繫地，既編年又繫地。體例上，在每年年份、年歲的綱目之下，首先標明譜主"在某地"活動或"居某地"，以凸顯繫地的宗旨。

地點信息，也不滿足於落實到州縣級行政區，而是盡可能細化到具體的地點、場所，以便讀者深入瞭解譜主創作地點、場所的自然地理環境和人文環境，考察不同地理環境對作家創作心態的影響。[3]

我們這套叢刊，力圖構建年譜的新觀念、新範式，強調編年與繫地並重，並非空無依傍，而是有先例可循。

《分門集注杜工部詩》卷首所輯宋吕大防《杜工部年譜》、蔡興宗《杜工部年譜》、魯訔《杜工部草堂詩年譜》三家年譜，雖簡略疏陋，且理念上仍注

---

[1] 李光廷《廣元遺山年譜》卷首，北京圖書館出版社影印室編《遼金元名人年譜》，北京圖書館出版社 2005 年版，第 8 頁。
[2] 顧祖禹撰，賀次君、施和金點校《讀史方輿紀要》卷首《總敍》，中華書局 2005 年版，第 12 頁。
[3] 參肖鵬、王兆鵬《宋詞的深度閱讀與現場還原》，《中國文化研究》2016 年第 4 期。

重譜主"出處之歲月"和"爲文之時"，但在寫作實踐中还是偶有繫地之舉。如呂大防《杜工部年譜》："乾元二年庚子，是年棄官之秦州，自秦適同谷，自同谷入蜀。時有遣興三百首。""大曆三年己酉，離峽中，之荆南，至湘潭。大曆五年辛亥，有《追酬高適人日》詩。是年夏甫還襄、漢。卒於岳陽。"蔡興宗、魯訔也援例跟進。蔡興宗《杜工部年譜》：乾元"二年己亥，春三月，回自東都。有《新安吏》《石壕吏》《潼關吏》《新婚別》《垂老別》《無家別》詩"；"上元元年庚子，是歲春，卜居成都浣花溪上，賦詩至多"；大曆"四年己酉，春，初發岳陽，泛洞庭，至潭州"。魯訔《杜工部草堂詩年譜》：開元"二十五年丁丑，史云公少不自振，客遊吳、越、齊、趙"；大曆"五年庚戌，公年五十九。春去潭，至衡。……秋已還潭，暮秋北首。其卒當在衡、岳之間，秋冬之交"[1]。

　　清代浦起龍《讀杜心解》卷首《發凡》更明確强調繫地："編杜者，編年爲上，古近分體次之，分門爲類者乃最劣。蓋杜詩非循年貫串，以地繫年，以事繫地，其解不的也。余此本則寓編年於分體之中。"[2]卷首又有《少陵編年詩目譜》，年份之下，均有"繫地"。如"玄宗開元間"下注："二十四年後，公年二十五，下第遊齊、趙。""開元二十九年至天寶三載"下注："此四年，俱在東都。""天寶四載"下注："是年，再遊齊州。""天寶五載至十三載"下注："此九年，俱在長安。""大曆四年"下注："是年，自岳之潭州，尋之衡州，又回潭州。""大曆五年"下注："春，在潭州。""夏，潭有臧玠之亂，遂入衡州。欲如郴州依舅氏崔偉，至耒陽，不果。""秋冬之間，回湖，欲北還，未遂，竟以旅卒，年五十九。"[3]浦起龍認爲，如果不是"以地繫年，以事繫地"，會影響對杜詩的準確理解，故《發凡》之後，作《少陵編年詩目譜》示範。職是之故，後人在研究杜詩的過程中，很注重"讀萬卷書，行萬里路"，"學杜萬里行"。詩、地互證，書、路結合，是杜詩研究的一大特點。

　　類似浦起龍所説"以地繫年，以事繫地"的編年、繫地方式，明代著作已

[1] 佚名《分門集注杜工部詩》卷首，《四部叢刊》，高等教育出版社2016年版，第143冊第237、267~268頁。
[2] 浦起龍《讀杜心解》，中華書局1961年版，第8頁。
[3] 浦起龍《讀杜心解》，中華書局1961年版，第19~60頁。

經出現。明鄭若曾（1503—1570）撰《籌海圖編》，嘉靖四十一年（1562）三月，范惟一《籌海圖編序》曰："功實不明，則忠勇不奮，死事者不録，志士無所勸矣。自望海堝之戰，迄於維揚之捷，以事繫地，以地繫年，以年繫月。凡發縱之元臣，戮力之諸帥，死綏之士卒，握節之群黎，核其功次，紀其履實，使勞臣猛將勳名爛然，可勒旂常，而忠魂烈節昭揭日月，兼慰冥漠。此良史紀事之體也。"[1] 所謂"以事繫地，以地繫年，以年繫月"，是指鄭若曾《籌海圖編》卷八上《嘉靖以來倭夷入寇總編年表》，此表縱爲嘉靖年份，橫列惠潮、漳泉、興福、温台、寧紹、杭嘉、蘇松、常鎮、淮揚九個地區。[2] "以事繫地，以地繫年，以年繫月"，井井有條，一目瞭然，故被稱爲"良史紀事之體"。

清同治五年（1866），李光廷在翁方綱《元遺山年譜》基礎上作《廣元遺山年譜》，也是時地並重。陳澧序説：

> 讀遺山詩文，辭章之學也，爲之年譜，則史學也。史學豈可不明地理哉？李君明地理，故於元兵伐金所至之地，瞭如指掌。由是遺山奔走流寓之地，皆瞭如指掌。而凡遺山之詩文，皆可因其地而知其時。遺山詩千三百六十一首，李君考得時地者，千二百七十九首。其不可知者，八十二首而已。[3]

李光廷兼擅史學與地理學，對元好問奔走流寓之地及行走路綫，瞭若指掌，故對其詩文，皆能"因其地而知其時"，時地並重，時地互證。李光廷在《自敘》中更明確標舉"繫年"與"繫地"並重的理念：

> 嘗取先生文集讀之，見其流移所寓，道里所經，以月繫年，以人繫地。始知先生年譜，自作已竟。而歌謡慷慨，唱吟遥俯，即境見心，標旨

---

[1] 鄭若曾撰，李致忠點校《籌海圖編》附録，中華書局 2007 年版，第 993 頁。
[2] 鄭若曾撰，李致忠點校《籌海圖編》，中華書局 2007 年版，第 491~568 頁。
[3] 李光廷《廣元遺山年譜》卷首，北京圖書館出版社影印室編《遼金元名人年譜》，北京圖書館出版社 2005 年版，第 7~8 頁。

斯在。爰乃以文爲經，以詩爲緯，考之輿圖，以求其蹤迹；博之史集，以
證其交遊。[1]

"以月繫年，以人繫地"正是賀鑄編詩集時"隨篇敘其歲月與所賦之地"的觀
念和鄭樵"繫時""繫地"並重理念在年譜中的實踐與發展。只是這類年譜如
空谷足音，鮮有迴響。

　　綜觀年譜、別集編年的歷史，古人雖有"繫地"的實踐，但一直没有確立
"繫地"意識，或者説，没有"繫地"的著述意識；現當代的作家作品研究和
年譜著作，未能很好地繼承前人"繫地"的方法，也几乎没有"繫地"的著述
實踐。

　　我們在總結前賢撰述年譜經驗教訓的基礎上，希望改變年譜原有的傳統觀
念，建立年譜的新範式，期待今後的作家年譜，能"編年"與"繫地"並重，
不僅編次譜主的"出處之歲月"和"作文之歲月"，還要"考之輿圖，以求其
蹤迹"，博之方志，以明其地理環境。爲求名實相副，我們這套叢刊，特將
"年譜"之名，改爲"編年繫地譜"和"行年繫地譜"，以凸顯編年繫地並重的
新觀念和新範式。

　　我們這套叢刊的選題，有兩類來源：一是補闕新譜，二是增廣舊譜。補闕
新譜，是原無其譜，我們補闕而新撰，爲唐宋文學編年地圖補充所需作家行迹
數據；增廣舊譜，是在原有年譜基礎上進行修訂，以完善原譜所缺的編年繫地
信息。

　　無論是補闕新譜還是增廣舊譜，我們都是編年與繫地並重。編年考訂，我
們不輕忽；繫地信息，更是力爲補苴。繫地考證，我們最爲著力的是六個方
面：出生地、任職地、經行地、寓居地、創作地和終老地。

　　譜主的出生地，以前的年譜不太在意。有些作家的出生地確實不可考，有
些則是可考而未考。比如宋南渡之際葛勝仲的出生地，我的舊作《葛勝仲年
譜》就闕而未考，因史無明載，當時也没有特別留意。這次明確了繫地觀念、
建立年譜新範式之後，重新檢閱有關文獻，發現葛勝仲的出生地其實可考。葛

[1]李光廷《廣元遺山年譜》卷首，北京圖書館出版社影印室編《遼金元名人年譜》，北京圖書館出
　　版社 2005 年版，第 9~10 頁。

勝仲生於熙寧五年（1072），乃父葛書思熙寧六年中進士第。葛書思進士及第前，居家鄉江陰（今屬江蘇）。進士及第後，爲侍養父母，也未曾出仕，而居鄉養親。葛勝仲爲乃父撰寫的《朝奉郎累贈少師特諡清孝葛公行狀》載："中六年進士第，調睦州建德縣主簿。方是時，通議公（按，勝仲祖父葛密）以清節高尚，退老於家。""遂投劾侍養，自爾居親側，積十餘年。"[1] 葛勝仲之父因侍養之需，熙寧六年中進士前後均在家鄉居家養親，而葛勝仲在乃父進士及第前一年出生，自當生於家鄉江陰。這次修訂《葛勝仲行年繫地譜》，即將葛勝仲出生地考定在家鄉江陰。又如秦檜是江寧（今江蘇南京）人，但並非生於故里。陳思晗《秦檜行年繫地譜》據范成大《吳船錄》和祝穆《方輿勝覽》的記載，將其出生地考定在黃州（今湖北黃岡）臨皋亭。

有些作家的出生地，前賢所考，時或有誤。本叢刊盡可能予以訂正。如范仲淹是蘇州人，南宋樓鑰《范文正公年譜》説范仲淹出生於徐州："公生於徐州節度掌書記官舍。"[2] 而郭紅欣《范仲淹作品編年繫地譜》在給范仲淹作品編年時，注意到范仲淹《與韓魏公書》其二十曾自言生於真定："真定名藩，生身在彼。自識別以來，卻未得一到。"[3] 范仲淹出生時，其父范墉任真定府節度掌書記，故范仲淹實生於真定府（今河北正定）官舍，而非徐州。

譜主的任職地，以往的年譜也時常缺乏應有的交代説明。古人做官，如果是朝官，任職地自然在京城；如果是在地方州縣任職，其地自然就在當地州縣，似乎不言自明。久而久之，形成習慣，任職地可以默認爲職官所在地。但有些路級官司，如宋代的安撫司、常平司、提點刑獄司、轉運司等治所，並不一定在同一地方。如：南宋江南西路安撫司在隆興府（今江西南昌），而提刑司在贛州（今屬江西）；南宋荆湖北路安撫司在江陵府（今湖北荆州），轉運司則在鄂州（今湖北武漢），而常平司在鼎州（今湖南常德）。後人所作宋人年譜，常常沒有注明這些官司所在地。比如，鄧廣銘先生的《辛稼軒年譜》，載述淳熙二年（1175）六月十二日"稼軒出爲江西提點刑獄"，但未言明江西提

---

[1] 葛勝仲《丹陽集》卷一五，《宋集珍本叢刊》，綫裝書局 2004 年版，第 32 冊第 641 頁。

[2] 樓鑰《范文正公年譜》，《范文正公全集》，影印清康熙歲寒堂刻本，浙江文藝出版社 1998 年版。

[3] 范仲淹《范文正公尺牘》卷中，《范文正公全集》，影印清康熙歲寒堂刻本，浙江文藝出版社 1998 年版。

刑司在何地，好在接敘"秋七月初，離臨安，至江西贛州就提刑任"[1]，讀者尚可明白辛棄疾是去江西贛州任江西提刑。然而該譜續述淳熙三年辛棄疾"調京西轉運判官"[2]，卻沒有注明京西轉運司在何地，以致唐宋文學編年地圖平臺錄入數據時，無法給辛棄疾的這段行程進行空間定位，不得不自行查考有關著述予以補明。

這提醒我們，譜主的任職地，撰寫年譜時必須一一考明或標注，而不能依傳統年譜的慣例，只是依相關職官而"默認"其地。特別是宋高宗建炎年間，金兵南侵，政局不定，高宗行朝，先後流轉於建康、平江、越州、明州、溫州、台州等地。[3]當時扈從行在的大臣，也隨朝轉徙，當時的任職地自不能默認在南京（今河南商丘）或臨安（今浙江杭州），而須嚴密考證，力求準確繫地。

作家的經行地，指行迹過往之地。詩人因遷徙、遠遊、貶謫、赴任，常常從此地到彼地。以前的年譜，只關注目的地，而不重視經行地點和經行路綫。我以前做年譜，就是如此。比如拙撰《鄧肅年譜》，述鄧肅建炎元年（1127）十月罷職後，就直接說回到福建沙縣故里："十月，罷左正言，回鄉里。有《亦驥軒記》和《偶題》諸詩。"[4]而沒交代從哪裏出發，途經哪些地方，沿途走的是什麼路綫。這次修訂，有了明確的繫地意識，注意其經行地和經行路綫，就發現他途中經過徽州，而將綱目改爲："十月，罷左正言，從南京回鄉里。途經徽州，有七言、五言《偶成》詩。"並參考李常生所作蘇轍從績溪至杭州的路綫圖[5]，推知鄧肅離南京後，當是乘船沿運河南下到杭州，再逆浙江、新安江經桐廬、建德、青溪抵徽州，然後過婺源，越玉山，穿浦城、建陽，回到沙縣。有了繫地意識，關注譜主的經行地，就豁然發現以前未編年的鄧肅兩首五言、七言律詩《偶成》，原來就作於此次過徽州途中，從而爲這兩首詩作了相應的編年和繫地。

有了繫地觀念，注意經行地的行蹤路綫，也能發現舊譜中的一些失誤。如

[1] 鄧廣銘《辛稼軒年譜》，上海古籍出版社1979年版，第42~43頁。
[2] 鄧廣銘《辛稼軒年譜》，上海古籍出版社1979年版，第50頁。
[3] 參王明清《揮麈錄》第三錄卷一，上海書店出版社2001年版，第176~177頁。
[4] 王兆鵬、王可喜、方星移《兩宋詞人叢考》，鳳凰出版社2007年版，第268頁。
[5] 李常生《蘇轍行蹤考》，城鄉風貌工作室2020年版，第510頁。

拙著《吕本中年譜》，將《舟行次靈璧二首》繫於政和四年（1114）的揚州。[1]
修訂時細核吕本中這年前後的行蹤，發現政和三年他離京回揚州，沿汴河南
下，途經南京（今河南商丘），過靈璧（今屬安徽），涉泗上（今江蘇盱眙），
越寶應（今屬江蘇），下高郵（今屬江蘇），夏秋間回到揚州。政和四年至五年
他一直居揚州。此後多年，吕本中也無舟次靈璧的行迹記述，表明他到靈璧
只有這一次。從詩作内容看："往來湖海一扁舟，汴水多情日自流。已去淮山
三百里，主人無念客無憂。"[2]也可見其行程方向是離京城開封後沿汴水南下到
淮南，正與吕本中政和三年的行迹相合。《舟行次靈璧二首》應該是政和三年
吕本中回揚州途中過靈璧時所作，而非作於揚州，也不可能是其政和四年居揚
州後返回至靈璧所作。

　　譜主的經行地，還要注意空間位移、行程變化的合理性。年譜作者，往
往注意文獻的可靠性，注重譜主的行程有無文獻依據作支撐，而不大留意譜
主行程路綫變化是否合理。比如，《黄庭堅年譜新編》載，徽宗建中靖國元年
（1101）春天，黄庭堅離貶所出川，沿長江東下。正月初離江安，經瀘州，過
合江；二月三日，到漢東；二月二十六日，寓萬州；三月，至峽州。所至之
處，都有文獻依據。二月三日到達漢東，更有黄庭堅《題校書圖後》爲證：
"建中靖國元年二月甲午，江西黄庭堅自戎州來，將下荆州，泊舟漢東市。"[3]
從文獻上看，黄庭堅這次出峽行程似乎没有問題。但録入數據與地圖結合後就
會發生疑問。正月至三月間，黄庭堅一直是乘船沿江出峽東下，可二月三日，
忽然離開長江三峽去漢水流域的湖北隨縣（在今湖北隨州），當月又重返長江
逆流而上三峽，回到萬州（今屬重慶），再沿江東下到宜昌。這顯然不合常理。
原來問題出在"漢東市"的理解和空間定位上。宋代隨州，又名漢東郡，故宋
人多用漢東指隨州，於是年譜作者很自然地想到這個漢東就是隨州，而没有考
慮到行程距離的可能性和空間的合理性。課題組請作者鄭永曉先生復核，"漢
東市"是否爲四川境内長江邊上的市鎮。結果鄭先生在《大清一統志》查到江

[1] 王兆鵬《兩宋詞人年譜·吕本中年譜》，文津出版社（臺北）1994 年版，第 345 頁。
[2] 吕本中撰，沈暉點校《東萊詩詞集》，黄山書社 1991 年版，第 92 頁。
[3] 鄭永曉《黄庭堅年譜新編》，社會科學文獻出版社 1997 年版，第 342 頁。

津縣西南一百五十里的江邊有"漢東市"[1]。重新確定"漢東市"位於長江邊上的江津（今屬重慶）後，黃庭堅的行程就豁然貫通：過了合江，到江津漢東，再經萬州，出峽赴宜昌。這次鄭先生修訂黃庭堅行年繫地譜，對舊譜的失誤就做了訂正。

爲了減少繫地的錯誤，我們在撰寫《唐宋文學編年繫地譜叢刊》時，要求每位作者手邊常備中國歷史地圖，以便像李光廷撰《廣元遺山年譜》那樣"考之輿圖，以求其蹤迹；博之史集，以證其交遊"[2]。地理學家考察古代地理，要求史地互證，用清代著名地理學家顧祖禹的説法就是："以古今之方輿，衷之於史，即以古今之史，質之於方輿。史其方輿之嚮導乎，方輿其史之圖籍乎？"[3]我們今天做古人的年譜，考察其流寓經行之地，必須"考之輿圖"，"質之於方輿"。

作家的寓居地，指在他鄉異縣的寄寓之地。古代方志中的人物志，常有"流寓"或"寓賢"一類，專門介紹非本籍而在本地居住的名賢勝士，如：《嘉靖清苑縣志》卷五，在"名宦志""人物志"之外專設"寓賢志"，録"寓居"本地的"賢人君子"[4]；《崇禎吳縣志》卷五一《人物·寓賢》也是收録"寓迹"本地的"歷世高賢"[5]。古人離家至他鄉寓居的原因有很多，或因任職，或因貶謫，或因依附，或因侍親，或因避難。本叢刊既重視編年繫地，要求考實譜主每年的行止及其所在地，就必須考訂譜主每年的寓居地，而無論寓居期間譜主有無事件可述可載。比如，葛勝仲十九歲時曾隨父居楚州漣水縣，四十七歲罷官後，又僑居漣水兩年。十九歲時尚未及第，本無事可載，四十七歲罷官後也無要事可述。過往的年譜可能會付之闕如，而拙撰《葛勝仲行年繫地譜》則予以考實。葛勝仲《題佛本行經》自述："元祐庚午歲，侍先君官此邑。丁内艱，

[1] 和珅等《大清一統志》卷二九五，景印文淵閣《四庫全書》，臺灣商務印書館1986年版，第481冊第97頁。
[2] 李光廷《廣元遺山年譜》卷首，北京圖書館出版室編《遼金元名人年譜》，北京圖書館出版社2005年版，第9~10頁。
[3] 顧祖禹《讀史方輿紀要》卷首《凡例》，中華書局2005年版，第1頁。
[4] 李廷寶《嘉靖清苑縣志》卷五，《天一閣藏明代方志選刊續編》，上海書店1990年版，第1冊第232頁。
[5] 王煥如《崇禎吳縣志》卷五一，《天一閣藏明代方志選刊續編》，上海書店1990年版，第19冊第365頁。

嘗誦萬壽經藏。後二十有八年自大司成出領宮祠寓居，再閱大藏。”[1] 又據葛勝仲《朝奉郎累贈少師特謚清孝葛公行狀》所載“知楚州漣水縣丞”[2]，知其父葛書思當時爲漣水縣丞。“此邑”，即漣水縣（今屬江蘇）。葛勝仲先是侍居此地，二十八年後再寓居此地兩年。

又如，紹聖四年（1097）葉夢得考取進士後，授丹徒縣尉。按照一般年譜的慣例，會將這兩件事一併敘述，途中經過何地、住在何處，不會顧及。而拙撰《葉夢得行年繫地譜》，則查考葉夢得《避暑錄話》所述：“歐陽文忠公在揚州，作平山堂，壯麗爲淮南第一，上據蜀岡，下臨江南數百里，真、潤、金陵三州，隱隱若可見。……余紹聖初始登第，嘗以六、七月之間館於此堂者幾月。屬歲大暑，環堂左右，老木參天，後有竹千餘竿，大如椽，不復見日色。”[3] 據以考知其自京師開封赴丹徒，沿汴河南下，途經揚州，曾寓居平山堂近一月。這類寓居地信息，本叢刊都注意考訂。

作品創作地，是我們編年繫地譜特別著力的部分。古人給作家詩人編年譜，只注重行事出處的編年，雖然也給作品編年，但不太著意。今人做的年譜，注重作品編年，但又忽略繫地。比如，歐陽脩的名作《朝中措·送劉仲原父出守維揚》，劉德清先生《歐陽脩紀年錄》據歐陽脩《集賢院學士劉公墓誌銘》和《續資治通鑑長編》所載，考定此詞作於嘉祐元年（1056）閏三月九日[4]，但没説作於何地。其後，胡可先、徐邁《歐陽脩詞校注》所定此詞作年相同，也同樣没有考證其創作地點。其實，此詞“輯評”中録有傅幹《注坡詞》一則記載：“公在翰林，金華劉原父出守維揚，公出家樂飲餞，親作《朝中措》詞。”[5] 明確説明《朝中措》詞是歐陽脩任翰林學士時在汴京的家宴上所作。弄清此詞是在家中私宴上所作，對理解詞人的創作心態和詞作主旨大有

---

[1] 葛勝仲《丹陽集》卷九《題佛本行經》，《宋集珍本叢刊》，綫裝書局 2004 年版，第 32 冊第 590 頁。

[2] 葛勝仲《丹陽集》卷一五《朝奉郎累贈少師特謚清孝葛公行狀》，《宋集珍本叢刊》，綫裝書局 2004 年版，第 32 冊第 642 頁。

[3] 葉夢得《石林避暑録話》卷一，影印宛委堂本，上海書店 1990 年版，第 2 頁。

[4] 劉德清《歐陽脩紀年錄》，上海古籍出版社 2006 年版，第 280 頁。嚴傑《歐陽脩年譜》繫年相同（南京出版社 1993 年版，第 194 頁）。

[5] 歐陽脩著，胡可先、徐邁校注《歐陽脩詞校注》，上海古籍出版社 2015 年版，第 36 頁。

助益。[1] 歐陽脩此詞本可繫地而未繫地，不是沒有相關文獻史料，而是受年譜和別集箋注長期形成的重編年輕繫地的傳統觀念所限，沒有想到應該爲作品繫地。

又如南宋首任宰相李綱，傳存詩文作品甚多。今人趙效宣《李綱年譜長編》只注意爲其活動編年，將李綱的行實細化到月日，但對李綱作品的編年繫地則很簡略。李綱《梁溪先生文集》中的詩文，基本上是按年編次，而《李綱年譜長編》就把李綱同一年所作詩文篇目全編列在一起，至於每篇作品，寫於何地，作於何月，則不再細考。這次本叢刊的作者之一李欣所撰《李綱作品編年繫地譜》，就專力考證李綱作品的作時與作地。比如建炎二年（1128），李綱貶謫鄂州（今湖北武漢）居住，他從江蘇無錫出發，經宜興、溧陽，歷安徽寧國、越歙縣，宿休寧，過黟縣，自江西鄱陽泛舟至星子，出南康，遊廬山，過九江溢浦，登琵琶亭，訪陶淵明故居，下德安，由武寧，出分寧，入湖北通城，居崇陽。未到達鄂州，就命移澧州（今湖南澧縣），於是經湖北赤壁，趨湖南臨湘、岳陽，渡洞庭湖，過華容，至澧州。沿途所作詩文，有三百多篇，《李綱年譜長編》原來只是列目一處，不分先後，不分地域。而《李綱作品編年繫地譜》則一一考證每篇詩文所涉地名的具體方位，結合譜主的交遊唱和，確定每篇詩文的寫作時日與地點，從而完整地呈現出李綱建炎二年的行程路綫和創作歷程。跟李光廷一樣，做到了"考之輿圖，以求其蹤迹；博之史集，以證其交遊"[2]。

本叢刊的部分編年繫地譜，是在已有年譜基礎上進行增訂的，尤其注重作品的編年繫地。如范仲淹傳世詩文作品近820篇，南宋樓鑰《范文正公年譜》比較注重作品編年，然編年作品不足三成，僅有230餘篇，至於繫地非所措意。而郭紅欣新撰《范仲淹作品編年繫地譜》，編年繫地作品達769篇，九成多的作品都已編年繫地。

終老地，指作家晚年的養老地或去世地。宋代文士，葉落歸根的意識似乎

[1] 參肖鵬、王兆鵬《歐陽脩〈朝中措〉詞的現場勘查與詞意新解》，《北京大學學報（哲學社會科學版）》2018年第1期。
[2] 李光廷《廣元遺山年譜》卷首，北京圖書館出版社影印室編《遼金元名人年譜》，北京圖書館出版社2005年版，第9~10頁。

没有我们想象的那麽强烈，有的退休後不住家鄉，而選擇在他鄉終老。蘇軾平生對故鄉眉山念兹在兹[1]，晚年卻没有回鄉終老的打算，最後是在常州買房終老並病逝。友人張劍曾注意到這個現象，並做了合乎情理的分析："宋代的兩個大文豪廬陵歐陽脩和眉山蘇洵開創了宋以降的家譜體例（歐蘇譜式），強調敬宗收族，但是歐陽脩晚年退居於安徽潁州（今阜陽），蘇洵的兒子蘇轍晚年也退居於河南許州（今許昌），他們爲什麼不回到各自的家鄉居住？也許其中一個重要原因，正是敬宗收族的觀念，使宋代官員一旦入仕，照顧族人似乎成爲一種義務，有的甚至爲之入不敷出，負擔過重，故不得不有所逃避。清代於此，似過之而無不及。常見達官顯宦，因食指浩繁，而負債累累者。對於他們，家鄉既是樂土的象徵，又是煩惱的淵藪。"[2] 本叢刊的作者之一葉燁曾著《北宋文人的經濟生活》一書，其中第三章"北宋文官的開支狀況"第一節"北宋文官的家庭、家族成員贍養開支"，也專門探討過宋代官員入仕後有照顧族人義務因而增加經濟負擔的問題。[3] 宋代作家，究竟是選擇在他鄉終老的多還是在故鄉終老的多，不在家鄉終老的原因是否與避免人情困擾、減輕經濟負擔有關，只有在切實弄清宋代作家的終老情況之後，才能作出具體的統計分析。所以本叢刊對作家的養老地和去世地，也頗爲留意，能考證清楚的都會儘量考證。比如：葛勝仲、葛立方父子，本是江蘇江陰人，晚年卻定居湖州，最後都在湖州去世；葉夢得是江蘇蘇州人，也同樣是在湖州終老；福建邵武人李綱，早年生活在江蘇無錫，晚年卻退居福建福州；王之望出生於故鄉湖北穀城，晚年則定居浙江台州，並終老於斯。當然，也有在故鄉終老的，如劉一止生於湖州歸安，致仕後還鄉居歸安養老，直到去世。

出生地、任職地、經行地、寓居地、創作地、終老地，是繫地的六大構成要素，也是本叢刊繫地的六大著力點。

四、撰寫編年繫地譜的學術團隊

一個重大項目，要能産出一批成果，搭建一個平臺，培養一支隊伍。我們

---

[1] 参王兆鵬、陳朝鮮《蘇軾的鄉思情結及其化解方式》，《貴州社會科學》2019 年第 4 期。
[2] 張劍《華裘之蚤——晚清高官的日常煩惱》，中華書局 2020 年版，第 57 頁。
[3] 参葉燁《北宋文人的經濟生活》，百花洲文藝出版社 2008 年版，第 95 頁。

已在網上建立起唐宋文學編年地圖平臺，日後將上下延展，把它打造成中國文學知識圖譜平臺，融中國文學編年地圖和中國文學史料數據於一體。本叢刊，則是我們項目團隊産出的第一批成果。在建設平臺和撰寫年譜過程中，我們也鍛煉、培養了一支既精通文獻考據又熟悉數字人文技術、擅長處理數據的學術隊伍。

本叢刊的學術團隊，老中青結合，既有年長資深的專家教授，也有初出茅廬的研究生。大家精誠團結，時常共享文獻資料，分享考訂心得，相互支持，共同進步。

團隊中最年長資深又起關鍵作用的是陳冠明教授。冠明先生和易誠篤，學問高深而爲人低調。我與他相識較晚。2002 年 5 月，在重慶西南師範大學中文系主辦的"中國唐代文學學會第十一屆年會暨唐代文學國際學術研討會"上，他提交的大會論文《崔融年譜》，引起我的注意，於是相識。2007 年，他寄贈由上海古籍出版社出版的力作《杜甫親眷交遊行年考》，我拜讀一過，深服其引證豐富、考訂扎實，從時人無可著力處而大力開拓。2011 年 9 月，在河南大學主辦的"中國宋代文學學會第七屆年會暨宋代文學國際學術研討會"上，他的長篇論文《論〈文苑英華〉的分類體系》引發與會者的關注，我也印象深刻。再次相逢後，他又惠贈《蘇味道年譜》《李嶠年譜》兩部大著，我越發佩服他對唐代文史的造詣之深。2012 年，我的重大項目"唐宋文學編年繫地信息平臺建設"獲准立項後，特邀他加盟。他又帶來新著《唐代裴度集團平叛日曆考》，分贈給團隊成員學習。爲提高叢刊的學術水準、保障叢刊的學術品質，我請他合作任叢刊主編，負責審稿。他果然不負所託，且讓我大喜過望。2019 年元月，我給他兩篇青年學者寫的篇幅較短的年譜審閲，一個月後，收到他的回復，讓我大爲驚歎：當今居然有這樣無私、認真、負責的主編！我給他的是兩個文檔，他回復的竟有六個文檔。每篇年譜原稿之外，另加一篇補充史料和審讀劄記。其中一篇原稿不到一萬字，而他補充的史料竟有一萬五千字，大大超過了原稿的篇幅。每篇審讀劄記，也都有兩三千字，詳列原譜存在的問題，提出改正的意見，指點史料的綫索，建議寫作的規範。審讀了幾篇年譜稿後，他專門寫了一篇八千多字的"撰稿建議"。我參酌他的意見，調整了叢刊格式規範和體例，並將他的建議發給團隊成員學習參照。

他的意見和建議，既是平生經驗的積累，也是調查研究之所得。比如地方志的注釋格式，五花八門，團隊成員無所適從。我請他提出一個折中方案，結果他竟花了一個多月的時間調查多種文史研究專著和目錄學著作中有關方志的著錄情況，寫出兩篇各兩萬多字的調研報告：《地方志書名標示亂象的考察及其建議》《〈唐宋文學編年繫地譜叢刊〉的另一種創新——關於地方志、地方文獻史料的徵引與利用》，詳細闡述了地方志的來龍去脈、著錄案例和本叢刊注釋的方案。我著實被他的專業精神、敬業精神所震撼！本叢刊的學術水準是否達到預期的精品目標，我不敢說，但有了陳冠明先生的審稿把關，質量是有保障的。

他既是主編，又是作者，而且唯有他一人貢獻了兩部書稿：《初唐學士宰輔創作群體編年繫地譜》和《中唐裴度創作群體編年繫地譜》。前者是在未刊稿《文章四友李嶠蘇味道崔融杜審言年譜》基礎上修訂而成，後者則融合了《裴度年譜》《唐代藩鎮動亂平叛編年史表》兩部書稿的成果。二著積累多年，又重加修訂，自是精審。

熊飛教授，是我多年的老朋友。他早年在咸寧師專學報編輯部工作時，我們就多有交往。他長於考據，一直致力於唐人生平的考訂，2000 年調往廣東韶關學院任教後，就專力做張九齡和張説的研究，先後在中華書局出版《張九齡集校注》《張説集校注》，又曾出版《張九齡年譜新編》和《張説年譜新編》。他在原來兩種年譜基礎上增訂《盛唐張説張九齡詩文編年繫地譜》，可謂駕輕就熟。

上海師範大學李定廣教授，近年因中央廣播電視總臺熱播的系列節目《中國詩詞大會》而爲人矚目。他是該節目的學術總負責人，其廣博的學識和嚴謹的態度得到節目組和廣大觀衆的一致認可。作爲他碩士時代的老師，我自感欣慰。他擅長文獻考訂，曾與陳伯海先生合著《唐詩總集纂要》，考訂歷代唐詩總集版本源流、內容及編者生平；又先後出版《羅隱年譜》《羅隱集繫年校箋》，對晚唐詩人詩壇尤爲諳熟。這次他與其高足裘江博士合作，由點及面，由羅隱而擴展至晚唐其他詩人，撰寫《晚唐詩人行年繫地譜》，自然是遊刃有餘。

中國社會科學院文學研究所鄭永曉研究員，與我的研究方向相同，都治宋代文學，因而相識甚早。後來他從劉揚忠先生攻讀碩士、博士學位，而我跟揚忠先生關係至爲親密，於是跟他又多了一份親切感。他先治文獻，後來致力於古典文學與技術的融合，在數字人文方面多有開拓。我主持的"唐宋文學編年繫地信息平臺建設"項目，從申報到完成結項，都得到他的有力支持。2020年春天，與他商討黃庭堅一篇作品繫地的疑問，得到他的快速回應並最終得以解決。這次我建議他將舊著《黃庭堅年譜新編》修訂爲《黃庭堅行年繫地譜》，他欣然應允。因他此前編撰有《黃庭堅全集輯校編年》，對黃庭堅作品的編年早就成竹在胸，再完善作品的繫地信息，自然是得心應手。

陳才智研究員，是鄭永曉的同事，人如其名，才學與智慧兼具。他治學嚴謹，做一個專題力求竭澤而漁，掌握所有資料。前幾年我主持一項國家社科基金項目，在廣泛搜集20世紀海內外有關唐代文學研究的論著目錄基礎上，做計量學術史的統計分析，自以爲搜羅的目錄比較完備。在一次學術會議上，他瞭解我所做的項目後，主動將他多年收集整理的白居易研究論著目錄電子文檔，無償地發給我參考。我一對比，發現無論體量還是文獻來源的覆蓋面，他的目錄比我搜集的都要豐富完備得多。2019年在江西南豐曾鞏研討會上，知他著有《白居易詩集編年》書稿，打磨了多年還沒出版，於是動員他按我們編年繫地譜的體例要求，修訂成《白居易詩歌編年繫地譜》，收入本叢刊。承他俯允，大爲快慰。

內蒙古大學金傳道博士，出於名校名門，師從復旦大學陳尚君教授，頗得乃師真傳，也長於考據。我們原本不熟悉，我是在讀了他的《徐鉉年譜》後，邀請他加入我的團隊的，並請他將《徐鉉年譜》轉錄成徐鉉活動編年繫地數據。他接到任務後，又快又好地完成，可謂盡心盡力。從此，我們的信任與友誼俱增。後來本叢刊在團隊內組稿，他又自告奮勇，將積累多年的《王珪年譜》修訂成《王珪行年繫地譜》，並且很快完稿。陳冠明先生審閱後，很讚賞他用力之深、搜羅的文獻史料之富。收到修改意見後，他又抱病修訂，精益求精，令人感刻。

朱光立博士，是我老友莫礪鋒教授與英國愛丁堡大學聯合培養的博士生，又是我師兄鍾振振教授指導的博士後。他喜歡做文獻考據，2008年在愛丁堡讀博時，就常來電郵，跟我交流分享他發現的域外所藏文獻信息，讓我大開眼界。他一直稱我爲師叔，我也視他爲及門。博士後出站，他攜筆從戎，到中國人民解放軍國防大學政治學院任技術軍官，現爲上校。他雖在軍營，但還是堅持做文獻研究。他的博士學位論文是《尤袤研究》，其中輯考尤袤的生平事迹創獲甚豐。博士研究生畢業後他又一鼓作氣，繼續做同時的蕭德藻、徐夢莘和李結等中興時期詩人、學者、畫家的生平考證。此次他按本叢刊的規範要求，將考證成果擴展爲《南宋中興詩人行年繫地譜》。他身披戎裝，頗有軍人雷厲風行的作風，遇事反應迅速，我給團隊成員發的通知，他總是第一個回復。他的這部書稿，也成爲本叢刊第一部正式推出的著作。

本叢刊有著作 24 部、作者 30 人，其中 20 餘人是我的及門弟子。考據，本是"唐門硬功"，是先師唐圭璋先生傳承的"家法"。我治學，也是從考據做起。本科畢業論文是《張元幹生平事迹考》，後來擴展爲碩士學位論文《張元幹年譜》，讀博士時修訂出版。在寫博士學位論文《宋南渡詞人群體研究》之前，按唐師的要求，寫了十幾家南渡詞人年譜稿，以深入瞭解南渡詞人及其創作背景。博士畢業後，將葛勝仲、葛立方父子與葉夢得、呂本中、向子諲五家年譜修訂爲《兩宋詞人年譜》，由臺北文津出版社出版。後來又主持完成國家社科基金項目《兩宋詞人叢考》，2007 年在鳳凰出版社出版。

我一直琢磨著，怎樣結合自己多年做年譜的經驗教訓，快速而有效地將唐門家法傳授給學生。受電腦程序的啓示，我將文獻考據的方法，像電腦程序那樣分成若干步驟，一步一步地教學生如何查找史料，如何整理史料，如何剪輯運用史料，寫成初稿後怎樣根據有關綫索再去發掘間接史料、隱性史料。從2005 年開始，我在武漢大學碩士生課堂教學中進行這種"程序式教學法"的試驗，教學效果比預期的還好。經過一學期的課堂教學和寫作實踐，門下碩士生和旁聽的博士生基本能掌握考據的步驟和方法，並寫出有學術含量的考據論文，大多公開發表。2008 年我在北京大學出版社出版的《詞學研究方法十講》，就是這一教學方法的課堂實錄。此後每屆碩士、博士生，我都堅持用這種方法教學，並不斷改進和完善，教學效果比較顯著。本叢刊中的 15 部著作，可以説是這種教學方法的實踐性成果。

王可喜教授，一直在湖北科技學院做管理工作。2005 年春，他到武漢大學跟隨我做訪問學者。當時我正在用程序式教學法給研究生講考據方法課，没有任何考據經驗的他，認真聽課，課後實踐，寫出初稿後給我修改，一學期下來，就寫出《南宋詞人王質沈瀛李洪生卒年小考》和《南宋詞人易祓行年考》等論文，當年就在《文學遺產》和《中國韻文學刊》刊出。《南宋詞人沈瀛李處全生平考略》，次年又在《文史》發表。幾年後，他又跟隨我讀博，並順利取得博士學位。他的《兩宋作家行年繫地譜》就是以博士論文《宋代詩人叢考》爲基礎，幾經修訂打磨而成的。

方星移教授，長期在黃岡師範學院任教，她跟可喜君同時到我門下做訪問學者，一樣用功，也一樣有收穫。一樣沒有考據基礎的她，一年後就寫出李光、汪藻、劉一止、王之望年譜，後結集爲《宋四家詞人年譜》出版。她和可喜又在同一年晉升教授。我的程序式教學法，他倆應用實踐的效果最爲突出。她的《宋南渡詩人行年繫地譜》就是在《宋四家詞人年譜》基礎上增擴而成。原著沒有注意繫地，這次在作品編年繫地方面用力甚多，學術含量又提升不少。因爲我的書稿題作《宋南渡詞人行年繫地譜》，爲避免混淆，她的書就以"南渡詩人"爲名，以相區別。

湖州師範學院潘明福教授，早年在貴州大學跟隨房開江教授讀碩士時，就能嫻熟地做考據。考入我門下讀博之後，發表了《〈兩宋詞人叢考〉小補》《宋七家詞人考略》等多篇考據論文，他的考據功夫更加老練堅實。近些年，他致力於湖州地方文化名人和南宋中後期文士群體的生平考證。這次他選擇前人沒做過年譜的四位宰輔大臣進行考訂，結集爲《南宋四名臣行年繫地譜》，以補宋人年譜之未備。譜主雖是名臣，亦爲作家，都有詩文傳世。

武漢大學譚新紅教授，早年跟隨我讀碩士研究生，後負笈杭州，師從吳熊和先生攻讀博士學位。在吳先生的嚴格要求和熏陶下，他很快掌握了考據方法。博士學位論文做的是《清詞話考述》，出版後頗獲好評。吳先生親炙於夏承燾，夏先生是詞學領域年譜之學的開拓者。新紅君傳承著唐、夏兩門的考據功夫，做起作家年譜來自是遊刃有餘。夏竦年譜，他積累材料多年，曾發表論文《夏竦年譜新編》。合作者黃貞子是他的博士生，文靜聰慧，是有民國範的才女，讀碩士階段也聽過我的考據方法課，發表有《道潛〈參寥子詩集〉版本考述》。這次師生合作，《夏竦行年繫地譜》更臻完善。

河南科技大學應用工程學院、三門峽職業技術學院郭紅欣教授，大學畢業後工作了十幾年，三十幾歲才考入武漢大學讀碩士。雖然學術研究的起步比較晚，但他基礎好，悟性高，上手快，聽我的課後，總能找到自己感興趣的論文題目，寫出有學術含量的論文。他做事細緻認真，跟我合作編教材、做項目、錄數據，總是出色完成任務。《范仲淹作品編年繫地譜》雖然是他第一部考據性的專著，但創獲甚多。他將范仲淹94%的作品都做了編年繫地，較之南宋樓鑰《范文正公年譜》，編年繫地作品的比重提高了六成多。這是不小的學術進步。

柯貞金副研究員，也是當了十來年的中學老師後，年過三十才考取武漢大學的碩士研究生。所以，他特別珍惜這來之不易的學習時光。一邊聽我的考據方法課，一邊寫作實踐，陸續寫成版本考和作家生平考的論文，論文修訂之後都公開發表。研究生畢業後，他到廣東輕工職業技術學院做行政管理工作，本可以不做學問，但他不放棄對學術的追求，一直堅持做宋代作家的生平考證，而且由點及面，由個體而考及群體。2013年，他參加我的重大項目，做作家數據錄入，發現數據的來源文獻中前人所作楊時和游酢等年譜，編年繫地信息多有不確和缺失，於是重加增訂；又見粵籍作家的活動數據匱乏，於是爲李昂英、崔與之等作家作品進行編年繫地考證，結集爲《兩宋閩粵作家行年繫地譜》，糾謬補闕，多有貢獻。

武漢紡織大學李欣副教授，是我的首屆博士生，長期致力於南北宋之交的詩人詩壇研究，文獻考據與理論闡釋兼擅。讀博士期間，她就發表論文《程俱年譜》，後來在博士學位論文基礎上出版專著《宋南渡詩壇的格局與變遷》。我主持的第一個重大項目立項後，她負責錄入李綱的活動數據，發現所依據的趙效宣《李綱年譜長編》雖對李綱行事出處的編年做得很深入，對作品的編年卻比較粗略，更缺乏繫地。於是，她自己動手來訂補。補多了，漸漸積累了好幾萬字的劄記和史料。我建議她乾脆另寫一部《李綱作品編年繫地譜》，以與趙先生的年譜相互補充參證。一年後，她就寫出二十萬字的初稿，我看過之後，提了些修訂意見，結果越修訂發掘的文獻史料越多，篇幅擴展到四十多萬字，比趙先生的《李綱年譜長編》多了一倍。更重要的是，她將李綱的絕大部分作品做了準確的編年和繫地，爲進一步研究李綱和南渡詞壇詩壇，提供了豐富可靠的史料和經過嚴謹考訂的編年繫地成果。

西安外事學院陳小青副教授，是位富有遠見、敢作敢爲又能作能爲的女學者，文靜優雅的外表下潛藏著風風火火的工作熱情。她原是新疆塔里木大學生命科學系負責實驗的技術員，因爲趕上武漢大學援疆的機遇，考上了武漢大學的在職研究生。順利拿到碩士學位後，她又考取我的博士研究生。雖是理科出身，文獻基礎比較薄弱，但讀博之後，她很快就進入學術狀態，聽完一學期的考據方法課程，就寫成《范鎮年譜》，並公開發表。因唐宋文學編年地圖數據採集的需要，我建議她的博士學位論文做北宋初期散文的編年繫地考證，爲全面系統地給《全宋文》編年繫地做前期的探索。結果她如期完成，三年就順利拿到了博士學位。《全宋文編年繫地初考》就是在她博士學位論文基礎上修訂而成，學術含量更上層樓。

　　葉燁副教授，是我第三屆博士生。他的女友劉學早一年在我門下讀博士，爲了愛情，他也努力考入我門下，畢業後又雙雙到中南大學任教，成就一段佳話。讀博士期間，他就學會了考證，發表有《北宋詞人王仲甫王觀事迹考辨》一文。王仲甫和王觀兩位詞人，常被混淆爲一人，葉燁經過細心考辨，最終考定真身是兩人，了結了一段詞史公案。因做博士學位論文《北宋文人的經濟生活》，他廣泛考察和熟悉了宋人的行事出處和典章制度。後來我主編《宋才子傳校箋》，他又做了米芾等人傳記的考釋。故而此次他做《劉敞行年繫地譜》，就輕車熟路。時賢雖做過《劉敞年譜》，但記事簡略，作品編年幾未措意。葉燁此稿，不僅細密梳理了劉敞的行蹤履迹，更著力考訂其作品編年繫地和譜主交遊人物，創獲多多。

　　朱興艷，是我 2005 年在上海大學任特聘教授時指導的碩士生。我給這些碩士生也講過考據方法，並鼓勵他們碩士學位論文選做年譜，爲今後的學術發展打好文獻基礎。選擇什麼樣的作家來做年譜練習，初入門的學生往往感到爲難。我擬定過選擇譜主的三條原則：一是前人沒做過年譜，不用回避重複的；二是有詩文集傳世，本人作品中含有豐富的活動信息的；三是最好有傳記資料的，如行狀、墓誌銘、神道碑或正史本傳等。興艷據此選擇了前賢未曾做過年譜的南宋中興四大名臣之一的趙鼎爲譜主。爲了廣泛搜羅資料，她從趙鼎的家鄉山西聞喜縣檔案館找到趙鼎的族譜。畢業時，她寫成二十多萬字的《趙鼎年譜》提交碩士學位論文答辯，得到答辯委員會的一致好評。畢業後，爲愛情，她隨男友到廣東河源開放大學任教，現在是高級講師。雖然在成人高校工作，但她一直繫念學術，打磨增訂趙鼎年譜，曾專程去浙江常山，得到趙鼎家族墓葬的第一手資料。她最終完成的《趙鼎行年繫地譜》，篇幅增加到五十多萬字，學術含量的提升也不啻倍蓰。

邵大爲，本是工科女。在武漢理工大學最牛的材料學院讀本科時，偶然到武漢大學蹭聽文學課，不料不可救藥地愛上了古代文學。畢業後又一不小心考取武漢大學文學院的研究生，跟我研習唐宋文學。後來又順利跟我讀博。她的博士學位論文，我原本想讓她發揮理科專業背景的優勢，沿著碩士學位論文的理路繼續做古代文學的定量分析。誰知她對文獻考據更感興趣，博士學位論文做以黃鶴樓爲中心的文化名樓興廢史的考訂，發表了相關系列論文。沒承想，幾年後她就成長爲文化名樓研究專家。《北宋詩人行年繫地譜》，是她與同門趙瑞華、田甘、黃盼、黃俊傑、吳瓊合作的成果。幾篇不足單獨成書的年譜，合爲一書。雖文出衆手，但幾經修訂，齊整如一，質量可觀。趙瑞華、黃盼、吳瓊，是譚新紅教授指導的博士生，但平時都是跟我指導的博士生一同上課和活動，我一併視作及門，不分彼此，他們也互認同門，關係親密。她們三人所作的沈與求、張昇、王洙行年繫地譜，原本都是課堂作業，幾經修訂後都曾公開發表。田甘和黃俊傑是我門下博士，所作崔鷗、孫何兄弟的行年繫地譜，最初也是課堂練習，修訂成文後也分別在學術期刊上揭載。這次再增廣繫地信息，一併收入。他們不計較排名的先後，甚至不在意姓名是否上封面和版權頁，合作精神讓我感動。

江卉，原是廈門大學劉榮平副教授的碩士生。而劉榮平是我指導的碩士，酷愛考據，博士畢業後不遺餘力地整理研究詞籍文獻，所編《全閩詞》考校精審，有逾前修。他指導的研究生，個個能做考證。受其熏陶，江卉君也喜做考據，讀碩士時就發表過《范純仁行年考》。到武漢大學跟我讀博後，得到進一步鍛煉，在范純仁行年考的基礎上，將范純仁三位兄弟純佑、純禮、純粹一併囊入考訂。畢業後，她又細加打磨，不斷修訂《范純仁兄弟行年繫地譜》，力求完善。

鄭棟輝，以讀書爲至樂。他在武漢大學跟隨我讀碩士、博士多年，閱讀廣泛，又過求勝解，寫作追求完美。畢業論文《張耒行年繫地譜》遲遲不能結稿，原因是，本以爲可考的都考了，該搜集的史料都搜集到位了，結果再讀書，發現某篇未編年繫地的作品仍可以編年繫地，某篇已編年繫地的作品還有史料可以補證得更加堅確，於是遷延往復，不斷修補。畢業後，他又再三打磨增廣，直到心滿意足爲止。

王艷和陳思晗，是我在中南民族大學指導的研究生。王艷博士在讀，碩士階段學習中國現當代文學，在古代文學的考據上原本没有任何基礎，但悟性很高。陳思晗剛剛碩士畢業，之前也没有文獻考據的經歷，然性格沉静，好學深思，才情既富，又極用功。2018 年春，我給二人講了一學期的考據方法課，他們就能運用自如。選擇譜主做練習時，我建議二人考慮從前賢不願意爲之做年譜的反面人物來試手，比如蔡京、秦檜之類。蔡京、秦檜因入《宋史·姦臣傳》，而被永遠釘在歷史的恥辱柱上。然歷史上公認的姦臣，並不是以姦臣的面目步入歷史舞臺的，他們也許壓根就没想到自己將成爲被歷史唾罵的姦臣。他們從能臣甚或忠臣（如秦檜）最終走向姦臣，經歷了怎樣的人生裂變，受到什麼環境的影響，有著怎樣的心路歷程，需要我們以實事求是的態度去探討。編年繫地譜，也許不可能直接回答這些問題，但可以爲解決這些問題提供翔實的史料依據。於是，王艷選做蔡京，思晗選做秦檜。一學期結束，他們各自寫出了四萬多字的像模像樣的年譜。其後，利用每月同門讀書會的機會，他們分別主講，同門逐字逐句討論，我再從史料的運用、觀點的論證、語言的表述、注釋的規範和史源的拓展、綫索的發現等方面予以點評和提示。一年下來，兩種行年繫地譜打磨得日益成熟。原計劃蔡京、秦檜行年繫地譜合成一書。隨著史料的不斷發掘，一家行年繫地譜就有二十多萬字，於是各自獨立成書，又因蔡京、蔡卞兄弟同列《宋史·姦臣傳》，故蔡卞一併考述，分別爲《蔡京蔡卞行年繫地譜》和《秦檜行年繫地譜》。

站在今天的文學立場來看，蔡京兄弟和秦檜這樣的姦臣似乎不能稱爲作家。殊不知，他們都有詩文傳世[1]，只是受因人廢言傳統的影響，三人留存作

---

[1]《全宋詩》《全宋文》都録存有蔡京、蔡卞和秦檜的詩文作品，《全宋詞》還録存蔡京詞一首。時賢另有輯補，見姚大勇《蔡京詩詞補遺》（載《江海學刊》2000 年第 4 期）、吳宗海《〈全宋詞〉蔡京詞補遺》（載《南京師範大學文學院學報》2003 年第 3 期）。

品不多。蔡氏兄弟曾同爲中書舍人，共掌朝廷書命，時人艷羨不已[1]；又先後任翰林學士，爲朝廷"主筆"。更讓我們想象不到的是，蔡卞死後曾被謚爲"文正"。"文正"，在宋代謚號中是非常崇高的榮譽，南宋李心傳就説："大臣謚之極美者有二，本勳勞，則'忠獻'爲大；論德業，則'文正'爲美。"[2]北宋時期，只有王旦、范仲淹和司馬光等寥寥幾位名高德劭者被謚爲"文正"。人們都熟悉宋仁宗賜謚夏竦爲"文正"卻被劉敞等大臣駁回的故事。[3]而蔡卞被謚爲"文正"，雖與徽宗本人的態度和宣政年間特殊的政治環境有關，但畢竟是朝廷對其人的蓋棺論定，反映了特定時期朝廷對他的評價。一個曾被謚爲"文正"的名臣最終卻被列入《姦臣傳》，這種現象本身就值得探究。而秦檜本是文章高手，在獨相專權的十幾年間，左右著當時的文壇風向，是與特定時期文學發展密切相關的政治人物。爲他們撰編年繫地譜，有助於瞭解南北宋之際文壇的風尚及其變遷。

從 2012 年度國家社科基金重大項目"唐宋文學編年繫地信息平臺建設"立項至今，歷時八年。團隊成員團結協作，埋頭苦幹，繼推出綫上唐宋文學編年地圖平臺之後，又奉獻出這套《唐宋文學編年繫地譜叢刊》，令人欣慰。本叢刊 2018 年獲國家出版基金資助，2019 年又列入"十三五"國家重點出版物出版規劃項目。這是對本叢刊的肯定，也是對我們作者團隊的鞭策。期待讀者不吝指教，使我們不斷進步、不斷完善。

[1] 脱脱等《宋史》卷四七二《姦臣二·蔡京傳》："使遼還，拜中書舍人。時弟卞已爲舍人，故事，入官以先後爲序，卞乞班京下。兄弟同掌書命，朝廷榮之。"（中華書局 1977 年版，第 39 册第 13721 頁）

[2] 李心傳撰，徐規點校《建炎以來朝野雜記》甲集卷九《大臣謚之極美者》，中華書局 2000 年版，第 189 頁。

[3] 陸游撰，李劍雄、劉德權點校《老學庵筆記》卷七："夏文莊，初謚文正，劉原父持以爲不可，至曰：'天下謂竦邪，而陛下謚之"正"。'遂改今謚。宋子京作祭文，乃曰：'惟公温厚粹深，天與其正。'蓋謂夏公之正，天與之，而人不與。當時自有此一種議論。"（中華書局 1979 年版，第 93 頁）脱脱等《宋史》卷三一九《劉敞傳》亦載："夏竦薨，賜謚文正。敞言：'謚者，有司之事，竦行不應法。今百司各得守其職，而陛下侵臣官。'疏三上，改謚文莊。"（中華書局 1977 年版，第 30 册第 10383 頁）

目　　録

游酢行年繫地譜

楊時行年繫地譜

黃公度行年繫地譜

崔與之行年繫地譜

李昴英行年繫地譜

《唐宋文學編年繫地譜叢刊》凡例

　　唐劉知幾《史通·序例》說："夫史之有例，猶國之有法。國無法，則上下靡定；史無例，則是非莫準。"故製定本叢刊凡例。

　　編年繫地譜是對傳統年譜的更新升級，旨在創立年譜新範式，強調編年與繫地並重，而著意突出繫地。

　　一、爲凸顯繫地要素，譜主每年事迹、活動，首先交代所處地點。

　　二、本叢刊主要是爲作家撰編年繫地譜，故特別注重作品之編年繫地。編年繫地作品篇名，都在二級綱目中呈現，以求醒目。

　　三、各家編年繫地譜，結構上暗分卷首、正文、附錄三個部分。卷首考述譜主字號、籍貫、世系及著述，正文考訂譜主活動、創作的編年繫地，附錄選輯譜主主要傳記資料。

　　傳統的行狀、墓誌銘，往往首述名諱字號、里籍居所、祖宗家世，次述履歷言行、卒葬謚贈，末述妻室、子孫及詩文著述。今稍作調整，將祖宗、子孫部分合併爲世系，將詩文著述移至卷首，以求條理清晰、層次分明。

　　世系，大致考上下八代。往上可考至高祖，往下可考至曾孫。曾孫以下如有名望、影響者，也可酌情考述。

　　著述，主要考述譜主的著述及版本。版本要盡可能考明傳刻源流。如時賢已有相關研究成果，應盡量取資參考。

　　譜主活動、創作的編年繫地，逐年考述。無事迹可考年份，亦立綱目，以求年譜的完整性。

　　每年首列年份和譜主年歲。爲求簡省，綱目中一般不出譜主姓名，若人物較多，則列譜主姓名，以免混淆。譜主統一稱姓名，不稱字號、謚號，亦不用"先生""公"等稱謂。

一年如有多項事迹可考，則按時間先後，依次立綱目。原則上一事立一目，如路經多地，則一地立一目。作品可單獨列綱目，也可與事件、時地並列。

綱目分兩級。一級綱目，位於年份、年歲之下，概述該年主要事迹，包含三方面信息：該年主要活動地點、任職情況或重要事件、可考的編年繫地作品的統計數目。此條屬總括性質，爲二級綱目中所列事迹及寫作活動之概要。二級綱目，提示譜主言行事迹、寫作活動的要點。各二級綱目之下，引證史料，並作考辨分析。若某年行事簡略，可只立一級綱目，而不强分二級。

事迹有年月日可考者，則依年月日先後順序列述。如某事僅知在某年內，不詳具體月日，可放在當年年末交代。如知某事或寫作在某個季節，就放在相應季節之末考述。僅知其事或作品在某個時段而不能確定在某年，可在該時段的末年考述，並做相應説明。

傳記資料，正史本傳列於最前，餘者大致按其成書時代先後排列。

四、爲使書前目録兼具譜主年表的功用，特將年份年歲與一級綱目列入目録，使讀者能快速瞭解譜主一生的主要事迹和創作活動。

五、各書之末，附引用文獻和索引（包括人名索引、地名索引和編年繫地作品索引），以便讀者查用檢索。索引與目録、譜文三者交相爲用，共同構成立體的信息系統。

書末索引均爲全書索引，索引條目依音序排列。

人名索引中的人名包括姓名與字號，括號中爲其字、號、別名等。

地名索引中兩個行政區劃連書的地名分開録入，不録省市縣州府等政區名，但單字地名則保留政區名，如涇縣。山水名、村名、里名保留後綴，如東湖、白石里等。

六、有關時間、地點的處置方式。

文中用年號或干支紀年的，括注公元年，如“太平興國八年（983）”。同屬二級綱目下（包括腳注）的年號括注，遵循承上省略及類推原則，以免重複冗贅。

古籍多以干支記日，重要的干支日，標注數字日期。

文中涉及古地名者，括注今地名。屬行政區劃者，括注治所今地名，如“柳開時知潤州（今江蘇鎮江）”。古今地名一致者，則只括注今屬省份，如

"范仲淹知蘇州（今屬江蘇）"。

七、有關注釋的處置方式。

正文正規徵引，一般要求"書名＋卷數＋篇名"，腳注只注作者、書名、版本、頁碼，不再出現卷數、篇名，以免疊床架屋；正文非正規徵引，即在行文中雖出引文，但未出現書名、卷數、篇名，則在腳注中補充相關信息。

特別常用的文獻，如譜主本集、常見的史書等，可採取簡省方式出注。即只在首見時詳注版本，還可約定簡稱，以後出現則用"書名簡稱＋卷數＋篇名"的形式，並在引文後括注頁碼。

著述責任者的著錄：如無分工責任者，"撰""著""修"省略；有分工責任者，則不省略。著述責任者最多列兩位，原書署名有三位及以上的，就在第一人後加"等"字。對於既有編寫者又有主編的叢書套書，一般只著錄所引之書的編寫者，不錄主編。著述責任者中國人一律不注朝代，外國人以方括號注明國別。

八、其他。

引文或書名中，[ ] 表補入，（）表説明。

《兩宋閩粵作家行年繫地譜》自序

　　國家尚立史，家族尚立譜，文人尚立言。古人的文化活動、經歷體驗、處世哲學、生活風貌等，如草蛇灰綫，隱藏在文學之中，成爲後代文人學者發掘並走近古人生活、體驗古代文明、探求歷史真相之不竭寶藏。

　　本書五位譜主游酢、楊時、黃公度、崔與之、李昴英，除黃公度外，前人均撰有年譜，本書在此基礎上進行了補充完善。正確之處照錄，錯誤之處予以證誤更改，遺漏之處予以補充論證；同時，增訂譜主的世系傳承，增加了對譜主的行年繫地，希望能區別於已有年譜，更全面地反映譜主的生平事迹。

　　本書五位譜主，隸屬三個交遊群體。一是閩籍文人楊時、游酢。二人同籍同歲同門同道：均爲閩籍，同生於皇祐五年（1053），皆爲二程（程顥、程頤）學生，並爲福建道學先驅及集大成者。二人師事程頤，留下"程門立雪"的千古佳話。因而，對二人進行考證，既有《二程先生年譜》可作參考，也可開展互證互鑑。二是粵籍文人崔與之、李昴英。二人爲師徒，與余靖可並稱宋代嶺南三大家。二人既是文學鴻儒，也是愛國名士，均有大量詩文留存，交遊與思想也有共通之處。三是閩籍文人黃公度。黃公度是紹興八年（1138）狀元，詩詞文俱佳，交遊者衆多，其中知名文人有陳俊卿、龔茂良、林大鼐、章元振、陳誠之、方廷實等。三個群體，因時間精力有限，未能逐一考證，實屬遺憾，但也成爲我未來努力的方向。希望能以螞蟻搬家式的堅持，集腋成裘，早日完成夙願，爲唐宋文學編年地圖再添微薄之功。

游酢行年繫地譜

游酢（1053—1123），字定夫，世称廌山先生，亦稱廣平先生。建州建陽人。曾赴河南洛陽拜師程頤，留下著名典故“程門立雪”，成爲尊師重教、勤勉好學之千古佳話。爲程門四大弟子（其他三人爲楊時、謝良佐、呂大臨）中最早師事二程者，盡得二程理學真諦，整理二程言行，爲其繼承者、理學大師朱熹提供大量一手史料。元豐五年（1082）登進士第，再爲太學博士，歷知漢陽軍，和、舒、濠三州。在任期間，清德惠政，深受百姓愛戴。晚年辭官定居和州含山（今屬安徽），宣和五年（1123）卒，年七十一，謚文肅。有《游廌山集》傳世。

字號

游酢，字定夫，先字子通。號廣平，又號廌山。

　　《宋史》卷四二八《游酢傳》云："游酢，字定夫。"[1]《宋名臣言行録》外集卷七云："游酢，廣平先生，字定夫。"[2]《宋元學案》亦稱"文肅游廣平先生酢"[3]。《宋·游酢文集》卷一《游文肅傳》云："游酢，字定夫……學者稱廌山先生，謚文肅。"[4]《明一統志》卷七六載："廌山書院，在廌山下，宋儒游酢建。又，崇安縣建書院以祀酢，亦扁曰廌山。"[5]廌山，爲游酢讀書處，後建廌山書院。《大清一統志》卷三三一載："廌山，在建陽縣西北九十餘里，蜿蜒逶迤，如琢如削，宋游酢讀書於此。"[6]游酢有文集《游廌山集》。

　　黄去疾《龜山先生文靖楊公年譜》云："公（楊時）先字行可，以犯友人父諱，游子通（游酢）爲改字曰中立。練子安爲作字説。御史游公先字子通。"[7]

籍貫

建州建陽禾平里人。

　　《本傳》云："游酢，字定夫，建州建陽人。"（頁12732）《宋名臣言行録》外集卷七云："游酢，廣平先生，字定夫，建州建陽人。"[8]《石倉歷代詩選》卷一六〇云："公生在禾平里，讀書寶應寺，今俱置有祠田。"[9]《閩書》卷一四《方域志·建陽縣》載："廌山，宋游文肅公生其下，今爲廌

[1] 脱脱等《宋史》，中華書局1977年版，第36冊第12732頁。《游酢傳》以下簡稱《本傳》，凡引此文，均據此本，僅括注頁碼。
[2] 朱熹、李幼武纂集《宋名臣言行録》，景印文淵閣《四庫全書》，臺灣商務印書館1986年版，第449冊第722頁。
[3] 黄宗羲原著，全祖望補修，陳金生、梁運華點校《宋元學案》卷二六，中華書局1986年版，第2冊第994頁。
[4] 游酢《宋·游酢文集》，延邊大學出版社1998年版，第2頁。《宋·游酢文集》以下簡稱"本集"，凡引此書，均據此本，僅括注頁碼。
[5] 李賢等《明一統志》，景印文淵閣《四庫全書》，臺灣商務印書館1986年版，第473冊第595頁。
[6] 和珅等《大清一統志》，景印文淵閣《四庫全書》，臺灣商務印書館1986年版，第481冊第660頁。
[7] 黄去疾編，刁忠民校點《龜山先生文靖楊公年譜》，吳洪澤、尹波主編《宋人年譜叢刊》，四川大學出版社2002年版，第5冊第3394頁。
[8] 朱熹、李幼武纂集《宋名臣言行録》，景印文淵閣《四庫全書》，第449冊第722頁。
[9] 曹學佺編《石倉歷代詩選》，景印文淵閣《四庫全書》，臺灣商務印書館1986年版，第1389冊第354頁。

山書院。"[1]《明一統志》卷七六載："廌山，在建陽縣西禾平里，山形如獬廌，下有廌山書院。"[2]《萬曆建陽縣志》卷一亦載："廌山在禾平里，去縣幾一百里，形如獬廌，故名。其山蜿蜒逶迤，如琢如削。秀奇所鍾，游文肅公生焉。今爲廌山書院對山。"[3]因此，禾平里當爲其故里。

世系

高祖惟真。曾祖尚，祖禮之，不仕。父潛，字升叔。母黃氏。弟醳。

　　高祖游惟真。楊時爲游酢族父游復所撰《游執中墓誌銘》云："曾祖諱惟真。"[4]此曾祖亦即游酢高祖。

　　曾祖游尚，祖游禮之，父游潛。楊時《御史游公墓誌銘》云："曾祖尚，祖禮之，不仕。父潛，贈太中大夫。"[5]陳瓘《中奉大夫游公墓誌銘》云："居士諱潛，字升叔，家建州建陽之唐石里。累世爲名族。居士少敏慧，風力過人。遇事無所屈。早喪母，竭力事父，鄉里皆推其孝。性樂善，無媢嫉。聞人善，慶如在己。終日言不及人過惡。有盜聚劫，過居士之門，相誡以勿嘩，且呼於道，曰：'母怖。'里俗親没即分財析。居士畢喪且十年，猶不忍與兄弟異食。居家嚴整，以身教子。二子舉進士，中第。酢，試太學，録。……兄之子醇，爲廣西機宜。……未幾，居士得疾，卒於齊州之官舍，紹聖二年三月己未也。享年六十有六。夫人黃氏，有令德，生二子：酢，今爲朝散大夫提點成都府長生觀；醳，出繼爲南康軍司理參軍勳之後，自高郵尉解官奔齊州，與其兄扶柩以歸，今爲奉議郎提轄淮南路直達綱。……以紹聖四年三月辛酉葬於唐石里之松原。……居士自定夫陟朝，累贈至中奉大夫。"[6]《萬曆建陽縣志》卷五云："游潛，字升叔，以子酢貴，贈太中大夫。"[7]

---

[1] 何喬遠編撰《閩書》，福建人民出版社 1994 年版，第 327 頁。

[2] 李賢等《明一統志》，景印文淵閣《四庫全書》，第 473 冊第 592 頁。

[3] 魏時應修，田居中、張榜纂《萬曆建陽縣志》，《日本藏中國罕見地方志叢刊》，書目文獻出版社 1991 年版，第 269 頁。

[4] 楊時撰，林海權校理《楊時集》卷三〇，中華書局 2018 年版，第 778 頁。

[5] 楊時撰，林海權校理《楊時集》卷三三，第 826 頁。《御史游公墓誌銘》以下簡稱《墓誌銘》，凡引此文，均據此本，僅括注頁碼。

[6]《永樂大典》卷八八四三，中華書局 1986 年版，第 4 冊第 4049 頁。

[7] 魏時應修，田居中、張榜纂《萬曆建陽縣志》，《日本藏中國罕見地方志叢刊》，第 194 頁。

伯父默,生子醇。族父復,生子處道、處仁、處厚。

據《游氏入閩世系譜表》載:"六七世:默、潛。六八世:醇、酢、酌。"[1]案,"酌",《中奉大夫游公墓誌銘》《福建通志》記爲"醳",應以"醳"爲正確。《萬曆建陽縣志》卷六云:"醇字質夫,復之猶子。登元豐己未進士。仕至奉議大夫。醇夙以文行知名,所交皆天下士。從弟酢得遊程門,與楊中立倡道閩南,而醇私淑家庭。上下議論,參互考證,文章理學,爲一時推重。與酢齊名。"[2]猶子,即姪子。《閩中理學淵源考》卷二載:"奉議大夫游質夫先生醇。游醇,字質夫,建陽人,執中猶子醇,夙以文行知名,所交皆天下士。從弟定夫,得遊程門,與楊中立先生倡道閩南。而醇私淑家庭,上下議論,參考互訂,文章理學,一時推重。仕至奉議大夫。"[3]

族父游復,生子游處道、游處仁、游處厚。楊時《游執中墓誌銘》云:"昔吾爲太學生,吾友定夫嘗爲余言其族父執中先生之賢。……先生諱復,字執中,姓游氏。世爲建州建陽人。曾祖諱惟真,祖諱耿,父諱仲孫,皆隱德不耀。……享年六十有五。……夫人江氏,宣德郎汝舟之女。配於君子,能致婦順,以得舅姑之歡心。先先生十年卒。子男三人:處道,舉進士,亦遵遺訓,不敢失墜。處仁、處厚早卒。女一人,既嫁未兩年而嫠,守義不改適,皆其醲藉然也。處道以某年某月某日葬先生於歷衢之原。"[4]《萬曆建陽縣志》卷六云:"游復,字執中,其先建業人,有名五丈者,挾策遊四方。心獨奇潭之長平,遂即其地築居焉。復篤行純明,學以《中庸》,誠意爲宗,閑邪寡欲爲入德之途,教人勤勤懇懇,不事姑息。聽之初若難入,久之知其爲愛我也。望其容,堅挺若木。親之則溫粹可挹,以故士類矜式,多率德自好焉,曾舉有司,不第,遂終身不出,楊時誌其墓曰:'德足以淑人,學足以垂世,士之求師友者,莫如先生也。'"[5]

妻呂氏,封宜人,有賢行。生子七,攄、擬、拂、損、揿、捄、握。

《墓誌銘》云:"娶呂氏,封宜人,有賢行,事舅姑以孝聞,友娣姒,睦姻族,人無間言。公素貧,不治生産,夫人攻苦食淡,能宜其家,其内助多

---

[1] 中華游氏網,訪問時間:2020年5月18日。
[2] 魏時應修,田居中、張榜纂《萬曆建陽縣志》,《日本藏中國罕見地方志叢刊》,第397頁。
[3] 李清馥《閩中理學淵源考》,景印文淵閣《四庫全書》,臺灣商務印書館1986年版,第460冊第27頁。
[4] 楊時撰,林海權校理《楊時集》卷三〇,第777~779頁。
[5] 魏時應修,田居中、張榜纂《萬曆建陽縣志》,《日本藏中國罕見地方志叢刊》,第397頁。

矣。先公三年卒，享年六十有六。子男七人：攄，文林郎、洪州司兵曹事，卒於官。擬、捄、握，皆蚤世。損，迪功郎，前授歸州司兵曹事。掞，將仕郎。拂，未仕。皆業儒，世其家。女一人，歸時之子通。孫男三人，女五人。"（頁826～827）案，"先公三年卒"，即呂氏卒於宣和二年（1120）。

《游氏入閩世系譜表》載："六九世：攄、擬、拂、損、掞、捄、握。"[1] 《鳳池游氏宗譜》亦載："游酢，子七：攄、擬、拂、損、掞、捄、握。"[2]

姪操，弟醇之子。

《萬曆建陽縣志》卷五載："游操，字存誠，酢弟醇之子。宣和三年辛丑何煥榜。"[3]《永樂大典》卷八八四三載："游操，字存誠，有家學。宣和三年擢進士第。紹興中遷秘書少監。權禮部侍郎。晚居盱江，奉祠卒。操紹興中與潘良能、沈介、洪景伯俱爲秘書省正字，同日赴館職。少監秦熺於會食之次，出對曰：'潘游洪沈泛瀛洲。'有欲用'絳繹繪維縮綸緯'爲對，蓋熙寧中韓維、陳繹、韓絳、楊繪，相先後除學士也。'"[4]

孫昂、率甫、鼎、旦、晏、童海、鼐。

《鳳池游氏宗譜》載："游攄，子一：昂。游擬，生子：率甫。游拂，生子：鼎。游損，子二：旦、晏。游掞，子二：童海、鼐。"[5]《土富壋游氏宗譜》載："游酢第四子游損（1090—？）有二子：游旦、游晏。游晏生子二：世明、世昌，世昌生巖。"[6]

有姪孫開，姪操之子。

《福建通志》卷四七載："游酢，……弟醇，元祐進士，醇子操，宣和進士，官秘書少監，權禮部侍郎，操子開，同上舍出身，從朱熹遊。"[7]《萬曆建陽縣志》卷六載："開，字子蒙，操季子也，同上舍出身。從朱熹遊，編集《中庸》。熹和劉叔通詩有《遠懷子蒙唐律之韻》，又《答張孟遠書》云：'友人游子蒙，定夫先生從孫，議論文學，皆優贍可與晤語者，計當自識之。'"[8]

[1] 中華游氏網，訪問時間：2020 年 7 月 20 日。
[2] 中華游氏網，訪問時間：2020 年 7 月 20 日。
[3] 魏時應修，田居中、張榜纂《萬曆建陽縣志》，《日本藏中國罕見地方志叢刊》，第 380 頁。
[4]《永樂大典》，第 4 冊第 4052 頁。
[5] 中華游氏網，訪問時間：2020 年 7 月 20 日。
[6] 中華游氏網，訪問時間：2020 年 7 月 20 日。
[7] 謝道承等《福建通志》，景印文淵閣《四庫全書》，臺灣商務印書館 1986 年版，第 529 冊第 597 頁。
[8] 魏時應修，田居中、張榜纂《萬曆建陽縣志》，《日本藏中國罕見地方志叢刊》，第 399 頁。

三世族孫九言、九功。七世孫應祥。

《閩中理學淵源考》卷二載："文靖游默齋先生九言。游九言，字誠之，初名九思，文蕭三世孫也。嘗於武夷重構水雲寮，爲繼述之所。九言開爽慷慨，方十歲，即爲文詆秦檜。及長，銳志當世，熟南北事。初筮古田尉，入監文思院，被旨視行在。諸邑災傷，歸白都堂，放苗八分，以上孝廟攢宮。有司妄費希賞，九言上書，極諫張杶帥廣西辟幕下杶弟杓帥金陵，復辟撫幹。時禁方嚴，九言記上元縣明道祠，痛譏之，調全椒令。開禧初，爲淮西安撫機宜，尋知光化軍，充荊鄂宣撫參謀官，卒。端平中，特贈直龍圖閣，謚文靖。九言始學於杶，杶教以求放心，久之有得。嘗序太極圖曰：'周子以無極加太極，何也？方其寂然無思，萬善未發，是無極也。雖云未發，而此心昭然，靈源不昧，是太極也。欲知太極，先識吾心。'讀者稱之，號默齋。弟九功。"[1] 案，古田，今屬福建。《武夷山志》卷七載："游九言，字成之，初名九思，文蕭公三世孫也。嘗於武夷重構水雲寮，爲繼述之所。以蔭補江西漕司，不赴。進士第一，授古田尉，江州錄事，知光化軍，辟荊鄂參謀官，卒。端平初贈直龍圖閣。謚文靖。"[2] 案，此二處記載"三世孫"誤，應爲三世族孫。

《閩中理學淵源考》卷二載："游九功，字勉之，一字禹成。用蔭補官，累遷咸寧令，辟充荊鄂宣撫司。時德安遣戍兵潰，歸，有反意，九功即絕江撫諭，衆皆帖服。嘉定中，興元失利，九功知金州。州無城，以便宜遣兵備禦，收復隣疆，除河北運判知鄂州。被論，予祠，起爲兵部郎。入見，首言守邊必先結人心。今征役無藝以資，苞苴囊橐，而民心失；將帥腴削，功賞不以時下，而軍心失；倚重諛佞，護疾忌醫，而士大夫之心失。出知泉州，在郡有清嚴之稱。端平初，召爲司郎少卿，疏論姦貪多佚罰，諸賢或號。召未至，又論沿邊夫役之弊。兼樞密副都承旨，出知慶元府，以循吏稱。入權刑部侍郎，丐祠，再調不赴。除待制加寶謨直學士，卒。九功清慎廉恪，與兄九言自爲師友。講明理學，平生真體實踐出於誠意，及門之士皆心服之，學者稱受齋先生。寶祐中，謚文清。"[3]

---

[1] 李清馥《閩中理學淵源考》，景印文淵閣《四庫全書》，第 460 冊第 28 頁。

[2] 衷仲孺《武夷山志》，明崇禎刻本，第 3 冊第 10 頁。

[3] 李清馥《閩中理學淵源考》，景印文淵閣《四庫全書》，第 460 冊第 28 頁。

　　《閩中理學淵源考》卷二載："游應翔，字子善，酢七世孫也。值宋元兵革未靖，結屋武夷澄川之上，畊隱自晦，人稱其操履端方，無愧先世。後繇武夷直學，遷學正。"[1]《嘉靖建寧府志》卷一八載："游應祥，字子善，崇安人，定夫七世孫。……應祥天資淳厚，博通經史，無愧先世。由武夷直學升學正。"[2]案，"翔"應爲"祥"之誤。

　　游酢世系表，參見圖 1-1：

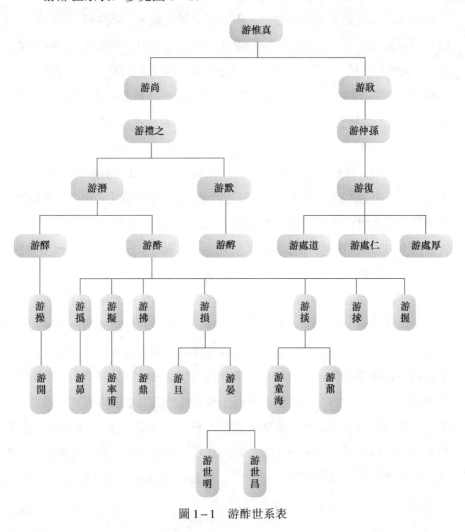

圖 1-1　游酢世系表

---

[1] 李清馥《閩中理學淵源考》，景印文淵閣《四庫全書》，第 460 冊第 28～29 頁。

[2] 夏玉麟等修，汪佃等纂《嘉靖建寧府志》，《天一閣藏明代方志選刊》，上海古籍書店 1964 年版，第 38 冊第 14 頁。

著述

有《中庸義》一卷,《易説》一卷,《詩二南義》一卷,《論語雜解》《孟子雜解》各一卷,文集十卷(已佚)。後人輯有《游廌山先生集》八卷。

    據《墓誌銘》記載,游酢作品有《中庸義》《詩二南義》《論語雜解》《孟子雜解》及文集十卷。另據《宋史新編》等記載,有《易説》一卷。自宋以來,其文集版本流傳情況(參考《宋人別集敍録·游廌山先生集》[1])如下。

    宋代,有十卷本文集著録,是否刊行不詳;另有《中庸義》一卷,《詩二南義》一卷,《論語雜解》《孟子雜解》各一卷。《墓誌銘》云:"有《中庸義》一卷,《詩二南義》一卷,《論語》《孟子》雜解各一卷,文集十卷,藏於家。"(頁827)《宋史新編》卷一六一載:"所著有《易説》《詩二南義》《中庸義》《論語孟子雜解》各一卷。"[2]《東都事略》云:"有《中庸義》《易説》《二南義》《語孟新解》各一卷,文集一卷。"[3]蓋南宋間文集已無十卷之本,唯殘存一卷。

    明代《徐氏家藏書目》卷六著録游酢《廌山集》二卷,不詳爲何本。未見元明覆刻本著録。

    清乾隆七年(1742),游氏裔孫始有游酢文集刊本,今未見著録。乾隆十一年,裔孫游端析等增補重刊,題爲《游廌山先生集》。卷首四卷,有謝枋得《傳略》、楊時《墓誌銘》及《紀録》《年譜》,本集四卷,末爲附録,故今著録爲八卷。乾隆三十七年游氏再重刻此本,道光二十一年(1841)又重修,同治三年(1864)補刊擴爲十卷,然詩文數目無所增益。同治六年,新化游智開和州官舍刊《游定夫先生集》六卷,首一卷,末一卷,《四庫提要補正》認爲此集當以是本爲最完善。《四庫全書總目》著録福建巡撫採進本,殆即游氏家藏本,四庫館臣以爲"蓋後人掇拾重編"。《四庫全書總目提要》卷一五五《集部八·游廌山集》云:"《游廌山集》四卷(福建巡撫採進

[1] 祝尚書《宋人別集敍録》卷一三,中華書局1999年版,第607~609頁。
[2] 柯維騏《宋史新編》,明嘉靖刻本,第16~17頁。
[3] 王稱撰,孫言誠、崔國光點校《東都事略》卷一一四,齊魯書社2000年版,第997頁。

本），宋游酢撰。……此本首以《論語雜解》《中庸義》《孟子雜解》爲一卷，次《易説》《詩二南義》爲一卷，次師語、師訓爲一卷。次以文七篇、詩十三首、附以《墓誌》《年譜》爲一卷，又《中庸義》後有《拾遺》《孟子雜解》僅八條，《詩二南義》僅二條。蓋後人掇拾重編，不但非其原本，且並非完書矣。《春日山行》詩中有‘風詠舞雩正此日，雪飄伊洛是何年’之句。自用‘程門立雪’故實，似亦不類酢作。以其爲宋儒遺書，別無他本，姑録之，以備一家焉。”[1]

1998 年，游嘉瑞主編《宋·游酢文集》，由延邊大學出版社出版，共八卷。書前著高令印根据舊刻再版序及清代左宰、王傑、朱珪等序跋，卷一爲宋史本傳、制詞、敕、贊及年譜，卷二至卷四爲《易説》《詩二南義》《論語雜解》《孟子雜解》《中庸義》，卷五爲《二程語録》，卷六爲文集，卷七爲詩集，卷八附刊文詩，後有附録，附《族譜後序》《游定夫書院記》《游定夫書院修復記》及再版跋。

---

[1] 永瑢等《四庫全書總目提要》，商務印書館 1931 年版，第 30 冊第 28 頁。

宋仁宗皇祐五年癸巳（1053），一歲

生於建寧府建陽縣禾平里。

《墓誌銘》載："宣和五年五月乙亥，以疾終於正寢，享年七十有一。"
（頁825）逆推七十一年，可知游酢生於皇祐五年。《游定夫先生年譜》云：
"二月二十五日午時，公生於建寧府建陽之長平。"[1]案，長平即禾平。《嘉
靖建陽縣志》卷三云："禾平里，宋爲長平里，洪武十四年改今名。"[2]案，
建寧府，秦屬閩中郡，漢立無諸爲閩越王，隋立建安郡，末改泉州。唐改
建州，宋初隸江南，又錄兩浙，尋以隸福建路，又升爲建寧軍，孝宗時升
建寧府。《方輿勝覽》卷一一云："禹貢揚州之域，星紀須女之分。古閩越
地，秦屬閩中郡，漢立無諸爲閩越王，王閩中故地。武帝立爲冶縣，屬會
稽郡。後漢改爲東候官。其後，分治地爲會稽東、南二部都尉。東曰臨海，
南曰建安是也。吳孫休分南部爲建安郡，隋廢爲縣，屬泉州，煬帝立建安
郡，隋末改爲泉州。唐改建安郡，後爲建州，唐末爲閩王所有，改鎮安軍，
又改鎮武軍。南唐改永安軍，又改忠義軍。國朝初隸江南，又隸兩浙南路，
尋以隸福建路，又升爲建寧軍。孝宗潛邸，升建寧府。領縣七，治建安、
甌寧兩縣。"[3]

仁宗皇祐六年、宋仁宗至和元年甲午（1054），二歲

居建陽。

仁宗至和二年乙未（1055），三歲

居建陽。

---

[1] 游智開編，吳洪澤校點《游定夫先生年譜》，吳洪澤、尹波主編《宋人年譜叢刊》，四川大學出版社 2002
　　年版，第 5 冊第 3387 頁。《游定夫先生年譜》以下簡稱《年譜》，凡引此書，均據此本，僅括注頁碼。
[2] 馮繼科《嘉靖建陽縣志》，《天一閣藏明代方志選刊》，上海古籍書店 1962 年版，第 31 冊第 6 頁。
[3] 祝穆撰，祝洙增訂，施和金點校《方輿勝覽》，中華書局 2003 年版，第 180 頁。

仁宗至和三年、宋仁宗嘉祐元年丙申（1056），四歲

居建陽。

仁宗嘉祐二年丁酉（1057），五歲

居建陽。

仁宗嘉祐三年戊戌（1058），六歲

居建陽。

仁宗嘉祐四年己亥（1059），七歲

居建陽。

仁宗嘉祐五年庚子（1060），八歲

居建陽。

　　《墓誌銘》謂"公自幼不群，讀書一過目輒成誦"（頁826），此處不可考。《大戴禮記》卷三《保傅》稱："古者年八歲而出就外舍，學小藝焉，履小節焉。"[1]姑依此繫於是年。

仁宗嘉祐六年辛丑（1061），九歲

居建陽。

---

[1] 王聘珍《大戴禮記解詁》，中華書局1983年版，第60頁。

仁宗嘉祐七年壬寅（1062），十歲

居建陽。

仁宗嘉祐八年癸卯（1063），十一歲

居建陽。

宋英宗治平元年甲辰（1064），十二歲

居建陽。

　　《年譜》云："英宗治平元年甲辰，公十二歲。潛心《孝經》。"（頁3387）游酢族父游復"以經學教授生徒。業其門者，往往率德自好"[1]，游酢作爲族姪，或受其影響，潛心《孝經》。

英宗治平二年乙巳（1065），十三歲

居建陽。

英宗治平三年丙午（1066），十四歲

居建陽。

英宗治平四年丁未（1067），十五歲

居建陽。

---

[1]《永樂大典》卷八八四三，第4冊第4050頁。

宋神宗熙寧元年戊申（1068），十六歲

居建陽。

與兄淳從族父復於家塾。

楊時《游執中墓誌銘》云："昔吾爲太學生，吾友定夫嘗爲余言其族父執中先生之賢。……先生諱復，字執中，姓游氏，世爲建州建陽人。……既壯，學益富，行益修，鄉里旁郡見者懍服，聞者悦而信之，多遣子弟從之遊，遠近相屬也。其學以中庸爲宗，以誠意爲主，以閑邪寡欲爲入德之途。"[1]《建安志》云："游復字執中，建陽人。……以經學教授生徒。業其門者，往往率德自好。"[2]《年譜》云：是年，"與兄質夫從族父執中於家塾"（頁 3387）。游復爲游酢族父，游醇（質夫）爲游酢從兄，族父"以經學教授生徒"，鄉里旁郡"悦而信之"，況游酢備受愛戴推重，二人從其學亦理所當然。《墓誌銘》云："公雖少，而一時老師宿儒咸推先之。"（頁 824）

神宗熙寧二年己酉（1069），十七歲

居建陽。

神宗熙寧三年庚戌（1070），十八歲

居建陽。

同葉祖洽、施景明、江測講肄於集公山。

《年譜》云：是年，"同葉敦禮，施景明從江處中於集公山"（頁 3387）。姑從之。《閩中理學淵源考》卷二云："江側，字處中，建陽人，性純一，以儒學教授其鄉。熙寧中，以學究出身，嘗與游定夫、施景明、葉祖洽

---

[1] 楊時撰，林海權校理《楊時集》卷三〇，第 778 頁。
[2]《永樂大典》卷八八四三，第 4 冊第 4050 頁。

講肄於邑之石壁山。官將作監主簿。歷饒、信、洪三邑令，與族子汝舟號‘二先生’。”[1]案，“江側”誤。《宋元學案補遺》卷六《士劉諸儒學案補遺·古靈同調》載：“江測雲濠案：《萬姓統譜》原本作側，今從《朱子文集》改正，字虔中，建陽人，性純一，熙寧中學究出身。嘗聚師友肄業邑之石壁山，游定夫、施景明、葉祖洽皆從之遊。後爲將作監簿，與族子汝舟號‘二先生’。”王梓材案語亦以江測後人墓誌銘佐證，故知應爲“江測，字虔中”。[2]

又案，石壁山即集公山。《萬曆建陽縣志》卷一載：“集公山在北洛里，舊名石壁山，宋江側嘗結屋讀書於此。”[3]《明一統志》卷七六云：“集公山，在建陽縣西北樂里，宋江側嘗聚徒讀書於此。側與群弟相繼登第，如葉祖洽、游酢，乃其尤顯者。有‘山齋’題名石刻。”[4]《福建通志》卷四云：“集公山在北洛里，宋江側聚徒讀書於此。山高五百餘丈，上有石如龜者，曰龜山。”[5]卷六七又云：“建陽江側與游定夫、施景明、葉祖洽講肄於邑之石山，山多靈怪。一日，忽有梧葉從空墮下，書云：‘集諸賢於此。’故名集公山。既又墜數葉，書諸賢官字，自是靈怪屏息。後定夫等皆爲名人顯官。”[6]

神宗熙寧四年辛亥（1071），十九歲

居建陽。

神宗熙寧五年壬子（1072），二十歲

居建陽。預鄉薦，見程頤於開封。

《年譜》云：熙寧五年，“預鄉薦。伊川先生見之京師，謂其資可與適道。

[1] 李清馥《閩中理學淵源考》，景印文淵閣《四庫全書》，第 460 冊第 29 頁。
[2] 王梓材、馮雲濠撰，舒大剛等校點《宋元學案補遺》，人民出版社 2012 年版，第 2 冊第 449 頁。
[3] 魏時應修，田居中、張榜纂《萬曆建陽縣志》，《日本藏中國罕見地方志叢刊》，第 270 頁。
[4] 李賢等《明一統志》，景印文淵閣《四庫全書》，第 473 冊第 592 頁。
[5] 謝道承等《福建通志》，景印文淵閣《四庫全書》，第 527 冊第 290 頁。
[6] 謝道承等《福建通志》，景印文淵閣《四庫全書》，第 530 冊第 398 頁。

八月，明道先生令扶溝，召職學事"（頁3387）。案，唐宋應試進士，由州縣薦舉，稱"鄉薦"。又案，伊川先生，即程頤；明道先生，即程顥。《墓誌銘》載："伊川先生以事至京師，一見謂其資可與適道。"（頁824）《本傳》云："程頤見之京師，謂其資可以進道。"（頁12732）《墓誌銘》《本傳》均未確指程頤在開封見游酢是何年。此處依《年譜》，繫於是年。

案，"八月，明道先生令扶溝"，誤，程顥知扶溝縣事在熙寧八年，"八月"應爲八年。查楊希閔《宋程純公年譜》：熙寧八年乙卯，程顥"十月慧星，求言，公上疏論朝政甚切。上欲召使修《三經義》，執政不可，既而手批與府界知縣，差知扶溝縣事"[1]。《二程子年譜·明道先生》亦云：熙寧八年，"既而手批與府界知縣，差知扶溝縣事"；元豐三年（1080），"除奉議郎，罷扶溝任，寓潁昌"。[2]潁昌，今河南許昌。朱軾《史傳三編》卷四《名儒傳四·程伯子》載：熙寧八年冬十月乙未，"彗出軫，伯子應詔論時政極切，差知扶溝縣。……元豐二年，召判武學，爲李定、何正臣所劾，猶以新法之初首爲異議故也。尋除奉議郎，仍宰扶溝。扶溝地卑，方經畫溝洫之法，未及興工，坐盜逸獄罷"[3]。《二程子年譜·明道先生》卷三則云："謝良佐、游酢在元豐元年先生知扶溝時從學。"[4]案，扶溝，今屬河南。《墓誌銘》亦明確"昔在元豐中，俱受業於明道先生兄弟之門"（頁824），因此，《年譜》所謂熙寧五年八月"召職學事"，有誤，游酢任學事應在元豐間。

神宗熙寧六年癸丑（1073），二十一歲

在開封。禮部試落第，補太學生歸。

《年譜》云：熙寧六年，"禮部試下第，補太學生歸"（頁3387）。

---

[1] 楊希閔編，刁忠民校點《宋程純公年譜》，吳洪澤、尹波主編《宋人年譜叢刊》，四川大學出版社2002年版，第4冊第2389頁。

[2] 池生春、諸星杓編，張尚英校點《二程子年譜·明道先生》卷三、卷四，吳洪澤、尹波主編《宋人年譜叢刊》，四川大學出版社2002年版，第4冊第2482、2505頁。

[3] 朱軾《史傳三編》，景印文淵閣《四庫全書》，臺灣商務印書館1986年版，第459冊第64頁。

[4] 池生春、諸星杓編，張尚英校點《二程子年譜·明道先生》，吳洪澤、尹波主編《宋人年譜叢刊》，第4冊2474頁。

神宗熙寧七年甲寅（1074），二十二歲

在建陽。

神宗熙寧八年乙卯（1075），二十三歲

在開封。預太學薦。

《年譜》云：熙寧八年，"預太學薦"（頁3387）。

神宗熙寧九年丙辰（1076），二十四歲

在開封。

神宗熙寧十年丁巳（1077），二十五歲

在開封。

宋神宗元豐元年戊午（1078），二十六歲

在開封。見程顥於扶溝。

《墓誌銘》云："然昔在元豐中，俱受業於明道先生兄弟之門，有友二人焉：謝良佐顯道，公其一也。……伊川先生以事至京師，一見謂其資可與適道。是時，明道先生兄弟方以倡明道學爲己任，設庠序，聚邑人子弟教之，召公來職學事。公欣然往從之，得其微言，於是盡棄其學而學焉。"（頁824～825）《二程子年譜・伊川先生》卷三亦云：元豐元年，"明道知扶溝縣事，先生侍行。先生奉太中至扶溝，居數月而還。……先生以事至京師，一見游酢，謂其資可與適道。是時明道先生知扶溝，先生兄弟方以倡明道學爲己任，設庠序，聚邑人子弟教之，召游定夫來職學事。游欣然往從之，得其微言，於是盡棄其學而學焉"；"游酢初見先生，次日先生復禮，因問安下飯食穩便，

因謂：'君子食無求飽，居無求安。顏子簞瓢陋巷，不改其樂，簞瓢陋巷何足樂，蓋別有所樂以勝之耳。'"[1]《二程子年譜·明道先生》卷三云："謝良佐、游酢在元豐元年先生知扶溝時從學。"[2]

案，此處"盡棄其學而學焉"，即棄禪學而學二程理學。二程説："游酢、楊時先知學禪，已知向裏没安泊處，故來此。"[3]

神宗元豐二年己未（1079），二十七歲

在扶溝。

神宗元豐三年庚申（1080），二十八歲

在扶溝。返開封，讀禮太學。

《二程子年譜·明道先生》卷四云：元豐三年六月，"官制改，除奉議郎。……不逾月，先生罷去"[4]。因此，七八月間程顥離開扶溝。"先生之罷扶溝，貧無以家，至潁昌而寓止焉"[5]，因程顥經濟拮据，此時游酢應未與其同行，又因游酢預太學薦，應回到京師開封。《永樂大典》卷八八四三引《程氏遺書》云："游定夫忽自太學歸蔡，過扶溝見伊川。伊川問：'試有期，何以歸也？'定夫曰：'某讀禮太學，以是應試者多。而鄉舉者實少。'伊川笑之。定夫請問伊川曰：'是未知學也，豈無義無命乎？'定夫即復歸太學。"[6]此處説明游酢回太學。又據《二程子年譜·明道先生》卷四云："先生在潁昌，楊中立尋醫調官京師，因往潁昌從學。……先是，建安林志寧出

[1] 池生春、諸星杓編，張尚英校點《二程子年譜·伊川先生》，吳洪澤、尹波主編《宋人年譜叢刊》，第 4 冊第 2577~2578 頁。
[2] 池生春、諸星杓編，張尚英校點《二程子年譜·明道先生》，吳洪澤、尹波主編《宋人年譜叢刊》，第 4 冊第 2474 頁。
[3] 程顥、程頤著，王孝魚點校《二程集》，中華書局 2004 年版，第 38 頁。
[4] 池生春、諸星杓編，張尚英校點《二程子年譜·明道先生》，吳洪澤、尹波主編《宋人年譜叢刊》，第 4 冊第 2506 頁。
[5] 韓維《程伯淳墓誌銘》，呂祖謙編《宋文鑑》卷一四三，景印文淵閣《四庫全書》，臺灣商務印書館 1986 年版，第 1351 冊第 618 頁。
[6]《永樂大典》，第 4 冊第 4051 頁。

入潞公門下求教，潞公云：'某此中無相益，有二程先生者，可往從之。'因使人送先生處。志寧乃語定夫及中立，中立謂不可不一見也，於是同行。時謝顯道亦在，謝爲人誠實，但聰悟不及中立，故先生每言楊君聰明，謝君如水投石，然亦未嘗不稱其善。"[1]此處亦説明，游酢從扶溝歸開封，恰逢楊時在開封尋藥，與林志寧相約去潁昌見程顥。

案，謝良佐，"字顯道，壽春上蔡人。與游酢、呂大臨、楊時在程門，號 '四先生'。登進士第。建中靖國初，官京師，召對，忤旨去。監西京竹木場，坐口語繫詔獄，廢爲民。……所著《論語説》行於世"[2]。《宋元學案補遺》卷一四《明道學案補遺・明道門人》云："林志寧字□□，建州人。出入文潞公門下求教，潞公云：'此中無以相益，有二程先生者，可往從之。'因使人送明道處。先生乃語定夫及龜山，龜山謂不可不一見也，於是同行。"[3]

神宗元豐四年辛酉（1081），二十九歲

在潁昌。有著述一種。

以師禮見程顥。始爲《二程語録》，録程顥語。

《二程子年譜・明道先生》卷四云："龜山從潁昌及門之後告歸，明年有寄書問《春秋》，又有《寄游定夫》詩。"[4]《二程子年譜・伊川先生》卷三云："《楊龜山集》：是年，以師禮見明道於潁昌，有友二人焉：謝顯道及游定夫。""蔡州謝良佐雖時學中，因議州舉學試得失，便不復計較。建州游酢非昔日之游酢也，固是穎然，資質渾厚。南劍州楊時雖不逮酢，然煞穎悟。林大節雖差魯，然所問便能躬行。劉質夫久於其事，自小來便在此。李端伯相聚雖不久，未見佗操履，然才識穎悟，自是不能已也。""新進游、楊輩數

[1] 池生春、諸星杓編，張尚英校點《二程子年譜・明道先生》，吳洪澤、尹波主編《宋人年譜叢刊》，第 4 冊第 2514 頁。
[2] 脱脱等《宋史》卷四二八《謝良佐傳》，第 36 冊第 12732 頁。
[3] 王梓材、馮雲濠撰，舒大剛等校點《宋元學案補遺》，第 2 冊第 768 頁。
[4] 池生春、諸星杓編，張尚英校點《二程子年譜・明道先生》，吳洪澤、尹波主編《宋人年譜叢刊》，第 4 冊第 2514 頁。

人入太學，不惟議論須異，且動作亦必有異，故爲學中以異類待之。"[1]

《年譜》謂是年游酢"録有明道先生語"（頁3387），應確有其事。據《游定夫先生集》卷五云："《録二程先生語》，案，朱子編《二程遺書》目録卷四原題'游定夫所録'，則其爲先生書無疑也。其卷五、卷六、卷七、卷八目録下注云：'此後四篇本無篇名，不知何人所記，以其不分二先生語，故附於此。'則是四篇本與先生所録不相連，朱子編《遺書》特以類相從耳。明云不知何人所記，則未嘗以爲先生書也。先生裔孫文遠刻本俱録集中，似未可信。今故刊去之。但取《遺書》第四卷入集，云又按朱子《二程外書》目録卷三三題曰：'游氏本拾遺。'注云：'游定夫察院家本未嘗明言爲先生所録，而文遠刻入集中。'今亦不敢決其非先生記也。姑仍其舊云。"[2]從以上内容可知游酢確實録有二程語録，其文集將程顥、程頤語録合刊，本集題爲《二程語録》，《游定夫先生集》題爲《録二程先生語》。關於所録時間，游酢在扶溝爲職學事，程顥爲扶溝令，二人各有所職，游酢録程顥語應在以師禮見程顥於潁昌後，而游酢元豐五年已赴開封，因此，録程顥語應在元豐四年。

案，林大節，程顥學生。《伊洛淵源録》卷一四云："不詳其鄉里、名字、行實，但遺書云：'林大節雖差魯，然所問便能躬行，然則亦篤實之士。'"[3]劉質夫即劉絢。《宋史》卷四二八《劉絢傳》云："劉絢字質夫，常山人。以蔭爲壽安主簿、長子令，督公家逋賦，不假鞭撲而集。歲大旱，府遣吏視傷所，蠲財什二，絢力爭不得，封還其楬，請易之。富弼歎曰：'真縣令也。'元祐初，韓維薦其經明行修，爲京兆府教授。王巖叟、朱光庭又薦爲太學博士，卒於官。絢力學不倦，最明於《春秋》。程顥每爲人言：'他人之學，敏則有矣，未易保也，若絢者，吾無疑焉。'"[4]李端伯即李籲。《宋史》卷四二八《李籲傳》載："李籲字端伯，洛陽人。登進士第。元祐中爲秘書省校書郎，卒。程頤謂其才器可以大受，及亡也，祭之以文曰：'自予兄弟倡明

[1] 池生春、諸星杓編，張尚英校點《二程子年譜·伊川先生》，吳洪澤、尹波主編《宋人年譜叢刊》，第4冊第2592頁。

[2] 游酢《游定夫先生集》，清同治六年和州官舍重刊本，第1頁。

[3] 朱熹《伊洛淵源録》，景印文淵閣《四庫全書》，臺灣商務印書館1986年版，第448冊第524頁。

[4] 脫脫等《宋史》，第36冊第12731頁。

道學，能使學者視仿而信從者，籲與劉絢有焉。'"[1]

神宗元豐五年壬戌（1082），三十歲

在開封。登進士。

在開封。楊時有《寄游定夫二首》詩。

  《二程子年譜·明道先生》卷四云：元豐四年在潁昌，"楊中立以師禮見先生於潁昌。……龜山從潁昌及門之後告歸，明年有寄書問《春秋》，又有《寄游定夫》詩：'絳帷侍燕每從容，一聽微言萬慮空。卻愧猶懸三釜樂，未能終此挹清風。蕭條清潁一茅廬，魂夢長懷與子俱。五里橋西楊柳路，可能鞭馬復來無。'想見一時從遊之樂"[2]。案，楊時《寄游定夫》有二種。一爲《寄游定夫二首》，爲七言絕句，此處所記即爲《寄游定夫二首》；一爲《寄游定夫》，爲七言古風。

過扶溝見程頤。

  《永樂大典》卷八八四三引《程氏遺書》云："游定夫忽自太學歸蔡，過扶溝見伊川。伊川問：'試有期，何以歸也？'定夫曰：'某讀禮太學，以是應試者多。而鄉舉者實少。'伊川笑之。定夫請問伊川曰：'是未知學也，豈無義無命乎？'定夫即復歸太學。是歲登第。先生曰：'定夫之篤信難及也。'又曰："建州游酢非昔日之游酢也。固是穎悟，然資質溫厚。南劍州楊時雖不逮酢，然煞穎悟。新進游、楊輩，數人入太學，不惟議論須異，且動作亦必有異。故爲學以異類待之。又皆學春秋愈駭俗矣。游酢、楊時先知學禪。已知向裏沒安泊處，故來此，卻恐不變也。"[3]此處有"是歲登第"，可知見程頤在是年。

在開封。登進士。

  本集卷八明代蔣清《和州儒學尊賢祠記》云："宋侍御游公，諱酢，字

[1] 脱脱等《宋史》，第 36 冊第 12732 頁。

[2] 池生春、諸星杓編，張尚英校點《二程子年譜·明道先生》，吳洪澤、尹波主編《宋人年譜叢刊》，第 4 冊第 2513～2514 頁。

[3]《永樂大典》，第 4 冊第 4051 頁。

定夫，建陽人。元豐五年進士。"（頁250）《福建通志》卷四七云："元豐五年登進士。"[1]《墓誌銘》云："公於元豐六年登進士第。"（頁825）《宋名臣言行錄》外集卷七載："游酢，廣平先生，字定夫，建州建陽人。元豐六年登進士第。"[2]案，宋科舉三年一試，查宋史科舉時間，"元豐五年，取進士黃裳等四百四十五人；元豐八年，取進士焦蹈等四百八十五人"[3]。元豐六年未進行科舉考試，《墓誌銘》《宋名臣言行錄》記載誤。

神宗元豐六年癸亥（1083），三十一歲

疑在開封。調越州蕭山尉。

疑在開封。調越州蕭山尉。三月，長子攄生。

《墓誌銘》云："公於元豐六年……調越州蕭山尉。"（頁825）《宋名臣言行錄》外集卷七亦如此載。[4]案，蕭山，今屬浙江。《民國蕭山縣志稿》卷一二上《官師表》云："游酢，建陽人……元豐六年任（蕭山尉）。"[5]游酢元豐五年中進士，元豐六年調越州蕭山尉。《年譜》云：元豐六年，"三月，長子攄生"（頁3387）。蓋有其事，姑繫於此。

四五月間，楊時有《與游定夫書》其一。

楊時《與游定夫書》其一云："春初至建安，曾託志寧附書，計塵聽覽。爲別滋久，瞻係之至，且夜不能忘。夏熱，不審起居何如？某自衢買舟渡江，沿淮入清河，過呂梁百步，凡五十有二日始達彭城。東南風波之險，所歷幾盡。幸而舉家幼累各安，差足爲慰。彭城古郡，僻寂，達官顯人不至其境，頗無將迎之勞，而民事又簡。雖敝司有庫務兼局之多，然出納有時，亦不至勞力，尤稱養拙也。在鄙心爲可悔恨者，特去親遠耳，其他無足念者。所懷

[1] 謝道承等《福建通志》，景印文淵閣《四庫全書》，第529冊第597頁。

[2] 朱熹、李幼武纂集《宋名臣言行錄》，景印文淵閣《四庫全書》，第449冊第722頁。

[3] 李埴撰，燕永成校正《皇宋十朝綱要校正》，中華書局2013年版，第271頁。

[4] 朱熹、李幼武纂集《宋名臣言行錄》，景印文淵閣《四庫全書》，第449冊第722頁。

[5] 張宗海等《民國蕭山縣志稿》，《中國地方志集成·浙江府縣志輯》，上海書店出版社2000年版，第11冊第470頁。

千萬，臨紙不能悉布，惟冀爲道自重。"[1]從此書可知，楊時由家鄉至徐州任，乃於衢州買舟渡江，沿淮河入清河，過呂梁百步，達彭城（今江蘇徐州）。案，黃去疾《龜山先生文靖楊公年譜》云："赴徐州司法任。四月初到官。"[2]楊時《與游定夫書》其二有"某四月二日到官舍""暑毒"，而此書未言暑熱，疑爲楊時到官舍後不久所作，即四五月間。

六七月間，楊時有《與游定夫書》其二。

楊時《與游定夫書》其二："某四月二日到官舍，初四日交承職事。彭城風物質陋，與吾鄉大異。幸有魚稻鶉雉之類，足以充食，故南人處之，差爲便耳。太守王大夫寬厚，頗有愷悌之風，屬吏之幸也。某離家將半年，思親之懷日甚一日，其情意若不可堪，不知愈久何以處之。定夫官期猶一年，思復時常相聚，講學之樂何可量，但欽羨耳。志寧曾來相會否？企仰高論，無日忘之。惟數以書見教，庶足少慰鄙心。暑毒，千萬珍衛。"[3]楊時"正月盡離鄉"[4]赴徐州，書中言"暑毒""某離家將半年"，此書約作於六七月間。

神宗元豐七年甲子（1084），三十二歲

在蕭山，任縣尉。

游酢元豐五年中進士，元豐六年調越州蕭山尉，元豐七年應已到任。《康熙蕭山縣志》卷一八《人物志》云："游酢……調蕭山尉。辯決疑獄，人稱'神明'。在官數年，德惠旁洽。"[5]

神宗元豐八年乙丑（1085），三十三歲

在蕭山，任縣尉。召爲太學録。有文一篇。

[1] 楊時撰，林海權校理《楊時集》卷一九，第509～510頁。

[2] 黃去疾編，刁忠民校點《龜山先生文靖楊公年譜》，吳洪澤、尹波主編《宋人年譜叢刊》，第 5 冊第3396頁。

[3] 楊時撰，林海權校理《楊時集》卷一九，第510～511頁。

[4] 楊時《寄程二十三書》其一，楊時撰，林海權校理《楊時集》卷一六，第461頁。

[5] 劉儼修，張遠纂《康熙蕭山縣志》，《中國地方志集成·浙江府縣志輯》，上海書店出版社2000年版，第11冊第173頁。

在蕭山。召爲太學録。

《墓誌銘》云：游酢調越州蕭山尉後，"用侍臣薦，召爲太學録"（頁825）。陳瓘《中奉大夫游公墓誌銘》云："酢試太學録，居士攜酢之官，京居數年，親舊至者皆館焉。俸薄用窘，居士約身從儉，以率其家，唯恐不足爲親舊歡也。"[1]案，中奉大夫游公即游潛。

六月，聞程顥卒，作《書明道先生行狀後》。

《二程子年譜·明道先生》卷五云："元豐八年夏六月既望，河南承議先生以疾終於官。"[2]程顥卒後，程頤作《明道行狀》，游酢作《書明道先生行狀後》。

《年譜》云："六月晦，聞明道先生訃。設位哭於寢門，作行狀。"（頁3388）案，此處存疑。觀《墓誌銘》及《本傳》，均無"設位哭於寢門"之記載；另外，《明道行狀》爲程頤所作，而游酢所作爲《書明道先生行狀後》。考黄去疾《龜山先生文靖楊公年譜》：楊時在徐州，"六月晦，聞明道先生之訃，設位慟哭於寢門，有哀辭並序。"《年譜》此處與楊時年譜高度相似，或爲竄誤。

七月，次子擬生。

《年譜》云："七月，次子擬生。"（頁3388）

宋哲宗元祐元年丙寅（1086），三十四歲

在開封，任太學録，除太學博士。

《年譜》云："官太學録，改宣德郎，除博士。"（頁3388）本集卷一《除游酢太學正録制詞》題下注"元祐元年"，並云："古之教學之法，肄習以時，而難易先後，教之有方，非久而安之，則不能以成其業。具官某事朕初載，以直諒聞。凡有職於成，均皆士之秀。今學者爾講説訓導，可以爲師。朕欲觀汝之道，至於有成。欲假爾大邑之佐，使禄足以充，然後安然克終其業。可不勉哉！"（頁3）

案，博士，應指太學博士。查《宋代官制辭典》"博士"條，有"太學博

---

[1]《永樂大典》卷八八四三，第4冊第4049頁。

[2] 池生春、諸星杓編，張尚英校點《二程子年譜·明道先生》，吴洪澤、尹波主編《宋人年譜叢刊》，第4冊第2531頁。

士""太常寺博士""國子監博士""廣文館博士""律學博士""三衛博士"。"國子監博士"，正八品，元豐五年（1082）改制前，爲文臣遷轉官階；元豐新制不置國子監博士；大觀元年（1107）三月置國子監博士，大觀三年八月由太學博士兼。"廣文館博士"於慶曆四年（1044）建太學後不復置。因此，游酢在元祐元年不可能是國子監博士或廣文館博士。"律學博士"隸屬大理寺，掌傳授法律及校試學生之事，爲從八品，"三衛博士"爲武官教導，游酢也不可能任此二職。"太常寺博士"，元豐後由寄禄官改爲職事官，始掌講定五禮（吉、賓、軍、嘉、凶禮）儀式，如有改革，則據經審議，亦爲依法許得謚號文武官擬定謚文，正八品，簡稱"博士"。查游酢仕歷，元祐元年任太學錄（正九品），改宣德郎（從八品），再除博士，從官品來看，游酢在一年中從正九品官（太學錄）到從八品官（宣德郎）再到正八品官（太常寺博士），在一年一考核、三年一升的情形下，無特殊恩遇或政績，可能性不大。至於"太學博士"，北宋初於太學館置太學博士，元豐三年改國子監直講爲太學博士，爲從八品。職掌專一經，教授太學生（或國子生），考校學生程文，以德行、道藝訓導生徒，也簡稱"博士"。[1]從官品來看，太學博士爲從八品，符合任職條件，且游酢上一任官職（太學錄）爲太學官職，游酢任太學博士更有可能。

又案，《墓誌銘》云："比壯，益自力，心傳目到，不爲世儒之習。誠於中，形諸外，儀容辭令，粲然有文，望之知其爲成德君子也。"（頁826）"比壯"，不知爲何年，姑列於此，存疑。

哲宗元祐二年丁卯（1087），三十五歲

在開封，任太學博士。

《墓誌銘》云：游酢"改宣德郎，除博士"，"公以食貧待次，奉親不便，就擬知河南府河清縣"（頁825）。案，河清縣，今河南孟津。

---

[1] 龔延明編著《宋代官制辭典》，中華書局1997年版，第274、346、349、355、428、561頁。

哲宗元祐三年戊辰（1088），三十六歲

在河清，任知縣。有文一篇。

在河清，任知縣。四月，三子拂生。

　　《年譜》云："官河清。四月，三子拂生。"（頁 3388）

作《孫莘老易傳序》。

　　　本集卷六《孫莘老易傳序》云："晚而成書，辭約而旨明，義直而事核，
又將與學者共之，蓋亦先聖之所期，豈徒爲章句以自名家而已。"（頁 172）
《宋孫莘老先生年譜》云：元祐三年，"《周易傳》成"。並於其後案："是書
未能確指成於何年，唯因定夫有晚而成書之說。姑附於此。"[1]

哲宗元祐四年己巳（1089），三十七歲

在河清，任知縣。

哲宗元祐五年庚午（1090），三十八歲

在河清，任知縣。舉著述科。

舉著述科。五月，四子損生。

　　　《范太史集》卷五五《手記》云："游酢，元祐五年舉著述科。"[2]司馬
光《上哲宗乞以十科舉人》："乞朝廷設十科舉士：一曰行義純固可爲師表科
有官無官人皆可舉。……七曰文章典麗可備著述科有官無官人皆可舉。""元祐元
年……有詔從之。"[3]

　　　《年譜》謂：是年"五月，四子損生"（頁 3388），亦應屬實。

---

[1] 茆泮林編，曹清華校點《宋孫莘老先生年譜》，吳洪澤、尹波主編《宋人年譜叢刊》，四川大學出版社 2002
　　年版，第 4 冊第 2261 頁。
[2] 范祖禹《范太史集》，景印文淵閣《四庫全書》，臺灣商務印書館 1986 年版，第 1100 冊第 569 頁。
[3] 趙汝愚編《宋名臣奏議》卷七一，景印文淵閣《四庫全書》，臺灣商務印書館 1986 年版，第 431 冊第 860～861 頁。

哲宗元祐六年辛未（1091），三十九歲

在河清，任知縣。

常與范純仁參訂疑議，范純仁待以國士。

　　《墓誌銘》載："忠宣范公判河南，待以國士，事有疑議，必與之參訂。
移守潁昌，辟公自隨，爲府學教授。未幾還朝，復秉國政。"（頁825）然《墓
誌銘》未繫此爲何年。忠宣范公，即范純仁。考范純仁仕歷，元祐六年十一
月癸巳，知河南府；元祐八年三月癸巳，知潁昌府；元祐八年七月丙子朔，
除通議大夫、右僕射兼中書侍郎。具體情況見表1-1。

表1-1　范純仁元祐年間任職情況表

時間	官職	史料
元祐三年（1088）	拜太中大夫、尚書右僕射，兼門下中書侍郎	元祐三年夏四月辛巳，"守尚書左僕射兼門下侍郎、中大夫同知樞密院事范純仁爲太中大夫、守尚書右僕射兼中書侍郎"[1]。
元祐四年（1089）	罷相，以觀文殿學士出知潁昌府	元祐四年六月甲辰，"范純仁罷右僕射。自太中大夫依前官爲觀文殿學士知潁昌府"[2]
元祐五年（1090）	五月丙寅，知延安，戊子，改知太原；六月，知潁昌府	元祐五年五月丙寅，"詔：'陝西、河東地界近已定議，以知潁昌府、觀文殿學士范純仁知延安府……'戊子，新知延安府、觀文殿學士范純仁爲觀文殿大學士、知太原府"[3]。
元祐六年（1091）	知河南府	元祐六年十一月癸巳，"觀文殿大學士、太中大夫、知太原府范純仁知河南府"[4]。 "夏人犯邊，純仁自劾，有詔貶官一等，徙知河南。"[5]
元祐七年（1092）	知河南府	

[1] 李燾撰，上海師範大學古籍整理研究所、華東師範大學古籍整理研究所點校《續資治通鑑長編》卷四〇九，中華書局1992年版，第28冊第9963頁。

[2] 徐自明撰，王瑞來校補《宋宰輔編年録校補》卷九，中華書局1986年版，第2冊第583頁。

[3] 李燾撰，上海師範大學古籍整理研究所、華東師範大學古籍整理研究所點校《續資治通鑑長編》卷四四二，第30冊第10630～10639頁。

[4] 李燾撰，上海師範大學古籍整理研究所、華東師範大學古籍整理研究所點校《續資治通鑑長編》卷四六八，第31冊第11170頁。

[5] 王稱撰，孫言誠、崔國光點校《東都事略》卷五九下，第475頁。

續表

時間	官職	史料
元祐八年 （1093）	正月，復大中大夫；三月癸巳，知穎昌府；七月丙子，以通議大夫、尚書右僕射兼中書侍郎再拜右相	元祐八年正月庚寅，"詔范純仁與復太中大夫"[1]。 元祐八年三月癸巳，"知河陽府范純仁知穎昌府"[2]。河陽府，即河南府。 元祐八年七月丙子朔，"范純仁右僕射。自觀文殿學士除通議大夫、右僕射兼中書侍郎"[3]

綜合《墓誌銘》與表 1-1 內容可知：元祐六年范純仁知河南府，"待（游酢）以國士，事有疑議，必與之參訂"；元祐八年三月，范純仁"移守穎昌，辟公自隨，爲府學教授"；元祐八年七月，范純仁"未幾還朝，復秉國政"，任通議大夫、右僕射兼中書侍郎。

案，《年譜》將此段經歷繫於元祐四年，誤。《年譜》云："官河清。是時忠宣范公判河南，待以國士，有疑議，與之參訂。移守穎昌，辟公自隨，爲府學教授。"（頁 3388）

又案，范純仁（1027—1101），字堯夫，吳縣人（今江蘇蘇州），范仲淹次子，皇祐元年（1049）進士，從胡瑗、孫復學，父歿始出仕。知襄城縣（今屬河南），遷侍御史，知諫院，言王安石變法妨民，前後上言無所諱避，惹王安石怒，出知河中府。歷轉和州（今安徽和縣）、慶州（今甘肅慶城），有惠政。哲宗時累官尚書僕射、中書侍郎，以博大開上意，忠篤革士風，忤章惇，貶置永州（今屬湖南）。徽宗立，連除觀文殿大學士，促入覲，以目疾乞歸。建中靖國元年（1101）正月卒，年七十五，謚忠宣，高宗初追封許國公。純仁性夷易寬簡，不以聲色加人，誼之所在，則挺然不少屈。嘗曰："吾平生所學，得之忠恕二字，一生用之不盡。"每戒子弟："苟能以責人之心責己，恕己之心恕人，不患不至聖賢地位也。"有文集五十卷及《尚書解》。[4]

---

[1] 李燾撰，上海師範大學古籍整理研究所、華東師範大學古籍整理研究所點校《續資治通鑑長編》卷四八〇，第 32 冊第 11418 頁。

[2] 李燾撰，上海師範大學古籍整理研究所、華東師範大學古籍整理研究所點校《續資治通鑑長編》卷四八二，第 32 冊第 11470 頁。

[3] 徐自明撰，王瑞來校補《宋宰輔編年錄校補》卷九，第 2 冊第 607 頁。

[4] 脫脫等《宋史》卷三一四《范純仁傳》，第 29 冊第 10281～10293 頁。

哲宗元祐七年壬申（1092），四十歲

在河清，任知縣。有詩一首。

在河清。七月，五子掞生。

《年譜》謂：是年"七月，五子掞生"（頁 3388），亦應屬實。

有《題河清縣廨》詩。

本集卷七《題河清縣廨》，題目已指明作詩地址爲縣廨，可知作於知河清縣時。姑繫於是年，存疑。

哲宗元祐八年癸酉（1093），四十一歲

在河清，任知縣。辟爲潁昌府學教授。赴洛陽，於程門立雪。有著述一種。

在河清。三月，范純仁移守潁昌，辟游酢爲府學教授。

范純仁是年三月徙知潁昌府，辟游酢爲府學教授。參見本譜元祐六年辛未（1091）事。

五月二十九日晚，楊時拜見。

黃去疾《龜山先生文靖楊公年譜》記載楊時先見程頤後謁游酢情形："五月十六日出京，往西洛見伊川先生，當晚宿白沙。十七日宿滎陽驛，十八日宿孝義，十九日晚到洛。見先生，借長壽寺拜表院安下，留先生之側者凡十日。是時御史游公知河清縣，公自洛往見之。伊川先生謂公曰：'游君德器粹然，問學日進，政事亦絕人遠甚。'二十九日，往河清謁游公，當晚到縣，由洛至縣四十里也。"[1] 案，白沙，今河南中牟白沙鎮；孝義，今河南鞏義孝義鎮；長壽寺，在洛陽。

六月五日，與楊時往洛陽見程頤，於程門立雪，五日後歸河清。

黃去疾《龜山先生文靖楊公年譜》記載二人相約赴洛陽見程頤情形："六

---

[1] 黃去疾編，刁忠民校點《龜山先生文靖楊公年譜》，吳洪澤、尹波主編《宋人年譜叢刊》，第 5 冊第 3397 頁。

月五日。同游公離河清，至洛見先生，復寓拜表院，五日而後去。公頃年初與游御史見伊川，伊川瞑目而坐，二人侍立。既覺，顧謂曰：'賢輩尚在此乎，今既晚，且休矣。'出門，門外之雪深一尺，非信道之篤能如是乎？"[1]《宋史》卷四二八《楊時傳》載："至是，又見程頤於洛，時蓋年四十矣。一日見頤，頤偶瞑坐，時與游酢侍立不去，頤既覺，則門外雪深一尺矣。"[2]《二程子年譜·伊川先生》卷五載：元祐八年五月，"楊中立以師禮見先生於洛。時年已四十一。先生偶瞑坐，時與游酢侍立不去，既覺，門外雪深一尺矣。李逐齋《道南講授》云：'龜山受業於程純公，在元豐四年。閱十有二年，爲元祐八年，復受業於伊川先生。時龜山授瀏陽縣，出京遂往西洛，見先生於長壽寺拜表院，留側十日，往訪游定夫，復同游返洛，再留數日而去。明年紹聖改元，章惇拜相。游定夫守太學博士，龜山貽書與之，定夫得書即乞出爲齊州簽判"。又云："游定夫問先生：'戒慎乎其所不睹，恐懼乎其所不聞，及其至也，至於無聲無臭乎？'先生曰：'馴此可以至矣。'後和靖與周恭叔以此語問先生，先生曰：'然其間亦豈無事。'恭叔請問，先生曰：'如荀子云"學者始乎爲士，終乎聖人"，可以明之，……**按：**龜山紹聖元年《與定夫書》有云"去年相別時，定夫亦讀《易》，計須精到，有便願以所得見教，不宜有吝也"，故類繫此。'"[3]案，齊州，今山東濟南。

在洛陽，錄程頤語。楊時有《與游定夫書》其三。

楊時《與游定夫書》其三云："去年相別時，定夫亦讀《易》，計須精到，有便願以所得見教，不宜有吝也。"[4]可證此書作於是年。《欽定續通志》卷五四三云："四年而顯歿，又見程頤於洛。時年蓋四十矣。一日見頤，頤偶瞑坐，時與游酢侍立不去。頤既覺，則門外雪深一尺矣。"[5]案，"時年蓋四十矣"，實則四十一歲（楊時與游酢同年出生）。

《年譜》云："官博士。偕友中立離河清，以師禮見伊川先生於洛。錄有伊川先生語。"（頁3388）據《游定夫先生集》卷五云：《錄二程先生語》，

---

[1] 黃去疾編，刁忠民校點《龜山先生文靖楊公年譜》，吳洪澤、尹波主編《宋人年譜叢刊》，第 5 冊第 3397 頁。

[2] 脫脫等《宋史》，第 36 冊第 12738 頁。

[3] 池生春、諸星杓編，張尚英校點《二程子年譜·伊川先生》，吳洪澤、尹波主編《宋人年譜叢刊》，第 4 冊第 2651～2652 頁。

[4] 楊時撰，林海權校理《楊時集》卷一九，第 511 頁。

[5] 嵇璜等《欽定續通志》，景印文淵閣《四庫全書》，臺灣商務印書館 1986 年版，第 400 冊第 464 頁。

案，朱子編《二程遺書》目錄卷四原題'游定夫所錄'，則其爲先生書無疑也。"[1]從以上内容可知游酢確實錄有二程語錄，詳見前文所考。而游酢拜程頤爲師在元祐八年，次年在開封任太學博士，因此，錄程頤語應在元祐八年師從程頤時。

哲宗元祐九年、宋哲宗紹聖元年甲戌（1094），四十二歲

在開封，復除太學博士、簽書齊州判官廳公事。

在開封，復除太學博士。

《二程子年譜·伊川先生》卷五載："明年紹聖改元，章惇拜相。游定夫守太學博士。"[2]可知游酢守太學博士在紹聖元年。《墓誌銘》云："（范純仁）未幾還朝，復秉國政，即除公太學博士。"（頁825）

官太學博士。四月，除簽書齊州判官廳公事。

《宋宰輔編年錄校補》卷一〇載："紹聖元年四月壬戌，章惇左僕射。……同日，范純仁罷相。爲右正議大夫充觀文殿大學士知潁昌、京西北路安撫使。"[3]《墓誌銘》云："已而忠宣罷政，公亦請外矣。除齊州簽書判官廳公事。用年勞改奉議郎。"（頁825）可知，范純仁罷政後，游酢請外，除齊州簽書判官廳公事。其請外原因有三。一是范純仁罷政，遂薦游酢外任。《山東通志》卷二七云："神宗時，（游酢）以范純仁薦簽書齊州判官。"[4]此處明確"以范純仁薦"。二是得楊時之勸。楊時在《與游定夫書》其四勸説："京師非食貧之地，公聚口頗衆，度其勢能久居否？趨捨之方，宜審處也。"其後附注云："游守太學博士得此，即求補外，蓋紹聖改元也。"[5]是書明確所作時間"紹聖改元"，内容爲勸游酢離京。三是請示父親獲許。陳瓘《中奉大夫游公墓誌銘》云："初，酢將欲求外補，先請於居士（游潛），居士曰：

[1] 游酢《游定夫先生集》，清同治六年和州官舍重刊本，第1頁。
[2] 池生春、諸星杓編，張尚英校點《二程子年譜·伊川先生》，吳洪澤、尹波主編《宋人年譜叢刊》，第4冊第2651頁。
[3] 徐自明撰，王瑞來校補《宋宰輔編年錄校補》，第2冊第619、623頁。
[4] 杜詔等《山東通志》，景印文淵閣《四庫全書》，臺灣商務印書館1986年版，第540冊第624頁。
[5] 楊時撰，林海權校理《楊時集》卷一九，第512頁。

'士行其志，出入適宜，無不可者，何容心乎？'"[1]《宋名臣言行録》外集卷七亦載："范（純仁）再相，除太博，除齊州簽。"[2]

六月，六子捄生。

《年譜》云："官博士。六月。六子捄生。"（頁3388）

哲宗紹聖二年乙亥（1095），四十三歲

在齊州，任簽書判官廳公事。

三月二十四日，父潛卒。

陳瓘《中奉大夫游公墓誌銘》云："兄之子醇卒，居士聞訃，哭之過哀，日夜以其兄爲憂，即分先疇歲入，以助其生。未幾，居士得疾，卒於齊州之官舍。紹聖二年三月己未也。享年六十有六。"[3]"卒於齊州之官舍"，説明游酢任齊州職時奉父履職。

案，《年譜》云："十二月，女生及笄，適中立三子通。"（頁3388）此處誤。毛念恃《宋儒龜山楊先生年譜》載：紹聖三年五月十八日戌時，"三子通生"[4]。紹聖二年，楊時三子楊通還未出生。另，古制父母去世後，子女按禮須持喪三年（實爲二十七個月，不計閏），其間不得行婚嫁之事，不預吉慶之典，任官者並須離職，稱爲"丁憂"。宋代，由太常禮院掌其事，凡官員有父母喪，須報請解官。如朝廷急需，不許在職官員丁憂守制，稱爲"奪情"；或守制未滿而應朝廷之召出來應職，稱爲"起復"。據此，游酢守喪期間應無子女婚嫁之事，嫁女時間不可考。

哲宗紹聖三年丙子（1096），四十四歲

在齊州，改奉議郎。丁父憂。

---

[1]《永樂大典》卷八八四三，第4冊第4049頁。

[2] 朱熹、李幼武纂集《宋名臣言行録》，景印文淵閣《四庫全書》，第449冊第722頁。

[3]《永樂大典》卷八八四三，第4冊第4049頁。

[4] 毛念恃《宋儒龜山楊先生年譜》，《北京圖書館藏珍本年譜叢刊》，北京圖書館出版社1999年版，第21冊第29頁。

在齊州，改奉議郎。十月，丁父憂，解官居制。

《墓誌銘》載："除齊州簽書判官廳公事。用年勞改奉議郎。丁太中公憂。服除，再調泉州簽判。"（頁825）案，年勞，即官吏任職之年資與勞績。游酢之父游潛卒於紹聖二年三月。因此，游酢改奉議郎時間應在紹聖二年除齊州簽書判官廳公事一年之後，至紹聖三年丁父憂而解官之前，姑繫於是年。

《年譜》謂"官齊州。十月，丁父憂，解官居制"；元符二年（1099）正月，"服闋"。（頁3389）從時間上看剛好丁憂二十七個月。紹聖三年十月解官丁父憂，似屬實。然其父游潛卒於齊州官舍在紹聖二年三月，游酢解官居制在紹聖三年十月，歷時一年又七月。陳瓘《中奉大夫游公墓誌銘》曰："未幾，居士得疾，卒於齊州之官舍，紹聖二年三月己未也，享年六十有六。夫人黃氏，有令德，生二子。酢今爲朝散大夫、提點成都府長生觀。醳，出繼爲南康軍司理參軍勳之後，自高郵尉解官奔齊州，與其兄扶居士柩以歸。"[1]案，高郵，今屬江蘇；齊州，今山東濟南。高郵至齊州一千餘里，游潛卒後，在身邊的游酢報喪於游醳，至游醳自高郵尉解官奔齊州，兄弟再扶柩以歸建陽，以古代交通工具，可能歷年餘。此處姑依《年譜》所載，存疑。

哲宗紹聖四年丁丑（1097），四十五歲

在建陽。丁父憂。

陳瓘《中奉大夫游公墓誌銘》云："居士諱潛，字升叔，家建州建陽之唐石里。……以紹聖四年三月辛酉葬於唐石里之松原。"[2]

哲宗紹聖五年、宋哲宗元符元年戊寅（1098），四十六歲

在建陽。丁父憂。有著述三種。有詩一首、文一篇。

在建陽。正月一日，有《賀正表》。

---

[1]《永樂大典》卷八八四三，第4冊第4049頁。
[2]《永樂大典》卷八八四三，第4冊第4049頁。

本集卷六《賀正表》云："元符紀年，光啓乾家之運；三陽肇序，式逢泰長之享。"（頁169）文中有"元符紀年"，應在始用"元符"年號之時；"臣等職膺南海，心拱北辰"，自稱"南海"，與此時居鄉建陽相適。姑繫於是年。案，賀正，也稱"拜正""走春""賀歲"，即祝賀新年之傳統風俗。漢代以來，有歲首元旦之日群臣朝賀之禮俗。

居鄉，築草堂於鳥山之麓。著《論語雜解》《孟子雜解》《中庸義》。

《年譜》云："在制。築草堂於鳥山之麓。著《論》《孟》雜解、《中庸義》。"（頁3389）《論》《孟》雜解，《游鳥山集》分別題爲《論語雜解》《孟子雜解》。《墓誌銘》未提及此事，此處暫不可考。丁憂期間著書立説，亦在情理之中。姑繫於是年。

案，《宋兩淮大郡守臣易替考》載，紹聖五年元符元年、元符二年、元符三年，游酢爲舒州知州[1]，是書記載有誤。

與楊時遊武夷山歸宗巖，有《登歸宗巖》詩，楊時亦作《登歸宗巖》詩。

本集卷七游酢有《登歸宗巖》詩云："奇冠南閩此最奇，歸宗千古是誰歸。至今來訪誰先至，知是曹劉先我知。"（頁205）楊時《登歸宗巖》詩云："瑤華侵階古刹幽，曹劉風格幾經秋。至今洞口泉聲嘎，猶望當年啓迪猷。"[2]據本書《楊時行年繫地譜》：元符元年，游酢居鄉建陽，丁父憂在制，築草堂於鳥山之麓，此時，楊時亦在福建將樂；元符二年，游酢遷博士，乞歸，築水雲寮於武夷之五曲，爲講論之所，此時，楊時亦在將樂。此詩或作於元符元年，或作於元符二年。而元符元年九月，楊時曾遊武夷山，此時或爲二人同遊，此詩或與楊時《遊武夷》《武夷紀遊》等詩作於同時，姑繫於是年，存疑。案，歸宗巖，在今福建建甌。楊時《登歸宗巖》詩序云："歸宗巖在建甌城西北三十里。宋淳熙間有曹道人卓庵居此。上有聽泉閣、振衣堂、洗心亭。"[3]《大清一統志》卷三三一載："在甌寧縣西北二十五里宜均溪口，一名鬼子巖。中有香爐峰、落珠崖、雲洞、風洞、石心泉、石樓等勝，巖洞峭奇，一壑萬狀。"[4]

---

[1] 李之亮《宋兩淮大郡守臣易替考》，巴蜀書社2001年版，第436～437頁。
[2] 楊時撰，林海權校理《楊時集》附錄八，第1326頁。
[3] 楊時撰，林海權校理《楊時集》附錄八，第1326頁。
[4] 和珅等《大清一統志》，景印文淵閣《四庫全書》，第481冊第660頁。

哲宗元符二年己卯（1099），四十七歲

在武夷山講學。服除，調泉州簽判。有著述二種。

在武夷山。築水雲寮講學。著《易説》《詩二南義》。

《武夷山志》卷七載："游酢，字定夫，建陽人。……近臣薦其賢，召爲太學錄。遷博士，隨乞歸，築水雲寮於武夷之五曲，爲講論之所。"[1]此處"隨乞歸"，爲乞歸丁父憂。《年譜》云："正月服闋，再調泉州簽判，築水雲寮於武夷之五曲，爲講論之所。著《易説》《詩二南義》。"（頁3389）游酢是先調泉州簽判或先築水雲寮講學，不可考。但據前文推測：元符元年游酢與楊時遊武夷山歸宗巖，築水雲寮應在此後不久。游酢講學同時，還在此著有《易説》《詩二南義》，著此二書應需數月時間，既然正月調泉州簽判（案，詔書從京城抵達亦需時間），可見築水雲寮或在元符元年遊武夷後，或在元符二年初，應不遲於調泉州簽判時。姑繫於此，存疑。案，水雲寮，《武夷山志》卷二載："水雲寮，在茶洞傍，宋儒游酢建。"[2]初爲游酢著書、講學之地，清代游雲章在水雲寮舊址上建雲寮書院。現爲武夷山市文物保護單位，位於福建省武夷山風景區雲窩接筍峰西北麓鐵象巖上。現存於接筍峰巖壁上的"水雲寮"題刻爲游九言（游酢三世族孫）於紹熙元年（1190）所刻。

在泉州。正月，服除，調泉州簽判。

《墓誌銘》云："丁太中公憂。服除，再調泉州簽判。"（頁825）《年譜》云："正月服闋，再調泉州簽判。"（頁3389）從正月下詔令調游酢爲泉州簽判，到赴泉州任，應在數月後。

哲宗元符三年庚辰（1100），四十八歲

在泉州，任簽判。召爲監察御史。有文一篇。

在泉州。勤政愛民，以道學善化人心。

---

[1] 衷仲孺《武夷山志》，明崇禎刻本，第3冊第2～3頁。
[2] 衷仲孺《武夷山志》，明崇禎刻本，第2冊第7頁。

《萬曆重修泉州府志》卷一〇《官守志下》載："游酢字定夫，建陽人，以博士簽書泉州判官，以道學淑士心，以公勤治吏事，時方修祠館，編民困於徵調，所至騷然，酢處之裕如，民不勞而事集。擢監察御史。"[1]

徽宗即位，改承議郎。十一月，召爲監察御史，奏《論士風奏》。

《墓誌銘》云："上皇即位，覃恩改承議郎，賜緋衣銀魚袋。還，召爲監察御史。"（頁825）《宋代京朝官通考》將游酢任監察御史時間定於元符三年至建中靖國元年（1101）[2]，並引《福建通志》卷四云："游酢字定夫，徽宗立，召爲監察御史。出知和州、漢陽軍。"[3]《年譜》亦將其繫於元符三年："赴泉州任。十一月，上皇即位，召還爲監察御史。"（頁3389）其後注釋云："此處敘事有誤，宋徽宗是年正月登基，十一月蓋爲游定夫受命監察御史之時。"（頁3390）

關於游酢受命監察御史之具體時間，可從以下幾個方面考證。

一是徽宗即位後。《宋史》卷一二二《禮志二十五》載："元符三年正月十二日，哲宗崩，徽宗即位。"[4]《宋史》卷一九《徽宗本紀一》亦載："元符三年正月己卯，哲宗崩。皇太后垂簾，哭謂宰臣曰：'家國不幸，大行皇帝無子，天下事須早定。'章惇厲聲對曰：'在禮律當立母弟簡王。'皇太后曰：'神宗諸子，申王長而有目疾，次則端王當立。'惇又曰：'以年則申王長，以禮律則同母之弟簡王當立。'皇太后曰：'皆神宗子，莫難如此分別，於次端王當立。'知樞密院曾布曰：'章惇未嘗與臣等商議，如皇太后聖諭極當。'尚書左丞蔡卞、中書門下侍郎許將相繼曰：'合依聖旨。'皇太后又曰：'先帝嘗言，端王有福壽，且仁孝，不同諸王。'於是惇爲之默然。乃召端王入，即皇帝位。"[5]

二是元符三年游酢在監察御史任上已有奏疏。《上徽宗論士風之壞》（即本集《論士風奏》）題下注"元符三年上，時爲監察御史"，並云："臣聞天下之患，莫大於士大夫無恥，士大夫至於無恥，則見利而已，不復知有義。

[1] 陽思謙修，徐敏學、吳維新纂《萬曆重修泉州府志》，臺灣學生書局1987年版，第835頁。

[2] 李之亮《宋代京朝官通考》，巴蜀書社2003年版，第4冊第237頁。

[3] 謝道承等《福建通志》，景印文淵閣《四庫全書》，第529冊第597頁。

[4] 脫脫等《宋史》，第9冊第2856頁。

[5] 脫脫等《宋史》，第2冊第357～358頁。

如入市而攫金，不復見有人也。始則衆笑之，少則人惑之，久則天下相與而效之。莫之以爲非也。士風之壞一至於此，則錐刀之末將盡争之，雖殺人而謀其身，可爲也；迷國以成其私，可爲也。"[1]

三是本集卷一《除游酢監察御史誥詞》題下注"元符三年"，並云："憲府直糾察御史，乃進居言職之漸，負中外觀望，爲朝廷重輕，其任亦難矣。以爾忠信愷悌，學識俱優，更練事爲，所居可紀，俾輟郡寄，往冠惠文。夫善惡是非，出於人之良心，自古至今，不可泯也。然直言不聞，毀譽亂真，則爲國家病，有甚於三辰失行，螟蝗水旱之變，朕所深畏也。若夫有司簿書，不報期會之，故廉按常職耳，豈朕用爾之意哉！"（頁4）

由此可見，徽宗即位當在元符三年正月十二日哲宗崩之後，是年，游酢已有《論士風奏》，因此，爲監察御史應在元符三年。《年譜》云游酢受命監察御史具體時間在元符三年十一月，存疑。

宋徽宗建中靖國元年辛巳（1101），四十九歲

在開封，任監察御史。有文一篇。

在開封。正月，七子握生。

《年譜》云："正月，七子握生。"（頁3389）此處暫無確證，姑以《年譜》所載繫於此，存疑。

上《陳太平策》。

本集卷六《陳太平策》云："某幼勤於學，長習於史，少有知者，欲緘默無言，則上負明時，下負所學，縱瞑目張膽，羅縷自陳，則不免束之高閣，否則爲刀筆吏覆醬瓿而已。……如言之足取，則施之時政，必有所裨，言無可採，亦宜恕其狂僭，以來諫諍之路。輒以所見，列爲一綱二十目，條陳於後，謹投中書省御史臺以聞。"（頁164）從"如言之足取""諫諍之路""謹投中書省御史臺以聞"可知，游酢此時在監察御史任。案，游酢《游定夫先生集》卷六將《陳太平策》列於《奏士風疏》（即本集《論士風奏》）後[2]，

---

[1] 趙汝愚編《宋名臣奏議》卷二四，景印文淵閣《四庫全書》，第431冊第278頁。

[2] 游酢《游定夫先生集》卷六，清同治六年和州官舍重刊本，第1~2頁。

是集大致按時間順序編排，此策應作於任監察御史時，《論士風奏》之後，姑繫於是年。"瞑目張膽"，查《游定夫先生集》當爲"明目張膽"。

宋徽宗崇寧元年壬午（1102），五十歲

在開封，任監察御史。

陳淵《與游定夫先生書》云："淵往年在太學時，先生實爲博士。博士於諸生，師弟子也。宜其朝夕請間，以求咳唾之益。……而自識先生風度，慕望之不已，於今十二年矣。……始某過建陽，問道於將樂楊公（楊時），公憐而教之，既而許妻以女。道路南北迨三年，然後成昏。成昏今一年矣。"書中云其過建陽，問道於楊時，楊時許妻以女。並云"成昏今一年矣"。據《龜山先生文靖楊公年譜》載：建中靖國元年（1101）三月，"沙陽陳公淵投書問學。淵乃忠肅瑩中（陳瓘）之姪，公喜其識性明敏，遂妻以女" [1]。既言"成昏今一年矣"，此書應作於崇寧元年。"淵往年在太學時，先生實爲博士""於今十二年矣"，即陳淵在太學時與游酢相識當在元祐五年（1090）。游酢於元祐元年官太學錄，改宣德郎，除博士，直至紹聖元年（1094）均任博士。綜上，繫是文於崇寧元年。案，陳淵（？—1145），宋南劍州沙縣人，字知默，世稱默堂先生。初名漸，字幾叟。早年從學二程，後師楊時。楊時以其深識聖賢旨趣，妻以女。高宗紹興五年（1135），以廖剛等言，充樞密院編修官。七年以胡安國薦，賜進士出身。九年除監察御史，尋遷右正言，入對論恩惠太濫。言秦檜親黨鄭億年有從賊之醜，爲檜所惡。主管台州崇道觀。有《墨堂集》。[2]

徽宗崇寧二年癸未（1103），五十一歲

在開封，任監察御史。出知和州。

《墓誌銘》云："召爲監察御史。磨勘轉朝奉郎，出知和州。"（頁825）案，

[1] 黃去疾編，刁忠民校點《龜山先生文靖楊公年譜》，吳洪澤、尹波主編《宋人年譜叢刊》，第5冊第3400頁。
[2] 張撝之等主編《中國歷代人名大辭典》，上海古籍出版社1999年版，第1347頁。

宋代選人須經過三任六考之磨勘，層層上升。每任任期爲三年，每年一考，這個過程稱爲循資，磨勘期滿之後，經人舉薦，可以遷調。[1]游酢於元符三年（1100）十一月任監察御史，磨勘三年，應爲崇寧二年十一月。因此，其知和州應在十一月或十二月。《宋兩淮大郡守臣易替考》記載有誤，稱崇寧元年、崇寧二年、崇寧三年，游酢知和州。[2]《嘉慶重修一統志》卷一三一《和州直隸州》載："游酢，建陽人，元豐末知和州，民愛之如父母。"[3]亦誤。

徽宗崇寧三年甲申（1104），五十二歲

在和州。奉祠閑居，居太平州。

　　游酢崇寧二年十一、十二月出知和州。《墓誌銘》云："歲餘，管勾南京鴻慶宮，居太平州。"（頁825）"歲餘"，即一年出頭。據此，居太平州或在崇寧三年四年之間，姑繫於三年，存疑。太平州，今安徽當塗。至於奉祠，據載，宋開封有玉清昭應宮、景靈宮、會靈觀、祥雲觀等廟宇，在外亦有宮觀，如杭州洞霄宮、亳州明道宮、華州雲臺觀、建州武夷觀等。諸宮觀置使、副使、判官等，又有判舉、提點、都監、管勾等名，統稱宮觀官，亦稱祠禄官，以宰相、執政、翰林學士等兼領。宋初，大臣年老不能任事者，亦常命爲祠禄官，不理政事而予俸禄，以示優禮。神宗熙寧後，整頓吏治，凡疲老不任事者，皆使任祠禄官，王安石欲以此安置反對派，祠禄官人數漸增。因祠禄官主管祭祀，故充任祠禄官稱"奉祠"。因故自請充任祠禄官，以處閑散之地，稱"請祠"，或稱"乞祠""丏祠"。

徽宗崇寧四年乙酉（1105），五十三歲

在太平州，奉祠閑居。

[1]《續資治通鑑長編》載："今文資三年一遷，武職五年一遷，謂之磨勘。"（李燾撰，上海師範大學古籍整理研究所、華東師範大學古籍整理研究所點校《續資治通鑑長編》卷一四三，第 11 冊第 3431 頁）

[2] 李之亮《宋兩淮大郡守臣易替考》，第 462 頁。

[3] 穆彰阿等《嘉慶重修一統志》，《四部叢刊續編》，上海商務印書館 1934 年版，第 142 冊第 13 頁。

徽宗崇寧五年丙戌（1106），五十四歲

在太平州，奉祠閑居。

宋徽宗大觀元年丁亥（1107），五十五歲

在太平州，奉祠閑居。乞再任。

《墓誌銘》云："居太平州。兩乞再任，以八寶恩轉朝散郎。"（頁825）案，"兩乞再任"，指兩次乞請再任管勾南京鴻慶宮，游酢任此職姑繫從崇寧三年（1104）開始，第一次乞再任，或在大觀元年，即任管勾南京鴻慶宮職滿三年之後。

徽宗大觀二年戊子（1108），五十六歲

在太平州，奉祠閑居。

徽宗大觀三年己丑（1109），五十七歲

在太平州，奉祠閑居。有詩一首。

作《餞賀方回分韻得歸字》詩。

本集卷七《餞賀方回分韻得歸字》云："邀客十分飲，送君千里歸。"（頁200）賀方回即賀鑄。考《年譜》及《賀鑄年譜》，游酢與賀鑄行蹤交集唯在太平州，此詩疑作於居太平州時。《賀鑄年譜》云："崇寧四年乙酉，五十四歲。通判太平州，或在斯年。……大觀三年己丑，五十八歲。以承議郎致仕，卜居於姑蘇。"[1] 或因賀鑄大觀三年由太平州通判退居姑蘇，游酢爲其送行。姑繫於是年，存疑。

---

[1] 王夢隱編，王震生增訂《賀鑄年譜》，吳洪澤、尹波主編《宋人年譜叢刊》，四川大學出版社 2002 年版，第 5 冊第 3311～3312 頁。

徽宗大觀四年庚寅（1110），五十八歲

在太平州，奉祠閑居。兩乞再任。有文一篇。

在太平州。十月，作《朝奉郎彭公墓誌銘》。

《朝奉郎彭公墓誌銘》云："君諱衛，字明微，其先吉州廬陵人。曾祖諱程。祖諱應求，仕爲太子中允，贈刑部尚書。……以大觀四年四月十七日，終於正寢，享年七十六。……以大觀四年十月十四日，葬於歷陽之長壽鄉延慶里蓮花岡先塋之左。先是誠等來請銘，余嘗謂君當於古人中求之，故喜爲之銘。"[1]案，此文本集未收，見《游定夫先生集》。從文中可知，是銘當作於大觀四年十月十四日彭衛下葬前不久，結合《全宋文》卷二六五八《朝奉郎彭公墓誌銘》題下注"大觀四年十月"[2]，應在十月。

兩乞再任管勾南京鴻慶宮，以八寶恩轉朝散郎。

《墓誌銘》云："居太平州。兩乞再任，以八寶恩轉朝散郎。"（頁825）案，游酢第一次乞再任，或在大觀元年；第二次乞再任，或在大觀四年，即任管勾南京鴻慶宮職滿六年之後，朝廷以八寶恩轉朝散郎。

宋徽宗政和元年辛卯（1111），五十九歲

在太平州，奉祠閑居。

徽宗政和二年壬辰（1112），六十歲

在太平州。轉朝請郎，起知漢陽軍。有文一篇。

在太平州，轉朝請郎。

《年譜》云：政和元年，"兩乞再任，知漢陽軍"（頁3390）。《墓誌銘》云："居太平州。兩乞再任，以八寶恩轉朝散郎。磨勘轉朝請郎，知漢陽軍。"據前文，游酢第一次乞再任管勾南京鴻慶宮或在大觀元年（1107），第二次

[1] 游酢《游定夫先生集》卷六，清同治六年和州官舍重刊本，第12～13頁。
[2] 曾棗莊、劉琳主編《全宋文》，上海辭書出版社2006年版，第123冊第174頁。

乞再任或在大觀四年，朝廷以八寶恩轉朝散郎。按文官三年磨勘進秩之法，從任朝散郎磨勘轉爲朝請郎或在政和二年前後，姑取其中繫於是年。

在漢陽軍，任知軍。四月中旬，作《跋陳居士傳》。

《嘉慶重修一統志》卷三三九《漢陽府二》云："游酢，建陽人。徽宗時，知漢陽軍，召郡中士子講明性理，俾風俗醇美。"[1]案，漢陽軍，今湖北武漢。

本集卷六《跋陳居士傳》云："政和二年孟夏中浣，建陽游酢書。"（頁187）案，"中浣"亦作"中澣"，古時官吏中旬休沐日，泛指每月中旬。"孟夏中浣"，即四月中旬。古代以上澣、中澣、下澣爲上旬、中旬、下旬。

徽宗政和三年癸巳（1113），六十一歲

在漢陽軍，任知軍。

徽宗政和四年甲午（1114），六十二歲

在漢陽軍，任知軍。乞奉祠。

《墓誌銘》云：知漢陽軍，"磨勘轉朝奉大夫。以親老，再乞宮祠，除提點成都府長生觀"（頁825）。

徽宗政和五年乙未（1115），六十三歲

疑在建陽，奉祠閑居。丁母憂，解官居制。

《墓誌銘》云："除提點成都府長生觀。丁太碩人憂。"（頁825）《年譜》云："仍提點長生觀。七月，丁太碩人憂，解官居制。"（頁3390）太碩人，即指其母方氏。

---

[1] 穆彰阿等《嘉慶重修一統志》，《四部叢刊續編》，第223冊第1頁。

徽宗政和六年丙申（1116），六十四歲

在建陽。丁母憂。

徽宗政和七年丁酉（1117），六十五歲

在建陽。服除，除知舒州。

　　《墓誌銘》云："丁太碩人憂。服除，除知舒州。"（頁825）案，舒州，今安徽潛山。游酢在政和五年七月丁太碩人憂，按丁憂二十七個月（不計閏）算，應於政和七年十月服除。因此，除知舒州在是年十月之後。

徽宗政和八年、宋徽宗重和元年戊戌（1118），六十六歲

在舒州，任知州。

徽宗重和二年、宋徽宗宣和元年己亥（1119），六十七歲

在舒州，任知州。移知濠州。

　　《墓誌銘》云："移知濠州。"（頁825）案，濠州，今安徽鳳陽。《嘉慶重修一統志》卷一二六《鳳陽府二》載："游酢，建陽人，徽宗時知濠州，多惠政，州人德之。"[1]

徽宗宣和二年庚子（1120），六十八歲

在濠州，任知州。罷歸，寓歷陽含山。有文二篇。

在濠州，任知州。罷歸，寓歷陽含山。

　　《墓誌銘》云："移知濠州。不數月，會從官謫守衡，罷歸。寓歷陽，因

---

[1] 穆彰阿等《嘉慶重修一統志》，《四部叢刊續編》，第140冊第21頁。

家焉。"（頁825）本集卷八明代蔣清《和州儒學尊賢祠記》云："忠宣公去位，公亦求去，寓居和之含山，因家焉。"（頁250）案，此處有誤，忠宣公即范純仁，建中靖國元年（1101）正月癸亥"前宰相觀文殿學士、中太一宮使范純仁卒，年七十五"[1]。因此，此處説"忠宣公去位，公亦求去"，不實，應爲《墓誌銘》所云紹聖年間"已而忠宣罷政，公亦請外矣"（頁825）之竄誤。游酢罷歸原因，應如《墓誌銘》所載"會從官謫守衡"。案，歷陽爲和州治所，轄含山、烏江等縣。

三月，作《宣義胡公墓誌銘》。

本集卷六《宣義胡公墓誌銘》云："公諱淵，字澤之，姓胡氏。其先江南人，唐末避地於建州崇安之籍溪。曾祖敏、祖容皆不耀。父罕，負氣節，重然許，鄉鄰有競者，不決於有司，而聽其一言。……次年庚子三月辛酉，其子尊治命，以公入夫人之兆。將葬，來請銘。"（頁189）

作《題張元幹大父手澤後》。

張元幹《蘆川歸來集》卷一〇《宣政間名賢題跋》載游酢題跋："知士無難，得其用心，斯知之矣。今仲宗得大父手澤數言於亂紙中，遂嚴飾而藏之，以詒子孫，此其用心必且淬礪其質，追琢其章，以發揚幽光，詎肯失其本心，以貽前人羞乎！君子以是賢之。宣和庚子建安游酢書。"[2]案，是文爲游酢題張元幹《蘆川豫章觀音觀書》後，《全宋文》卷二六五八題爲《題張元幹大父手澤後》。[3]

徽宗宣和三年辛丑（1121），六十九歲

在歷陽含山。

徽宗宣和四年壬寅（1122），七十歲

在歷陽含山。有詩一首、文一篇。

---

[1] 徐乾學《資治通鑑後編》卷九四，景印文淵閣《四庫全書》，臺灣商務印書館1986年版，第343冊第724頁。

[2] 張元幹《蘆川歸來集》，上海古籍出版社1978年版，第202頁。

[3] 曾棗莊、劉琳主編《全宋文》，第123冊第170頁。

在歷陽含山。作《祭陳了翁文》。

陳瓘（1057—1122），字瑩中，號了翁，又號了齋，南劍州沙縣人，偁之子。元豐二年（1079）進士甲科第三名。以蔡卞薦，召爲太學博士，遷校書郎。徽宗即位後爲左正言，多次劾奏章惇、蔡卞、蔡京、邢恕等人，因觸忤曾布，出知泰州（今屬江蘇），崇寧中除名竄袁州（今江西宜春）、廉州（今廣西合浦）。移郴州（今屬湖南），復宣德郎，因著《四明尊堯集》獲罪，羈管台州（今屬浙江）。與鄒浩皆師事楊時。陳瓘爲人謙和，不爭財物，閑居矜莊自持，不苟言談，通《易經》。[1]

樓鑰《跋從子深所藏書畫·游御史酢》載：“建安游先生從伊川遊，在謝上蔡、楊龜山之間，宜其與了翁父子相厚也。”[2]據張其凡、金强《陳瓘年譜》考證，陳瓘卒年共有宣和二年、宣和四年、宣和六年、靖康元年（1126）四說。[3]此處採用宣和四年說。游酢與陳瓘爲摯友，其祭文當作於此年。《九朝編年備要》卷二九載：“陳瓘卒於楚州。范純仁晚年益以天下自任，尤留意人才。或問其所儲人才可爲今日用者。答曰：‘陳瓘。’又問其次曰：‘陳瓘自好也。’蓋言瓘可以獨當天下之重也。宣和之末，人憂大廈之將顛，或問游酢以當今可以濟世之人。酢曰：‘四海人才不能周知，以所識知陳了翁其人也。’”[4]案，楚州，今江蘇淮安。《御批歷代通鑑輯覽》卷八一載：宣和四年春二月，“管勾太平觀陳瓘卒。或問游酢以當今可以濟世之人。酢曰：‘四海人才不能周知，以所識知陳了翁其人也。’劉安世嘗因瓘病，使人勉以醫藥自輔。曰：‘天下將有賴於公，當力加保養以待時用。’至是，卒於楚州”[5]。

有《韓魏公讀書堂》詩。

本集卷七《韓魏公讀書堂》詩云：“去郡五里安國寺，斷蓬荒篠成邱墟。”（頁199）安國寺有多處，歷陽郡含山縣縣治旁有其一。《明一統志》卷一七載：“安國寺，在縣治西南隅。”[6]以此觀之，此詩或作於寓居歷陽之時，姑繫於是年。

[1] 張撝之等主編《中國歷代人名大辭典》，第1359頁。
[2] 曾棗莊、劉琳主編《全宋文》卷五九五八，第264冊第249頁。
[3] 張其凡、金强《陳瓘年譜》，《暨南史學》第1輯，暨南大學出版社2002年版，第126頁。
[4] 陳均《九朝編年備要》，景印文淵閣《四庫全書》，臺灣商務印書館1986年版，第328冊第802頁。
[5] 傅恒等《御批歷代通鑑輯覽》，景印文淵閣《四庫全書》，臺灣商務印書館1986年版，第338冊第334頁。
[6] 李賢等《明一統志》，景印文淵閣《四庫全書》，第472冊第393頁。

徽宗宣和五年癸卯（1123），七十一歲

在歷陽含山。以疾終，葬於和州。

在歷陽含山。五月二十三日，以疾終。

　　《墓誌銘》云："宣和五年五月乙亥，以疾終於正寢，享年七十有一。"（頁825）

十二月二十七日，與妻合葬於和州含山縣昇城鄉車轅嶺之原。

　　《墓誌銘》云："是年十二月丙午，與夫人合葬於和州含山縣昇城鄉車轅嶺之原，用治命也。"（頁825～826）《年譜》云："十二月丙午，用公治命與夫人呂氏合葬於和州含山縣車轅嶺之原遂改名察院嶺，文靖楊公誌其墓。"（頁3390）

　　《康熙含山縣志》卷一六《丘墓》載："游定夫墓。陳志云：'在南十三都，俗呼其山爲察院嶺。墓碑猶存，有楊龜山墓誌。'明洪武十四年，同知趙彥亨、判官楊本中、學正虞輔有文祭其墓。正統三年知州朱沉德修其墓，祭之。提學御史彭勛立石以表焉。弘治戊午，知縣張時清因公墓石歲久，僕泐重礱堅瑐，比舊崇廣，刻龜山墓誌於碑，陰樹於大道之傍。遂述其故地今移貯登科橋皎如亭。按，登科橋游公墓碑云：'墓在昇城鄉察院嶺。'朱志載：邑人晏燮《諸山總論》有云'蒼山之陽起車轅嶺'。其注又云：'有游夫子講院，礎石尚存，或云墓亦在此。茲陳志所謂南十三者，正昇城鄉也。其曰察院嶺者，疑車轅嶺之音相近也。但蒼山之陽止有嶺名分水，西四十里有椒兒嶺，甚高。逾嶺又西行十餘里，有車兒嶺，土人謂有大墳數冢，礎石在焉。則公之墓與講院疑俱在是焉。'"[1]

宋理宗嘉熙二年戊戌（1238），卒後十五年

謚文肅，追封朝奉大夫、贈大中大夫。

　　本集卷一宋理宗趙昀作於嘉熙二年的《宋追謚故朝奉大夫贈大中大夫游

---

[1] 趙燦修，唐廷伯等纂《康熙含山縣志》，《中國地方志集成·安徽府縣志輯》，江蘇古籍出版社1998年版，第122頁。

酢諡文肅敕》稱："國家制爲爵祿，以禦臣下，生有華寵之命，歿有褒崇之典，始終之道備矣。故朝散大夫，知舒州軍州、管色神霄玉清萬壽宮、管勾學事、兼管内勸農事、賜紫金魚袋游酢，言正而行端，德閎而學粹。趨蹌禮樂之場，超卓傳注之表。羣經獨得其趣，諸子莫遁其情。羅綱百家，馳騁千古。進憲臺以率僚屬，推聖學以明大義。士風疏奏，足以扶國本於當時；注釋經書，足以開來學於後世。顧功德之兼全宜恩隆之特異。茲稽諡法，道德博厚謂文，言行端嚴謂肅，可贈大中大夫，諡曰：'文肅。'"（頁6～7）

宋理宗寶祐三年乙卯（1255），卒後一百三十二年

賜贊。

　　本集卷六宋理宗趙昀作於寶祐三年的《賜贊》曰："皇天眷命，泰運南旋。祈我邦國，億萬斯年。偉哉聖道，光載南傳。允矣君子，德業精專。春光融融，秋月娟娟。泰山之峻，河海之淵。先生風教，麗日中天。四方其訓，朕有賴焉。贈游酢"（頁6）

傳記資料

《宋史·游酢傳》[1]

游酢字定夫，建州建陽人。與兄醇以文行知名，所交皆天下士。程頤見之京師，謂其資可以進道。程顥興扶溝學，招使肄業，盡棄其學而學焉。第進士，調蕭山尉。近臣薦其賢，召爲太學錄。遷博士，以奉親不便，求知河清縣。范純仁守潁昌府，辟府教授。純仁入相，復爲博士，簽書齊州、泉州判官。晚得監察御史，歷知漢陽軍、和舒濠三州而卒。

楊時《御史游公墓誌銘》[2]

吾友定夫既没之明年，其子某自歷陽涉大江，詣予而告曰："先君之友，惟公爲最厚。今既葬，而幽堂之銘無辭以刻，恐遂堙没無傳焉，敢以是請。"予告之曰："知先公之名德，皎如日星，雖奴隸之賤皆知之，其流風餘韻，足以師世範俗，豈待予言而傳乎？然昔在元豐中，俱受業於明道先生兄弟之門，有友二人焉：謝良佐顯道，公其一也。三年之間，二公相繼淪亡，存者獨予而已。追念平生，觸事無一不可悲者。今吾子以銘見屬，舍予其奚之？"

公諱酢，定夫其字也，建州建陽人。初與其兄醇俱以文行知名於時，所交皆天下豪英。公雖少，而一時老師宿儒咸推先之。伊川先生以事至京師，一見謂其資可與適道。是時，明道先生兄弟方以倡明道學爲己任，設庠序，聚邑人子弟教之，召公來職學事。公欣然往從之，得其微言，於是盡棄其學而學焉。其後得邑河清，予往見之。伊川謂予曰："游君德氣粹然，問學日進，政事亦絕人遠甚。"其在師門見稱如此，則所造可知矣。

公於元豐六年登進士第，調越州蕭山尉。用侍臣薦，召爲太學錄。改宣德郎，除博士。公以食貧待次，奉親不便，就擬知河南府河清縣。忠宣范公判河南，待以國士，事有疑議，必與之參訂。移守潁昌，辟公自隨，爲府學教授。未幾還朝，復秉國政，即除公太學博士。已而忠宣罷政，公亦請外矣。除齊州

---

[1] 脫脫等《宋史》卷四二八，第 36 冊第 12732～12733 頁。
[2] 楊時撰，林海權校理《楊時集》卷三三，第 824～827 頁。

簽書判官廳公事。用年勞改奉議郎。丁太中公憂。服除，再調泉州簽判。

上皇即位，覃恩改承議郎，賜緋衣銀魚袋。還，召爲監察御史。磨勘轉朝奉郎，出知和州。歲餘，管勾南京鴻慶宮，居太平州。兩乞再任，以八寶恩轉朝散郎。磨勘轉朝請郎，知漢陽軍。磨勘轉朝奉大夫。以親老，再乞宮祠，除提點成都府長生觀。丁太碩人憂。

服除，除知舒州。移知濠州。不數月，會從官讁守衡，罷歸。寓歷陽，因家焉。宣和五年五月乙亥，以疾終於正寢，享年七十有一。是年十二月丙午，與夫人合葬於和州含山縣昇城鄉車轅嶺之原，用治命也。

公自幼不群，讀書一過目輒成誦。比壯，益自力，心傳目到，不爲世儒之習。誠於中，形諸外，儀容辭令，粲然有文，望之知其爲成德君子也。

其事親無違，交朋友有信。蒞官遇僚吏有恩意，雖人樂於自盡，而無敢慢其令者。惠政在民，戴之如父母，故去則見思，愈久而不忘。

筮仕之初，未更事，縣有疑獄，餘年不能決，公攝邑事，一問得其情而釋之。精練如素官者，人服其明。比年以來，編民困於征斂，而修奉祠館，市材調夫無虛月，所至騷然。公歷守四郡，處之裕如，雖時有興造，民初不知而事集。此在公特其秕糠耳，無足道者，故不復縷載。若其道學，足以覺斯人，餘潤足以澤天下。遭時清明，不及用而死，此士論共惜之，非予一己之私言也。

曾祖尚，祖禮之，不仕。父潛，贈太中大夫。娶呂氏，封宜人，有賢行，事舅姑以孝聞，友娣姒，睦姻族，人無間言。公素貧，不治生產。夫人攻苦食淡，能宜其家，其內助多矣，先公三年卒，享年六十有六。子男七人：攜，文林郎，洪州司兵曹事，卒於官。擬、捄、握，皆蚤世。損，迪功郎，前授歸州司兵曹事。掞，將仕郎。拂，未仕。皆業儒，世其家。女一人，歸時之子通。孫男三人，女五人。

有《中庸義》一卷，《詩二南義》一卷，《論語》《孟子》雜解各一卷，文集十卷，藏於家。銘曰：

嗚呼天乎，故不憖遺。方時清明，哲人其萎。道雖不行，斯文未亡。百世而下，其傳有光。

楊時行年繫地譜

楊時（1053—1135），字中立，世稱龜山先生，南劍州將樂（今屬福建）人。熙寧九年（1076）中進士第，調官不赴，師事程顥、程頤，杜門不仕者十年。歷知瀏陽、餘杭、蕭山三縣，歷任荊州教授、秘書郎，遷著作郎、邇英殿說書、右諫議大夫兼侍講、國子祭酒、徽猷閣待制、提舉嵩山崇福宮。高宗即位，除工部侍郎，復兼侍講，兼國子祭酒。乞致仕，除徽猷閣待制、提舉嵩山崇福宮。連章丐外，以龍圖閣直學士提舉杭州洞霄宮。已而告老，以本官致仕，優游林泉，以著書講學爲事。紹興五年（1135）卒，年八十三，諡文靖。著有《三經義辨》《論語解》《經說》《語錄》《二程粹言》《龜山集》等，東南學者推爲“程氏正宗”。

字號

楊時，字中立，先字行可，號龜山先生。

胡安國《龜山先生墓誌銘》載："公諱時，字中立，姓楊氏。"[1]呂本中《楊龜山先生行狀》載："先生諱時，字中立，姓楊氏，世居南劍將樂縣北之龜山。……會路君允迪使高麗，國王問曰：'龜山先生安在？'乃召爲秘書郎。"[2]胡安國《楊龜山先生行狀》載："公諱時，字中立，號龜山。"[3]《御批歷代通鑑輯覽》卷八一載："時浮沉州縣四十餘年，時歷知瀏陽、餘杭、蕭山諸縣事，皆有惠政，未嘗求聞達，而德望日重，四方之士不遠千里從之遊，號曰龜山先生。"[4]

楊時曾親自修撰《弘農楊氏族譜》，是譜載："第五世：時公，字中立，先字行可，以犯友人父諱故改之，號龜山。"[5]黃去疾《龜山先生文靖楊公年譜》云："公諱時，字中立，世居南劍將樂縣北之龜山。公先字行可，以犯友人父諱，游子通爲改字曰中立，練子安爲作字説。御史游公先字子通。"[6]

籍貫

南劍州將樂人，世居將樂縣北之龜山。其故居一説在今將樂縣龍池團，一説在明溪縣興善里龍湖村。

《墓誌銘》載："公諱時，字中立，姓楊氏。……謹案：楊氏出於弘農，爲望姓。五世祖唐末避地閩中，寓南劍州之將樂縣，因家焉。"（頁1134）呂

---

[1] 楊時撰，林海權校理《楊時集》附録二，第1134頁。《龜山先生墓誌銘》以下簡稱《墓誌銘》，凡引此文，均據此本，僅括注頁碼。

[2] 楊時撰，林海權校理《楊時集》附録二，第1149頁。《楊龜山先生行狀》有二，一爲呂本中作，一爲胡安國作，呂本中所作行狀以下簡稱"呂本中《行狀》"，凡引此文，均據此本，僅括注頁碼。

[3] 楊時撰，林海權校理《楊時集》附録二，第1143頁。胡安國《楊龜山先生行狀》以下簡稱"胡安國《行狀》"，凡引此文，均據此本，僅括注頁碼。

[4] 傅恒等《御批歷代通鑑輯覽》，景印文淵閣《四庫全書》，第338冊第327頁。

[5] 《弘農楊氏族譜》原由楊時親修，後名《蛟湖楊氏族譜》，由蘇軾題字"子孫保之"。《蛟湖楊氏族譜》於宋淳熙元年（1174）、元至正九年（1349）、明洪武十三年（1380）、明天啓元年（1621）、清乾隆十七年（1752）、清光緒十年（1884）、民國二年（1913）七次重修及多次增修。

[6] 黃去疾編，刁忠民校點《龜山先生文靖楊公年譜》，吳洪澤、尹波主編《宋人年譜叢刊》，第5冊第3396頁。《龜山先生文靖楊公年譜》以下簡稱"黃譜"，凡引此書，均據此本，僅括注頁碼。

本中《行狀》載：“先生諱時，字中立，姓楊氏，世居南劍將樂縣北之龜山。其先本蜀人，唐初徙居江州湖口，次居河南開封府顧釋縣。迨高祖子江公以進士授鏞州[1]司户，因家於州，遂占籍此地焉。”（頁 1148）案，顧釋縣，今河南固始，此處存疑。查《中國古今地名大詞典》《中國古今地名對照表》均無顧釋縣之地名。查《中國歷史地圖冊》唐宋時期亦無顧釋縣之說，蓋爲河南固始縣（且唐宋均有固始縣），然而唐宋時期固始縣屬光州而非開封府，且開封府亦無顧釋縣或固始縣。《閩書》卷一八《方域志·將樂縣》載：“龜山，封山支峰也。狀如伏龜。楊龜山世居其下，因以爲號。”[2]《萬曆歸化縣志》卷一《輿地志·山川》載：“龜山在縣治龍湖二十里，形狀如龜。宋楊龜山先生孕靈於此，故以自號云。”[3]

《福建通志》卷六三載楊時故宅：“先儒楊時宅，在（將樂）縣北遵道坊。時卒於宋紹興五年。不久宅廢爲民業。嘉定二年郡守余嶸出帑金贖回，立祠庭中，撥田以贍其後。後守陳宓、董洪相繼修葺。寶祐五年邑令林式之重修。二十一年兵毀，故址猶存。以上俱將樂縣。”[4]《大清一統志》卷三三〇載其故宅在“將樂縣北門外”[5]。

其故里有二說，存疑。

一說認爲，楊時爲將樂龍池團人。毛念恃《宋儒龜山楊先生年譜》云：“宋仁宗皇祐五年癸巳十一月二十五日巳時，先生生於南劍西鏞州龍池團。鏞州即今將樂縣。”[6]《弘治將樂縣志》卷七《選舉·學志》載：“楊時，字中立，龍池人。宋熙寧九年徐鐸榜進士。”[7]《乾隆將樂縣志》卷八《人物

---

[1] 鏞州，五代十國閩永隆五年（943 年，亦是殷天德元年），王延政據建州，建國號殷，將樂縣爲其所轄。殷天德三年，將樂升縣爲州，以縣城西郊有山形如覆鐘，取名鏞州，又稱西鏞州。殷國（閩國）被滅後，廢鏞州爲將樂縣。

[2] 何喬遠編撰《閩書》，第 420 頁。

[3] 周憲章纂修《萬曆歸化縣志》，明萬曆四十二年刻本，第 4 頁。

[4] 謝道承等《福建通志》，景印文淵閣《四庫全書》，第 530 冊第 258 頁。

[5] 和珅等《大清一統志》，景印文淵閣《四庫全書》，第 481 冊第 637 頁。

[6] 毛念恃《宋儒龜山楊先生年譜》，《北京圖書館藏珍本年譜叢刊》，第 21 冊第 7 頁。《宋儒龜山楊先生年譜》以下簡稱“毛譜”，凡引此書，均據此本，僅括注頁碼。

[7] 李敏《弘治將樂縣志》，《天一閣藏明代方志選刊續編》，上海書店 1990 年版，第 37 冊第 287 頁。

傳》載："楊時，字中立，龍池都人。五世祖自宏農避地居將樂。"[1]《宏農楊氏房譜》認爲龍池團爲今明溪縣東二十里的龍湖村。[2] 史求真則認爲"龍池團在將樂縣北封山下一帶"，"方圓七十餘華里，西毗永吉都，北鄰萬安都，東界積善都，南連將樂城"，龍池團位於將樂縣東北里許地，龍湖位於將樂縣南百餘里地，龍池從來都是將樂屬地，而龍湖成化六年後隨興善里都劃歸歸化（今福建明溪），劃歸前後均是興善里所屬村落。[3] 此說與呂本中《行狀》及《大清一統志》所載相符。

　　另一說認爲，楊時是將樂縣興善里龍湖人，但自明成化七年（1471）歸化設縣之後，楊時故里所在龍湖已劃屬歸化縣管轄，楊時亦屬歸化縣，其誕生地爲明溪縣瀚仙鎮龍湖村。《萬曆歸化縣志》卷二《建置一·鄉賢祠》載："宋儒龜山楊先生諱時，字中立，興善里龍湖人。龍湖原隸將樂，故《宋史》謂之將樂人。國朝成化七年割將樂之興善、中和屬歸化。則先生當祠歸化。"[4]《康熙歸化縣志》卷七《選舉》載："楊時，邑東二十里龍湖人，中宋熙寧九年徐鐸榜進士。官工部侍郎。未設縣時轄於將樂，故封爲將樂伯。以龍湖有龜山故。取以爲號。從祀聖廟。有傳。"[5]《乾隆汀州府志》卷一二《學校》載："歸化縣儒學，在縣東二十里龍湖先儒楊時宅故址。"[6]《大清一統志》卷三三載："龜山祠，在歸化縣東二十里龍湖，即楊龜山故宅。"[7]《民國明溪縣志》卷六《列傳·選舉志上》載："楊時，字中立，邑東二十里龍湖人。龍湖原屬將樂，明成化設歸化縣治後，改隸本

[1] 李永錫等修，徐覲海纂《乾隆將樂縣志》，《中國地方志集成·福建府縣志輯》，上海書店出版社 2000 年版，第 39 冊第 523 頁。

[2] 明溪十里鋪於清同治九年（1870）修《宏農楊氏房譜》，其《龜山公年譜紀》云："公生於南劍西鏞州之龍池團（即今縣東二十里龍湖地）。"明溪縣夏坊區鰲峰鄉黃地塘村光緒九年（1883）七修《鰲峰楊氏族譜》，其《龜山公年譜紀》云："公生於南劍西鏞州之龍池團（即今歸化縣東二十里龍湖地）。"寧化延祥村同治九年修《延祥楊氏房譜》，其《龜山公年譜紀》云："公生於南劍西鏞州之龍池團（今歸化縣東二十里龍湖地）。"（林海權、胡鳴編著《楊時故里行實考》，福建人民出版社 2008 年版，第 5~6 頁）

[3] 史求真《龍池團與龍湖村地名考》，政協將樂縣委員會文史資料編輯組《將樂文史資料》第 3 輯，第 104 頁。

[4] 周憲章纂修《萬曆歸化縣志》，明萬曆四十二年刻本，第 34 頁。

[5] 湯傳架等《康熙歸化縣志》，清康熙三十七年刻本，第 1 頁。

[6] 曾日瑛等修，李紱等纂《乾隆汀州府志》，《中國地方志集成·福建府縣志輯》，上海書店出版社 2000 年版，第 33 冊第 175 頁。

[7] 和珅等《大清一統志》，景印文淵閣《四庫全書》，第 479 冊第 35 頁。

邑。"[1]《福建通志》卷六三載:"四賢堂,在(歸化)縣東翰溪。宋儒楊時族居龍湖市,與其友羅從彥往來於此。明成化初,里人揭文俊因構堂,併祀李侗、朱熹,扁曰'四賢',以爲子弟講學之所。"[2]何喬遠《閩書》卷二二《方域志·汀州府歸化縣》載:"鳳凰巖,巖內有石,翔展如鳳凰,近龜山先生故里。"[3]又云:"將樂縣,在郡城西。……五代王延政,升爲西鏞州。南唐尋復爲縣,仍隸建州。宋太平興國四年,屬南劍州。元仍舊。皇朝因之,凡二隅、四十都。成化八年,爲中和、興善二都置汀州之歸化縣。""興善里,……舊將樂縣地。山曰龜山、鶴遷,嶺曰鐵嶺,巖曰鳳凰、永興,溪曰瀚溪、雷霆,潭曰龍坑。"[4]

楊時之祖有"南遷三湖"之事,亦可佐證楊時生於龍湖。《宏農楊氏房譜》卷一《龜山公家譜序》載楊時祖父楊明三遷而至龍湖:"以吾鼻祖言之,始由樵川(邵武古稱)而居三華(將樂古稱,以玉華洞、銀華洞、金華洞而得名)焉。迨高祖(指子江公)第三公(指勝達之第三子明)。奮然有遊四方之志,往乞靈於西乾福善祠(在邵武西鄉五十里),夢神人告曰:'子可遇三湖則止。'遂返乎三華。始遷蛟湖(在將樂縣南二十里),次遷池湖(在將樂縣南六十里,即白蓮驛),終遷龍湖(在將樂縣南一百二十里,後代或稱龍湖市、龍湖鋪)。果應夢之兆,於此遂家焉。……由此觀之,第三公乃是龍湖之始祖也,宋賢龜山公即其苗裔也,豈非神兆斯土,以興吾之族乎?……洪武乙丑歲冬月望日,十六世孫均政謹譜。"[5]而《宏農楊氏房譜》收錄游酢爲楊埴所寫之墓誌銘,認爲是楊時父親楊埴承祖遺命"南遷三湖":"明公之子埴公,乳名五十郎,字永謀,號誼,誥贈正議大夫。在家寢徵(指朝廷沒有徵聘)。承祖遺命'夢三湖則止'。歷遷三華蛟湖、池湖、龍湖,遂居焉。妣乃居士夔公之女陳氏孺人,誥封榮德太君,夢星而孕時公。繼妣廖氏孺人,封碩人。公妣合葬龍池,金釵形。生一子:時。銘曰:公承祖夢,柳樊村而

---

[1] 王維樑等修,廖立元等纂《民國明溪縣志》,《中國地方志集成·福建府縣志輯》,上海書店出版社 2000 年版,第 38 冊第 37 頁。

[2] 謝道承等《福建通志》,景印文淵閣《四庫全書》,第 530 冊第 276 頁。

[3] 何喬遠編撰《閩書》,第 535 頁。

[4] 何喬遠編撰《閩書》,第 417、530 頁。

[5] 楊均政《龜山公家譜序》,轉引自林海權、胡鳴編著《楊時故里行實考》,第 9 頁。

亨。天禅其廬，三湖是營。惟忠厚以作財，獲聖子以亶明。肇萬億之麟瑞，啓千秋之佳禎。"[1]據此，《楊時故里行實考》認爲"楊時故里在龍湖，楊時生長於龍湖"[2]。

世系

高祖榮，以進士授鏞州司户。曾祖勝達。祖明。父埴，娶陳氏，再娶廖氏。

高祖楊榮，曾祖楊勝達，祖楊明，父楊埴。《墓誌銘》云："楊氏出於弘農，爲望姓。五世祖唐末避地閩中，寓南劍州之將樂縣，因家焉。"（頁1134）吕本中《行狀》載："迨高祖子江公以進士授鏞州司户，因家於州，遂占籍此地焉。"（頁1148）胡安國《行狀》云："其先蜀人，唐初徙於江州之湖口。高祖子江，爲西鏞州司户，家於州，因占籍焉。曾祖勝達，祖明，俱讀書不仕，以道自娱。考埴，贈正議大夫。"（頁1143）

高祖楊榮、曾祖楊勝達生平，明溪縣蓋洋鎮姜坊村藏《楊氏族譜》載："華川公子子江，乳名安，諱榮，號朝宗。唐僖宗中和四年甲辰八月十七日未時生。登晉天福二年丁酉科進士，任閩西鏞州司户，因家居焉。晉天福三年戊戌十月初三日辰時殁，享年五十五歲。元配余氏繩娘，例贈宜人，唐僖宗中和三年癸卯八月十六日丑時生，晉天福七年壬寅三月十日申時殁。夫婦合葬將樂縣北光明都衢坊株林山。寅山申向。繼妣謝宜人、三妣蕭宜人，合葬瀚溪。生二子：勝達、勝遠。""子江公長子勝達，字仲通，號伯明，儒士。唐天祐二年乙丑四月初五日辰時生。生五子：延、同、明、豐、昭。"[3]案，此處"天福二年丁酉科進士"誤，該年未舉行科舉考試，應如後文所引，爲天福三年進士。楊勝達之字號亦有異説，存疑。

祖父楊明、父楊埴生平，吕本中《行狀》載："曾祖勝達，豪邁不羈，生五子。其三子明，乃先生之祖也。明生埴，贈正議大夫。埴，先生父也。"（頁1148）楊時《先君行狀》載："先君諱埴，南劍州將樂縣人也。祖諱勝

---

[1] 林海權、胡鳴編著《楊時故里行實考》，第14頁。
[2] 林海權、胡鳴編著《楊時故里行實考》，第15頁。
[3] 轉引自林海權、胡鳴編著《楊時故里行實考》，第63頁。

達。父諱明。先君爲人質直而信厚。其遇事接物，初若不可忤，而胸中洞然，無含怒宿怨。其治家勤約有節，雖一介不妄以與人，亦不妄取人也。自皇祖而上，世爲農家。至先君，始勵其子以學。……元祐五年十月戊戌，以疾終於家，享年六十有三。先君娶陳氏，再娶廖氏，先先君六年卒。有子二人。"[1]

楊時列祖列宗詳情，《宏農楊氏房譜》載[2]：

第一世：楊榮，入閩始祖。唐僖宗中和四年（884）八月十七日未時生。登五代晉高祖天福三年（938）進士，授閩西鏞州司戶，而居三華。婦余氏夫人。夫婦合葬將樂北光明都垂惠鄉株林山，坐壬向丙。繼婦謝氏夫人，三婦蕭氏夫人，二婦合葬瀚溪吳宅門前。生二子：勝達、勝遠。

第二世：楊榮長子勝達。儒士。唐哀帝天祐二年（905）四月五日辰時生。歿未詳。婦余氏永娘、繼婦陳氏娘、三婦劉氏娘，俱生歿未詳。夫婦合葬株林山楊榮墳前左邊。四婦吳氏，生歿未詳，葬謝坊松樹下。生五子：延、同、明、豐、昭。楊榮次子勝遠。附葬父墳左。子孫居邵武府。

第三世：楊勝達長子延，字信夫。儒士。婦余安人，繼婦邱安人。生二子：長爲押番，次任通判，居光明。後移居漠源，今將樂大里、黃坊及歸化瀚溪等處者，皆其苗裔。次子同，字信有，乳名義。宋太宗太平興國三年（978）九月十七日生。婦陳孺人。生二子：顯、灝。居將樂光明都衢坊。後分居萬安、扶竹，又分居安福嶺及福州、閩縣等處者，皆其苗裔。三子明，字信仲，號暹。儒士。居龍池杉田。元婦余孺人，繼婦蕭孺人，三婦朱孺人。生一子：埴。四子豐，字信仁，號約軒。居將樂南境八十里中和村，因號曰中和公。葬廖坑直竹窠。婦溫孺人，葬盧田。生一子：萬宜。五子昭，字信清。官至朝請大夫。婦吳恭人。居邵武龍坑，後居浦城，仍居將樂蛟湖、龍湖及四川、南京、江西等處，皆其苗裔。

第四世：楊同长子顯，字永善，宋真宗天禧五年（1021）五月六日生，

---

[1] 楊時撰，林海權校理《楊時集》卷二九，第 747 頁。《楊時集》以下簡稱"本集"，凡引此書，均據此本，僅注頁碼。

[2] 林海權、胡鳴編著《楊時故里行實考》，第 54～58 頁。

壽年七十四。哲宗紹聖元年（1094）七月十一日歿。婦蕭孺人。生三子：起、越、建。出外，子孫未録。次子灝，字永源。婦黄孺人。生五子。出外，子孫未録。

楊明之子埴，乳名五十郎，字永謀，號誼。誥贈正議大夫，在家寢徵。承祖遺命"夢三湖則止"。歷遷三華蛟湖、池湖、龍湖，遂居焉。婦乃居士夔公之女陳氏孺人，誥贈榮德太君，夢星而孕時公。繼婦廖氏孺人，封碩人。夫婦合葬龍池金釵形。生一子：時。

楊豐之子萬宜，字永義。居中和。後分沙陽壁溪、礤頭等處，皆其苗裔。

妻余氏，贈碩人，先卒。繼室陳氏，三室趙氏，皆封碩人。

《墓誌銘》云："娶余氏，贈碩人，先卒。"（頁1139）吕本中《行狀》記載與《墓誌銘》稍有出入："夫人余氏，有賢德。"（頁1150）而據胡安國所作《墓誌銘》云，楊時"既没逾年，諸孤以右史吕本中所次行狀來請銘"（頁1134），即楊時後人持吕本中《行狀》來請胡安國撰《墓誌銘》，既可能以行狀作樣本寫銘，也有可能對行狀不實之處進行更正。此處以《墓誌銘》所記爲實。

《宏農楊氏房譜》載："第五世：埴公之子時公。字中立，别字行可，號龜山，謚文靖。……元姚余氏，乃居士余永叔之女，封楚夫人，葬臨安府餘杭縣昭德鄉馬里村。繼姚陳氏，三姚趙氏，二姚皆封碩人。生五子：迪、迴、通、適、造。"

有子五：長子迪早逝，其餘四子爲迴、通、適、造。女四人：長適陳淵，次陸棠，次李郁，次未嫁。孫男至少七人，孫女五人，曾孫一人。

《墓誌銘》云："子五人：迪，早卒；迴、通、適、造，已仕。女四人：長適陳淵，次陸棠，次李郁，次未嫁。孫男七人，孫女五人，曾孫一人。"（頁1139）吕本中《行狀》記載與《墓誌銘》稍有出入："先生生五子：迪，登進士，任修職郎；迴，登進士，任承奉郎；通、適，俱任監丞；造，登進士，任宣教郎。女二：長適左迪功郎陳淵；次適右迪功郎李郁。孫八：雲，已膺鄉薦；航、崧、森，今遊太學；嶽與山，咸知讀書立志焉。"（頁1150）而據胡安國所作《墓誌銘》云，楊時"既没逾年，諸孤以右史吕本中所次行狀來請銘"(頁1134)，即楊時後人持呂本中《行狀》來請胡安國撰《墓誌銘》，有可能對行狀不實之處進行更正。此處以《墓誌銘》所記爲實。《宏農楊氏房譜》則載有孫男十人，存疑。

案，《宋元學案》載楊時有子楊安止，誤。《宋元學案》卷二五載："楊安止，文靖子，官判院，其罷信幕赴調，韓南澗送之詩曰：'白頭入幕府，始與夫子親。夫子龜山裔，虆麌見祥麟。'……謝山《跋宋史楊文靖傳後》云：楊文靖公之子安止，本傳言其力學通經，亦嘗師事程子，然於其出處大節則不書，不知其何意也。……梓材案：史傳所載文靖子力學通經，嘗師事程子者，名迪，太學導道也，卒於崇寧三年（1104）。安止與秦丞相同時，已在崇寧以後，蓋別一人，謝山似誤合爲一。胡文定撰龜山墓誌云：'子五人，迪早卒，迥、通、適、造已仕。'未知誰爲安止也。"[1]《宋元學案》認爲楊時有子楊安止，王梓材認爲安止非楊時子，另有其人，全祖望（號謝山）將其與迪"誤合爲一"。

《乾隆將樂縣志》卷七《選舉》載："楊迪，龜山先生長子，進士，有傳，見先憲志。楊迥，龜山先生二子，字積義。由進士官婺州通判，終宗正臣。楊適，龜山先生三子，字昭祖，登宣和元年戊戌王昂榜，任軍器監丞，遷工部員外郎。楊適，龜山先生四子，字紹遠，登政和二年壬辰莫儔榜。官至婺州通判，遷京正寺丞。楊造，龜山先生五子，字汝旨，由進士官至承議郎、教宗院丞主管台州事。楊雲，迪之子，字師道，由進士官至福建安撫司參議。"[2]案，三子應爲"楊通"。此書所記字號亦與後文頗多出入，難以考證何者爲誤載，故僅據原文記錄，不再作考證。《乾隆將樂縣志》卷八《先憲》云："楊迪，字遵道，龜山先生長子，髫時已能力學，指物即賦。既冠，益貫穿今古，平居無喜慍色。孝友和易。中外無間言。少遊伊川之門，多士咸教手推，先，伊川嘗答龜山書曰：'令子名迪者，好學質美，當成遠器。'其於《易》《春秋》尤精，登進士第，官至奉議大夫。崇寧三年疾卒。遺文數百篇。後朱晦翁得而讀之。歎曰：'發微詰極，冰解的破

[1] 黄宗羲原著，全祖望補修，陳金生、梁運華點校《宋元學案》，第2冊第960~961頁。
[2] 李永錫等修，徐觀海纂《乾隆將樂縣志》，《中國地方志集成·福建府縣志輯》，第39冊第503頁。

者耶.' 從祀鄉賢."[1]

楊時子孫詳情,《宏農楊氏房譜》載[2]:

第六世:楊時長子迪,字遵道,由進士第授奉議郎,亦從學於程頤,年二十三歲卒。敕贈宣議大夫。婦蕭宜人,繼婦李宜人。夫婦合葬龍池垂惠鄉株林內。生二子:雲、彥。次子迥,字昭遠,由進士第歷任右司僉中書舍人。婦廖宜人,繼婦蔣宜人。夫婦合葬常州毗陵。生一子:航。三子遥,乳名耀任,字昭祖。由進士第任監丞。遷工部尚書員外郎。葬光明株林右。婦建安游酢次女游氏淑人,葬龍湖謝坊湖。生三子:森、戀、彬。四子適,字循道。由進士第任監丞。遷宗正。改授宣教郎、婺州通判。再任明州通判。享壽六十三,卒葬江陰縣。生三子:崧、嶽、嵐。五子造,字安旨,乳名堂。由進士第承議郎兼管呂州崇道院。婦周氏安人。夫婦合葬株林先墳右。生子一:次山。

第七世:楊迪長子雲,字師若,號志猷。由進士第任建康府通判。升安撫司奉議郎。享壽六十三。卒葬西境儒林市,甲山庚向。婦游氏安人,葬龍湖鳳凰巖。生三子:琳、璿、瑾。次子彥,字彥廣,號正甫。宋哲宗元祐四年(1089)十月十一日辰時生。居紫雲臺之祖也。享年六十三。於宋高宗紹興二十一年(1151)卒。婦蕭氏孺人。夫婦合葬金坑龜山堂左邊一冢虎形,坐巽兼戌辰。生四子:士衡、士龍、士豪、士準。

楊迥之子航,字攸楫。授宣議郎。遷樞密院編修兼實錄院檢討。擢尚書員外郎。享年五十一卒。婦曹氏淑人。夫婦合葬常州宜興縣黃廈村。繼婦徐氏淑人,葬龍湖大窠。子孫遷居宜興縣,未錄。

楊遥長子森,字汝之。由進士第授徐州通判。葬桃源重坑口,坐申向寅。婦余氏宜人,葬白石山樟坑。繼婦孫氏宜人。生五子:萬禧、萬福、俊華、茂誠、萬禎。次子戀,字敬之。葬石珩村頭冢內。婦石孺人,葬龍湖。子孫居邵武,復居龍湖,未錄。三子彬,字文質。居常州毗陵。子孫未錄。

[1] 李永錫等修,徐觀海纂《乾隆將樂縣志》,《中國地方志集成·福建府縣志輯》,第39冊第531~532頁。
[2] 林海權、胡鳴編著《楊時故里行實考》,第59~61頁。

楊適長子崧，字維申。授從事郎。享年四十六，卒葬株林先墳右。子孫未録。次子嶽，字維仲。由進士第任懷安縣尉，葬懷安西郊。婦陳氏孺人。生二子：公著、公輔。三子嵐，字維行。領鄉薦。婦徐氏孺人。居將邑高灘。

楊造之子次山，字維岡。任蘇州監丞。葬光明墟，佛寺即其墓。婦葉氏安人，繼婦鍾氏安人，二婦合葬光明寺。生二子：夢、悦，居將樂華陽上吳坊。

第八世：楊雲長子琳，字琅超。由進士第官至參議大夫。先與朱熹同學於延平李侗。婦□氏夫人。生一子：禮。次子璿，殀。三子瑾，字超珍。任沅陵縣尉，由進士官沅陵縣尉，後升撫州司理。婦□氏安人。生子五：淮、浚、澤、滋、泳。

楊彦長子士衡，居夏陽。子孫全祭彦公墓。更有移居別處，或徙他省焉。次子士龍，字俊卿，乳名小九郎，龜山公之曾孫。於宋孝宗淳熙年建立祠宇一所，名曰積慶堂。祠後龍山右邊遷開磚冢一穴，艮山，入首癸丁向。享壽六十卒。夫婦合葬。婦高氏五婆全祭。遞年八月十五日設祭。生四子：辛郎、申郎、庚郎、通郎。三子士豪，居黃家村。子孫全祭彦公墓。婦□氏婆。生三子：壬、癸、戊。四子士準，居紫雲臺。迪公、彦公仝與祭。婦羅氏婆。生三子：辛十八郎、二十郎、二十四郎。

第九世：楊琳之子禮，字朝敬。任梅州司理。

楊瑾長子淮，字昆岡。領鄉薦。次子浚，字長泉。生卒未録。三子澤，字長潹。生卒未録。四子滋，字崙岡。領鄉薦。五子泳，字州遠。生卒未録。

楊士龍長子辛，字舜臣。婦高氏四婆。夫婦合葬伍家冢。生二子：百一五郎、百三十郎。次子申，字舜俞。居李坑。婦鄧氏薛婆。生一子：辰會。三子庚，字舜相。居大舍底。婦羅氏璋婆。夫婦合葬西坑。生一子：元吉。四子通公，遷居未詳。

楊時世系表，參見圖 2-1[1]：

---

[1] 楊時孫輩以下記載出入較多，此圖姑依《宏農楊氏房譜》録，以備後考。

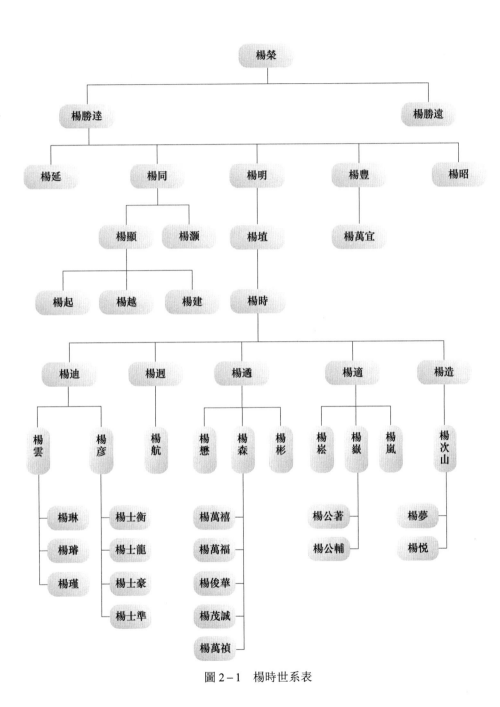

圖 2-1　楊時世系表

著述

有《三經義辨》《論語解》《經說》《語錄》《二程粹言》等，現存《語錄》《二程粹言》及《龜山集》。

　　楊時作爲閩學先驅及"程氏正宗"，其理學成果豐碩。呂本中《行狀》云："有《中庸解》一卷，《論語解》十卷，《易解》若干卷，《禮記解》若干卷，《周禮解》若干卷，《書解》若干卷，《經筵講義》若干卷，《春秋義》若干卷，《孟子義》若干卷，《校正伊川易》若干卷，《三經義辨》若干卷，《字說辨》若干卷，《日錄辨》若干卷，奏議若干卷，詩若干卷，雜文若干卷。其餘作述亦衆，遭時擾攘，未盡出也。其言皆有功於聖人，而不負其師學。"（頁1151）《文獻通考》卷一八五載："陳氏曰楊時撰《易》《三詩》《春秋》《孟子》各一，末二卷則《經筵講義》也。……《中興藝文志》：《三經義辯》，楊時撰。"[1]《欽定續文獻通考》卷一七三載："楊時《二程粹言》二卷。"[2]《郡齋讀書志》載："《書義辨疑》一卷，右皇朝楊時中立撰。"[3]　"《毛詩辨疑》一卷，右皇朝楊時中立撰。"[4]"《周禮義辨疑》一卷，右皇朝楊時中立撰。"[5]"《楊中立中庸解》一卷，右皇朝楊時中立撰。"[6]"《楊氏注論語》十卷，右皇朝楊時中立撰，亦伊川門下士也。"[7]《直齋書錄解題》卷三載："《龜山論語解》十卷，工部侍郎延平楊時中立撰。……《龜山經說》八卷，楊時撰。《易》三，《詩》《春秋》《孟子》各一，末二卷則經筵講義也。"卷九又載："《龜山語錄》五卷。延平陳淵幾叟、羅從彥仲素、建安胡大源伯逢所錄楊時中立語及其子迥稿。《錄》共四卷，末卷爲附錄、墓誌、遺事，順昌廖德明晦所集也。"卷一八又載："《龜山集》二十八卷，工部侍郎延平楊時中立撰。"[8]《玉海》載："楊時《毛詩辨疑》一卷。""楊時撰《辨疑》一

---

[1] 馬端臨《文獻通考》，中華書局1986年版，第1588頁。

[2] 嵇璜等《欽定續文獻通考》，景印文淵閣《四庫全書》，臺灣商務印書館1986年版，第630冊第321頁。

[3] 晁公武撰，孫猛校證《郡齋讀書志校證》卷一《書類》，上海古籍出版社1990年版，第58頁。

[4] 晁公武撰，孫猛校證《郡齋讀書志校證》卷二《詩類》，第68頁。

[5] 晁公武撰，孫猛校證《郡齋讀書志校證》卷二《禮類》，第85頁。

[6] 晁公武撰，孫猛校證《郡齋讀書志校證》卷二《禮類》，第86頁。

[7] 晁公武撰，孫猛校證《郡齋讀書志校證》卷四《論語類》，第139頁。

[8] 陳振孫撰，徐小蠻、顧美華點校《直齋書錄解題》，上海古籍出版社1987年版，第74、82、279、523頁。

卷，攻安石之書。"[1]《讀易舉要》卷四載："工部侍郎延平楊時中立撰《龜山易説》。"[2]

楊時作爲福建名儒，其詩文亦出類拔萃，後人集其作品爲《龜山集》。楊時文集版本流傳情況（參考《宋人別集敍録·龜山先生集》[3]）如下。

宋代刊本五種。南宋陳振孫《直齋書録解題》卷一八著録爲《龜山集》二十八卷。《文獻通考》卷二三八從之。《宋史·藝文志》著録《楊時集》二十卷，又《龜山集》三十五卷。以上三種，今未見宋人序跋，其編次情況不詳。第四種爲瀏陽刊本。傅增湘《藏園群書經眼録》卷一四曾記一舊寫本，乃彭氏知聖道齋故物，全書僅十五卷，有咸淳五年（1269）丁應奎序，稱瀏陽爲楊龜山過化之邑，"朱群主學事，即新其祠，復鋟其文"，此抄本當源出瀏陽刊本，蓋爲有宋第四種，今未見著録。第五種爲隆興刊本。《朱子語類》卷一三〇稱汪聖錫在三山刊《龜山集》，應在其隆興初知福州時刊刻，不詳所刊卷數。

明代刊本三種。一是弘治十五年（1502）刊本，爲有明第一刻，由將樂令李熙等以程敏政選抄內閣抄本爲底本刊刻，十六卷，爲選本。二是正德十二年（1517）沈暉刻本（宜興刊本），併爲三十五卷，乃楊時集全帙。三是萬曆十九年（1591）刊本，爲將樂令林熙春再刊，析爲四十二卷，凡書、奏、表、劄、講義、經解、史論、啓、記、序、跋各一卷，語録四卷，答問二卷，辨二卷，書七卷，雜著一卷，哀辭、祭文一卷，狀述一卷，誌銘八卷，詩五卷。共七〇九篇，有林熙春序、耿定力序、李琯後序。

清代刊本亦有三種。三本均出於道南祠堂，因此又稱道南祠堂本。一是順治八年（1651）刊本，由楊氏後裔楊令聞重刊萬曆本，有孔興訓、王孫蕃序。二是康熙四十六年（1707）刊本，由裔孫楊繩祖重刊，光緒五年（1879）有補修本。三是光緒九年刊本，由知延平府張國正再次重刊，民國十年（1921）有重校本。又有叢刊本，一爲《正誼堂全書》本六卷，選楊時各體文，無詩，《叢書集成初編》即據以排印，當以順治本爲底本。一爲四庫全書本四十二

[1] 王應麟《玉海》卷三八、卷三九，中文出版社 1977 年版，第 2 冊第 764、780 頁。
[2] 俞琰《讀易舉要》，景印文淵閣《四庫全書》，臺灣商務印書館 1986 年版，第 21 冊第 462 頁。
[3] 祝尚書《宋人別集敍録》卷一三，第 609～614 頁。

卷,《四庫全書總目提要》卷一五六《集部九·龜山集》云:"《龜山集》四十二卷,宋楊時撰。時事迹具《宋史·道學傳》。是集凡《書》《奏》《表》《劄》《講義》《經解》《史論》《啓》《記》《序》《跋》各一卷,《語錄》四卷,《答問》二卷,《辨》二卷,《書》七卷,《雜著》一卷,《哀辭》《祭文》一卷,《狀述》一卷,《誌銘》八卷,《詩》五卷。"[1]《欽定國子監志》亦載:"《楊龜山集》四十二卷,楊時著。"[2]

主修《宣和會計録》《建炎會計録》。

《史傳三編》卷五《名儒傳五·楊時》載:"乃召爲秘書郎,到闕,遷著作郎。入對,首言自熙豐元祐分爲二黨,縉紳之禍至今未艾,願詔有司條具祖宗之法有宜於今者舉而行之,當損益者損益之,元祐、熙豐姑置勿問。又乞警戒無虞爲《宣和會計録》以周知天下財物出入之數。徽宗首肯之。"[3]

《資治通鑑後編》卷一〇五云:"是月,起楊時爲工部侍郎兼侍讀,年七十九矣。及入對,言古聖賢之君未有不以典學爲務。又乞修《建炎會計録》,恤勤王之兵,寬假言者不報。"[4]

[1] 永瑢等《四庫全書總目提要》,第30冊第45頁。
[2] 梁國治等《欽定國子監志》卷一五六,景印文淵閣《四庫全書》,臺灣商務印書館1986年版,第600冊第563頁。
[3] 朱軾《史傳三編》,景印文淵閣《四庫全書》,第459冊第76頁。
[4] 徐乾學《資治通鑑後編》,景印文淵閣《四庫全書》,第344冊第115頁。

宋仁宗皇祐五年癸巳（1053），一歲

生於南劍州將樂縣。

　　呂本中《行狀》載："忽一日，以疾終於正寢，時紹興乙卯四月二十四也。距其生皇祐癸巳十一月二十五日，春秋八十有三。"（頁 1150）毛譜亦云："宋仁宗皇祐五年癸巳十一月二十五日巳時，先生生於南劍西鏞州龍池團。"（頁 7）清佚名《楊龜山先生年譜》云："宋仁宗皇祐五年癸巳，十一月二十五日巳時，先生生於南劍州西鏞州龍池團。"[1]案，黃譜載其於"是歲十月二十五日生"（頁 3394），誤。

　　具體出生地，因故居之爭議，有多種說法，存疑。

　　一曰龍池團家中。即毛譜所載"先生生於南劍西鏞州龍池團"。

　　二曰德星坊，其說以夢星而得名。《福建通志》卷六三載："落星穴，在（將樂）縣北門，晉義熙中，有長星墜於此，忽成一穴。占者謂五百年後當生大賢，邑人因以'德星坊'名其地。宋楊時實生於此。"[2]《御定佩文韻府》卷二二之九載："德星坊，《一統志》：楊時生於將樂，古之德星坊是其宅基。"[3]張夏《宋楊文靖公龜山先生年譜》云："先是，晉義熙中有長星墜地，在縣治北，忽成一穴，占者謂五百年後當生大賢，邑人因名其地曰'德星坊'。至是先生應期而生。其孕也，復有夢星之祥雲。後人有詩曰：'天地生儒自有真，先年五百墜文星。若非推步知端的，孰識龜山是降靈。'可謂善言者也。"[4]案，"天地生儒自有真"詩，毛譜亦載，陳陳相因，但《"閩學鼻祖"楊時故里行與思》一文謂此詩爲鄉人馮夢得所作[5]，不可考，查《全宋詩》亦未見此詩，此處存疑。《宏農楊氏房譜》收錄游酢爲楊埴所作墓誌銘云："妣乃居士爕公之女陳氏孺人，誥封榮德太君，夢星而孕時公。繼

[1] 佚名《楊龜山先生年譜》，《北京圖書館藏珍本年譜叢刊》，北京圖書館出版社 1999 年版，第 20 冊第 699 頁。

[2] 謝道承等《福建通志》，景印文淵閣《四庫全書》，第 530 冊第 255 頁。

[3] 張玉書等《御定佩文韻府》，景印文淵閣《四庫全書》，臺灣商務印書館 1986 年版，第 1015 冊第 673 頁。

[4] 張夏《宋楊文靖公龜山先生年譜》，《北京圖書館藏珍本年譜叢刊》，北京圖書館出版社 1999 年版，第 21 冊第 118 頁。《宋楊文靖公龜山先生年譜》以下簡稱"張譜"，凡引此書，均據此本，僅括注頁碼。

[5] 中央紀委監察部網站，訪問時間：2020 年 5 月 26 日。

姒廖氏孺人，封碩人。公姒合葬龍池，金釵形。生一子：時。銘曰：公承祖夢，柳樊村而亨。天禆其廬，三湖是營。"[1]《御定淵鑑類函》卷二六載："《潛確類書》曰：'福建將樂縣北門有落星穴，晉義熙中有長星墜其處，俄成一穴。占者謂五百年後當出大賢，宋楊時生於此地，人以爲應。'"[2]毛譜載："母陳氏，夢星而孕。先是，晉義熙中有長星墜地在縣北門，忽成一穴，占者謂五百年後當生大賢。邑人因名其地曰'德星坊'。至是先生應期以生，故先正有詩云：'天地生儒自有真，先年五百墜文星。若非推步知端的，孰識龜山是降靈。'可謂善言先生者矣。"（頁8）案，關於此説法，《楊時故里行實考》云："楊時故里在龍湖，但落星穴在將樂縣北，爲了神化楊時，就必須把楊時的出生地點挪至縣北的'龍池團'纔能自圓其説。古人爲了宣揚帝王將相或個別穎異人物有不同凡響，往往用星夢説、夢孕説來附會。"[3]

　　三曰龍湖龜山祠。《宏農楊氏房譜》卷首云："龍湖者，夢神之吉地，歷世祖居，龜山公所生之處也。""堜公之子時公……以博士楊廷用請，賜爵將樂伯，從祀孔子廟庭。子姓因公生於龍湖，遂以祖居爲公祠焉。"清康熙十一年（1672），邑令黃易《鼎建龍湖儒學碑記》載："予承乏歸邑，往來龜山所生地，輒低徊留之不能自禁。"[4]《乾隆汀州府志》卷一三《祠祀》載："（歸化縣）龜山祠，在歸化縣城東龍湖里宋儒楊時生處，祠即其宅也。"[5]

仁宗皇祐六年、宋仁宗至和元年甲午（1054），二歲

居將樂。

仁宗至和二年乙未（1055），三歲

居將樂。

---

[1] 林海權、胡鳴編著《楊時故里行實考》，第14頁。

[2] 張英等《御定淵鑑類函》，景印文淵閣《四庫全書》，臺灣商務印書館1986年版，第982冊第573頁。

[3] 林海權、胡鳴編著《楊時故里行實考》，第18頁。

[4] 林海權《楊時故里考辨》，《東南學術》2008年第5期。

[5] 曾日瑛等修，李紱等纂《乾隆汀州府志》，《中國地方志集成·福建府縣志輯》，第33冊第182頁。

仁宗至和三年、宋仁宗嘉祐元年丙申（1056），四歲

居將樂。

本集卷二五《楊希旦文集序》云："先生諱某，字希旦，延平將樂人也。自小以文行知名，累舉不第，抱負其器，退老於家，以詩書自娛。……然幼嘗得侍先生閑燕，其善言懿行，固已飫聞習見之矣。"（頁683）董承榮《楊時紀年表》云："至和元年丙申，四歲。侍楊希旦先生旁，始學詩書。"[1]案，此處應爲嘉祐元年丙申。楊時"幼嘗得侍先生閑燕"，是否爲四歲時事，存疑，姑參照《楊時紀年表》繫於是年。

仁宗嘉祐二年丁酉（1057），五歲

居將樂。

仁宗嘉祐三年戊戌（1058），六歲

居將樂。

仁宗嘉祐四年己亥（1059），七歲

居將樂。

本集附錄二《楊龜山先生傳》云："自少穎異。及長，天資夷曠，不爲崖異誇絶之行，以求世俗名譽。與人交，始終如一。性至孝，幼喪母，哀毀如成人。事繼母尤謹。"（頁1129）楊時喪母時間不詳，姑繫於是年，存疑。

---

[1] 董承榮《楊時紀年表》，《紀念楊時誕辰950周年專集》，中國知網中國會議數據庫，第32頁。

仁宗嘉祐五年庚子（1060），八歲

居將樂。

　　《墓誌銘》言："公資稟異甚，八歲能屬文。"（頁1134）胡安國《行狀》稱："公生八九歲時能詩賦，已有成立之志。"（頁1144）呂本中《行狀》稱："先生八九歲能詩賦，人咸異之。"（頁1148）

仁宗嘉祐六年辛丑（1061），九歲

居將樂。

仁宗嘉祐七年壬寅（1062），十歲

居將樂。

　　《宋史》卷四二八《楊時傳》載："幼穎異，能屬文，稍長，潛心經史。"[1]《禮記·曲禮上》稱"人生十年曰幼，學"[2]。楊時潛心經史年歲不詳，姑繫於十歲時。

仁宗嘉祐八年癸卯（1063），十一歲

居將樂。

宋英宗治平元年甲辰（1064），十二歲

居將樂。

---

[1] 脫脫等《宋史》，第36冊第12738頁。《楊時傳》以下簡稱《本傳》，凡引此文，均據此本，僅括注頁碼。

[2] 孫希旦《禮記集解》卷一，中華書局1989年版，第12頁。

英宗治平二年乙巳（1065），十三歲

居將樂。

英宗治平三年丙午（1066），十四歲

居將樂。

英宗治平四年丁未（1067），十五歲

居將樂。

宋神宗熙寧元年戊申（1068），十六歲

居將樂。

神宗熙寧二年己酉（1069），十七歲

居將樂。

神宗熙寧三年庚戌（1070），十八歲

居將樂。

神宗熙寧四年辛亥（1071），十九歲

居將樂。

與蔡安禮同學於將樂縣含雲寺，受蕭慶真禪師影響。

《閩學鼻祖楊龜山》云："幼年在將樂含雲寺跟蕭慶真禪師讀佛學。後來他感到佛學不如'儒者之道分明'，即轉向學道學。"[1]此事本集卷二四《含雲寺真祠遺像記》亦載："師諱慶真，姓蕭氏，順興大幹人。年十四棄家爲浮屠，十九受具戒，遊江西，得法於泐潭月禪師。已而遍參諸方，而後歸老焉。……予與真師遊非一日矣。是時，予尚幼，方肄業爲科舉之文，挾策讀書，窮日夜之力爲進取計，蓋未知有亡羊之憂也。師每曳錫過堂下，釋椎鑿而議之數矣，予亦莫之省也。然見其神宇泰定，不以世累攖其心，雖未能盡知其所有，亦竊意其非凡僧也。比予年加漸長，知爲學之方，聽其言，考其所知，益信其賢，而予已出仕矣，始恨不得相從復如昔日也。"（頁 656～657）二程説："游酢、楊時先知學禪，已知向裏沒安泊處，故來此。"[2]蓋指楊時先知學禪事，受含雲寺慶真禪師影響。楊時學禪於慶雲寺在何年，不可考，依"是時，予尚幼，方肄業爲科舉之文"，蓋爲應科舉考試之前，姑繫於是年，存疑。

神宗熙寧五年壬子（1072），二十歲

居將樂。預鄉薦。

黄譜云：熙寧五年，"預鄉薦"（頁 3394）。案，唐宋應試進士，由州縣薦舉，稱"鄉薦"。

又案，吕本中《行狀》稱："弱冠時遊於邵武學，有聲，確然以道學自任。"（頁 1148）古稱二十歲爲弱冠。然楊時遊學邵武（今屬福建）不知爲何時事，姑繫於是年。

神宗熙寧六年癸丑（1073），二十一歲

在開封。赴禮部試落第，補太學生。歸將樂。有詩六首。

---

[1] 宋經文《閩學鼻祖楊龜山》，《紀念楊時誕辰 950 周年專集》，中國知網中國會議數據庫，第 81 頁。
[2] 程顥、程頤著，王孝魚點校《二程集》，第 38 頁。

在開封。赴禮部試落第，補太學生。

　　黃譜稱：“赴禮部試下第，補太學生。”（頁3394）毛譜云：“禮部試下第，補太學生。”（頁9）

歸將樂，讀書於含雲寺。作《含雲寺書事六絶句》詩。

　　黃譜稱：“歸鄉讀書於含雲寺。”（頁3394）毛譜云：“歸鄉，講學於鏞州含雲寺。是年，有感懷詩曰：‘蝶夢輕揚一室空，夢回誰識此心同。窗前月冷松陰碎，一枕溪聲半夜風。’”（頁9）案，是詩即《含雲寺書事六絶句》其六，另五首均作於是時，姑繫於是年。《徐氏筆精》卷四評楊時詩云：“楊龜山爲吾閩道學之祖，世人但知其語録，而不知龜山之詩亦有可誦者，如《含雲寺詩》云：‘山前咫尺市朝賒，垣屋蕭條似隱家。過客不須携鼓吹，野塘終日有鳴蛙。’又云：‘竹間幽徑草成圍，藜杖穿雲翠滿衣。石上坐忘驚覺晚，山前明月伴人歸。’又如岳陽樓長歌，宛然唐響，絶無宋人習氣。”[1]此二詩分別爲《含雲寺書事六絶句》其三、其五。

神宗熙寧七年甲寅（1074），二十二歲

在將樂。有著述一種。

讀書講學於含雲寺。有《禮記解義》。

　　黃譜載：“讀書於含雲寺。有《禮記解義》。作《此日不再得示同學》。”（頁3394～3395）詩見本集卷三八。案，此譜將《此日不再得示同學》詩繫於是年，誤。毛譜云：元符三年，“先生四十八歲。居鄉。講學於含雲寺，作《勉學歌示諸生》”（頁36）。張譜云：元符三年，“四十八歲，居鄉講學於含雲寺，作《勉學歌送諸生》”。其後按云：“黃譜於此下云作《此日不再得示同學》，而毛譜書於元符庚辰較爲得之。”（頁121）

　　考析詩句內容，是詩云：“此日不再得，頹波注扶桑。躞蹀黃小群，毛髮忽已蒼。”“此日不再得，頹波注扶桑”，言時光易逝，機會難得，是師長勸勉學生之口吻；“躞蹀黃小群，毛髮忽已蒼”，是拿自己與諸生對比，

---

[1] 徐𤊹《徐氏筆精》，景印文淵閣《四庫全書》，臺灣商務印書館1986年版，第856冊第498頁。

諸生均爲黃毛小子，而自己毛髮蒼白。以下云“願言媚學子，共惜此日光。
術業貴及時，勉之在青陽”，是以師長身份勸勉同學趁青春年華好好努力，
學好術業。“富貴如浮雲，苟得非所臧。貧賤豈吾羞，逐物乃自戕”，既勸
勉學生要樹立正確人生觀，亦表達多年官宦生活積累之人生體驗，符合入
仕後心境。“我懶心意衰，撫事多遺忘。念子方妙齡，壯圖宜自強。”
（頁929～930）“我”與“子”是明顯對比，言自己仕途坎坷，歲月蹉跎，
心灰意懶；認爲同學們正青春妙齡，應該壯志圖強；“撫事多健忘”，不似
二十二歲年齡狀態，似中老年時狀態。整首詩均以師長口吻勉勵後學，
亦顯示歲月蹉跎，退而獨善其身之意。因此，從詩意可以斷定此詩並非
作於二十二歲在含雲寺讀書之時，即熙寧七年，應作於自瀏陽歸將樂後，
講學於含雲寺之時，即元符三年（1100）四十八歲居鄉時。毛譜、張譜
所載正確。《楊時故里行實考》亦可作佐證：“詩云‘舜跖善利間’，此乃
廢王安石之學後漸趨形成的治心修身之術。元祐元年，《與吳國華》書提
出‘王金陵力學而不知道’的觀點，然尚不知廢王氏之學後‘欲何術以開
後學’。崇寧二年《答胡康侯》，方明舜、跖之分，‘乃在乎善、利之間’。
政和元年《答李杭》，以舜跖善利之分作爲辨別聖人之學與王氏力學的依
據，從而導引士人依歸之路。此後，對吳敦智、呂本中、廖剛等諸君問學，
皆以此論答之。由此推之，此勉學歌似作於政和元年之後，至早不先於崇
寧二年。”[1]

神宗熙寧八年乙卯（1075），二十三歲

在開封。讀書太學。

呂本中《行狀》稱：“年二十三，膺太學薦。”（頁1148）胡安國《行狀》
云：“熙寧間補太學生。”（頁1144）

---

[1] 林海權、胡鳴編著《楊時故里行實考》，第179～180頁。

神宗熙寧九年丙辰（1076），二十四歲

在開封。中進士。

《本傳》云：“熙寧九年，中進士第。”（頁 12738）呂本中《行狀》稱其“遂登徐鐸榜進士第”（頁 1148）。《墓誌銘》載：“熙寧九年，中進士第。”（頁 1134）

神宗熙寧十年丁巳（1077），二十五歲

在將樂。有著述一種。有文二篇。

在將樂。授汀州司户參軍，不赴。

呂本中《行狀》云：“遂登徐鐸榜進士第，授汀州司户參軍。”（頁 1148）案，汀州，今福建長汀。《墓誌銘》亦云：“熙寧九年，中進士第。調汀州司户參軍。不赴。”（頁 1134）楊時不赴任原因，黃譜云：“尋醫，不赴汀户任。”（頁 3395）關於楊時因病尋醫，《二程子年譜‧明道先生》卷四載：“先生在潁昌，楊中立尋醫調官京師。”[1]

是年，著《列子解》，作《虎頭巖記》《王母朱氏墓誌》。

黃譜云：“授汀州司户參軍。是年著《列子解》。”（頁 3395）案，本集未收錄《列子解》。《楊時故里行實考》云：“《楊時集》卷三十七《居士余君墓表》云，予妻父余永叔‘尤喜讀《列子》’，然其早喪，於熙寧九年五月己巳以疾終，‘是時，予方舉進士，竊名仕籍，而君之葬，不得臨穴視窆’。故登進士第後的熙寧十年，楊時居鄉，作《列子解》，或與紀念其妻父有關，姑次之。”[2]

本集卷二四《虎頭巖記》云：“熙寧丁巳，封内有警，市人惶駭之，無一日安其居。縣令吳侯來，始爲之還定安集之，而民復得其所。及賊平，閭巷父老用日者之言，以謂是禍也，斯巖實召之。遂聞於公，請縣之僧可淳者，

---

[1] 池生春、諸星杓編，張尚英校點《二程子年譜‧明道先生》，吳洪澤、尹波主編《宋人年譜叢刊》，第 4 冊第 2514 頁。
[2] 林海權、胡鳴編著《楊時故里行實考》，第 180 頁。

使葺是堂於巖腹,刻木爲像以鎮之,所謂均慶禪祖是也。復作亭於巖股,以待往來之遊觀者。落成,而僧可淳者求予文以誌之。”(頁646~647)據文意可知是記作於熙寧十年(1077)前後,姑繫於是年。

本集卷三〇《王母朱氏墓誌》云:“享年八十有三。熙寧十年某月某日以疾終。某年某月某日葬於白土之原。”(頁772)可知該墓誌銘作於是年。案,四庫、萬曆諸本均爲“楊母”。此爲楊時自撰其祖母墓誌,當以稱“王母”爲是。

宋神宗元豐元年戊午(1078),二十六歲

在將樂。

杜門續學。與鄒軼交遊。

黃譜云:“尋醫,不赴汀户任。”(頁3395)《墓誌銘》云:“調汀州司户參軍。不赴,杜門續學,淳滀涵浸,人莫能測者幾十年。”(頁1134)案,楊時青年時期染何疾,不明,從其“尋醫,不赴汀户任”“尋醫調官京師”及多次以“疾病交攻”“久患腰膝”“足弱難於久立”“兩脛痹弱”等疾辭官來看,應爲腰足之疾,久之難愈。黃譜謂其元豐六年“赴徐州司法任,四月初到官”(頁3396),從熙寧九年中進士算起,前後八年,可謂“幾十年”,即差不多十年。

本集卷二八《哀鄒堯叟》回憶與鄒軼交流經歷:“元豐初,余棄官家居,先生適丁家難,寄余里中,始獲從之遊。先生不予棄,進而友之,殆一年未嘗一日相捨也。其後,先生官於閩,余適東徐,差池南北,遂不復相值。今其已矣!”(頁736)案,鄒軼,字堯叟,邵武泰寧人,劉彝壻。楊時於元豐元年至三年居鄉,與鄒軼交遊應在這一時期。

神宗元豐二年己未(1079),二十七歲

在將樂。

《墓誌銘》云："調汀州司戶參軍。不赴，杜門續學，淳漬涵浸，人莫能測者幾十年。"（頁1134）中進士後十余年間，楊時均"杜門續學"。

神宗元豐三年庚申（1080），二十八歲

在將樂。離家赴調。有詩三首。

秋，離家赴調。有《別西齋諸友》《離家作二首》詩。

黃譜云："（秋）赴調。有《別西齋諸友》詩及《離家作》三詩。"（頁3395）赴調，即前往吏部聽候遷調。

本集卷三八《別西齋諸友》："浮雲如積酥，涼飆勁弦疾。溶溶渺天末，飄忽易相失。懸弧四方志，匏繫非予匹。平生結歡久，始願膠投漆。別離傷素懷，此身任萍迹。"（頁948～949）匏繫，喻不爲時用，有賦閑之意。此詩表達初聞赴調時經營時世、兼濟天下之志，應爲初次赴調時辭行之作。

本集卷三八《離家作二首》題下注："庚申歲作。"其一云："敗葉辭故枝，驚飆送微雨。田廬向收穫，城中亟完補。遊子欲何之，道路修且阻。俯首謝田父，予生厭羈旅。"應爲將辭別家鄉、赴調徐州時，遇鄉土田父，表達自己厭倦羈旅之意。其二云："胡雁依朔風，群飛逐南翔。遊子方北征，朔風吹我裳。攬轡望雲間，夜色正蒼蒼。空羨南歸翼，幽懷增感傷。"（頁953～954）觀詩中"遊子方北征""夜色正蒼蒼"二句，應爲赴調途中所作，亦含羨鳥南歸、羈旅感傷之意。

神宗元豐四年辛酉（1081），二十九歲

在開封。授徐州司法。有詩三首、文二篇。

在開封。授徐州司法。

呂本中《行狀》云："元豐間，授徐州司法。"（頁1148）《墓誌銘》云："久之，乃調徐州司法。"（頁1134）胡安國《行狀》云："復授徐州司法。"

（頁1144）

與游酢繞道潁昌，以師禮見程顥。有《見明道先生書》。

　　胡安國《行狀》云："復授徐州司法。聞河南程明道與弟伊川講孔、孟絕學於河、洛，遂棄仕，與建安游君定夫往潁昌，以師禮從學焉。明道甚喜，每言曰：'楊君最會得容易。'及歸，送之出門，語人曰：'吾道南矣。'"（頁1144）

　　黃譜云："授徐州司法。自京師如潁昌，見明道先生，以書乞留門下受業。時明道先生以道鳴熙豐之際，出其門皆西北之士，最後公與御史建安游公定夫往從學焉，於言無所不說。公歎曰：'從吾先生遊者，雖愚必明，雖柔必強，是知天下事惟理義爾。'他日以告伊川，伊川曰：'自信如此，誰能御之？'自公受學於先生，先生甚喜，每言曰：'楊君最會得容易。'及辭歸，送之出門，謂坐客曰：'吾道南矣。'公初見明道先生時，謝顯道亦在，謝爲人誠實，但聰悟不及公，故明道嘗言："楊君聰明。"其後元符間，伊川先生自涪陵歸，見學者凋落，多從佛學，獨公與謝不變，因歎曰：'學者皆流於夷狄矣！惟有楊、謝二君長進。'"（頁3395）案，涪陵，今屬重慶。

　　《二程子年譜·明道先生》卷四亦可佐証：元豐四年，在潁昌，"楊中立以師禮見先生於潁昌。見《龜山年譜》。按《龜山集》：元豐辛酉，二十九歲。授徐州司法，不赴。自京師至潁，以書請見明道先生，遂以師禮事焉"[1]。"以書請見明道先生"，其書即本集卷一六《見明道先生書》，書云："嗚呼！師道廢久矣。後世之士，不能望見古人之萬一者，豈不以此歟？某嘗悲夫世之人自蔽曲學不求有道者正之，而又自悲其欲求有道者而未之得也。調官至京師，於朋遊間獲聞先生之緒言，鄙俗之心固以潛釋，於是慨然興起曰：古之人其相去甚遠矣，尚或誦其詩，讀其書，論其世，想見其爲人而師之，又況親逢其人哉？其往不可復矣，此區區所以有今日之請也。先生其將哀其愚、憫其志而進之，使供灑掃於門下，則千萬幸甚！"（頁443）是書講其"調官

---

[1] 池生春、諸星杓編，張尚英校點《二程子年譜·明道先生》，吳洪澤、尹波主編《宋人年譜叢刊》，第4冊第2513頁。

至京師，於朋遊間獲聞先生之緒言"，表達"灑掃於門下"之意。應在以師禮見明道先生之前。

《二程子年譜·伊川先生》卷三云"《楊龜山集》：是年，以師禮見明道於潁昌，有友二人焉：謝顯道及游定夫。"[1]游酢隨二程學，嘗得評價云："蔡州謝良佐雖時學中，因議州舉學試得失，便不復計較。建州游酢非昔日之游酢也，固是穎然，資質渾厚。南劍州楊時雖不逮酢，然煞穎悟。林大節雖差魯，然所問便能躬行。劉質夫久於其事，自小來便在此。李端伯相聚雖不久，未見他操履，然才識穎悟，自是不能已也。"[2]參見游酢譜元豐四年辛酉（1081）事。

在潁昌。作《潁昌西湖泛舟二首》《別游定夫》詩，《送吳子正序》。

關於本集卷四一《潁昌西湖泛舟二首》，考楊時行年，楊時僅於元豐四年從程顥學，到過潁昌，此詩應作於師事程顥之時。詩中有"拂面落花春意盡""春過鶯花無處尋"，即此時已為暮春。此二詩題下注"遊賈丞相曲水園"（頁999）。案，賈丞相，即北宋宰相賈昌朝（997—1065）。曲水園，《大清一統志》卷一七二載："曲水園，在州城北園，舊有大竹二十餘里，溪水灌其中，以達西湖，最為佳處。宋文彥博為守時，買得之。賈昌朝來代，一日往遊，題詩壁上，潞公聞之，即以地券歸賈文元，亦不辭而受。"[3]案，潁昌，今河南許昌。

關於本集卷四〇《別游定夫》，可先考察這一時期楊時與游酢交遊情況（表2-1）：

表2-1　楊時、游酢元豐元祐年間交遊情況表

時間	楊時		游酢	
	地點	事迹	地點	事迹
元豐三年（1080）	將樂	秋，離家赴調。有《別西齋諸友》《離家作二首》詩	扶溝	從程顥任庠序職學事

[1] 池生春、諸星杓編，張尚英校點《二程子年譜·伊川先生》，吳洪澤、尹波主編《宋人年譜叢刊》，第4冊第2592頁。

[2] 池生春、諸星杓編，張尚英校點《二程子年譜·伊川先生》卷三，吳洪澤、尹波主編《宋人年譜叢刊》，第4冊第2592頁。

[3] 和珅等《大清一統志》，景印文淵閣《四庫全書》，第477冊第467頁。

續表

時間	楊時		游酢	
	地點	事迹	地點	事迹
元豐三年（1080）	開封	在吏部聽候遷調	開封	七月，程顥罷扶溝，寓潁昌；游酢返開封，讀禮太學
元豐四年（1081）	潁昌	楊時尋醫調官開封。授徐州司法。與游酢自開封繞道潁昌，以師禮見程顥。有《見明道先生書》	潁昌	與楊時、謝良佐以師禮見程顥
元豐五年（1082）	將樂	從潁昌及門之後告歸	開封	赴開封參加科舉。是年，登黃裳榜進士
元祐八年（1093）	河清洛陽	五月十六日，出京，往西洛見程頤。二十九日往河清謁游酢，後同游酢見程頤，有程門立雪遺事	河清洛陽	官博士。偕楊時離河清，以師禮見程頤於洛，有程門立雪遺事
紹聖元年（1094）	瀏陽	赴瀏陽任	開封	官博士

　　從表 2–1 可知，這一時期，楊時與游酢兩次師事程門，兩次離別。但兩次離別時情境心境均不相同。第一次離別是在潁昌師從程顥，第二次離別是在洛陽師從程頤。第一次離別是在元豐四年，更多表現對同門眷念之情。此情與約同期寫作的《酬林志寧》詩及《寄程二十三書》其一的心境相同。如：《酬林志寧》有"萬里不一息，去若孤征鴻""感君惠然抵山谷，開談冰雪清吾胸"（頁 957）等句，表達對往日共同求學生活之嚮往及分別後之思念；《寄程二十三書》其一亦云："追思在潁之樂，進趨文席，退講所聞，邈不可得。"（頁 461~462）第二次離別是在元祐八年（1093），此時心境從紹聖元年（1094）的兩首詩《歸雁》《感事》中可考察。[1]《歸雁》有"澤岸多繒弋，雲間乏稻粱。茫然棲息地，飲啄欲何鄉"（頁 978）之感歎，《感事》有"投閒如有約，早晚問耕桑"（頁 979）之勸勉，楊時此時的心境更多的是表現仕途困惑、江湖飄泊及嚮往歸隱生活。

---

[1] 黃譜云："四月十二日改元，章申公拜相，游公定夫守太學博士，公貽書與之曰：'京師非食貧之地，公聚口頗衆，度其勢能久居否？趨舍之方，宜審處也。'又有《歸雁》《感事》二詩寄定夫。游得書，即乞出爲齊州簽判。"（頁 3398）

考《別游定夫》詩，該詩有"黽勉吾將仕，謀身力已分。漆雕慚未信，子夏又離群"句。漆雕，即漆雕開，字子若，孔子七十二賢人之一。《論語注疏》云："子使漆雕開仕，對曰：'吾斯之未能信。'子説。"[1]表達自己無意仕進、篤志於學之意。"子夏又離群"，取子夏索居之典。《禮記·檀弓上》云："子夏喪其子而喪其明。曾子弔之……子夏投其杖而拜曰：'吾過矣！吾過矣！吾離群而索居亦已久矣。'"[2]意指游酢離開潁昌赴太學讀書。此處借孔門弟子聚散之事道離別之情。詩中又有"慘澹交情重，間關道路勤"（頁977）之句，表達依依不捨之情。因此，《別游定夫》應作於元豐四年二人初次分別之時。《潁昌西湖泛舟二首》作於暮春，此詩寫於別離之時，應不早於此年暮春。

關於《送吳子正序》，案，《楊時故里行實考》作"吳小正"，誤，應爲吳子正。本集卷二五題爲《送吳子正序》。《楊時故里行實考》云："書云：'小正之行，輒書以爲贈。'考序所云皆言道學，未云職事，疑此序作於楊時從明道之後，吳小正將仕之時。《吳小正墓誌銘》云，吳小正，邵武人，元豐三年中第，授蘄州黃梅縣尉。而楊時從遊明道於元豐四年暮春返鄉。以此推之，此詩應作於元豐四年暮春後。"[3]

神宗元豐五年壬戌（1082），三十歲

在將樂。有詩四首、文一篇。

在將樂。二月之前，有《寄游定夫二首》詩。

《寄游定夫二首》，其作者及創作時間均有不同記載。

關於作者，有兩種不同記載。

一是録入游酢集中。《游定夫先生集》卷六題爲《在潁昌寄中立》："絳帷燕侍每從容，一聽微言萬慮空。卻愧猶懸三釜樂，未能終此挹清風。蕭條

[1] 何晏集解，陸德明音義，邢昺疏《論語注疏》，景印文淵閣《四庫全書》，臺灣商務印書館1986年版，第195冊第568頁。
[2] 孫希旦《禮記集解》卷七，第191～192頁。
[3] 林海權、胡鳴編著《楊時故里行實考》，第183頁。

清潁一茅廬，魂夢長懷與子居。五里橋西楊柳路，至今車馬往來疏。"[1]末注："龜山末句作‘可能鞭馬復來無’。"四庫全書本《游廌山集》亦如此載。[2]二是録入楊時集中。《龜山先生全集》卷四二題爲《寄游定夫》："絳帷燕侍每從容，一聽微言萬慮空。卻愧猶懸三釜樂，未能終此挹清風。蕭條清潁一茅廬，魂夢長懷與子俱。五里橋西楊柳路，可能鞭馬復來無。"[3]《寄游定夫》題下注"在潁昌從明道先生"。四庫全書本《龜山集》亦如此載，但題下未注"在潁昌從明道先生"。[4]《兩宋名賢小集》卷九八録《龜山集》亦載此二詩，無題下注。[5]《全閩詩話》卷三載："孟子曰：‘人之患在好爲人師。’夫師惡可好也。温故知新，子云之矣。曾子習聖傳，而汲汲吾友所從事難並則憂之友，其僅以文會已乎。龜山寄定夫曰：‘絳幃燕侍每從容，一聽微言萬慮空。’朱子謂擇之不用丁寧防曲，學寒窗久矣，共心期。"[6]《二程子年譜·明道先生》卷四云：元豐四年，"先生在潁昌，楊中立尋醫調官京師，因往潁昌從學。先生甚喜"。"龜山從潁昌及門之後告歸，明年有寄書問《春秋》，又有《寄游定夫》詩：‘絳帷侍燕每從容，一聽微言萬慮空。卻愧猶懸三釜樂，未能終此挹清風。蕭條清潁一茅廬，魂夢長懷與子俱。五里橋西楊柳路，可能鞭馬復來無。’想見一時從遊之樂。"[7]

考《游廌山集》，楊時所作《御史游公墓誌銘》稱有"文集十卷藏於家"，十卷本宋代刊行與否不詳。元明未見有刻本傳世，至乾隆七年（1742）方有游氏裔孫刊本。因此，四庫館臣以爲"蓋後人掇拾重編"[8]，耿文光亦以爲"乃掇拾各書而成者"[9]。故而，游酢集中可能誤載楊時詩。《龜山集》有舊寫本、祠堂本、三山本、明刊本（今存明刊凡三本）、清刊本。其版本流傳

[1] 游酢《游定夫先生集》，清同治六年和州官舍重刊本，第 17 頁。

[2] 游酢《游廌山集》卷四，景印文淵閣《四庫全書》，臺灣商務印書館 1986 年版，第 1121 冊第 703 頁。

[3] 楊時《龜山先生全集》，《宋集珍本叢刊》，綫裝書局 2004 年版，第 29 冊第 602 頁。

[4] 楊時《龜山集》卷四二，景印文淵閣《四庫全書》，臺灣商務印書館 1986 年版，第 1125 冊第 485 頁。

[5] 陳思編，陳世隆補《兩宋名賢小集》，景印文淵閣《四庫全書》，臺灣商務印書館 1986 年版，第 1363 冊第 37 頁。

[6] 鄭方坤《全閩詩話》，景印文淵閣《四庫全書》，臺灣商務印書館 1986 年版，第 1486 冊第 116～117 頁。

[7] 池生春、諸星杓編，張尚英校點《二程子年譜·明道先生》，吳洪澤、尹波主編《宋人年譜叢刊》，第 4 冊第 2513～2514 頁。

[8] 永瑢等《四庫全書總目提要》卷一五五《集部八·游廌山集》，第 30 冊第 28 頁。

[9] 耿文光《萬卷精華樓藏書記》卷一一四，中華書局 1993 年版，第 990 頁。

較多，因此《宋人別集敘録·龜山先生集》云："楊（時）集明刊本舛論較少。"[1]綜上所述，此二詩作者應爲楊時。爲何録入游酢集中，有兩種可能：一是詩寄游酢後，或爲後人誤録入集中。二是游酢收到楊時寄詩後，將其中一句"可能鞭馬復來無"改爲"至今車馬往來疏"，表達難忘二人同學之誼及好景難再之憾，貽誤後人。

關於創作時間，也有兩種不同説法。

一是元豐四年説。《寄游定夫二首》題下注"在潁昌從明道先生"，楊時在潁昌師從程顥是在元豐四年，因此，此詩作於元豐四年。二是元豐五年説。即《二程子年譜·明道先生》卷四所載：元豐四年，"龜山從潁昌及門之後告歸，明年有寄書問《春秋》，又有《寄游定夫》詩"[2]。由此認爲，元豐四年，楊時在潁昌從程顥學，明年（即元豐五年）有《寄游定夫二首》詩。

要考察創作時間，二人行迹與相關記載要兼顧。先看二人行迹。元豐四年，楊時與游酢赴潁昌，以師禮見程顥；元豐五年，楊時告歸（元豐五年二月，長子生），游酢則赴京趕考（宋代春闈在每年二月）。分析二人行程，游酢赴開封趕考，開封離潁昌一百餘里，或幾天路程，楊時從潁昌返將樂，路途千里，或要歷二三個月時間，因此游酢離開時間應不早於楊時。二詩未言途中景狀，且題目爲"寄"，應爲楊時在將樂寄給游酢。再看相關記載。據《二程子年譜·明道先生》卷三載：元豐四年，"在潁昌。……五年壬戌，五十一歲。在洛"[3]。因此，程顥元豐四年在潁昌，元豐五年已在洛陽，即元豐四年楊時、游酢已離別。游酢赴京趕考，楊時則回家鄉將樂，游酢、楊時二人年譜均如此記載。另外，毛譜云："五年壬戌，先生三十歲，居鄉。二月十日巳時，長子迪生。"（頁15）本集卷三八《元豐壬戌歲暮書事》詩有"閩陬地力盡，種藝被山谷"（頁949）句。"元豐壬戌"點明時間，即元豐五年，"閩陬"指明地點，即閩地村落，表明是年確在將樂。

[1] 祝尚書《宋人別集敘録》卷一三，第609～613頁。
[2] 池生春、諸星杓編，張尚英校點《二程子年譜·明道先生》，吳洪澤、尹波主編《宋人年譜叢刊》，第4冊第2513～2514頁。
[3] 池生春、諸星杓編，張尚英校點《二程子年譜·明道先生》，吳洪澤、尹波主編《宋人年譜叢刊》，第4冊第2507、2515頁。

　　綜上所述，此詩爲楊時所作，應作於元豐五年二月以前。元豐四年，游、楊二人辭別程顥，游酢進京趕考，楊時或因長子返回家鄉，回鄉後即作此二詩寄游酢，而詩中僅回憶同學之誼，未有京考相關祝福或祝賀，或在二月春闈之前。

二月十日，長子迪生。

　　毛譜載：“五年壬戌，先生三十歲，居鄉。二月十日巳時，長子迪生。”（頁15）

冬，有《元豐壬戌歲暮書事》詩。

　　本集卷三八《元豐壬戌歲暮書事》詩，前二句云：“閩陬地力盡，種藝被山谷。”（頁949）詩中還描寫萬木凋零的景象。“閩陬”即閩地村落，因此該詩應爲是年歲暮居鄉時所作。

是年，有《寄明道先生書》其一問《春秋》。

　　本集卷一六《寄明道先生書》其一：“自奔走南歸，不聞誨言久矣。所居窮僻，賢士大夫不至其境，每學有所疑，則中懷罔然……《春秋》之學不傳久矣，每以不得從容左右，親受指誨爲恨。鄙心所疑，非止一二，但未敢縷陳，恐煩聽覽耳。惟先生不以愚鄙見棄，一一見教，幸甚！”（頁445～446）《二程子年譜·明道先生》卷四云：元豐四年，在潁昌，“楊中立以師禮見先生於潁昌。……龜山從潁昌及門之後告歸，明年有寄書問《春秋》”[1]。張譜云：“五年壬戌，三十歲，居鄉，有《寄明道先生問春秋》書。”（頁124）黃譜亦載：“五年壬戌，公年三十。居鄉，有《歲暮書事》詩，有《寄明道先生問春秋書》。”（頁3395）

有《酬林志寧》詩。

　　本集卷三九《酬林志寧》詩，題下注“志寧從學河南二程先生”，林志寧與楊時同行見程顥在元豐四年，元豐五年楊時回故鄉將樂，林志寧繼續從學二程。詩中有“自慚青蒿倚長松”“感君惠然抵山谷”“幸有山前清泉泠可酌”（頁957～958）等句，描寫鄉村山谷景色，説明此時楊時已回將樂龜山，而林志寧前往將樂拜訪楊時（林志寧家鄉建州建安，毗鄰將樂縣），楊時作

---

[1] 池生春、諸星杓編，張尚英校點《二程子年譜·明道先生》，吳洪澤、尹波主編《宋人年譜叢刊》，第4冊第2513～2514頁。

詩酬謝。元豐六年春初，楊時《與游定夫書》其一云："春初至建安，曾託志寧附書。"（頁509）由此可見，在林志寧來將樂見楊時後，元豐六年春初，楊時又前往建陽拜見林志寧，並請其捎書給游酢。因此，此詩當在作《與游定夫書》其一之前，故次於元豐五年。

神宗元豐六年癸亥（1083），三十一歲

在徐州，任司法。有文六篇。

赴徐州司法任，春初至建安，託林志寧附書與游酢。

　　關於出發及到任時間，本集卷一八《與游定夫書》其一云："春初至建安，曾託志寧附書，計塵聽覽。"（頁509）

自衢州渡江，沿淮河入清河，過呂梁，四月二日初到官舍。

　　關於出發及到任時間，本集卷一八《與游定夫書》其一云："某自衢買舟渡江，沿淮入清河，過呂梁百步，凡五十有二日始達彭城。"（頁509）彭城，今江蘇徐州。本集卷一八《與游定夫書》其二云："某四月二日到官舍，初四日交承職事。"（頁510）

在徐州。有《寄明道先生書》其二論《春秋》。

　　張譜云：元豐六年，"有《寄明道先生再問春秋書》"（頁125）。《寄明道先生再問春秋書》，本集題爲《寄明道先生書》其二。毛譜云："六年癸亥，先生三十一歲，有與明道先生子二十三郎書，有《與明道論春秋書》《與林志寧書》。"（頁16）黃譜云："六年癸亥，公年三十一。有《與程二十三書》，程乃明道先生子，汝陽簿。又有《與明道先生論春秋書》。"（頁3396）此處"論春秋書"，即《寄明道先生書》其二。案，《寄明道先生書》其一云："鄙心所疑，非止一二，但未敢縷陳，恐煩聽覽耳。惟先生不以愚鄙見棄，一一見教，幸甚！"即向明道先生問《春秋》疑惑之處。本集卷一六《寄明道先生書》其二則以論《春秋》爲主，以問爲輔："誦習之餘，每妄有所億，然未知聖人之旨果可以如此求否？謹錄之，以質諸左右。倘因暇時一賜觀覽，正其非謬，以開導之，則幸甚矣。"（頁445～447）黃譜謂

"論"，所言準確。

五月，有《寄程二十三書》其一、其二，《與游定夫書》其一。

本集卷一六《寄程二十三書》其一云："自去年夏曾奉問並潁川書一角，及得吾友遞中附到八月書，乃知未達，不審此書竟能達否？某正月盡離鄉，四月初方到官所，敝司事稍簡，不至廢學。然彭城士類凋落，友朋絕少，索居終日，無過門者，不聞道義之益，恐遂默默，浸爲庸人，深可憂畏。追思在潁之樂，進趨文席，退講所聞，邈不可得。汝陽邇日所遊從者何人？所讀者何書？因書示及。未涯良會，惟希力學慎愛。"（頁461～462）案，程二十三，即程顥子汝陽簿。文中有"正月盡離鄉，四月初方到官所"，既可證赴徐州司法任時間爲正月末，結合書（其二）的時間爲五月，亦可證作書（其一）時間應在四五月間。姑繫在五月，存疑。

本集卷一六《寄程二十三書》其二云："爲別倏兩年，窮居寡便郵置，安否之問，彼此曠絕。傾念之至，每形夢寐。邇日不審起居何如？某到官逾月矣，人事稍息，過此漸可追尋舊學。汝陽亦不至多事，想不廢讀書，因風，願以所得來告，尚遠高論，暑毒，切冀自重。"（頁462～463）"某到官逾月矣"，已知四月到任，可知五月作此書。

本集卷一九《與游定夫書》其一云：元豐六年，"夏熱，不審起居何如？某自衢買舟渡江，沿淮入清河，過呂梁百步，凡五十有二日始達彭城"（頁509）。參見游酢譜元豐六年癸亥（1083）四五月事。案，清河，古泗水，別名清水，宋後遂通稱爲清河，一名南清河。金後自今江蘇徐州以下一段長期爲黃河所奪。從此書可知，楊時由家鄉至徐州任，乃於衢州買舟渡江，沿淮河入清河，過呂梁百步，達彭城。

七月，有《與游定夫書》其二。

《與游定夫書》其二即張譜所云：元豐六年，"又有《與明道先生論春秋》書"（頁3396）。參見游酢譜元豐六年癸亥（1083）七月事。

八月，校所著《莊子解》。

黃譜云："八月，校所著《莊子解》。"（頁3396）

是年夏，有《與林志寧書》。

關於《與林志寧書》，本集卷一九《與游定夫書》其一云："春初至建安，曾託志寧附書，計塵聽覽。"（頁509）本集卷一七《與林志寧書》云："事稍息，過此漸可追尋舊學。汝陽亦不至多事，想不廢讀書，因風，願以所得見告。尚遺高論，暑毒，切冀自重。"（頁466）此二書，一爲出發赴任時作，一爲到任時作，告知林志寧近況，文中有"暑毒"之謂，亦應作於夏暑之時。

神宗元豐七年甲子（1084），三十二歲

在徐州，任司法。有文一篇。

有《哀郭思道》。

本集卷二八《哀郭思道》云："熙寧乙卯，同余游京師。……余從之游且十年……享年三十有八，以疾終於京師。余聞之，爲之悲慟不能自已，故爲辭以泄其哀。"（頁738）郭思道同楊時遊開封在熙寧八年乙卯（1075），到元豐七年正好十年。姑繫於此年。

神宗元豐八年乙丑（1085），三十三歲

在徐州，任司法。丁繼母憂。有文十三篇。

在徐州司法任。三月十八日，次子迴生。

張譜云："三月十八日，次子迴生。迴子航，紹興末以樞密院編修任常州添差通判，始占籍無錫垂慶里。"（頁130）毛譜云："官徐州。三月十八日，次子迴生。"（頁16）黃譜亦如是載。

六月三十日，聞程顥亡，設位慟哭於寢門，有《哀明道先生》。

《本傳》云：元豐四年，"以師禮見顥於潁昌，相得甚歡。其歸也，顥目送之曰：'吾道南矣。'四年而顥死，時聞之，設位哭寢門，而以書赴告同學者"（頁12738）。從元豐四年見程顥到程顥亡故，恰四年。

本集卷二八《哀明道先生》一文載："元豐八年夏六月既望，河南承議先生以疾終於官。是月晦，邸報至彭城。其門人楊某聞知，爲位慟哭於寢門，而以書訃諸嘗同學者。"（頁732）

七月，丁繼母憂。

《墓誌銘》云：“乃調徐州司法。丁繼母憂。”（頁1134）《先君行狀》云：“元祐五年十月戊戌，以疾終於家，享年六十有三。先君娶陳氏，再娶廖氏，先先君六年卒。”（頁747）因此，繼母廖氏應卒於元豐八年。毛譜云：“七月，以繼母喪解官居制。”（頁18）姑次之於是年七月。

有《與陳傳道序》。

本集卷二五《與陳傳道序》云：“彭城陳君傳道，志學之士也。其將之官也，求予言，故因爲發之。”（頁667）由此推之，是時楊時當在徐州，姑次之。

在將樂。九月十二日，程頤有《答楊時慰書》。

程頤《答楊時慰書》云：“頤泣啓。頤罪惡不弟，感招禍變，不自死滅，兄長喪亡，哀苦怨痛，肝心摧裂。日月迅速，忽將三月，追思痛切，不可堪處。遠承慰問，及寄示祭文哀辭，足見歲寒之意。家兄道學行義，足以澤世垂後，不幸至此，天乎奈何！頤悲苦之餘，僅存氣息，筋骸支離，尤倦執筆，況哀誠非書所能盡？所幸老父經此煩惱，飲食起居如常，不煩深慮。伏紙摧咽，言不倫次。頤泣啓楊君法曹。九月十二日。”[1]文中既言遭兄卒之痛，又陳感激之情，末云“九月十二日”作。程顥元豐八年六月卒，此書言“忽將三月”，與“九月十二日”一致。此時楊時應已歸鄉丁繼母憂。

是年，有《寄翁好德書》其二、《鄧文伯字序》、《楊仲遠字序》、《與楊仲遠書》（共六篇）、《與楊君玉書》、《與鄒堯叟書》。

本集卷一七《與翁好德書》其二云：“《明道行狀》，計已讀之。惟吾先生道學行義，足以澤世垂後，進不得行其志，退未及明之書而死。使其道將遂泯滅而無傳，則學者不忍焉。此行狀敘述所以作也。……故行狀之末，深論吾先生之趣，以明世學之失，庶幾志道之士，有聞風而起者，則行狀之傳，蓋將以明道，非如長者所疑也，幸亮之！某向亦嘗作《哀辭》一篇，謾録去，試一觀之，如何耳？”（頁482）本文提到程顥行狀及自己作《哀明道先生》，應作於程顥卒後不久，姑繫於此年。案，翁邵，字好德，順昌人，博學工文。元豐八年進士。調崇安尉，遷福清縣丞。病歸。紹聖元年（1094），以楊時

---

[1] 程顥、程頤著，王孝魚點校《二程集》，第603～604頁。

敦誓，主順昌教席。官至宣教郎。[1]

《楊時故里行實考》云："（《楊仲遠字序》）云：'楊君敦仁以其名求字於予。……予願以仲遠配子之名。'由此可見，作此序應在《與楊仲遠》書之前，姑次之乙丑。""（《鄧文伯字序》）云'武陽鄧平'，乃知邵武人。邵武爲楊時早年遊學之所。疑此序與《楊仲遠字序》爲一時之作，姑次之乙丑。""《與楊仲遠》其一：'得所惠書……'其二：'近日不審爲學何地……'其三：'辱示高文……'其四：'寄示雜論……'其五：'也之學者……'其六：'諸子之學……'……書一云：'伯淳先生近自汝召作宗丞。'知時爲元豐八年六月。書六云：'先生書録去。某到此，未暇開卷。西廳稍寬曠，有園亭足以自適。旬日事漸定，計可温尋舊學地。'此爲新到任所之作顯矣。疑此六書非同年之作，因難詳考，姑次之乙丑。""楊君玉與楊仲遠被楊時稱爲敝鄉二楊，均以吾子相稱。《與楊仲遠》書云：'早晚當勉之令就學也。'即囑楊仲遠督楊君玉就學事。疑此書（《與楊君玉》）亦作於乙丑，姑次之。""（《與鄒堯叟》）書云：'某竊居下邑，與世不相聞，當無所之，行無所以，閉門一室，聊以自娱。'下邑者，即《答李淑易》所云家鄉也。由此推測，應爲居鄉所作。從'伏審秋涼起居万福'知，時爲深秋。又，鄒堯叟卒於元祐四年，在此前離任居鄉，惟元豐八年七月丁母憂。故次之乙丑。"[2]

宋哲宗元祐元年丙寅（1086），三十四歲

在將樂。丁繼母憂。有文三篇。

有《與吳國華書》、《答吳國華書》（共二篇），論王安石之學。

本集卷一七《與吳國華書》題下注"別紙，元祐甲寅"，並云："朝廷議更科舉，遂廢王氏之學，往往前輩喜攻其非，然而真知其非者或寡矣。某嘗謂王金陵力學而不知道，妄以私智曲説眩瞀學者耳目，天下共守之，非一日也。今將盡革前習，奪其所守，吾畏學者失其故步，將有匍匐而歸者矣。國

---

[1] 謝道承等《福建通志》卷四六，景印文淵閣《四庫全書》，第 529 冊第 580 頁。
[2] 林海權、胡鳴編著《楊時故里行實考》，第 186～187 頁。

華爲士人依歸，欲何術以開後學乎？幸明告我，庶警不逮。"（頁467）清蔡
上翔云："而首攻王氏學術者，程門弟子楊中立也。中立與吳國華書，在元
祐元年。"[1]

　　本集卷一七《答吳國華書》其一云："辱賜教，伏審夏熱起居平寧，甚
慰懷仰。"（頁468）可知寫得吳國華復書後，再貽此書，時在夏天。是書又
云："夫王氏之學，其失在人耳目，誠不待攻，而攻之者，亦何罪耶？……
然前書所論，謂王氏不知道而已。語人不知道，即謂之攻人之惡，是必譽
天下之人爲聖賢然後可也。自守所學以排異端，即謂之立黨尚氣相攻，是
必無擇是非，一切雷同然後可也。國華謂王氏之學固多不中理之言，言有
不中理，皆不知道者也。"（頁468～469）此處繼續指斥王安石溺於釋老，
不知真道。

　　本集卷一七《答吳國華書》其二云："知道之説，考繹前言，竟未能諭。
道之不明久矣，是非不聞，殆非筆墨所能盡也。吾徒各當勉進所學以要其成，
庶乎異日必有合矣。"（頁472）指出通過不斷學習，異日必能知道。

　　案，吳國華，名儀，劍浦延平（今屬福建）人。清修力學，淡於榮利，
居城東藏春峽，漁釣橘溪上，超然自適。與楊時、陳瓘、黄裳爲友，大爲楊
時所重。羅從彦嘗師之。崇寧五年（1106）應詔入大晟府審驗音律，時稱"審
律先生"。[2]

哲宗元祐二年丁卯（1087），三十五歲

在將樂。服除。

　　元豐八年（1085）七月至元祐二年十月滿二十七個月。居喪畢，脱去
喪服。

---

[1] 蔡上翔《王荆公年譜考略》雜録卷一，上海人民出版社1973年版，第345頁。
[2] 吳栻等修，蔡建賢纂《民國南平縣志》卷二〇，《中國地方志集成·福建府縣志輯》，上海書店出版社2000
　　年版，第9冊第710頁。

哲宗元祐三年戊辰（1088），三十六歲

在開封，又歸將樂。赴虔州司法任。有詩三首、文十篇。

春，將赴開封，有《席上別蔡安禮》《次韻安禮見寄》詩。

　　本集卷四一《席上別蔡安禮》詩云："故里相看眼暫明，一樽聊此話平生。杜陵蚤被微官縛，元亮今爲世網攖。長路關山吾北去，春風梅嶺子南征。結鄰莫負當時約，早晚滄浪共濯纓。"（頁1011）此詩題下注云："予方赴闕，安禮赴博羅任。"應爲服除後赴闕時所作，且約作於春天。據本集卷三〇《蔡奉議墓誌銘》載："君姓蔡，諱元方，安禮其字也，南劍州將樂人。……熙寧九年同進士出身，主饒州鄱陽簿，移福州懷安、惠州博羅縣令。"（頁774～775）因此其赴博羅任應在元祐間。楊時北調在元祐三年，故知此詩作於元祐三年。案，饒州，今江西鄱陽；博羅縣，今屬廣東；懷安，治所在今福建福州。

　　《次韻安禮見寄》詩編次於《席上別蔡安禮》之後，詩中有"末俗相看老尚新，交遊千里更誰親"（頁1011），可知二人"長路關山吾北去，春風梅嶺子南征"，相去千里，因此應爲一時之作，姑次於是年。

七月，自開封歸將樂，作《求仁齋記》。

　　本集卷二四《求仁齋記》開篇即寫明作記時間："元祐戊辰秋七月，予至自京師。友人黃君過予，問時苦之暇，因謂予曰：'吾於縣北塘之隅，西山之麓，得廢址焉。薙草輦石，辟地爲黌舍。有講誦之堂，燕休寢息之廬，賓客之位，無一不完。將聚族親子弟教之，雖鄉人願至者不拒也。子盍爲我名之？盡其義以告。'……吾邑距中州數千里之遠，舟車不通。"（頁631）可知楊時從開封返鄉，在家鄉將樂縣。

赴調虔州司法，有惠政。

　　《墓誌銘》云："服闋，授虔州司法。公燭理精深，曉習律令，有疑獄衆所不決者，皆立斷。與郡將議事，守正不傾。"（頁1134）呂本中《行狀》亦云："元祐間，任虔州司法。有疑獄，衆所不決者，皆立斷。與郡將議事，守正不屈。"（頁1149）虔州，今江西贛州。

在虔州。有《送虔守楚大夫》詩，有《謝太守啓》《謝楚大夫啓》《代人謝解啓》《謝張朝散啓》《謝馬通直啓》《祭楚守縣君》。

　　本集卷三八《送虔守楚大夫》詩題下注云"元祐戊辰"，有"剖竹章流遠，還車蜀道巇"，自注云："除成都憲，以臺章罷，得虔守。"（頁935～936）虔守楚大夫即楚潛。《續資治通鑑長編》卷三八九載："哲宗元祐元年十月乙酉朔，以朝請大夫廣南西路轉運副使楚潛知處州。"[1]本集附錄二呂本中《楊龜山先生行狀略》云："虔守楚潛議法平允。"（頁1152）因此楊時均以"楚大夫"相稱。

　　《楊時故里行實考》云："《謝太守》《謝楚大夫》……二啓俱爲對保舉任職之事的致謝。二啓開首文字相同，皆云：'仕祿養親，素非求進；分曹蒞職，自愧無堪。方虞譴責之難逃，豈意薦論之偶及？'由此推之，二啓皆爲上任之初之作。據《送虔守楚大夫》，其上任應爲元祐戊辰秋後，故次於元祐戊辰。"《祭楚守縣君》……疑楚守即虔守楚大夫。故祭文作於任職虔州間，姑次之戊辰。""《代人謝解》……云：'此蓋伏遇某官，至公處己，内恕及人。'與《謝楚大夫》啓末云完全一致。疑爲一時之作，姑次之元祐三年戊辰。""《謝張朝散》《謝馬通直》……此二啓無考，姑從文集之次，置《謝楚大夫》之後。"[2]

十二月至閏十二月，作《上毛憲書》《寄毛憲書》。

　　本集卷一八《寄毛憲書》，爲楊時寄書毛漸（"憲"指官員），其旨專爲處置"湖北溪洞寇邊"之事建言，表明不願"加兵盡誅之"，"更願縻以歲月，無急近功，要足以安，馴服之而已"（頁500）。此事因爲荊湖北路羅家蠻劫掠財物焚燒屋宇而起，朝廷遂於元祐三年十二月任毛漸爲荊湖北路轉運判官，處置騷亂。《續資治通鑑長編》卷四一八載："元祐三年十二月乙亥，樞密院言：'荊湖北路羅家蠻劫掠財物，焚燒屋宇，申訴多不受理，上下隱蔽。將來減退兵將，糧道恐難通行。'"[3]《續資治通鑑長編》卷四一九載：元祐

[1] 李燾撰，上海師範大學古籍整理研究所、華東師範大學古籍整理研究所點校《續資治通鑑長編》，第27冊第9449頁。

[2] 林海權、胡鳴編著《楊時故里行實考》，第189～190頁。

[3] 李燾撰，上海師範大學古籍整理研究所、華東師範大學古籍整理研究所點校《續資治通鑑長編》，第28冊第10136頁。

三年閏十二月，"樞密院言：'荆湖北路轉運判官毛漸奏，沅州并黔陽縣，因蠻寇於豐山諸處殺傷民口凡二十八次。唐義問初不以聞。'詔義問體度如何措置及追索見存人口，毋令上下因循，蔽匿久遠，含養邊患"[1]。《宋代路分長官通考》載："毛漸，元祐三年戊辰任荆湖北路轉運判官。""《彭城集》卷一九《廣東轉運判官毛漸可湖北轉運判官制》，元祐三年七月制。"[2]《彭城集》卷一九《廣東轉運判官毛漸可湖北轉運判官制》云：'宣力四方，爲上耳目，使者之任也。金穀功名之會繁，獄岸鞫讞之大小，非有敏智，孰堪劇治？以某等既更歷試，皆有稱譽，並假節傳，往明若否。夙夜匪懈，以酬寵數。'"[3]

從以上可知：元祐三年十二月，樞密院言荆湖北路羅家蠻劫掠財物事；閏十二月，廣東轉運判官毛漸任湖北轉運判官，處置騷亂。此書因湖北溪洞寇邊，朝廷寄委毛漸之際而作。

本集卷一八《上毛憲書》，先介紹自己情況，再論三代以來風聲氣習、興衰治亂與士之遭時遇變，出處語默，又云："故輒詳列古人之大節，與夫平昔景慕之意，以爲請見之資。"（頁499）因此，此書爲請見之書，應作於《寄毛憲書》之前，云："神宗皇帝，勵精爲治，綜核名實，而奉承之吏，多失其旨，類皆以苛察爲明，衰斂爲功，其極也，慘覈少恩。主上即位，盡蠲前弊。……勉爲寬厚以自媚於上者，不可勝計也。"（頁498）此當在哲宗元祐初，考慮到其請見毛漸上在其上京赴調之時，姑次於元祐三年十二月。

案，毛漸，字正仲，衢州江山（今屬浙江）人。第進士，知寧鄉縣。熙寧經理五溪，遷著作佐郎、知安化縣，召爲司農丞，提舉京西南路常平。元祐初，知高郵軍，遷廣東轉運判官。渠陽蠻擾邊，近臣言漸習知蠻事，徙荆湖北路轉運判官，歷提點江西刑獄、江東兩浙轉運副使，加集賢校理，入爲吏部右司郎中、陝西轉運使，日夜治兵禦夏人。進直龍圖閣，知渭州。命下，卒，年五十九。優贈龍圖閣待制。[4]

[1] 李燾撰，上海師範大學古籍整理研究所、華東師範大學古籍整理研究所點校《續資治通鑑長編》，第29冊第10151頁。
[2] 李之亮《宋代路分長官通考》，巴蜀書社2003年版，第968頁。
[3] 劉攽《彭城集》，景印文淵閣《四庫全書》，臺灣商務印書館1986年版，第1096冊第189頁。
[4] 脫脫等《宋史》卷三四八《毛漸傳》，第32冊第11039～11040頁。

歲末，作《賀正旦表》。

《楊時故里行實考》云："《賀正旦》……此表題下注云'代虔守作'。知作於虔州任內。以元祐三年秋赴任至元祐五年十月丁憂，楊時在虔州度過二個正旦節。正旦爲一年之始，是帝王朝會百僚之日，歷代帝王均十分重視此盛會的儀式。哲宗即位，時而改朝賀爲表賀，即不受朝賀，而令群臣於東上閣門內東門表賀。據哲宗本紀，元祐四年春正月壬申朔，不受朝，群臣及遼使詣東閣門內東門拜表賀。元祐五年春正月，御大慶殿視朝，未云表賀。可見此賀表應爲元祐四年正旦節所作，應作於正旦節稍前的元祐三年歲末。"[1]

哲宗元祐四年己巳（1089），三十七歲

在虔州，任司法。有詩一首、文五篇。

在虔州。正月，有《張氏墓誌銘》。

本集卷三〇《張氏墓誌銘》云："元祐戊辰六月二十四日以疾終於家。越明年正月二十日葬於洪源之南。享年四十有二。"（頁774）《全宋文》卷二六九五此文題下注"元祐四年正月"[2]。由此可知，張氏元祐三年卒，元祐四年正月楊時作銘。

二月，有《哀鄒堯叟》。

文見本集卷二八。本集卷三〇《鄒堯叟墓誌銘》云："元祐四年二月十八日，以疾卒於官舍之正寢，享年五十有八。"（頁781）由此可知，《哀鄒堯叟》當作於元祐四年二月十八日鄒夔卒後不久。

七月，有《賀坤成節表》《貢物表》《賀收復河湟表》。

此三表見本集卷三。《楊時故里行實考》云："《賀坤成節》……從表題所云'代作'，知作於虔州任內。坤成節自宋哲宗始，爲尊崇太皇太后而特設，《宋史》卷一百二十一《禮志》云：'哲宗即位，詔以太皇太后七月十六日爲坤成節。'據《宋史》哲宗本紀，元祐年間，坤成節曲宴太拱殿，令百

---

[1] 林海權、胡鳴編著《楊時故里行實考》，第191頁。
[2] 曾棗莊、劉琳主編《全宋文》，第125冊第35頁。

僚表賀的只有二、三、四、六諸年。而楊時虔州任上，有機會代作賀坤成節的，只能是元祐四年。由此知之，楊時代作此賀表應在元祐四年秋七月坤成節稍前。”“《貢物》……此表題下注云‘代作’。與《賀坤成節》注同，疑作於《賀坤成節》之前後。表云：‘用參庭實，愧非前列之寶龜，庶廣至仁，惟作萬夫之衣被。’前列貢物寶龜，顯然爲坤成節壽品，相形之下，隨附之貢物衣被則顯愧耳。故不言爲壽品，而謙爲‘用參庭實’。實則，虔州善制衣被，所制衣物，‘經緯有常，質文中理’，乃爲貢品。坤成節以衣被爲貢乃因地制貢。故表云：‘分職任民，不遺於嬪婦，因土制貢，敢廢於玄纖。’可見，‘因土制貢’，乃是虔守所職。由此可知，此表是楊時代虔守所作，故次於元祐己巳。”“《賀收復》……題下注云‘代漕臣作’。正德本題爲‘代漕臣賀收復表’，黃譜題爲《代運使賀收河湟表》，由此知漕臣或爲《代虔守謝李運使》之李運使，則此表或作於虔州任內。表文所言收復河湟之事……宋黃裳《演山集》卷二十七《賀復湟州表》亦云：‘哲宗神斷而往取，戎王誠服，以招來方欣。’以此觀哲宗朝，哲宗即位之初，確初露此迹象，至元祐四年蔚爲景觀。元祐四年坤成節，戎王分疆界要求被拒後，其誠服之態漸失。以此推之，賀表當作於元祐四年，故次之。”[1]

是年，有《感懷寄鄉友》詩。

本集卷四一《感懷寄鄉友》詩，題下注云“時在虔州”，並云：“漫浪人間已十年，簿書擾擾日羈纏。”（頁1003）楊時從元豐三年（1080）赴調離家，至今剛好十年。詩中表達淹留虔州思念故鄉之情。

哲宗元祐五年庚午（1090），三十八歲

在虔州，任司法。丁父憂。有文三篇。

在虔州。有《代太守賀蘇左丞啓》《代虔守謝李運使啓》《代虔守薦楊孝本奏狀》。

本集卷二三《代太守賀蘇左丞啓》，由題“代太守”知作於虔州任內。

[1] 林海權、胡鳴編著《楊時故里行實考》，第192～193頁。

《宋史》卷一七《哲宗本紀一》載：元祐五年三月，"翰林學士承旨蘇頌爲尚書左丞"[1]。因此蘇左丞爲蘇頌，故此啓作於元祐五年三月蘇頌新任之後。

本集卷二三《代虔守謝李運使啓》，題目已明示"代虔守"作，知作於虔守任内。從"被命吳東，幸叨聯屬。領麾江左，獲庇恩私"（頁 626），知虔守任期屆滿而領新命並謝李運使，故次於是年。《宋兩江郡守易替考》載：元祐四年林顏知虔州，元祐五年八月一日，朱彥博復知虔州。[2]因此，虔守應爲林顏。七八月間林顏離任時由楊時代作此啓。

本集卷二《代虔守薦楊孝本奏狀》，此狀爲虔守代奏，稱贊虔州進士楊孝本"學富行純，爲輿論信服"，"一時忠義之士多從之學。短褐不完，飯疏飲水"，"伏望聖慈……特加收採，錫之一命"（頁 51）。黃譜繫爲元祐五年，姑次之。案，黃譜云《代太守薦楊孝先表》，誤，應爲"楊孝本"。

對待太守及同僚公平有守。

本集附録二吕本中《楊龜山先生行狀略》云："虔守楚潛議法平允，而通判楊增多刻深，先生每從潛議，增以先生爲附太守輕己。及潛去，後守林某議不持平，先生力與之爭，方知先生能有守也。"（頁 1152）案，林某即林顏。

十月二日，父埴卒。後解官居制。

本集卷二九《先君行狀》云："元祐五年十月戊戌，以疾終於家，享年六十有三。"（頁 747）吕本中《行狀》載："明生埴，贈正議大夫。埴，先生父也。"（頁 1148）因此，十月二日父卒，此後楊時應已解官居制。

十二月，賀鑄有《寄墨代書贈楊時》詩寄楊時。

《寄墨代書贈楊時》詩題下注："楊字中立，彭城僚友也，爲南康刑獄掾。庚午十二月金陵偶便，因以詩墨寄之。"[3]南康，即南康軍，今江西廬山。

---

[1] 脱脱等《宋史》，第 2 册第 330 頁。
[2] 李之亮《宋兩江郡守易替考》，巴蜀書社 2001 年版，第 376 頁。
[3] 北京大學古文獻研究所編《全宋詩》卷一一〇二，北京大學出版社 1995 年版，第 19 册第 12502 頁。

哲宗元祐六年辛未（1091），三十九歲

在將樂。丁父憂。有文一篇。

作《先君行狀》。

本集卷二九《先君行狀》云："元祐五年十月戊戌，以疾終於家，享年六十有三。"（頁747）行狀應作於其父楊埴卒後不久，姑次之是年。黃譜題爲《正議行述》，《龜山集》《全宋文》及四庫全書本均題作《先君行狀》，清楊繪廷刊訂本《宋儒楊文靖公集》卷二九錄此文題爲《父殖行述》，《宏農楊氏房譜》則題爲《先君永謀行狀》。

《宋史》云：宋真宗咸平元年，"詔任三司、館閣職事者丁憂，並令持服。又詔：'川陝、廣南、福建路官，丁憂不得離任，既受代而喪制未畢者，許其終制"[1]。《讀禮通考》卷一〇亦如此載。而虔州屬江南西路，不在"丁憂不得離任"地區之列，故楊時應居將樂。

哲宗元祐七年壬申（1092），四十歲

在將樂。丁父憂。有文一篇。

初夏，遊楊道真君洞，作《楊道真君洞記》。

本集卷二四《楊道真君洞記》云："元祐五年，歲大旱，鄉人詣真君，禱雨輒應。予竊異之，欲往遊焉而未暇。越二年壬申夏四月，因與二三昆弟躡屨擔簦，翛然而往。"（頁643）可知遊洞時間爲"壬申夏四月"，該文作於此後不久。

哲宗元祐八年癸酉（1093），四十一歲

在將樂。服除，授瀏陽知縣。與游酢程門立雪。有詩一首。

在將樂。正月，服除，赴調。有《送蔡安禮》詩。

楊時父親楊埴元祐五年十月二日卒，楊時解官居制，至元祐八年正月，

---

[1] 脫脫等《宋史》卷一二五《禮志二十八》，第9冊第2922頁。

剛好二十七月，因此是年正月服除，赴調。

　　本集卷三八《送蔡安禮》詩有"五載一相逢，俯仰如昨日"句，呼應五年前元祐三年楊時作《席上別蔡安禮》詩。五年後，楊時丁憂居鄉，與蔡安禮重逢。"念子又何適""況復各宦遊"句，即指自己服除，赴調進京，再次與蔡安禮分別。楊時正月服除，赴調，離鄉前送詩給蔡安禮。姑將此詩繫於此年正月。

四月，至開封，遷瀛州防禦推官。二十七日，授知潭州瀏陽縣。

　　《墓誌銘》云："罹外艱。除喪，遷瀛州防禦推官。"（頁1134）案，瀛州，今河北河間。黃譜云："四月至京師，用舉者遷瀛州防禦推官。二十七日，授知潭州瀏陽縣。"（頁3397）姑依黃譜次之。瀏陽縣，今屬湖南。

五月十六日，出開封。二十九日，往河清謁游酢，同往洛陽。

　　參見游酢譜元祐八年癸酉（1093）五月事。

六月，在洛陽，與游酢程門立雪。

　　《二程子年譜·伊川先生》卷五載：元祐八年五月，"楊中立以師禮見先生於洛。時年已四十一。先生偶瞑坐，時與游酢侍立不去，既覺，門外雪深一尺矣"[1]。黃譜亦載。參見游酢譜元祐八年癸酉（1093）五月事。

哲宗元祐九年、宋哲宗紹聖元年甲戌（1094），四十二歲

由將樂赴瀏陽任。有詩六首、文九篇。

或在將樂。有《與游定夫書》其三、其四，《歸雁》《感事》詩等寄游酢。

　　《二程子年譜·伊川先生》卷五載："明年紹聖改元，章惇拜相。游定夫守太學博士，龜山貽書與之，定夫得書即乞出爲齊州簽判。……按：龜山紹聖元年《與定夫書》有云'去年相別時，定夫亦讀《易》，計須精到，有便願以所得見教，不宜有吝也'，故類繫此。"[2]可知是書作於紹聖元年。又，

---

[1] 池生春、諸星杓編，張尚英校點《二程子年譜·伊川先生》，吳洪澤、尹波主編《宋人年譜叢刊》，第4冊第2651頁。

[2] 池生春、諸星杓編，張尚英校點《二程子年譜·伊川先生》，吳洪澤、尹波主編《宋人年譜叢刊》，第4冊2651～2652頁。

本集卷一九《與游定夫書》其三云："去年相別時，定夫亦讀《易》，計須精到，有便願以所得見教，不宜有吝也。"（頁511）元祐八年楊時往河清謁游酢，後同游酢見程頤；此書稱"去年"，則應作於紹聖元年。所作地點存疑，或在將樂，謁程頤後回來，在此准備赴瀏陽任。據《游定夫先生年譜》載，是年，游酢在京任太學博士。[1]案，張譜將《與游定夫書》其三繫於元豐六年（1083）並題爲《與游定夫問讀易書》（頁127），誤。

本集卷一九《與游定夫書》其四云："京師非食貧之地，公聚口頗衆，度其勢能久居否？趨捨之方，宜審處也。"文後注云"游守太學博士得此，即求補外，蓋紹聖改元也"（頁512）。

《歸雁》《感事》二詩，黃譜云："四月十二日改元，章申公拜相。游公定夫守太學博士，公貽書與之曰：'京師非食貧之地，公聚口頗衆，度其勢能久居否？趨捨之方，宜審處也。'又有《歸雁》《感事》二詩寄定夫。游得書，即乞出爲齊州簽判。"（頁3398）本集卷四〇《歸雁》云："澤岸多繒弋，雲間乏稻粱。茫然棲息地，飲啄欲何鄉？"《感事》云："投閑如有約，早晚問耕桑。"二詩均爲含蓄勸游酢棄京補外之作，與《與游定夫書》其四甚合，姑繫於是年，存疑。

在將樂。二月二日，離家赴瀏陽任。

黃譜載："二月二日離家，赴瀏陽任。"（頁3397）

春，赴瀏陽途中作《春波亭上》《宜春溪上》《宜春道上》《過豐城》詩。

《楊時故里行實考》云："（《春波亭上》《宜春溪上》《宜春道上》《過豐城》）四詩爲行途即興之作。前三詩，途經宜春，後一詩途經豐城，二地俱爲江南西路轄內。楊時兩度西行赴任途經此諸地，一爲紹聖元年二月，離家赴瀏陽縣令任，至元符元年八月任期滿歸鄉。另一爲崇寧元年九月離家赴荆州教官，至崇寧五年二月離荆州如京師。然諸詩所現皆爲春景。如《宜春道上》：'艷可夭桃日日稀，空餘淑氣尚遲遲。誰人爲作留春計，莫放鳳花自在飛。'可見作此詩應在春日。適此時日者，惟赴瀏陽任之行。黃譜亦次於紹聖元年，當作於甲戌不誤。"[2]案，宜春，今屬江西；豐城，今屬江西。

---

[1] 游智開編，吳洪澤校點《游定夫先生年譜》，吳洪澤、尹波主編《宋人年譜叢刊》，第5冊第3388頁。
[2] 林海權、胡鳴編著《楊時故里行實考》，第198頁。

有《寄俞仲寬書》（共三篇）、《與俞彦修書》（共二篇）、《寄翁好德書》（共二篇）。

黃譜載："二月二日離家，赴瀏陽任。有《與順昌令俞仲寬》書、《寄仲寬子彦修論學書》。《上毛憲書》，論三代以來風聲氣習，興衰治亂，與夫士之遭時遇變，出處語默。又有《寄毛憲書》《寄翁好德書》。"（頁3397～3398）案，前文已證《上毛憲書》《寄毛憲書》作於宋哲宗元祐三年，黃譜誤。

案，俞偉，字仲寬，四明（今浙江餘姚）人。熙寧六年（1073）進士。元祐初知順昌縣（今屬福建），縣民生子多不舉，偉集者老勸諭。經兩考，木生連理，禾一本三十二穗，民歌頌焉。[1]本集卷一七《寄俞仲寬書》其一由乘舟過瀏陽境，見有赤子暴屍洲渚間爲烏鷹食之事，講及俞偉教化順昌百姓之事："閩之八州，惟建、劍、汀、邵武之民，多計產育子。……吾郡五邑，此風唯順昌獨甚：富民之家，不過二男一女；中下之家，大率一男而已。小人暴殄天理，悖慢人義，至身陷大惡而不知省，且爲父而殺其子，雖豺虎猶不忍爲，孰謂人而爲之乎？某比乘舟過境，見有赤子暴屍洲渚間爲烏鷹食者，惻然感之，有泚吾顙。竊惟仲寬仁民愛物，出於誠心，計未有此言聞於左右者，故輒及之。"（頁473）《麈史》卷上《惠政》亦載其事："閩人生子多者，至第四子則率皆不舉，爲其貲產不足以贍也。若女則不待三，往往臨蓐以器貯水，纔產即溺之，謂之'洗兒'，建、劍尤甚。四明俞仲寬宰劍之順昌，作《戒殺子文》，召諸鄉父老爲人所信服者列坐廡下，以置醪醴，親酌而侑之，出其文使歸諭勸其鄉人無得殺子。歲月間活者以千計，故生子多以'俞'爲小字。轉運判官曹輔上其事，朝廷嘉之，就改仲寬一官，仍令再任，復爲立法推行一路。"[2]

本集卷一七《與俞彦修書》其一題下注云"名袤，仲寬子"（頁483）。寄俞偉及俞袤五書，《楊時故里行實考》云："此五書，黃譜皆次於紹聖甲戌。考諸書均未言明作書時日，然諸書先後清晰有序。俞彦修爲俞仲寬之子，俞仲寬時任沙縣令。楊時與俞氏父子諸書，實因偶發。《寄俞仲寬》書一云：

[1] 高登艇、潘先龍修，劉敬纂《民國順昌縣志》卷一六《名宦傳》，《中國地方志集成·福建府縣志輯》，上海書店出版社2000年版，第11冊第100頁。

[2] 王得臣撰，俞宗憲點校《麈史》，上海古籍出版社1986年版，第19頁。

'比乘舟過境，見有赤子暴屍洲渚間爲烏鷹食者，惻然感之。'故別紙，致書俞仲寬，由赤子暴屍論及縣邑教化，始啓諸書之先。書二承書一，對'得接教論'的回復，再由教化論及道學。以爲教化三學（迷方之學、力學、道學）有短長，'迷方之學，無以趨今，力學則有不足，惟道學可窺'。書三承書二，以爲行教化應從正順昌之學始，正順昌之學，則從正師席始。故向俞氏薦翁好德以正師席。《與俞彥修》書是對問學的回復。二書均極盡謙詞，不以長者對晚輩之教諭口吻（俞氏父子，生卒年月不可考，然俞仲寬妻與陳瓘妻爲嫡親姊妹，陳瓘少楊時四歲，與楊時交厚，故楊時爲長輩）而以討教之口吻相待，疑作此信，在俞彥修進士及第之後，而俞彥修進士及第爲紹聖元年。……故與俞氏父子諸書，應從黃譜，次於紹聖甲戌。"[1]

哲宗紹聖二年乙亥（1095），四十三歲

在瀏陽，任知縣。有詩十四首、文二篇。

在瀏陽。有惠政。

《瀏陽縣志》卷二《職官》載："知縣，宋，紹聖，楊時，將樂人。"[2]
本集卷一〇《荆州所聞》憶自己在潭州瀏陽所施惠政云："朝廷設法賣酒，所在官吏遂張樂集妓女以來小民。此最爲害教，而必爲之辭曰'與民同樂'，豈不誣哉？夫誘引無知之民以漁其財，是在百姓爲之，理亦當禁，而官吏爲之，上下不以爲怪，不知爲政之過也。且民之有財，亦須上之人與之愛惜，不與之愛惜而巧求暗取之，雖無鞭笞以强民，其所爲有甚於鞭笞矣。余在潭州瀏陽，方官散青苗時，凡酒肆、食店與夫俳優、戲劇之罔民財者，悉有以禁之。散錢已，然後令如故。官賣酒，舊嘗至是時，亦必以妓樂隨處張設，頗得民利。或以請，不許。往往民間得錢，遂用之有方。"（頁264）此事年份不可考，姑繫於是年。

在四牌樓坊題"龜山遺愛"。

《瀏陽縣志》卷三《坊表》載："四牌樓坊，有四扁，'龜山遺愛'爲宋

---

[1] 林海權、胡鳴編著《楊時故里行實考》，第195～196頁。
[2] 陳夢文修，方暨謨纂《瀏陽縣志》，民國二十二年抄本，第7頁。

楊時題。"[1]此字不知題於何年，但肯定在瀏陽任上，姑繫於是年。
有《謝程漕書》《上提舉書》及《寄湘鄉令張世賢》《縣齋書事寄湘鄉令張世賢》《縣齋書事》《縣齋書事三首》《安禮以宏詞見勉奉寄》《安禮以宏詞見勉因成絕句奉寄》《和潭倅張朝請行縣言懷》《又用前韻和早梅二首》《和張倅行縣》《假山》《檢田》等詩。

《謝程漕書》，《楊時故里行實考》云："此書應程漕'見索鄙文'而回復，書未記時日。考程博文爲漕年月，《續資治通鑑長編》卷四百六十四《哲宗》云，元祐六年八月己酉詔，'左朝請郎司農少卿程博文爲荊南路轉運使'。宋《雲溪居士集》卷二十七《代湖南諸監司奏乞故知兗州程博文改仕恩澤表》云：'比及湖南，服勤二年。'其後知兗州，行次江寧府，遂以疾不救而卒，此書仍以程漕尊稱。由此可知，此書作於紹聖元年至元符元年任內，以黃譜所次紹聖二年爲妥。"[2]

《上提舉書》議差役雇錢之事。是文以瀏陽爲例，"瀏陽之民未罷役以前而雇人代充者，皆月計其直"，又与周鄰縣邑較元豐、元祐舊法之長短，提出"不若計其歲雇之直，蠲減速所出役錢爲善耳"（頁502～503）之建議。由此觀之，其應作於瀏陽任且在紹聖年間，依黃譜姑次之。

《縣齋書事寄湘鄉令張世賢》《縣齋書事》《縣齋書事三首》共五首詩，題目均有"縣齋書事"。本集分體裁編次。萬曆本亦分體裁編次：卷三八"五言古風"一首，卷四一"七言律"一首，卷四二"七言絕句"三首。正德本卷一收五言古風者，卷二將其餘四首編在一起，題爲《縣齋書事四首》，這種編次應反映宋原本情況。即，此五首應爲同時所作，同題不同體裁。五首詩還應與《寄湘鄉令張世賢》作於同時。黃譜僅云紹聖二年作《縣齋書事》，姑依黃譜次於是年。

黃譜謂："蔡安禮以宏詞見勉，公寄詩有曰'吏部文章世所珍，空慚無補費精神'之句。"（頁3398）此詩即七律《安禮以宏詞見勉奉寄》。案，另有一首絕句與此題相近，即《安禮以宏詞見勉因成絕句奉寄》，正德本卷三於"見勉"下有"因成二篇奉寄"，其一乃七律，其二乃絕句，說明此二首

[1] 陳夢文修，方暨謨纂《瀏陽縣志》，民國二十二年抄本，第36頁。
[2] 林海權、胡鳴編著《楊時故里行實考》，第198～199頁。

應作於同時，謹依黄譜次於紹聖二年。

《和潭倅張朝請行縣言懷》《又用前韻和早梅二首》《和張倅行縣》四詩，《楊時故里行實考》云："此四詩俱和張朝請之作。《和張倅行縣》與《和潭倅張朝請行縣言懷》實爲一事二詩。《又用前韻和早梅二首》乃承前詩之作。前詩如'霜迎威令蕭，春逐馬蹄來'，後詩如'只疑春信早，克擁使旌來'，均所示爲早春之作，黄譜次紹聖二年。考張氏任潭倅之年，《續資治通鑑長編》卷四百九十五《哲宗》云，元符元年三月壬戌，'朝散郎直秘閣知潭州張舜民爲直龍圖閣權知青州，以三年一任期滿逆推之。張舜民行縣時日如黄譜所云，應爲紹聖二年歲末。"[1]《又用前韻和早梅二首》首韻字與《和潭倅張朝請行縣言懷》首韻字均爲"開"字，亦爲先後和韻之作。本集卷四〇列舉《和潭倅張朝請行縣言懷》詩時，林海權校記云："'潭倅張朝請'，指張舜民。胡安國《楊文靖公墓誌銘》：'知潭州瀏陽縣，安撫使張公舜民以客禮待之。張公入長諫垣，薦之，除荆南教授。''倅'，副職；'朝請'是朝請大夫的簡稱，本詩和《又用前韻和早梅》二首，黄譜繫在哲宗紹聖二年乙亥。其不直言安撫使張舜民，大概是爲了避免直接捲入黨爭的漩渦。……本書卷二十三《謝張朝散》與卷四十一《和張倅行縣》中的張朝散和張倅應該都是指張舜民。"（頁986）案，張舜民，邠州（今陝西彬州）人，字芸叟。英宗治平二年進士。爲襄樂令，嘗上書反對王安石新法。哲宗元祐初，以司馬光薦召爲監察御史，進秘書少監。使遼，加直秘閣、陝西轉運使，知陝、潭、青三州，商州安置。後復集賢殿修撰。性慷慨，以敢言稱。嗜畫，長於詩，有《畫墁集》等。

《假山》《檢田》二詩，不可考，姑依黄譜次於是年。

哲宗紹聖三年丙子（1096），四十四歲

在瀏陽，任知縣。有詩九首、文十四篇。

在瀏陽。建飛鸚亭並題額。建歸鴻閣，五月五日，作《歸鴻閣記》並石刻

---

[1] 林海權、胡鳴編著《楊時故里行實考》，第200～201頁。

記之。又作《飛鶃亭》《歸鴻閣》詩。

黃譜云："在瀏陽。於縣圃作飛鶃亭，又即縣宇西北墉之隅創閣，名曰歸鴻，蓋取昔人所謂'目送歸鴻'之義也。五月己亥，爲《圖記》。"（頁3398）

關於《飛鶃亭》《歸鴻閣》二詩，雖未紀年，應爲楊時在瀏陽任職期間且飛鶃亭、歸鴻閣建成之後所作，姑依黃譜繫於此年。《瀏陽縣志》卷三《古迹》載："飛鴻閣，一作歸鴻樓，在縣廳事儀門外，宋邑令楊時建。取目送飛鴻義。南渡後邑令張才邵重葺。飛鶃亭，在署內二堂右，龜山先生憩息處也。舊有額，傳是先生手迹，歲久失之。"[1]《明一統志》卷六三云："飛鶃亭，在瀏陽縣治後，宋楊時建。"[2]《大清一統志》卷二七六云："飛鶃亭，在瀏陽縣署內二堂右，宋楊時憩息處也。取飛鶃以自喻，舊有額，傳是時手迹。"[3]又云："飛鴻閣在瀏陽縣治後，本名歸鴻樓。《山堂肆考》：'歸鴻樓，宋楊時建，取目送歸鴻之義，自爲圖記之，後張才邵修建，易今名。'"[4]張栻《瀏陽歸鴻閣龜山楊諫議畫像記》云："瀏陽實潭之屬邑，紹聖初，公嘗辱爲之宰。歲饑，發廩以賑民，而部使者以催科不給罪公。公之德於邑民也深矣。後六十有六年，建安章才邵來爲政，慨然念風烈，咨故老，葺公舊所，謂飛鴻閣，繪像於其上，以示後學，以慰邑人之思，去而不忘也。"[5]

案，"張才紹"誤，當以"章才邵"是。章才邵，字希古，崇安人（又稱建安人），以父蔭補官。歷典瀏陽縣及賀、辰二州，改荊湖北路參議官。少時謁楊時，楊教以熟讀《論語》及詳體論"仁"諸訓。才邵克遵所聞，世目爲篤實君子。[6]本集附錄七章才邵《瀏陽石刻》云："初謁先生於龜山之故居。先生年八十一矣。著帽衣袍而出，神清氣和，望之固知其爲仁厚君子也。才邵因投贄求教，且請納拜講師弟子禮，先生辭，力請方允。"（頁1318）

---

[1] 陳夢文修，方暨謨纂《瀏陽縣志》，民國二十二年抄本，第37頁。

[2] 李賢等《明一統志》，景印文淵閣《四庫全書》，第473冊第330頁。

[3] 和珅等《大清一統志》，景印文淵閣《四庫全書》，第480冊第390頁。

[4] 和珅等《大清一統志》，景印文淵閣《四庫全書》，第480冊第389頁。

[5] 張栻撰，朱熹編《南軒集》卷一〇，景印文淵閣《四庫全書》，臺灣商務印書館1986年版，第1167冊第515頁。

[6] 夏玉麟等修，汪佃等纂《嘉靖建寧府志》卷一八，《天一閣藏明代方志選刊》，第38冊第16頁。

　　毛譜云是年“有《石刻圖記》”（頁 13）。案，此處誤。查《龜山集》各本，均未見《石刻圖記》，僅有《歸鴻閣記》，有《飛鷁亭》《歸鴻閣》二詩；《石刻圖記》當指將《歸鴻閣記》“自爲圖記之”。

五月十八日，三子遹生。

　　此處依毛譜：“五月十八日戌時，三子遹生。”（頁 29）

又有《瀏陽五詠》《荷花》《偶成》詩。

　　《瀏陽五詠》其一詠渭水，其二詠歸鴻閣，其三詠飛鷁亭，其四詠相公臺，其五詠洞陽。五詠應作於歸鴻閣建成之後離任之前，姑從黃譜次於是年。

　　《荷花》《偶成》二首不可考，姑從黃譜，次於是年。本集《偶成》詩有三首。其一爲五言律詩，詩云：“天遠何須問，勞生聽若何。犁鋤三畝足，棲息一枝多。白雪寧堪冒，清時只浪過。好尋明月影，醉舞自婆娑。”（頁 981）另兩首爲七言絕句：“綠鬢潛驚老境催，更憐衰晚困低回。但知周道平如砥，莫問瞿唐灩澦堆。”“悠揚春夢成幽興，冷落溪光醒酒魂。天闊雲浮遮不盡，浪平風過杳無痕。”（頁 1058～1059）七言絕句有“更憐衰晚困低回”，似寫於晚年時期。五言律詩則有“天遠何須問”“白雪寧堪冒”句，可知不在故鄉福建（南劍州無雪）且在作客他鄉之時，姑繫五言律詩《偶成》於是年。

著《史論》十篇寄程頤，有《寄伊川先生書》《答伊川先生書》論《西銘》，有《孝思堂記》。

　　楊時疑《西銘》有流於墨氏兼愛之嫌，故去書向程頤請教，即有《寄伊川先生書》。程頤收到來信之後，作書回復；楊時接程頤回復之後再書作答，是爲《答伊川先生書》。《二程子年譜·伊川先生》卷六載：紹聖三年，“先生答楊時論《西銘》書：前所寄史論十篇，其意甚正”[1]。可知《寄伊川先生書》《答伊川先生書》在程頤答書前後不久，姑次於紹聖三年。黃譜、毛譜亦次於是年。

　　本集卷一六《寄伊川先生書》云：“《西銘》之書，發明聖人微意至深，

---

[1] 池生春、諸星杓編，張尚英校點《二程子年譜·伊川先生》，吳洪澤、尹波主編《宋人年譜叢刊》，第 4 冊第 2656 頁。

然而言體而不及用，恐其流遂至於兼愛，則後世有聖賢者出，推本而論之，未免歸罪於橫渠也。"（頁450）本集卷一六程頤《伊川答論西銘》曰："所寄史論十篇，其意甚正，纔一觀，便爲人借去，俟更子細看。《西銘》之論則未然。橫渠立言，誠有過者，乃在《正蒙》。《西銘》之爲書，推理以存義，據前聖所未發，與孟子性善、養氣之論同功，豈墨氏之比哉？"（頁451）據此可知，楊時作《寄伊川先生書》之前，有《史論》十篇寄程頤，姑次之紹聖三年。案，《史論》共有論藺相如、項羽等共三十五篇，未知哪十篇寄伊川，存疑。

本集卷一六《答伊川先生書》云："《西銘》之旨，隱奧難知，因前聖所未發也。前書所論，竊謂過之者，特疑其辭有未達耳。今得先生開諭，丁寧傳之，學者自當釋然無惑也。"（頁453）《二程子年譜·伊川先生》卷六載：紹聖三年，"先生答楊中立論《西銘》，中立書尾云：'判然無疑。'先生曰：'楊時也，未判然。'"[1]

案，橫渠即張載。張載（1020—1077），北宋哲學家，理學創始人之一。字子厚，鳳翔郿縣（今屬陝西）橫渠鎮人，世稱橫渠先生，尊稱張子，封先賢，奉祀孔廟西廡第三十八位。曾任著作佐郎、崇文院校書等。青年時喜論兵法，後求之於儒家"六經"。嘉祐二年（1057）進士登第，初任祁州司法參軍，歷雲巖（今陝西宜川）令。熙寧二年（1069）經呂公著舉薦，爲崇文院校書，後以病辭歸，講學關中，故其學派稱爲"關學"。熙寧十年受呂大防之薦，同知太常禮院。不久以病歸，途中病逝於臨潼，年五十八歲。張載與周敦頤、邵雍、程頤、程顥合稱"北宋五子"。[2]

本集卷二四《孝思堂記》云："紹聖元年龍圖謝公以疾薨於位。越明年，其子以柩歸葬於建安。又明年襄事，乃作'孝思'之堂，屬予爲記。"（頁649）從文中可以看出，《孝思堂記》作於紹聖三年。黃譜、毛譜繫此文於紹聖二年，皆誤。

---

[1] 池生春、諸星杓編，張尚英校點《二程子年譜·伊川先生》，吳洪澤、尹波主編《宋人年譜叢刊》，第 4 冊第 2657 頁。

[2] 張撝之等主編《中國歷代人名大辭典》，第 1229 頁。

哲宗紹聖四年丁丑（1097），四十五歲

在瀏陽，任知縣。有詩一首、文一篇。

在瀏陽。安撫使張舜民以客禮待之。有書與州牧乞求賑饑。又有《寄長沙簿孫昭遠》詩。

本集附錄二呂本中《楊龜山先生行狀略》云："知潭州瀏陽縣，安撫使張公舜民雅敬重先生，每見，必設拜席與均禮。"（頁1152）《墓誌銘》云："知潭州瀏陽縣，安撫使張公舜民以客禮待之。漕使胡師文惡公之與張善也，歲饑，方賑濟，劾以不催積欠，坐衝替。"（頁1134～1135）《瀏陽縣志》卷三《名宦》載："楊時，字中立，將樂人，知瀏陽縣，有惠政。以催科不給去。民思之，建祠肖像以祀。"[1]從上文可知，是時有與州牧書乞求賑饑，但本集未錄。

黃譜記載賑濟百姓、胡師文惡楊時、楊時坐不催積欠之事尤詳："在瀏陽。在任過滿，值穀價踴貴，以書於州牧乞米三千石賑濟，民賴全活甚多。張公舜民帥潭，雅敬重公，每見必設拜席與均禮。胡師文爲湖南漕，與張公異趣不協，惡公與張善，欲擠陷之，百端卒無所得，乃對移常寧令。未行間，偶歲大旱，方賑濟，乃劾以不催積欠。公已替罷，坐此衝替，且拘留令催足，僅一年乃得解。張公奏雪，改作差替。或以書唁公，答曰：'部使者以財賦爲急，縣令以字民爲官，各行其職爾，無足憾者。'"（頁3399）

本集卷四一《寄長沙簿孫昭遠》，該詩記述自己因不催積欠被劾之後境況，抒發借酒消愁、歸隱閑釣之願："陽城衰晚拙催科，闔寢空慚罪亦多。祭竈請憐君自適，載醪祛惑我誰過？猗猗庭有蘭堪佩，寂寂門無雀可羅。歸去好尋溪上侶，爲投縰紱換漁蓑。"（頁1008）詩題下注"時以不催積欠被劾"，可知作於此年。案，孫昭遠，宋眉州眉山人，初名大年，字顯叔。哲宗元祐年間進士。調長沙尉。累遷河北燕山府[2]（今北京）轉運使。高宗建炎元年

---

[1] 陳夢文修，方暨謨纂《瀏陽縣志》，民國二十二年抄本，第14頁。
[2] 宋宣和四年（1122），金兵攻占遼燕京析津府。宣和五年，析津府歸宋，改爲燕山府，領十二縣。其中析津縣、宛平縣、都市縣、昌平縣、良鄉縣、潞縣、玉河縣、漷陰縣在今北京市境內。宣和七年，即金天會三年，金攻占後復名燕京析津府。

（1127），遷河南尹、西京留守，西道都總管。至洛招散工萬餘。金兵來犯，爲叛兵所殺。諡忠愍。[1]

嘗立法，令旅居本縣窮餓者可申請獲寺舍飲食，終因去官而未及施行。

　　本集卷一〇《荆州所聞》云："常平法：州縣寺舍歲用有餘，則以歸官賑民之窮餓者。余爲瀏陽日，方爲立法，使行旅之疾病饑踣於道者，隨所在申縣，縣令寺舍飲食之。欲人之入吾境者，無不得其所也。其事未及行，而余以罪去官，至今以爲恨。"（頁264）

哲宗紹聖五年、宋哲宗元符元年戊寅（1098），四十六歲

歸將樂，又至開封。有著述一種。有詩五首、文一篇。

正月十八日，長子迪生孫雲。

　　毛譜載："正月十八日辰時，長子迪生孫雲。"（頁34）

自瀏陽歸將樂。七月，著《周易解義》，有《蔡奉議墓誌銘》。

　　《周易解義》時間無可考，姑依黃譜："歸自瀏陽。是歲六月一日改元。七月，著《周易解義》。"（頁3399）

　　本集卷三〇《蔡奉議墓誌銘》云："紹聖四年某月某日，以疾卒於官，享年四十四。"又云："安禮既没之明年，其族兄某以其弟亢踵門而告曰……而以銘屬予，予雖不能文，其何可辭？乃敘其世族歷官行事始終之大節而銘之。"（頁774~775）知蔡元方（字安禮）卒於紹聖四年，楊時作銘於第二年，即元符元年。姑依黃譜次之於是年七月。

八月，啓程前往開封。

　　黃譜云："八月，公如京師。"（頁3399）毛譜、張譜亦如是載。

九月十六日，宿武夷山前，有《遊武夷》《武夷紀遊》詩。

　　本集卷三九《遊武夷》詩題下注"是日泛小舟至鷄窠巖，還遊沖佑觀"，並云："我來秋杪月既望，尚有幽菊埋榛叢。""秋杪""既望""幽菊"，可推知時在九月十六日。此應爲前往開封途經武夷山所作。案，《武夷山志》卷

---

[1] 張撝之等主編《中國歷代人名大辭典》，第790頁。

一載："四曲溪之有鷄窠巖。"[1] "沖佑觀，一曲上溪北。初名天寶殿，歷改武夷觀、會仙觀、沖元觀、萬年宮，土名武夷宮。"[2]《武夷山志》卷七載："楊時，字中立，將樂人。同游酢受業於二程之門，紹明絕學。嘗過武夷，與諸賢析疑送難，旦夕不少休。"[3]《武夷山志》卷一二載楊時《武夷紀遊》詩："濃淡煙鬟半雨晴，溪光初借晚霞明。鼉頭湧出三峰秀，天漢融成一鑑清。扮社有誰藏舊牒，賓云無處問遺聲。幔亭寂寞僊何在，勾漏丹砂早晚成。"[4]此詩本集未錄，應與《遊武夷》作於同時，姑繫於是年。

與游酢遊武夷山歸宗巖，作《登歸宗巖》詩。

《登歸宗巖》詩，《楊龜山先生集》未載，本集附錄八《佚詩》部分據康熙《甌寧縣誌》卷一〇收錄，詩云："瑤華侵階古刹幽，曹劉風格幾經秋。至今洞口泉聲嘎，猶奏望年啓迪猷。"（頁1326）《宋·游酢文集》題爲"同游定夫登歸宗巖"，並將"華"作"草"。本書《游酢行年繫地譜》考得：元符元年，游酢居鄉建陽，丁父憂在制，築草堂於廌山之麓，此時，楊時亦在福建將樂，九月遊武夷山；元符二年，游酢遷博士，乞歸，築水雲寮於武夷之五曲，爲講論之所。此時，楊時亦在將樂。此詩或作於元符元年，或作於元符二年。元符元年九月，楊時曾遊武夷山，此時或爲二人同遊，此詩或與《遊武夷》《武夷紀遊》等詩作於同時，姑繫於是年，存疑。

十月十五日，自錢塘附船至開封。有《謝詹司業送酒》《戲贈詹安世》詩。

黃譜載："十月十五日，自錢塘附詹司業船至京師。十六日，謁司業。有《謝詹司業送酒》詩，《戲贈詹安世》詩。"毛譜、張譜亦如是載。但黃譜注云詹司業"字安世"，誤。《謝詹司業送酒》《戲贈詹安世》二詩爲酬謝詹氏父子作。本集卷三八《戲贈詹安世》詩末注云："安世乃司業之子，年少未受官。"（頁947）詹安世在徽宗朝，以禦金青史留名。二詩作於詹安世"年少未受官"之時，應在徽宗之前哲宗朝。

---

[1] 衷仲孺《武夷山志》，明崇禎刻本，第1冊第9頁。
[2] 董天工《武夷山志》卷一，《中國方志叢書》，成文出版社1974年版，第154頁。
[3] 衷仲孺《武夷山志》，明崇禎刻本，第3冊第8頁。
[4] 衷仲孺《武夷山志》，明崇禎刻本，第5冊第1頁。

哲宗元符二年己卯（1099），四十七歲

自開封歸將樂。有詩二十一首。

在開封。七月十三日，授無爲軍判官。

　　黃譜云：元符二年，"公年四十七。七月十三日，授無爲軍判官"（頁3399～3400）。案，無爲軍，今安徽無爲縣。《無爲州志》卷一二《職官志》載："元符二年任（判官）。"[1]案，根據楊時行程及已知史料，未有赴無爲軍判官任事實，是否赴任，存疑。

九月，出開封，作《出京》詩。九日，至南京應天府。十一日，至永城見張舜民。二十二日，至楚州謁徐積。

　　黃譜云："九日至南京，十一日至永城，見張芸叟。二十二日至楚州，謁徐仲車先生。先生諱積，爲學志古，養母甚力。有二子，一名潞兒，因潞公爲娶，故以潞名之，示不忘也。"（頁3400）永城，今屬河南；楚州，今江苏淮安。毛譜云："九月至南京，十一日至永（城），見張芸叟。二十二日至楚州謁徐仲車先生。"（頁35）張譜云：元符二年，"四十七歲，七月十三日授無爲軍判官，遂出京。九月至南京，十一日至永（城），見張芸叟。二十二日至楚州謁徐仲車先生"（頁142）。案，《楊時故里行實考》云："考諸詩與黃譜所記不合者爲出京時日。《出京》詩題注云'己卯歲九月'，與黃譜所記，年同月異。既然《出京》詩題注明歲月，黃譜不至有誤，疑今本'九日至南京'前，佚'九月出京'。餘大致相合。"[2]而毛譜則年月同日異。綜上，應如《楊時故里行實考》所考，楊時於九月出開封，九月九日至南京。案，南京即應天府，今河南商丘。王栐《燕翼詒謀錄》卷二《升應天府爲南京》載："真宗皇帝東封西祀，思顯先烈，大中祥符七年正月乙卯，詔升應天府爲南京。建行宮，正殿以歸德爲名，以聖祖殿爲鴻慶宮，奉太祖、太宗像，侍立於聖祖之旁。其後遂開高宗皇帝中興之祥，殆非

---

[1] 顧浩等修，吳元慶纂《嘉慶無爲州志》，《中國地方志集成·安徽府縣志輯》，江蘇古籍出版社1998年版，第8冊第147頁。

[2] 林海權、胡鳴編著《楊時故里行實考》，第206頁。

偶然者矣。"[1]

十月三日，至蘇州，謁李思和。八日，至杭州，謁豐相之。十八日，至桐廬，登桐君山。

黃譜云：元符二年，"十月三日，至蘇州，謁李思和。初八日至杭州，謁府公豐相之。十八日至桐廬，登桐君山"（頁3400）。案，桐廬，今屬浙江；桐君山，位於浙江省桐廬縣分水江與桐江交匯處，與桐廬縣城隔水相望，古稱小金山，又名浮玉山。

十一月十七日，到家。

黃譜云：元符二年，"十一月十七日，到家"（頁3400）。

出開封至歸家途中，作《汴上》《陳留書事》《泗上三首》《過金山》《湘君祠》《過錢塘江迎潮》《梭山候潮》《晚泊圍頭》《江上》《登桐君山》《登桐君祠堂》《過七里瀨二首》《嚴陵釣臺》《夜雨》《吉溪早起》《漢坂舟行》等詩。

以上諸詩所敘季節皆在秋冬之際。黃譜以爲出開封返鄉途中之作："是年有……《汴上》詩，《陳留書事》《泗上》三詩，《過金山》《湘君祠》《過錢塘江迎潮》《梭山候潮》《晚泊圍頭》《江上》《登桐君山》《過七里瀨》《嚴陵釣臺》《夜雨》《吉溪早起》《漢坂舟行》詩。"（頁3400）考楊時返家路綫，黃譜所次亦相合：楊時從開封回福建必從京杭運河抵杭州，經京杭運河沿途城市有：開封、陳留（今屬河南）、應天府、永城、泗州（今江蘇盱眙）、楚州、鎮江（今屬江蘇）、蘇州、杭州；再逆錢塘江而上至桐廬，然後入閩返鄉。

楊時歸將樂沿途作詩具體如下：

沿運河南下，在汴河（開封至泗州之運河，亦稱汴河），作《汴上》。

過陳留，思東漢陳留人邊韶[2]，作《陳留書事》。

出汴河出口，作《泗上三首》，本集是詩題下注"聞將閉汴口"（頁989）。

過鎮江之金山，作《過金山》，金山屬鎮江，宋祝穆《方輿勝覽》卷三

---

[1] 王林《燕翼詒謀錄》，《宋元筆記小説大觀》，上海古籍出版社2007年版，第4601頁。

[2] 邊韶，字孝光，才思敏捷，曾書日假寐。弟子私嘲之曰："邊孝先，腹便便。懶讀書，但欲眠。"因此楊時詩中有"一枕晝眠無好夢，空慚邊老腹便便"句。

《鎮江府》云："春秋時屬吳，其地爲朱方。後屬越及楚。"[1]故詩中有"環望荆吳圻，清江日夜流"之歎。

《湘君祠》，黃譜次於元符二年歸鄉途中，在《過金山》與《過錢塘江迎潮》之間，然考金山至杭州諸縣志，未見湘君祠記載。案，湘君祠，即湘妃祠，又名湘山祠，位於君山東側，供奉湘妃，即虞舜兩位妃子娥皇、女英。楊時曾於崇寧五年（1106）十月離荆州赴餘杭縣任，是年十一月八日到岳州。本集卷四〇《湘君祠》詩云："鳥鼠荒庭暮，秋花覆短牆。蒼梧雲不斷，湘水意何長。"（頁993）可知此詩作於秋天，與十一月到岳州時間上不合。地點之"湘水""湘君祠"，與金山、錢塘相隔千里，地點又不合。姑依黃譜、毛譜繫於此，存疑。

至杭州，觀錢塘江，作《過錢塘江迎潮》《梭山候潮》。《梭山候潮》題注云"十一日潮起信，是日潮小不到"（頁1033），與黃譜"初八日至杭州""十八日至桐廬"行程日期相合。

逆錢塘江西行，江面逐漸變窄，江水逐漸平緩，作《晚泊圍頭》《江上》。《晚泊圍頭》有"江借晚風翻白浪，山銜斜日隔青煙"（頁1022），《江上》有"更祝江波休蕩漾，莫令清影碎浮金"（頁1026）句，均與錢塘江至桐廬江面愈加平静之景色相合。

過桐君山，登桐君祠堂，作《登桐君山》《登桐君祠堂》。案，黃譜未載《登桐君祠堂》，詩見本集卷四一。

過七里瀨[2]，作《過七里瀨二首》。有"搔首扁舟又東去，錢塘江上看波瀾""扁舟東下幾時還，一席飛帆插羽翰"（頁1032）句，楊時逆江而上，蓋觀他人乘舟疾駛順流而下，現姑依黃譜次於是年，存疑。

過嚴陵瀨，作《嚴陵釣臺》。

沿江而上，途中夜宿篷船，作《夜雨》，詩中有"似聞疏雨打篷聲"（頁1026）。

過吉溪，棄舟陸行，作《吉溪早起》。案，吉溪坐落於衢州江山縣，宋

---

[1] 祝穆撰，祝洙增訂，施和金點校《方輿勝覽》，第55頁。

[2] 七里瀨，亦名七里灘，在今浙江桐廬縣嚴陵山以西。因水流較急，舊時有"有風七里，無風七十里"之諺語。

呂祖謙《東萊集》卷一五《紀事·入閩錄》記載，其在衢州至江山縣之界，爲入閩必經之地，有驛道。從詩句"短日催征轡，聽鷄踏曉霜"（頁991）觀之，此時楊時已棄舟登岸，沿驛道陸行。

舟行，有《漢坂舟行》。此詩所作地點不可考，姑依黃譜次之。

是年，作《予自長沙還植蘭竹於東西軒調宦京師逾年而歸蘭竹皆衰悴感而成詩》詩。

本集卷四一《予自長沙還植蘭竹於東西軒調宦京師逾年而歸蘭竹皆衰悴感而成詩》題下注"己卯"（頁1014），即元符二年己卯（1099），"自長沙還""調宦京師"，指元符元年自瀏陽還將樂又至開封；"逾年而歸"，即元符二年從開封再歸將樂。由此可知，此詩作於是年。

哲宗元符三年庚辰（1100），四十八歲

在將樂。講學於含雲寺。有詩十首。

在將樂。講學於含雲寺，作《此日不再得示同學》詩。

關於楊時講學於含雲寺，依毛譜所云：元符三年，"先生四十八歲，居鄉。講學於含雲寺，作《勉學歌示諸生》"（頁36）。案，是詩本集卷三八題作《此日不再得示同學》。前文已考證，此詩並非如黃譜所云，作於熙寧七年（1074），而是作於元符三年。

四月十五日，四子適生。

毛譜云：元符三年，"四月十五日酉時，四子適生"（頁36）。

十一月，因伯母病，歸家看望。

本集卷三〇《俞氏墓誌銘》云："元符三年十有一月甲戌，以疾終。……始夫人疾革，予方以漕檄竊食清流。比歸，省之床下，已不能言，猶頷之，若有囑予者。"（頁777）可知，十一月間，因伯母病危，楊時曾去探望。

是年，有《題贈吳國華釣臺》《藏春峽六詠》《綠陰亭上》詩。

《楊時故里行實考》載《題贈吳國華釣臺》："詩云'君有釣臺臨橘水，橘溪不與桐溪比'，國華釣臺臨故鄉橘溪，嚴陵釣臺臨浙江桐溪。從二釣臺

之比上推測，此詩應作於《嚴陵釣臺》之後，居鄉之時，姑次元符三年。"[1]

本集卷三八《藏春峽六詠》序云："國華先生得幽谷於劍水之東，去其所居僅一里餘。負山之巔，闢地西向爲堂，名曰詠歸堂，堂下有亭曰老圃。亭之前有迹穿數畦，其南北有二茅亭：南植梅數株，名曰暗香，北種紫竹數竿，名曰虛心。又其南有一石竇，其下可容數人，名曰容照巖。合而名之藏春峽。其《暗香亭》以下四詠，見七言絕句類。"（頁933）此"六詠"分別爲《詠歸堂》《老圃亭》《吳國華暗香亭》《虛心亭》《容照巖》《藏春峽》，爲造訪吳國華新居所作，與《題贈吳國華釣臺》應作於同時，故次於元符三年。

本集卷四二《綠陰亭上》題注云："吳先生家。"（頁1029）因此亦應作於是時。

有《寄游定夫》詩。

本集卷三九《寄游定夫》云："憶昨相逢鳳山址，駒隙駸駸餘半紀。君趨烏府近清光，陸海驚濤漲天起。……我時捧檄赴京渚，放浪江湖一浮蟻。"一紀可指十二年，則"半紀"即六年；烏府，即御史府[2]；清光，即清美之風采，多喻帝王容顏；"捧檄"，爲母出仕之意[3]；京渚，即荆渚，即湖南洞庭湖一帶，泛指湖南。元祐八年（1093），游酢在開封任太學博士，楊時丁母憂，服除赴調，二人遇於開封，因此有"餘半紀"之謂；同年五月二十七日，楊時授知潭州瀏陽縣，因此又有"我時捧檄"之謂。案，《寄游定夫》詩校記云："'赴京渚'，正德本作'赴荆渚'，疑作'荆渚'是。"（頁970）約六年後，即元符三年，游酢於十一月上旬召爲監察御史，因此詩中有"君趨烏府近清光"之謂。由此可證，《寄游定夫》詩作於元符三年十一月後。

---

[1] 林海權、胡鳴編著《楊時故里行實考》，第208頁。

[2]《漢書》卷八三《朱博傳》載："是時御史府吏舍百餘區井水皆竭；又其府中列柏樹，常有野烏數千棲宿其上，晨去暮來，號曰'朝夕烏'。烏去不來者數月，長老異之。"顏師古注曰："史言此者，著御史大夫之職當休廢也。"後因稱御史府爲"烏府"。（班固撰，顏師古注《漢書》，中華書局1962年版，第10冊第3405~3406頁）

[3]《後漢書》卷三九云："中興，廬江毛義少節，家貧，以孝行稱。南陽人張奉慕其名，往候之。坐定而府檄適至，以義守令。義奉檄而入，喜動顏色。奉者，志尚士也，心賤之，自恨來，固辭而去。及義母死，去官行服。數辟公府，爲縣令，進退必以禮。後舉賢良，公車征聘，遂不至。張義歎曰：'賢者固不可測，往日之喜，乃爲親屈也。斯蓋所謂"家貧親老，不擇官而仕"者也。'建初中，章帝下詔褒寵義，賜穀千斛，常以八月長史問起居，加賜羊酒。壽終於家。"後以"捧檄"爲爲母出仕之典故。（范曄撰，李賢等注《後漢書》，中華書局1965年版，第5冊第1294頁）

宋徽宗建中靖國元年辛巳（1101），四十九歲

在建陽，任縣丞。罷歸。有文二篇。

在建陽，任縣丞。

楊時任建陽縣丞事，本集卷二四《乾明寺修造記》有載："建中靖國元年，歲在辛巳，余以漕檄二令於東陽。"（頁653）東陽即建州建陽，今屬福建。

蒙張舜民薦爲教官，除荊南府學教授。

《墓誌銘》云："張公入長諫垣，薦之。除荊南教授。"（頁1135）《本傳》亦載："張舜民在諫垣，薦之，得荊州教授。"（頁12738）黃譜載："是年，張公舜民入長諫垣，薦公爲教官，除荊南府學教授。"（頁3400）毛譜亦如是言。荊南府，今湖北荊州。

又蒙張舜民辟爲定州教官，不赴。

黃譜載："張帥（舜民）定武，復辟公爲定州教官，舉詞有云：'非惟使定武學者有所矜式，而臣衰老，欲親賢德，有所規誨。'張公繼出辟書，不行。"（頁3400）毛譜亦如是言。

三月，陳淵投書問學。楊時喜其識性明敏，遂以女嫁之。

《閩中理學淵源考》卷一載：楊時元符二年，"歸家，先是，從二先生學者甚衆，而先生獨歸，杜門不仕者累年，沈浸經書，推廣師説，窮探力索，務極其趣。於是，沙陽陳淵投書問學。"[1]黃譜記載詳細：建中靖國元年，"三月，沙陽陳公淵投書問學。淵乃忠肅瑩中（陳瓘）之姪。公喜其識性明敏，遂妻以女"（頁3400）。姑以黃譜所載次之。

羅從彥從學。

關於羅從彥從學於楊時，蘭宗榮《羅從彥從學於楊時的時間辨誤》考證甚詳，從之。該文認爲："羅從彥曾幾度從學於楊時之門。……楊時有47年時間在外地任職，早年雖然有一段時間在閩北，但還未獲二程真傳。獲二程真傳之後，楊時曾於1100年和1101年間在閩北講學，當時羅從彥正是而立之年。由於羅從彥與吳儀先生是師生關係，而吳儀與楊時又是好朋友的關係，

---

[1] 李清馥《閩中理學淵源考》，景印文淵閣《四庫全書》，第460冊第8頁。

從彥所以能經由吳儀就學於楊時。羅從彥因聽楊時講《易》過程中，碰到疑難問題，年輕氣盛，渴求知識的羅從彥毅然賣田走洛，向程頤問學。他自洛南歸後，又數次長途跋涉受學於楊時。最後，完成學業，成爲道南理學的第二傳人。由此觀之。羅從彥從學於楊時的起始時間當在 1101 年，而不是在 1112 年。"[1]

案，羅從彥，字仲素，南劍人。嘗師從吳儀（字國華）。以累舉恩爲惠州博羅縣主簿。聞同郡楊時得河南程氏學，慨然慕之，遂徒步往學焉。時熟察之，乃喜曰："惟從彥可與言道。"於是日益以親。時弟子千餘人，無及從彥者。從彥初見時三日，即驚汗浹背，曰："不至是，幾虛過一生矣。"嘗與時講《易》，至《乾》九四爻，云："伊川説甚善。"從彥即鬻田走洛，見頤問之，頤反覆以告，從彥謝曰："聞之龜山具是矣。"紹興五年（1135）卒，年六十四。學者稱豫章先生。淳祐七年（1247），謚文質。[2]

有《與鄒至完書》。

本集卷一九《與鄒至完書》講楊時勸鄒浩應趁天子剛嗣位之時進忠言："竊惟天子睿聖，方嗣位之始，未有左右便嬖近習之私迎意而取悦，未有姦邪讒佞欺負之徒投間而亂其聰。聖度虛明，忠言易入。"（頁 515）文中有"竊惟天子睿聖，方嗣位之始"事，應在徽宗建中靖國元年。黃譜亦次於是年。案，鄒浩，宋晉陵（今江蘇常州）人，字志完，一字至完，號道鄉居士。元豐五年（1082）進士。哲宗朝爲右正言，削官。徽宗立，復爲右正言，累遷兵部侍郎。兩謫嶺表，卒謚忠。有《道鄉集》。[3]

冬，自建陽縣丞任罷歸，過甌寧乾明寺，作《乾明寺修造記》。

本集卷二四《乾明寺修造記》云："建中靖國元年，歲在辛巳，余以漕檄二令於東陽，有大比丘惠康以書抵余曰：'……公盍爲我記之？'是年冬，余在東陽，罷歸，過其門……乃喟然歎曰：吾州當水陸之沖，舟輿之會，四方遊士，道閩中而過者，蓋艫相銜而輻相轢矣。……其中必有足以感於人者，是可歎也已，乃爲之書。"（頁 653～654）從中可知是文作於建中靖國元年冬。

[1] 蘭宗榮《羅從彥從學於楊時的時間辨誤》，《南平師專學報》1997 年第 3 期。

[2] 脱脱等《宋史》卷四二八《羅從彥傳》，第 36 冊第 12743～12745 頁。

[3] 張撝之等主編《中國歷代人名大辭典》，第 1114 頁。

林海權注云："'東陽'，毛譜作'建陽'，譜云：'徽宗建中靖國元年辛巳，先生四十九歲，漕檄差權建州建陽縣丞。……冬，先生還自建陽。'按，古人喜歡用'陽'字來美稱其地。如沙縣稱沙陽，邵武稱邵陽，莆田稱莆陽，臺灣稱臺陽等是。"（頁654）案，乾明寺全國有多處，此處有"吾州當水陸之沖，舟輿之會，四方遊士，道閩中而過者"，即指福建甌寧乾明寺。《福建通志》卷六三云："甌寧縣乾明寺，在敬客坊，宋建，今廢。"[1]文中"是年冬，余在東陽，罷歸"，説明是年冬，楊時罷建陽縣丞，歸鄉。案，甌寧，今福建建甌。

宋徽宗崇寧元年壬午（1102），五十歲

在將樂。赴荊州教授任。有詩十二首、文二篇。

在將樂。九月，作《俞氏墓誌銘》。

本集卷三〇《俞氏墓誌銘》題注"崇寧元年九月"，並云："元符三年十有一月甲戌，以疾終。享年七十有二。伯父有子五人，其二夫人出也。曰昞，曰允蹈。崇寧元年九月丙申葬於龜山之陰。始夫人疾革，予方以漕檄竊食清流，比歸，省之床下，已不能言，猶頷之，若有囑予者。嗚呼！意欲何言耶？於其葬，乃泣而銘之。"（頁777）既云"於其葬，泣而爲銘"，此銘當作於是年九月俞氏葬於龜山之時。

有《居士余君墓表》。

本集卷三七《居士余君墓表》云："熙寧九年五月己巳（余适）以疾終於尤川之漆坑，其弟節以君之喪歸葬於邑之西山，是年六月壬子也，享年四十有二。君娶廖氏，後君百有二日卒。無子，女一人，予之室也。是時予方舉進士，竊名仕籍，而君之葬不得臨穴視窆。已游宦四方，必數年乃一歸，而君之墓有宿草矣。荒丘之間，馬鬣鱗比，幾不可識。予竊悲君之無後，而歲時展省獨恃吾子孫。今其若此，可不爲之表識乎？故特敘其爲人大略，揭之墓上。雖予言不足以重君，尚庶吾後世子孫知其爲君之墓而不忘也。"

[1] 謝道承等《福建通志》，景印文淵閣《四庫全書》，第530冊第264頁。

（頁925）余适卒於熙寧九年（1076），楊時剛中進士，所以有"是時予方舉進士"之謂，此墓表爲多年後所作，或作於居鄉時。故以黃譜、毛譜所載，姑列於此。

九月，赴荆州教授。

是年九月，楊時在將樂作《俞氏墓誌銘》，而赴任入鄱陽湖爲十月底，因此黃譜所謂"九月，公赴荆州教官"（頁3400）屬實。

十月三十日，入鄱陽湖，有《鄱陽湖觀打魚》《南康值雨》《東林道上閑步三首》《東林道上閑步二首》《過廬山遇雨》《江上夜行》《江上晚步》《過漢江》詩。

《鄱陽湖觀打魚》《南康值雨》《東林道上閑步三首》《東林道上閑步二首》《過廬山遇雨》《江上夜行》《江上晚步》《過漢江》諸詩反映赴荆州教授行程：由將樂北上，入鄱陽湖至南康（今江西廬山），遊廬山，再入長江西行，依次經漢江、石首（今屬湖北），到達荆州。此行程亦與黃譜所次諸詩之次序合。

《鄱陽湖觀打魚》題注"崇寧壬午"，詩中有"秋高水初落"（頁951），知作於壬午秋。

《南康值雨》題注："廬山臥龍庵有劉道人，自云百餘歲。碧眼，不粒食，惟食柏飲水，每客至必先知之。欲往見之，不果，故並記之。"其詩有"平沙漲雪清江漬，水花照日紅生鱗"（頁965）句，應指秋天水落沙出，似平沙漲雪。

《東林道上閑步三首》《東林道上閑步二首》，均作於廬山東林道上，應與《南康值雨》《過廬山遇雨》作於同時。

《江上夜行》題注"赴荆南道"（頁1051），應爲入長江後所作。

《江上晚步》題注"赴荆南詩"（頁940），確證爲赴荆南府時所作。

案，黃譜云："十月三十日，入鄱陽湖，有《打魚》詩、《南康值雨》、《江上夜行》、《過漢江》詩。"（頁3400）毛譜云："九月，啓行入鄱陽湖，有《觀打魚詩》《南康值雨》《江上夜行》《過漢江》諸詩。"二者所載入鄱陽湖時間有異，蓋赴荆州任途中，九月啓行赴任，十月方入鄱陽湖，並遊廬山。

十一月十五日，有書寄程頤。

本集附錄七程頤《答楊時書》云："頤啓：相別多年，常深渴想。前日自伊川歸，得十一月十五日南康發來書，知赴新任……朝庭設教官，蓋欲教人修身齊家治國平天下之道。苟能修職，則'不素餐兮'，敦大於是？赴省試令子，不知其名，中第可喻及也。名迪者好學質美，當成遠器，應未有北來期。……頤啓楊君教授。三月六日。"（頁1314）從"新任""教授"可知，是年楊時赴荊州府學教授，途經南康寄書程頤。書信內容應爲問候情況，彙報新任，詢問長子楊迪赴省試情況。

十二月二十三日，到荊州。二十六日，交割，交代胡安國。

黃譜載："十二月二十三日，到荊南府。二十六日交割，交代胡安國。"（頁3401）案，胡安國，字康侯，建安人，紹聖四年（1097）進士。爲太學博士，提舉湖南學事。高宗時授給事中兼侍講，專讀《春秋》。有《春秋傳》。卒諡文定，世稱"武夷先生"。[1]胡安國時任提舉湖北路學事。《光緒重修江陵縣志》卷一七載："楊時，徽宗時任（江陵府教授）。"[2]江陵，今湖北荊州。

在荊州。十二月，有《過石首謁縣官回有作》詩。

本集卷四二《過石首謁縣官回有作》題下注"壬午十二月"（頁1051）。

徽宗崇寧二年癸未（1103），五十一歲

在荊州，任教授。有詩八首、文五篇。

在荊州。有《書義序》《論語義序》《孟子義序》，有《向和卿覽余詩見贈次韻奉酬》、《江陵令張景常萬卷堂》、《荊州書事二首》、《直舍書事》、《閑居書事》（共二首）詩。

本集卷二五《書義序》云："國家開設學校，建師儒之官，蓋將講明先王之道以善天下，非徒爲浮文以誇耀之也。以予之昏懦不肖，豈敢自謂足以

[1] 張撝之等主編《中國歷代人名大辭典》，第1697頁。
[2] 蒯正昌等修，劉長譜等纂《光緒重修江陵縣志》，《中國地方志集成·湖北府縣志輯》，江蘇古籍出版社2001年版，第31冊第26頁。

充其任哉？姑誦所聞，以行其職耳。"（頁670）由此知，是時，楊時在荊南府，初行職責，因其到任荊南府學教授在崇寧元年十二月二十三日，故此序應作於崇寧二年。

《論語義序》，黃譜未次，張譜次此序於《書義序》後，姑次之於同年。

本集卷二五《孟子義序》序末云："然聖道淵懿，非淺識所知，姑誦所聞，未知中否？諸君其擇之，反以告焉，是亦朋友之義也。"（頁673）以上三書均應爲楊時授儒學，爲教授所需，姑次於同年。

《向和卿覽余詩見贈次韻奉酬》詩，向和卿，即向子韶。據《宋史》卷四七七《向子韶傳》載，向子韶，字和卿，開封人，神宗後再從姪。年十五入太學，登元符三年（1100）進士第。特恩改承事郎，授荊南府節度判官，累官至京東轉運副使，又知淮寧府[1]。建炎二年（1128），金人犯淮寧，向子韶率諸弟守城，敗，爲金人殺。再贈通議大夫，後諡忠毅。初，金人至淮寧府，楊時聞之曰："子韶必死矣。"蓋知其素守者。[2]本集卷三五《忠毅向公墓誌銘》云："時公方冠，初未更事，而練達政體如素宦者。知荊南馬城器其才，府事多賴之。"（頁868）故詩云"知君獨負青雲器，欲使饑者名長存"（頁967）。向子韶覽楊時詩見贈，及楊時次韻奉酬，當在同時。此詩當作於崇寧間，姑依黃譜次於是年。

《江陵令張景常萬卷堂》由詩題可知，張景常爲江陵令。而楊時任荊州教授。此爲初見萬卷堂有感而作，姑次於崇寧二年。

《荊州書事二首》詩題明確，作於荊州。黃譜次此詩於崇寧二年，姑依黃譜。

《直舍書事》、《閑居書事》（虛庭幽草翠相環）、《閑居書事》（輕風拂拂撼孤樨）三詩俱爲閑居直舍所作。三詩俱稱"直舍"（自己在荊州的居所）爲幽庭，所言風景一致。黃譜將三詩合題爲《直舍閑書》，次於崇寧二年，姑依黃譜。

有《答胡康侯書》其一、其二，《送胡康侯使湖南》詩。

二書俱爲答胡安國問學書。黃譜次於崇寧二年。《楊時故里行實考》云：

---

[1] 淮寧府，北宋宣和元年（1119）升陳州置，治宛丘縣（今河南淮陽），屬京西北路。轄境相當今河南淮陽、沈丘、項城、商水、周口、西華等地。金復爲陳州。

[2] 脫脫等《宋史》，第38冊第13194頁。

"楊時與胡安國俱在荆州。《宋史》胡安國本傳云：'安國之使湖北也，時方爲府教授。……安國質疑訪道，禮之甚恭。每建謁而去，必端笏正立目送之。'由此知之，安國在荆州時，皆面謁問學，似無需書信問學，故此二書應作於胡安國離荆州到湖南之後的崇寧三年。"[1]案，此處存疑，胡安國長子胡寅《寄張相德遠》云："先父自崇寧二年任湖南路學事。"[2]姑依黄譜次二詩於崇寧二年。"建謁"，據《宋史》應爲"來謁"。

《送胡康侯使湖南》從詩題可知，此爲胡安國離荆州到湖南任提舉湖南路學事時之送別詩，故亦次於是年。

徽宗崇寧三年甲申（1104），五十二歲

在荆州，任教授。有語録。有詩十五首、文十三篇。

在荆州。春，作《渚宮觀梅寄康侯》詩。

《渚宮觀梅寄康侯》詩，既言"寄"，可知胡安國已赴湖南任，姑繫於崇寧三年。言"觀梅"，應作於春季。案，渚宮，在湖北江陵縣城内。《北窗炙輠録》卷上載："龜山作《梅花》一詩寄故人，云：'欲驅殘臘變春工，先遣梅花作選鋒。莫把疏英輕鬥雪，好藏清艷明月中。'時故人正作監司，見此詩，遂休官。"[3]

五月四日，長子迪卒。

此處依毛譜所載："（崇寧三年）五月初四日，長子迪卒。"（頁45）

秋，作《送向和卿還京》詩。

向子諲荆州任滿返京，楊時以詩相送，依黄譜次於是年。是詩開篇云"江湖多秋風，惝恍夜不眠。念子將北歸，起視明星懸"（頁952），應作於秋天。

十月十日，作《天寧節》詩。

《天寧節》詩，依黄譜次於是年。《宋史》卷一一二《禮志十五》云："徽宗以十月十日爲天寧節，定上壽儀：皇帝御垂拱殿，群臣通班起居畢，分班，

---

[1] 林海權、胡鳴編著《楊時故里行實考》，第214頁。

[2] 胡寅《斐然集》卷一八，景印文淵閣《四庫全書》，臺灣商務印書館1986年版，第1137冊第530頁。

[3] 施德操《北窗炙輠録》，《宋元筆記小説大觀》，上海古籍出版社2007年版，第3315頁。

從義郎以下醫官、待詔等先退。"[1]應作於是日。

有《送趙循道赴都講》《直舍大風書事寄循道》《荊州偶作》《留別富宣德》詩。

《送趙循道赴都講》詩有"褐來荆渚遊"（頁944）句，可知作於任荊州教授期間，姑依黃譜次於是年。

《直舍大風書事寄循道》詩，楊時稱其荊州所居爲"直舍"，此詩亦應作於任荊州教授期間，姑依黃譜次於是年。詩中有"雪意浮空迷遠目""誰念維舟江上客"（頁1017）句，當爲在趙循道啓程後懷人而作，且已至冬天。

《荊州偶作》詩題指明作於任職荊州期間，姑依黃譜次於是年。

《留別富宣德》詩，不詳年月。此詩與前文《送胡康侯使湖南》詩均有"荊山姿""驊騮"等語，所表達情感亦類似，疑作時相近，姑次於此，存疑。

有《答胡康侯書》其三、其四、其五、其六、其七。

《答胡康侯書》共十七篇。黃譜云，崇寧三年有《答胡文定問學書》。毛譜、張譜皆指其三，未云其四、其五作於何時，今連同其六、其七並考此四篇時間。考其三云："《春秋》探頤精到，恨不及見全書也。"（頁540）知胡安國正作《春秋義》。其五論《春秋》，似對其三問學之答復，故與其三同繫於崇寧三年。其四論《正蒙》，雖未及《春秋》，然從文集之次，亦繫於崇寧三年。其六論春秋正朔似承其五之作，姑亦繫於崇寧三年。其七論聖學，姑亦繫於崇寧三年。

有《答陳瑩中書》其一、其二、其三、其四、其五、其六及《請媒書》《婚書》。又有《和陳瑩中了齋自警六絶》詩。

黃譜載："《答陳瑩中示華嚴大旨》書。又有和了齋自警六詩。忠肅得答書及詩。深喜所言中其病，乃復書，稱以先生。"（頁4301）《答陳瑩中示華嚴大旨》，本集卷一九題爲《答陳瑩中書》其一，言"華嚴大旨"。《答陳瑩中書》其三言"辱示法界三門大旨"，《答陳瑩中書》其二與其四言"康節先

---

[1] 脱脱等《宋史》，第 8 冊第 2674 頁。

生之學”。《答陳瑩中書》其五云：“惡詩非敢自附於賢者之作，厚意不可虛辱，故勉强繼之，重蒙稱與過當，徒用增愧。‘先生’，有德齒之稱也，宜施於前輩，如某之不肖，徒有犬馬之齒耳，輒以見稱，何也？恐聞者以爲失言，使老拙者重爲世所訕笑。繼此幸削去，至懇。”（頁518～530）以上與黄譜所載相符，應作於是年。案，陳瓘早年追求仕進，鄙夷佛學；後官場失意，沉迷於《華嚴經》《金剛經》等佛學著作，還用佛學理論解釋《周易》，並撰《華嚴大旨》贈送楊時。《答陳瑩中書》其一，即對陳瓘贈送《華嚴大旨》後又回信討論。書中指出“君子所以施諸身，措之天下，各欲當其可而已”，“若顔淵、禹、稷不當其可，則是楊墨而已，君子不與也”。並解釋自己離開官場原因爲：“今公卿大夫比肩在上，則天下有任其責者，自惟愚鄙無所用於世，雖閉户可也。故不敢出位冒天下之責而任之，以貽身憂。”（頁519）在崇寧黨禁嚴酷之政治氛圍中，楊時因此而獨善其身。在《答陳瑩中書》其二中，楊時向陳瓘請教邵雍《易》學思想。《答陳瑩中書》其三則對陳瓘以佛解《易》表示反對，認爲“吾儒之書或恐無此意也”（頁522），並用治世亂世中的君子小人互爲消長解釋《剥》卦與《夬》卦。《答陳瑩中書》其四中，楊時繼續與陳瓘探討邵雍《易》學。《答陳瑩中書》其五中，楊時對陳瓘贊譽楊詩爲“賢者之作”表示“稱與過當，徒用增愧”，勸陳瓘莫稱其爲“先生”，致人人“訕笑”（頁530）。《答陳瑩中書》其六中，楊時認爲時人評價孟子“或過其實”“或損其真”（頁530），主張客觀評價孟子，並與詆毀孟子之人爭論。

《請媒書》，乃爲次子迥請媒書。書云：“族系單薄，自知分止於窮閻，何意仰希於高援。然以第幾男某行當弱冠，宜有室家。”書未詳請媒之時，然弘治本此書及《婚書》次於《答陳瑩中書》其五、其六之間，知在與陳瓘通書之際。考楊時諸子弱冠之年來推測爲誰請媒。長子迪生於元豐五年（1082），弱冠爲元符元年（1098），此年尚未與陳瓘通書，且通書之年已去世，三子通生於紹聖三年（1096），弱冠已遲至政和二年（1112），況與游酢之女早有婚約，此二子均不合。唯次子迥生於元豐八年，弱冠之年與楊時陳瓘通書之年接近。若陳瓘師事楊時爲崇寧三年，時楊迥十九歲，正適“宜有室家”之齡，亦與弘治本之次合。爲次子請媒之書姑繫於是年。《婚書》次於《請媒書》之後，疑承前書所作，亦繫於同年。[1]

　　《和陳瑩中了齋自警六絕》應爲一時之作，黃譜次之於崇寧三年，姑從之。

有《次韻何吉老遊金鑾寺》《和席季成遊金鑾寺》詩。

　　關於《次韻何吉老遊金鑾寺》《和席季成遊金鑾寺》二詩。金鑾寺，位於荆州，北宋著名僧人文瑩於熙寧元年（1068）以後，曾居於此。二詩應作於楊時任荆州教授時，姑次於是年。

有語録《荆州所聞》。

　　本集卷一〇語録《荆州所聞》題下注云“甲申四月至乙酉十一月”，林海權注云：“此《荆州所聞》八十九條，爲楊時之壻陳淵所録。陳淵，字知默，初名漸，字幾叟，沙縣人，忠録公陳瓘之姪，楊時之壻。有《默堂集》五十卷。徽宗崇寧元年壬午（1102），楊時赴荆州府授任，陳淵隨侍從學。崇寧五年丙戌（1106）二月楊時離荆州如京師，陳淵南歸。楊時有《送陳幾叟南歸三首》。”（頁225～226）

徽宗崇寧四年乙酉（1105），五十三歲

在荆州，任教授。其間到武昌爲考試出題。

在荆州。七月，自荆州到武昌爲考試出題，有《策問》（1—11）。

　　黃譜、毛譜均記載楊時兩次爲考試出題之事：一是崇寧四年七月武昌考試，二是大觀二年（1108）正月越州考試。毛譜云：“崇寧四年乙酉，官荆州。七月如武昌考試。”“大觀二年戊子，官餘杭。差出越州考試。”（頁45～46）黃譜云：“（崇寧四年）在荆州。七月如武昌考試。”“大觀二年戊子，公年五十六。在餘杭。正月，差出越州考試。”（頁3401～3402）古代科舉考試以政事、經義等設問，寫在簡策上，令應舉者作答，稱爲“策問”，因此，本集卷一五《策問》應作於考試期間。兩場考試，楊時共出考題十七條，林海權注云，自一至十一條有“荆江”一詞，當是陳淵幫助書策，自十二至十

---

[1] 林海權、胡鳴編著《楊時故里行實考》，第222頁。

七條，當是李郁幫助書策。（頁426）案，黃譜謂崇寧三年作《府學策問》，而載崇寧四年爲武昌考試出題，誤。

九月，自武昌還荊州。

黃譜云：崇寧四年九月，"還自武昌"（頁3401）。張譜亦如是載。

十月，徽宗贈楊時宗祠區額"篤鍾理學"。

本集附錄四《徽宗皇帝贈宗祠區額誥》云："奉天承運，皇帝奏曰：鍾靈毓秀，雖山川之氣運，亦由先世之賢良，後裔之德操。故子孫之顯榮，原於前代。爾龍圖閣直學士時，剛方立朝，理學秉心，懇請宗祠區額。朕宜欽獎，特賜'篤鍾理學'四字於堂宇，以昭盛世之隆，庶彰文明之化。欽此欽遵，詔至奉行。敕命。大宋崇寧四年乙酉十月□日之寶。"（頁1183）此誥轉引自清同治九年（1870）重修《宏農楊氏房譜》，明確所賜時間，然不知何故稱楊時"龍圖閣直學士"，存疑。據《墓誌銘》云：建炎二年，"以老疾乞出，除龍圖閣直學士，提舉杭州洞霄宮"（頁1139）。

十一月，轉宣德郎。

黃譜載楊時於崇寧元年十二月二十三日到荊州任，而崇寧四年十一月剛好滿三年任期，又謂是年十一月磨勘轉宣德郎，屬實。毛譜載：崇寧四年十一月，"磨勘轉宣德郎"（頁45）。張譜亦如是載。

徽宗崇寧五年丙戌（1106），五十四歲

在開封。補對讀官，授餘杭知縣。有語錄。有詩九首。

在荊州。二月二十一日，離荊州，赴開封。

黃譜云："二月二十一日，離荊州，如京師。"（頁3401）張譜亦如此載。

三月十四日，至開封。

黃譜云："三月十四日，至京師。"（頁3401）張譜亦如此載。

在開封。四月九日，被召見。

黃譜載："四月九日，召見。"（頁3401）張譜亦如此載。

五月七日，補對讀官。十一日，出院。

毛譜云："五年丙戌，先生五十四歲，奉敕，差充對讀官。有聲，轉授

餘杭縣知縣。"（頁45）張譜云："五月七日，敕差夏補對讀官。十一日出院。"
（頁153）

有語録《京師所聞》記四月至六月事。

　　本集卷二一語録《京師所聞》題下注"丙戌四月至六月"（頁283）。

六月十一日，授餘杭知縣，有《送陳幾叟南歸三首》詩。十七日，出開封。

　　《餘杭縣志》卷一〇九《職官表上》云："崇寧五年，楊時任（餘杭知縣）。"[1]黄譜云："六月十一日，授餘杭縣知縣。十七日，出都城。"（頁3401）

　　本集卷四二《送陳幾叟南歸三首》題下注"丙戌年"（頁1034）。其二後注："是時幾叟（陳淵）過四明見了翁（陳瓘）。"其三後注："初授餘杭。"題注已明確此三詩作於崇寧五年。是年毀黨碑，陳淵居廉州（今廣西合浦）編管，因大赦，量移彬州，故有送其南歸之作。觀其三有"霾風霪雨濕征裾，隔雨樓臺半有無"（頁1034）句，應作於夏季。

八月二日，至襄州。三日，有《登峴首阻雨四首》詩。十日，返回至荆州。

　　黄譜云："八月二日，至襄州。三日，登峴首，值雨，詩四首。初十日到荆州。"（頁3401）案，襄州，今湖北襄陽。本集卷四二《登峴首阻雨四首》題下注云："時自荆南入京。"（頁1052）楊時於崇寧五年二月二十一日離荆州，三月十四日至開封，而《登峴首阻雨四首》所記爲秋景，"羊公風績幾經秋""庭前古木已經秋"，因此，"時自荆南入京"誤。而黄譜載，楊時於八月三日"登峴首，值雨，詩四首"（頁3401），時間上與詩景較合。即楊時自荆州赴京，獲授餘杭令，再返荆州途中，登峴首山作此四首。案，峴首山，位於襄陽。

或在秋天，有《送鄭季常赴太學正》詩。

　　楊時本年《京師所聞》云"鄭季常作太學博士"（頁289），常與楊時論學。此詩既爲送鄭季常赴太學正，應爲鄭季常赴太學而楊時未在京城時，姑次於崇寧五年楊時離荆州之前。詩中有"長風戰秋林"（頁942）句，或作於秋天，存疑。

---

[1] 張吉安等修，朱文藻等纂《餘杭縣志》，《中國方志叢書》，成文出版社1970年版，第21頁。

十月，離荆州。

　　張譜云：“十月二十日，離荆州赴餘杭縣任。”（頁154）黃譜則云：“十
月二十七日離荆州。”（頁3402）此處存疑。

十一月八日，到岳州。十五日，泊金鷄驛，有《岳陽書事》詩。

　　查古地圖及驛站情況，楊時赴餘杭（今屬浙江）行程，應從荆州沿江東
下，途經岳州（今湖南岳陽），再沿運河南下達餘杭。因此，黃譜載：“十一
月初八日，到岳州。十五日，上金鷄驛安泊，有《岳陽書事》詩。”（頁3402）
應屬實。案，《廣西通志》卷二〇載：“金鷄驛，（梧州府）藤縣，舊設藤江
驛、黃丹驛、金鷄驛。”[1]

宋徽宗大觀元年丁亥（1107），五十五歲

在餘杭，任知縣。有語録。有文五篇。

三月十九日，到餘杭任，有惠政。

　　楊時到任餘杭時間不可考，姑依黃譜、張譜所載。黃譜云：“三月十九
日，到餘杭縣。”（頁3402）張譜亦載：“大觀元年丁亥，五十五歲。三月十
九日到餘杭任。”（頁154）

　　本集附録二吕本中《楊龜山先生行狀略》云：“知杭州餘杭縣，簡易不
爲煩苛，遠近悦服。蔡京方相，貴盛，母前葬餘杭，用日者之言，欲浚湖瀦
水爲形勢便利，託言欲以便民。事下餘杭縣。先生詢問父老，人人以爲不便，
即條上，其事得不行。”（頁1152）張譜云：“先生爲政簡易不爲煩苛，遠近
悦服。時蔡京當國，有母墳在餘杭，用日者之言，欲浚湖瀦水爲形勢便利，
託言欲以便民，約用工數十餘萬，下縣相度。先生詢問父老，人人以爲不便，
即條上其事以爲於公私有害無補。京計沮，乃謂人曰：‘事幾成矣，乃爲楊
令一紙文書壞了。’然以公議不可掩，不敢加害。”（頁154）

在餘杭。李郁録《餘杭所聞一》記三月事。

　　本集卷一一語録《餘杭所聞一》題下注云“徽宗大觀元年丁亥三月，二

---

[1] 金鉷等監修《廣西通志》，景印文淵閣《四庫全書》，臺灣商務印書館1986年版，第565册第551頁。

十二条”，林海權注云：“此部分亦爲李郁所録。”（頁299～300）

七月五日，五子造生。

此處依毛譜：大觀元年，“七月初五日酉時，五子造生”（頁45）。

八月二十六日，有《跋橫渠先生書及康節先生人貴有精神詩》。

本集卷二六《跋橫渠先生書及康節先生人貴有精神詩》云：“橫渠之學，其源出於程氏，而關中諸生尊其書，欲自爲一家，故余録此簡以示學者，使知橫渠雖細務必資於二程，則其他故可知已。《人貴有精神詩》，康節作並書。康節書云：‘大筆快意。’余在洛中，得其遺稿讀之，皆大字，與此詩類，信乎其以‘大筆快意’也。明道亦嘗和其詩云：‘客求墨妙多攜卷。’蓋康節以書自喜，而士大夫多藏之以爲勝。其字畫端麗勁正，亦可觀德也。橫渠先生字子厚，橫渠人。康節諱雍，字堯夫，康節乃朝廷追贈先生號也。大觀元年八月己卯，餘杭東齋書。”（頁692～693）

十二月，有《陳居士傳》《田曹吳公文集序》《鄒堯叟墓誌銘》《吳國華墓誌銘》。

本集卷二七《陳居士傳》云：“陳選，南劍州將樂人，世以豪貲爲鄉閭大姓。”（頁724）後附陳瓘跋文云：“中立先生所撰陳居士傳，予兄孫漸得其本，自餘杭來四明，出以示予。……予與居士同鄉，而以不得見之爲恨。爲寫此傳以畀其子孫，使刻而藏之，以成先生論述之志。大觀二年十一月二十二日，沙縣陳瓘書。”（頁725）觀此可知《陳居士傳》作於大觀二年之前，姑依黃譜次於大觀元年十二月。

本集卷二六《田曹吳公文集序》云：“吾郡審律先生集録其先君遺文數百篇，以書屬予爲序。……公姓吳，諱輔，字鼎臣。”（頁685）《楊時故里行實考》云：“《田曹吳公文集序》云：‘去年以遺逸被召，相君説之，除大成府審驗音律。’時崇寧五年。故知之此序作於大觀元年。”[1]案，吳輔即吳儀（字國華）之父。依黃譜次於十二月。

案，本集卷三〇《張氏墓誌銘》：“元祐戊辰六月二十四日以疾終於家。越明年正月二十日葬於洪源之南。……曰安持……乃其次子也。”（頁774）

---

[1] 林海權、胡鳴編著《楊時故里行實考》，第219頁。

楊安持因母張氏"而其没也，不克銘以葬，使閨門隱行湮滅而無聞，將元以昭示後世子孫，用是爲大懼"（頁773），遂請楊時作銘。前文已考此銘作於元祐四年（1089），黄譜次於今年十二月，誤。

本集卷三〇《鄒堯叟墓誌銘》題下注"大觀元年十二月"，該銘云："元祐四年二月十八日以疾卒於官舍之正寢，享年五十有八。……大觀元年十二月十五日始克葬於常州宜興縣善奉鄉横山村黄宗塢之原。……故敘而銘之。"（頁780）案，鄒堯叟，即鄒夒。

本集卷三〇《吳國華墓誌銘）》題下注"大觀元年"，該銘云："大觀元年某月某日以疾卒於家，享年若干。某月某日葬於某所。……故爲銘詩以慰諸幽。"（頁782）亦次於此。

是年，有羅從彦録《餘杭所聞二》，陳淵録《餘杭所聞三》。

關於本集卷一二《餘杭所聞二》，林海權注云："此卷《羅從彦行實》説是羅從彦所記，但《豫章先生文集》有按語，曰：'《沙陽志》：先生（按，指羅從彦）所輯，有《楊文靖公語録》一卷。今考之《龜山語録》，凡四卷，未知所録何卷。《行實》云："第三卷先生所録。"然卷中所明，每稱"仲素"，疑書於他人之筆，或者但見此卷記先生所問爲多，遂以爲先生所録。又第四卷《毗陵所聞》注云："辛卯（1111年）七月自沙縣來，至十月去。"《蕭山所聞》注云："壬辰（1112年）五月又自沙縣來，至八月去。"或疑此卷先生所録。然先生受學龜山，在政和二年壬辰，則辛卯所聞亦非先生筆意者。陳默堂所録亦未可知。……姑存其概於此，似俟知者。'（《四庫全書·集部·別集類》）清毛念恃撰《羅豫章先生年譜》譜文前，收有前人所編的《豫章羅先生事實》，文曰：'及歸，於是盡心力以事龜山，摳衣侍席二十餘年，盡得不傳之秘，爲編《龜山語録》三卷。'此'三卷'與《豫章先生文集》中按語所説的'一卷'不合，但卻與《毗陵所聞》《蕭山所聞》及本卷的《餘杭所聞》正好相符。由此可見，羅從彦初見楊時並非如黄譜所記的是徽宗政和二年壬辰（1112）楊時任蕭山知縣那年，而是更早。本卷《餘杭所聞》有數條'語仲素''仲素問'就是明證。"（頁317）

關於本集卷一三《餘杭所聞三》，林海權注云："本部分第二十七條'季常駭之'下有'淵因語'三字，'淵'是陳淵自稱名，可知此《餘杭所聞》

二十七條，系楊時壻陳淵所録。"（頁361）因楊時在餘杭任兩年，即大觀元年至二年，且大觀二年出越州（今浙江紹興），遷應天府，赴杭州，姑繫《餘杭所聞二》《餘杭所聞三》於大觀元年，存疑。

問兩浙路提學鄭季常治《詩》事。

《北窗炙輠録》卷上載："龜山爲餘杭宰，鄭季常本路提學。季常特迂路見龜山，執禮甚恭，龜山辭讓，久之，察其意，果出於至誠。即問之曰：'提學治《詩》否？'曰：'然。'龜山曰：'提學治《詩》雖聲滿四海，然只恐未曾治。'季常曰：'何以教之？'龜山曰：'孔子云：誦《詩》三百篇，倘授之以政，果能達歟？使於四方，果能專對歟？倘能了此事則可，不然，是原不曾治《詩》也。'季常不能對。"[1]此事爲楊時宰餘杭間，姑繫於是年。

徽宗大觀二年戊子（1108），五十六歲

在餘杭。遷宗子博士。有文一篇。

在餘杭。正月，自餘杭到越州爲考試出題，作《策問》（12—17）。

黃譜云："在餘杭。正月，差出越州考試。二月二十五日離越州，二十六日到縣。"（頁3402）前文已考述，《策問》十二至十七條作於越州考試間，當是李郁幫助書策。案，越州，今浙江紹興。

三月，以八寶恩轉奉議郎。

此處依毛譜："三月，以八寶恩轉爲奉議郎。"（頁46）

九月二十八日，遷應天府敦宗院宗子博士。

此處依黃譜："九月二十八日，准敕遷南京敦宗院宗子博士。"（頁3402）案，南京，即應天府，今河南商丘。

十月一日，交割縣事。十二月，赴宗子博士任。

黃譜云："十月一日交割縣事，十二月十四日赴宗博任。"（頁3402）張譜："十月一日交割縣事，十二月十二日赴宗博任。"（頁155）兩處記録相異，存疑。

---

[1] 施德操《北窗炙輠録》，《宋元筆記小説大觀》，第3303頁。

是年，作《吳子正墓誌銘》。

本集卷三〇《吳子正墓誌銘》云：“遂以疾卒於京師，大觀元年某月某日也。享年五十三。……君既没之明年，其孤奉君之柩歸，將以某年某月某日葬君於某所，道過錢塘，以尚書户部黄公之狀來乞銘，曰：‘先君之友，惟公爲最厚，宜得銘以葬。’予雖不能銘，義不得辭。乃論次其平生歷官行治之大節而銘之。”（頁786）可知吳子正卒於大觀元年，二年其子以尚書户部黄公之狀來乞銘，遂作銘。

徽宗大觀三年己丑（1109），五十七歲

在應天府，任宗子博士。有語録。有詩一首、文二篇。

正月十二日，江行赴任。

此處依黄譜：“正月十二日，公江行。”（頁3402）張譜亦如是載。

三月二十七日，到應天府。二十九日，交割。

此處依黄譜：“三月二十七日到南京，二十九日交割。”（頁3402）張譜亦如是載。

在應天府。四月六日，講《書》。

此處依黄譜：“四月六日，講《書》。”（頁3402）張譜亦如是載。

六月十三日，妻余氏卒於廨舍。

《墓誌銘》云：“娶余氏，贈碩人，先卒。”（頁1139）黄譜則具體記載去世時間：“六月十三日，夫人余氏卒於廨舍。”（頁3402）姑依黄譜次之。

四月至七月間，羅從彦録有《南都所聞》。

本集卷一三語録《南都所聞》題下注云：“己丑四月自京都回至七月。”林海權注云：“此十四條係羅從彦所作。南都，在河南商丘。”（頁378）題下注即指羅從彦行迹。

有《病中作》詩，有《答陳瑩中書》其七、其八。

此處依黄譜：六月十三日，夫人余氏卒於廨舍。“先是公亦大病。有《病中作》詩，《答陳忠肅公稱先生》二書，又有答論邵康節《先天圖》《易》學

等書。"（頁3402）本集卷一九《答陳瑩中書》其七中，楊時再勸陳瓘莫以師禮事之，認爲唯孔孟"足以師世範俗"，韓愈欲以師道自居，"其視李翶、張籍輩，皆謂'從吾遊'"，而李翶、張籍"未嘗以弟子自列"，韓愈尚且如此，況乎自己！（頁531）

　　陳瓘《答楊中立游定夫書》與楊時、游酢討論先天圖："康節云：'先天圖，心法也。圖雖無文，吾終日言，未嘗離乎是。'……又或謂文正公疑先天之學，此豈足以語二公弛張之意乎？二公不可得而見矣，瓘徒見其書，而欲闚其心，然乎否耶？當先覺之任者，願賜一言，庶幾終可以無大過也。"[1]案，陳瓘與楊時問答書僅存《答楊中立游定夫書》，是書應作於《答陳瑩中書》其八同期，開篇即提邵雍先天圖，而《答陳瑩中書》其八即專門與陳瓘討論邵雍先天圖之書。

　　《邵氏聞見後錄》卷五載："程伊川《易傳》得失未議，示不過辭也。故爲鄙近，然亦辭也。在康節時，於先天之《易》，非不問不語之也，後伊川之人數爲妄。予舊因陳瑩中《報楊中立游定夫書》，辨其略矣，並列之下方，以遺知言之君子。陳瑩中《答楊中立游定夫書》：'康節云："先天圖，心法也。"圖雖無文，吾終日言，未嘗離乎是。故其詩曰："身在天地後，心在天地先。天地自我出，自餘惡足言。"……'"[2]

徽宗大觀四年庚寅（1110），五十八歲

在應天府。授蕭山知縣。有詩一首、文一篇。

在應天府。三月，轉承議郎。十九日，得朝旨罷宗子博士。

　　此處依年譜所載。黃譜云："在南都。三月十九日，朝旨罷敦宗院。"（頁3403）張譜云：大觀四年，"先生五十八歲。官南京敦宗院。三月磨勘朝旨轉承議郎"（頁46）。

有《陳君玉墓誌銘》。

　　本集卷三一《陳君玉墓誌銘》題下注："大觀四年。"該銘云："大觀三

[1] 曾棗莊、劉琳主編《全宋文》卷二七八四，第129冊第110～101頁。
[2] 邵博《邵氏聞見後錄》，《宋元筆記小說大觀》，上海古籍出版社2007年版，第1873頁。

年歲在己丑二月乙酉，居士陳君卒。越明年，其嗣孤經德不遠數千里狀其行，走僕來睢陽，乞銘於予。予雖未嘗知君也，而與其二子遊，厚善。今不遠數千里來請銘，義何可辭？乃爲之志。"（頁788）案，睢陽爲應天府屬縣，既謂"走僕來睢陽"求銘，此銘應作於任宗子博士時。

四月五日，往開封，六月至。有《次韻晁以道》詩。

本集卷四一《次韻晁以道》詩題下注："庚寅年出京。"（頁1019）按黃譜所云，此處"京"指南京應天府。黃譜云："四月五日，如京師。六月，至京。十二月一日，授越州蕭山知縣。"（頁3403）張譜云："四月，授越州蕭山縣知縣。"（頁46）清佚名《楊龜山先生年譜》亦云："四月，授越州蕭山縣知縣。"[1]毛譜亦如此載。授蕭山知縣爲四月亦或爲十二月，各譜所記不同，無法確證。此處存疑。《康熙蕭山縣志》卷一六《職官志》載："楊時，熙寧九年任（知縣），有傳。"[2]誤。熙寧九年（1076）楊時登進士第，非授蕭山知縣。《康熙蕭山縣志》卷一八《人物志》云："（楊時）政和二年爲邑令。"[3]爲赴任時間。

在開封。十二月一日，授越州蕭山知縣。

此處存疑。黃譜云："十二月一日，授越州蕭山知縣。"（頁3403）清佚名《楊龜山先生年譜》言："四月，授越州蕭山縣知縣。"[4]

宋徽宗政和元年辛卯（1111），五十九歲

自開封至毗陵。有語録。有詩二首、文九篇。

在開封。正月二十三日，出京。有《題蕭欲仁大學篇後》。

黃譜云："正月二十三，公出京師。……是年正月，有《題蕭欲仁大學篇後》。"（頁3403）案，毛譜將此文繫於政和四年，存疑，姑依黃譜。

---

[1] 佚名《楊龜山先生年譜》，《北京圖書館藏珍本年譜叢刊》，第20冊第707～708頁。

[2] 劉儼修、張遠纂《康熙蕭山縣志》，《中國地方志集成·浙江府縣志輯》，第11冊第139頁。

[3] 劉儼修、張遠纂《康熙蕭山縣志》，《中國地方志集成·浙江府縣志輯》，第11冊第173頁。

[4] 佚名《楊龜山先生年譜》，《北京圖書館藏珍本年譜叢刊》，第20冊第708頁。

二月三日，到應天府，見劉安世。四日，劉安世見訪。八日，赴劉安世飯。九日，作別。

> 此處依黃譜："二月三日，到南都，見劉器之。四日器之見訪。八日赴器之飯。九日別器之。"（頁3403）案，劉安世（1048—1125），字器之，號元城、讀易老人，魏州元城（今河北大名）人。北宋後期大臣。熙寧六年（1073）登進士第，不就選。從學於司馬光。後因司馬光、呂公著舉薦，升任右正言。累官左諫議大夫，進樞密都承旨。以直諫聞名，時人稱之爲"殿上虎"。章惇掌權時，貶至英州（今廣東英德）、梅州（今屬廣東）安置。宋徽宗時獲赦，歷知衡州（今湖南衡陽）、鼎州（今湖南常德）、鄆州（今山東鄆城）及真定府（今河北石家莊）。蔡京爲相後，連謫至峽州（今湖北宜昌）羈管。宣和七年卒，年七十八，諡"忠定"。[1]

三月四日，至毗陵，寓居龜窠巷。六日，謁鄒浩問時事。

> 此處依黃譜："三月四日到常州，寓居龜窠巷。六日早謁鄒侍郎，諱至完，時已病。公至臥內見之，猶問時事如何。"（頁3403）案，宋稱常州爲毗陵。《道鄉先生年譜》云："公（鄒浩）自嶺表還，瘴疾歲作，是年春，大病，遂不起。三月六日，楊龜山先生來省疾。"[2]

有語錄《毗陵所聞》記七月至十月事。

> 本集卷一三有語錄《毗陵所聞》題下注云："徽宗政和元年辛卯（1111）七月十一日自沙縣來至十月去，十條。"文後林海權注云："此十條係羅從彥所錄。"（頁388~389）

九月三日，有《答李杭書》。又有《答吳敦智書》《與劉器之書》。

> 本集卷一八《答李杭書》首云"良佐足下：某愚，不知力學"，知爲答李杭問力學書，楊時從"今人與古人之學異"（頁493~494）切入，答以舜、跖之分，導之以聖人之學，此論成爲以後辨王氏之學爲力學而非聖學之依據。此文未詳作於何時，姑依黃譜次於是年九月三日。

> 本集卷一八《答吳敦智書》云："所示問，其旨已具李君書，此不復言，

---

[1] 脱脱等《宋史》卷三四五《劉安世傳》，第31冊第10951~10955頁。

[2] 李兆洛編，張尚英校點《道鄉先生年譜》，吳洪澤、尹波主編《宋人年譜叢刊》，四川大學出版社2002年版，第6冊第3568頁。

取而觀之可也。幸照亮！"（頁496）李君，即李杭。是書亦以舜、跖之分答
之，知所示問，亦"力學"也，"此不復言"，勸其向李杭"取而觀之"。因
此，是書作於《答李杭書》稍後，故次之同年。

《與劉器之書》爲是年二月別劉安世後致書，姑從張譜次於同年。

十二月，作《鄒公挽辭二首》詩，《復古編後序》《祭鄒侍郎》《李子約墓誌銘》。

本集卷二五《復古編後序》云："吳興有謙中用意茲學，著《復古篇》
三十餘年矣，而其書始成。……政和之初，余居毗陵，謙中以其書示余，求
文以爲序。"（頁668）其後注云："張有，字謙中，宋浙江吳興人。張先孫。
出家爲道士。隱於黃冠，雅善篆書，書法甚古。有《復古篇》，分上、下卷，
書成於宋大觀、政和之間。"（頁668）從"政和之初，余居毗陵"觀之，姑
依黃譜次於是年十二月。

本集卷二八《祭鄒侍郎》云："頃來視公，公疾已困。匪疾之憂，國事
是問。"（頁744）《道鄉先生年譜》云："公（鄒浩）自嶺表還，瘴疾歲作，
是年春，大病，遂不起。三月六日，楊龜山先生來省疾，九日，公卒於正寢。"[1]
因此，此祭文與本集卷四〇《鄒公挽辭二首》詩均應作於是年三月鄒浩卒後
不久。姑依黃譜次於是年十二月，存疑。

本集卷三一《李子約墓誌銘》云："公諱撰，字子約，姓李氏，本唐諸
王苗裔。……用年勞，轉朝奉大夫，加驍騎尉。……生子男六人：彌性、彌
倫、彌大、彌遜、彌中、彌正。……其孤將以政和元年二月二十四日葬公於
橫山祖塋之西，狀公之行與其族系、世次來請銘。"（頁790～795）可知，此
銘作於政和元年，姑依黃譜次於是年十二月。

有《書李從政墓誌》《跋了翁祭鄒南夫文》。

本集卷二六《書李從政墓誌》云："政和之初，予待次毗陵，公之子殊以
公志銘示予，讀之蹙然。追念平昔，悼斯人之不復見也，惜其遺事可傳於後，
又皆予所親見者，故序次之，以補志文之闕。"（頁713～714）可推知作於是年。

關於《跋了翁祭鄒南夫文》，許景衡《橫塘集》卷二〇《鄒南夫墓誌》
云："君諱孝先，字希舜，平陽人也。……以六月戊午終於家，享年五十

[1] 李兆洛編，張尚英校點《道鄉先生年譜》，吳洪澤、尹波主編《宋人年譜叢刊》，第6冊第3568頁。

二。"[1]以此推知，此跋在其後，姑次之是年。

建東林書院，前後於此講學達十八年。

　　龜山公祠網站《"吾道南矣"與楊時》云："楊時並於公元 1111 年在無
錫創建東林書院，在此講學前後十八載，弟子千餘人，桃李滿天下，人稱'南
渡洛學大宗'。"[2]案，無錫，宋時屬毗陵。

徽宗政和二年壬辰（1112），六十歲

在蕭山，任知縣。有語録。有文一篇。

四月，赴蕭山知縣任。勸民浚治湘湖，是歲大熟，邑民爲其立祠。

　　《民國蕭山縣志稿》卷一二上《官師表》云："楊時，將樂人，政和二年
任（知縣）。"[3]赴蕭山任時間，年相同未明確月份，姑依黄譜次於是年四月。
本集附録二吕本中《楊龜山先生行狀略》云："蕭山之民聞先生名，不治自
化，人人圖畫先生形像，就家祀焉。（頁 1153）

　　《康熙蕭山縣志》卷一八《人物志》云："（楊時）字中立，福建將樂縣
人。……政和二年爲邑令，經理庶務，權决如流。以邑民歲苦旱，開築湘湖，
灌溉九鄉。至今民頓其利。四方之士不遠千里來從學，號曰'龜山先生'。"[4]
吕本中《行狀》云："後歷知瀏陽、餘杭、蕭山三縣，皆有惠政。民思不忘，
俱爲祠以祀焉。"（頁 1149）毛譜云："四月，赴蕭山任。先生爲政，以親民
爲大務，不事煩苛，臨事剸裁未嘗見於顏色。邑有湘湖，久湮塞，先生出金
勸民浚治，溉田數千頃。先是，連年苦旱。是歲大熟，邑民感德，爲先生立
楊長官祠。"（頁 47）

有語録《蕭山所聞》記五月至八月事。

　　《蕭山所聞》題下注云："徽宗政和二年壬辰（1112）五月，又自沙縣來，
至八月去。"文後注云："此部分十五條，係羅從彦所録。"（頁 393～394）

---

[1] 許景衡《橫塘集》，景印文淵閣《四庫全書》，臺灣商務印書館 1986 年版，第 1127 冊第 347 頁。

[2] 龜山公祠網，訪問時間：2020 年 7 月 26 日。

[3] 張宗海等《民國蕭山縣志稿》，《中國地方志集成·浙江府縣志輯》，第 11 冊第 875 頁。

[4] 劉儼修，張遠纂《康熙蕭山縣志》，《中國地方志集成·浙江府縣志輯》，第 11 冊第 173 頁。

在蕭山。七月，有《跋司馬溫公與明道先生帖》。

《跋司馬溫公與明道先生帖》乃司馬光議張載之謚，是承程顥之問而奉對之作。楊時深喜其文，故作跋記其事而藏之。然未知作於何時何地。姑依黃譜次於是年七月。

羅從彥徒步來學。

關於羅從彥此次從遊之事，黃譜云："自公得伊洛之學，歸倡東南，從遊之士肩摩袂屬。晚得羅仲素，遂語以心傳之秘，於是公之正學益顯於世矣。"（頁3403）毛譜云："同郡羅從彥，字仲素。聞先生得河南程氏之傳，慨然慕之。遂徒步往從學焉。先生即語以心法之秘，熟察之，乃喜曰：'惟從彥可與言道。'於是日益以親。時弟子千餘人，無及從彥。初見三日，驚汗浹背，曰：'不至是，幾虛過一生。'自是，四方尊重，先之道學日彰。"（頁47～48）

《豫章文集》卷首《年譜》載：政和二年壬辰，"先生四十一歲，始受學於龜山楊先生之門"[1]。案，"始受學於龜山楊先生之門"，誤。羅從彥始受業於楊時之時間，詳見本譜建中靖國元年辛巳（1101）所考。本集附錄六《歷代名人論楊時·羅從彥》林海權校記亦可參。

徽宗政和三年癸巳（1113），六十一歲

在蕭山，知縣任滿。

楊時大觀四年（1110）任蕭山知縣，至政和三年剛好三年期滿。因此，是年冬，應已任滿。

徽宗政和四年甲午（1114），六十二歲

在開封，又還毗陵，奉祠閑居。有著述一種。有文三篇。

离蕭山赴開封。四月，轉朝奉郎。

楊時任滿，黃譜謂是年"四月，磨勘轉朝奉郎"（頁3403），應屬實。

[1] 羅從彥撰，曹道振編《豫章文集》，景印文淵閣《四庫全書》，臺灣商務印書館1986年版，第1135冊第644頁。

在開封。六月，差提點均州明道觀。

《墓誌銘》云："知越州蕭山縣，提點均州明道觀。"（頁1135）案，均州，今湖北丹江口。本集卷二三《中庸義序》云："政和四年夏六月，予得請祠館，退居餘杭，杜門卻掃，因得溫尋舊學，悼斯文之將墜，於是追述先生之遺訓，著爲此書。"（頁674）此處可知，是年六月，提點均州明道觀，其後楊時寓居餘杭。

八月，自開封還餘杭。著《中庸解義》。

楊時提點均州明道觀後，自開封還餘杭，至餘杭應在一兩月後，姑依黃譜繫於是年八月。案，《中庸解義》，本集題爲《中庸集注》。

十一月六日，由餘杭徙居毗陵，過吳江，有《跋賀方回鑑湖集》。

本集卷二六《跋賀方回鑑湖集》云："元豐末年，予始筮仕，與方回俱在彭城爲同僚友，自彭城一別，聲迹不相聞，蓋三十年餘矣。政和甲午秋八月，予還自京師，過平江，謁方回，披腹道舊，相視憫然，如昨夢耳。方回之詩，予見之舊矣。復出《鑑湖集》示予。……是年冬十有一月癸未，自餘杭徙居毗陵，道過吳江，舟中書。"（頁697）可知該文作於政和四年十一月。案，賀鑄（1052—1125），字方回，號慶湖遺老，衛州（今河南衛輝）人。曾任泗州（今江蘇盱眙）、太平州（今安徽當塗）通判，晚年退居蘇州（今屬江蘇）。有《賀方回詞》《慶湖遺集》。在彭城時與楊時是同僚，有《寄墨代書贈楊時詩》，題下注："楊字中立，彭城僚友也，爲南康刑獄掾。庚午十二月金陵偶便，因以詩墨寄之。"[1]

十二月，在毗陵。作《中庸義序》，校正《伊川易傳》。

楊時作《中庸義序》時間在八月作《中庸解義》之後不久，姑依黃譜繫於是年十二月，在毗陵時。

本集卷二五《校正伊川易傳後序》云："政和之初，余友謝顯道得其書於京師，示予，而錯亂重複，幾不可讀。東歸，待次毗陵，乃始校定，去其重複，逾年而始完。"（頁675）考楊時於政和四年十一月由餘杭東歸毗陵，故楊時校正《伊川易傳》在政和四年，作《校正伊川易傳後序》在政和五年。

---

[1] 北京大學古文獻研究所編《全宋詩》，第19冊第12502頁。

案，謝良佐，字顯道，壽春上蔡（今屬河南）人，程頤弟子。神宗元豐八年進士，歷任州縣，曾宰德安之應城。建中靖國初，召對，徽宗有意用之，退而曰："上意不誠。"乃求監局，得西京竹木場。或謂建中年號與唐德宗同，不佳，乃曰："恐亦不免一番遷！"坐語下獄，廢爲民。先生記問該贍，稱引前史，至不差一字。有《論語説》行世。[1]

是年，有《問鄒侍郎》。

《問鄒侍郎》，本集未載，姑依毛譜次於是年。存疑。

案，毛譜云"又有《答論邵康節論先天圖》《易學》"，與黃譜相異。查本集卷一九《答陳瑩中書》其八有答先天圖之内容。而黃譜已將其繫於大觀三年（1109）。

徽宗政和五年乙未（1115），六十三歲

在毗陵，奉祠閑居。有文五篇。

在毗陵。三月八日，孫雲或生曾孫。自毗陵單騎還鄉。

本集卷二四《含雲寺真祠遺像記》云："政和乙未，予適自毗陵歸故丘，其徒惟覺詣予，求文爲記。"（頁656）此處可知，是年，楊時曾返鄉，究其因，蓋如毛譜所謂"三月初八，孫雲生曾孫禮"（頁49）。案，"曾孫禮"誤，楊禮應爲楊時玄孫，而楊時六十三歲不大可能已有玄孫，此處或指孫雲生曾孫但不詳何人。黃譜亦云"自毗陵單騎還鄉"（頁3404），姑依毛譜繫於是年三月。

在將樂。作《資聖院記》。

本集卷二三《資聖院記》講述楊時自毗陵還鄉觀資聖院情形："上漏旁穿，風雨弗庇。崇寧四年，始命僧永璘尸之，用日者之言復其故址。既成，不遠千里以書求文爲記。政和乙未，予還自毗陵。居數日，過其門而寢廡殿宇皆完潔，無一不可喜者。"（頁657~658）文中有"政和乙未，予還自毗陵"，可知作於是年。"乾祐三年始以資聖名之，迄今百六十有六年矣。"乾祐三年（950）距政和五年剛好"百六十有六年"，亦可證。

---

[1] 黃宗羲原著，全祖望補修，陳金生、梁運華點校《宋元學案》卷二四，第2冊第916~917頁。

八月，作《白雲庵記》《含雲寺真祠遺像記》。

本集卷二四《白雲庵記》云："廖君無隅一日過余而告曰：'先君得吉卜於孔山之陽，即其兆域之隅，結屋數楹……'"（頁655）《大清一統志》卷三三○載："白雲庵，在將樂縣東孔子山之陽，宋建，楊時有記。"[1]因此，此詩作於將樂，姑依黃譜次於是年八月。

本集卷二四《含雲寺真祠遺像記》云："政和乙未，予適自毗陵歸故丘，其徒惟覺詣予求文爲記。……今其已矣，過其廬，升其堂，蕭然無復有斯人也，愴然興歎者久之，乃爲之書。"（頁656）可知作於是年，又依黃譜繫於是年八月。案，《福建通志》卷六三載："含雲寺，在（將樂）縣西，四山環峙，雲氣瀿蔚。宋建中靖國間建，明洪武十七年重建。"[2]

十一月，復還毗陵。十二月，作《許德占墓誌銘》。

本集卷三一《許德占墓誌銘》云："政和五年春二月戊辰，居士許君卒。越三月癸酉，葬於晉陵萬安西鄉之原，與其先夫人同域。是時予方歸省松楸，其子知微不遠數千里以書來請銘。歲十一月，予至自延平，知微復踵門而告曰：'先君潛德隱行，足以貽範後昆。諸孤奉承，罔敢失墜。惟是幽堂之銘，所以撰德紀善，發揚幽光，而無詞以刻，大懼泯沒無稱，以爲親羞，重諸孤之罪，敢以是請。'予來居毗陵久，竊謂君一鄉必有一鄉之善士，訪求之，得君之行治爲詳，又與其子知微游，其何可辭？"（頁797）可推知兩點：其一，是年十一月，楊時歸自延平（即南平古稱，南劍州州治在今福建南平，如《跋蔡襄自書詩帖》自云"延平楊時書"），而許德占是晉陵（即毗陵）人，因此，十一月，楊時從將樂返毗陵。其二，楊時返毗陵後作《許德占墓誌銘》，該銘作於政和五年十一月後，姑依黃譜次於是年十二月。

是年，有《校正伊川易傳後序》。

本集卷二五《校正伊川易傳後序》云："政和之初，余友謝顯道得其書於京師，示予，而錯亂重複，幾不可讀。東歸，待次毗陵，乃始校定，去其重複，逾年而始完。"（頁675）考楊時於政和四年十一月由餘杭東歸毗陵，故楊時校正《伊川易傳》在政和四年，作《校正伊川易傳後序》在政和五年。

---

[1] 和珅等《大清一統志》，景印文淵閣《四庫全書》，第481冊第642頁。

[2] 謝道承等《福建通志》，景印文淵閣《四庫全書》，第530冊第257頁。

徽宗政和六年丙申（1116），六十四歲

在毗陵，奉祠閑居。有文六篇。

在毗陵。二月，作《答吕居仁書》（共四篇）、《孫先生春秋傳序》。

　　本集卷二一《答吕居仁書》共四篇。考其四所云"廣伯索《春秋序》"
（頁577），《春秋傳》乃孫廣伯之祖、高郵中丞孫覺所著。又見本集卷二五《孫
先生春秋序》云："其孫廣伯，乃以其書屬余爲序。""然承命以來，於茲有
年矣，而不敢措筆於其間。""而廣伯之請益至，乃勉爲之書其後。"（頁677）
由此知之，《答吕居仁書》諸篇作於囑序之後、成序之前。又，其三云："承
問'格物'，向答李君書嘗道其略矣。"（頁576）此李君，即李杭。本集卷一
八《答李杭》云："然而爲是道者，必先乎明善，然後知所以善也。明善在
致知，致知在格物。"（頁494）此即"道其略矣"。《答李杭書》作於政和元
年（1111），《答吕居仁書》及《孫先生春秋傳序》承其後，姑依黄譜次於政
和六年二月。案，吕居仁，即吕本中，壽州（今安徽壽縣）人，吕好問子，
字居仁，號東萊，以蔭補承務郎，遷中書舍人兼侍講、權直學士院；工詩，
有《東萊先生詩集》《紫薇詩話》，其詩得黄庭堅、陳師道句法。曾向楊時問
學。[1] 孫覺，高郵（今屬江蘇）人，字莘老。少從胡瑗學。仁宗皇祐元年（1049）
進士。神宗即位，歷右正言。熙寧中，因反對青苗法，謫知廣德軍。哲宗立，
拜御史中丞。有《春秋經解》等。[2]

四月，作《跋蔡襄自書詩帖》。

　　本集附録八《跋蔡襄自書詩帖》云："端明蔡公詩稿，云此一篇極有古
人風格者，歐陽文忠公所題也。二公齊名一時，其文章皆足以垂世傳後，端
明又以翰墨擅天下，片言寸簡落筆，人争藏之以爲寶玩，況盈軸之多，而兼
有二公之手澤乎？覽之彌日，不能釋手，因書於其後。政和丙申夏四月癸未，
延平楊時書。"（頁1330）

---

[1] 張撝之等主編《中國歷代人名大辭典》，第574頁。
[2] 張撝之等主編《中國歷代人名大辭典》，第772頁。

徽宗政和七年丁酉（1117），六十五歲

在毗陵，奉祠閑居。有文二篇。

在毗陵，提舉明道觀。二月，除提點成都府國寧觀。

黄譜云："二月，除提點成都府國寧觀。"（頁3404）毛譜云：政和七年，"先生六十五歲。任明道觀。寓毗陵，改除提點成都府國寧觀"（頁49）。

作《跋鄒道鄉所書女誡》《張牧之子名》。

《楊時故里行實考》云："《跋鄒道鄉所書女誡》，從跋云'牧之間出道鄉所書《女誡》示予'，知鄒道鄉所書《女誡》爲張牧之所藏。張牧之與鄒道鄉同郡，爲毗陵望族。從《楊時集》卷二十七《張牧之子名》亦可知其世居毗陵，故此跋乃楊時寓居毗陵所作，黄譜云作於政和七年，姑次之。《張牧之子名》，此文爲'牧之得子而求名於予'而作。顯爲寓居毗陵間之作。張牧之與鄒浩交厚，而鄒浩又師事於楊時，故楊時寓居毗陵之際，張牧之與楊時間有往來。疑此文與《跋鄒道鄉所書女誡》爲同期之作，姑次於丁酉。"[1]

羅從彦來學。

《豫章文集》卷首《年譜》載：政和七年，"先生四十六歲，見楊先生於毗陵。案，先生《春秋指歸序》：政和歲在丁酉，余從龜山先生於毗陵授學，經年盡衰得其書以歸，惟《春秋傳》未之蔑覯也"[2]。

徽宗政和八年、宋徽宗重和元年戊戌（1118），六十六歲

在毗陵，奉祠閑居。有文一篇。

在毗陵，提點國寧觀。作《養浩堂記》。

本集卷二四《養浩堂記》云："吾友翁行簡昔嘗燕休其中，而以'養浩'名其所居之堂，屬予爲記。"（頁659）據本集卷三三《翁行簡墓誌銘》云：

---

[1] 林海權、胡鳴編著《楊時故里行實考》，第229～230頁。

[2] 羅從彦撰，曹道振編《豫章文集》，景印文淵閣《四庫全書》，第1135冊第644頁。

翁彥約，字行簡，其先京兆人。六世祖徙建州之崇安白水鄉。政和三年擢進士第，調汝州龍興（今河南寶豐）尉，改常州司刑曹事。政和七年，改宣教郎，除太常博士。又除提舉河北西路事，再除權發遣黄州（今湖北黄岡），轉承議郎。宣和四年（1122）夏，之官黄州，道改高郵軍。八月卒，享年六十二。有文集十卷。（頁819～821）翁彥約小楊時八歲，職事常州之次年，楊時亦徙居毗陵。從該記文云行簡"晚而後中第"知，翁彥約屬楊時作此記，應於政和四年至宣和四年間，姑依黄譜次之是年。

六月，轉朝散郎。

黄譜云："六月，磨勘轉朝散郎。"（頁49）毛譜亦如是載。

徽宗重和二年、宋徽宗宣和元年己亥（1119），六十七歲

在毗陵，奉祠閑居。有文一篇。

十月，作《楊氏墓誌銘》。

本集卷三一《楊氏墓誌銘》云："夫人楊氏，將樂人也。祖諱思，父諱苗，世爲田家。……宣和元年六月十七日以疾終於正寢，享年八十有九。子男二人：長曰渤，次曰濤。女二人：長適進士黄寧，與長子皆先夫人卒；次適進士孫升。孫三人：曰致柔，曰致虛，曰宗虞。女孫一人。以是年十月九日葬於城南陽坑之原。"（頁800）

案，黄譜又云是年作《跋韓忠獻帖》。查《龜山集》諸本，並無《跋韓忠獻帖》一文，或已佚，或爲黄譜誤載。

徽宗宣和二年庚子（1120），六十八歲

在毗陵，奉祠閑居。有文三篇。

在毗陵，提點國寧觀。二月，作《沈夫人墓誌銘》。

本集附錄八《沈夫人墓誌銘》題下注云："宣和二年二月。"並云："夫人沈氏，其先嘗仕吳越。父充，將作監主簿，母費氏。……宣和元年七月二

十五日以疾卒，享年五十有九。庚子年二月二十五日祔於公之墓右。"（頁1331～1332）

是年，作《梁明道墓誌銘》《范君墓碣》。

本集卷三一《梁明道墓誌銘》云：政和八年七月，"梁侯卒於其子昆山令之官舍。越明年，其孤欲扶柩歸於其鄉，將以宣和二年八月十六日葬於蛟湖山之原。前期，自青龍走毗陵乞予銘。予，梁侯同邑也，雖未之識，而聞諸鄉評得其行熟矣。今其子又請之勤，若是，義何可辭？乃爲之銘"（頁801）。

本集卷三七《范君墓碣》云："君諱舜舉，字濟美，姓范氏，建州建陽人。……僅逾月，以疾終於京師甘泉坊。時宣和二年三月二十六日也，享年六十有一。"（頁926～927）是銘只記卒年，未云葬期，姑列於卒年。

奉祠滿任。

黃譜云："是年，奉祠滿任。"（頁3405）

徽宗宣和三年辛丑（1121），六十九歲

在毗陵，奉祠閑居。有文一篇。

在毗陵。作《孫龍圖墓誌銘》。

本集卷三四《孫龍圖墓誌銘》云："公諱諤，字正臣，邵武人也。崇寧中有旨改名，遂以字行。……一日盥櫛更衣，謂家人曰：'生死去來，無足深悲，惟念佛不忘，是真吾眷屬。'言訖而暝，實三年己丑七月二十一日也，享年五十有九。是年十二月二十六日葬於興化縣善應鄉顏村青龍岡之原，從治命也。……公既沒十有三年，其弟誠始以游公狀來請銘，乃爲之銘。"（頁854～857）大觀三年（1109）至宣和三年，剛好"十有三年"，繫此銘於是年。

胡銓來見，楊時勸其勤學。

《鶴林玉露》甲編卷一載："胡澹庵見楊龜山，龜山舉兩肘示之，曰：'吾此肘不離案三十年，然後於道有進。'張無垢謫橫浦，寓城西寶界寺。其寢室有短窗，每日昧爽，輒執書立窗下，就明而讀，如是者十四年。洎北歸，窗下石上雙趺之迹隱然，至今猶存。前輩爲學勤苦如此。然龜山蓋少年事，

146

無垢乃晚年，尤難也。"[1]胡銓小楊時四十九歲，見楊時應爲少年時。姑繫此事於胡銓二十歲、楊時六十九歲時，存疑。案，胡銓（1102—1180），字邦衡，號澹庵，廬陵（今江西吉安）人。建炎進士。紹興八年（1138），秦檜主和，銓力反和議，直言抗争，請斬秦檜、參政孫近及使臣王倫。此疏傳誦一時。被除名，編管昭州（今廣西平樂），再謫新州（今廣東新興）。檜死後，爲國子祭酒、權兵部侍郎，奏請賑災爲急務，以議和爲弊政。以資政殿學士致仕。死，謚忠簡。著有《澹庵集》一百卷。又案，張無垢即張九成。張九成（1092—1159），字子韶，自號無垢居士，謫南安（今江西大餘）後號横浦居士。其先開封人，徙居錢塘。始學於楊時。紹興二年進士第一，歷著作郎，官至禮部、刑部侍郎。卒贈太師，謚文忠。有《横浦集》。[2]

徽宗宣和四年壬寅（1122），七十歲

在毗陵。權婺州教授，繼權通判。再除監常州市易務。有文五篇。

在毗陵。作《李修撰墓誌銘》《令人吳氏墓誌銘》《祭陳瑩中》。

本集卷三二《李修撰墓誌銘》題下注"宣和四年"，並云："宣和三年閏五月二十有七日，中大夫、右文殿修撰、隴西縣開國男、食邑三百户李公以疾終於家。歲八月二十有八日，葬於常州無錫縣開元鄉湛峴之原，與其夫人吳氏同穴。越明年，其孤以晉陵鄒柄狀來請銘。"（頁806）可知該銘作於宣和四年。

本集卷三二《令人吳氏墓誌銘》云："中大夫右文殿修撰李公諱孁之夫人吳氏……建中靖國元年，李公自簽書平江軍節度判官廳公事被召爲太學博士，既登舟而夫人感疾，遂不起，實正月七日也。以其年三月十八日葬於常州無錫縣開元鄉歷村湛峴山之原，享年四十有四。……宣和四年，余過錫山，以其舅從政郎奭侯彦申之狀屬余銘，且謂余曰：'吾母之亡，先子方趨朝，而諸孤皆稚弱，不克銘以葬。……'余感其言，故不辭而銘之。"（頁816~

[1] 羅大經《鶴林玉露》，《宋元筆記小説大觀》，上海古籍出版社2007年版，第5166頁。
[2] 張撝之等主編《中國歷代人名大辭典》，第1255頁。

817）案，錫山在今江蘇無錫。

關於《祭陳瑩中》，陳瓘卒於宣和四年，故祭文應作於此時。詳見本書《游酢行年繫地譜》。

往婺州，權教授，繼權通判。有《跋了翁與韋深道書》。

黃譜云："是年，公如婺州，權教授，繼權通判。跋了翁《與韋深道書》。先是公以奉祠滿任，再除宮觀，繼以例罷，貧不能赴調，而食指之衆，未免仰祠，知識中有欲爲求一監當差遣者。"（頁3405）案，婺州，今浙江金華。

本集卷二六《跋了翁與韋深道書》云："三山在弱水之外，舟輿不通，居之者，形影自相吊耳。深道乃眷然念之，非聲氣相求，神交於萬里之外，寧有是夫？了翁天下士也，世以其言爲輕重，而相與如此。余雖未嘗知深道，而信其賢也無疑矣。"（頁700）案，韋許，字深道，宋太平府蕪湖（今屬安徽）人，號湖陰居士。不事科舉，築室榜曰"獨樂"，陳瓘爲作記。高宗紹興初授以官，拜命而不署銜。[1]

在婺州。四月，除監常州市易務。作《張進之墓誌銘》。

《墓誌銘》云："差監常州市易務，公年幾七十矣。"（頁1135）姑繫此事於是年。陳淵《記差市易務事始末》云："龜山宣和四年既罷祠官，貧甚，不果赴部。郭慎求在朝，以書問所欲。公年已七十矣。癸巳生，宣和四年歲在壬寅年，已七十。答以老不能辦事，惟求一管庫爲貧耳。慎求得書，詢吏部，見闕監，當官近毗陵未差者，吏部報以常州市易務，即爲求得之。馳以告公。慎求初亦不知前一日爲人所授。公聞之曰：'非見闕固於吾事無濟，然市易事吾素不以爲然，縱便得禄，其可就乎？蓋慎求不察吾意耳。'"[2]

黃譜載："先是公以奉祠滿任，再除宮觀，繼以例罷。貧不能赴調，而食指之衆，未免仰祠，知識中有欲爲求一監當差遣者。是年四月，除監常州市易務，而公初不知也。命下，公自以嘗著論言市易之非，豈可躬自爲之，欲退闕而未能。"（頁3405）

本集卷三一《張進之墓誌銘》題下注"宣和四年四月"作，並云："張

[1] 張撝之等主編《中國歷代人名大辭典》，第246頁。
[2] 朱熹《伊洛淵源錄》卷一〇，景印文淵閣《四庫全書》，第448冊第494頁。

148

氏諱序，字進之，常州晉陵人也。……宣和四年二月初二日卒於正寢，享年
五十有八。……其孤將以是年四月二十一日葬於武進縣懷德南鄉巢野之原，
以朝奉郎高元修之狀來請銘。"（頁803～804）

徽宗宣和五年癸卯（1123），七十一歲

自婺州還毗陵。有文九篇。

在婺州。二月，作《婺州新城記》。

本集卷二四《婺州新城記》云："宣和三年盜發幫原，蹂數州之地，皆
狼顧失守，而婺女罹害尤甚。天子惻然念之，遴簡儒臣鎮撫茲土，河南范公
實被其選。……越歲杪寇平，百廢具興，頑凶革心。……於是因其舊而新之，
周十里，基三丈，面廣三之一，而高倍之。……經始於九月甲戌，告成於
十有二月丁酉。望之屹然山立，不可陵犯。民吏歡忻鼓舞，相與詣余（乞
作記）。"（頁661）《金華縣志》卷四《城池》載："宋宣和四年知州范之
才重築。周十里，基三丈，面廣三之一，高倍之。楊時有記。"[1]從以上
材料可知，宣和三年盜發，朝廷選范之才守婺州，宣和四年寇平，重修婺州
城，始建於九月，成於十二月。待作記完成，應爲宣和五年。姑依黃譜次於
宣和五年二月。

還毗陵。四月，轉朝請郎，不赴。在道南書院講道。

黃譜云："公自婺州還毗陵。四月，磨勘轉朝請郎，退市易關不赴。"
（頁3405）

《江南通志》卷九〇《常州府》載："道南書院，在府朝京門內。宋楊時
嘗監本州市易務，因講道焉。紹興初，知府黃灝始立祠祀之，尋毀於兵。"[2]

案，《御批歷代通鑑輯覽》載，是年五月除楊時邇英殿説書，存疑。關
於楊時除邇英殿説書之職時間，有四説：其一爲《宋名臣言行録》所載，爲
宣和四年；其二爲《御批歷代通鑑輯覽》所載，爲宣和五年五月；其三爲黃
譜、毛譜所載，爲宣和七年七月；其四爲《宋史全文》所載，爲宣和六年九

---

[1] 鄧鐘玉等《金華縣志》，《中國方志叢書》，成文出版社1970年版，第161頁。
[2] 黃之雋編纂《江南通志》，景印文淵閣《四庫全書》，臺灣商務印書館1986年版，第509冊第525頁。

月以後。但各家所記較爲雜亂。宋史本傳、《行狀》、《墓誌銘》所載先後順序較明確，即楊時召爲秘書郎，遷著作郎，面奏，得授邇英殿説書。綜合這些材料，梳理出此段時間楊時行年情況，見表2−2。

表2−2　楊時宣和五年至七年行年情況表

時間	地點	任職	依據	內容	備註
宣和五年（1123）	毗陵	轉朝請郎，不赴；召赴都堂審察，以疾辭	黃譜毛譜	"四月，磨勘轉朝請郎，退市易闕不赴"；"召赴都堂審察，公以疾辭"。（黃譜頁3405～3406，毛譜頁50）	
宣和六年（1124）	毗陵	秘書郎	黃譜	"冬十二月，御筆以秘書郎召，仍令上殿。"（頁3406）	傅墨卿宣和六年使高麗返宋[1]
			宋史本傳、《墓誌銘》、《行狀》、《寶慶四明志》	蔡京薦及傅墨卿轉述高麗王問龜山事	
宣和七年（1125）	開封	轉著作郎	黃譜	"任秘書省郎。二月，遷著作郎。"（頁3406）	
			《閩中理學淵源考》	"六年以秘書郎召，到闕，遷著作郎入對。"[2]	
		及對，力陳儆戒之言（即《面對上徽宗疏》）	《歷代名臣奏議》	"著作郎楊時面對奏曰：'堯舜曰"允執厥中"'"[3]	
		邇英殿説書	黃譜	"公知世事必有變，三月，有《與執政論事劄子》……即除邇英殿説書。"（頁3406）	
			毛譜	"七月十二日，上殿進《奏疏》三道。尋除邇英殿説書。"（頁51）	

[1]《寶慶四明志》卷一一："宣和六年，侍郎路允迪使高麗，蹈海無虞。"卷一九："宣和五年，侍郎路允迪、給事傅墨卿出使高麗，涉海有禱。"可知，路允迪、傅墨卿使高麗在宣和五年，返回在宣和六年。（胡矩修，方萬里、羅濬等纂《寶慶四明志》，《宋元方志叢刊》，中華書局1990年版，第5冊第5128、5239頁）

[2]李清馥《閩中理學淵源考》卷一，景印文淵閣《四庫全書》，第460冊第8頁。

[3]楊士奇等編《歷代名臣奏議》卷六九，景印文淵閣《四庫全書》，臺灣商務印書館1986年版，第435冊第13頁。

案，邇英殿説書爲經筵官。《卻掃編》卷下云："崇政殿説書，本以待庶官之資淺未應爲侍講者，故熙寧初，吕吉甫太尉曾子宣丞相始改京官，即得之。至元祐中范純夫、翰林司馬公休諫議，皆以著作佐郎直兼侍講。宣和又置邇英殿説書命，楊中立龍圖以著作郎爲之。"[1]

又案，臺北故宫博物院藏徽宗賜楊時龍尾歙硯中寫明時間、官職，末尾有楊時本人識款：宣和五年"五月以楊時爲邇英殿説書"。《題宋楊時龍尾歙硯》云："金星佳品訪於錢。高似孫硯箋云：龍尾溪石，金星爲貴，景祐中，錢仙芝守歙。得李氏取石處，大溪水深不可入，改溪別道所得，盡佳石。賜識宣和之五年。硯背鐫篆文云'宣和五年五月五日，帝召邇英殿説書，賜此硯。其後子孫世守之。楊時識'二十八字。宋殿説書忠實殫，程門立雪學真傳。道南羅李明承派，議北童梁直斥奸。内聖外王原不二，吾於斯也兩茫然。"[2]《欽定西清硯譜》卷九云："宋楊時金星歙石硯説：硯高八寸八分，寬五寸四分，厚一寸五分。宋坑歙溪石質細而黝，遍體金星，硯面寬平，墨池深廣，墨鑷亦濃厚。其爲宋時舊製無疑，覆手自上削下兩跌離几六分許，中鐫'宣和五年五月五日，帝召邇英殿説書賜此硯。其後子孫世守之'二十五字，末有'楊時識'三字，俱篆書上方側鐫。御題詩一首，楷書鈐寶二，曰'會心不遠'，曰'德充符匣'，蓋並鐫是詩；隸書鈐寶二，曰'乾隆'。考宋史，楊時，字中立，熙寧九年中進士，第師河南程顥兄弟。學者稱爲'龜山先生'。宣和初，以薦召爲邇英殿説書，賜硯當在其時也。"[3]（如圖2-2、圖2-3）觀以上内容，"帝召邇英殿説書賜此硯"在宣和五年。而從上文可知，宣和五年，楊時仍在毗陵，此硯或宣和七年除楊時邇英殿説書之後所賜，抑或宣和五年賜硯，兩年後除楊時邇英殿説書，後人遂以官職補刻。此處存疑。

---

[1] 徐度《卻掃編》，景印文淵閣《四庫全書》，臺灣商務印書館1986年版，第863冊第797頁。

[2] 董誥等編《御製詩集四集》卷五六，景印文淵閣《四庫全書》，臺灣商務印書館1986年版，第1308冊第260頁。

[3] 于敏中、梁國治等編《欽定西清硯譜》，景印文淵閣《四庫全書》，臺灣商務印書館1986年版，第843冊第328～329頁。

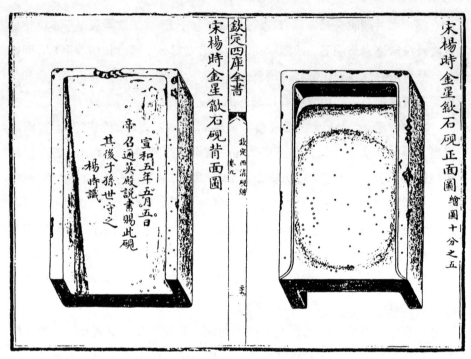

圖2-2　楊時金星歙石硯正面背面圖[1]

圖2-3　楊時金星歙石硯上方側面圖[2]

九月，傅墨卿以高麗國存問薦楊時，召赴都堂審察，楊時以足疾辭。

　　陳淵《記差市易務事始末》云：宣和五年秋末，"果退闕。因傅國華之薦，召赴都堂審察，即以足疾辭不赴"[3]。本集附錄二《楊龜山先生傳》載："宣和五年，蔡京因傅國華薦，召赴都堂審察，以足疾辭。"（頁1130）黃譜云："公自婺州還毗陵。四月，磨勘轉朝請郎，退市易闕不赴。是歲，給事中路允迪、中書舍人傅墨卿使高麗。國主問：'龜山先生今在何處？'二人

---

[1] 于敏中、梁國治等編《欽定西清硯譜》卷九，景印文淵閣《四庫全書》，第843冊第328頁。
[2] 于敏中、梁國治等編《欽定西清硯譜》卷九，景印文淵閣《四庫全書》，第843冊第328頁。
[3] 朱熹《伊洛淵源錄》卷一〇，景印文淵閣《四庫全書》，第448冊第494頁。

對：'見召赴闕。'使回，即奏聞。有旨：召赴都堂審察。公以疾辭。"（頁3405）
關於路允迪、傅墨卿出使高麗具體時間，《宣和奉使高麗圖經》卷三四《招
寶山》載："宣和四年壬寅春三月，詔遣給事中路允迪、中書舍人傅墨卿充
國信使副往高麗。秋九月，以國王俁薨，被旨兼祭奠吊慰，而行遵元豐故事
也。五年癸卯，春二月十八日壬寅促裝治舟，二十四日戊申詔赴睿謨殿宣示
禮物，夏五月三日乙卯舟次四明。"[1]《宣和奉使高麗圖經》卷三九《紫嶼
島》載："以其年五月二十八日放洋得順風，至六月六日即達群山島。及回
程以七月十三日甲子發。"[2]從上文可知，路允迪、傅墨卿出使高丽在宣和
五年，夏五月至四明（今浙江餘姚），六月六日到达韓國群山島。七月回程，
返京大概在九月，與陳淵所載時間相符。

吕本中《行狀》云："時丞相蔡京客張羇，言於京曰：'今天下多故，事
至此必敗，宜急引舊德老成置諸左右，庶幾猶可及。'問其人，以先生對。
京因薦之。會路君允迪使高麗，國主問：'龜山先生安在？'乃召爲秘書郎。"
（頁1149）《毛譜》云，因高麗國主有此問，後高麗使人至，傅墨卿力薦楊時：
"三韓使人將至，傅墨卿慮前言之不信也，遂力薦先生於朝，故特召焉。"
（頁51）《墓誌銘》云："是時，天下多故。或説當世貴人，以爲事至此必敗，
宜力引舊德老成置諸左右，開導上意，庶幾猶可及也。"（頁1135）永瑢等《四
庫全書總目提要》卷六○《史部十六·楊文靖年譜》云："《楊文靖年譜》二
卷（浙江吳玉墀家藏本）國朝張夏編。夏有《雒閩源流録》已著録是編。以
《楊時年譜》舊本詳略失宜，乃參稽史冊語録、文集訂爲上下二卷。考《宋
史》時本傳稱，時於州縣未嘗求聞達，而德望日隆，有爲蔡京謀者以爲事勢
必敗，宜引舊德老成置諸左右，庶猶可幾及。蔡京然之。乃薦爲秘書郎。此
編於七十一歲書。宣和五年癸亥四月，有旨召赴都堂審察，以疾辭，其下分
注雖略及張羇語，而歸其事於高麗王問時安在，副使傅墨卿以聞故有是名。
於七十二歲書'六年甲辰十月召爲秘書郎，仍令上殿，十二月至京師，入對'。
其下分注又以高麗使臣將至，傅墨卿再薦於朝爲辭，並注曰：'是時蔡京已
斥，若欲泯蔡氏薦辟之迹者，然時赴蔡氏之薦，《朱子語録》亦深言其失，

[1] 徐兢《宣和奉使高麗圖經》，景印文淵閣《四庫全書》，臺灣商務印書館1986年版，第593冊第892頁。
[2] 徐兢《宣和奉使高麗圖經》，景印文淵閣《四庫全書》，第593冊第903頁。

自非聖人，孰無過，舉原不以是没其生平也。夏以東林託始之故，曲爲文飾，仍不免門户之見矣。'"[1]案，傅墨卿，字國華，越州山陰（今浙江紹興）人。初補太廟齋郎。宣和五年以禮部尚書持節冊立高麗國王楷有功，還賜同進士出身。建炎中致仕。[2]

有《與傅國華書》。

本集卷二二《與傅國華書》在傅墨卿薦楊時之後，是書云："某切自念衰晚，不足爲世用，杜門待盡，無復餘念。故平居不敢輒至公卿之門，雖臺斾持節往還，亦不敢通名於左右。不謂高明過聽，俯加論薦，在愚賤何以堪之？道學不傳，士鮮知所止。某初不自量力之不足也，側聞先生長者之餘論，妄有意焉。今老矣，精力昏耗，寡陋滋甚，愧負初心，恐遂泯没爲小人之歸，誤辱眷知，重增慚惕耳。審察之命，自度散材不中繩墨，故不敢冒進爲門下，必蒙見亮也。末由一造臺屏，姑勒此少布萬一，下情不勝惓惓之至。"（頁607～608）

十一月，作《莫中奉墓誌銘》。

本集卷三三《莫中奉墓誌銘》云："公諱表深，字智行，邵武人也。……宣和五年六月丁未，以疾終於常州私第之正寢，享年七十有一。是年十一月壬申葬於宜興縣清泉鄉之梅林原。……既葬，其孤請銘於予。予與公有平生之舊，知公爲詳，義不得辭。"（頁829～831）案，黄譜云"二月，作《吳中奉墓誌銘》"，誤，一是時間應爲十一月，二是"吳中奉"應爲"莫中奉"。本集及《龜山先生全集》均記爲《莫中奉墓誌銘》。[3]

有《祭游定夫》、《翁行簡墓誌銘》、《與許少伊書》（共四篇）。

《游定夫先生年譜》云，宣和五年，"五月乙亥，二十三日，以疾終於正寢"[4]。楊時《祭游定夫》當作於是年。

本集卷三二《翁行簡墓誌銘》云：宣和四年，"病浸亟，遂乞致仕。章未報，以八月丁亥卒於軍治之正寢，享年六十有二。……其孤將以明年六月丁酉葬公於白水之源，屬余銘。余於公有朋友之義，不得辭"（頁821）。可

---

[1] 永瑢等《四庫全書總目提要》，第13冊第35頁。

[2] 張撝之等主編《中國歷代人名大辭典》，第2331頁。

[3] 楊時《龜山先生全集》卷三三，《宋集珍本叢刊》，第29冊第538頁。

[4] 游智開編，吳洪澤校點《游定夫先生年譜》，吳洪澤、尹波主編《宋人年譜叢刊》，第5冊第3390頁。

知該銘作於宣和五年。

《與許少伊書》共有四篇，均未注明年月。楊時與許少伊皆從遊程頤。其一乃賀許少伊進陟殿院[1]而作。其二表明以疾推卻審察之命，是年召楊時"赴都堂審察，以疾辭"，因此可知作於是年。其三、其四皆朋遊寒暄之私，其三有"炎暑方熾"，可知作於夏天。其四又有"毗陵苦多雨"，當在毗陵。此四書，姑從黃譜次於宣和五年。案，許景衡，字少伊，溫州瑞安人，從程頤學，紹聖元年（1094）進士。宣和六年召監察御史，遷殿中侍御史。請削三公權，遭斥逐。高宗建炎元年（1127），除御史中丞，被譖罷，以資政殿學士提舉洞霄宮。卒謚忠簡。有《橫塘集》。[2]

徽宗宣和六年甲辰（1124），七十二歲

在毗陵。以秘書郎召，至開封。有文四篇。

在毗陵。四月，作《跋張元幹集先祖手澤》。

本集附錄八《跋張元幹集先祖手澤》文末云："宣和甲辰四月辛亥，龜山楊時書。"（頁1331）

九月，授秘書郎。

《宋史全文》卷一四云：宣和六年九月，"楊時爲校書郎。及對，力陳儆戒之言。上首肯之曰：'卿所陳皆堯舜之道，宜在經筵朝夕輔朕。'即除邇英殿説書"[3]。案，校書郎誤，應爲秘書郎。本集附錄二《楊龜山先生傳》載："六年，再召爲秘書郎。詔旨敦迫。既至，遷著作郎。"（頁1130）又案，遷著作郎在宣和七年二月，詳見後文。

十二月，以秘書郎召，至開封。

黃譜云：是年，"御筆以秘書郎召，仍令上殿。十二月，至京師"（頁3406）。

作《御史游公墓誌銘》、《與陳公晦書》（共二篇）。

本集卷三三《御史游公墓誌銘》云："吾友定夫既没之明年，其子某自

---

[1] 此書黃譜作《與許少伊殿院書》，"殿院"，爲崇政殿、學士院等榮銜的簡稱，直任外官常帶此榮銜。
[2] 張撝之等主編《中國歷代人名大辭典》，第757頁。
[3] 汪聖鐸點校《宋史全文》，中華書局2016年版，第3冊第977頁。

歷陽涉大江，詣予而告曰：‘先君之友惟公爲最厚，今既葬，而幽堂之銘無辭以刻，恐遂堙没無傳焉，敢以是請。’……宣和五年五月乙亥，以疾終於正寢，享年七十有一。”（頁824～825）可知作於宣和六年。案，歷陽，今安徽和縣。

　　本集卷二二《與陳公晦書》共二篇，其二云：“去歲數月之間，定夫、民表相繼淪亡，朋友殆盡，無復存者，衰老殊不能堪也。念公乍還，家事能不費力否？通川僻郡，士人稀小，賴存諸任，可以往還也。寒陰未解，惟加愛是望。”（頁618）游酢卒於宣和五年，此書稱“去歲數月之間，定夫、民表相繼淪亡”，可知作於宣和六年。案，江望，字民表，宋代名臣，睦州（今浙江建德）人。熙寧六年（1073）進士。爲司馬光所賞識，於建中靖國元年（1101）擢左司諫。爲人赤誠剛正，曾屢次向徽宗直言上奏。[1]

徽宗宣和七年乙巳（1125），七十三歲

在開封，遷著作郎。除邇英殿説書。有文七篇。

在開封。二月，遷著作郎，作《面對上徽宗疏》。

　　此處依黄譜。《面對上徽宗疏》云：“堯舜曰‘允執厥中’，孟子曰‘湯執中’，《洪範》曰‘皇建其有極’，歷世聖人由斯道也。熙寧之初，大臣文六藝之言以行其私，祖宗之法紛更殆盡。元祐繼之，盡復祖宗之舊，熙寧之法一切廢革。至紹聖、崇寧抑又甚焉，凡元祐之政事著在令甲，皆焚之以滅其迹。自是分爲二黨，縉紳之禍至今未殄。臣願明詔有司，條具祖宗之法，著爲綱目，有宜於今者舉而行之，當損益者損益之，元祐、熙、豐姑置勿問，一趨於中而已。”[2]案，《面對上徽宗疏》，本集未録，《全宋文》及《歷代名臣奏議》有載。《歷代名臣奏議》卷六九載：“著作郎楊時面對奏曰：‘堯舜曰“允執厥中”，孟子曰“湯執中”，《洪範》曰“皇建其有極”。……元祐、熙、豐姑置勿問，一趨於中而已。’”[3]此處可知，此時楊時爲著作郎。

---

[1] 單亦艷、林桂榛《論江民表的〈性説〉》，《江蘇教育學院學報（社會科學版）》2009年第4期。
[2] 曾棗莊、劉琳主編《全宋文》卷二六七七，第124冊第121頁。
[3] 楊士奇等編《歷代名臣奏議》，景印文淵閣《四庫全書》，第435冊第13頁。

三月，有《論時事劄子》。

　　《論時事劄子》題下注"徽宗宣和七年三月"（頁69）。文中"條具十數事"，即慎令、茶法、鹽法、轉般、糴買、坑冶、邊事、盜賊、擇將、軍制。

七月十二日，上疏乞爲《宣和會計録》，除邇英殿説書。

　　《本傳》云："朝庭方圖燕雲，虛内事外，時遂陳時政之弊，且謂：'燕雲之師宜退守内地，以省轉輸之勞，募邊民爲弓弩手，以殺常勝軍之勢。'又言：'都城居四達之衢，無高山巨浸以爲阻衛，士人懷異心，緩急不可倚仗。'執政不能用。登對，力陳君臣警戒，正在無虞之時，乞爲《宣和會計録》，以周知天下財物出入之數。徽宗首肯之。"（頁12739）《宋史全文》卷一四云：宣和六年九月丙戌，"楊時爲校書郎，及對，力陳徽戒之言。上首肯之曰：'卿所陳皆堯舜之道，宜在經筵朝夕輔朕。'即除邇英殿説書"[1]。毛譜云："七月十二日，上殿進《奏疏》三道。尋除邇英殿説書。劄子大要力陳'君臣警戒，正在無虞之時'與'夫安民之道，要在知人'。乞爲《宣和會計録》，以周知天下財賦出入之數而損益之。徽宗首肯之，曰：'卿所陳皆堯舜之道，宜在經筵朝夕輔朕，即除邇英殿説書。'"（頁54）

　　綜上所載，楊時赴京遷著作郎後，連上三奏：一爲《面對上徽宗疏》，乞明詔有司，條具祖宗之法；二爲《論時事劄子》，條具慎令、茶法等十數事；三爲力陳安民之道，乞爲《宣和會計録》。此奏本集、《歷代名臣奏議》、《全宋文》等均未收録，僅《本傳》載其略。此處存疑。毛譜謂是年三月有《論時事》十事，繼云"七月十二日，上殿進《奏疏》三道"，並列舉劄子内容："君臣警戒，正在無虞之時""夫安民之道，要在知人""乞爲《宣和會計録》"。此劄不可考，有兩種可能：一是七月十二日上一劄（即，継《面對上徽宗疏》《論時事劄子》後，上第三劄），毛譜所謂"上殿進《奏疏》三道"，應爲"上殿進第三道《奏疏》"；二是七月十二日，共上三劄，分別爲"君臣警戒，正在無虞之時""夫安民之道，要在知人""乞爲《宣和會計録》"。此處姑且理解爲"上殿進第三道《奏疏》"，存疑。

---

[1] 汪聖鐸點校《宋史全文》，第3冊第977頁。

有《辭免邇英殿説書奏狀》《謝除邇英殿説書表》。

本集卷三《謝除邇英殿説書表》云："臣某言：伏蒙聖恩，除臣充邇英殿説書，尋具狀辭免，奉聖旨不允者。備員東觀，曾未逾時；講經宸庭，薦膺異數。懇辭上瀆，成命弗渝；省分非宜，以榮爲懼。"（頁53）既言"除臣充邇英殿説書，尋具狀辭免"者。可知除邇英殿説書後，即有本集卷二《辭免邇英殿説書奏狀》。

八月，受賜祭器、譜牒、金盆花。

此處不可考，依毛譜所載（頁55）。

十二月二十六日，聞金人入寇，有《論金人入寇劄子》其一。

本集卷四《論金人入寇劄子》其一題下注"十二月二十六日"，並云："竊謂今日事勢，如卧之積薪之上，火已燃矣，安危之機間不容髮，度事之可爲者，宜速爲之，不可緩也，緩之則必有後時之悔。時方艱危，當自奮勵，進賢退姦，竦動觀聽，庶或可爲。若示之以怯懼之形，委靡不振，則事去矣，不可不勉也。天下有道，守在四夷，今縱未能如是，當於要害處嚴爲守備，比至都城之下，尚何及哉！無徒紛紛，動搖人心，無益於事也。"（頁81~82）

是年，作《陸少卿墓誌銘》《錢忠定公墓誌銘》。

本集卷三四《陸少卿墓誌銘》題下注"宣和七年"作，並云："公諱愷，字彊仲，姓陸氏，其先吳郡人。六世祖權，唐末爲建安縣丞，值中原亂，不克歸，因家福州之侯官，故今爲侯官人。……元符三年，登進士第，調廬州司法參軍。……除知泉州。未行，得疾，終於京師，實宣和六年四月辛酉也，享年六十有五。……諸孤將以七年十二月辛酉葬公於懷安縣之馬鞍山，以毗陵守何公袞之狀來請銘。……乃爲銘之。"（頁844~847）因此，此銘或作於十二月前，姑繫於是年。案，吳郡，今江蘇蘇州；侯官，今福建福州。

本集卷三三《錢忠定公墓誌銘》題下注"宣和七年"作，並云："宣和六年三月五日，龍圖閣學士、正奉大夫致仕錢公以疾薨於毗陵私第之正寢，享年七十有一。訃聞，天子詔特贈光禄大夫，賻賜加等，下所屬郡佽助其葬。其家上公行事於朝，考六家書，謚曰忠定。越明年正月壬寅，諸孤護其喪歸葬杭州大慈山之原，既乃詣予泣而言曰：……予與公有同年之舊，義不得辭，乃敘而銘之。"（頁833）"越明年正月壬寅"即宣和七年正月壬寅，因此，此文應作於正月之後數月。

任邇英殿説書。有《吉人爲善節》等經筵講義十三則。

此十三則講議分別爲：《尚書》講義四則（《吉人爲善節》《播棄犁老節》《惟天惠民節》《惟受罪浮於桀節》）、《論語》講議九則（《巧言令色章》《吾日三省吾身章》《道千乘之國章》《君子不重則不威章》《慎終追遠章》《夫子至於是邦也章》《君子食無求飽章》《貧而無諂章》《不患人之不己知章》）。此十三則講議在經筵期間作，考楊時經筵履歷，一爲宣和七年任邇英殿説書，一爲靖康元年（1126）二月除右諫議大夫兼侍講。姑次於宣和七年，存疑。

宋欽宗靖康元年丙午（1126），七十四歲

在開封。屢上疏論時事。有文三十八篇。

在開封。正月，有《上欽宗論不可復近奄人》（共二篇），又上《論金人入寇劄子》其二。

《上欽宗論不可復近奄人》共二篇。其一文後注云"靖康元年正月上，時爲邇英殿説書"。其二文後注云"靖康元年正月上"，並云"臣竊見自古奄人用事未有無禍者，漢唐之末是也。比年以來，此曹氣焰尤盛，皆緣蔡京、王黼輩首爲亂，階開通交結，假以重權，使相應援"[1]。《歷代名臣奏議》卷二九三題爲《欽宗靖康元年邇英殿説書楊時論不可復近奄人狀》。[2]呂本中《行狀》云："靖康初，先生乞誅童貫以正典刑，乞罷閹寺防城。欽宗大喜。以爲諫議大夫兼侍講。"（頁1149）可知正月楊時上《上欽宗論不可復近奄人》二狀，二月除右諫議大夫兼侍講。

本集卷四《論金人入寇劄子》其二云："某竊計：虜兵倏往倏來如禽獸，然心不能具糧糧越數千里而窺我也。近邊州軍，宜堅壁清野，勿與之戰，使抄略無所得，則當自困矣。若攻城略地，本路帥司當遣援兵策應，必未能朝夕下也。然今日之事，当以收人心爲先。"（頁83）認爲要堅壁清野，相互馳

[1] 趙汝愚編《宋名臣奏議》卷六三，景印文淵閣《四庫全書》，第431冊第777頁。
[2] 楊士奇等編《歷代名臣奏議》，景印文淵閣《四庫全書》，第441冊第207頁。

援，收集人心，作持久之戰。《本傳》亦云："除邇英殿説書。聞金人入攻，謂執政曰：'今日事勢如積薪已然，當自奮勵，以竦動觀聽。若示以怯懦之形，委靡不振，則事去矣。昔汲黯在朝，淮南寢謀。論黯之才，未必能過公孫弘輩也，特其直氣可以鎮壓姦雄之心爾。朝廷威望弗振，使姦雄一以弘輩視之，則無復可爲也。要害之地，當嚴爲守備，比至都城，尚何及哉？近邊州軍宜堅壁清野，勿與之戰，使之自困。若攻戰略地，當遣援兵追襲，使之腹背受敵，則可以制勝矣。'且謂：'今日之事，當以收人心爲先。人心不附，雖有高城深池、堅甲利兵，不足恃也。免夫之役，毒被海内，西城聚斂，東南花石，其害尤甚。前此蓋嘗罷之，詔墨未乾，而花石供奉之舟已銜尾矣。今雖復申前令，而禍根不除，人誰信之？欲致人和，去此三者，正今日之先務也。'"（頁12739～12740）案，此即《論金人入寇劄子》。《御批續資治通鑑綱目》卷一一載：靖康元年春正月，"以楊時爲右諫議大夫兼侍講"。其下注云："時言，今日之事當以收人心爲先，人心不附，雖有高城深池堅甲利兵，不足恃也。……疏上，遂有是命。"[1]

綜上，可知此劄子爲靖康元年正月上。案，《御批續資治通鑑綱目》所云靖康元年春正月以楊時爲右諫議大夫兼侍講有誤。《靖康要録》卷二云：靖康元年二月八日，"楊時除諫議大夫"[2]。《靖康要録》爲"紹興時人之筆也"[3]，《御批續資治通鑑綱目》爲明代商輅所作，《靖康要録》應更準確。本集卷二《辭免諫議大夫奏狀》則明確時間："右臣二月初八日准尚書省劄子：'三省、樞密院同奉聖旨，除臣右諫議大夫，日下供職者。'"（頁33）因此，可以確證是年二月八日除諫議大夫。

正月二十一日，有《乞上殿奏狀》。

本集卷二《乞上殿奏狀》云："右臣伏睹陛下即政之初，適當國家多事之際，凡在臣子，苟有見聞，咸宜自竭。況臣備員勸講，義豈敢默，輒有所見利害，欲面奏陳。伏望聖慈特降睿旨，令臣上殿敷奏。"（頁33）此奏狀所

[1] 商輅等《御批續資治通鑑綱目》，景印文淵閣《四庫全書》，臺灣商務印書館1986年版，第693冊第412頁。
[2]《靖康要録》，景印文淵閣《四庫全書》，臺灣商務印書館1986年版，第329冊第435頁。
[3]《靖康要録》提要，景印文淵閣《四庫全書》，第329冊第407頁。

作時間依黃譜。[1]

正月二十三日，上《上欽宗皇帝》其一。

本集卷一將《乞立統帥》《乞肅軍政謹斥堠明法令》《乞責宰執不忠》《乞罷奄寺防城》《乞謹號令》等事歸於《上欽宗皇帝》其一。此文時間依黃譜。[2]

《本傳》亦云："金人圍京城，勤王之兵四集，而莫相統一。時言：'唐九節度之師不立統帥，雖李、郭之善用兵，猶不免敗衄。今諸路烏合之眾，臣謂當立統帥，一號令，示紀律，而後士卒始用命。'又言：'童貫爲三路大帥，敵人侵疆，棄軍而歸，孚戮之有餘罪，朝廷置之不問，故梁方平、何灌皆相繼而遁。當正典刑，以爲臣子不忠之戒。童貫握兵二十餘年，覆軍殺將，馴至今日，比聞防城仍用閹人，覆車之轍不可復蹈。疏上，除右諫議大夫兼侍講。"（頁12740）

二月八日，除右諫議大夫兼侍講。有《辭免諫議大夫奏狀》，不允。

《靖康要錄》卷二載：靖康元年二月八日，"楊時除諫議大夫"[3]。

本集卷二《辭免諫議大夫奏狀》云："右臣二月初八日准尚書省劄子：'三省、樞密院同奉聖旨，除臣右諫議大夫，日下供職者。'……伏望聖慈追還成命，以允公議。"（頁33）

有《舉呂好問自代奏狀》《謝除諫議大夫兼侍講表》。

本集卷二《舉呂好問自代奏狀》云："右臣伏見朝奉大夫呂好問，勳德之後，蔚有典刑，篤實而多聞，疏通而守正，論議氣節，凜然有古諍臣之風。非特臣所不如，亦當代難得之士，舉以代臣，實允公議。"（頁33）文中有"論議氣節，凜然有古諍臣之風"，應指代自己所辭諫議大夫之職，姑繫於此。

案，呂好問（1064—1131），字舜徒，河南壽州人，呂希哲子，以蔭補官。徽宗崇寧初，以元祐黨子弟坐廢。欽宗即位，薦擢御史中丞，彈劾蔡京過惡，

[1] 黃譜云："任著作郎，兼侍經筵。正月二十一日，奏乞上殿敷奏。當日得旨，令二十二日上殿，以著使對展。"（頁3406）

[2] 黃譜云："正月二十一日，奏乞上殿敷奏。當日得旨，令二十二日上殿，以著使對展。二十三日，進劄子，乞立統帥，肅軍政，謹斥堠，明法令，責宰執不忠臣，罷奄寺，防城謹令七事。疏上，欽宗大喜。"（頁3406）

[3] 《靖康要錄》，景印文淵閣《四庫全書》，第329冊第435頁。

乞削王安石王爵。金人立張邦昌爲帝，好問攝門下省，暗通康王趙構。高宗即位，除尚書右丞。被論罷。出知宜州。以恩封東萊郡侯。子本中。[1]

本集卷三《謝除諫議大夫兼侍講表》云：“臣某言：伏奉制命，除臣右諫議大夫兼侍講，仍賜紫章服者。擢居諫省，叨被誤恩；進侍經筵，尤慚非據。”“敢不勉勵前修，仰酬洪造！居官任職，自知無以逾人；補過盡忠，庶勉全於晚節。”（頁54）從“敢不勉勵前修，仰酬洪造”“補過盡忠”等語來看，此謝表應爲辭免之後，朝廷不允，接受任職前所作。案，四庫全書本《龜山集》卷三《謝除諫議大夫兼侍講》云“除臣試右諫議大夫兼侍講”[2]，《楊龜山先生集》卷一《謝除諫議大夫兼侍講》亦云“除臣試右諫議大夫兼侍講”[3]，此處“試”字不當省。宋神宗元豐四年（1081）定制，除授職事官，並依寄祿官高下分行、守、試，寄祿官低二品以下者爲“試”。此時，楊時所任職事官爲右諫議大夫（從四品）兼侍講（正七品），寄祿官爲著作郎（正八品），即寄祿官（著作郎）官品比職事官（右諫議大夫）官品低三級，因此用“試諫議大夫”。

二月十三日，《上欽宗皇帝》其二。

本集卷一《上欽宗皇帝》其二云：“論宰相陛下不加斧鉞之誅實之言……方陛下臨御之初，適當艱難之際，宰相尤宜考擇。”此文題下注云：“疏上，欽宗大喜。二月八日除諫議大夫兼侍講，公具辭不允。二月十三日上殿進此。”（頁20）案，黃譜謂“三月十三日進劄子，乞擇宰相”，誤，應爲二月十三日。

二月十八日，有《上欽宗皇帝》其三、其四，論不可專守和議，應守要害三鎮。

此時，各路勤王兵馬相繼趕到，然欽宗一意求和，依金人條件，割讓太原、中山、河間三鎮。楊時遂有《上欽宗皇帝》其三，本集卷一是文題下注云：“金虜初退，主和議者即略以三鎮。十八日，公上殿，極論不可專守和議，急宜命將出師，並乞召用種師道、劉光世，問以方略可否。”（頁21）

[1] 張撝之等主編《中國歷代人名大辭典》，第533頁。
[2] 楊時《龜山集》，景印文淵閣《四庫全書》，第1125冊第124頁。
[3] 楊時《楊龜山先生集》，清同治五年刻本，第1冊第13頁。

本集卷一《上欽宗皇帝》其四題下注云："欽宗乃詔出師襲虜，而議者多持兩端。公再上疏乞出師，不可專守和議。"（頁23）《宋名臣奏議》題是文爲《上欽宗論要害三鎮》，本集卷二該文末注"靖康元年二月上，時爲諫議大夫"[1]；林海權在文後注云："'則天下幸甚'之下，諸臣奏議本有如下十四個小字注：靖康元年二月上，時爲右諫議大夫。"（頁35）

二月十九日，詔以右諫議大夫兼國子祭酒。

《靖康要録》卷二云：靖康元年二月十九日，"詔以右諫議大夫楊時兼國子祭酒"[2]。《宋史全文》卷一五載：靖康元年春二月，"楊時兼國子祭"[3]。《通鑑續編》卷一三云：欽宗皇帝靖康元年二月，"以楊時爲國子祭酒"[4]。《御批續資治通鑑綱目》卷一一載：靖康元年二月，"以楊時兼國子祭酒。時知無不言，然不見聽。及太學生留李綱、种師道，吳敏乞用時以靖大學，因召對。時言：'諸生忠於朝廷，非有他意。但擇老成有行誼者爲之長貳，則將自定。'帝曰：'無以逾卿。'遂用之"[5]。本集附録二吕本中《楊龜山先生行狀略》云："太學諸生詣闕上書，議者疑其生事徼亂，先生即見上，言諸生欲忠於朝廷耳，本無他意。但擇老成有行義者爲之長貳，即自定矣。淵聖喜曰：'此無逾卿者矣。'即命先生兼國子祭酒。"（頁1152）《本傳》云："李綱之罷，太學生伏闕上書，乞留綱與种師道，軍民集者數十萬，朝廷欲防禁之。吳敏乞用時以靖太學。時得召對，言：'諸生伏闕紛紛，忠於朝廷，非有他意，但擇老成有行誼者爲之長貳，則將自定。'欽宗曰：'無逾於卿。'遂以時兼國子祭酒。首言：'三省政事所出，六曹分治，各有攸司。今乃別辟官屬，新進少年，未必賢於六曹長貳。'又言：蔡京用事二十餘年，蠹國害民，幾危宗社，人所切齒，而論其罪者，莫知其所本也。蓋京以繼述神宗爲名，實挾王安石以圖身利，故推尊安石，加以王爵，配饗孔子廟庭。今日之禍，實安石有以啓之。"（頁12741）

《伊洛淵源録》卷一〇記載尤詳："太學生伏闕乞留李綱、种師道，軍民

---

[1] 趙汝愚編《宋名臣奏議》卷一四二，景印文淵閣《四庫全書》，第432冊第820頁。

[2]《靖康要録》，景印文淵閣《四庫全書》，第329冊第441頁。

[3] 汪聖鐸點校《宋史全文》，第3冊第1010頁。

[4] 陳桱《通鑑續編》，景印文淵閣《四庫全書》，臺灣商務印書館1986年版，第332冊第708頁。

[5] 商輅等《御批續資治通鑑綱目》，景印文淵閣《四庫全書》，第693冊第416頁。

從之者數萬人。執政慮其生亂，引高歡事揭榜於衢，且請以禮起邦彦。公言：
'士民伏闕，詬罵大臣，發其隱慝，無所不至，出於一時忠憤，非有作亂之
心，無足深罪。李邦彦首畫遁逃之策，捐金割地，質親王以主和議，罷李綱
而納誓書。李鄴奉使失辭，惟敵言是聽。此二人者，國人之所同棄也，今敷
告中外，乃推平賊和議之功歸此二人，非先王憲天自民之意，宜收還榜示，
以慰人心。'邦彦等既罷，趙野尚存。公復言：'野昔嘗建言請禁士庶，以天
王君聖爲名者，上皇後以爲諂諛之論，廢格不行，而野猶泰然不以爲恥。乞
賜罷黜。'上皆從之。或意太學生又將伏闕鼓亂，乃以公兼國子祭酒。"[1]

二月，又有《上欽宗論用人太易》。

《宋名臣奏議》卷一七《上欽宗論用人太易》云"靖康元年二月上，時
除右諫議"，並云："臣聞書曰，天命有德，五服五章哉，天討有罪，五刑五
用哉，夫命有德，討有罪皆天也。"[2]

**是年任右諫議大夫期間，有《上欽宗論父子天性宜一於誠》《上欽宗論宣仁
誣謗未明瑤華位號未復》《上欽宗乞分別邪正消除黨與》《上欽宗乞罷茶鹽
榷法》。**

《上欽宗論父子天性宜一於誠》云："臣竊惟父子之恩，天性也，無容私
焉，一於誠而已矣。"文末注云："靖康元年上，時爲右諫議大夫。"[3]

《上欽宗論宣仁誣謗未明瑤華位號未復》云："臣聞天下之本在國，國之
本在家，竊惟宣仁聖烈皇后誣謗郁而未明瑤華。"文末注云："靖康元年上，
時爲諫議大夫。"[4]

《上欽宗乞分別邪正消除黨與》云："臣嘗考漢唐之所以亡，其始皆自於
朋黨，善乎。歐陽脩之言曰始爲朋黨之論者，誰歟甚乎，作俑者也，真可謂
不仁之人哉，所謂一言。"文末注云："靖康元年上，時爲右諫議大夫。"[5]

《上欽宗乞罷茶鹽榷法》云："臣伏睹陛下屢降德音，欲盡復祖宗之舊。
崇寧紛更，唯是茶鹽二法最爲民害。榷茶自唐末始有，祖宗蓋嘗行之矣。積

[1] 朱熹《伊洛淵源錄》，景印文淵閣《四庫全書》，第 448 冊第 489 頁。
[2] 趙汝愚編《宋名臣奏議》，景印文淵閣《四庫全書》，第 431 冊第 194～195 頁。
[3] 趙汝愚編《宋名臣奏議》卷一〇，景印文淵閣《四庫全書》，第 431 冊第 113 頁。
[4] 趙汝愚編《宋名臣奏議》卷二六，景印文淵閣《四庫全書》，第 431 冊第 295 頁。
[5] 趙汝愚編《宋名臣奏議》卷七六，景印文淵閣《四庫全書》，第 431 冊第 912 頁。

年之久，流弊滋甚。仁宗詔有司會榷茶淨利，均爲茶租，戶輸之。弛其禁，使自興販，縣官坐收榷茶之利，而民得自便，無冒禁抵刑之患，可謂公私兩利也。……議者必謂罷茶鹽二法，中都必至乏用，臣切以爲不然。舊日榷貨務所積，皆充御前用，戶部所得無幾矣。今陛下恭儉節用，一毫不妄費，焉用此物爲哉！兼榷貨務在祖宗時鹽鈔自有常數以備經費，舉而行之，兩無所妨。陛下早降睿旨，罷此二法，以幸天下。”文末注云：“靖康元年上，時爲諫議大夫。”[1]

以上四文，均上於靖康元年，楊時爲諫議大夫之時，蓋與《上欽宗論用人太易》同時，姑繫於是年二月。

三月，轉朝奉大夫。

黃譜云：“三月，覃恩轉朝奉大夫。”（頁3408）

四月，有《上欽宗皇帝》其五乞誅姚古，有《上欽宗皇帝》其六論姚古不救太原。

《本傳》云：“時太原圍閉數月，而姚古擁兵逗留不進，時上疏乞誅古以肅軍政，拔偏裨之可將者代之。不報。”（頁12741）此上疏即《上欽宗皇帝》其五、其六。本集卷一《上欽宗皇帝》其五題下注云“乞誅姚古”（頁26）；本集卷一《上欽宗皇帝》其六題下注“又上疏”，並云：“臣嘗論姚古逗留，當以軍法從事，未蒙施行。今太原圍閉累月，危急甚矣。……速正姚古逗留之罪，誅之以肅軍政。”（頁26）是文後林海權注云：“‘而幸聽之’下，諸臣奏議本有如下十四個小字注：‘靖康元年四月上，時爲右諫議大夫。’”（頁28）

《三朝北盟會編》卷四六亦載：靖康元年四月，“右諫議大夫楊時論姚古不救太原”[2]。

五月，有《上欽宗皇帝》其七，乞追奪王安石爵，毀去孔廟配享之像，獲准。諫官馮澥上疏詆楊時，楊時亦罷祭酒。又乞追還元祐諸公舊職。

《上欽宗皇帝》其七云：“臣伏見蔡京用事二十餘年，蠹國害民，幾危宗社，人所切齒，而論其罪者，曾莫知其所本也。蓋京以繼述神宗皇帝爲名，

[1] 趙汝愚編《宋名臣奏議》卷一〇八，景印文淵閣《四庫全書》，第432冊第325頁。
[2] 徐夢莘《三朝北盟會編》，上海古籍出版社2019年版，第344頁。

實挾王安石以圖身利，故推尊安石，加以王爵，配享孔子廟庭。而京所爲自謂得安石之意，使無得而議，其小有異者，則以不忠不孝之名目之，痛加竄黜。人皆結舌莫敢爲言，而京得以肆意妄爲。則致今日之禍者，實安石有以啓之也。臣謹按，安石挾管商之術，飾六藝以文姦言，變亂祖宗法度，當時司馬光已言其爲害當見於數十年之後，今日之事，若合符契。其著爲邪説以塗學者耳目，敗壞其心術者，不可縷數，姑即其爲今日之害尤甚者一二事以明之，則其爲邪説可見矣。……安石獨倡爲此説，以啓人主之侈心，其後蔡京輩輕費妄用，專以侈靡爲事，蓋祖此説耳。則安石邪説之害，豈不甚哉！臣伏望睿斷正安石學術之繆，追奪王爵，明詔中外，毀去配享之像，使淫辭不爲學者之惑，實天下萬世之幸。"[1]《宋名臣奏議》卷八三題此奏爲《上欽宗論王安石學術之謬》，文末注："靖康元年上，時爲諫議大夫。"[2]《宋史》卷一五七《選舉志三》亦載此事："諫議大夫兼祭酒楊時言：'王安石著爲邪説，以塗學者耳目，使蔡京之徒，得以輕費妄用，極侈靡以奉上，幾危社稷。乞奪安石配饗，使邪説不能爲學者惑。'御史中丞陳過庭言：'五經義微，諸家異見，以所是者爲正，所否者爲邪，此一偏之大失也。頃者指蘇軾爲邪學，而加禁甚切，今已弛其禁，許採其長，實爲通論。而祭酒楊時矯枉太過，復詆王氏以爲邪説，此又非也。諸生習用王學，聞時之言，群起而詆訾之。時引避不出，齋生始散。'詔罷時祭酒。而諫議大夫馮澥、崔鷗等復更相辨論。會國事危，而貢舉不及行矣。"[3]黃譜亦云："遂上疏論王安石著爲邪説，以塗學者耳目，敗壞其心術，乞追奪王爵，毀去配享之像。於是安石遂降從祀之列。諫官馮澥力主王氏，上疏詆公。會學官中有紛爭者。有旨：學官並罷。公亦罷祭酒。又乞追還元祐諸公舊職。"（頁3407）

《御批續資治通鑑綱目》卷一一具載此事原委：靖康元年五月，"罷王安石配享孔子，猶從祀廟庭。國子祭酒楊時致仕。時上言蔡京用事二十年，蠹國害民，幾危宗社，人所切齒而論其罪者，莫知其所本也。蓋京以繼述神宗爲名，實挾王安石以圖身利，故推尊安石，加以王爵配享孔子廟庭。今日之

[1] 曾棗莊、劉琳主編《全宋文》卷二六七五，第124冊第96～97頁。
[2] 趙汝愚編《宋名臣奏議》，景印文淵閣《四庫全書》，第432冊第38～39頁。
[3] 脫脫等《宋史》，第11冊第3669頁。

禍，實安石有以啓之。安石挾管商之術，飾六藝以文姦言變亂祖宗法度，當
時司馬光已言其爲害，當見於數十年之後。今日之事若合符契，其著爲邪說
以塗學者耳目，而敗壞其心術者不可縷數。伏望追奪王爵，明詔中外，毀去
配享之像，使邪說淫辭不爲學者之惑。疏上，詔罷安石配享降居從祀之列。
時諸生慣用王氏學以取科第者已數十年，不復知其非，忽聞楊時目爲邪說，
群論籍籍。於是中丞陳過庭、諫議大夫馮澥上疏詆時。乃罷時祭酒，詔改給
事中。時力辭。遂以徽猷閣待制致仕。時居諫垣九十日，凡所論列皆切於世
道，而其大者，則聞王氏排和議論三鎮不可棄云"[1]。

　　《本傳》云："時又言：'元祐黨籍中，惟司馬光一人獨褒顯，而未及呂
公著、韓維、范純仁、呂大防、安燾輩。建中初言官陳瓘已褒贈，而未及鄒
浩。'於是元祐諸臣皆次第牽復。尋四上章乞罷諫省，除給事中，辭，乞致
仕，除徽猷閣直學士、提舉嵩山崇福宮。"（頁12742）可知，楊時乞追還元
祐諸公舊職在"四上章乞罷諫省，除給事中"之前。

**五月十日，有《辭免諫議侍講奏狀》其一。十四日，有《辭免諫議侍講奏
狀》其二。十六日，有《辭免諫議侍講奏狀》其三。二十四日，有《辭免
諫議侍講奏狀》其四。**

　　此即《本傳》所云"尋四上章乞罷諫省"（頁12742）。本集卷二《辭免
諫議侍講奏狀》其一題下注"五月初十日"作，其二題下注"五月十四日"
作，其三題下注"十六日"作，其四題下注"二十四日"作。

**六月四日，具奏《乞致仕奏狀》。九日，除給事中，有《辭免給事中奏狀》
其一。十八日，有《辭免給事中奏狀》其二。二十八日，有《辭免給事中
奏狀》其三。是月，上《謝賜詔乞致仕不允表》。**

　　本集卷二《乞致仕奏狀》題下注"六月四日"作，並云："臣累上封章
乞福建路合入差遣或宮祠，任便居住，伏蒙聖慈未賜俞允者。切念臣犬馬之
齒已逾七十，禮律皆當引年辭祿，陛下聖度優容，未加廢斥，天地之恩無以
論報。近日疾病交攻，腰膝痹疼，乘騎不便，日有顛仆之憂。在告幾月，久
廢職事，坐糜餼廩，義實難安，不敢再有陳請，乞守本官致仕，以安愚分。"

[1] 商輅等《御批續資治通鑑綱目》，景印文淵閣《四庫全書》，第693冊第419頁。

（頁38）

本集卷二《辭免給事中奏狀》其一題下注"六月九日"作，並云："伏蒙聖恩除臣給事中者。聞命震驚，無所容措。伏念臣老病交侵，不任朝謁，方乞解官致仕。求去而獲遷，是美官要職可以要致也，豈惟於臣私義不安，實恐上累朝廷名器有濫授之失。伏望睿慈追還成命，檢會前奏施行。"（頁39）案，黃譜亦云："九日除給事中。"（頁3407）《靖康要録》卷六云，靖康元年六月十五日，"右諫議大夫楊時除給事中"，誤。[1]

本集卷二《辭免給事中奏狀》其二題下注"十八日"作，並云："以臣辭免給事中恩命，奉聖旨不允者。聞命惶懼，罔知攸措，不敢苟避煩瀆之誅，須至再竭悃誠，上干天聽。伏念臣年逾七十，已上封章乞解官致仕，誤蒙睿恩除臣前件差遣。臣雖至愚，豈不知貪戀聖明，進居要職，足爲榮耀？實以衰病交侵，不任朝謁，老不知止，貽笑縉紳。伏望聖慈追還成命，令臣致仕，以安愚分。"（頁39）

本集卷二《辭免給事中奏狀》其三題下注"二十八日"作，並云："辭免給事中，乞解官致仕，賜詔不允者。睿恩誤被，蔀屋生光，寵逾分涯，但深感涕。……伏望聖慈察臣誠懇，特降睿旨，令臣致仕，以安愚分。"（頁40）

本集卷三《謝賜詔乞致仕不允表》云："以臣辭免給事中、乞致仕，賜詔不允者。異恩俯及，省分非宜。祗服訓辭，惟知感涕。中謝。"（頁55）此表云"辭免給事中""乞致仕"，可知在此之後作謝表。

有《乞宮觀劄子》。七月四日，除徽猷閣直學士，提舉西京嵩山崇福宮。五日，有《辭免徽猷閣直學士奏狀》其一，未獲允。十七日，有《辭免徽猷閣直學士奏狀》其二。二十六日，有《辭免徽猷閣直學士奏狀》其三。欽宗察楊時懇辭，改除徽猷閣待制，提舉崇福宮。有《謝除待制表》。

本集卷四《乞宮觀劄子》云："某叨被詔恩，擢侍經幄，遂獲切近清光。某雖至愚，豈不知幸？特以衰病侵淩，兩脛痹弱，跪拜俱艱，不任朝謁。年逾七十，旦暮人也。食貧累重，未能引年辭位，忍恥僥求，冀得宮祠之禄，

---

[1]《靖康要録》，景印文淵閣《四庫全書》，第329冊第531頁。

盡此餘年，負罪多矣。伏望鈞慈察其誠懇，特爲奏除一宮觀差遣，任便居住，使垂盡之年，不至失所，不勝幸甚。"（頁86）文中四點信息可證寫作時間：一是"年逾七十"。二是謂"劄子"，應爲在朝任職時。三是"擢侍經幄"。"經幄"即經筵，講經、講學之所；"侍經幄"，即任侍講之職。四是前有《乞致仕奏狀》，應爲在乞致仕朝廷不允後除西京嵩山崇福宮之前，即六月四日乞致仕到七月四日除徽猷閣直學士、提舉西京嵩山崇福宮之間所作。

本集卷二《辭免徽猷閣直學士奏狀》其一末注"七月五日"作，並云："右臣准尚書省劄子，七月四日三省同奉聖旨，除臣徽猷閣直學士，差提舉西京嵩山崇福宮者。叨被聖恩，榮愧交集。伏念臣以衰病乞骸，特蒙睿慈，曲垂矜憫，未即棄捐，尚畀宮祠之禄，天地生成之恩，無以論報。所有直學士之職，非臣涼薄所堪。伏望陛下追寢成命，乞守本官提舉崇福宮，以安愚分。"（頁41）可知七月四日，楊時除徽猷閣直學士，差提舉西京崇福宮，七月五日有此奏狀。案，《靖康要録》卷六云：十日，"給事中楊時徽猷閣直學士，差提舉西京崇福宮"[1]。誤。

本集卷二《辭免徽猷閣直學士奏狀》其二題下注"十七日"作，並云："臣伏蒙聖慈以臣辭免徽猷閣直學士恩命，賜詔不允者。祗奉宸綸，益深震懼。切惟直學士之職，自祖宗以來，未有自諫省躐等而授者。臣雖蒙除給事中，即未曾供職，資淺望輕，義難冒處。伏望陛下特降睿旨，追寢成命，庶協公議。"（頁42）

本集卷二《辭免徽猷閣直學士奏狀》其三是下注"二十六日"作，亦有"賜詔不允"之謂。（頁43）

《伊洛淵源録》卷一〇載："章又四上，請去益堅，以徽猷閣直學士提舉西京崇福宮。又懇辭職名不當得。有旨：'楊某學行醇固，諫諍有聲，請閑除職，累月懇辭，宜從其志，以勵廉退。'改徽猷閣待制。"[2]"章又四上"，即指《乞宮觀劄子》與三篇《辭免徽猷閣直學士奏狀》。

本集卷三《謝除待制表》云："尚叨延閣之華，仍竊直祠之廩。"（頁57）"待制"，即"徽猷閣待制"。文中有"仍竊直祠之廩"，可知在"除徽猷閣直

---

[1]《靖康要録》，景印文淵閣《四庫全書》，第329冊第548頁。
[2] 朱熹《伊洛淵源録》，景印文淵閣《四庫全書》，第448冊第490頁。

學士，提舉西京嵩山崇福宮"之後。《墓誌銘》云："以徽猷閣直學士，提舉西京崇福宮。又懇辭職名不當得，有旨：'楊某學行醇固，諫諍有聲，請閑除職，累月懇辭，宜從其志，以勵廉退。'改徽猷閣待制。"（頁1139）由此可知，改徽猷閣待制在提舉西京崇福宮之後。姑繫於是年七月，存疑。案，待制，官命，北宋徽宗大觀二年（1108）置，從四品，屬侍從貼職，掌更直備顧問。

七月，作《向太中墓誌銘》。

本集卷三四《向太中墓誌銘》題下注"靖康元年"作，並云："公諱宗琦，字某，文簡之曾孫。……靖康元年六月七日，以疾終於正寢，享年六十有八。……諸孤將以是年七月某日葬公於豐臺村，狀公之行，請銘於余。余雖未及識公，而與其子遊，習聞其風舊矣，乃爲之銘。"（頁851~852）可知此銘或作於靖康元年七月。案，向太中即向宗琦，向子韶之父。

將離開封。有《上淵聖皇帝》乞選將練兵，乞爲《靖康會計録》。

本集卷一《上淵聖皇帝》云："臣伏望陛下明詔大臣，爲《靖康會計録》，……臣竊謂今日之急務惟政事之未修，邊陲戰守之未備，皆闕然不講，此臣之所深憂也。臣願陛下敦諭大臣，闊略細務付之有司，專務修政事，振軍律，練兵選將，爲戰守之備，庶乎綱舉而萬目自張矣。臣不勝幸望之至。"（頁9）可知此文作於提舉崇福宮之後將離京之時，乞請聖上專務修政事，爲戰守之備，乃爲《靖康會計録》。淵聖皇帝，即宋欽宗。《宋史》卷二三《欽宗本紀》云：靖康二年五月庚寅朔，"康王即位於南京，遙上尊號曰'孝慈淵聖皇帝'"[1]。

疑在開封。有《曹子華墓誌銘》《祭劉器之》《跋江民表與趙表之帖》。

黃譜云：靖康元年，"作《曹子華墓誌銘》《向太中墓誌銘》《跋江民表書簡》《祭劉器之》"（頁3408）。關於本集卷二八《祭劉器之》，劉器之即劉安世。《名臣碑傳琬琰之集》下卷一九《劉諫議安世傳》載："宣和七年六月戊午，承議郎直龍圖閣劉安世卒。安世，字器之。父航，神宗朝爲太僕卿，國史有傳。安世，熙寧六年登進士第，調洺州司法。……安世少師事司馬光，

---

[1] 脱脱等《宋史》，第2冊第436頁。

初仕，請於光曰：'願一言終身行之。'……有文集二十卷，《盡言集》十三卷，《資治通鑑音義》十卷。子伯英、伯廉、伯和。"[1] 案，劉安世卒於宣和七年（1125），楊時此文所作時間或爲當年，或爲劉卒後，不可考，姑依黃譜繫於是年。

本集卷二六《跋江民表與趙表之帖》，即黃譜所題《跋江民表書簡》。是文創作時間暫不可考，姑依黃譜繫於是年。

本集卷三四《曹子華墓誌銘》云："君諱璪，字子華。其先金陵人……今爲江陰人。靖康元年四月癸亥，以疾終於家，享年五十。……以是年某月壬辰葬於縣之順化鄉黃山之原。"（頁850）案，金陵，今江蘇南京；江陰，今屬江蘇。

欽宗靖康二年、宋高宗建炎元年丁未（1127），七十五歲

在毗陵。召赴揚州，除工部侍郎，辭。有文十篇。

在毗陵。五月一日，逢高宗登位，有《賀皇帝即位表》。

《宋史》卷二三《欽宗本紀》云：靖康二年五月庚寅朔，"康王即位於南京"[2]。《續宋中興編年資治通鑑》卷一載："丁未建炎元年，五月庚寅朔，即位於南京。大赦，改元。"[3]

本集卷三《賀皇帝即位表》云："寇氛逆天，痛二聖之播越；民心戴后，幸九廟之再安。中賀。"（頁58）可知乃二帝被擄，高宗即位之時。

七月十五日，令赴行在。二十一日，有《辭免召赴行在奏狀》，以疾辭免，旨不允。二十五日，有《申省狀》。

本集卷二《辭免召赴行在奏狀》題下注"七月二十一日，申省狀附後"，並云："右臣准尚書省劄子：奉聖旨令臣乘遞馬，疾速發來赴行在者。切念臣昨蒙淵聖皇帝誤恩，自諫省遷給事中。臣以衰老，久患腰膝，乘騎不便，

---

[1] 杜大珪編《名臣碑傳琬琰之集》，景印文淵閣《四庫全書》，臺灣商務印書館1986年版，第450冊第807～808頁。

[2] 脫脫等《宋史》，第2冊第436頁。

[3] 劉時舉撰，王瑞來點校《續宋中興編年資治通鑑》，中華書局2014年版，第1頁。

累表懇辭補外，蒙恩得請，除待制，提舉嵩山崇福宮。未及一年，伏遇皇帝陛下嗣登寶位。在臣子之分，義當入覲，況蒙促召，敢不奔走奉命？緣臣實以痼疾如舊，乘騎未得。伏望聖慈矜察，許臣免赴行在，臣見已乘舠起發，前去楚、泗間，聽候指揮。"（頁43）從此文可知，楊時辭赴行在因爲"痼疾如舊，乘騎未得"，然仍"乘舠起發，前去楚、泗間，聽候指揮"。而其後附《申省狀》記述日期及經過更詳："右某先於七月十五日准尚書省劄子：令乘騎赴行在。某昨蒙淵聖皇帝誤恩，除給事中。某以久患腰膝，乘騎不便，累表懇辭，得請，除待制、提舉西京嵩山崇福宮。主上即位，復蒙睿旨召赴行在。某爲舊疾未安，尋具前項因依，七月二十一日自常州附遞，奏聞辭免，不敢居家，坐待朝旨，仍一面乘船自去楚、泗州聽候指揮。今已到楚州日久，未蒙指揮。切念某犬馬之齒七十有五，加以痼疾間作，拜履俱艱，不任朝謁。謹具申尚書省，伏乞檢會前奏施行。"（頁44）

十二月，至揚州。

《續宋中興編年資治通鑑》卷一載："丁未建炎元年冬十月，上如揚州。""丁未建炎二年，春正月，上在揚州。"[1]説明建炎元年十二月高宗在揚州。又，楊時是年十二月二十六日除工部侍郎，因此至揚州應在十二月間，姑依黃譜繫於十二月。[2]

在揚州。十二月二十六日，除工部侍郎，有《辭免工部侍郎奏狀》。

《建炎以來繫年要録》卷一一載：建炎元年十有二月，"徽猷閣待制、提舉西京嵩山崇福宮楊時試尚書工部侍郎，時年七十五矣"[3]。《宋史全文》卷一六上載：建炎元年，"提舉西京嵩山崇福宮楊時試尚書二部侍郎"[4]。

本集卷二《辭免工部侍郎奏狀》題下注云"十二月二十六日"作，並指出十二月二十五日除工部侍郎之事："臣今月二十五日准尚書省吏房帖子，三省同奉聖旨，除臣工部侍郎，日下供職。聞命震驚，罔知所措。伏念臣犬馬之齒七十有五，衰病筋力不支，不足以任職。伏望聖慈追還成命，除臣一在外宮觀差遣，庶沾薄禄，畢此餘生，不勝幸願之至。"（頁45）

[1] 劉時舉撰，王瑞來點校《續宋中興編年資治通鑑》，第11、14頁。
[2] 黃譜云："十二月，至行在揚州。"（頁3408）
[3] 李心傳編撰，胡坤點校《建炎以來繫年要録》，中華書局2013年版，第1冊第295頁。
[4] 汪聖鐸點校《宋史全文》，第4冊第1074頁。

關於楊時除工部侍郎，黃譜記載由張浚論薦、汪藻草制的經過："二十六日，除工部侍郎。是時，張忠獻公浚爲殿中侍御史。高宗皇帝問曰：'今日除楊某爲工部侍郎，仕論如何？'張公對曰：'楊某厚德老成，學問該博，被遇兩朝，今日之除，甚慰士論。'高宗曰：'朕以其年德之高，不欲任以繁劇。起部優閑，故以處之。當令在經筵。'張公退以告。中書舍人張守以語公，内相汪公藻時當草制，故制語中有曰：'非貳卿崇獎，無以慰士夫之心；非起部優閑，無以寬耆艾之責。'蓋紀當日聖語也。"（頁3408）汪藻《浮溪集》卷一一收有此制即《待制楊時工部侍郎制》，云："朕不堪多難，思見老成。如升堂而聞簫韶，庶幾還風俗之厚；若入國而望喬木，有以知朝廷之尊。既得其人，當廑以秩。具官某言垂當世，名配前修。學必可行，得師友淵源之正；心無他慮，惟國家飢渴之憂。兹復綴於清班，將每詢於黃髮。雖閔勞以職事之劇，然重失此典刑之英。非貳卿崇獎，何以慰士大夫之心？非起部優閑，無以寬耆艾之責。勉留助朕，勿復言歸。"[1]

是年，有《與楊仲遠書》（共六篇）。

本集卷一六《與楊仲遠書》其一云："先帝睿聖，方將大有爲，而邊有凶變如此，固天下所同戚也。今天子即位，務在寬民。"（頁454）先帝"邊有凶變"，即遭遇靖康之難；"今天子即位"，即高宗即位立號建炎，可知此文作於建炎元年。姑將六篇均繫於此年，存疑。案，楊敦仁，字仲遠，登哲宗元符三年（1100）李常寧榜進士，元祐初任武平知縣；曾從游酢學。[2]

高宗建炎二年戊申（1128），七十六歲

在揚州。還寓毗陵，再還將樂。有文十四篇。

在揚州。正月，有《謝除工部侍郎表》《謝賜詔乞出不允表》《舉曾統自代奏狀》。

《續宋中興編年資治通鑑》卷一載："丁未建炎二年，春正月，上在揚州。"[3]

---

[1] 汪藻《浮溪集》，《叢書集成初編》，商務印書館1936年版，第2冊第132頁。

[2] 李清馥《閩中理學淵源考》卷一，景印文淵閣《四庫全書》，第460冊第22頁。

[3] 劉時舉撰，王瑞來點校《續宋中興編年資治通鑑》，第14頁。

本集卷三《謝除工部侍郎表》云："臣某言：准告除臣試尚書工部侍郎，仍賜對衣金帶者。賜環薦至，方力疾以造朝；出綍邊膺，敢辭難於就職？甄收甚渥，刻厲無窮。中謝。"（頁59）楊時建炎元年十二月二十六日除工部侍郎，有《謝除工部侍郎表》應在建炎二年正月左右。姑列於此。

本集卷三《舉曾統自代奏狀》列於《辭免工部侍郎奏狀》之後，應爲楊時辭工部侍郎職同時，推舉曾統自代此職。姑列於此。

本集卷三《謝賜詔乞出不允表》云："臣某言：伏蒙聖慈以臣乞除一在外宮官，賜詔不允者。綸言俯及，朽質生光。祗荷寵靈，惟深感涕。中謝。伏念臣親逢聖旦，叨被誤恩。毫無能爲，寢瘝職業。老不知止，有靦面顏。"（頁60～61）應作於上《辭免工部侍郎奏狀》而未獲允之後，姑列於此。黃譜亦可佐證："是年，有《謝工部侍郎賜對表》，又《謝賜詔乞出不允表》《謝侍講表》《謝龍圖閣直學士賜對衣金帶表》。又作《章端叔墓誌》《朝議張公墓誌》。有舉工部員外郎曾統自代。"（頁3409）

二月，轉朝散大夫。二月十五日，有《乞宮祠奏狀》其一。

黃譜云："二月，用覃恩轉朝散大夫。"（頁3048）姑依黃譜。

本集卷二《乞宮祠奏狀》其一題下注"建炎二年二月十五日"作，並云："右臣以凡庸之材，叨被誤恩，擢寘貳卿之列。顧雖糜捐，不足報稱。重念臣行年七十有六，素有足疾，拜履俱艱，日虞顛仆，觸事昏忘，難以任職。欲望聖慈矜恤，除臣一在外宮觀差遣，任便居住。"（頁46）

陛對，論自古賢聖之君應以典學爲務。

《建炎以來繫年要録》卷一一載："時入見，建言自古聖賢之君未有不以講學爲先務者，上深然之。"[1]《宋史全文》卷一六上載："時入見，首言自古聖賢之君未有不以講學爲先務者，上深然之。"[2]黃譜云："陛對，論自古聖賢之君，未有不以典學爲務，以君德在是故也。高宗深然之，除兼侍講。公乞修《建炎會計録》，乞恤勤王之兵，乞寬假言者。二月十五日，上章乞出，詔賜不允。"（頁3048）《本傳》云："高宗即位，除工部侍郎。陛對言：'自古聖賢之君，未有不以典學爲務。'除兼侍讀。乞修《建炎會計録》，乞

---

[1] 李心傳編撰，胡坤點校《建炎以來繫年要録》，第1冊第295頁。
[2] 汪聖鐸點校《宋史全文》，第4冊第1074頁。

恤勤王之兵，乞寬假言者。"（頁12743）

三月二日，有《乞宮祠奏狀》其二。

本集卷二《乞宮祠奏狀》其二題下注"三月二日"作，並云："重念臣犬馬之齒七十有六，筋骸衰瘁，心志眊昏，兩脛痿攣，日虞顛仆，故不避煩瀆之誅，再干天聽。伏望聖慈察臣誠懇，除臣一宮觀差遣，任便居住，庶沾薄祿，使垂盡之年，不至失所。"（頁47）

三月，除兼侍講，有《謝除侍講表》、《乞宮祠奏狀》其三。

《建炎以來繫年要錄》卷一四載：建炎二年三月，"尚書工部侍郎楊時兼侍講"[1]。《本傳》云："高宗即位，除工部侍郎。陛對言：'自古聖賢之君，未有不以典學爲務。'除兼侍讀。"（頁12743）《墓誌銘》亦云："上即位，除工部侍郎。論自古賢聖之君，未有不以典學爲務者，以君德在是故也。上然之。除兼侍講。二年，以老疾乞出，除龍圖閣直學士，提舉杭州洞霄宮。"（頁1139）

本集卷三《謝除侍講表》云："臣某言：准告除臣兼侍講者。叨奉宸綸，進陪經幄，寵榮過分，愧懼交並。中謝。伏念臣以垂盡之年，適多艱之際。濫竊不虞之譽，初非有用之材。疾病交攻，神志俱耗。日懷丘首之念，亟圖曳尾之安。"（頁61）雖謝除侍講，亦有辭免之意。

本集卷二《乞宮祠奏狀》其三題下注"兼辭免侍講"，並云："右臣以老病上干天聽，乞一宮祠差遣，未賜俞允。方欲再具陳情，伏蒙聖恩除臣兼侍講。聞命驚惶，無所容措。伏念臣逮事淵聖皇帝，復侍經席。臣以衰病，目昏不能遠視，足弱不能久立，辭免職任。蒙淵聖皇帝矜憫，除臣提舉西京嵩山崇福宮，任便居住。今已逾三年，精神昏眊，手足攣瘁，又甚於前日，豈敢冒貪寵榮，復居此職？伏望聖慈察臣誠懇，追還成命，除臣一宮觀差遣，以安愚分。"（頁47~48）

四月六日，有《乞宮祠奏狀》其四，未獲允。十五日，有《乞宮祠奏狀》其五，遂罷工部侍郎兼侍講。十九日，除龍圖閣直學士，提舉杭州洞霄宮，有《辭免龍圖閣直學士奏狀》，不獲允，有《謝除龍圖閣直學士表》。請朝廷恩准八閩山無米地無租，聖旨即准。自揚州還，復寓毗陵。

---

[1] 李心傳編撰，胡坤點校《建炎以來繫年要錄》，第1冊第343頁。

本集卷二《乞宮祠奏狀》其四題下注"四月六日"（頁48）。《乞宮祠奏狀》其五題下注云"十五日"作此狀，並云："右臣今月十三日准尚書省劄子，臣乞宮觀差遣，聖旨不允者。"（頁49）說明四月六日乞宮祠，十三日聖旨不允，十五日再作此狀。

《御批歷代通鑑輯覽》卷八三載：建炎二年夏四月，"工部侍郎兼侍講楊時罷。……以老連章丐外，遂以龍圖閣直學士提舉洞霄宮"[1]。《建炎以來繫年要錄》卷一五載："建炎二年夏四月戊辰，尚書工部侍郎兼侍講楊時以老疾求去，章四上。既而，除龍圖閣直學士，提舉杭州洞霄宮。"其後注云："時之罷，日曆不書。工部題名二年八月除知台州。案，時文集《乞出第四劄子》注云：四月十五日上。故且附此，俟考。"[2]《御批續資治通鑑綱目》卷一二載：建炎二年夏四月，"工部侍郎兼侍講楊時罷"。其後注云："帝初即位，除時工部侍郎。陛對，言'古聖賢之君未有不以興學爲務者'。除兼侍講，以老連章丐外，遂以龍圖閣直學士提舉洞霄宮。時在東郡所交，皆天下士。先達陳瓘、鄒浩皆以師禮事時，既渡江東南，學者推時爲'程氏正宗'。"[3]從上文可知，楊時除龍圖閣直學士提舉洞霄宮時間在四月十五日後，姑依黄譜繫於四月十九日。[4]

本集卷二《辭免龍圖閣直學士奏狀》云："右臣伏准尚書省劄子，奉聖旨，除臣龍圖閣直學士、提舉杭州洞霄宮者。"（頁50）本集卷三《謝除龍圖閣直學士表》云："伏奉告命，除臣龍圖閣直學士，依前朝散大夫、提舉杭州洞霄宮，仍賜對衣金帶者。……敢不益堅晚節，上副深仁？雖餘齡無路以效勤，而圖報尚期於結草。"（頁62～63）此表已表達效勤決心，應在接受龍圖閣直學士職後所作，因此應作於《辭免龍圖閣直學士奏狀》之後。

毛譜記載楊時乞致仕、高宗勉勵并除其龍圖閣直學士及賜衣、賜銀及官絹情況："有旨，令先生乘騎赴用。先生具辭。乞致仕。高宗曰：'卿雖年老，精力未衰，才高德厚，計智明辯，謀爲有聲。朕不允其退。'又具辭。遂除

---

[1] 傅恒等《御批歷代通鑑輯覽》，景印文淵閣《四庫全書》，第338冊第407頁。

[2] 李心傳編撰，胡坤點校《建炎以來繫年要錄》，第1冊第363頁。

[3] 商輅等《御批續資治通鑑綱目》，景印文淵閣《四庫全書》，第693冊第458頁。

[4] 黄譜云："（建炎二年）四月六日，復申前請，不允。四月十五日，再入奏。十九日得旨除龍圖閣直學士，提舉杭州洞霄宮。公具辭免，不允。公還自維揚，復寓毗陵。"（頁3408～3409）

龍圖閣直學士，提舉杭州洞霄宮。賜對衣金帶紫金魚袋。先生上表謝辭。又賜官絹三百匹，白銀三百兩以養餘年。先生辭。惟懇乞恩惠於八閩山無米地無租。聖旨即准，永爲優免。至今閩人思之。"（頁72～73）張譜云："四月十九日除龍圖閣直學士，提舉杭州洞霄宮，賜對衣金帶紫金袋。遂還自維揚，復寓毗陵。"（頁194）

在毗陵。作《章端叔墓誌銘》。

　　本集卷三五《章端叔墓誌銘》云："公諱甫，字端叔。……崇寧五年六月八日，以疾終於平江府之私第，享年六十二歲。以其年十二月十六日，葬於吳縣長山鄉仕墟道士塢之原。建炎之初，其子憲不遠數舍詣毗陵踵吾門而告曰：'先君之亡二十有餘年矣，而無幽堂之銘，其盛德中行，恐遂泯没無傳焉，敢以是請。'久之，余未暇作也。又遭母夫人之喪，復以書抵余，而請之益至。余雖不及見公，而公之子憲、悉從余遊，義不得辭也。乃爲銘，使歸而揭諸墓上。"（頁864～865）是銘有"其子憲不遠數舍詣毗陵踵吾門"，且章甫爲吳縣（今江蘇蘇州）人，此銘應作於寓毗陵時。黄譜亦繫於是年。[1]

十一月，自毗陵還將樂。

　　黄譜云："冬十一月，公自毗陵還南劍之將樂。"（頁3409）毛譜亦云："冬十一月，先生還南劍之鏞州。"（頁72）案，鏞州即將樂舊稱。

在將樂。十二月，作《樞密曹公墓誌銘》《周憲之墓誌銘》。

　　本集卷三七《樞密曹公墓誌銘》云："建炎二年十二月丙辰葬於某縣治東崇安洲先塋之右。……既葬，其孤不遠數舍來請銘，乃爲之銘。"（頁914）可知作於建炎二年十二月，而黄譜誤繫於建炎三年。

　　本集卷三六《周憲之墓誌銘》云："公諱武，字憲之，姓周氏。……今爲浦城人。……轉朝請大夫致仕，遂薨於揚州官舍，實建炎二年八月十六日也，享年五十有三。……先是，公二年前卜地於平江府吳縣太平鄉楞伽山……至是某等以建炎二年十二月二十二日壬寅奉公之喪而葬焉，承先志也。昔公任中司，嘗舉余爲代，是爲知余。及在維揚，同省，又同侍經筵，故知公爲詳。今其孤不遠千里狀其行，請銘於余，余何可辭？乃掇其大概而爲之銘。"

[1] 黄譜云："（是年）又作《章端叔墓誌》。"（頁3409）

（頁 880）可知此銘作於建炎二年十二月。"今其孤不遠千里狀其行，請銘於余"，既言千里，即極言福建將樂與江蘇吳縣相隔之遠。黃譜云，是年又作《朝議張公墓誌銘》，此處有誤，《朝議張公墓誌銘》即《張安時墓誌銘》，作於建炎三年。

高宗建炎三年己酉（1129），七十七歲

在將樂。有文七篇。

在將樂。春，作《與吳守書》（共二篇）。

　　文見本集卷二二。《楊時故里行實考》云："書云：'苗、劉陷溢亭，則建城逼矣。'由此知之，此在苗、劉作亂尚未逼城之際，按張譜云應爲建炎三年春，故次之。"[1] 案，苗、劉作亂，指建炎三年苗傅、劉正彥發動的兵變。

四月，作《賀復辟表》。

　　關於《賀復辟表》，本集卷三林海權注云："《宋史》卷二五高宗建炎三年云：'夏四月戊申朔，太后下詔還政，皇帝復大位。'復辟，即恢復君位。"（頁 59）可推斷《賀復辟表》作於四月皇帝復大位時。

十一月，有《張安時墓誌銘》。

　　本集卷三七《張安時墓誌銘》云："公諱駕，字安時，姓張氏。……中熙寧九年進士第……自宣德郎九遷爲朝議大夫，以疾終於正寢，實建炎二年八月念九日也。……明年，其孤將以十一月初五日葬公於湖山之陽先塋之左，以右正言廖公剛之狀來請銘，余於公有同年之契，朋友之恩，義不得辭。乃爲之銘。"（頁 905～907）可知，此銘或作於建炎三年十一月。

是年，作《楊氏家譜敍》《與吳大卿書》《祭陳立道》。

　　《楊時故里行實考》云："（《楊氏家譜敍》）從敍云'掛冠回梓'知，此敍乃還龜山故居後之作，姑次之己酉。……（《與吳大卿書》）云'聞隆祐六宮，先往江表'，尚未到虔州，推之，疑此作於己酉。"[2]

　　本集卷二八《祭陳立道》云，陳立道爲"吾外祖"（頁 745）之族後。其

---

[1] 林海權、胡鳴編著《楊時故里行實考》，第 244 頁。
[2] 林海權、胡鳴編著《楊時故里行實考》，第 243～244 頁。

卒年不可考，姑依黄譜次之建炎三年。

高宗建炎四年庚戌（1130），七十八歲

在將樂。以龍圖閣直學士致仕。有文十二篇。

在將樂。四月，有《乞致仕奏狀》。

《墓誌銘》云："四年，上章告老，從之。"（頁1139）本集卷二《乞致仕奏狀》題下注"建炎庚戌"，並云："右臣昨蒙誤恩擢寘貳卿之列，老病不足以任職，冒聞天聽，竊冀祠宮之禄，畢此餘生。伏蒙陛下睿慈矜憫，俞其所請，仍加延閣之命。顧臣何人，有此遭遇，捐軀未足報稱。坐縻餼廩，已逾二年。方時艱難，而薾然衰瘵，力不能自效，疚心靦顔，無所容措。伏乞守本官致仕，以安愚分。"（頁50）文中有"坐縻餼廩"，即任龍圖閣直學士；"已逾二年"，即從建炎二年四月十九日除龍圖閣直學士、提舉杭州洞霄宮，任職超過兩年。因此，此文應作於建炎四年四月十九日後，姑繫於是年四月。宋神宗時，開始允許職事官都帶原職致仕。因此有"乞守本官致仕"之説。《宋史》卷二八《高宗本紀五》載："（紹興五年四月）龍圖閣直學士致仕楊時卒"[1]，可知是以龍圖閣直學士致仕。

夏，有《與許高老書》。

《楊時故里行實考》云："張譜云，苗、劉作亂於建炎三年。由書（《與許高老書》）云'去年苗、劉焚劫浦城、邵武'知，此書作於建炎四年。又，由書云'傷暑濕'知，作於建炎四年夏。"[2]

八月四日，作《沙縣陳諫議祠堂記》。

本集卷二四《沙縣陳諫議祠堂記》云："建中之初，右司諫陳公瑩中論蔡氏兄弟，忤旨，竄嶺表。……建炎四年八月四日龍圖閣直學士朝散大夫楊時記。"（頁635～636）沙縣陳諫議，即陳瓘。《陳瓘年譜》云：靖康元年二月十七日，"追贈陳瓘爲右諫議大夫，沙縣民於縣庠爲祠堂以奉之"[3]。

[1] 脱脱等《宋史》，第2册第520頁。
[2] 林海權、胡鳴編著《楊時故里行實考》，第245頁。
[3] 張其凡、金强《陳瓘年譜》，《暨南史學》第1輯，暨南大學出版社2002年版，第127頁。

有《與李泰發書》（共四篇）。

　　本集卷二二《與李泰發書》共四篇，均記録金兵南下、福建天災不斷、物資吃緊之事，應爲同一時期所作。據《靖康要録》卷三載：靖康元年三月四日，“李光除侍御史，日下供職”[1]。又據《建炎以來繫年要録》卷二二載：建炎三年四月，“朝奉郎主管西京嵩山崇福宫李光試侍御史”[2]，侍御史之職與“復在言路”相合，所以《與李泰發書》其一有“去歲初聞被召，復在言路”之説。再考其三有“某去歲夏初還至敝廬”之謂，而建炎三年楊時還龜山之故居；因此，此四書應作於建炎四年，除其一有“春深”之語，其他皆不詳月份，姑次於此。案，李光（1078—1159），字泰發，浙江上虞人，師事劉安世。徽宗崇寧五年（1106）進士。論事切至，被貶。高宗時累擢吏部侍郎，參知政事。卒謚莊簡。宋史有傳。[3]

十一月，轉朝請大夫，以龍圖閣直學士致仕，有《謝轉官致仕表》。

　　楊時轉朝請大夫、依前龍圖閣直學士致仕時間不可考，姑依黄譜。[4]

　　本集卷三《謝轉官致仕表》云：“致兹駑乘之已疲，亦獲敝帷而不棄。雖謳吟藪澤，阻陪獸舞於虞庭；涵泳恩波，奚異魚潛於文沼？容身有地，圖報無階。”（頁63）是表應作於致仕之後不久，姑依黄譜次於是年十一月。

是年，有《答傅子駿書》《與執政書》《與李提刑書》《與劉希範書》。

　　此處依《楊時故里行實考》。《楊時故里行實考》云：“（《答傅子駿書》）云‘去年松溪、甌寧餘黨未殄’知，此書作於建炎四年。……（《與執政書》）云：‘比年建、劍、臨汀、邵武四郡，爲群凶焚劫，蕩盡無孑遺，而將樂爲尤甚。’黄譜次建炎二年，顯誤。疑作於建炎四年。……（《與李提刑書》）乃請李提刑追捕寇亂餘黨書。書云：‘某閑居，不當僭議及此。……累年避盜流徙，無一日得安其居，今方少寧，尤一或致生事，則敝鄉先被其害，故

[1]《靖康要録》，景印文淵閣《四庫全書》，第329冊第485頁。

[2] 李心傳編撰，胡坤點校《建炎以來繫年要録》，第2冊541頁。

[3] 張撝之等主編《中國歷代人名大辭典》，第890頁。

[4] 黄譜云：“居鄉。上章告老。十一月准告轉朝請大夫，依前龍圖閣直學士致仕，有《謝轉官致仕表》。”（頁3409）

輒以浼聞。’由此觀之，似作於建炎四年。……（《與劉希範書》）云‘欲乘桴爲閩之行’及‘隆祐在虔’知，時爲建炎四年，故次之。”[1]

宋高宗紹興元年辛亥（1131），七十九歲

在將樂。有詩一首、文六篇。

在將樂。二月，作《跋了翁書温公解禪偈》《跋富文二公帖》《跋道鄉帖》，《贈程舍人近侍入閩》詩。

以上諸詩文創作時間不可考，此處依黄譜：“居鄉。二月，《跋了翁書温公解禪偈》《跋文富二公帖》《跋道鄉先生帖》《贈程舍人近侍入閩》詩。”（頁 3049）毛譜亦如是載。案，《跋文富二公帖》，本集題爲《跋富二公帖》。又案，富指富弼，字彦國，河南洛陽人。仁宗時舉茂材異等，兩度出使契丹，力拒割地要求。拜中書門下、平章事，與文彦博並相，天下稱“富文”。英宗朝，爲樞密使，封鄭國公。熙寧中致仕。卒謚文忠。[2] 文指文彦博，字寬夫，汾州介休（今屬山西）人。天聖進士。歷事仁宗、英宗、神宗、哲宗四朝，任將相近五十年。封潞國公。有《潞公集》。[3]

是年，有《與秦丞相書》、《答李叔易書》（共二篇）。

《楊時故里行實考》云：“（《與秦丞相書》）云，某自還家，‘兩年避地奔竄’，以建炎二年還將樂計，應爲建炎四年。然《宋史》卷二六《高宗本紀三》云，秦檜入相爲紹興元年，故次之辛亥。”“（《答李叔易書》）關注時事，與李泰發書近是，所言之事恰介於書一至書二之間，疑爲建炎四年所作。書二不言及時事，乃朋遊間寒暄，所作時日應在致仕返鄉後，詳不可考。姑從文集之次，次於辛亥。”[4]

---

[1] 林海權、胡鳴編著《楊時故里行實考》，第 245 頁。

[2] 脱脱等《宋史》卷一一三《富弼傳》，第 29 冊第 10249～10258 頁。

[3] 脱脱等《宋史》卷一一三《文彦博傳》，第 29 冊第 10258～10264 頁。

[4] 林海權、胡鳴編著《楊時故里行實考》，第 247 頁。

高宗紹興二年壬子（1132），八十歲

在將樂。有詩一首、文四篇。

在將樂。三月，有《答張子韶書》。

本集卷二二《答張子韶書》題下注"紹興二年三月"作，並云："廷對
自更科以來未之有，非剛大之氣，不爲得喪回屈，不能爲也，三復欽歎。公
之名德已簡在君相，不日當有異用，必不久淹於外。"（頁592）《宋史全文》
卷一八上云：紹興二年三月，"龍圖閣直學士致仕楊時遺九成書曰：'廷對自
中興以來未之有，非剛大之氣，不爲得喪回屈，不能爲也。'"[1]《建炎以來
繫年要錄》卷五二載：紹興二年三月，"龍圖閣直學士致仕楊時遺九成書曰：
'廷對自更科以來未之有，非剛大之氣不爲，得喪回屈不能爲。'九成，故樞
密直學士鑑曾孫"[2]。

胡安國作書薦楊時。有《答胡康侯書》其八。

《伊洛淵源録》卷一〇載胡安國《與宰相書》曰："龍圖閣直學士致仕楊
公時，造養深遠，燭理甚明，混迹同塵，知之者鮮，行年八十，志氣未衰，
精力少年殆不能及。上方嚮意儒學，日新聖德，延禮此老，置之經席，朝夕
咨訪，裨補必多。至如裁決危疑，經理世務，若燭照數計而龜卜，又可助相
府之忠謀也。"[3]

本集卷二〇《答胡康侯書》其八云："承示問政事先後緩急之序，與夫
要領所在，某自視昏耄，何足以知之？以公積學之久，經綸之業皆素所壓飫
者，乃下詢於陳腐陋儒，非公不以賢自挾，樂取諸人以爲善，何以有此？三
復來貺，欽歎無已。然厚意不可以虛辱。試誦其所聞，惟寬明不以僭瀆爲罪，
則萬萬幸甚！"（頁546）是書即黃譜所謂《答胡給事問政事先後緩急書》，姑
依黃譜次之於是年。

作《忠毅向公墓誌銘》《跋諸公與徐仲車詩冊》及《送嚴尉》詩。

本集卷三五《忠毅向公墓誌銘》云："遂見害，時年五十，實（紹興）

[1] 汪聖鐸點校《宋史全文》，第4冊第1262頁。
[2] 李心傳編撰，胡坤點校《建炎以來繫年要錄》，第1冊第1079頁。
[3] 朱熹《伊洛淵源録》，景印文淵閣《四庫全書》，第448冊第497頁。

二年二月二十二日也。其孤將以某年月日葬公於某所某原，以通判潼川府朱震之狀來請銘。……乃敘而銘之。"（頁 867）

本集卷二六《跋諸公與徐仲車詩冊》云："紹興二年，其子安道來尉吾邑，一日踵吾門，出諸公與先生往還詩書示余，求言以刻諸石。"（頁 708）

《送嚴尉》，黃譜繫於是年，姑從之。

高宗紹興三年癸丑（1133），八十一歲

在將樂。有著述三種。有文十六篇。

在將樂。《三經義辨》《日錄辨》《字說辨》成書。

關於《三經義辨》，本集卷二〇《答胡康侯書》其九云："和卿誌文，深愧鄙拙，不足以發揚其美，蒙公見與，可以塞責矣。《三經義辨》已成書，俟脫稿即附去，以求參訂也。"（頁 552）因此，《三經義辨》作於《忠毅向公墓誌銘》之後。和卿即向子韶，紹興二年，楊時作《忠毅向公墓誌銘》。姑依黃譜次《三經義辨》於紹興三年。案，神宗熙寧八年（1075）六月，頒布王安石撰《毛詩義》《尚書義》《周官新義》，稱爲《三經義》，或稱《三經新義》。

關於《日錄辨》《字說辨》，本集卷二〇《答胡康侯書》其十云："荊公黜王爵，罷配享，謂其所論多邪說，取怨於其徒多矣。此《三經義辨》，蓋不得已也。如《日錄》《字說》亦有少論著，然此事不易爲，更須朋友參訂之也。今粗已成書，更俟審詳脫稿，即繕寫附去也。"（頁 553）可知《日錄辨》《字說辨》作於《三經義辨》之後，姑次之於紹興三年。案，《日錄辨》《字說辨》，本集題爲《王氏神宗日錄辨》（共三十二條）、《王氏字說辨》（共二十八條）。

十月，章才邵來問學。

毛譜載此事，前有小引，後有記述，小引云：紹興三年十月，"建安章才邵來問學"。記述云："章公紹興中，爲瀏陽縣令，距先生時六十六年矣。縣遭兵火，遺迹靡存。先生昔所作歸鴻閣，亦已頹廢，惟石刻尚在。章公就

廢址，復創小閣。繪先生之像於其上，因取胡文定公所作墓誌銘，撮其事之大者，刻於石。併其昔日所聞於先生者附焉。"是條下引章才邵《瀏陽石刻》云："初謁先生於龜山之故居。先生年八十一矣。著帽衣袍而出，神清氣和，望之固知其爲仁厚君子也。才邵因投贄求教，且請納拜講師弟子禮。先生辭，力請方允。既而叩之曰：'才邵晚進小生，久仰大名。今此爲道而來，敢問孔、孟之所傳，學者之所當學？'先生誨熟讀《論語》。請益，曰：'將論仁處子細玩味，如非禮勿視、勿聽、勿言、勿動，出門如見大賓，使民如承大祭之類，皆須躬行之。'邵又曰：'斯即謂之仁乎？'先生曰：'此乃求仁之方，仁則未易言也。'邵退而憩龜山僧舍，見窗壁間多題卦名，及訓釋爻象。詢之，僧云：'先生與其壻陳公幾叟寓此，講《易》時所題也。'留三宿，凡四見而歸。臨別，先生謂才邵曰：'僕老矣，待盡山林，子方青春，南北靡定，恐不復見，願力學自愛。'才邵愀然，爲之動心，對曰：'荷先生至誠發藥，罔敢棄墜。'既歸，再越月馳書，候先生安否。且問先生云：'子在齊聞韶，三月不知肉味，而河南先生，謂恐是"音"字。訛而爲"三月"。'又謂：'小人之《中庸》脫一"反"字。不知果可增改否？'先生書答曰：'承質所疑，蓋河南之意，以謂聖人胸中無留物，不應忘味至於三月，故疑"音"字之訛。古今文書訛舛非一，如韓文舊本曰"日我其間"，今曰"吟哦"，《尚書》監本曰"敢對揚天子休命"，今本曰"之休命"，但於理無礙皆可，不必拘泥也。'"（頁80～85）

是年，尚書廖剛來問學。

此處依毛譜：紹興三年，"尚書廖公剛來問學。廖公質先生以治心修身之術。先生以舜蹠一意使剛求之。剛退，謂門人曰：'此亦易曉耳。先生乃以此爲問，何也？'門人曰：'何不以子意之所解者，爲先生言之。'剛即入求見。先生曰：'子何來之數也？'曰：'適先生所問，剛已得之矣。'先生喜曰：'子何其敏也，盍爲我言之。'剛曰：'自早至暮，孜孜爲美事者，舜之徒也。'先生曰：'子其詳之，不可忽也。吾恐子誤以利作善會耳。其謹思之。'"（頁80～81）案，廖剛（1070—1143），字用中，號高峰居士，南劍州順昌人。少從陳瓘、楊時學，登崇寧五年（1106）進士。一生親歷兩朝，歷任刑部侍郎、御史中丞、工部尚書。力主抗敵禦侮，剛正不阿，忠直抗言。

世稱"道南高弟，紹興名臣"。紹興十三年卒。[1]

有《答胡康侯書》其五、其六、其七、其九、其十。

本集卷二〇《答胡康侯書》其五云："承示及《春秋事實》，鄙意猶有疑者。"（頁541）爲質正《春秋傳》之内容，姑依黄譜繫於是年。

本集卷二〇《答胡康侯書》其六云："故三代之時，惟夏爲正，謂《春秋》以周正紀事是也。正朔必自天子出，改正朔恐聖人不爲也。若謂以夏時冠月，如定西元年冬十月隕霜殺菽，若以夏時言之，則十月隕霜，乃其時也，不足爲災異。周十月乃夏之八月，若以夏時冠月，當曰秋十月也。正朔如建子丑也，雖用夏時月，不可謂改正朔。鄙意如此，公試思之如何。如未中理，更希疏示，以開未悟。"（頁543）所記爲回復胡安國《春秋》正朔之事，姑依黄譜繫於是年。

本集卷二〇《答胡康侯書》其七云："聖學不明，士志於道者往入泪於世習而不知……乃今得康侯，蓋知衰老之有望也。"（頁545）此書應爲與胡安國論聖學（即《春秋》）後欣然有所感，姑依黄譜繫於是年。

本集卷二〇《答胡康侯書》其九云："《伊川先生語錄》在念未嘗忘也。但以兵火散失，收拾未聚。舊日惟羅仲素編集備甚，今仲素已死於道途，行李亦遭賊火，已託人於其家尋訪，若得五六，亦便下手矣。和卿志文深愧鄙拙，不足以發揚其美，蒙公見與，可以塞責矣。《三經義辨》已成書，俟脱稿即附去，以求參訂也。近因傷冷，嗽大作，累日不能興。昨日方稍平，然飲食猶未復常，倦甚，作書不及一一。"（頁552）此書爲黄譜所謂"復文定囑編集《二程先生語録》書"，且有"《三經義辨》已成書，俟脱稿即附去，以求參訂也"，與黄譜所記相符，姑繫於是年。

本集卷二〇《答胡康侯書》其十云："荆公黜王爵，罷配享，謂其所論多邪説，取怨於其徒多矣，此《三經義辨》，蓋不得已也。如《日録》《字説》亦有少論著，然此事不易爲，更須朋友參訂之也。今粗已成書，更俟審詳脱稿，即繕寫附去也。"（頁553）姑依黄譜繫於是年。

---

[1] 脱脱等《宋史》卷一一三《廖剛傳》，第33冊第11590～11592頁。

有《與李丞相書》（共二篇）、《鄒公侍郎奏議序》、《與鄒德久書》（共二篇）、《答曾元忠書》（共三篇）。

本集卷二二《與李丞相書》文後注云："題下各本無'名綱'二字。今補。張譜云：'高宗紹興三年癸丑，公年八十一，居鄉，有《與李伯紀書》。'按，伯紀是李綱的字。李綱，宋邵武人。政和二年進士。靖康元年任尚書右丞，堅主抗金，被罷。高宗即位，復爲相，力圖恢復，復被罷。卒謚忠定。有《梓溪集》。《宋史》有傳。"（頁603）

《楊時故里行實考》云："《鄒公侍郎奏議序》，序云：'紹興三年，其子柄集公之奏議一編，屬余爲敘。……其事之本末，皆余年親聞所見，故詳著之。'由此知之，此序作於癸丑。""（《與鄒德久書》）其一：'先公《奏議序》納去……'其二：'相別之久，特蒙枉顧……'鄒德久，乃鄒浩之子柄也。書一云：'先公《奏議序》納去。'由此知之，在《鄒公侍郎奏議序》之後所作。書二云：'聞違忽復累月，比日不審爲況何如？'由此知之，收二承書一累月後所作，故亦次之癸丑。"[1]

《楊時故里行實考》云："（《答曾元忠書》）其一：'先公道學行義……'其二：'自返鄉……'其三：'先公行述……'書一、書三皆云，先公行述，不足以發揚德美，由此知之，三書俱作於先公行述之後，故亦次之癸丑。"[2]

作《樞密鄭公墓誌銘》《曾文昭公行述》《南劍州陳諫議祠堂記》。

本集卷三七《樞密鄭公墓誌銘》云："建炎三年七月戊子，樞密鄭公薨於位。其子璵將以紹興三年十一月乙巳葬公於建州城衛紫芝山，以書屬予銘。"（頁919）姑依黃譜次於此年。

本集卷二九《曾文昭公行述》云："諸孤卜以（大觀）二年十一月，葬公於南豐縣世賢鄉梅潭之原，遵治命也。……公歿逾二十年，今天子即位，盡還元祐貶死人官職，復公龍圖閣學士。紹興二年，賜謚文昭。公久在論思之職，參訂國論，獻替爲多。兵火之餘，朝廷載籍焚滅殆盡，雖至言顯行著在天下，然日月逝矣，恐浸久或失其傳，故掇其大節而詳著之，以備異日史氏採録焉。"（頁752）此文當在紹興二年賜謚之後，依黃譜次於此年。

---

[1] 林海權、胡鳴編著《楊時故里行實考》，第249頁。
[2] 林海權、胡鳴編著《楊時故里行實考》，第250頁。

《陳瓘年譜》云："紹興年間，知南劍州周綰於州學立陳瓘之祠，楊時《龜山集》卷二十四有《南劍州陳諫議祠堂記》。"[1] 本集卷二四《南劍州陳諫議祠堂記》云："延平舊有學，負城之隅，抗西山之巔，士之肄業於其中者無虛室。建炎四年爲賊所焚，知州事劉侯子翼視舊址險而隘，故遷之城南，就夷曠也。方經始，未及成而去。今太守周侯綰之來也，市材鳩工，以終其事，教授石君公徹實董其役。二人相與協力成之，又即其西偏立諫議陳公塋中之祠，歲時從祀焉。堂成，屬予爲記。"（頁638）從本文可知，州學於建炎四年（1130）爲賊所焚，知州事劉子翼遷建並於其西建陳瓘祠堂，到建成約三四年，姑依黃譜記於此年。

高宗紹興四年甲寅（1134），八十二歲

在將樂。有文十三篇。

在將樂。胡安國自衡陽寄《伊川語録》寫本二冊。

本集卷二〇《答胡康侯書》其十一云："蒙寄示二冊，尤荷留念。然茲事體大，雖寡陋不敢不勉，近因閲《三經義》，見有害義理處，略爲之著論，以正王氏之失。蓋嘗論之於朝，去其王爵，罷配享，後生晚學未必知其非也，姑欲終此一事。書成，未脱稿，款曲當録以納去取正左右，庶可傳遠也。"（頁553）文中有"蒙寄示二冊，尤荷留念"，與黃譜所載相符[2]，姑繫於是年。

有《答胡康侯書》其十一至其十七。

因楊時卒於紹興五年二月，《答胡康侯書》其十一至其十七均作於卒前，姑繫於是年。

有《答蕭子莊書》（共三篇）、《跋了翁責沈》《跋溫公與劉侍御帖》《跋鄒公送子詩》。

本集卷二一《答蕭子莊書》其一云："老朽文思衰落，重蒙以殿記見屬，

---

[1] 張其凡、金强《陳瓘年譜》，《暨南史學》第 1 輯，暨南大學出版社 2002 年版，第 127 頁。

[2] 黃譜載："居鄉。胡文定自衡陽寄《伊川語録》寫本二冊，公答書。有《答蕭子莊求作浦城文宣王殿記書》《跋了翁責沈》《侍郎鄒公奏議集序》《跋溫公與劉侍御帖》《跋鄒公送子詩》《祭陳子通文》。"（頁 3410）

不欲因違厚意，辭鄙意陋，不足以傳遠，徒負愧耳。"（頁 587）姑依黄譜次於是年。《答蕭子莊書》其三有"歲暮寒劇"（頁 589）之謂，因此應作於是年冬，《答蕭子莊書》其二亦應作於是年。案，蕭顗，字子莊，宋建寧府浦城縣人。以孝聞。與李郁、陳淵、羅從彥同受業於楊時。後爲清流（今屬福建）主簿，終歲而終。朱松嘗師之。[1]

《跋了翁責沈》《跋溫公與劉侍御帖》《跋鄒公送子詩》三文無考，姑依黄譜次於是年。案，黄譜云是年有《侍郎鄒公奏議集序》，應即前文所考作於紹興三年的《鄒公侍郎奏議序》。

又案，黄譜載有《祭程子通文》，毛譜題《陳子通文》，查《龜山集》各本均無此文，存疑。

高宗紹興五年乙卯（1135），八十三歲

居將樂。以疾終。有文一篇。

居將樂。二月，作《浦城縣重建文宣王殿記》。

本集卷二四《浦城縣重建文宣王殿記》云："經始於四年中夏，落成於秋七月。……既而邑之士蕭顗，以吳侯之書走吏詣予，求文以爲記。"（頁 641）文宣王殿成於紹興四年秋七月，不久，蕭顗求作記。本集卷二一《答蕭子莊書》其三云："歲暮寒劇……示諭殿記，第恨老病，文思衰落，不足傳遠耳。事稍定，試勉爲之，有便附去，希照悉。"（頁 589）此書作於紹興四年冬，而此時楊時還未給文宣王殿作記，只云"事稍定，試勉爲之"，此記應作於明年即紹興五年，姑依黄譜繫於紹興五年二月。

三月十五日，與諸友相地於鏞州之南山。

此處依毛譜："三月望日，先生與諸友相地於鏞州之南山。"（頁 87）張譜亦如是載。

四月二十三日，與李綱論性善之旨。

此處依毛譜："四月二十三日，與忠定公李綱論性善之旨。"（頁 87）

---

[1] 張撝之等主編《中國歷代人名大辭典》，第 2102 頁。

四月二十四日晨，以疾終。

　　吕本中《行狀》云："忽一日，以疾終於正寢，時紹興乙卯四月二十四
也。距其生皇祐癸巳十一月二十五日，春秋八十有三。"（頁1150）《墓誌銘》
載其卒年月日情況："紹興五年四月二十四日，終於正寢，享年八十有三。
葬本邑西山之原。"（頁1139）《資治通鑑後編》卷一一〇載：紹興五年夏
四月，"是月龍圖閣直學士致仕楊時卒，年八十三"[1]。《建炎以來繫年要
錄》卷八八載：紹興五年四月，"龍圖閣直學士致仕楊時卒，年八十三"[2]。
黄譜記錄甚詳："四月二十四日，以疾終於正寢。公於三月得脚氣疾。繼而
喘嗽，然亦未嘗伏枕。至四月中，疾勢雖稍增，而起居飲食如常。二十三
日，與刪定李公談論如平日。二十四日晨興，盥漱，諸子侍側，公語言不
覺有異。粥罷，再就枕，視之，則公已逝矣。享年八十有三。"（頁3410）張
譜亦如是載。

**六月三日，起居郎朱震言令本家抄録並進楊時《三經義辨》。上詔有司取《三
經義辨》，賜楊家銀帛二百匹兩。**

　　《紹興三經義辨・辨學》載："紹興五年六月三日己巳，起居郎朱震言故
龍圖閣學士楊時所著《三經義辨》，請令本家抄録投進書目《三經義辨》十
卷，辨王安石書《詩周禮三經義》之失。"[3]《資治通鑑後編》卷一一〇載：
紹興五年，"起居郎兼侍講朱震言時：學有本原，行無玷缺，進必以正，晚
始見知其所撰述，皆有益於學者。詔有司取時所著《三經義辨》，賜其家銀
帛二百匹兩。後諡文靖"[4]。《建炎以來繫年要錄》卷八八載：紹興五年四月，
"龍圖閣直學士致仕楊時卒，年八十三。起居郎兼侍講朱震言時學有本原，
行無玷闕，進必以正晚，始見知嘗排邪説以正天下學術之誤，辨誣謗以明宣
仁聖烈之功，雪冤抑以復昭慈聖獻之位，據經論事不愧古人。其所撰述皆有
益於學者，詔有司取時所著《三經義辨》賜其家銀帛二百匹兩"[5]。

[1]　徐乾學《資治通鑑後編》，景印文淵閣《四庫全書》，第344冊第1708頁。
[2]　李心傳撰，胡坤點校《建炎以來繫年要錄》，第4冊第295頁。
[3]　王應麟《玉海》卷四二，第2冊第848頁。
[4]　徐乾學《資治通鑑後編》，景印文淵閣《四庫全書》，第344冊第1708頁。
[5]　李心傳編撰，胡坤點校《建炎以來繫年要錄》，第4冊第295頁。

六月二十八日，加贈左太中大夫，范沖行作《高宗皇帝贈左太中大夫誥》。

本集附録四翰林學士直史館范沖行《高宗皇帝贈左太中大夫誥》曰："奉天承運，皇帝制曰：'重道莫大於崇儒，崇儒莫先於優爵。'此皆天理所當然，質之人情而允稱也。故龍圖閣直學士左朝請大夫賜紫金魚袋，食邑三千六百户，實封五百户楊時，言正而行端，德閎而學粹；趨蹌禮法之場，超卓傳注之表；群經獨得其趣，諸子莫遁其情；網羅百家，馳騁千古；辨邪說以正人心，推聖學以明大義。面陳疏議，足以扶國本於當時；注釋經義，足以開來學於後世。顧功德之兼全，宜旌隆之特異，茲乃加贈左太中大夫。於戲！内閣之褒，示楷模於玉署；中臺之爵，增優寵於泉扃。靈爽如存，尚克歆服。紹興五年六月二十八日。"（頁1184）案，張譜將此誥繫於紹興六年六月，誤。

七月三日，張守作祭文。二十八日，吕聰問作祭文。

本集附録三張守《張參政祭文》云："維紹興五年，太歲乙卯，七月壬申朔，初三日甲戌……謹遣使臣羅德誠致祭於故龍圖閣直學士致仕楊公先生之靈。"（頁1175）案，張守，宋常州晉陵人，字子固。徽宗崇寧二年（1103）進士。擢監察御史。高宗建炎初，上六事，主張恢復中原，反對劃江自守。建炎四年（1130），除參知政事。罷知紹興府，改福州。建炎六年，復參知政事，兼權樞密院事。後歷知婺州、洪州、建康府。卒謚文靖。有《毗陵集》。[1]

本集附録三吕聰問《吕提刑祭文》云："維紹興五年，歲次乙卯，七月壬申朔，二十八日己亥……右朝請大夫、權發遣福建路提點刑獄公事、賜紫金魚袋吕聰問，謹以清酌庶羞之奠，致祭於故宮使龍學侍郎楊公之靈。"（頁1174）

十月八日，門人張九成及館中諸公致祭文。十日，李綱作祭文。

本集附録三張九成等《館中諸公祭文》云："維紹五年，歲次乙卯，十月庚子朔，八日丁未，門人左承議郎、秘書省秘書郎張宬，左迪功郎、秘書省正字兼史館校勘王蘋，左承事郎秘書省正字石公揆，左奉議郎、秘書郎、

---

[1] 張撝之等主編《中國歷代人名大辭典》，第1207頁。

著作左郎張九成，左宣教郎、秘書省正字兼史館校勘李彌正，左承奉郎、守秘書省正字高閱，左宣教郎、秘書省正字兼史館校勘喻樗，謹以清酌庶羞之奠，敢昭告於故侍郎先生楊公之靈。”（頁1177）

　　本集附錄三李綱《李丞相祭文》云：“維紹興五年，歲次乙卯，十月庚子朔，越十日己酉……謹以清酌庶羞之奠，致祭於致政龍圖侍郎楊公之靈。”（頁1174）

十月十二日，葬於將樂縣水南烏石山。

　　呂本中《行狀》云：“以十月二十二日葬於邑之水南。”（頁1150）張譜云：紹興五年十月二十二日，“葬先生於鏞州水南之原。土名烏石排”（頁213）。黃譜云：“十月十二日，葬於本邑南山之原。”（頁3410）此處不可考，姑依黃譜。《大清一統志》卷三三〇云：“楊時墓，在將樂縣東南里許烏石山。”[1]

十月十八日，陳淵致祭文。二十一日，李郁致祭文。

　　本集附錄三陳淵《陳幾叟祭文》云：“維紹興五年，歲次乙卯，十月庚子朔，十八日丁巳，壻降授右迪功郎陳淵，謹以清酌庶羞之奠，致祭於亡外舅致政龍學楊公先生之靈。”（頁1179）

　　本集附錄三李郁《李刪定祭文》云：“維紹興五年，歲次乙卯，十月庚子朔，二十一日庚申，壻右迪功郎李郁，謹以清酌家饌，昭祭於故外舅龍學侍郎楊公之靈。”（頁1181）

高宗紹興六年丙辰（1136），卒後一年

廖剛致祭文。

　　本集附錄三廖剛《廖尚書祭文》云：“維紹興六年，歲次丙辰，四月戊戌朔，初七日甲辰，徽猷閣直學士、左朝散郎、新知漳州事兼管內勸農使、賜紫金魚袋廖剛，謹以清酌庶羞之奠，致祭於故龍圖侍郎先生之靈。”（頁1178）

---

[1] 和珅等《大清一統志》，景印文淵閣《四庫全書》，第481冊第641頁。

高宗紹興十二年壬戌（1142），卒後七年

高宗賜謚文靖。

《本傳》云："卒年八十三，謚文靖。"（頁 12743）

本集附録四楊迥《奏請龜山先生謚疏》云："紹興十二年正月七日右修職郎楊迥進狀：'臣先父楊時曩以經術取知徽宗皇帝，擢在經筵，及靖康初，居諫省，最後蒙陛下眷遇，實之文昌貳卿之列，實係三朝論思侍臣。……乃者復見徽猷閣待制胡安國，曾任給事中，身亡，朝廷加謚文定。臣先父係龍圖閣直學士，歷任工部侍郎，未蒙朝廷褒顯。欲望聖慈憐恤，特詔太常，依胡安國例，伏候敕旨。'""奉聖旨：'依所乞，令禮部、太常寺同共擬定。申尚書省。'禮部、太常寺今欲擬曰'文靖'。謹按謚法曰：'勤學好問曰"文"，寬樂令終曰"靖"。伏乞朝廷詳酌施行。'紹興十二年三月二十日。"（頁 1186～1187）本集附録四《高宗皇帝詔贈故工部侍郎兼龍圖閣直學士左朝請大夫賜紫金魚袋大夫楊時謚文靖敕》云："歆此漏泉之渥，可謚曰'文靖'。紹興十二年三月二十日。"（頁 1188～1189）

宋寧宗嘉定二年己巳（1209），卒後七十四年

楊氏舊宅修復，葉適作《修復龜山先生舊宅記》。

本集附録四葉適《修復龜山先生舊宅記》云："龜山先生文靖楊公中立，力行二程之道，黜王氏邪説，節高而安，行峻而和，學者所師，當世所尊，可謂宜矣！卒於紹興乙卯，七十餘年而無仕者，微不自業，至賣其宅……太守余景瞻……至郡，有例券百餘萬，謝不取，因贖以歸楊氏。……景瞻又修補其漏缺，特立門巷，黑白絢好矣。……顧（四世孫）汝龍尚無所衣食，則又職於學宫以廩之。……嘉定二年四月望日記。"（頁 1192～1194）

宋理宗寶祐五年丁巳（1257），卒後一百二十二年

楊氏舊宅重修，湯漢作《重修龜山先生舊宅記》。

本集附録四湯漢《重修龜山先生舊宅記》云："漢來延平，郡博士諸生暨道南之學者，咸誦其所聞。予惡夫空言久矣，逡巡未有以發，適將樂群士書來告曰：'龜山先生之舊宅垂百數十年矣。間者郡守余侯始扶植表章，建祠肖像以寄向慕之。中嘗再葺，久復敝漏，無以寧風雨。今大夫林君式之拜謁，悸歎，亟出緡錢，市良材堅甓，撤腐敗而新美之，觀瞻改容，感發興起。不有記載，將無以示後，俾勿替，願不言以賜之。'予惟先生之存也，視弊廬廈屋皆可託宿，未嘗有所擇而求安。然自建炎大盜過之不敢犯，逮庚寅，盜再過焉，復大書其門曰：'此楊先生之居也，不可毀！'……寶祐五年六月丙申，後學番陽湯漢記。"（頁1195～1197）

宋度宗咸淳二年丙寅（1266），卒後一百三十一年

度宗御筆賜"龜山書院"額。

本集附録四馮夢得《將樂縣奏立龜山書院疏》云："臣竊見龜山楊文靖公立雪程門，載道而南，一傳而羅豫章，再傳而李延平，又再傳而朱晦庵，理學大明，有功往聖。今延平、晦庵皆有書院，獨我龜山舊宅僅存，精廬未建，委爲百年之闕典。……願朝廷嘉惠四方學者，特賜涵育之造，仍請公田，永爲養士之美利，亦我朝崇賢重道之盛事也。惟陛下鑑之。"（頁1198～1199）其後注云："疏奏，上深嘉納，特奉御筆賜'龜山書院'額，乃詔郡縣拔田養士，優其後，而春秋致祭焉。時咸淳二年丙寅□月□日作。"（頁1199）

度宗咸淳三年丁卯（1267），卒後一百三十二年

建龜山橋。

《福建通志》卷八載："龜山橋，宋咸淳中縣令黄去疾建，明永樂三年毀。邑人楊德敬重建。府志作'道南橋'。"[1]《大清一統志》卷三三〇載：

---

[1] 謝道承等《福建通志》，景印文淵閣《四庫全書》，第527冊第412頁。

"龜山橋在將樂縣北門外龜山書院之左。"[1]《弘治將樂縣志》卷一《地理·橋
梁》載："龜山橋，在縣治北龍池都。宋咸淳三年，邑令黄去疾建。永樂三
年毀。邑人楊德敬募衆重建。年久傾圮。成化九年，義士白皓、白皎、白皜
重建。"[2]

元惠宗至正二十二年壬寅（1362），卒後二百二十七年

追封吳國公。

《元史》卷七七《祭祀志六》載："二十二年八月，奏准送禮部定擬五先
生封爵謚號，俱贈太師。楊時追封吳國公。"[3]

明太祖洪武十三年庚申（1380），卒後二百四十五年

敕命縣重修龜山書院。

董承榮《楊時紀年表》載："明太祖朱元璋（於洪武十三年）敕命將樂
縣重修'龜山書院'。"[4]

明英宗正統十三年戊辰（1448），卒後三百一十三年

從祀孔廟。

《御批歷代通鑑輯覽》卷一〇四載：正統十三年二月，"以宋儒楊時從祀
孔子廟廷"[5]。

---

[1] 和珅等《大清一統志》，景印文淵閣《四庫全書》，第 481 冊第 640 頁。

[2] 李敏《弘治將樂縣志》，《天一閣藏明代方志選刊續編》，第 37 冊第 100 頁。

[3] 宋濂等《元史》，中華書局 1976 年版，第 6 冊第 1922 頁。

[4] 董承榮《楊時紀年表》，《紀念楊時誕辰 950 周年專集》，中國知網中國會議數據庫，第 40 頁。

[5] 傅恒等《御批歷代通鑑輯覽》，景印文淵閣《四庫全書》，第 339 冊第 317 頁。

明孝宗弘治八年乙卯（1495），卒後三百六十年

追封爲將樂伯，從祀孔廟。

《御批歷代通鑑輯覽》卷一〇六載：弘治八年七月，"以宋儒楊時從祀孔子廟廷"[1]。《五禮通考》卷一二〇載：弘治八年七月丁亥，"封宋儒楊時爲將樂伯，從祀孔子廟庭。《禮志》：八年楊時從祀位司馬光之次"[2]。《御定資治通鑑綱目三編》卷一六亦如此載：弘治八年秋七月，"以宋儒楊時從祀孔子廟廷。正統中訓導王昌順請以時入祀孔廟，下禮部，議未及行，至是，特命從祀追封將樂伯，位司馬光之次"[3]。

孝宗弘治十五年壬戌（1502），卒後三百六十七年

《龜山集》首刊。

董承榮《楊時紀年表》載："《龜山集》首版刊本問世。"[4]

清聖祖康熙四十五年丙戌（1706），卒後五百七十一年

將樂楊時家祠得御書"程氏正宗"。

董承榮《楊時紀年表》載："清康熙皇帝欽賜將樂楊時家祠御書'程氏正宗'。"[5]

1985 年，卒後八百五十年

龜山墓列爲福建省第二批省級文物保護單位。

---

[1] 傅恒等《御批歷代通鑑輯覽》，景印文淵閣《四庫全書》，第 339 冊第 406 頁。
[2] 秦蕙田《五禮通考》，景印文淵閣《四庫全書》，臺灣商務印書館 1986 年版，第 137 冊第 900 頁。
[3] 張廷玉《御定資治通鑑綱目三編》，景印文淵閣《四庫全書》，臺灣商務印書館 1986 年版，第 340 冊第 306 頁。
[4] 董承榮《楊時紀年表》，《紀念楊時誕辰 950 周年專集》，中國知網中國會議數據庫，第 40 頁。
[5] 董承榮《楊時紀年表》，《紀念楊時誕辰 950 周年專集》，中國知網中國會議數據庫，第 40 頁。

　　福建省情網之將樂縣志之《人物傳》云："清代學者陳延統稱楊學爲'真大儒之學''真有用之學'。1985 年，龜山墓被福建省人民政府列爲第二批重點文物保護單位。次年，省文化廳和將樂縣人民政府撥款，把龜山墓修葺一新。"[1]

---

[1] 福建省情網，訪問時間：2020 年 6 月 13 日。

傳記資料

《宋史‧楊時傳》[1]

楊時字中立，南劍將樂人。幼穎異，能屬文，稍長，潛心經史。熙寧九年，中進士第。時河南程顥與弟頤講孔、孟絕學於熙、豐之際，河、洛之士翕然師之。時調官不赴，以師禮見顥於潁昌，相得甚歡。其歸也，顥目送之曰："吾道南矣。"四年而顥死，時聞之，設位哭寢門，而以書赴告同學者。至是，又見程頤於洛，時蓋年四十矣。一日見頤，頤偶瞑坐，時與游酢侍立不去，頤既覺，則門外雪深一尺矣。關西張載嘗著《西銘》，二程深推服之，時疑其近於兼愛，與其師頤辨論往復，聞理一分殊之說，始豁然無疑。

杜門不仕者十年，久之，歷知瀏陽、餘杭、蕭山三縣，皆有惠政，民思之不忘。張舜民在諫垣，薦之，得荊州教授。時安於州縣，未嘗求聞達，而德望日重，四方之士不遠千里從之游，號曰龜山先生。

時天下多故，有言於蔡京者，以爲事至此必敗，宜引舊德老成置諸左右，庶幾猶可及，時宰是之。會有使高麗者，國主問龜山安在，使回以聞。召爲秘書郎，遷著作郎。及面對，奏曰：

堯、舜曰"允執厥中"，孟子曰"湯執中"，《洪範》曰"皇建其有極"，歷世聖人由斯道也。熙寧之初，大臣文六藝之言以行其私，祖宗之法紛更殆盡。元祐繼之，盡復祖宗之舊，熙寧之法一切廢革。至紹聖、崇寧抑又甚焉，凡元祐之政事著在令甲，皆焚之以滅其迹。自是分爲二黨，縉紳之禍至今未殄。臣願明詔有司，條具祖宗之法，著爲綱目，有宜於今者舉而行之，當損益者損益之，元祐、熙、豐姑置勿問，一趨於中而已。

朝廷方圖燕雲，虛內事外，時遂陳時政之弊，且謂："燕雲之師宜退守

---

[1] 脫脫等《宋史》卷四二八，第 36 冊第 12738～12743 頁。

内地，以省轉輸之勞，募邊民爲弓弩手，以殺常勝軍之勢。”又言：“都城居四達之衢，無高山巨浸以爲阻衛，士人懷異心，緩急不可倚仗。”執政不能用。登對，力陳君臣警戒，正在無虞之時，乞爲《宣和會計録》，以周知天下財物出入之數。徽宗首肯之。

除邇英殿説書。聞金人入攻，謂執政曰：“今日事勢如積薪已然，當自奮勵，以竦動觀聽。若示以怯懦之形，委靡不振，則事去矣。昔汲黯在朝，淮南寢謀。論黯之才，未必能過公孫弘輩也，特其直氣可以鎮壓姦雄之心爾。朝廷威望弗振，使姦雄一以弘輩視之，則無復可爲也。要害之地，當嚴爲守備，比至都城，尚何及哉？近邊州軍宜堅壁清野，勿與之戰，使之自困。若攻戰略地，當遣援兵追襲，使之腹背受敵，則可以制勝矣。”且謂：“今日之事，當以收人心爲先。人心不附，雖有高城深池、堅甲利兵，不足恃也。免夫之役，毒被海内，西城聚斂，東南花石，其害尤甚。前此蓋嘗罷之，詔墨未乾，而花石供奉之舟已銜尾矣。今雖復申前令，而禍根不除，人誰信之？欲致人和，去此三者，正今日之先務也。”

金人圍京城，勤王之兵四集，而莫相統一。時言：“唐九節度之師不立統帥，雖李、郭之善用兵，猶不免敗衄。今諸路烏合之衆，臣謂當立統帥，一號令，示紀律，而後士卒始用命。”又言：“童貫爲三路大帥，敵人侵疆，棄軍而歸，拏戮之有餘罪，朝廷置之不問，故梁方平、何灌皆相繼而遁。當正典刑，以爲臣子不忠之戒。童貫握兵二十餘年，覆軍殺將，馴至今日，比聞防城仍用閹人，覆車之轍，不可復蹈。”疏上，除右諫議大夫兼侍講。

敵兵初退，議者欲割三鎮以講和。時極言其不可，曰：“河朔爲朝廷重地，而三鎮又河朔之要藩也。自周世宗迄太祖、太宗，百戰而後得之，一旦棄之北庭，使敵騎疾驅，貫吾腹心，不數日可至京城。今聞三鎮之民以死拒之，三鎮拒其前，吾以重兵躡其後，尚可爲也。若种師道、劉光世皆一時名將，始至而未用，乞召問方略。”疏上，欽宗詔出師，而議者多持兩端。時抗疏曰：“聞金人駐磁、相，破大名，劫虜驅掠，無有紀極，誓墨未乾，而背不旋踵，吾雖欲專守和議，不可得也。夫越數千里之遠，犯人國都，危道也。彼見勤王之師四面而集，亦懼而歸，非愛我而不攻。朝廷割三鎮二十州之地與之，是欲助寇而自攻也。聞肅王初與之約，及河而返，今挾之以往，此敗盟之大者。臣竊謂朝廷宜以肅王爲問，責其敗盟，必得肅王而後已。"
時太原圍閉數月，而姚古擁兵逗留不進，時上疏乞誅古以肅軍政，拔偏裨之
可將者代之。不報。

李綱之罷，太學生伏闕上書，乞留綱與种師道，軍民集者數十萬，朝廷
欲防禁之。吳敏乞用時以靖太學。時得召對，言："諸生伏闕紛紛，忠於朝
廷，非有他意，但擇老成有行誼者爲之長貳，則將自定。"欽宗曰："無逾於
卿。"遂以時兼國子祭酒。首言："三省政事所出，六曹分治，各有攸司。今
乃別辟官屬，新進少年，未必賢於六曹長貳。"又言：

蔡京用事二十餘年，蠹國害民，幾危宗社，人所切齒，而論其罪者，
莫知其所本也。蓋京以繼述神宗爲名，實挾王安石以圖身利，故推尊安
石，加以王爵，配饗孔子廟庭。今日之禍，實安石有以啓之。

謹按安石挾管、商之術，飾六藝以文姦言，變亂祖宗法度。當時司
馬光已言其爲害當見於數十年之後，今日之事，若合符契。其著爲邪說
以塗學者耳目，而敗壞其心術者，不可縷數，姑即一二事明之。

昔神宗嘗稱美漢文惜百金以罷露臺，安石乃言："陛下若能以堯、
舜之道治天下，雖竭天下以自奉不爲過，守財之言非正理。"曾不知堯、
舜茅茨土階，禹曰"克儉於家"，則竭天下以自奉者，必非堯、舜之道。
其後王黼以應奉花石之事，竭天下之力，號爲享上，實安石有以倡之也。
其釋《鳧鷖》守成之詩，於末章則謂："以道守成者，役使群衆，泰而
不爲驕，宰制萬物，費而不爲侈，孰弊弊然以愛爲事。"《詩》之所言，
正謂能持盈則神祇祖考安樂之，而無後艱爾。自古釋之者，未有泰而不
爲驕、費而不爲侈之說也。安石獨倡爲此說，以啓人主之侈心。後蔡京
輩輕費妄用，以侈靡爲事。安石邪說之害如此。

伏望追奪王爵，明詔中外，毀去配享之像，使邪說淫辭不爲學者之惑。

疏上，安石遂降從祀之列。士之習王氏學取科第者，已數十年，不復知
其非，忽聞以爲邪說，議論紛然。諫官馮澥力主王氏，上疏詆時。會學官中
有紛爭者，有旨學官並罷，時亦罷祭酒。

時又言："元祐黨籍中，惟司馬光一人獨褒顯，而未及呂公著、韓維、范純仁、呂大防、安燾輩。建中初言官陳瓘已褒贈，而未及鄒浩。"於是元祐諸臣皆次第牽復。

尋四上章乞罷諫省，除給事中，辭，乞致仕，除徽猷閣直學士、提舉嵩山崇福宮。時力辭直學士之命，改除徽猷閣待制、提舉崇福宮。陛辭，猶上書乞選將練兵，爲戰守之備。

高宗即位，除工部侍郎。陛對言："自古聖賢之君，未有不以典學爲務。"除兼侍讀。乞修《建炎會計録》，乞恤勤王之兵，乞寬假言者。連章丐外，以龍圖閣直學士提舉杭州洞霄宮。已而告老，以本官致仕，優游林泉，以著書講學爲事。卒年八十三，謚文靖。

時在東郡，所交皆天下士，先達陳瓘、鄒浩皆以師禮事時。暨渡江，東南學者推時爲程氏正宗。與胡安國往來講論尤多。時浮沉州縣四十有七年，晚居諫省，僅九十日，凡所論列皆切於世道，而其大者，則闢王氏經學，排靖康和議，使邪説不作。凡紹興初崇尚元祐學術，而朱熹、張栻之學得程氏之正，其源委脈絡皆出於時。

子迪，力學通經，亦嘗師程頤云。

呂本中《楊龜山先生行狀》[1]

先生諱時，字中立，姓楊氏，世居南劍將樂縣北之龜山。其先本蜀人，唐初徙居江州湖口，次居河南開封府顧釋縣。迨高祖子江公以進士授鑛州司户，因家於州，遂占籍此地焉。曾祖勝達，豪邁不羈，生五子。其三子明，乃先生之祖也。明生埴，贈正議大夫。埴，先生父也。

先生八九歲能詩賦，人咸異之。弱冠時遊於邵武學，有聲，確然以道學自任。年二十三，膺太學薦，遂登徐鐸榜進士第，授汀州司户參軍。元豐間，授徐州司法。

哲宗即位，時天下翕然共趨王氏之學。先生獨斥其不知道，妄以私智曲説眩瞀學者耳目。

---

[1] 楊時撰，林海權校理《楊時集》附録二，第1148～1151頁。

元祐間，任虔州司法。有疑獄，衆所不決者，皆立斷。與郡將議事，守正不屈。後歷知瀏陽、餘杭、蕭山三縣，皆有惠政。民思不忘，俱爲祠以祀焉。

先生安於州縣，未嘗求聞達，而德望日重，四方之士，不遠千里從之遊，號曰龜山先生。時丞相蔡京客張羇，言於京曰：「今天下多故，事至此必敗，宜急引舊德老成置諸左右，庶幾猶可及。」問其人，以先生對。京因薦之。會路君允迪使高麗，國王問：「龜山先生安在？」乃召爲秘書郎。

尋上疏請復祖宗舊法，除熙寧以來新政；又乞燕雲之師守內地，以省轉輸之勞，募邊民爲弓弩手，以殺常勝軍之勢。徽宗首肯之，曰：「卿所言，皆堯、舜之道，正孟子所謂『我非堯、舜之道不敢陳於王前』者也。」即除邇英殿說書。

靖康初，先生乞誅童貫以正典刑，乞罷閹寺防城。欽宗大喜，以爲諫議大夫兼侍講。會太學諸生留李丞相綱，吳公敏乞用先生以靖太學，復以先生兼國子祭酒。時極言蔡京罪愆，附王安石以圖身利，乞追奪王爵，毀去享祀之像。乃罷祭酒，以徽猷閣待制致仕。

先生居諫垣九十日，凡所論列，皆切於世道，而其大者，則闢王氏、排和議、論三鎮不可棄云。

高宗即位，初以先生爲工部侍郎。陞對，言：「聖賢之君，未有不以典學爲務。」上然之，除兼侍講。未幾，以老疾求去。乃以龍圖閣直學士，提舉洞霄宮。

先生在東郡，所交皆天下士。後奉祠致仕，優遊林泉，以著書講學爲事。東南學者推先生爲「程氏正宗」。忽一日，以疾終於正寢，時紹興乙卯四月二十四也。距其生皇祐癸巳十一月二十五日，春秋八十有三。以十月二十二日葬於邑之水南。

夫人余氏，有賢德。先生生五子：迪，登進士，任修職郎；迴，登進士，任承奉郎；通、適，俱任監丞；造，登進士，任宣教郎。女二：長適左迪功郎陳淵；次適右迪功郎李郁。孫八：雲，已膺鄉薦；航、崧、森，今遊太學；獄與山，咸知讀書立志焉。

先生天資仁厚，寬大能容物，人不見涯涘，不爲崖異絕俗之行以求世俗名譽。與人交，始終如一。性至孝，幼喪母，哀毀如成人。事繼母尤謹。

熙寧中，舉進士，得官，聞河南兩程先生之道，即往從之學。初見明道先生於潁昌。比歸，明道曰：“吾道南矣。”

是時，兩先生從學者甚衆。而先生獨歸，閑居累年，沉浸經書，推廣師說，窮探力索，務極旨趣，涵蓄廣大，而不敢自恣也。其中粹然純一，明性以知天，了然無疑，故發於外者，簡易直大而無所不容。同時學者皆出其後，獨謝公良佐、游公酢同時並駕，而推先生爲有餘也。本中嘗聞於前輩長者，以爲明道先生溫然純粹，終身無疾言遽色，先生實似之。自二程推明聖學，學者日廣。然傳之久，往往失旨趣，支離泛濫，和或至流，直或至訐。先生推己遇物，爲之折衷，輕重先後，如鑑之照形，度之量物，無毫髮差者。其知之明，習之熟，非外鑠我然也。

有《中庸解》一卷，《論語解》十卷，《易解》若干卷，《禮記解》若干卷，《周禮解》若干卷，《書解》若干卷，《經筵講義》若干卷，《春秋義》若干卷，《孟子義》若干卷，《校正伊川易》若干卷，《三經義辨》若干卷，《字說辨》若干卷，《日錄辨》若干卷，奏議若干卷，詩若干卷，雜文若干卷。其餘作述亦衆，遭時擾攘，未盡出也。其言皆有功於聖人，而不負其師學。自崇寧、大觀以後，先生名望益重。陳公瓘、鄒公浩皆以師禮事先生，而胡公安國諸人實傳其學，聖人之道爲不墜也。然先生歉然，未嘗自滿。世之學者有志於善，睹先生所以事師交朋友，可以爲法矣。

本中不肖，獲從先生遊甚久，虛往實歸非一日也，而材質至下，不能有所發揚。今先生既没，其子屬本中敘次本末，將求世之君子，論其大概，而銘諸墓，義不得辭也。

胡安國《龜山先生墓誌銘》[1]

自孟子没，遺經僅在，而聖學不傳。所謂見而知之與聞而知之者，世無其人，則有西方之傑，窺見間隙，遂入中國，舉世傾動，靡然從之。於是人皆失其本心，莫知所止，而天理滅矣。宋嘉祐中，有河南二程先生，得孟子

---

[1] 楊時撰，林海權校理《楊時集》附錄二，第 1134～1141 頁。

不傳之學於遺經，以倡天下。而升堂睹奧，號稱高弟，在南方則廣平游定夫、上蔡謝顯道與公三人是也。

公諱時，字中立，姓楊氏。既沒逾年，諸孤以右史呂本中所次行狀來請銘。謹案：楊氏出於弘農，爲望姓。五世祖唐末避地閩中，寓南劍州之將樂縣，因家焉。

公資稟異甚，八歲能屬文。熙寧九年，中進士第。調汀州司户參軍。不赴，杜門績學，淳滀涵浸，人莫能測者幾十年。久之，乃調徐州司法。丁繼母憂。服闋，授虔州司法。公燭理精深，曉習律令，有疑獄衆所不決者，皆立斷。與郡將議事，守正不傾。罷外艱。除喪，遷瀛州防禦推官。知潭州瀏陽縣，安撫使張公舜民以客禮待之。漕使胡師文惡公之與張善也，歲饑，方賑濟，劾以不催積欠，坐衝替。

張公入長諫垣，薦之。除荆南教授。改宣德郎，知杭州餘杭縣。遷南京宗子博士。會省員，知越州蕭山縣，提點均州明道觀、成都府國寧觀。後例罷。差監常州市易務，公年幾七十矣。

是時，天下多故。或説當世貴人，以爲事至此必敗，宜力引舊德老成置諸左右，開導上意，庶幾猶可及也。則以秘書郎召。到闕，遷著作郎。及對，陳徼戒之言。除邇英殿説書。公知時勢將變，遂陳論政事。其略曰：

> 近日蠲除租税，而廣濟軍以放税降官，是詔令爲虛文耳。安土之民不被惠澤，而流亡爲盜者獨免租賦，百姓何憚不爲盜？夫信不可去，急於食也，宜從前詔。嘉祐通商榷茶之法，公私兩便。今茶租錢如故，而榷法愈急，宜少寬之。諸犯榷貨，不得根究來歷，今茶法獨許根究來歷，追呼蔓延，狴犴充斥，宜即革之。東南州縣均敷鹽鈔，迫於殿最，計口而授，人何以堪？宜酌中立額，使州縣易辦；發運司，宜給糴本，以復轉般之舊。如預買，宜損其數，而實支所買之值。燕、雲之軍，宜退守內郡，以省運輸之勢。燕、雲之地，宜募邊民爲弓箭手，使習騎射，以殺常勝軍之勢。衛士，天子爪牙，而分爲二三，宜循其舊，不可增損。

凡十餘事，執政不能用。而虜騎已入寇，則又言：

今日所急者，莫大於收人心。邊事之興，免夫之役，毒被海內，誤國之罪，宜有所歸。西城聚斂，東南花石，其害尤甚。宿姦巨猾，借"應奉"之名，豪奪民財，不可數計。天下積憤，鬱而不得發幾二十年。欲致人和，去此三者。

會淵聖嗣位，公乞對。曰：

君臣一體。上皇痛自引咎，至託以倦勤避位，而宰執敘遷，安受不辭，此何理也？城下之盟，辱亦甚矣。主辱臣死，大臣宜任其責，而皆首爲竄亡自全之計。陛下孤立何賴焉？乞正典刑，爲臣子不忠之戒。童貫爲三路總帥，虜人侵疆，棄軍而歸，置而不問，故梁方平、何灌相繼逃去。大河天險，棄而不守。虜人奄至城下，而朝廷不知。帥臣失職，無甚於此！宜以軍法從事。防城所仍用閹人提舉，授以兵柄，此覆車之轍，不可復蹈。

淵聖大喜，擢右諫議大夫。
虜人厚取金帛，又遂賂以三鎮，遂講和而去。公上疏曰：

河朔朝廷重地，三鎮又河朔要藩，今一旦棄之，虜廷以二十州之地貫我腹中，距京城無藩籬之固，戎馬疾驅，不數日而至。此非經遠之謀。四方勤王之師，逾月而後集，使之無功而去，厚賜之則無名，不與則生怨，不可不慮也。始聞三鎮之民欲以死拒守，今若以兵攝之，使腹背受敵，宜可爲也。朝廷欲專守和議，以契丹百年之好，猶不能保，寧能保此狂虜乎？夫要盟，神不信，宜審處之，無至噬臍。

於是淵聖乃詔出師，而議者多持兩端，屢進屢卻。公又言："聞金人駐兵磁、相，劫掠無算。誓書之墨未乾，而叛不旋踵。肅王初約'及河而反'，今挾之以往，此叛盟之大者。吾雖欲專守和議不可得也。今三鎮之民以死拒之於前，吾以重兵擁其後，此萬全之計，望斷自宸衷，無惑浮言。"而議者不一，故終失此機會，於是太原諸郡皆告急矣。

太學生伏闕乞留李綱、种師道，軍民從之者數萬人，執政慮其生亂，引高歡事揭榜於衢，且請以禮起邦彥。公言："士民伏闕，詬罵大臣，發其隱慝，無所不至，出於一時忠憤，非有作亂之心，無足深罪。李邦彥首畫遁逃之策，捐金割地，質親王以主和議，罷李綱而納誓書；李梲奉使失辭，惟虜言是聽。此二人者，國人之所同棄也。今敷告中外，乃推平賊和議之功歸此二人，非先王憲天自民之意，宜收還榜示，以慰人心。"

邦彥等既罷，趙野尚存。公復言："野昔嘗建言，請禁士庶以天王君聖爲名者，上皇後以爲詔諛之論，廢格不行。而野猶泰然，不以爲恥。乞賜罷黜。"上皆從之。

或意太學生又將伏闕鼓亂，乃以公兼國子祭酒，遂言：

> 蔡京以繼述神宗皇帝爲名，實挾王安石以圖身利，故推尊安石，加以王爵，配享孔子廟廷，然致今日之禍者，實安石有以啓之也。謹按安石昔爲邪說，以塗學者耳目，敗壞其心術者，不可縷數。姑即一二事明之：
>
> 昔神宗皇帝稱美漢文罷露臺之費，安石乃言："陛下若能以堯、舜之道治天下，雖竭天下以自奉，不爲過也。"夫堯、舜茅茨土階，其稱禹曰"克儉於家"，則竭天下者，必非堯、舜之道。後王黼以三公領應奉司，號爲享上，實安石自奉之說有以倡之也。其釋《鳧鷖》之末章，則曰："以道守成者，役使群衆，泰而不爲驕；宰制萬物，費而不爲侈。"按此章止謂能持盈，則神祇祖考安樂之，無後艱耳，而安石獨爲此說。後蔡京輩爭以奢僭相高，輕費妄用，窮極淫侈，實安石此說有以倡之也。其害豈不甚哉！乞正其學術之謬，追奪王爵，明詔中外，毀去配享之像。

遂降安石從祀之列。諫官馮澥力主王氏，上疏詆公。又會學官紛爭，有旨皆罷。即上章乞出。除給事中。章又四上，請去益堅。以徽猷閣直學士，提舉西京崇福宮。又懇辭職名不當得，有旨："楊某學行醇固，諫諍有聲，請閑除職，累月懇辭，宜從其志，以勵廉退。"改徽猷閣待制。

上即位，除工部侍郎。論自古賢聖之君，未有不以典學爲務者，以君德在是故也。上然之，除兼侍講。二年，以老疾乞出，除龍圖閣直學士，提舉杭州洞霄宮。四年，上章告老，從之。紹興五年四月二十四日，終於正寢，享年八十有三。葬本邑西山之原。近臣朱震奏公："嘗排邪說，以正天下學術之謬；辨誣謗，以明宣仁聖烈之功；雪冤抑，以復昭慈聖獻之位。據經論事，不愧古人。所著《三經義辨》，有益學者，乞下本州抄錄，仍優恤其家。"有旨：贈官，賻以金帛。

娶余氏，贈碩人，先卒。

子五人：迪，早卒；迥、遹、適、造，已仕。女四人：長適陳淵，次陸棠，次李郁，次未嫁。

孫男七人，孫女五人，曾孫一人。

公天資夷曠，濟以問學，充養有道，德器早成，積於中者純粹而閎深，見於外者簡易而平淡。閑居和樂，色笑可親，臨事裁處，不動聲氣。與之遊者，雖群居終日，嗒然不語，飲人以和，而鄙薄之態，自不形也。推本孟子性善之說，發明《中庸》《大學》之道，有欲知方者，爲指其攸趣，無所隱也。當時公卿大夫之賢者，莫不尊信之。

崇寧初，代余典教渚宮，始獲從公遊。三十年間，出處險夷，亦嘗覘之熟矣：視公一飯，雖蔬食脆甘，若皆可於口，未嘗有所嗜也；每加一衣，雖狐貉縕袍，若皆適於體，未嘗有所擇也；平生居處，雖弊廬夏屋，若皆可以託宿，未嘗有所羨而求安也。故山之田園，皆先世所遺，守其世業，亦無所營增豆區之入也。老之將至，沉伏下僚，厄窮遺佚，若將終身焉。子孫滿前，每食不飽，亦不改其樂也。然則公於斯世，所欲不存，果何求哉？心則遠矣。凡訓釋論辨以闢邪說存於今者，其傳浸廣，故特載宣和末年及靖康之初諸所建白，以表其深切著明。而公之學於河南，小嘗試之，其用已如此，所謂"援而止之而止"，必有以也，"進不隱賢，必以其道"，豈不信乎？世或以不屑去疑公，蓋淺之爲丈夫也。銘曰：

> 天不喪道，文其在茲。維天之命，尸者其誰？孰能識車中之狀，意欲施諸兄弟，而遽並爲世師。偉茲三賢，闊步共馳。有學術業，顏其餒而。公名最顯，垂範有祠。豈不見庸，孔艱厥時。狂瀾奔潰，砥柱不攲。邪說害正，倚門則揮。嗟彼姦罔，讒言詆欺。我扶有極，人用不迷。奚必來世，判其是非？有援則止，直道何疵！不勉而和，展也可夷。河流在北，伊水之湄。誰其似者？訂此銘詩。

黃公度行年繫地譜

黃公度（1109—1156），字師憲，號知稼翁，莆田人。紹興八年（1138）進士第一，簽書平海軍（今福建泉州）節度判官。後被秦檜誣陷，罷歸。除秘書省正字，罷爲主管台州崇道觀。紹興十八年差通判肇慶府，攝知南恩州（今廣東陽江）。秦檜死後復起，仕至尚書考功員外郎兼金部員外郎，卒年四十八。詩、詞、文均有建樹。著有《知稼翁集》十一卷，《知稼翁詞》一卷。

字號

黃公度，字師憲，號知稼翁。

　　黃公度字號，歷來無爭議。龔茂良《宋左朝散郎尚書考功員外郎黃公行狀》云："公諱公度，字師憲。"[1] 林大鼐《宋尚書考功員外郎黃公墓誌銘》云："公姓黃，諱公度，字師憲。"[2] 黃公度長子黃沃《知稼翁集跋》云："先君在時，號知稼翁。"[3] 明代成化年間修纂《莆田東里黃氏族譜》"朝請房"記載："公度，字師憲，號知稼翁。"[4]《莆陽文獻》卷一七〇載："黃公度，字師憲。"[5] 案，南宋時東里依山傍海，東里居民在烏石山麓臨海的灘塗上圍築農田，東里遂別稱爲"稼村"。黃公度自號"知稼翁"，意即知曉稼穡艱辛。

　　關於黃公度字"師憲"的來歷，洪邁《夷堅志》支戊卷九"黃師憲嘉兆"條記載，其父黃靜給他命名時，"蓋慕東漢隱君子鼻祖叔度之爲人"[6]。黃憲（75—122），字叔度，東漢汝南慎陽縣（今河南正陽）人，多次被薦舉而不仕，爲東漢著名隱士。黃靜爲兒子起名借用一"度"字，並命字師憲，有師學黃憲之意。洪邁《黃考功知稼翁集序》云："唯莆田黃公師憲名聲最卓而財至尚書郎，壽不滿半百。"[7] 正與黃憲四十八歲卒相符，遂爲巧合之兆。洪邁與黃公度爲友，慨然爲其文集作序，序中還記錄二人密切交往："四十年前與公從容於番禺藥州之上，予作素馨賦，公戲而返之。"[8]《夷堅志》錄入黃公度取名緣由絕非妄言。

[1] 黃公度《莆陽知稼翁文集》附録，《宋集珍本叢刊》，綫裝書局 2004 年版，第 44 冊第 597 頁。《宋左朝散郎尚書考功員外郎黃公行狀》以下簡稱《行狀》，凡引此文，均據此本，僅括注頁碼。

[2] 黃公度《莆陽知稼翁文集》附録，《宋集珍本叢刊》，第 44 冊第 598 頁。《宋尚書考功員外郎黃公墓誌銘》以下簡稱《墓誌銘》，凡引此文，均據此本，僅括注頁碼。

[3] 黃公度《莆陽知稼翁文集》附録，《宋集珍本叢刊》，第 44 冊第 601 頁。

[4] 佚名纂修《莆田東里黃氏族譜》，明成化年間刻本。以下凡引《莆田東里黃氏族譜》均據此本，不再標注。

[5] 鄭岳輯《莆陽文獻》，《北京圖書館古籍珍本叢刊》，書目文獻出版社 1988 年版，第 19 冊第 294 頁。

[6] 洪邁撰，何卓點校《夷堅志》，中華書局 1981 年版，第 3 冊第 1126 頁。

[7] 黃公度《莆陽知稼翁文集》附録，《宋集珍本叢刊》，第 44 冊第 514 頁。

[8] 黃公度《莆陽知稼翁文集》附録，《宋集珍本叢刊》，第 44 冊第 515 頁。

籍貫

興化軍莆田東里人。

　　《行狀》云："世爲興化軍莆田人。"（頁597）興化軍，治所在今福建莆田。《墓誌銘》亦如此云。黄公度長子黄沃《宋尚書郎壙銘》云："先君姓黄，世居興化軍莆田縣。"[1]明代周瑛、黄仲昭《重刊興化府志》載："東里人。"[2]《宋史翼》卷二四載："福建莆田人。"[3]案，東里，即今天莆田東里巷，位於莆田市荔城區鎮海街道辦事處英龍社區。兩側多爲黄氏子孫民居，歷史上因向東延伸，取名東黄，後改稱東里，至今仍然保存黄滔祠、冬卿（即黄廷用）舊第等歷史遺迹。

世系

唐御史黄滔八世孫，曾祖陟，祖邈。

　　《莆陽文獻》卷一七〇"黄公度"條云："唐御史滔八世孫。"[4]《行狀》云："祖邈，以中奉公贈朝請郎。曾祖陟，晦德不仕。"（頁597）案，黄滔（840—911），唐莆田人，字文江，號東黄。少年於東峰書堂苦讀。乾寧二年（895）登進士第，官國子"四門博士"。第二年辭官回閩。天復元年（901），爲閩王王審知辟爲監察御史里行、充威武軍（今福建福州）節度推官。尤工詩文，是閩中詩壇領袖，有"閩中文章初祖"之譽。有《黄御史集》十五卷，又編有《泉山秀句集》三十卷。[5]

父静。母鄭氏。

　　《宋史翼》卷二四載："父静，政和二年以上舍及第，歷遷朝奉郎，卒贈中奉大夫。"[6]《重刊興化府志》載："公度，唐御史滔八世孫。""父静，政

[1] 黄公度《知稼翁集》卷下，《宋集珍本叢刊》，第44冊第511頁。
[2] 周瑛、黄仲昭《重刊興化府志》，福建人民出版社2007年版，第722頁。
[3] 陸心源撰，吳伯雄點校《宋史翼》，浙江古籍出版社2016年版，第550頁。
[4] 鄭岳輯《莆陽文獻》，《北京圖書館古籍珍本叢刊》，第19冊第294頁。
[5] 林祖泉《唐末閩中才子黄滔》，《炎黄縱橫》2007年第4期。
[6] 陸心源撰，吳伯雄點校《宋史翼》，第551頁。

和二年以上舍登第，終提舉西京路鹽事，卒贈中奉大夫。母鄭氏。"[1]《墓誌銘》云："皇考静，政和初起家，試秘書省正字，遷校書郎，終左朝奉郎、提舉京畿京西路茶鹽事，以公貴，贈中奉大夫。……族系在莆爲著姓，世多聞人。中奉公以本州首貢作南廟省魁，中上舍兩優之選。"（頁598）"母郑氏，宣德郎永中之女，贈令人。"（頁599~600）

政和元年（1111），黄静升補上舍生，貢辟雍。《南宋狀元黄公度的坎坷人生》云："父黄静中舉，名列第一，升補上舍生。"[2]《莆田東里黄氏族譜》載："静，字至一，行四八，政和辛卯貢辟雍。"政和二年三月，黄静中進士，授秘書省正字。《莆田東里黄氏族譜》載黄静爲"壬辰進士"。《九朝編年備要》卷二八載："壬辰政和二年春，二月，蔡京復太師賜第京師。三月，親試舉人，賜莫儔以下七百餘人進士及第出身。"[3]《墓誌銘》："皇考静，政和初起家，試秘書省正字。"（頁598）

政和四年，黄静自提舉福建常平降一官。《宋會要輯稿》職官六八載：政和四年九月二十九日，"知永州唐懋、提點南京鴻慶宫俞瑾、提舉福建常平黄静，各降一官，以懋、瑾、静前任監司、專勾司，各各不點檢，放過史宗臣詐請不該請受曆故也"[4]。

建炎三年（1129），黄公度二十一歲，父黄静卒。黄公度《焚告文》云："某生二十有一年而先君亡，既九年而塵點科第，又七年升位於朝，越明年，上有事於郊丘。"[5]

妻方氏。

《墓誌銘》云："娶方氏，左朝奉郎符之女，封安人。"（頁598）《行狀》亦載。《莆田東里黄氏族譜》"朝請房"記載："有《知稼翁集》行世，祀鄉賢郡志名臣，配方氏，加封安人。以子沃累封碩人。合葬保豐里蓮花峰。"

[1] 周瑛、黄仲昭《重刊興化府志》，第722頁。
[2] 林祖泉《南宋狀元黄公度的坎坷人生》，《福建史志》2010年第6期。
[3] 陳均《九朝編年備要》，景印文淵閣《四庫全書》，第328冊第753頁。
[4] 劉琳等校點《宋會要輯稿》，上海古籍出版社2014年版，第8冊第4890頁。
[5] 黄公度《莆陽知稼翁文集》卷一一，《宋集珍本叢刊》，第44冊第588頁。《莆陽知稼翁文集》以下簡稱"本集"，凡引此書，均據此本，僅括注頁碼。

兄庭，季弟庚。

《墓誌銘》載："公之兄庭，以中奉公蔭補高州電白尉，先公卒；季弟庚，早以文藝知名，公卒之明年，擢第調福州連江尉。"（頁 600）《行狀》則只載季弟庚："季弟庚以文藝早知名，公尤友愛之，及赴召，攜以偕行。以既捐館，庚將試禮部，不忍獨留。"（頁 598）《黃氏通書》載："璞公進士，生滔，傳至五世黃陟公，生邈，邈公生静。静生三子：庭、公度、庚。"[1] 案，黃庚，字師白，黃公度季弟。紹興二十七年（1157）登進士第，官至從事郎、惠州推官。黃庚早年以文藝知名，深受黃公度喜愛，紹興二十五年，黃公度赴召臨安，就攜其同往。《莆陽知稼翁文集》有與其相關之詩《次韻弟師白至日及弄璋之什二首》《次師白弟元日韻》。《八閩通志》卷五三載："二十七年丁丑，王十朋榜。黃庚，公度之弟。從事郎，惠州推官。"[2]

一說黃公度兄弟六人。《莆田東里黃氏族譜》載黃静有："子六：庠、庭、廣、度、廓、庚。"此處"度"，應指黃公度。但目前未顯示黃庭、黃庚之外其他兄弟之材料。宋代確有黃庠其人。《宋史》卷四四三《文苑傳五》載："黃庠，字長善，洪州分寧人，博學强記，超敏過人。初至京師，就舉國子監、開封府、禮部，皆爲第一……名聲動京師，所作程文，傳誦天下，聞於外夷，近世布衣罕比也。歸江南五年，以病卒。"[3]《宋會要輯稿》選舉一載："景祐元年正月十六日，以翰林學士章得象權知貢舉，知制誥鄭向、胥偃、李淑，直史館同修起居注宋郊權同知貢舉合格，奏名進士黃庠以下六百六十一人。"[4] 黃庠與黃公度並不同時。《臺灣軍城雙牌銅海深井黃氏族譜》載："黃徹有四子：黃豐、黃廓、黃府、黃廣。"[5] 黃廓、黃廣是兄弟卻是黃徹之子。並且，《行狀》《墓誌銘》均明確稱黃庚爲黃公度季弟。黃庭、黃庚是公度兄弟無疑，既以季弟（即最小弟弟）稱黃庚，公度兄弟三人似乎合理。且如是六兄弟，《行狀》《墓誌銘》應會有"其餘三兄弟仕宦不顯"之類表述，就如二文對黃公度幼子有"尚幼"之表述。因此，黃公度應只有黃庭、黃庚兩兄弟，至於家譜中混入其他名人是歷來修譜者牽强附會以顯耀家族之習慣做法。

[1] 黃燕熙主編《黃氏通書》，天馬圖書有限公司 1997 年版，第 724 頁。
[2] 黃仲昭《八閩通志》，福建人民出版社 1990 年版，下冊第 248 頁。
[3] 脫脫等《宋史》，第 37 冊第 13099 頁。
[4] 劉琳等校點《宋會要輯稿》，第 9 冊第 5252 頁。
[5]《臺灣軍城雙牌銅海深井黃氏族譜》，訪問時間：2020 年 6 月 12 日。

從兄泳、埴，從弟童。

從兄黃泳，字永平，又字宋永。《萬姓統譜》卷四七載："黃静，字至一，滔七世孫。……從子泳，字永平，三歲書過目即成誦。大觀二年應童子科。明年，賜五經及第。"[1]《玉芝堂談薈》卷四記載黃泳應童子科時情形："鄆州別駕黃泳，三歲書一過目輒成誦。大觀二年應童子科，引見徽宗摘南山之壽之句以發誦。泳應聲曰：'不騫不墮。'上以'崩'字爲問，對曰：'詩人之言不識忌諱，臣安敢復述。'上大悦。"[2]《天中記》卷二五亦云："上大悦，乃引歷見后嬪，争遺以金錢果餌。明年，賜五經及第。"[3]

從兄黃埴，字廷直。建炎二年（1128）舉進士第，官終從事郎、吉州（今江西吉安）推官。《八閩通志》卷五三載："建炎二年，李易榜，黃埴。卷之子，從事郎、吉州推官。"[4]

從弟黃童，字士季。紹興八年（1138）與黃公度同登進士，歷知永春（今屬福建）、福清（今屬福建）二縣，主管台州崇道觀，卒贈中大夫。[5]

有子五人，沃、泮、洧、洙、南僧。女二人。孫男二人。

《行狀》云："男五人，沃、泮、洧、洙，皆力學能世其家，沃嘗舉進士；南僧，尚幼。女三人，長適右迪功郎、潮州海陽縣尉林敖，次適左迪功郎、鼎州州學教授林枅。孫男處權、處材。"（頁598）《墓誌銘》云："男五人，沃、泮、洧、洙皆力學世其家，南僧幼未名。女二人，長適右迪功郎、潮州海陽縣尉林敖，次適左迪功郎、鼎州州學教授林枅。孫男二人。"（頁600）宋邵陽郡齋版《知稼翁集》每卷末均有"孫迪功郎新泉州惠安縣主簿處權校刊"字樣，可知黃處權曾經任迪功郎及惠安縣主簿。《宋史翼》卷二四載："子沃，以父任補官，終朝請大夫，知邵州。寧（宗），慶元五年，特奏名漳州軍事推官。"[6]有《澹齋漫稿》一卷。[7]

案，關於黃公度女兒，《行狀》與《墓誌銘》記載有異。《行狀》謂"女

---

[1] 淩迪知《萬姓統譜》，《中華族譜集成》，巴蜀書社1995年版，第720頁。

[2] 徐應秋《玉芝堂談薈》，景印文淵閣《四庫全書》，臺灣商務印書館1986年版，第883冊第89頁。

[3] 陳耀文《天中記》，景印文淵閣《四庫全書》，臺灣商務印書館1986年版，第966冊第159頁。

[4] 黃仲昭《八閩通志》，下冊第245頁。

[5] 昌彼得等編《宋人傳記資料索引》，鼎文書局1987年版，第2855頁。

[6] 陸心源撰，吳伯雄點校《宋史翼》，第551頁。

[7] 謝道承等《福建通志》卷六八，景印文淵閣《四庫全書》，第530冊第429頁。

三人"，《墓誌銘》謂"女二人"。《行狀》爲同鄉好友龔茂良於紹興二十六年
（1156）黃公度去世後四個月所作，《墓誌銘》爲同鄉好友林大鼐或於紹興二
十七年九月黃公度下葬時所作。此處無確鑿材料輔證女兒人數，存疑。然《墓
誌銘》記載可能準確，理由有二：其一，兩文均介紹兩女婚嫁情況，即"長
適右迪功郎、潮州海陽縣尉林敖，次適左迪功郎、鼎州州學教授林枡"，無
三女之介紹。按《行狀》介紹其五子的方式，先列舉其中四子沃、泮、洧、
洙"皆力學能世其家"後，再補充"南僧，尚幼"，即五子全部介紹，若黃
公度有三女，應補充介紹"三女尚幼"之類。其二，《行狀》與《墓誌銘》
相較，墓誌銘爲存放於墓中載有死者傳記的石刻，或措辭更爲謹慎。

　　黃公度世系表，參見圖 3-1：

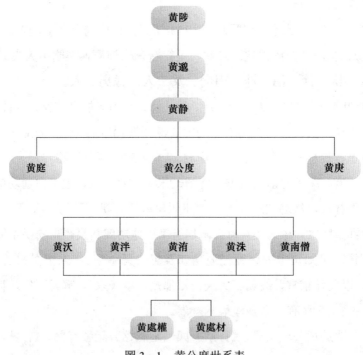

圖 3-1　黃公度世系表

著述

有《知稼翁集》，爲詩文詞合集，有《漢書鐫誤》（僅剩一段，餘皆佚）。

　　黃公度有文集十二卷，其中詩六卷、詞一卷、文五卷。或題《知稼翁

集》，或題《莆陽知稼翁文集》，爲黄公度長子黄沃收集編次而成。所撰《漢書鐫誤》已佚，僅有黄崇翰天啓刻本由黄鳴震增入一段。

《知稼翁集》有兩卷本、十一卷本、十二卷本，又有刻本、抄本幾種版本傳播。黄公度詞主要有單刻本、合集本、叢編本。《知稼翁集》版本源流情況如下。[1]

《知稼翁集》在宋代有三次刊行，版本分別爲家塾本、臨川本、慶元本。家塾本刻於乾道七年（1171），詩文共十一卷，無詞。由黄沃收集遺詩遺文刊於家塾，題名《知稼翁集》。臨川本刻於淳熙十六年（1189），僅詞集一卷。淳熙十五年，黄沃通守臨川。明年，臨川人士得黄公度樂章，請鋟之木，黄沃親爲詞集題跋，曾豐作序，題名《知稼翁詞》。慶元本刻於慶元二年（1196），爲詩文詞全集，共十二卷，詩文十一卷，詞一卷，仍題名《知稼翁集》。是時，黄沃權知邵州邵陽，刊此本於郡齋。前有陳俊卿序、洪邁序，集末依次有黄沃詞跋、行狀、墓誌銘、壙銘、黄沃跋，每卷末有"孫迪功郎新泉州惠安縣主簿處權校刊"。宋刻版本均已散佚，僅有抄本流傳。

《知稼翁集》在明代兩次刊行。一爲黄廷用衡州本，一爲黄崇翰天啓本。衡州本刻於嘉靖三十四年（1555），有詩文十一卷，詞一卷。是集由黄公度世孫黄廷用刻於衡州。衡州本所用底本爲慶元本，由黄廷用重校。天啓本刻於天啓五年（1625），因衡州本刻版毀於倭變，黄公度世孫黄崇翰從榕城陳環江家索回此本一部，由姪孫黄鳴俊寄俸資助其刊刻。此本與衡州本最大區別是改十二卷爲二卷，並增入黄鳴震録補《菩薩蠻》（閨情）一首、《漢書鐫誤》一段及傳記一篇。

《知稼翁集》在清代有刻本和抄本流傳。清代刻本有三種。其一爲四庫本，底本採用天啓本。其二爲道光九年（1829）重修本，題名《宋狀元知稼黄公集》，兩卷，亦以天啓本爲底本。其三爲道光間王子蟾刻本，爲二冊（一函），應以天啓本爲底本。案，拙作《〈知稼翁集〉版本考》曾認爲有咸豐九年（1859）李之鼎刻本，刻入《宋人集》乙編，爲十二卷本，誤，該本實爲民國九年（1920）刻本。清代抄本有四種。其一爲蔣重光抄本，以明衡州本

---

[1] 柯貞金、譚新紅《〈知稼翁集〉版本考》，《中國韻文學刊》2014年第2期。

爲底本。其二爲徐時棟抄本，有《知稼翁集》十二卷，附錄一卷，與蔣重光抄本同出於明衡州本。其三爲綬琪抄本，系抄明天啓本。其四爲孔繼涵抄本，詩文集十一卷，詞一卷，影寫衡州本。

《知稼翁集》當代刻本有兩种。其一爲臺灣商務印書館 1983 年重刊二卷本。此本前言説明乃影印文淵閣《四庫全書》。其二爲《宋集珍本叢刊》本，爲四川大學古籍整理研究所編、綫裝書局 2004 年出版。該叢刊第四十四册影印《知稼翁集》兩種抄本：其一題爲《莆陽知稼翁文集》，底本爲衡州本，有詩文十一卷，詞一卷。其二題爲《知稼翁集》，兩卷本，爲以天啓本作底本之舊抄本，與四庫諸本同源，亦有區别，如卷末附有《漢書鐫誤》一段、《興化府志名臣傳》、龔茂良《宋左朝散郎尚書考功員外郎行狀》、林大鼐《宋尚書考功員外郎黄公墓誌銘》、黄沃《宋尚書郎壙銘》，較天啓本有所增減。

至於黄公度《知稼翁詞》主要以三種方式流傳。一是單刻本，即臨川本。二是合集本，附於《知稼翁集》之中流傳，如慶元本、衡州本、天啓本、四庫本等。三是叢編本，收入《宋名家詞》《百家詞》《唐宋名賢百家詞》《宋元名家詞》《宋金明人九家詞》《典雅詞》《全宋詞》等詞總集。

宋徽宗大觀元年己丑（1109），一歲

生於興化軍莆田東里。

　　黃沃《宋尚書郎壙銘》云：“紹興二十五年冬，天子收老成，拔淹滯，先君首被召對，……明年八月卒官，享年四十有八。”[1]《行狀》載：“世爲興化軍莆田人。”又載，紹興二十六年（1156）六月，“得疾，八月二十四日卒於位，年四十八”（頁597）。根據卒年及享年，可推算出黃公度生於徽宗大觀元年。

徽宗大觀二年庚寅（1110），二歲

居莆田東里。

宋徽宗政和元年辛卯（1111），三歲

居莆田東里。

　　父黃靜中舉。《莆田東里黃氏族譜》載：“靜，字至一，行四八，政和辛卯貢辟雍。”

徽宗政和二年壬辰（1112），四歲

居莆田東里。

　　父黃靜中進士。《莆田東里黃氏族譜》云：黃靜，“壬辰進士”。《九朝編年備要》卷二八載：“壬辰政和二年春，二月，蔡京復太師賜第京師。三月，親試舉人，賜莫儔以下七百余人進士及第出身。”[2]《墓誌銘》云：“皇考靜，

---

[1] 黃公度《知稼翁集》卷下，《宋集珍本叢刊》，第44冊第511頁。
[2] 陳均《九朝編年備要》，景印文淵閣《四庫全書》，第328冊第753頁。

政和初起家，試秘書省正字。"（頁598）

徽宗政和三年癸巳（1113），五歲

居莆田東里。

徽宗政和四年甲午（1114），六歲

居莆田東里。

徽宗政和五年乙未（1115），七歲

居莆田東里。

徽宗政和六年丙申（1116），八歲

居莆田東里。

徽宗政和七年丁酉（1117），九歲

居莆田東里。

徽宗政和八年、宋徽宗重和元年戊戌（1118），十歲

居莆田東里。

徽宗重和二年、宋徽宗宣和元年己亥（1119），十一歲

居莆田東里。

徽宗宣和二年庚子（1120），十二歲

居莆田東里。

徽宗宣和三年辛丑（1121），十三歲

居莆田東里。

徽宗宣和四年壬寅（1122），十四歲

居莆田東里。

徽宗宣和五年癸卯（1123），十五歲

居莆田東里。築廬讀書於雁陣山登瀛閣。

　　本集卷八《上陳尚書》云："某束髮讀書。"（頁569）又《福建金石志》卷九載："登瀛閣，宋紹興八年，高宗皇帝御書三大字，賜狀元黃公度讀書處。"[1]案，雁陣山，又稱鼇山、巖潯山，位於莆田市涵江區三江口鎮境內，爲涵江沿海最高峰。深秋之際，退潮之時，鴻雁成群結隊在此棲息過冬，故名雁陣山。其山狀如大鼇之頭，故又名鼇山。山上有宋高宗御書登瀛閣，舊爲黃公度讀書處。姑繫於此。

徽宗宣和六年甲辰（1124），十六歲

居莆田東里。

---

[1]《福建金石志》，《石刻史料新編》第 2 輯，新文豐出版公司 1979 年版，第 15 冊第 11174 頁。

徽宗宣和七年乙巳（1125），十七歲

居莆田東里。

宋欽宗靖康元年丙午（1126），十八歲

居莆田東里。

欽宗靖康二年、宋高宗建炎元年丁未（1127），十九歲

居莆田東里。

高宗建炎二年戊申（1128），二十歲

居莆田東里。

高宗建炎三年己酉（1129），二十一歲

居莆田東里。父卒。

　　本集卷一一《焚告文》云："某生二十有一年而先君亡，既九年而塵點科第，又七年升位於朝，越明年，上有事於郊丘。"（頁588）黃公度二十一歲爲建炎三年，其父黃静卒。

高宗建炎四年庚戌（1130），二十二歲

居莆田東里。

宋高宗紹興元年辛亥（1131），二十三歲

居莆田東里。

高宗紹興二年壬子（1132），二十四歲

居莆田東里。

高宗紹興三年癸丑（1133），二十五歲

居莆田東里。

高宗紹興四年甲寅（1134），二十六歲

在福州。參加解試，鄉薦第一。有文一篇。

作《解試賢人國家之利器賦》。

　　《莆田東里黃氏族譜》載："紹興甲寅魁鄉薦。"黃公度兩次參加解試，《知稼翁集》有兩篇解試作文。後一次（紹興七年）所作爲《解試和戎國之福賦》，則此次（紹興四年）所作爲《解試賢人國家之利器賦》。

高宗紹興五年乙卯（1135），二十七歲

在臨安。參加省試，落第。

　　黃公度通過鄉試選拔得頭名後，紹興五年進京應省試。本來名列前茅，但因詩句用韻有誤而被黜落。洪邁《夷堅志》支戊卷九"黃師憲嘉兆"條載："憲初發鄉舉時，以紹興五年試南宮，既出院，夢題院門曰：'依舊家山萬里，重新場室三年。'是歲本中優選，以誤用韻榜罷。八年遂冠省闈，以無廷對，擢居正奏第一。先是其伯父夢神人告曰：'君家有此雙名玉，天下流傳第一人。'又鄉人王氏，夢其居掛金符，榜曰狀元坊。自謂子孫必應兆，每誇語於里間。久而益貧，遂貨於黃氏。不數年，師憲捷書來。"[1]考畢出院那天，夢見自己在試院門口題詩。詩中"重新場室"暗寓第一次參加科舉落榜；"三年"暗合三年後中狀元之事。

---

[1] 洪邁撰，何卓點校《夷堅志》，第 3 冊第 1125～1126 頁。

高宗紹興六年丙辰（1136），二十八歲

疑居莆田東里。

高宗紹興七年丁巳（1137），二十九歲

赴福州參加漕試，中舉。有詩一首、文一篇。

自莆田赴福州，過使華亭，作《過使華亭悼七友》詩。

　　本集卷一《過使華亭悼七友》詩序云"緣赴試漕臺，覆舟於此"（頁520），以詩抒發躊躇滿懷之志。案，"赴試漕臺"指參加漕試。漕試爲宋貢舉考試方式。景祐年間，命各路轉運司類試現任官員親戚，此後形成制度，由轉運司類聚本路現任官所牒送隨侍子弟和五服內的親戚，以及寓居本路士人、有官文武舉人、宗女夫等，舉行考試，如同州、府解試。漕試合格，即赴省試。

　　黃公度所過使華亭，驛站，在今福建古田縣。另有一處使華亭，在莆田常泰里。《淳熙三山志》卷五載："（古田縣）使華亭，地名黃田。宣和六年，創爲星軺食息之所。"[1]《福建通志》卷六二云："（莆田縣）使華亭，在常泰里，舊名'延壽亭'，古驛路也。臨溪之西，瀑布高百丈，先輩徐寅別墅在焉。宋建炎二年建。"[2]星軺食息之地，即驛站；使華亭位於閩江北岸，旁有險灘，名筝公灘，處於閩江迂曲之處，漲水時濁浪滾滾，枯水時礁崖突露，與詩中"惡石亂崢嶸"情景相似。游禮星《"使華亭"考釋》亦認爲，黃公度所經使華亭即黃田使華亭。[3]該亭位於福州至南平之間，閩江北岸，即今古田縣黃田鎮所在地，爲古驛站，即黃田驛，黃公度爲莆田人，進京必經黃田驛。古田使華亭早已出現，而莆田使華亭建於宋建炎二年（1128），舊名"延壽亭"，黃公度作《過使華亭悼七友》時莆田使華亭纔建成九年，應仍稱"延壽亭"。

---

[1] 梁克家《淳熙三山志》，景印文淵閣《四庫全書》，臺灣商務印書館1986年版，第484冊第157頁。

[2] 謝道承等《福建通志》，景印文淵閣《四庫全書》，第530冊第236頁。

[3] 游禮星《"使華亭"考釋》，《課程教育研究》2017年第34期。

七月，在福州參加漕試，作《解試和戎國之福賦》，被舉參加省試。

《莆田東里黃氏族譜》載："丁巳再舉。"黃沃《知稼翁集跋》亦有"先君考功再舉"之辭。一說明二十六歲（1134年）鄉薦之事，二說明再舉之事確鑿。另據李心傳《建炎以來朝野雜記》甲集卷一三《諸路同日解試》載："祖宗舊制，諸路州、軍科場，並以八月五日鎖院，惟福建去京師地遠，先期用七月。川、廣尤遠，又用六月。紹興十三年八月，詔以閩、廣去行在不遠，並令八月五日鎖院。"[1]因此，作爲福建考生，黃公度再舉當在七月。

《宋歷科狀元錄》卷五載：紹興七年，"令諸路轉運司取經義、詞賦兩等"，後附錄云："是歲以士子多分爲兩場，其賦題前曰'中興日月可冀'，後曰'和戎國之福'。"[2]《知稼翁集》有兩篇解試作文，其一爲《解試賢人國家之利器賦》，其二爲《解試和戎國之福賦》。因此，黃公度紹興七年作文《解試和戎國之福賦》，紹興四年作文《解試賢人國家之利器賦》。

高宗紹興八年戊午（1138），三十歲

在臨安，中狀元。授左承事郎簽書平海軍節度判官。歸莆田。有詩四首、文二篇。

疑在莆田。春，赴省試，途經建安，詣梨山李侯廟求神。

《夷堅志》支戊卷六"黃師憲禱梨山"條載："紹興戊午，黃師憲自莆田赴省試。初與里中陳應求約同行，以事未辦集後數日乃登途。過建安，詣梨山李侯廟謁夢，夢神告曰：'不必吾有言，只見陳俊卿，他所說者是已。'黃至臨安，方與陳會。即詢其得失，陳蓋未嘗至彼廟也，辭以不能知。黃道之不已。陳怒，大聲咄曰：'師憲做第一人，俊卿居其次足矣。'黃喜其與夢合，乃以告之。既揭榜，如其說。"[3]案，陳俊卿（1113—1186），字應求，興化人，紹興八年黃公度同榜進士，爲榜眼，初授泉州觀察推官，秩滿，秦檜當國，察其不附己，以爲南外睦宗院教授，後通判南劍州（今福建南平）。未

---

[1] 李心傳《建炎以來朝野雜記》，中華書局2000年版，第265頁。

[2] 朱希召《宋歷科狀元錄》，《北京圖書館古籍珍本叢刊》，書目文獻出版社1988年版，第21冊第330頁。

[3] 洪邁撰，何卓點校《夷堅志》，第3冊1096頁。

上，因秦檜死，以校書郎召，除著作郎兼普安郡王教授。後累遷尚書右僕射、同中書門下平章事兼樞密使。淳熙八年（1181），以少師、魏國公致仕。黄公度任泉幕期間，陳俊卿同在泉幕任觀察推官，二人交情頗深，多有詩作往來唱和。[1] 又案，建安，今福建建甌。

在臨安。四月試進士，作《天子以德爲車賦》，列省試第一。

《宋會要輯稿》選舉一載：紹興八年四月二十七日，"以翰林學士、知制誥朱震知貢舉，給事中張致遠、起居舍人勾龍如淵同知貢舉，合格、奏名進士黄公度已下二百一十二人"[2]。《寶慶四明志》卷一〇載："紹興八年黄公度榜。省試，《天子以德爲車賦》《談笑卻秦軍詩》《六藝折中夫子論》。"[3] 案，文集中僅載《天子以德爲車賦》。是年莆田縣共二十三人同登進士，其中有公度從弟黄童。[4] 南宋邑人李俊甫在《莆陽比事》中記載莆田一段科舉風流："紹興戊午，大魁黄公度，亞魁陳俊卿，林鄧以年七十三爲榜尊，龔茂良以年十八爲榜幼，皆莆人，一時榮耀，以爲四異"；時莆人有"楜榆未三里，魁亞占雙標"之謂。[5]

六月，廷對，爲狀元，賜禮部進士及第出身，授左承事郎。

《宋史》卷二九《高宗本紀六》載：紹興八年六月壬申，"賜禮部進士黄公度以下三百九十五人及第、出身"[6]。《宋歷科狀元錄》卷五載：紹興八年六月壬申，"上以諒陰不臨軒策試，特御射殿引見禮部舉人參以四川類試，賜黄公度等二百九十三人及第出身"[7]。《莆陽文獻》卷一七〇亦載，"紹興八年省元免御試，賜進士第一"，"起家左承事郎"[8]。案，"以諒陰不臨軒策試"，即指人主有三年之喪則罷殿試之舊例。《建炎以來朝野雜記》甲集卷一三《諒闇罷殿試》云："自咸平以來，人主有三年之喪則罷殿試，而以省元

[1] 脱脱等《宋史》卷三八三《陳俊卿傳》，第 34 册第 11783 頁。
[2] 劉琳等校點《宋會要輯稿》，第 9 册第 5255 頁。
[3] 胡矩修，方萬里、羅濬等纂《寶慶四明志》，《宋元方志叢刊》，第 5 册第 5117 頁。
[4]《福建通志》卷三四載："黄公度、陳俊卿、黄童、龔茂良、林瀛、林闡、李處宜、姚廷瑰、林鄧、方燾、歐陽迪、謝史、顧汝義、宋藻、黄卓、林靖、黄宋臣、李宗旦、黄邠、黄敦、節洪、鄭汝義、李彬静俱莆陽人。"（謝道承等《福建通志》，第 529 册第 50 頁）
[5] 李俊甫《莆陽比事》卷二，《宛委別藏》，江蘇古籍出版社 1988 年版，第 102 頁。
[6] 脱脱等《宋史》，第 2 册第 536 頁。
[7] 朱希召《宋歷科狀元錄》，《北京圖書館古籍珍本叢刊》，第 21 册第 331 頁。
[8] 鄭岳輯《莆陽文獻》，《北京國書館古籍珍本叢刊》，第 19 册第 294 頁。

爲榜首。真宗朝孫僅，仁宗朝宋郊，英宗朝彭汝礪，神宗朝許安世，徽宗朝李釜，高宗朝黃公度，孝宗朝木待問，今上朝莫子純、傅行簡是也。舊制止除職官，惟天聖二年宋元憲獨除京官、通判。紹興八年黃公度復補京官，自是遂爲故事。"[1] 案，李釜爲哲宗朝進士，此處"徽宗朝"誤。紹興五年，宋徽宗趙佶崩於金五國城，七年春始聞訊，是歲科舉，因高宗爲徽宗服喪，罷殿試。高宗於紹興七年亦有詔書，《宋會要輯稿》選舉八載："七年八月二十五日，詔：'來年禮部奏名進士可依祖宗故事不臨軒策試。'時上居諒闇，有司檢照典故，預行申請，故有是命。"[2] 是年，黃公度中省元，即爲當年狀元。

黃公度中狀元，遂中多年前黃涅槃一句讖語。《宋歷科狀元録》卷五載："昔黃涅槃有讖語曰：'拆了屋，換了椽，朝京門外出狀元。'初徐鐸振夫作魁時，改建此門，近被兵火，復新四門，而此門當户對尤增崇麗。黃居門外市中，而左右六人皆同中。雖一時盛事，亦皆前定，非人力所能致也。"[3]《墓誌銘》亦云："先是，黃涅槃有讖云：'拆卻屋，換卻椽，望京門外出狀元。'是時孫守蓋改創譙門，規橅雄偉，甫成而公捷音下。"（頁599）

另據《福建通志》卷六六載："紹興八年，廷對。初以黃公度爲狀元，陳俊卿次之。及謁御高宗問曰：'鄉土何奇，輒生二卿。'黃對曰：'子魚、紫菜、荔枝、蠣房。'俊卿對曰：'地瘦栽松栢，家貧子讀書。'高宗曰：'公度不如卿。'遂賜俊卿第一。"[4] 此處爲傳説，與史實不符。

受賜高宗親題"登瀛閣"，作《代謝御書表》。

高宗對黃公度青眼有加，親筆題"登瀛閣"三字賜之。姚旅《露書》記載此事："高宗嘗書'登瀛閣'賜黃公度，黃居卑隘，乃模刻巖潯山石上，今山上有廟曰'登瀛閣'本此。閣在莆城北。"[5]《福建金石志》卷九亦有相同記載："登瀛閣，宋紹興八年，高宗皇帝御書三大字，賜狀元黃公度

[1] 李心傳《建炎以來朝野雜記》，第274頁。
[2] 劉琳等校點《宋會要輯稿》，第9冊第5430頁。
[3] 朱希召《宋歷科狀元録》，《北京圖書館古籍珍本叢刊》，第21冊第331頁。
[4] 謝道承等《福建通志》，第530冊第372~373頁。
[5] 姚旅《露書》卷七，明天啓刻本，第33頁。

讀書處。"[1]

本集卷八《代謝御書表》云:"聖經惇史,炳若丹青;寶翰宸章,刻之金石。出九重之副,爲列郡之珍藏。""兼八體以遒勁,述四書而發揮。非惟爲儒者之榮,於以見聖人之意。臣幸生盛旦,假守偏州,識無魯魚之分,躬被龍光之賜。在天成象,粲奎壁以相輝;與世作程,等乾坤而不朽。"(頁570)

七月,詔特補左承事郎簽書平海軍節度判官。

《宋會要輯稿》選舉二載:"紹興八年七月十三日,詔黃公度特補左承事郎簽書平海軍節度判官廳公事。"[2] 黃沃《宋尚書郎壙銘》亦云:"起家左承事郎,簽書平海軍節度判官廳公事。"[3] 案,平海軍,今福建泉州。宋乾德二年(964),清源軍改爲平海軍。太平興國三年(978)陳洪進上《納地表》,將其所轄漳、泉二州十四縣獻給宋朝。同年,平海軍改爲泉州。

作《會同年共樂臺》詩。

本集卷一《會同年共樂臺》詩云:"蘭臺三千士,莆陽十五人。此時鄉曲會,異日廟堂身。名塞乾坤隘,恩沾雨露新。天邊三雁遠,回首獨凝神。"(頁520)按詩意,應是與陳俊卿、龔茂良等十五名莆陽進士共敍同年之樂之盛況。"三雁"大約指黃公度、陳俊卿、龔茂良。"三雁遠"當然既指志向,亦指前程。不久,三雁南飛,黃公度、陳俊卿、龔茂良一同南下赴泉州爲官。黃公度任簽書平海軍節度判官聽公事,陳俊卿任泉州觀察推官,龔茂良任泉州南安縣主簿。案,龔茂良(1121—1178),字實之,興化軍莆田人,紹興八年黃公度同榜進士,爲南安(今屬福建)主簿、邵武(今屬福建)司法,調泉州觀察推官,改宣教郎。召試館職,除秘書省正字,累遷吏部郎官。後歷官監察御史、右正言,因上疏彈劾內侍曾覿、龍大淵,出知建寧府(今福建建甌),後知信州(今江西上饒)、江西運判兼知隆興府(今江西南昌),因救荒有功,除禮部侍郎。淳熙元年(1174),拜參知政事,後與朝廷政見不合,遭曾覿黨謝廓然構陷,安置英州,死於貶所。黃公度任職泉幕時,龔

[1]《福建金石志》,《石刻史料新編》第2輯,第15冊第11174頁。
[2] 劉琳等校點《宋會要輯稿》,第9冊第5274頁。
[3] 黃公度《知稼翁集》卷下,《宋集珍本叢刊》,第44冊第511頁。

茂良亦在泉州南安任主簿，二人多有往來。[1]

或經松陽。於石筍山翠峰觀前題字。

《栝蒼金石志補遺》"黄公度石筍山題崖二段"條記載："'空明'，黄
公度書。右刻在松陽縣西石筍山翠峰觀前，有題款無年月。黄公度宋紹興
戊午狀元，與松陽葉實同榜相傳。公度隱居松川，今小赤壁西有村落，
地名黄公渡，而《松陽志·流寓》曾不一及，想因遊此偶題，抑實乞書以
刻石耳。戊午爲紹興八年，是書雖無年月紀元，按之當在南渡中興時也。"
"'空明'二字徑二尺六寸，'黄公度書'四字徑三寸正書。"另題"野鶴
歸來，鶴翎書"，"右刻在石筍山東麓，與前題似出一手，疑爲黄公度書。
筆走龍蛇，深得米元章飛動之勢。鶴翎作毫，揮翰如今人之用鷄毛筆，
故云'鶴翎書'耳"。[2] "鶴翎書"意指用仙鶴翎毛作毫揮筆。《栝蒼金石
志補遺》謂"當在南渡中興時也"，或爲返莆田途經松陽，與同年交遊而
題，姑繫於是年。案，松陽縣，今屬浙江；松川，在松陽縣。

在莆田。中秋，作《賀孫使君》詩。

按本集卷一《賀孫使君》題注，孫使君爲孫藎。《興化府莆田縣志》卷
七載："孫藎，紹興八年以左朝請郎知。""楊大任，紹興十年以朝散大夫
知。"[3] 詩中有"中秋寒律近""祝公椿壽永，千歲贊羅圖"（頁520）等句，
應知本詩作於紹興八年或紹興九年中秋孫藎在任時。又因紹興九年黄公度
在泉州，姑繫於八年。案，孫藎（1084—1164），字道祖，丹徒（今江蘇鎮
江）人。政和五年（1115）以上舍擢第，爲太平州（今安徽當塗）繁昌主簿、
廬州（今安徽合肥）合肥丞，屢遷至知興化軍。改知嚴州（今浙江建德），
奉祠。起知真州（今江蘇儀征），調泰州（今屬江蘇），除淮南路轉運判官兼
提刑。遷知信州，丐祠。隆興二年（1164）卒，年八十一。

歲末，作《陪孫使君宴歸路口占呈宋永應求二兄》詩。

本集卷一《陪孫使君宴歸路口占呈宋永應求二兄》詩中有"歲晚一樽同
角寒，雲外籃輿暮雨中"（頁521）句，根據孫藎紹興八年、紹興九年知莆

---

[1] 脱脱等《宋史》卷三八五《龔茂良傳》，第34冊第11842頁。
[2] 鄒柏森《栝蒼金石志補遺》，《石刻史料新編》第2輯，新文豐出版公司1979年版，第10冊第7411頁。
[3] 汪大經等《興化府莆田縣志》，清乾隆二十三年刻本，第7冊第4頁。

田，可知本詩作於紹興八年或紹興九年歲末。姑與《賀孫使君》詩一同繫於八年。

是年，作《送龔實之赴官南安十韻》詩。

龔實之即龔茂良。黃公度在臨安的《會同年共樂臺》詩有"三雁遠"句，指黃公度、陳俊卿、龔茂良不久將一起南下赴泉州任職，因此，這首送別詩應作於龔茂良赴泉州南安主簿任前，故繫於此年。

高宗紹興九年己未（1139），三十一歲

在泉州，任平海軍節度判官。

《宋會要輯稿》選舉二載："紹興八年七月十三日，詔黃公度特補左承事郎簽書平海軍節度判官廳公事。"[1] 紹興十五年正月，授秘書省正字（詳見後文）。在此期間均在泉州任平海軍節度判官。

高宗紹興十年庚申（1140），三十二歲

在泉州，任平海軍節度判官。有詩二首。

有《庚申元日》《和龔實之聞虜人敗盟》詩。

本集卷一《庚申元日》詩抒懷："繭足度殘臘，回頭又一年。文書疏病眼，事業付高眠。盥櫛從朝懶，衾綢覺夜便。南聆競春色，車馬日喧闐。"（頁517）

是年，金國內部政治鬥爭中，主戰派兀術占據上風，撕毀與宋朝的議和協議，舉兵南下，收回原先歸還宋朝之河南與陝西地區，並向江淮一帶推進。黃公度聞訊，滿懷感慨，寫下《和龔實之聞虜人敗盟》詩："請嬰未繫單于頸，置火須然董卓臍。列郡賓士喧羽檄，聖朝哀痛下芝泥。盟寒關隴無來使，春晚江淮有戰鼙。十載枕邊憂國淚，不堪幽夢破晨雞。"（頁528）"置火須然董卓臍"句斥責姦臣誤國，深爲秦檜所嫉恨。

---

[1] 劉琳等校點《宋會要輯稿》，第9冊第5274頁。

高宗紹興十一年辛酉（1141），三十三歲

在泉州，任平海軍節度判官。有詩一首。

迎汪藻知泉州，有《迓泉守晚宿囊山》詩。

是年，汪藻來知泉州，黃公度前往迎接，有《迓泉守晚宿囊山》詩。羅願《新安志》卷九載："汪藻，顯謨閣學士、左太中大夫，九年十二月二十九日到任，十一年七月十六日移知泉州。"[1] 孫覿《宋故顯謨閣學士左大中大夫新安郡開國侯食邑一千五百户食實封一百户贈端明殿學士汪公墓誌銘》亦云：紹興十一年，汪藻知泉州。[2] 案，汪藻（1079—1154），字彥章，饒州德興（今屬江西）人。崇寧二年（1103）登進士第，累遷江西提舉學事司幹廳公事，後任《九域圖志》編修官，升著作佐郎，時王黼任事，二人素不和，出通判宣州（今安徽宣城），提點太平觀，凡八年不用事。高宗時召爲中書舍人，累拜翰林學士，屬時多事，詔令多出其手。紹興元年除龍圖閣直學士，知湖州（今屬浙江），後歷知撫州（今屬江西）、徽州（今安徽歙縣），紹興二十四年卒。有《浮溪集》六十卷、《裔夷謀夏録》三卷、《青唐録》三卷、《古今俗雅字》四十四篇。[3]

高宗紹興十二年壬戌（1142），三十四歲

在泉州，任平海軍節度判官。曾沿檄南安。有詩十一首、文一篇。

在泉州。四月，宴同僚，作《陳晉江以壬戌四月上澣宴同僚於二公亭》《越十日陪史君汪内翰復來》詩。

本集卷三《陳晉江以壬戌四月上澣宴同僚於二公亭》與《越十日陪史君汪内翰復來》二詩編在一起，時間應相屬。《越十日陪史君汪内翰復來》詩有"城依刺桐古，亭入芰荷深"句。芰荷，泉州四月荷花開亦應節季。前詩

---

[1] 羅願《新安志》，景印文淵閣《四庫全書》，臺灣商務印書館1986年版，第485冊第502頁。

[2] 汪藻撰，胡堯臣刊《浮溪文粹》附録，景印文淵閣《四庫全書》，臺灣商務印書館1986年版，第1128冊第425頁。

[3] 脫脫等《宋史》卷四四五《汪藻傳》，第37冊第13130～13132頁。

詩題之“二公亭”位於泉州東湖公園，爲唐代所建，可呼應後詩詩題有“古亭”“復來”之說，此時汪藻知泉州，可斷定二詩作於是年。案，陳晉江，當指陳升卿，字舜陳，閩縣（今福建福州）人，紹興八年進士，官終朝請郎通判泰州，曾知晉江縣（今屬福建）。《道光重纂福建通志》卷九三載：“晉江縣知縣事陳升卿，閩縣人（今屬福建），紹興八年進士。”[1]

六月，作《次韻宋永兄傷時二首》《上汪內相生日》詩。

黃公度與從兄黃泳感歎時事，寫下《次韻宋永兄傷時二首》，其一云：“舉目江河異，傷心漢闕低。未聞軍折北，誰復將征西。志苦甘嘗膽，身先願執鞏。時惟王事急，六月尚棲棲。”（頁520）“未聞軍折北，誰復將征西”表達對岳飛屈死之憤慨及對收復失地之憂患。

汪藻生日爲“宋神宗元豐二年己未，六月癸未”[2]。汪藻紹興十一年七月知泉州，紹興十三年春徙宣州，黃公度此時爲泉州判官，可知《上汪內相生日》詩作於紹興十二年六月。

八月，作《聞太母還輿喜極成歌》詩。

八月，宋高宗生母皇太后韋氏與宋徽宗及鄭后、邢后三靈柩自金國歸臨安。黃公度激動異常，作《聞太母還輿喜極成歌》。詩中有“嗚呼禍變稔前朝，都城千雉摧天驕。翠華北征沙漠遙，六宮萬里從鞏褕”（頁534）之句抒發悲喜交加之情。《五禮通考》卷一〇三《韋賢妃傳》亦云：“韋賢妃，開封人，高宗母也……建炎改元遙尊爲宣和皇后。紹興七年，徽宗及鄭皇后崩，聞至，翰林學士朱震請遙尊爲皇太后，從之，豫作慈壽宮，命參政王次翁等爲奉迎使，十二年四月次燕山，八月至臨安，入居慈寧宮，二十九年九月崩。謚曰‘顯仁’，攢於永佑陵之西祔神主太廟。”[3] 該詩姑繫於是月。

中秋，沿檄南安，後作《陪實之登姜峰絕頂鐫石留名》《實之有詩復次其韻》《壬戌中秋沿檄行縣與龔實之同宿於琴泉軒》《早發延福道間偶作因以錄呈》詩。

本集卷三此四首詩編在一起。是年中秋，黃公度與龔茂良相約同遊九日

---

[1] 孫爾準修，陳壽祺纂《道光重纂福建通志》，《中國地方志集成·福建省志輯》，鳳凰出版社 2011 年版，第 5 冊第 313 頁。

[2] 金建鋒《汪藻年譜》，廣西師範大學碩士學位論文，2006 年，第 8 頁。

[3] 秦蕙田《五禮通考》，景印文淵閣《四庫全書》，第 137 冊第 485 頁。

山（在泉州市區西郊南安境内），在山中姜相峰作《陪實之登姜峰絶頂鑴石留名》。據《福建金石志》卷九載：“黄公度詩刻，在南安，紹興十二年……黄公度、龔茂良紹興壬戌同遊。”[1]該詩題刻於姜相峰絶頂西側巖壁上。“摩崖高 1.24 米，寬 1.17 米，字徑 17×17 厘米，楷書，顔柳參半。”[2]是晚二人同宿於山中琴泉軒，《實之有詩復次其韻》《壬戌中秋沿檄行縣與龔實之同宿於琴泉軒》記述與龔茂良同床夜話之情景：“故人憐寂寞，抱被肯相投。”“彈琴秋葉落，聽雨夜床親。”（頁 533）次日晨，作《早發延福道間偶作因以録呈》，延福寺在九日山南麓，詩中有“夜宿姜峰寺，曉投劉店村”（頁 533）句。案，“姜峰寺”可能指琴泉軒在姜相峰下延福寺附近，此處存疑。

在泉州。作《送同年林嘉言序》。

本集卷一一《送同年林嘉言序》：“長樂林嘉言，筮仕温陵，余與之周旋者一年。凡平日之議論設施，如石投水，莫余或逆，人或疑其同，余曰：固也。余與嘉言皆閩人，其居同鄉家世以儒顯，其習同業。以戊午歲俱捷於南宮，爲同年。越三載，俱佐汪公幕，爲同官。……余因其罷官北歸，書所以與余同者以與之别，今兹一别，噫！不知復幾何時而又同歟！”（頁 585）案，温陵即泉州。《大清一統志》卷三二八云：“（泉州府）其地少寒，故曰温陵。”[3]“越三載”，説明黄公度是在紹興十一年任職，這一年七月汪藻始知泉州，至紹興十二年十二月改由吕用中知泉州（詳見後文）。此序應作於十二年十二月前，姑繫於此。案，林孔彰，字嘉言，福州閩縣人，紹興八年進士甲科，終南外宗學教授。曾在泉州任職，後罷官歸鄉，黄公度作此文相送。

十二月，作《賀吕守用中》詩。

《寶慶會稽續志》卷二載：“吕用中，紹興十年十二月以右宣教郎到任，十二年十二月改知泉州。”[4]吕用中知泉州時間爲紹興十二年十二月，此詩爲黄公度在其到任之際所賀，姑繫於此。案，吕用中，祖籍萊州（今屬山東），安徽壽春（今安徽壽縣）人，東萊郡侯吕好問第四子，生平不詳。

---

[1]《福建金石志》，《石刻史料新編》第 2 輯，第 15 冊第 11175 頁。

[2] 泉州歷史網，訪問時間：2020 年 6 月 12 日。

[3] 和珅等《大清一統志》，景印文淵閣《四庫全書》，第 481 冊第 566 頁。

[4] 張淏《寶慶會稽續志》，《宋元方志叢刊》，中華書局 1990 年版，第 7 冊第 7109 頁。

《乾隆泉州府志》卷二六《文職官上》載："呂用中，（紹興）十三年任，講鄉飲酒禮。"[1]

高宗紹興十三年癸亥（1143），三十五歲

在泉州，任平海軍節度判官。有詩六首、詞一首、文二篇。

在泉州，任簽書平海軍節度判官兼南外宗簿。釋數百流民。

《莆陽文獻》卷一七〇載：紹興十三年，"公度任簽書平海軍節度判官兼南外宗簿。"[2]案，南外宗，即南外宗正司，宋官署名。崇寧元年（1102）置於南京應天府，並置敦宗院以居宗室疏屬。以宗室之賢者爲知宗，掌外居宗室事務。靖康之難後，宋高宗趙構在臨安府建立南宋小朝廷，偏安東南，管理皇族宗室事務之南外宗正司也徙遷至京口（今江蘇鎮江）。因該地處於抗金前綫，出於安全考慮，南宋建炎間又遷至今浙江紹興。建炎三年（1129）十二月，宗室三百四十九人遷徙至泉州，南外宗正司隨遷。舊館驛內西側之泉州添差通刺廳改成皇族居住地，南外宗正司司署設在古榕巷內之水陸寺中。

《行狀》載，黃公度就任後，"有流民數百輩自汀、虔下，郡疑其盜，盡繫之。行旅驟然幾變，時郡倅庸人，喜生事，欲自以爲功，無敢言者。公獨辨其非，倅不悅，語侵公，公爭益力，已而皆平人"（頁597）。

春，作《點絳唇》（嫩綠嬌紅）、《送汪內相移鎮宣城》詩。

孫覿爲汪藻所撰墓誌銘云："大校怒，以語侵公，免符下，乃已。移知宣州。"[3]《道光晉江縣志》卷二八《職官志·文秩》載：汪藻，紹興十一年任泉州知府，紹興十三年移知宣州。[4]據汪藻《跋葉擇甫李伯時畫》載："宣和元年六月鄱陽汪藻借觀於寧國傳舍，宣和初余通守宣城時，擇甫官寧國，

---

[1] 懷蔭布修，黃任、郭賡武纂《乾隆泉州府志》，《中國地方志集成·福建府縣志輯》，上海書店出版社2000年版，第1冊第608頁。

[2] 鄭岳輯《莆陽文獻》，《北京圖書館古籍珍本叢刊》，第19冊第294頁。

[3] 汪藻撰，胡堯臣刊《浮溪文粹》附錄，景印文淵閣《四庫全書》，第1128冊第425頁。

[4] 胡之鋘修，周學曾、尤遜恭等纂《道光晉江縣志》，《中國地方志集成·福建府縣志輯》，上海書店出版社2000年版，第25冊第324頁。

出此畫書其後。比自泉南移宣城，過福唐，擇甫復以示余，則二十五年。……
紹興癸亥季春朔新安汪藻書。"[1]癸亥即紹興十三年，汪藻該年春已移知宣
州。案，《宋史》卷四四五《汪藻傳》所載"藻升顯謨閣學士，遣使賜茶藥，
尋知徽州，逾年徙宣州"[2]，不實。據《建炎以來繫年要錄》卷一三二載：
紹興九年己巳，"顯謨閣學士提舉江州太平觀汪藻知徽州"[3]。前文已證汪藻
紹興十一年知泉州，紹興十三年移知宣州，"知徽州"，應爲知泉州。

　　本集詞《點絳唇》（嫩綠嬌紅）詞序云："汪藻彥章出守泉南，移知宣城，
內不自得，乃賦詞云：'新月娟娟，夜寒江靜山銜斗。起來搔首，梅影橫窗
瘦。好個霜天閑，卻傳杯手。君知否？亂鴉啼後，歸興濃如酒。'公時在泉
南簽幕，依韻作此送之。又有《送汪內翰移鎮宣城》長篇見集中。比有《能
改齋漫錄》載：'汪在翰苑，屢致言者嘗作《點絳唇》云云，最末句：曉鴉
啼後，歸夢濃如酒。或問曰：歸夢濃如酒，何以在曉鴉啼後？汪曰：無奈這
一隊畜生！何不？'惟事失其實，而改竄二字，殊乖本義。"（頁592）又，
曹學佺《蜀中廣記》卷一〇四云："蘇叔黨，過，東坡少子也。草堂所載《點
絳唇》二首，'高柳蟬嘶'及'新月娟娟'皆其作也。是時方禁坡文，故隱
其名，相傳之久。或以爲汪彥章，非也。"[4]案，此詞當是汪藻移知宣城前
所寫，序爲黃公度之子黃沃所寫，黃公度爲汪藻幕官，黃沃對作詞之事應當
清楚，而且有依韻所作爲證。汪藻以顯謨閣學士知泉州，被後世譽爲南宋詞
臣之冠。黃公度以鳳池譽之，亦爲適合。因此，本集卷三《送汪內相移鎮宣
城》詩亦應作於是年春天。

三月，作《送鄭察推叔友罷官之潮陽》（共二首）詩。

　　鄭察推叔友即鄭厚。《建炎以來繫年要錄》卷一四八云："（紹興十三年）
三月，左從事郎、廣南鹽事司幹辦公事鄭厚罷。"[5]姑繫此二詩於是月。案，
鄭厚，字景韋，或作景常，一字叔友，號湘鄉先生，鄭樵從兄，莆田人。先
入太學，後歸講學鄉林，與從弟鄭樵倡物理之學。紹興五年再舉禮部，奏賦

[1] 汪藻《浮溪集》卷一八，《叢書集成初編》，第2冊第201頁。
[2] 脫脫等《宋史》，第37冊第13132頁。
[3] 李心傳編撰，胡坤點校《建炎以來繫年要錄》，第6冊第2474頁。
[4] 曹學佺《蜀中廣記》，景印文淵閣《四庫全書》，臺灣商務印書館1986年版，第592冊第667頁。
[5] 李心傳編撰，胡坤點校《建炎以來繫年要錄》，第6冊第2801頁。

第一，廷對元隱，擢進士，授左承事郎、泉州推官，後因事連坐罷官。復起除廣南東路茶鹽司幹辦公事。少年著書《藝圃折中》，立論多與古聖賢相悖，爲臺官彈劾，家居十年得不調。秦檜死，起爲昭信軍節度推官，與守將討平齊述之亂，改左承事郎，知湘鄉縣，卒於任。博學，工文詞，尤精於《易》。有《六經奧論》《湘鄉文集》。[1]

閏四月，作《代賀冊皇后表》。

《續資治通鑑》卷一二六：“閏四月，己丑，立貴妃吳氏爲皇后。”[2]姑繫此文於是月。

秋，作《癸亥秋行縣夜寓下生院倦甚慨然有歸歟之興戲用壁間韻以盟泉石》詩。

詩題“癸亥秋”即點明時間。

十一月八日，作《跋林褒世子字説》。

本集卷一一《跋林褒世子字説》云：“紹興癸亥長至日，讀温彥基所爲《褒世五子字説》，因書。”（頁586）案，“長至日”即冬至日。是年冬至爲十一月八日。

作《贈延福端老》（共二首）詩。

延福寺爲南宋泉州梵宮，舊址在泉州九日山南麓。詩中“姜峰”即九日山姜相峰；“古道場”即延福寺内“肉身王”陳益立化之處；“白雲堂”亦在延福寺内。以上經查《福建通志》《萬曆重修泉州府志》及九日山摩崖石刻悉得其詳。説明此二詩是黃公度任簽書平海軍節度判官時所作。[3]詩中有“忽憶去年秋夜話，共聽風雨不成眠”（頁553）句，應爲回憶紹興十二年秋與龔茂良相約同游姜相峰同床夜話之事。

高宗紹興十四年甲子（1144），三十六歲

在泉州，任平海軍節度判官。有詩三首、詞一首、文二篇。

在泉州。暮春，作《菩薩蠻》（高樓目斷南來翼）。

[1] 張撝之等主編《中國歷代人名大辭典》，第1565頁。
[2] 畢沅《續資治通鑑》，中華書局1957年版，第3331頁。
[3] 辛更儒《法式善·知稼翁集·稼軒集抄存》，《人文雜誌》1986年第4期。

本集詞《菩薩蠻》（高樓目斷南來翼）詞序云："公時在泉幕，有懷汪彥章而作，以當路多忌，故託玉人以見意。"詞中有"萋萋天外草，何處春歸早"（頁592）句，知應是暮春時節，爲汪藻移知宣城後思念而作。紹興十五年春，黄公度授秘書省正字，因而此詞應作於紹興十三年或紹興十四年。姑繫於此。

四月，因吕用中調離泉州，作《別吕守三首》詩。

《寶慶會稽續志》卷二："吳序賓紹興十三年十月以右朝奉大夫到任，十四年四月與知泉州吕用中兩易。"[1]可知吕用中赴臨安任右朝奉大夫之任在紹興十四年四月，本集卷四《別吕守三首》詩中有"龔黄初報政，飛詔忽江干""自此調元去，人今臥轍同。棠陰閩嶺外，星傳浙江東。四月黄梅雨，千山荔子風"（頁541），可知詩作於吕用中紹興十四年四月赴杭州任朝奉大夫職時。

作《代吕守祭趙丞相夫人遷葬》《代吕守祭趙倅文》。

紹興十二年十二月至十四年四月吕用中任泉州時，黄公度作《代吕守祭趙丞相夫人遷葬》《代吕守祭趙倅文》。題目所言吕守，應指吕用中，姑繫於是年。

高宗紹興十五年乙丑（1145），三十七歲

在泉州。授秘書省正字，赴臨安。忤秦檜，罷歸。有詩十一首、詞三首、文三篇。

在泉州。正月，授秘書省正字。

《建炎以來繫年要録》卷一五三：紹興十五年春正月乙卯，"左宣教郎黄公度爲秘書省正字"[2]。《行狀》亦有"代還，除秘書省正字"（頁597）之謂。

---

[1] 張淏《寶慶會稽續志》，《宋元方志叢刊》，第7冊第7109頁。

[2] 李心傳編撰，胡坤點校《建炎以來繫年要録》，第6冊第2888頁。

作《謝館職》《謝葉帥薦舉》,《青玉案》(鄰鷄不管離懷苦),《題分水嶺兩絕》《題崇安驛》《題紫溪驛》詩。

本集卷九《謝館職》一文爲感恩朝廷新除秘書省正字一職。唐宋時期,朝廷儲才選賢多由此職起。屬清要美差,爲日後進身要路、參陪大政、替代王言之資,歷來爲仕者垂青。文中有"忽被優遷,實逾素望""稅鞅南州,初離冗調,校書東觀"之句,可斷爲以秘書省正字校書東觀之時。文中又有"故皇朝大開儒館,列承明著作之庭。遴選時髦典圖籍藝文之事,一無吏責,每號英遊,非獨究簡編之斷殘,抑將待器業之成就,或以淹該而持從槀,或以詞藻而代王言,或經術淵源而師表諸生,或識度宏遠而參陪大政"(頁573)等句,均述此官職責。

本集卷九《謝葉帥薦舉》有"蒙特達之知,辱以褒辭轉之宸鑑"之句,爲感謝時任福建經略安撫使葉夢得致書薦舉之助,闡述自己居官爲人之宗旨。文中有"俯仰一官,侵尋七稔"之言,述説自己在福建泉州幕七年爲官之品格,即"不肯妄求,不爲苟合,不借名卿之勢援,不資譚士之遊揚"(頁572),可視爲在泉幕七年之總結。案,葉夢得(1077—1148),字少蘊,蘇州吳縣人。紹聖四年(1097)登進士第。大觀二年(1108)累遷翰林學士,歷知汝州(今屬河南)、蔡州(今河南汝南),帥潁昌府(今河南許昌)。高宗駐揚州時,除户部尚書;移臨安後,遷尚書左丞。紹興八年,除江東安撫制置大使兼知建康府(今江蘇南京),紹興九年,金軍進犯,其團結江民數萬,據險以守,金兵無功而去。移福州知州,兼福建安撫使,平定海盜朱明,後請老,拜崇信軍(今甘肅崇信)節度使致仕。紹興十八年卒於湖州,贈檢校少保。工詞,兼善詩文。早期詞風婉麗,宋室南渡後,葉夢得學蘇軾詞風,又開辛派詞先河。著有《石林詩話》二卷、《石林燕語》十卷、《避暑詩話》二卷、《建康集》八卷、《石林詞》一卷。[1]

本集詞《青玉案》(鄰鷄不管離懷苦)詞序云:"公之初登第也,趙丞相鼎延見款密,別後以書來往,秦益公聞而憾之。及泉幕任滿,始以故事除秘

---

[1] 脱脱等《宋史》卷四四五《葉夢得傳》,第37册第13132～13136頁。

書省正字，雅知非當路意，故自初赴闕，躊躇不進，寓意此詞，道過分水嶺題詩云‘誰知不作多時別’，又題崇安驛，詩云‘睡美生憎曉色催’，皆此意也。既而罷歸，離臨安，有詞云‘湖上送殘春，已負別時歸約’。則公之去蓋早定矣。”（頁592）説明《青玉案》《題分水嶺兩絶》《題崇安驛》均作於此時。本集詞《眼兒媚》詞序有“初，公以任滿赴調，道過分水嶺，有詩云……”（頁594）之記載。説明《題分水嶺兩絶》作於赴秘書省正字職途中。分水嶺，在福建省福鼎縣西北。

案，《宋詩紀事》卷四五云：“《肇慶府志》：黄公度爲秘書省正字，貽書臺官，言者謂其譏訕時政，罷爲主管台州崇道觀，過分水嶺，有詩云云。及公歸莆，趙丞相鼎謫居潮陽，讒者傅會其説，謂公此詩指趙而言，將不久復偕還中都也。秦檜怒，令通判肇慶府。”[1]認爲黄公度先“罷爲主管台州崇道觀”，再過分水嶺作《題分水嶺兩絶》，誤。其一，《知稼翁集》爲黄公度之子黄沃編輯，詞序爲黄沃對其父作詞情景之補充，對此事之記載應更準確。且有《眼兒媚》詞序對《題分水嶺兩絶》作於何處的輔證。其二，本集卷四將《題分水嶺兩絶》《題崇安驛》相鄰排列，或説明寫作時間相近，與詞序列舉兩詩寫於赴調途中之言相合。

又案，《眼兒媚》詞序又云：“及公遭謗歸莆，趙丞相鼎先已謫居潮陽。”此處記載有誤。《建炎以來繫年要録》卷一三八載：紹興十年，“責授清遠軍節度副使潮州安置趙鼎移漳州居住”[2]，紹興十四年九月趙鼎移吉陽軍（今海南三亞）直至卒於貶所，這與黄公度歸莆田時間（紹興十五年）不吻合。

本集卷四《題紫溪驛》詩云：“離家一月斷家書，家在閩山深處居。路入江南隔分水，山猶不見況吾廬。”（頁541）概其赴京過分水嶺時作，姑繫於此。

在臨安。十月，作《御賜閣額》（共二首）詩。

據《建炎以來繫年要録》卷一五四載：紹興十五年十月乙亥，“上書秦

---

[1] 厲鶚輯撰《宋詩紀事》，上海古籍出版社 1983 年版，第 1138 頁。

[2] 李心傳編撰，胡坤點校《建炎以來繫年要録》，第 6 册第 2603 頁。

檜賜第書閣曰‘一德格天之閣’，遣中使就第錫宴，仍賜檜青羅蓋，塗金從物如蔡京、王黼例。熊克《小曆》在九月，蓋誤。檜言不敢上辜恩賜，欲什襲珍藏，以俟外補，或得歸休，用諸國門之外。上優詔諭之。呂中《大事記》：‘我高宗之待檜，既賜之相第，又賜之家廟祭器；既賜之畫像贊，又賜之“一德格天之閣”六字。而孫三人，尚在襁褓，並賜之三品服，果何負於其臣？而檜忍於負其君如此！此檜之罪所爲上通於天，萬死而不可贖也！’”[1]宋高宗親書“一德格天之閣”賜宰相秦檜，並遣中使就第賜宴。這在當時，正是權姦秦檜炫耀其權勢和威福之大好機會。《宋會要輯稿》《宋史·高宗本紀》亦有相同記述。

關於《御賜閣額》（共二首）時間，大部分文獻均認爲是紹興八年黄公度高中狀元後，由高宗皇帝御書三個大字，黄公度因此作詩。事實上這兩首詩應作於紹興十五年十月三日後，爲祝賀秦檜獲御賜“一德格天之閣”牌匾所作。其一云：“傑閣侵霄漢，宸章焕壁奎。内庭頒寶宴，中使揭璿題。信誓山河固，宠恩雨露低。寒儒倚天禄，目斷五雲西。”其二云：“功掩蕭何第，名超崔氏堂。孤忠扶社稷，一德契穹蒼。金碧飛翬外，鸞虯結綺傍。落成紛賀燕，弱羽得高翔。”（頁544）

時人吳曾《能改齋漫録》卷一一載：“光堯（指宋高宗）賜御書秦益公‘一德格天之閣’牌，一時縉紳獻詩以賀。”[2]可見，在賜額之後，又有一番爲秦檜歌功頌德之舉。詩中“傑閣侵霄漢，宸章焕壁奎。内庭頒寶宴，中使揭璿題”四句，如實地記録此事經過。“一德契穹蒼”句又恰好説明兩首詩爲上述事件而作。兩詩結尾“寒儒倚天禄，目斷五雲西”“落成紛賀燕，弱羽得高翔”，正是作者十一月罷秘書省正字前後之現狀寫照：作者與秦檜不合必將被罷，但面對炙手可熱之勢而不得不摧顏相賀。兩首五律之題，本集目録作《賀御賜閣額》，正文題上卻無“賀”字，或黄公度與秦檜志向不合之委婉表達。

十一月，罷秘書省正字，主管台州崇道觀。

關於黄公度遭侍御史彈劾被罷，《行狀》云：“公之除非當路意，居數月，

---

[1] 李心傳編撰，胡坤點校《建炎以來繫年要録》，第6冊第2912頁。
[2] 吳曾《能改齋漫録》，《全宋筆記》，大象出版社2019年版，第37冊第64頁。

言者論公嘗貽書臺官譏時政，罷爲主管台州崇道觀。"（頁 597）《建炎以來
繫年要録》卷一五四載：紹興十五年十一月己酉，"秘書省正字黃公度罷。
侍御史汪勃言：'李文會居言路日，公度輒寄書喻之，俾其立異。且謂不從
則當著野史譏訕。其意蓋欲爲趙鼎游説，陰懷向背，豈不可駭，伏望特賜處
分。'故公度遂罷"[1]。《宋會要輯稿》職官七〇云："十一月七日，左朝奉郎
秘書省正字黃公度放罷，以臣僚言公度爲趙鼎遊説故也。"[2]

作《好事近》（湖上送殘春），《謝宮祠》，《將歸》《離臨安》《題須江驛詩後》《題白沙鋪》詩。

　　黃公度被罷秘書省正字將離臨安時作《好事近》（湖上送殘春）。本集
該詞詞序云："公到闕，除秘書省正字，未幾，言者迎合秦益公意，騰章
於上，謂公嘗貽書臺官，欲著私史以謗時政。蓋公之在泉幕也，嘗有啓賀
李侍御文會云：'雖莫陪賓客後塵，爲大夏之賀，固將續山林野史，記朝
陽之鳴。'因是罷歸。將離臨安，作此詞。所謂'故園桃李'，蓋指二侍兒
也。"（頁 593）

　　本集卷九《謝宮祠》一文，黃公度首先回憶由科考至秘書省正字經歷：
"頃緣緒繪之文，遂預搢紳之列，粵從筮仕，即辱甄收捧檄南州，久參幕
畫，校書東觀。"既而反省罷歸離臨安原因："自憐無取必負所期，果風波
之橫生，難調衆口。"但仍然表達對朝廷除其主管台州崇道觀之感恩，"尚
俾罪軀獲沾祠廩，無官守無言責，日尋故國之交遊，不耕獲，不菑畬，坐
享全家之飽暖"，並表達"間香火之餘，陰理耕桑之舊業，寓意琴書之內，
全身麋鹿之群"（頁 573）歸隱之願。熙寧後，宮觀官成爲祠禄官的依託
官職，其功能發生重大變化："宮觀官雖曰提舉、主管某宮觀，實不往供
職也。"[3] 後京城外亦設宮觀使。《宋史》卷三二二《何郯傳》載："治平
末，再知梓州。居三年，老而病，猶乞進用，神宗薄之，詔提舉成都玉局
觀。從臣外祠自此始。遂以尚書右丞致仕。卒，年六十九。"[4]《建炎以

---

[1] 李心傳編撰，胡坤點校《建炎以來繫年要録》，第 6 冊第 2917 頁。
[2] 劉琳等校點《宋會要輯稿》，第 8 冊第 4932 頁。
[3] 趙升編《朝野類要》，中華書局 2007 年版，第 101 頁。
[4] 脱脱等《宋史》，第 30 冊第 10441 頁。

來朝野雜記》乙集卷一五載："宮觀使，自真宗時始置，以現任宰執領之。及王文貞公罷政，始以太尉領玉清昭應宮使。此前宰相領宮觀之所從始也。熙寧初，富文忠公以使相領集禧觀使居洛，此宮觀使居外之所從始也。"[1] 台州崇道觀就是外宮觀。"此後領宮觀使，居住可以聽其自便。凡提舉在外宮觀者，挂名某州府某宮觀，並不赴任，任便居住五年，假以祠祿而已。"[2]《宋史》卷一七〇《職官志十》記載："宋制，設祠祿之官，以佚老優賢。"[3] 對罷黜之官員，利用祠祿闕位使任宮觀，給予優厚俸祿，挂空銜而享受朝廷俸祿，是宋代特殊優撫之制度。因此，黃公度對主管台州崇道觀給予感謝。

本集卷四《將歸》《離臨安》《題須江驛詩後》《題白沙鋪》四詩均表達罷歸後鬱悶、憂愁心境，且白沙鋪在浙江建德白沙鎮，須江驛在今浙江江山市北，與黃公度回鄉行程相合。故四詩均應作於罷歸還鄉途中。

十一月三十日，在衢州江山驛，作《至日題江山驛》詩。

本集卷四《至日題江山驛》云："客里萍蓬愧此身，天涯風俗對茲辰。雲容山意商量雪，梅蕾葭灰漏泄春。歲晚旅懷元自惡，夜長歸夢爲誰頻。遙憐兒女團樂處，應念江山飄泊人。"（頁542）江山驛位於衢州（今屬浙江）江山縣。從詩意看，詩應爲罷秘書省正字，主管台州崇道觀（並不赴任）而回莆田途中所作，時在冬至日。

罷歸抵家，在莆田。作《菩薩蠻》（眉間早識愁滋味）。

本集詞《菩薩蠻》（眉間早識愁滋味）詞序云："公罷歸抵家，賦此詞。先是，公有二侍兒曰倩倩、曰眆眆，在五羊時，當出以侑觴。洪丞相适景伯爲《眼兒媚》詞云：'瀛仙好客過當時。錦幄出蛾眉。體輕飛燕，歌欺樊素，壓盡芳菲。花前一盼嫣然媚，灔灔舉金巵。斷腸狂客，只愁徑醉，銀漏催歸。'倩倩先公而卒，四印居士有悼侍兒倩倩。詩其一曰：'蘭質蕙心何所在，風魂雲魄去難招。子規叫斷黃昏月，疑是佳人恨未消。'其二曰：'含怨銜辛情

[1] 李心傳《建炎以來朝野雜記》，第729頁。
[2] 張振謙《北宋宮觀官制度流變考述》，《北方論叢》2010年第4期。
[3] 脫脫等《宋史》，第12冊第4080頁。

脈脈，家人强遣試春衫。也知不作堅牢玉，只向人間三十三。'四印於公爲兄，行名泳，字宋永，徽廟時，以童子召見，賜五經及第，官止郢州通守。"（頁593）黄公度兩次罷官。一次除秘書省正字，罷爲主管台州崇道觀；一次主管台州崇道觀期滿罷任。罷爲主管台州崇道觀時，按例任便居住，因此罷歸後居家。詞序有"公罷歸抵家，賦此詞"，應在歸家時所作，姑繫於是年。案，洪适（1117—1184），初名洪造，字溫伯，一字景溫，後改今名，字景伯，號盤洲，晚年自號盤洲老人，鄱陽（今屬江西）人。洪皓長子。紹興十二年二月，與弟洪遵同中博學宏詞科，洪遵爲狀元，洪适榜眼。除敕令所刪定官，改秘書省正字，以父忤秦檜。累官至尚書右僕射、同中書門下平章事兼樞密使，官至右丞相。封太師、魏國公，食邑五千户，實封二千六百户，卒諡文惠。著述頗豐，有《隸釋》《隸續》《歙州硯譜》《盤洲文集》八十卷。[1]

高宗紹興十六年丙寅（1146），三十八歲

在莆田。有詞一首、文二篇。

在莆田。以父静累贈左中奉大夫，作《焚告文》。

《莆田東里黄氏族譜》云："（静）丙寅郊霈，以子狀元累贈左中奉大夫。"本集卷一一《焚告文》云："某生二十有一年而先君亡，既九年而塵點科第，又七年升位於朝，越明年，上有事於郊丘。"（頁588）黄公度二十一歲爲建炎三年（1129），其父黄静卒。過九年爲紹興八年（1138），黄公度舉進士第一。又七年則爲紹興十五年，黄公度以秘書正字被召；明年爲紹興十六年。"上有事於郊丘"之事，《宋史》卷三〇《高宗本紀七》載：紹興十六年春正月戊子，"增太學外舍生額至千人。壬辰親饗先農於東郊，行籍田禮"[2]。黄静因推恩而追贈官職與史實相合。郊霈，指祀天求神而降雨。繫本文於此年。

---

[1] 錢大昕撰，洪汝奎增訂，張尚英校點《洪文惠公年譜》，吳洪澤、尹波主編《宋人年譜叢刊》，四川大學出版社 2002 年版，第 8 册第 5460 頁。

[2] 脱脱等《宋史》，第 2 册第 564 頁。

冬，作《送汪守序》，《千秋歲》（鬱蔥佳氣）。

紹興十四年，汪待舉由知處州（今浙江麗水）移知興化軍。《興化府莆田縣志》卷七載："汪待舉，紹興十四年以左朝奉大夫知。""王薛章，紹興十六年以左朝請郎知。"[1]本集卷一一《送汪守序》有"中興十有八載……越二年，冬，政成，言歸於朝邦"（頁586）句，"中興十有八載"，指自建炎元年（1127）至紹興十四年，可推知該文作於紹興十六年。

本集詞《千秋歲》（鬱蔥佳氣）序云："賀莆守汪待舉懷忠生日，汪報政將歸，因以送之。"（頁592）因此與上文作於同一時期。《建炎以來繫年要錄》卷一五四載汪待舉任莆守時所爲：紹興十五年七月丁巳，"興化軍守臣汪待舉條具便民事，乞蠲本軍諸邑漁人所輸簹稅，及浦生之草，採者毋令出錢。從之"[2]。

案，汪待舉，字懷忠，衢州（今屬浙江）人。紹興中知處州，爲政寬厚，曲盡下情，民有爭訟，呼之使前，面定曲直，不以屬吏，百姓以詩頌之。紹興十四年，以左朝奉大夫知興化軍，剛直自厲，人不敢干請，郡有船灣埔草等説，悉疏免之。紹興十五年，黃公度罷官歸莆，時汪待舉知興化軍，二人當相識於此時。

高宗紹興十七年丁卯（1147），三十九歲

在莆田。

高宗紹興十八年戊辰（1148），四十歲

在莆田。授肇慶府通判。有詩十首、文一篇。

在莆田。四月，作《送外兄方卿公美赴廣東憲》（共十首）詩。

《建炎以來繫年要錄》卷一五七載："紹興十有八年，夏四月，直徽猷閣

---

[1] 汪大經等《興化府莆田縣志》，清乾隆二十三年刻本，第7冊第4頁。
[2] 李心傳編撰，胡坤點校《建炎以來繫年要錄》，第6冊第2905頁。

方廷實提點廣南東路刑獄公事。"[1] 案，方廷實，字公美，興化軍莆田人，黄公度表兄。政和五年（1115）進士，在高宗南渡後，歷右奉議郎，幹辦行在諸司審計院。紹興四年任御史臺檢法官，後累遷監察御史。剛直敢言，上疏反對秦檜力主和議。紹興九年除試秘書監，因家諱改宗正。遣往三京淮北宣諭，見諸陵被掘，後還，秦檜使謂之曰："見上幸勿言他事。"及對，言其所見。出爲提點福建刑獄。紹興十五年除廣南路提刑。紹興二十年卒於任，贈大中大夫。[2]

八月，作《上陳尚書》。

《建炎以來繫年要録》卷一五八載：紹興十八年八月甲寅，"國子司業陳誠之權尚書吏部侍郎"[3]。本集卷八《上陳尚書》云："閣下道德之重，謨謀之富，聲名之洋溢，想其登文陛、覲天顏，雲龍魚水不足狀其喜也。我天子喜得其人，天下爲我天子喜得其人，而爲己喜得其欲。故有公喜，有私喜。公私本無異，合天下之私則公也。某也公喜與人同，而私喜與人異。歲在甲子，天子不以某爲愚不肖，寘諸儒館。"（頁569～570）從文意可知，此文爲陳誠之任禮部尚書後，黄公度上書祝賀並提出期望。"寘諸儒館"，説明還在主管台州崇道觀任，姑繫此文於是年八月。案，陳誠之（1093—1170），字景明，閩縣（今福建福州）人。紹興十二年狀元，本初定狀元爲秦檜子秦熺，檜爲避嫌，以陳誠之爲首。主議和，頗適秦檜意。初授官左承事郎，簽書鎮東軍節度判官，歷秘書省正字、校書郎、秘書郎。紹興十五年，除禮部員外郎。十九年四月，以禮部侍郎使金。二十年八月，又以禮部侍郎兼侍講使金。二十一年，升禮部尚書。二十五年七月，知泉州，十二月召爲翰林學士。二十六年四月，第三次使金。其後有使者，金人必詢陳誠之情況。後累官至同知樞密院事，端明殿學士。乾道五年（1169）八月致仕，贈左正奉大夫，居福州。次年病卒，年七十八，謚文恭。[4]

---

[1] 李心傳編撰，胡坤點校《建炎以來繫年要録》，第7冊第2985頁。

[2] 陸心源撰，吴伯雄點校《宋史翼》卷九《方廷實傳》，第192～193頁。

[3] 李心傳編撰，胡坤點校《建炎以來繫年要録》，第7冊第2996頁。

[4] 梁克家《淳熙三山志》卷二八，景印文淵閣《四庫全書》，第484冊第387頁。

高宗紹興十九年己巳（1149），四十一歲

在莆田。赴肇慶府通判任。有詩五首、詞四首、文四篇。

在莆田。主管台州崇道觀四年秩滿，作《罷任謝黃憲》。

《道光高要縣志》卷一八載："（黃公度）十九年通判肇慶府，攝南恩州。"[1]《宋詩紀事》卷四五載："《肇慶府志》：黃公度爲秘書省正字，貽書臺官，言者謂其譏訕時政，罷爲主管台州崇道觀，過分水嶺，有詩云云。"[2]譏者所附會即爲其《題分水嶺兩絕》中"誰知不作多時別，依舊相逢滄海中"（頁541）兩句。

本集卷一〇《罷任謝黃憲》中有"東觀""四年""自知非當路意"（頁581）等詞。"東觀"與浙江崇道觀合，"四年"與其主管崇道觀四年之任期相合，"自知非當路意"與當時心境相合。紹興十五年（1145）十一月黃公度放罷，年底主管崇道觀，紹興十九年任滿，此文應寫於其台州崇道觀秩滿前後。《行狀》亦有"秩滿，通判肇慶軍府事"（頁597）之句。姑繫於是年，存疑。

案，黃憲，即黃姓官員，指黃應南，字南仲，邵武泰寧（今屬福建）人，宣和七年（1125）出仕，紹興十四年任監察御史，十五年任廣南東路刑獄公事。歷任湖廣、江浙提刑。就職治事必先正衣冠，尊嚴瞻視，於俸祿之外一芥不取，時稱中興廉吏。

九月九日，作《己巳九日陪陸使君宴共樂臺和莊倅韻》詩。

本集卷五《己巳九日陪陸使君宴共樂臺和莊倅韻》題記云陸使君爲陸渙。《道光重纂福建通志》卷九四載："陸渙，侯官人，政和二年進士，紹興十八年以朝奉大夫知（興化軍）。"[3]《道光莆田縣志》載："陸渙，紹興十八年以右朝奉大夫知。"[4]共樂臺在興化府莆田縣。《福建通志》卷六二載："共

[1] 夏修恕、屠英修，何元等纂《道光高要縣志》，《中國方志叢書》，成文出版社1967年版，第244頁。
[2] 厲鶚輯撰《宋詩紀事》，第1138頁。
[3] 孫爾準修，陳壽祺纂《道光重纂福建通志》，《中國地方志集成·福建省志輯》，第5冊第336頁。
[4] 林揚祖《道光莆田縣志》，《福建師範大學圖書館藏稀見方志叢刊》，北京圖書館出版社2008年版，第29冊第447頁。

樂臺，在府治後山巔，郡中登眺勝處也。"[1]案，陸渙，字仲約，閩侯（今
屬福建）人。政和二年（1112）進士，累官廣東提刑，知興化軍。紹興十八
年以朝奉大夫知興化軍。

因讒通判肇慶府，作《謝授肇慶倅》《謝舉升陟》，《將赴高要官守書懷》詩。

《道光肇慶府志》卷一六云："黃公度，字師憲，莆田人。紹興十八年進
士第一人。十九年通判肇慶府，攝南恩守。"[2]《行狀》云："罷為主管台州
崇道觀。秩滿，通判肇慶軍府事。高要於百粵尤荒遠，非以罪遷及資淺躐授
者不至，或唁公，公笑曰：'是獨不可為政耶？'"（頁597）案，肇慶府治在
高要，高要今屬廣東肇慶市。

案，黃公度此任應為通判肇慶府（為知府之副貳），而非判肇慶府（為
知府）。《陽江志》卷二五載："黃公度字師憲，莆田人，紹興八年舉進士第
一，以詩得罪，秦檜，十九年出為肇慶府通判，遂攝知南恩州，決滯獄，除
橫斂，民情悅孚。……按，《容齋隨筆》云：'國朝著令，僕射、宣徽使、使
相知州府者為判，是公度為府通判非判府也。舊志作"出判肇慶府"，誤，
今改。'"[3]黃公度非僕射、宣徽使、使相（實為秘書省正字）罷而出為肇慶
府通判，所以非判肇慶府。關於通判，《宋代官制辭典》"通判某府軍府事"
條云："差遣名。京府、次府、府均置，為知府之副貳，與知府同簽書本府公
事。每府置一員，大府二員。……簡稱'通判某府''府判''府通判'等。"[4]
《宋會要輯稿》職官四七載："宋置諸州通判各一員，西京、南京、天雄、
成德、益、杭、并、鄆、荆南、潭、廣、泰、定等州各兩員，小郡或不置。
正刺史以上及諸司史、副史知州者，雖小郡亦特置，兼管內勸農使。……
十一月，詔：'應諸道州府公事並須長吏、通判簽議連書，方得行下。'"[5]
本集卷一〇《權南恩謝諸司》"貳政星巖"之謂，亦可佐證其為肇慶府副
貳。關於"判府"，《容齋隨筆·三筆》卷一四《判府知府》載："國朝著
令，僕射、宣徽使、使相知州府者為判，其後改僕射為特進，官稱如昔

---

[1] 謝道承等《福建通志》，景印文淵閣《四庫全書》，第530冊第234頁。

[2] 屠英等修，江藩等纂《道光肇慶府志》，《續修四庫全書》，上海古籍出版社2002年版，第714冊第365頁。

[3] 張以誠修，梁觀喜纂《陽江志》，《中國方志叢書》，成文出版社1974年版，第1208～1209頁。

[4] 龔延明編著《宋代官制辭典》，第537頁。

[5] 劉琳等校點《宋會要輯稿》，第6冊第4296頁。

時。"[1]《宋代官制辭典》"判某府軍府事"條云："宋代，官至尚書左右僕射及使相以上領州、府，則稱判，簡稱判府。"[2]

本集卷九《謝舉升陟》有"跕鳶之鄉，卑薄殊盛"句，指肇慶爲南粵荒遠之地。這對黃公度而言，無疑是以罪投荒，"私心所存者義命，平生自許者行藏。不敢枉尺而直尋，獨耿耿者尚在"（頁574），表達老驥伏櫪，壯志猶存，坦然走馬上任之心迹。本集卷九《謝授肇慶倅》與本集卷六《將赴高要官守書懷》詩，從題目可知爲授肇慶府通判之後所作謝表及將赴任時所作詩。

赴肇慶府，過瘦牛嶺，有《題瘦牛嶺》詩。

黃公度從福建莆田赴廣東肇慶，途經豐順縣（今屬廣東）瘦牛嶺，觸景傷情，寫下絕句《題瘦牛嶺》。《雍正揭陽縣志》卷八收錄此詩："自歎年來爲食謀，扶攜百指過南州。平時四野皆青草，此地何曾見瘦牛。"[3]可知，作者是從莆田往肇慶途中所作。《雍正揭陽縣志》卷一載："瘦牛嶺，在藍田都之石硿村。脈自揭陽山來，去縣治一百里。一名雲落，又名東桃。按，《三陽圖志》載：'本縣界西曰東桃嶺，即此。'又《城池記》曰：'瘦牛嶺環於西，舊傳有銅鐵佛像寶貝之異。《舊邑志》誤載於海陽。有黃公度、楊萬里詩見《文紀》。'"[4]《廣東通志》卷一一云："雲落山，一名瘦牛嶺，在（揭陽縣）城西一百里，高約二百丈，周圍三十里。"[5]《豐順縣志》卷一載："瘦牛嶺，《揭志》云：'在藍田都之石硿村，脈自揭陽山來，一名雲落，又名東桃。'案，《三陽圖表》載'縣西曰東桃嶺'，即此。又《城池記》曰：'瘦牛嶺環於西。舊傳右銅鐵佛像寶貝之異。'查，石硿村即石坑村，離縣五十里。"[6]另，《豐順古驛道——瘦牛嶺》一文云："《豐順縣志》載：'縣西南五十里斗牛鄉有小牛山，即瘦牛嶺，省道豐湯道段路綫所經兵營子下山嶺是也。'"[7]兩處雖由豐順、揭陽二縣志載，應爲一處。

[1] 洪邁《容齋隨筆》，中華書局2005年版，第598頁。
[2] 龔延明編著《宋代官制辭典》，第537頁。
[3] 陳樹芝《雍正揭陽縣志》，《日本藏中國罕見地方志叢刊》，書目文獻出版社1991年版，第24冊第538頁。
[4] 陳樹芝《雍正揭陽縣志》，《日本藏中國罕見地方志叢刊》，第24冊第194頁。
[5] 魯曾煜等編纂《廣東通志》，景印文淵閣《四庫全書》，臺灣商務印書館1986年版，第562冊第425頁。
[6] 葛曙纂修《豐順縣志》，清乾隆十一年刻本，第27頁。
[7] 廣東梅州豐順縣埔寨鎮茅園村網，訪問時間：2020年6月5日。

十一月十四日，過揭陽天福寺，有《至日戲題天福寺》詩。

本集卷四《至日戲題天福寺》詩云："去年至日老夫家，呼兒具酒對梅花。今年至日空奔走，豈止無花亦無酒。薄宦驅人無已時，客懷牢落強裁詩。君不見杜陵老詩伯，年年至日長爲客。"（頁541）天福寺在今廣東省揭陽市。此詩應爲由莆田赴肇慶途中所作。詩中寫到"梅花""至日"，應爲冬至日。"去年至日老夫家"説明紹興十八年在莆田家中（主管台州崇道觀），"今年至日"應在紹興十九年；"薄宦驅人無已時"之牢騷，亦證明應在赴任時。

在肇慶府，任通判。斷案有威望，修黌舍。有《肇慶韓交代》。

《行狀》云："高要於百粵尤荒遠，非以罪遷及資淺躐授者不至，或唁公，公笑曰：'是獨不可爲政耶？'先是，屬邑胥於道得銅，寓書生舍，既而誣以爲金，郡寘生獄，獄且具，生寃甚，抑於有司，莫能明。公至一問得其情，立出之，以其罪罪誣者，府中懾服，守賴以無事。居亡何，部使者檄公攝守南恩。"（頁597）據前文，是年冬至日在揭陽，按行程，至肇慶任應在此後不久。《墓誌銘》云：斷書生案後，"府中懾服。部使者聞其才諝，檄公攝南恩守"，"其在高要，亦修黌舍，鼎新夫子廟貌，師聖賢哲，山龍焕然，邦人爲之改觀。公所至羽翼吾道如此"（頁599）。案，南恩州，今廣東陽江。《陽江志》卷二一載："黃公度，莆田人，進士第一，紹興十九年任。""傅雱，紹興二十一年任。"[1]《道光肇慶府志》卷一六載："黃公度，字師憲，莆田人。紹興八年進士第一人。十九年通判肇慶府，攝南恩守。治事之餘，以讀書著文爲樂。"[2]

本集卷九《肇慶韓交代》文題顯示所作地點，應在肇慶任上。題下注"黯"。韓黯，不詳，應於黃公度之前任通判之職。姑繫於此。

作《朝中措》（屑瓊飄絮滿層空）、《一剪梅》（冷艷幽香冰玉姿）賀方滋生辰。又有《謝傅彥濟參議惠筍用山谷韻》詩、《眼兒媚》（一枝雪裏冷光浮）、《朝中措》（幽香冷艷縱疏枝）和傅雱。

本集有賞梅詞兩組共四首相鄰排列。一組爲《朝中措》（屑瓊飄絮滿層空）和《一剪梅》（冷艷幽香冰玉姿）。題下注："雪梅二首賀方帥生朝

[1] 張以誠修，梁觀喜纂《陽江志》，《中國方志叢書》，第1023頁。
[2] 屠英等修，江藩等纂《道光肇慶府志》，《續修四庫全書》，第714冊第365頁。

並序。"詞序云:"方滋務德時帥廣東……嘗邀公至五羊,特爲開宴,令洪丞相适作樂語有云。"(頁 594)五羊即廣州。《廣州府志》卷一七《官表一》載:"方滋,紹興十九年知廣州軍州事。"[1]姑繫二詞於是年。案,方滋(1102—1172),字務德,桐廬(今屬浙江)人。時在廣州任經略安撫使,宋稱此職爲帥,故亦稱方滋爲方帥。初以父蔭補官,任迪功郎。建炎間,任江南東路茶鹽司幹辦公事、樞密院計議官等。紹興九年,主管台州道觀。明年,起知秀州(今浙江嘉興),歷知楚州、静江(今廣西桂林)、廣州、福州、廬州(今安徽合肥)。隆興二年(1164),移知鎮江府,時與陸游、張孝祥等唱和往來。後以敷文閣待制知建康、荆南二軍,後以疾提舉江州太平興國宫。乾道八年(1172)知紹興府,徙平江府(今江蘇蘇州),卒於官,年七十一。[2]

另一組爲《眼兒媚》(一枝雪裏冷光浮)和《朝中措》(幽香冷艷縱疏枝),題下注:"梅詞二首和傅參議韻。"詞序云:"公時爲高要倅,傅參議雰彦濟寓居五羊,嘗遣示梅詞。公依韻和之。……秦益公愈怒,至以嶺南荒惡之地處之,此詞蓋以自況也。"(頁 594)二詞作於通判肇慶時,借詠梅抒寫在逆境中保持孤傲、高潔的心志,以及知音仍在的欣慰。而其時傅雰在方滋幕府任參議官,黃公度應在此時與二人交往,故將此二詞同繫於紹興十九年。本集卷六《謝傅彦濟參議惠筍用山谷韻》詩亦應作於同時。案,傅雰,字彦濟,臨江軍清江(今江西樟樹)人。政和八年(1118)舉進士第。建炎三年(1129)七月,以考功員外郎、主管機宜文字隨張浚入陝。建炎四年,權湖北制置使,後以孔彦舟叛坐,久在孔軍中,責監興化軍商稅。紹興二年八月停官,令英州(今廣東英德)羈管,至九年乃許自便。二十一年,知南恩州。二十六年,以左朝散大夫遷知韶州(今廣東韶關)。二十八年十月卒。[3]

---

[1] 戴肇辰、蘇佩訓修,史澄、李光廷纂《廣州府志》,清光緒五年刊本,第 8 冊第 29 頁。
[2] 韓元吉《方公墓誌銘》,《南澗甲乙稿》卷二一,景印文淵閣《四庫全書》,臺灣商務印書館 1986 年版,第 1165 冊第 331～335 頁。
[3] 張撝之等主編《中國歷代人名大辭典》,第 2326 頁。

高宗紹興二十年庚午（1150），四十二歲

在肇慶府，任通判。曾回莆田，又任南恩州知州。有詩十二首、詞二首、文二篇。

春，回莆田，作《三瑞堂》詩贈陸渙。

本集卷五是詩題下有注“陸守”，即陸渙。是詩有“今見遠孫來海嶠，儒雅雍容飾漢條”“德化醇醲春有腳，天姿粹美玉不雕”“鈴閣正午槐陰清，訟庭無人鳥聲樂”（頁549）等句，應爲親眼所見春景並描之於筆端。因此，黃公度是年曾因三瑞堂成，回莆田祝賀。《福建通志》卷六二載：“（莆田縣）三瑞堂，在府城內，宋天聖六年郡守李余慶建。紹興二十年，有五色雀集於廳事榕樹上，芝草產圃，麥秀兩岐，知軍陸渙榜爲三瑞堂。”[1]

遊莆田順濟廟，作《題順濟廟》詩。

據莊景輝、林祖良《聖墩順濟祖廟考》一文考證，順濟廟於紹興十九年開始重建。[2]宋廖鵬飛《聖墩祖廟重建順濟廟記》記載了重建事迹，文末載：“紹興二十年庚午正月十一日，特奏名進士廖鵬飛謹記。”[3]本集卷五《題順濟廟》詩或亦爲是年遊覽重建完畢後的順濟廟所作，姑繫於此次回莆田時。

在肇慶府，任通判。期月，奉檄守南恩州，作《權南恩謝諸司》。

本集卷一〇《權南恩謝諸司》云：“貳政星巖，深慚尸素攝官，龜嶺誤辱，眷知問途而鄉井益遙，拂印而面顏有靦。某學不知道仕，專爲貧人。每憐其罥後跋前已自安於流行坎止。老驥伏櫪，空壯志之猶存；窮猿投林，欲擇木而何暇。惟恩平之小壘，在南海之一隅，吏姦黠而民困侵，牟地荒遠，而人多鄙薄，風俗凋甚，儲峙蕭然。”（頁579）論南恩州“吏姦黠而民困侵，牟地荒遠，而人多鄙薄，風俗凋甚”，從此現狀描述看，應爲剛接到權南恩召令還未赴任時所云。案，恩平，南恩州舊稱。

作《赴南恩道間和楊體南三首》詩。

本集卷六《赴南恩道間和楊體南三首》既言赴南恩道間，應指赴任南恩

---

[1] 謝道承等《福建通志》，景印文淵閣《四庫全書》，第530冊第235頁。

[2] 莊景輝、林祖良《聖墩順濟祖廟考》，《東南文化》1990年第3期。

[3]《白塘李氏族譜》，清抄本，第61頁。

州途中所作。楊延禧，字體南，生平不詳。

到南恩州。三日後，作《權南恩謁夫子廟》。

本集卷一一《權南恩謁夫子廟》云：“某不佞以天子之命監郡高要，越期月，部使者眷恩平缺守，檄某攝承。既治事之三日，率諸生展奠致誠。”（頁588）“治事之三日”，說明剛攝恩平守。黃公度去年冬至日在揭陽，年末在肇慶上任，一個月後要到南恩州，因此，到南恩州作此文或在今年。

在南恩州，任知州。有廉政，興教育。

《行狀》云：“至則決滯訟，除橫斂，人安樂之，增學廩二百餘斛，擇其秀民與之登降揖遜，學者用勸。恩平自唐貞觀置郡，至是始有梁作心者，由科目登仕版，邦人相率繪公祠於學。公還，越其境以送。”（頁597）《墓誌銘》亦載：“至則決滯訟，除橫斂，人情孚悅。南方風俗，有遭喪者，椎牛釃酒，鼓舞達旦，以娛吊客，至破産營齋祭，以相競尚。公作文勸諭，杜絕之。”（頁599）黃公度在南恩州興教育，辦學校，培養人才，《閩書》卷一〇六《英舊志·縉紳》贊曰：“南恩自唐貞觀置郡，是始有登第者。”[1]

夏，作《西園二首》《西園招陳彥招同飲》《再用韻》詩。

本集卷六《西園二首》其一云：“清樾纔十畝，炎陬別一天。華堂依怪石，老木插飛煙。長夏絕無暑，乘風幾欲仙。心閑境自勝，底處覓林泉。”（頁558）清黃登瀛《端溪詩述》卷一題此詩爲《隆蔭堂》。《道光肇慶府志》卷一六云：“隆蔭堂，在（陽江）縣治，宋慶元間黃公度建。”[2]案，此處誤，應爲紹興年間黃公度攝知南恩州時，慶元年間，黃公度已卒。《明一統志》卷八一云：“隆蔭堂，在陽江縣西園，喬木陰森，怪奇爭聳。宋黃公度詩：‘簿書休吏早，花鳥向人閑。’”[3]“簿書休吏早，花鳥向人閑”即《西園二首》其二的詩句。《道光肇慶府志》卷一六又云：“黃公度，字師憲，莆田人。紹興八年進士第一人。（紹興）十九年通判肇慶府，攝南恩守，治事之餘，以讀書著文爲樂。嘗題隆蔭堂：‘簿書休吏早，花塢向人閑。’”[4]本集詞《滿庭芳》詞序亦載此二詩：“公自高要倅攝恩平郡事，郡有西園，乃退食遊息

---

[1] 何喬遠編撰《閩書》，第 3199 頁。

[2] 屠英等修，江藩等纂《道光肇慶府志》，《續修四庫全書》，第 714 冊第 85 頁。

[3] 李賢《明一統志》，景印文淵閣《四庫全書》，第 473 冊第 709 頁。

[4] 屠英等修，江藩等纂《道光肇慶府志》，《續修四庫全書》，第 714 冊第 365 頁。

之地。先嘗賦詩其一曰：'清樾纔十畝，炎陬別一天。華堂依怪石，老木插飛烟。長夏絶無暑，乘風幾欲仙。心閑境自勝，底處覓林泉。'其二曰：'意得壺觴外，心清杖屨間。簿書休吏早，花鳥向人閑。舊隱在何許，倦遊殊未還。天涯賴有此，退食一開顏。'和者甚多。"（頁595）從"炎陬""長夏"可知，此二詩應作於夏季。

本集卷六《西園招陳彥招同飲》，從"西園"可知作於南恩州任上，詩中有"稻粱未飽且紛紛"（頁559），可知作於四五月間，姑繫於此。《再用韻》當作於同時。

秋，作《滿庭芳》（一徑叉分）、《浣溪沙》（風送清香過短牆）。

本集詞《滿庭芳》（一經叉分）詞序云："公自高要倅攝恩平郡事，郡有西園，乃退食遊息之地。"可知所作地點爲南恩州西園。詞有"風來萬里，冷撼一天秋"（頁595）句，可知作於是年秋季。

《浣溪沙》（風送清香過短牆）詞序云"時在西園，偶成"，詞中有"一尊相對月生涼"（頁595）句，可知作於秋季，黃公度攝南恩州時。姑繫於此。

遊肇慶嵩臺，作《自恩平還題嵩臺宋隆館》（共二首）詩。

本集卷七《自恩平還題嵩臺宋隆館》其一云："四山如畫古端州，州在西江欲盡頭。漫道江山解留客，老夫歸思甚東流。"其二云："松菊壺山手自栽，二年羈宦客嵩臺。無端卻被東風誤，又作恩平一夢回。"（頁563）"古端州"即指肇慶，可知在肇慶任職期間；"嵩臺"在肇慶，《廣東通志》卷五三云："（嵩臺）在（肇慶）城外六里，廣六十餘丈，高三百餘仞。俗傳上帝觴百神之所，古名岡臺，唐天寶中易此名。"[1]"二年羈宦客嵩臺"説明在任肇慶通判後第二年，即紹興二十年。"又作恩平一夢回"説明剛攝知南恩州。姑繫二詩於此。

在莆田普門庵主考，作《庚午秋觀進士入試》詩。

本集卷五《庚午秋觀進士入試》詩題"庚午秋"已明確所作時間，"觀進士入試"，説明在應試現場。其詩云："棘扉曉闢萬袍趨，鄒魯雖微士所都。三獻有人懷楚璞，濫吹何事試齊竽。要令瘦語題羹臼，莫把元文覆醬瓿鄉人

---

[1] 魯曾煜等編纂《廣東通志》，景印文淵閣《四庫全書》，第564冊第507頁。

以黜卷幕酒。袖手傍觀君勿怪，篋中曾是老於菟。"（頁549）普門庵牆壁有此詩，題爲《普門庵觀進士入試》，傳爲黃公度回鄉主考詩作。案，普門庵，"在廣化寺東南隅，舊爲大比試進士之所。唐御史黃滔嘗與同志十人讀書於此，內有黃滔祠"[1]。

高宗紹興二十一年辛未（1151），四十三歲

在南恩州，任知州。曾回莆田。有詩一首、文二篇。

在南恩州。正月十五日，作《恩平燈夕憶上都舊遊呈座客》詩。

本集卷七《恩平燈夕憶上都舊遊呈座客》題目有"恩平燈夕"，可知在正月十五日。黃公度在南恩州任約在紹興二十年年初，至紹興二十一年傅霿繼知南恩州。是詩有"年來大覺歡情減，聊與風光作主人"（頁562）之句，頗有閑情，剛上任時應忙於公事，或在上任一年後的元宵節。姑繫於此。

離任，由傅霿繼知南恩州。

《道光廣東通志》卷二三九云："（黃公度）十九年通判肇慶府，攝知南恩州。……傅霿，紹興二十一年權知南恩州。"[2]

在莆田。五月，興化軍軍學建成。夏，作《興化軍重建軍學記》。

本集卷一一《興化軍重建軍學記》："紹興十有九年，永嘉徐君士龍，來居師席。始至，慨然欲改作。……以明年冬十一月始事，閱月六告成。"（頁584）據此，興化軍軍學爲紹興二十年十一月重建，經過六個月，紹興二十一年五月告成。姑繫此記作於此事後不久。

秋，作《潁川太夫人卓氏行狀》。

本集卷一一《潁川太夫人卓氏行狀》曰："紹興二十年十月，奉板輿自南邸還里。夫人以十一月十六日終於正寢。……將以二十一年九月某日，葬於某里某山之某原。"（頁587）卓氏爲陳俊卿母，於紹興二十一年九月葬，姑繫該文作於是年秋。

---

[1] 謝道承等《福建通志》卷六二，景印文淵閣《四庫全書》，第530冊第237頁。

[2] 阮元等修，陳昌齊等纂《道光廣東通志》，《續修四庫全書》，上海古籍出版社2002年版，第674冊第106頁。

高宗紹興二十二年壬申（1152），四十四歲

在肇慶府，任通判。有詩一首、文一篇。

在肇慶府，任通判。

　　黃公度離任南恩州後任職情況，《建炎以來繫年要錄》卷一七一載：紹興二十六年正月庚午，“左朝奉郎、通判肇慶府黃公度引見，上曰：‘卿官肇慶，嶺外有何弊事？’”[1]既然以“左朝奉郎、通判肇慶府”“卿官肇慶”稱黃公度，可知黃公度卸任南恩州知州後，至受召入朝時，應繼續任肇慶府通判一職，即攝守南恩州之後，並未卸任肇慶府通判職務。

三月，作《賀林諫議》。

　　林諫議爲林大鼐。《福建通志》卷五一載：“林大鼐，字梅卿，莆田人，紹興五年進士。”[2]據《建炎以來繫年要錄》卷一六三載：紹興二十二年三月癸酉，“殿中侍御史林大鼐，試右諫議大夫”[3]。案，林大鼐紹興五年黃公度同榜進士，由諸王宮大小學教授兼秘書省校勘籍官，累遷右諫議大夫兼侍講，再遷吏部尚書。紹興二十三年，爲秦檜所忌，出知泉州，丁外艱，服除左朝散郎提舉江州太平興國宮。後卒於任。

秋，作《次韻林梅卿尚書新塘之什》詩。

　　《建炎以來繫年要錄》卷一六三載：紹興二十二年九月己未，“右諫議大夫林大鼐，試吏部尚書仍兼侍讀”。卷一六四載：紹興二十三年二月己巳，“吏部尚書林大鼐罷”。[4]據上述材料，林大鼐紹興二十二年九月試吏部尚書，紹興二十三年二月即罷任。此詩稱其爲尚書，應在此期間。姑繫此詩於是年秋，存疑。

---

[1] 李心傳編撰，胡坤點校《建炎以來繫年要錄》，第 7 冊第 3264 頁。

[2] 謝道承等《福建通志》，景印文淵閣《四庫全書》，第 529 冊第 726 頁。

[3] 李心傳編撰，胡坤點校《建炎以來繫年要錄》，第 7 冊第 3096 頁。

[4] 李心傳編撰，胡坤點校《建炎以來繫年要錄》，第 7 冊第 3108、3118 頁。

高宗紹興二十三年癸酉（1153），四十五歲

在肇慶府，任通判。曾赴廣州。有詩一首。

在肇慶府曾赴廣州。夏，作《題師吳堂》詩。

　　是年，黄公度曾往廣州，並作《題師吳堂》。據洪适《盤洲文集》卷三一《師吳堂記》載："其經始以癸酉三月之丁未，其成以五月之辛卯。"[1]師吳堂，紹興二十三年五月建成。詩中有"我公廊廟具，勞外亦久矣"（頁558）句，應作於師吳堂建成不久，姑繫此詩於此。

高宗紹興二十四年甲戌（1154），四十六歲

在肇慶府，任通判。有詩四首、詞一首、文一篇。

在肇慶府。正月上旬，作《題七星巖》詩。

　　《高要金石略》卷三載此詩石刻，詩末題："壺山黄公度師憲，紹興甲戌，正月上澣題。"[2]上澣，又稱上浣，即每月上旬。案，七星巖，在高要縣城北（今肇慶市區北約兩公里處）。七星巖以喀斯特溶巖地貌巖峰、湖泊景觀爲主要特色，七座石灰巖巖峰如北斗七星般排列於星湖上，爲嶺南最大摩崖石刻群。《道光肇慶府志》卷二載："七星巖邊屬嵩臺山。七星巖列峙如北斗狀。一曰石室巖，即今所呼大巖也。……一曰屏風巖，在石室東半里。……一曰閬風巖，在屏風巖東斗里，兩巖相連屬。……一曰天柱巖，在石室西半里，巖去地百餘丈，劍削壁立，險不可上。……一曰蟾蜍巖，在石室西一里。……一曰仙掌巖，在石室西二里。……一曰阿坡巖，在石室西北二里，又名辟支巖。"[3]

七月，作《賀方帥移福州》。

　　據文題注，方帥即方滋。《廣東通志》卷二六載，方滋紹興二十二年任

---

[1] 洪适《盤洲文集》，景印文淵閣《四庫全書》，臺灣商務印書館1986年版，第1158冊第458頁。

[2] 彭泰來《高要金石略》，《石刻史料新編》第2輯，新文豐出版公司1979年版，第15冊第11421頁。

[3] 屠英等修，江藩等纂《道光肇慶府志》，《續修四庫全書》，第713冊第590～591頁。

經略安撫使。[1]據《淳熙三山志》卷二二載：紹興二十四年七月，方滋以右朝奉大夫、直敷文閣知福州。[2]

九月，作《滿庭芳》（熊羆入夢）、《賀章守三詠》詩。

《滿庭芳》（熊羆入夢）詞序云："高要太守章元振重九日爲生朝，公以此詞賀之，並序。公嘗有《賀章守三詠》，所謂包公堂、清心堂、披雲樓詩，見集中。"（頁595）紹興十九年重九日，黃公度與陸淓在共樂臺宴會並作詩，紹興二十年、二十一年黃公度知南恩州，此詞或在離南恩任後，姑繫於此。《賀章守三詠》，分別吟詠清心堂、包公堂、披雲樓。此三首詩作於高要，在寫《滿庭芳》詞之前，姑繫於此，存疑。案，清心堂在肇慶府東，枕書堂在肇慶府西，皆包拯建。後改枕書堂爲鑑止堂，改清心堂爲靜治堂，又改爲中和堂，又有相魁堂、獲簡堂、雙瑞堂、節堂之稱。黃公度《清心堂》詩："千里有餘刃，一堂聊賞心。庭虛延遠吹，簷敞受繁陰。休吏簾初下，忘懷機自沈。人間足塵土，無路到清襟。"[3]又案，章守即章元振，字時舉，建州崇安（今福建武夷山市）人。政和五年（1115）進士，歷任寧鄉（今屬湖南）、長沙、休寧縣（今屬安徽）令。方臘起事，督兵據險捍禦。移知泰寧縣（今屬福建），後擢知潮州、肇慶府。紹興中遷諫議大夫，二十五年提舉廣南東路常平茶事兼東西路鹽事，後知肇慶府。與秦檜同科登第，秦檜當國，章元振甘於遠宦，不與往還。[4]

高宗紹興二十五年乙亥（1155），四十七歲

在肇慶府，任通判。受命赴召。有詩七首、詞一首、文二篇。

在肇慶府。三月，作《賀章鹽》。

《建炎以來繫年要錄》卷一六八載：紹興二十五年三月庚午，"左朝請大夫、知肇慶府章元振提舉廣南東路常平茶事"[5]。本集卷一〇《賀章鹽》，

[1] 魯曾煜等編纂《廣東通志》，景印文淵閣《四庫全書》，第563冊第26頁。

[2] 梁克家《淳熙三山志》，景印文淵閣《四庫全書》，第484冊第326頁。

[3] 屠英等修，江藩等纂《道光肇慶府志》卷八，《續修四庫全書》，第713冊第65頁。

[4] 陸心源撰，吳伯雄點校《宋史翼》卷二〇《章元振傳》，第210頁。

[5] 李心傳編撰，胡坤點校《建炎以來繫年要錄》，第7冊第3189頁。

題下注"元振"，文云："國家根本，全賴於東南；財貨源流，莫先於鹽鐵。⋯⋯朝廷所以有今日之命。"（頁 581）據此，此文應爲祝賀章元振提舉廣南東路常平茶鹽事所作。姑繫於是年三月。

春，作《春日書懷》詩。

本集卷五《春日書懷》詩云："才薄難任家國憂，年衰未免稻粱謀。權門雖好羞搖尾，世路多猜敢轉喉。是處溪山可藏拙，何人庭院許尋幽。便須火急營春事，九十韶光一半休。"（頁 550）應作於貶官期間，姑繫於此。

秋，《送陳應求赴官》詩。

《宋史》卷三八三《陳俊卿傳》云："陳俊卿，字應求，興化人。⋯⋯紹興八年，登進士第，授泉州觀察推官。⋯⋯秩滿，尋添通判南劍州，未上。而檜死，乃以校書郎召。"[1] 楊萬里《丞相太保魏國正獻陳公墓誌銘》亦云："秩滿，改宣義郎。故事，當入館學。時相秦檜察公不附己，以爲南外睦宗教授。終更造朝道中，一日忽心悸，亟馳歸，冀國夫人已即世，乃以是日屬疾云。服除，員外置通判南劍州。檜死，乃以秘書省校書郎召。"[2] 本集卷四《送陳應求赴官》詩中有"天生奇才爲時出，容易棄擲天南隅"句，意指二人同入京師會試，高中狀元、榜眼，可謂"天生奇才"，到頭來卻被"棄擲天南隅"，可知此詩作於陳俊卿，任校書郎之前。秦檜卒於紹興二十五年，姑繫於此。詩中又有"金風蕭蕭塵餘熱""刺桐古城花欲燃，舊遊人物想依然"（頁 545），當作於秋天，刺桐古城指泉州。古城泉州形似鯉魚，世稱"鯉城"，五代擴建城垣時，環城四周種植刺桐樹，故泉州又名"刺桐城"。陳俊卿原與黃公度同在泉州爲官，此爲懷念之意。

十一月，受命赴召。

《墓誌銘》云："十一月，受命赴闕。"（頁 598）

過泉州。十二月，作《送陳景明尚書赴召》（共四首）詩。

《建炎以來繫年要錄》卷一七〇載：紹興二十五年十二月甲午，"敷文閣直學士、知泉州陳誠之爲翰林學士。誠之至泉纔數日也"[3]。此四詩應爲黃

---

[1] 脱脱等《宋史》，第 34 冊第 11783 頁。

[2] 楊萬里《誠齋集》卷一二三，《四部叢刊初編》，上海商務印書館 1922 年版，第 1214 冊第 4 頁。

[3] 李心傳編撰，胡坤點校《建炎以來繫年要錄》，第 7 冊第 3244 頁。

公度赴召途中，道過泉州，聞陳誠之有召命，遂作詩相送。

過延平，作《卜算子》（寒透小窗紗）。

此詞序曰："公赴召命，道過延平，郡宴有歌妓，追誦舊事，即席賦此。"（頁593）因而推斷作詞時間爲被召赴闕之年。案，延平，今屬福建。

除夕，行經閩北漁梁山下漁梁村，作《乙亥歲除漁梁村》詩。

本集卷七《乙亥歲除漁梁村》詩云："年來似覺道途熟，老去空更歲月頻。爆竹一聲鄉夢破，殘燈永夜客愁新。"（頁564）案，漁梁山又名牛頭山、漁峰山、上禁山、靚青山，位於福建省浦城縣仙陽鎮漁梁村境內。此詩作於是年除夕時。

是年，作《賀陸漳州》。

本集卷一〇《賀陸漳州》文題注陸漳州爲陸渙。據《光緒漳州府志》卷九載："陸渙，紹興二十五年以右朝請大夫任。"[1]姑繫於此。

高宗紹興二十六年丙子（1156），四十八歲

在臨安。除考功員外郎兼金部官。卒於官。爲八世祖黃滔編集。有詩三首、文六篇。

在臨安。正月一日前後，有《進元會詩》詩。

本集卷四《進元會詩》有"社稷基新命，朝廷舉舊章""列辟鏗聲噦，群工玉佩鏘"（頁542）等句，應爲在朝中所作。元會即元旦朝會，姑繫於此，存疑。

正月二十八日，召對，有《上殿劄子》《第二劄子》《刑孝揚覆謚議》，除考功員外郎兼金部官。

《建炎以來繫年要錄》卷一七一載：紹興二十六年正月庚午，"左朝奉郎、通判肇慶府黃公度引見，上曰：'卿官肇慶，嶺外有何弊事？'公度曰：'廣東西路有數小郡，如貴、新、南恩之類，有至十年不除守臣者，權官苟且，郡政弛廢，或不半年而去監司，又復差人。公私疲於迎送，民受其弊。'上曰：'何不除人？'公度曰：'蓋緣其闕在堂，欲者不與，與者不欲。'上曰：

---

[1] 沈定均續修，吳聯薰增纂《光緒漳州府志》，《中國地方志集成·福建府縣志輯》，上海書店出版社2000年版，第29冊第162頁。

'若撥歸部，當無此弊.'遂以公度爲考功員外郎"[1]。《行狀》亦云："明年正月入，對便殿，乞總權綱，厚風俗，所言皆切時病。……立拜考功員外郎。於是天子識公，將盡用之。"（頁597）《莆陽文獻》卷一七〇亦載：紹興二十六年正月，"入對便殿，乞總權綱，厚風俗。陳遠人利病，拜考功員外郎，兼金部官"[2]。

《上殿劄子》論收還威柄，《第二劄子》論開放言路。兩奏議痛斥秦檜弄權之姦，直指高宗治政之失，切中時政之弊。《刑孝揚覆謚議》論刑孝忠義，與以上所言"乞總權綱，厚風俗"一致。且黃公度自中舉廷對之後，此次爲面聖奏議唯一時機。可知本集卷八此三奏議均在此時所作。

作《謝陳內翰》。

本集卷一〇《謝陳內翰》題下注"誠之"，並云："右，某伏准照牒，舉某自代者。恩發宸衷，職司翰苑。履至榮而求避，引亡似以爲辭。莫副褒稱，惟增祇惕。"（頁583）《墓誌銘》云："陳誠之入翰苑，首薦公自代。"（頁599）黃公度作此啓致謝。姑繫於此。

作《考功謝沈參》。

據題注，沈參爲沈該。本集卷一〇《考功謝沈參》云："今月某日，准告授前件職事者。十年去國，方稅鞍於遐陬。一劄賜環，遽分曹於選部。生成恩厚，感激涕零。"（頁582）黃公度任考功員外郎後，作此啓致謝，姑繫於此。案，沈該，字守約，湖州人。重和元年（1118）舉進士第。紹興十五年知盱眙軍，十八年掌禮部侍郎，直學士院。後爲秦檜所忌，出知夔州（今重慶奉節）。紹興二十五年，秦檜死，除敷文閣待制，參知政事。紹興二十六年，授左正議大夫，守左僕射，同平章事，兼監修國史。紹興二十九年，以臺諫劾，落職致仕，次年以觀文殿大學士起知明州（今浙江寧波）。隆興元年（1163）致仕。著有《易小傳》《系辭補注》《中興聖語》等。

---

[1] 李心傳編撰，胡坤點校《建炎以來繫年要錄》，第7冊第3264頁。
[2] 鄭岳輯《莆陽文獻》，《北京圖書館古籍珍本叢刊》，第19冊第294頁。

四月，因陳誠之使金，作《別陳景明》（共二首）詩。

本集卷七《別陳景明》其一云："麻詞一掃千言就，玉節三持萬里强。自是中朝人第一，更將威信憺要荒。"（頁 564）此詩爲陳誠之使金時黄公度臨別所作。按《建炎以來繫年要録》卷一七二載：紹興二十六年四月庚寅，"翰林學士兼侍讀陳誠之假資政殿大學士、醴泉觀使兼侍讀充賀大金上尊號"[1]。

夏，爲八世祖黄滔編《東家編略》並撰志。

據《黄御史集》卷八《裔孫諸志》載："《藝文志》載《泉山秀句集》三十卷，悉公纂締，未知存亡。又《黄某集》十五卷，歲久訛缺。今以舊藏稿本厘爲十卷，名曰《東家編略》，宋紹興丙子中夏初吉左朝散郎試尚書考功員外郎八世孫公度志。"[2]《居易録》卷三二載："唐黄御史滔刻集八卷，賦一卷，詩三卷，碑誌記序箋啓雜文四卷，附録一卷。首有楊誠齋、洪容齋二序，淳熙四年渝州謝諤序，唐《藝文志》云黄滔集十五卷，又泉山秀句三十卷，此集初名《東家編略》，宋紹興丙子尚書考功員外郎黄公度撰志，滔之八世孫也。"[3]

六月，得疾。八月二十四日，卒。

《墓誌銘》云：紹興二十六年，"公六月得疾在告，八月二十四日卒於位，年四十八"（頁 598）。噩耗傳至黄公度貶謫之地嶺南，"邦人像而祠之"[4]。《墓誌銘》又記述黄公度病中異象："公病中夢雷電震閃，旗幟殷赫，擁櫬而去，金書化字以示公。屬纊之夕，果雷雨大作。公應三百年之懸識而來，仙官敕雷電六丁擁而去，去來默符冥數，厥非偶然者。"（頁 599）

十月，龔茂良作《行狀》。

《行狀》云："紹興二十六年十月日，左文林郎、新差泉州觀察推官龔茂良狀。"（頁 598）

[1] 李心傳編撰，胡坤點校《建炎以來繫年要録》，第 7 冊第 3290 頁。
[2] 黄滔《黄御史集》，景印文淵閣《四庫全書》，臺灣商務印書館 1986 年版，第 1084 冊第 186 頁。
[3] 王士禛《居易録》，景印文淵閣《四庫全書》，臺灣商務印書館 1986 年版，第 869 冊第 714 頁。
[4] 周瑛、黄仲昭《重刊興化府志》，第 722 頁。

高宗紹興二十七年丁丑（1157），卒後一年

九月二十日，葬於保豐里蓮花峰楓蓮塘。黄沃作壙銘。

　　黄沃《宋尚書郎壙銘》云："明年八月卒官，……明年九月壬午，葬
於保豐里蓮花山。將塴，沃爲之銘……"[1]《莆陽東里黄氏族譜》亦記"葬
於保豐里蓮花峰"。《墓誌銘》云："沃在浙京遭巨創，煢然無親友伙助，
獨侍老母，攜弟妹蓬跣二千里，扶公柩以歸。既虞，亟圖窀穸之事，遍走山
間，得吉卜於方山之原，撰日下事，實紹興二十七年九月二十日壬午也。
沃以大鼎與公雅有事契，知平生出處之詳，重以誌銘爲請，義不得辭。"（頁
600）《興化府莆田縣志》卷四載："狀元黄公度墓，在楓蓮塘，俗稱狀元
山。"[2]《福建通志》卷六二載："狀元黄公度墓在楓蓮塘，後人名其山曰'狀
元林'。"[3]

　　《民國莆田縣志》卷五載："宋立六鄉（即崇業、武化、唐安、永嘉、崇
福、感德鄉）分領三十四里：崇業鄉，附郭領里六：曰清平、曰延陵、曰常
泰、曰孝義、曰保豐、曰延興。""清仍明制……常泰里，在縣西圖一，爲村
二十五（楓葉塘爲其一）。"[4]《八閩通志》卷一六載："（明朝）改六鄉爲七
區，并宋崇業鄉保豐里、永嘉鄉豐城里入常泰里。"[5]因此，宋代保豐里到
明代就是常泰里，保豐里楓蓮塘即明以後常泰里楓葉塘。

[1] 黄公度《知稼翁集》卷下，《宋集珍本叢刊》，第 44 冊第 511 頁。
[2] 汪大經等《興化府莆田縣志》，清乾隆二十三年刻本，第 4 冊第 16 頁。
[3] 謝道承等《福建通志》，景印文淵閣《四庫全書》，第 530 冊第 238 頁。
[4] 張琴《民國莆田縣志》，《中國地方志集成·福建府縣志輯》，上海書店出版社 2000 年版，第 16 冊第 147～
148 頁。
[5] 黄仲昭《八閩通志》，上冊第 320 頁。

傳記資料

《宋史翼·黄公度傳》[1]

黄公度字師憲，福建莆田人。父静，政和二年以上舍及第，歷遷朝奉郎，卒贈中奉大夫。公度紹興八年省試第一，是科免廷試。賜進士及第，簽書平海軍節度判官。代還，除秘書省正字。時秦檜當國，用李文會居言路，排擊無虛日。公度移書文會，責其受檜風旨。文會以告檜，檜嗾侍御史汪渤劾公度“欲爲趙鼎遊説，陰懷向背”，遂罷歸，主管台州崇道觀。十九年，差通判肇慶府，攝知南恩州。增學廩，遴秀民，與之登降揖遜，學者用勸。南恩自唐貞觀置郡，至是始有登第者，邦人像而祠之。

檜死，高宗親政，始召還，詢以嶺外弊事。公度曰：“廣東西路數小郡，如貴、新、南恩之類，守臣有至十年不遷者，權官苟且，郡政弛廢，民受其弊。”高宗曰：“何不除人？”公度曰：“緣闕在堂除，欲者不與，與者不欲。”高宗曰：“撥歸部則無此敝矣。”遂以公度爲考功員外郎，兼金部。明年，輪對便殿，乞總權綱。厚風俗，高宗嘉納。尋卒，年四十有八。累贈中奉大夫。

子沃，以父任補官，終朝請大夫，知邵州。寧，慶元五年，特奏名漳州軍事推官。

龔茂良《宋左朝散郎尚書考功員外郎黄公行狀》[2]

公諱公度，字師憲，世爲興化軍莆田人。大觀間皇考静有聲於上庠，起家試秘書省正字，遷校書郎，終左朝奉郎、提舉京畿、京西路茶鹽事，以公貴，贈中奉大夫。祖邈，以中奉公贈朝請郎。曾祖陟，晦德不仕。黄氏在莆爲著姓，世多聞人。公之族兄泳以童子召見，徽廟朝賜五經及第。

至紹興八年，公遂以文章魁天下士，解褐簽書平海軍節度判官廳公事。

---

[1] 陸心源撰，吳伯雄點校《宋史翼》卷二四，第 550～551 頁。
[2] 黄公度《莆陽知稼翁文集》附録，《宋集珍本叢刊》，第 44 冊第 597～598 頁。

時有流民數百輩自汀、虔下，郡疑其盜，盡繫之，行旅騷然幾變。時郡倅庸人，喜生事，欲自以爲功，無敢言者。公獨辨其非，倅不悅，語侵公，公爭益力，已而皆平人。代還，除秘書省正字。故事，第一人例以館職召，公之除非當路意，居數月，言者論公嘗貽書臺官譏時政，罷爲主管台州崇道觀。秩滿，通判肇慶軍府事。高要於百粵尤荒遠，非以罪遷及資淺躐授者不至，或唁公，公笑曰：“是獨不可爲政耶？”先是，屬邑胥於道得銅，寓書生舍，既而誣以爲金，郡實生獄，獄且具，生寃甚，抑於有司，莫能明。公至一問得其情，立出之，以其罪罪誣者，府中懾服，守賴以無事。居亡何，部使者檄公攝守南恩，至則決滯訟，除橫斂，人安樂之，增學廩二百餘斛，擇其秀民與之登降揖遜，學者用勸。恩平自唐貞觀置郡，至是始有梁作心者，由科目登仕版，邦人相率繪公祠於學。公還，越其境以送。

二十五年冬，被召赴闕，明年正月入對便殿，乞總權綱，厚風俗，所言皆切時病。上嘉納之，且知公歸自南海，問勞良久。公因歷陳遠人利病如上旨，立拜考功員外郎。於是天子識公，將盡用之。其年六月，公得疾，八月二十四日卒於位，年止四十八，自承事郎五以序遷，止左朝散郎。國朝首儒科者率不以五六歲即列侍從，公陸沉不偶十有九年，始入尚書爲郎，同時召用者往往以次遷擢，而公不任朝謁矣。方其出入瘴霧，往還數千百里，未嘗親藥餌，一日被遇則死奪之，悲夫命也歟！公寬和樂易，喜慍不形於色，與人交忘其短，其爲人力可及無所愛，士有寸長即退然下之。尤不喜聞人過，平居汎然若無所可否，而胸中涇渭明甚，於所厚善眷眷不能捨。訃至之日，皆相吊出涕。始莆中有讖語相傳甚久，公既首多士，以其語驗之皆信。所讖地有大木可蔽畝，公將亡，木忽仆，人甚異之。

有文集十一卷，藏於家。母鄭氏，宣德郎永中之女，贈令人。娶方氏，左朝奉郎符之女，封安人。男五人，沃、泮、洧、洙，皆力學能世其家，沃嘗舉進士；南僧，尚幼。女三人，長適右迪功郎、潮州海陽縣尉林敔，次適左迪功郎、鼎州州學教授林枡。孫男處權、處材。季弟庚以文藝早知名，公尤友愛之，及赴召，携以偕行。以既捐館，庚將試禮部，不忍獨留，與沃同護喪歸殯於某處，需葬事。茂良忝公同年進士，辱交最久，知公平生爲尤詳，然公負遠業，用不究萬一，見之行事者止於此，姑次序以告當世立言之君子，圖不朽焉。謹狀。紹興二十六年十月日，左文林郎、新差泉州觀察推官龔茂良狀。

林大鼐《宋尚書考功員外郎黄公墓誌銘》[1]

粵自秦益公檜當國之日，凡升擢人才，未嘗召用於外。一十年間，陸沉州縣者衆，祖宗薦對之科、徵拜之令，至是弛置。紹興二十五年冬，益公薨，天子慨然收下移之權歸諸掌握，銳意求賢，鋒車四出，召魏良臣、沈該置之政事堂。以前後大魁皆淹遺於外，於是張九成、陳誠之、劉章、王佐、趙逵等以次除召，分布館閣臺省。公在一輩中最久最滯，故首被命。其年十一月，受命赴闕，正月登對便殿，乞以總權綱、厚風俗爲今日急先務，言中時病。上喜，知公歸自南海，再三勞問。公歷陳遠人利害，皆嘉納之，面命除尚書考功員外郎，朝論美其親擢，知眷奬之渥，繼見朝夕。毋何，公六月得疾在告，八月二十四日卒於位，年四十八，官至朝散郎。惜哉！

公姓黄，諱公度，字師憲，世爲興化軍莆田人。皇考静，政和初起家，試秘書省正字，遷校書郎，終左朝奉郎、提舉京畿京西路茶鹽事，以公貴，贈中奉大夫。祖邈，以中奉公贈朝請郎。曾祖陟，晦德不仕。族系在莆爲著姓，世多聞人。中奉公以本州首貢作南廟省魁，中上舍兩優之選；公之族兄泳以童子召見徽廟朝，賜五經及第。至紹興八年，公又以文章魁天下士，族弟童亦在榜中高第。

公解褐，簽書平海軍節度判官廳公事。時有流民數百輩自汀、虔下，郡疑其盜，盡繫之，行旅騷然幾變。郡倅庸人，喜生事，欲自以爲功，無敢言者。公獨辨其非，倅不悦，語侵公，公爭益力，已而皆平人。代還，除秘書省正字。故事，第一人例以館職召，公之除非當路意。居數月，言者論公嘗貽書臺官，譏議時政，實未嘗有書也。罷歸，主管台州崇道觀。秩滿，通判肇慶府。高要於百粤尤荒遠，非以罪遷及資淺躐授者不至。或唁公，公笑曰："是獨不可爲政耶？"先是屬邑胥於路得銅，寓書生舍而去，既誣以金，郡置諸獄，獄且具，書生寃甚，抑於有司不能明。公至，一問得其情，立出

---

[1] 黄公度《莆陽知稼翁文集》附錄，《宋集珍本叢刊》，第 44 冊第 598～600 頁。

之，以罪罪誣者，府中懾服。部使者聞其才諝，檄公攝南恩守，至則決滯訟，除橫歛，人情孚悦。南方風俗，有遭喪者，椎牛釃酒，鼓舞達旦，以娛吊客，至破產營齋祭，以相競尚。公作文勸諭杜絶之。增學廩二百餘斛，擇秀民與之登降揖遜其中，學者用勸。恩平自唐貞觀置郡，至是始有梁作心者登進士科，郡人相率繪像祠於學。公還，越境以送。其在高要，亦修黌舍，鼎新夫子廟貌，師聖賢哲，山龍焕然，邦人爲之改觀。公所至羽翼吾道如此。

歸未幾，被召爲尚書郎。考功四選咽喉，天官之劇，曾非親加綜覈，依格任吏，搢紳有不勝其弊者[1]。公期振職，不負所付，爲之焦心敝力，殿最功罪，斟酌定奪，務在允平。食息之間，節宣有爽，而疾作矣。同時召用者，皆敍遷超拜，而公已在告中，不任朝謁。異時官瘴鄉，往還霧露中數千里，未嘗服藥，一旦遭遇，而疾纏之，命也夫！先是，黃涅槃有讖云：「拆卻屋，換卻椽，望京門外出狀元。」是時孫守蓋改創譙門，規橅雄偉，甫成而公捷音下。公病中夢雷電震閃，旗幟殷赫，擁櫬而去，金書化字以示公。屬纊之夕，果雷雨大作。公應三百年之懸讖而來，仙官敕雷電六丁擁而去，去來默符冥數，厥非偶然者。

公爲人寬和樂易，喜愠不形於色，與人交忘其短，於所厚尤眷眷如天性。士有寸長，退然下之，不喜聞人之過。訃至之日，皆相吊出涕。公負大科名，益修遠業，學識淹該，詞氣涵浩，其議論文采，含起草之姿。陳誠之入翰苑，首薦公自代，其人望相期，豈淺近者！

工詩，倣杜甫古律格，而法句逼真。詩併雜文有一編十一卷。母鄭氏，宣德郎永中之女，贈令人。娶方氏，左朝奉郎符之女，封安人。男五人，沃、泮、洧、洙皆力學世其家，南僧幼未名。女二人，長適右迪功郎、潮州海陽縣尉林敖，次適左迪功郎、鼎州州學教授林枅。孫男二人。公之兄庭，以中奉公蔭補高州電白尉，先公卒；季弟庚，早以文藝知名，公卒之明年，擢第調福州連江尉。沃弱冠舉進士，屈於禮部，今當嗣任子虵恩。沃在浙京遭巨創，煢然無親友攸助，獨侍老母，攜弟妹蓬跣二千里，扶公柩以歸。既虞，

巫圖窀穸之事，遍走山間，得吉卜於方山之原，撰日下事，實紹興二十七年九月二十日壬午也。沃以大鼐與公雅有事契，知平生出處之詳，重以誌銘爲請，義不得辭。銘曰：

上天有籍，錙銖稱量。對因付果，視履考祥。稟之厚薄，器之窳良。賦公德行，嫮如珪璋。畀公才調，琅然宮商。假公科名，江夏黃香。胡不百年，鬢眉雪霜。紅顏未槁，井已生桑。向魁天下，十年鳳凰。其不至者，金馬玉堂。今十九年，一尚書郎。子三奪一，孰問蒼蒼。蒼蒼無據，老釋荒唐。諸孤負土，方山之陽。素車雲散，松檟淒涼。有詩有文，珠玉千章。名懸不朽，日月爭光。

黃沃《宋尚書郎壙銘》[1]

先君姓黃，世居興化軍莆田縣，唐御史諱滔公仍孫，朝請郎諱邈公孫，中奉大夫提舉校書諱靜公子。字師憲，其名則首。紹興八年進士榜，起家左承事郎，簽書平海軍節度判官廳公事。秩滿，以故事除秘書省正字。言者以非當路意，中以誣詞，越月罷。家居八年，俄通判肇慶軍府事，諸司薦，假守南恩州。居官不苟，且不求興利，惟去害，期勿擾而已。紹興二十五年冬，天子收老成，拔淹滯，先君首被召對，天子嘉其詞，除左朝散郎、尚書考功員外郎。明年八月卒官，享年四十有八。聞者皆以所蘊未究爲惜。配方氏，累封安人。與其子沃、泮、洧、洙、南僧扶櫬輿歸自臨安。又明年九月壬午，葬於保豐里蓮花山。將堋，沃爲之銘曰：位弗稱施曷普兮，號於路，刓膝下兮，莫之報，惟歸茲土兮。

---

[1] 黃公度《知稼翁集》卷下，《宋集珍本叢刊》，第 44 冊第 511 頁。

崔與之行年繫地譜

崔與之（1158—1240），字正子，號菊坡，名重當世，被當代學者稱爲宋代嶺南第一人、嶺南儒宗，與余靖、李昴英可並稱宋代嶺南三大家。歷仕光、寧、理三朝四十七年，以清正廉潔、勤於政事、淡泊名利著稱。軍事上卓具才幹，主張積極防禦，守邊有方，抵禦金人、平叛内亂有功。著述頗豐，著《菊坡集》《嶺南便民榜》《海外澄清録》，然佚失十之八九，有《崔清獻公言行録》傳世。主張事功思想，主張學術要正，不要因爲學術不正而危害社會後世。因學術與思想方面力抗大潮，另樹異幟，遂成“菊坡學派”。

字號

崔與之，字正子，幼名星郎，晚號菊坡。

　　崔與之姓名字號無爭議。其弟子李昂英《崔清獻公行狀》云："崔與之，字正子……（晚年）築室所居之西偏，扁'菊坡'。"[1]温若春《崔清獻公墓誌銘》云："有宋丞相崔子清獻公，諱與之，字正子，當今社稷臣也。……逸老於家，榜其燕居，曰'菊坡'，蓋以晚節自肪云。時南人未有學舍，公捐地建之，誘掖後進，學者稱爲菊坡先生。"[2]魏了翁《郭公墓誌銘》云："安公再鎮，未及三年而薨。南海崔正子與之継之，未久亦稱疾去。"[3]馬愉《記菊坡大字》云："生平每慕韓魏公爲人。韓嘗言：'士之保初節易，保晚節難。'故詩有'不羞老圃秋容淡，且看黃花晚節香'之句。公心契之，因自號曰'菊坡'。及老而歸，又目所居曰'晚節堂'。"[4]《全錄》卷一《言行錄上》云："母夫人羅氏，露坐，有星墮懷，姙而生公，幼名星郎。"（頁2）《全錄》卷三《言行錄下》云："公榜燕居以'菊坡'，題曰：'韓魏公云："保初節易，保晚節難。"余嘉定辛巳，建制閫於益昌，愛公"寒花晚節"之句，築菊坡以自適。今告老歸里，復以名其居。'後文溪李公侍講經筵，理宗思公風節，嘉歎久之，大書'菊坡'二字，賜其家。"（頁25～26）

籍貫

廣東增城雲母都人。

　　關於崔與之籍貫，有兩種説法，一爲增城人，一爲廣州人。《行狀》云："崔與之，字正子，增城人。"（頁27）《廣州人物傳》亦謂其爲"增城

---

[1] 崔與之撰，張其凡、孫志章整理《宋丞相崔清獻公全録》卷三，廣東人民出版社2008年版，第27～28頁。《崔清獻公行狀》以下簡稱《行狀》，凡引此文，均據此本，僅括注頁碼。

[2] 崔與之撰，張其凡、孫志章整理《宋丞相崔清獻公全録》附集卷二，第189、192頁。《崔清獻公墓誌銘》以下簡稱《墓誌銘》，凡引此文，均據此本，僅括注頁碼。

[3] 魏了翁《鶴山先生大全集》卷八二，《四部叢刊初編》，上海商務印書館1922年版，第1256冊第1頁。

[4] 崔與之撰，張其凡、孫志章整理《宋丞相崔清獻公全録》卷一〇，第133頁。《宋丞相崔清獻公全録》以下簡稱《全録》，凡引此書，均據此本，僅括注頁碼。

人”[1]。《墓誌銘》云：“（崔與之）先世汴人，家嶺南之廣州。”（頁 189）《宋史》卷四〇六《崔與之傳》云：“崔與之字正子，廣州人。”[2]等亦如是言。宋代廣南東路治所在廣州，增城爲廣南東路屬縣，故有是説。

《墓誌銘》云：“佳城鬱鬱，天語煌煌，實在雲母之里、古華之崗。”（頁 192）雲母里，即崔與之出生地，增城鳳凰山下雲母都。古華，即崔與之墓穴在古華山上。《崔與之·南宋名臣》稱崔與之爲“增城中新坑背崔屋村人”[3]，該村有崔與之故居崔太師祠。

《大清一統志》卷三四〇載：“菊坡亭，在增城縣鳳凰山。宋理宗御書‘菊坡亭’大字以賜崔與之，因構此亭。明萬曆間屢修，本朝順治中重建，康熙四十年復建。”[4]《廣東通志》卷一〇亦云：“鳳凰山，在城内（增城縣）南隅，其陽有菊坡亭，上有鳳凰臺。”[5]此亦可佐證崔與之出生地應在增城縣鳳凰山附近雲母都。

世系

其先爲汴人，後遷江西寧都，歷十一世，始居嶺南。曾祖父克，字子仁，贈太傅。祖父雋，贈太傅。父世明，試有司連黜，悉心研究醫書。母羅氏。

《本傳》云：“崔與之字正子，廣州人。父世明，試有司連黜，每曰‘不爲宰相則爲良醫’，遂究心岐、黄之書，貧者療之不受直。”（頁 12257）《人物傳》云：“崔與之字正子，增城人。父世明，試有司連黜，每曰‘不爲宰相爲良醫’，遂究心岐、黄之書，貧者療之不受直。母夫人羅氏，露坐有星墜懷而生與之。”（頁 57）《全録》卷一〇陳璉《崔清獻公祠堂記》云：“公諱與之，字正子，先世汴人。其徙居廣之增城者，世以積善稱，曾大父克，大

[1] 黄佐《廣州人物傳》卷七，商務印書館 1936 年版，第 57 頁。《廣州人物傳》以下簡稱《人物傳》，凡引此書，均據此本，僅括注頁碼。

[2] 脱脱等《宋史》，第 35 冊第 12257 頁。《崔與之傳》以下簡稱《本傳》，凡引此文，均據此本，僅括注頁碼。

[3] 中國廣州網，訪問時間：2020 年 10 月 3 日。

[4] 和珅等《大清一統志》，景印文淵閣《四庫全書》，第 482 冊第 26 頁。

[5] 魯曾煜等編纂《廣東通志》，景印文淵閣《四庫全書》，第 562 冊第 377 頁。

父隽，俱贈太傅。父世明，贈太師。母羅氏，贈申國太夫人。"（頁134）《全錄》卷一〇梁異《修墓記》云："公諱與之，字正子。其先汴人。贈太傅，諱克，字子仁，葬江西寧都黃金坑者，公曾大父也。贈太傅，諱隽，葬惠州河源縣義合村者，公之祖父也。公之母羅氏，露坐而有星墜懷，娠而生公，遂名星郎。"（頁131）《崔與之年表》《崔與之事迹繫年》均如此記載。[1]案，汴即汴州，今河南開封。

妻林氏，封申國夫人。

《全錄》卷一〇陳璉《崔清獻公祠堂記》云："公諱與之，字正子……配林氏，封申國夫人。"（頁134）

後代少仕者。有子字叔似。又有五世孫名子璲。

崔與之後代不顯。《全錄》卷二《言行錄中》云："公之子，字叔似，性寬厚。納婦，有苗田六百石，爲資奩，公命歸之。垂歿，戒用緇黃。子姪俱戒，無出仕。識慮高遠，非世俗所及。"（頁22）《人物傳》云："洪武初，其五世孫子璲等即其居桂華堡祠之。……其子姓至今蕃衍，多有文行者。子璲以賢良徵使觀政。將近觀以官，固辭而歸。論者高之。"（頁65）從兩則材料知，崔與之子，其名不傳，字叔似，遵父教誨不出仕。子孫中知名者有五世孫崔子璲。

崔與之世系表，參見圖4-1：

圖4-1　崔與之世系表

---

[1]《崔與之年表》云："先世係河南汴京（今開封）人，曾祖始南遷，至其父始定居增城。曾祖父崔克，字子仁，葬江西寧都黃金坑，祖父崔隽，葬河源合義鄉，父崔世明，葬增城縣石壁山。……父世明讀書赴試，連年遭黜，每歎曰：'不爲宰相，則爲良醫。'遂研究醫學，行醫於世。母羅氏夢星入懷，遂而辰生與之，因乳名星郎。"（陳裕榮《崔與之年表》，《嶺南文史》1993年第3期）《全錄》附集卷八何忠禮《崔與之事迹繫年》云："其先爲汴人，後遷贛之寧都，歷十一世，始居嶺南。父世明，試有司連黜，每曰：'不爲宰相，則爲良醫。'便悉心研究醫書，'貧者療之不受直'。母羅氏，後贈申國夫人。祖母歐陽夫人，外祖父歐陽二助教。"（頁286）

著述

著《菊坡集》十卷、《嶺海便民榜》、《海上澄清録》，然多散佚。有《宋丞相崔清獻公全録》行於世。

《行狀》云：“家藏御劄七通，有文集十卷，其文明白謹嚴。家大酉書其端曰：‘東海北海天下老，亦有盍歸西伯時。白麻不能起南海，千載一人非公誰？’”（頁 29）案，《人物傳》云：“有文集若干卷，其文明白謹嚴，家大酉書其端，以爲‘白麻不起，千載一人’。蓋古未有辭相位者，故云。”（頁 65）《浙江通志》卷二四八有“《菊坡集》十卷”[1]之記載。

《行狀》又云：“初，公持節廣右，見於施行者，維揚倅高惟肖鋟梓曰《崔公嶺海便民榜》。珠崖之人，又編次其罷行擾民之政，曰《崔公海上澄清録》。”（頁 29）《全録》卷一《言行録上》云：“此刻本十卷……前三卷爲《言行録》……卷四至卷七奏劄，卷八遺文遺詩，卷九宸翰、贈挽，卷十贈挽。”（頁 8～9）永瑢等《四庫全書總目提要》卷六〇《史部十六·崔清獻全録》記載較爲全面：“《崔清獻全録》十卷，明崔子璲編其書，成於永樂中，皆其五世祖與之之遺事遺文也。……與之所著有《菊坡文集》，佚於兵火，又有《嶺海便民榜》《海上澄清録》二書，皆記其當時政事，後亦不傳。”[2]

崔與之著述版本源流如下（參考《崔與之著述版本源流及其價值》[3]）：

宋代，崔與之著述有三種：其一，文集《菊坡集》十卷。其二，《嶺海便民榜》，現存於《言行録》中。其三，《海上澄清録》，已佚失。另外，宋人陳思編、元人陳世隆補《兩宋名賢小集》稱崔與之有《菊坡集》，並從中録有詩十首，編爲《菊坡集》一卷。

元代，《菊坡集》散佚，增城人李肖龍輯刊《菊坡集》，僅爲全書十之一二。

明代，崔與之著述共有九種版本。其一，爲永樂五年（1407）刻本，由崔與之五世孫崔子璲整理刊刻。其二，爲永樂十四年刻本，以永樂五年刻本

---

[1] 沈翼機等編纂《浙江通志》，景印文淵閣《四庫全書》，臺灣商務印書館 1986 年版，第 525 冊第 647 頁。
[2] 永瑢等《四庫全書總目提要》，第 13 冊第 20 頁。
[3] 張其凡、孫志章《崔與之著述版本源流及其價值》，《安徽師範大學學報（人文社會科學版）》2007 年第 3 期。

爲底本，或爲永樂五年刻本之翻刻本，由崔與之六世孫崔伯胄、崔伯張刊刻。其三，爲弘治十年（1497）刻本，由福建莆田人宋端儀對永樂二刻本進行更定、增益後刊刻。其四，爲正德十一年（1516）刻本，由增城令林鉞主持刊刻，林鉞和甘鏞皆寫有跋文，題名同爲《跋崔清獻公言行録後》。該刻本又以永樂十四年刻本爲底本，增以圖像、贊語、諸挽贈詩文等，是自元代以來最完整之刻本。其五，爲嘉靖十三年（1534）贛州唐冑、邵煉刻本，共十卷，卷首有唐冑序，前三卷爲《言行録》，卷四至卷七爲奏劄，卷八爲遺文遺詩，卷九爲宸翰、贈挽，卷十爲贈挽，該本爲現今所能見到的最早版本。其六，爲嘉靖十五年崔與之十世孫崔爌刻本，共五卷：内集二卷，前卷爲《言行録》，後卷爲奏劄詩文；外集三卷，上卷爲所賜詔劄，中卷爲《宋史》本傳及《續資治通鑑綱目》諸書所記崔與之事，下卷爲題贈詩文。該本只見著録，未見傳世。其七，爲嘉靖三十二年廣州重刻本，翻刻嘉靖十五年崔爌刻本。其八，爲蔣曾塋家寫本，《四庫全書》稱蔣曾塋家所藏寫本疑從崔爌原本出。其九，爲崇禎十三年（1640）刻本，體例與崔爌刻本相同。

　　清代，基本上翻印和重抄明代各本，並略有增益。主要版本有四種。其一，爲乾隆三十四年（1769）刻本。爲崔與之十九世孫崔楚江所刻，其體例與崔爌刻本相同。其二，爲道光三十年（1850）刻本，由崔與之二十世孫崔益屏刊刻，題爲《崔清獻公集》，據乾隆刻本刊刻。其三，爲道光三十年《嶺南遺書》刻本，由南海伍崇曜粵雅堂刊刻，分爲兩部分：一是《崔清獻公言行録》三卷；二是《崔清獻公集》五卷，第一卷至第四卷爲奏劄，第五卷是遺文遺詩，並附李昂英《崔清獻公行狀》、《宋史》本傳，參照嘉靖十三年贛州唐冑、邵煉刻本體例。另，伍崇曜粵雅堂還單獨刊刻《崔清獻公集》四卷一冊，内容與伍氏《嶺南遺書》第二部分《崔清獻公集》前四卷相同。其四，爲清抄本，題名《宋丞相崔清獻公全録》，據嘉靖三十二年廣州抄本抄録而來。此抄本出於何時何地何人之手，今皆不詳。

　　另外，同治二年（1863），順德羅雲山輯《廣東文獻》，收有《菊坡集》，收集崔與之部分著述；盧文弨訂正《宋史藝文志補》，著録《清獻集》十卷；晁瑮《晁氏寶文堂書目》著録有《崔清獻公言行録》和《崔清獻公全集》；《文淵閣書目》著録《崔菊坡奏疏》一部三冊；徐㷿《徐氏紅雨樓書目》著録《菊坡集》；民國二十四年（1935）到二十六年，商務印書館排印《叢書集成初編》，收入《菊坡集》，所據乃《嶺南遺書》本，並進行斷句；《宋集珍本叢刊》則影印《嶺南遺書》本及清抄本。臺灣莊嚴出版社 1996 年據嘉靖十三年刻本，影印《宋丞相崔清獻公全錄》。

2008 年，張其凡、孫志章以明嘉靖十三年刻本爲底本，參校各本整理成《宋丞相崔清獻公全錄》，由廣東人民出版社出版。該本在底本十卷基礎上，收集佚文佚詩作爲補遺，編爲十一卷，附集十卷。

宋高宗紹興二十八年戊寅（1158），一歲

生於增城。

　　崔與之卒年及歲數，史書均有記載，無爭議。《本傳》載："嘉熙三年，乃得致仕，以觀文殿大學士提舉洞霄宮。……薨時年八十有二，遺戒不得作佛事。累封至南海郡公，謚清獻。"（頁 12263～12264）《御批歷代通鑑輯覽》卷九二云：嘉熙三年冬十二月，"觀文殿大學士致仕崔與之卒，謚清獻"[1]。《廣東通志》卷六亦云："嘉熙三年己亥冬十二月，觀文殿大學士崔與之，贈少師，謚清獻。"[2]《御批續資治通鑑綱目》卷二〇載：嘉熙三年十二月，"觀文殿大學士致仕崔與之卒。與之未嘗造朝，帝虛位待之，致仕，逾年而卒。與之晚出番禺，屹然有大臣風，與張九齡齊名異代。贈少師，封南海郡公，謚清獻"[3]。崔與之卒於嘉熙三年（1239），時八十二歲，可以推算其生年爲紹興二十八年。《全錄》卷九《理宗御劄》其四作於嘉熙元年二月，内有"今卿年未八帙"句，一帙爲十年，此年二月崔與之年未足八十歲，可推知其出生年月在紹興二十八年二月之後，具體待考。

　　《全錄》卷一〇陳璉《崔清獻公祠堂記》云："初，申國露坐，有星墜懷中，既姙而生公，幼名星郎，岐嶷異常兒。"（頁 134）《人物傳》亦如是載。（頁 57）案，申國，即崔與之母羅氏，贈申國太夫人。

高宗紹興二十九年己卯（1159），二歲

居增城。

高宗紹興三十年庚辰（1160），三歲

居增城。

---

[1] 傅恒等《御批歷代通鑑輯覽》，景印文淵閣《四庫全書》，第 338 冊第 705 頁。

[2] 魯曾煜等編纂《廣東通志》，景印文淵閣《四庫全書》，第 562 冊第 259 頁。

[3] 商輅等《御批續資治通鑑綱目》，景印文淵閣《四庫全書》，第 694 冊第 157 頁。

高宗紹興三十一年辛巳（1161），四歲

居增城。

高宗紹興三十二年壬午（1162），五歲

居增城。

宋孝宗隆興元年癸未（1163），六歲

居增城。

孝宗隆興二年甲申（1164），七歲

居增城。

宋孝宗乾道元年乙酉（1165），八歲

寄居蘿崗。

喪父，寄居蘿崗，從蘿崗人鍾遂和學習。

　　《全録》卷八《歐陽氏山墳記》云：“與之幼孤而貧，居於外邑。”（頁91）案，崔與之喪父及居外邑時間不詳，姑繫於是年，存疑。又案，崔與之少時曾受蘿崗（今廣東黃埔）人鍾遂和發蒙，使與其子鍾啓初同學。《全録》卷一一《抄録崔清獻郵劄》云：“念惟世伯，昔曾卵翼與之，訓誨與之，恩同父子。是兄考即弟考也。”（頁151）從以上記載可知，崔與之幼而喪父，居於外邑，而其受蘿崗人鍾遂和發蒙有兩種可能：一是住在蘿崗親戚家，從鍾遂和學習；二是既言“曾卵翼與之”，或爲寄居鍾遂和家並從其學習。

　　《全録》卷一一《宋朝議大夫鍾玉巖墓誌銘》記録崔與之少年時從學於鍾遂和、與其子鍾啓初同學之經歷：“公諱啓初，字聖德，號玉巖，行四，余恒稱爲玉巖四兄者也。……兄之考宣議郎克應公，始遷蘿崗居焉。……少

時，叨承宣議公提攜訓誨，俾與四兄同學同遊，皆在蘿崗也。"（頁 157）案，克應公，即鍾遂和，字克應，蘿崗鍾氏始祖也。仕宋，歷官户部司判、宣議郎，以子貴，誥贈起居郎，晉贈朝議大夫。生於崇寧五年（1106）三月七日，終於淳熙十二年（1185）二月十六日，享年八十歲，葬蘿崗黄崗嶺。子鍾啓初，生於紹興二十五年（1155）五月二十日，卒於寶慶元年（1225）二月十日，享年七十一歲。

《大戴禮記》卷三《保傅》稱："古者年八歲而出就外舍，學小藝焉，履小節焉。"[1]然《禮書》卷四九則稱："古之帝王者，必立大學、小學……十有三年始入小學。"[2]具體幾歲入學，古人視孩子心智發育情況而定。姑繫崔與之入學於八歲時，存疑。

年少有奇節。

《全録》卷一《言行録上》云："公蚤孤家貧，刻苦向學，讀書務通大義，不事章句，爲文務得大體，不事綴輯。少倜儻有大志，應接事物，動有機警。"（頁 2）《墓誌銘》云："公先而卓犖有奇節，常以天下爲己任。方金人陸梁，慨然有澄清之志。"（頁 189）此條時間無確證，姑繫於是年。

孝宗乾道二年丙戌（1166），九歲

寄居蘿崗。

孝宗乾道三年丁亥（1167），十歲

寄居蘿崗。

孝宗乾道四年戊子（1168），十一歲

寄居蘿崗。

---

[1] 王聘珍《大戴禮記解詁》，第 60 頁。
[2] 陳祥道《禮書》，景印文淵閣《四庫全書》，臺灣商務印書館 1986 年版，第 130 冊第 302 頁。

孝宗乾道五年己丑（1169），十二歲

寄居蘿崗。

孝宗乾道六年庚寅（1170），十三歲

寄居蘿崗。

孝宗乾道七年辛卯（1171），十四歲

寄居蘿崗。

孝宗乾道八年壬辰（1172），十五歲

寄居蘿崗。

孝宗乾道九年癸巳（1173），十六歲

寄居蘿崗。

宋孝宗淳熙元年甲午（1174），十七歲

寄居蘿崗。

孝宗淳熙二年乙未（1175），十八歲

寄居蘿崗。

孝宗淳熙三年丙申（1176），十九歲

寄居蘿崗。

孝宗淳熙四年丁酉（1177），二十歲

寄居蘿崗。

孝宗淳熙五年戊戌（1178），二十一歲

寄居蘿崗。

孝宗淳熙六年己亥（1179），二十二歲

寄居蘿崗。

孝宗淳熙七年庚子（1180），二十三歲

寄居蘿崗。

孝宗淳熙八年辛丑（1181），二十四歲

寄居蘿崗。

孝宗淳熙九年壬寅（1182），二十五歲

寄居蘿崗。

孝宗淳熙十年癸卯（1183），二十六歲

寄居蘿崗。

孝宗淳熙十一年甲辰（1184），二十七歲

寄居蘿崗。

孝宗淳熙十二年乙巳（1185），二十八歲

回增城。有文一篇。

作《宋始祖考户部司判晉贈朝議大夫克應鍾府君之墓誌》。

　　文見《全録》卷一一，云："公諱遂和，字克應，蘿崗鍾氏始祖也。由從化遷居番禺蘿崗，因以衍族焉。仕宋，歷官户部司判、宣議郎，以子貴，誥贈起居郎，晉贈朝議大夫。生於崇寧丙戌三月初七日，終於淳熙乙巳二月十六日，享八十。配恭人黃氏，同公合葬此山，土名黃崗嶺，又名孖壙。"（頁155）崔與之何時從蘿崗回增城不可考，姑以鍾遂和卒年爲崔與之回增城之時。

孝宗淳熙十三年丙午（1186），二十九歲

在增城。

孝宗淳熙十四年丁未（1187），三十歲

在增城。

孝宗淳熙十五年戊申（1188），三十一歲

在增城。

孝宗淳熙十六年己酉（1189），三十二歲

在增城。

宋光宗紹熙元年庚戌（1190），三十三歲

赴臨安。入太學。

受林介仲資助，赴臨安入太學，獻策，光宗奇之。作書寄林介仲。

《全録》卷一《言行録上》載：“紹熙庚戌，補太學生。”（頁1）《全録》卷一〇梁異《修墓記》云：“紹熙庚戌，由計偕升太學，發進士第。”（頁131）案，計偕，指舉人赴京會試。[1]崔與之在紹熙元年通過考試入太學。其遊學太學之原因，《墓誌銘》云：“方金人陸梁，慨然有澄清之志。自恥伏誦牖下，無所建明，挈其書，遊太學以策獻。”（頁189）説明崔與之胸懷報國之志，認爲只有遊學太學才能有所建樹。

《全録》附集卷二李昂英《跋菊坡太學生時書稿》詳述崔與之受林介仲資助、不遠千里入太學苦讀情況：“此清獻公初入太學寄其友林介仲書也。吾州去在所四千里，水浮陸馳，大約七十程。士以補試，雖登名，猶未脱韋布也。故稍有事力者，猶勞且費之，憚而尼其行，寒士又可知矣。公奮然間關獨往，一試預選，隨取高第。平生勳業名節，實賢關基之。長短句有‘人世易老’之歎，必期三年成名而歸。書所云云，立志已卓然不凡。至於述齋舍之費頗悉，聞其入京參齋時，皆朋友相資助，故書報之詳。貧者，士之常。公之貧，有人不堪其憂者，處之甚安，所以富貴不能淫，而清白照一世也。林介仲……增江老儒者，生没在公之前。後人不能寶有此紙，轉落士人之家，某近始得之。公以歲庚戌入在膠庠，庚戌而此書出，若有數然。外姪陳某往試橋門，持此授兒子守道；守道亦就試，且堉菊坡之門，公手澤宜歸之。淳祐十年二月朔。”（頁207）從上文可知三點：一是崔與之入太學乃增江儒者林介仲資助；二是廣州去臨安四千里，粵之士人赴學不易，崔與之得此資助，毅然入太學苦讀，誓以三年成名而歸；三是崔與之在是年入太學，即有書寄林介仲致謝，其書轉落士人之家，後爲弟子李昂英所得。

《行狀》亦云崔與之讀書之勤奮：“家貧，力學自奮。先廣士有當試成均

---

[1]《史記》卷一二一《儒林列傳》云：“郡國縣道邑有好文學，敬長上，肅政教，順鄉里，出入不悖所聞者，令相長丞上屬所二千石，二千石謹察可者，當與計偕，詣太常，得受業如弟子。”司馬貞索隱：“計，計吏也。偕，俱也。謂令與計吏俱詣太常也。”（司馬遷撰，裴駰集解，司馬貞索隱，張守節正義《史記》，中華書局1982年版，第3119、3120頁）後用“計偕”稱舉人赴京會試。

者，率憚遠不行，公毅然勇往。既中選，朝夕肄業，足迹未嘗至廛市。"（頁27）《墓誌銘》云："自恥伏誦牖下，無所建明，挈其書，遊太學以策獻，當寧奇之。（頁189）説明是年有策獻於朝廷，或有策而爲當朝所聞。"當寧"，指皇帝臨朝聽政，後泛指皇帝。

光宗紹熙二年辛亥（1191），三十四歲

在臨安。讀書太學。

光宗紹熙三年壬子（1192），三十五歲

在臨安。讀書太學。

光宗紹熙四年癸丑（1193），三十六歲

在臨安，舉進士。授潯州司法參軍。

在臨安。正月二十四日，舉進士。

《本傳》云："紹熙四年舉進士。廣之士繇太學取科第自與之始。"（頁12257）《宋會要輯稿》選舉一載：紹熙四年正月二十四日，"以吏部尚書、兼侍讀趙汝愚知貢舉，給事中黃裳、左司諫胡珠同知貢舉。得合格奏名進士徐邦憲以下三百九十六人"[1]。

五月四日，授潯州司法參軍。

《宋會要輯稿》選舉二載：紹熙四年五月四日，"詔：'新及第進士第一人陳亮補承事郎、簽書諸州節度判官廳公事，第二人朱質、第三人黃中並文林郎、兩使職官，第四人滕强恕、第五人楊琛並從事郎等職官，第六人以下至第四甲並迪功郎、諸州司户簿尉，第五甲守選。'"[2]進士考試共分五甲，

---

[1] 劉琳等校點《宋會要輯稿》，第 9 冊第 5260 頁。
[2] 劉琳等校點《宋會要輯稿》，第 9 冊第 5281 頁。

乙科爲二甲。[1]分析上文可以看出，崔與之處於"第六人以下至第四甲"，因此，其初授予當爲迪功郎、諸州司户簿尉等職。這與《本傳》所云一致："授潯州司法參軍。"（頁12257）案，潯州，今廣西桂平。

光宗紹熙五年甲寅（1194），三十七歲

在潯州，任司法參軍。有文一篇。

赴潯州。四月，順道回增城，作《重建東嶽行宮記》。

《全錄》卷八《重建東嶽行宮記》題下注"紹熙甲寅四月"，並云："（東嶽行宮）始作於紹熙四年五月之甲午，二月戊子而落之。規模雄深，丹艧輝焕，塑繪悉備，森列乎神之左右。觀者色莊心敬而善念生，茲固宅神亦化民之一助也。侯乃致書某，以識其事。再拜辭不敏，弗克。……侯名勳，字希聖，丞相魏國公之姪孫，南軒先生則其叔父也。"（頁90）另據《全錄》對該文注釋云："亦某所願識之，'之'，崇本作'也'，且在'也'後，有小字題'出東莞誌'。"（頁105）可看出，東嶽行宮建成後，張勳曾致書讓崔與之作記。文中描述東嶽行宮詳細，應爲親眼所見；且有"再拜辭不敏，弗克"之辭。因此，應是崔與之從臨安赴潯州司法任，順道歸家，正遇東嶽行宮建成，張勳以其爲鄉里新晉進士，遂攜書當面求記，而此記成於出東莞時（由增城赴桂平，須途經東莞）。

在潯州，任司法參軍。是年，修葺常平倉。

《本傳》云："授潯州司法參軍。常平倉久弗葺，慮雨壞米，撤居廡瓦覆之。"（頁12257）《全錄》卷一《言行錄上》云："初任潯州法掾，部使者巡按壓境。驛治久圮，郡委督辦甚峻，瓦無所取，公命吏以茨易廡瓦覆之，倉卒完集。"（頁2）

---

[1] 案，南宋進士考試共分五甲。如寶祐四年（1256），文天祥榜共錄取了六百零一人，其中一甲二十一人，二甲四十人，謝枋得爲二甲第一，其餘爲三甲、四甲、五甲。《宋史·謝枋得傳》則説他寶祐中參加進士考試，"意擢高第矣，及奏名，中乙科。除撫州司户參軍，即棄去"。意思是謝氏本想登一甲"高第"，結果僅僅"中乙科"，內心不服，乾脆不要了。這兩個材料相互對照可以看出，南宋的"二甲"和"乙科"是等同的概念，南宋以後已經没有官方的乙科，只是民間還把二甲進士叫做"乙科"。

宋寧宗慶元元年乙卯（1195），三十八歲

在潯州，任司法參軍。

寧宗慶元二年丙辰（1196），三十九歲

在潯州，任司法參軍。

郡守欲移兑常平倉之積，崔與之堅持不可，得郡守敬服，更薦之。

　　《本傳》云："郡守欲移兑常平之積，堅不可，守敬服，更薦之。"（頁12257）
《墓誌銘》云："初授潯州司法，治常平倉有力，郡守奏最。"（頁189）案，
宋代官員任期内和期滿均有考核，政績優異者爲上等，有晉升及改京官之資。
本條所記不詳年月，以"郡守更薦之""郡守奏最"觀之，當在初任之末期，
姑繫於是年。

寧宗慶元三年丁巳（1197），四十歲

在增城。居家待闕。

　　宋代官員三年一任，然因官冗，選人任滿仍需待闕數年，方有新任。考
崔與之三年任期滿後至新任淮西提刑司檢法之間無新任，故本年及以後二年
當是待闕之時。

寧宗慶元四年戊午（1198），四十一歲

在增城。居家待闕。

寧宗慶元五年己未（1199），四十二歲

在增城。居家待闕。

寧宗慶元六年庚申（1200），四十三歲

在壽州，任淮西提刑司檢法官。

《本傳》載："調淮西提刑司檢法官。民有窘於豪民逋負，毆死其子誣之者，其長欲流之，與之曰：'小民計出倉猝，忍使一家轉徙乎？況故殺子孫，罪止徒。'卒從之。"（頁 12257）《墓誌銘》述其事尤詳："時民有迫於豪責，自殺其子，誣豪冀免者，審得實，議流之，公憐其窘逼，原情減等，卒徒之。"（頁 189～190）《行狀》云："歷潯州司法，淮西檢法官，皆有守法持正之譽。"（頁 27）崔與之除淮西檢法官時間不詳，若有待闕三年之事，則當於本年除此任，姑繫於此。案，淮西，即淮南西路，治所在壽州，今安徽鳳臺。

宋寧宗嘉泰元年辛酉（1201），四十四歲

在壽州，任淮西提刑司檢法官。有文一篇。

有《謝王樞密啓》。

《全錄》卷一《言行錄上》云"家集有謝王樞密啓"，並具載其事："在淮西幕，時王樞密當國，有子豪奪僧寺田，官吏無敢決其訟，公直筆擬斷，不爲權勢屈，王聞而壯之，薦於朝。由是，諸臺交剡爭致。"（頁 2）案，王樞密似爲王藺。《全錄》附集卷八何忠禮《崔與之事迹繫年》中張其凡補考云："檢《宋史》卷二一〇《宰輔表四》，王藺在紹熙元年爲樞密使，似爲此人。"（頁 294）又案，《言行錄》爲元代增城人李肖龍輯錄，部分段落後附注"家集"即指引用崔與之家藏本內容，"奏稿"指引用崔與之奏疏。

寧宗嘉泰二年壬戌（1202），四十五歲

在壽州，任淮西提刑司檢法官。

寧宗嘉泰三年癸亥（1203），四十六歲

在增城。待闕。有詩三首。

作《送時漕大卿淮西檢法》（共三首）詩。

      查《崔清獻公集》卷五，《送時漕大卿淮西檢法》其三首句稱"十年宦海任飄零"[1]，其一、其二首句分別爲"卿月高華照楚墟""越山輝映繡衣鮮"。崔與之紹熙四年（1193）授潯州司法參軍，至嘉泰三年已有十年。又崔與之任淮西檢法已滿三考，據其繼任者除官情況，本年屬磨勘改官待闕時期。此詩或作於崔與之任滿待闕時，送淮西檢法繼任者（姓名不可考），姑繫於是年。

寧宗嘉泰四年甲子（1204），四十七歲

在新城，任知縣。

治嚴明，當路效仿推廣。

      《新城縣志》卷七《秩官》載："崔與之，南海進士，嘉泰四年任，有傳。"[2]可知，崔與之知新城（今江西黎川）始於本年。

      《全錄》卷一《言行錄上》云："治新城，以撫字寓之，催科酌道里爲信限，悉蠲浮費，民輸直造庭下，東廡交錢，西廡給鈔，未納無泛比，已納無泛追，不事一筆，而賦益辦。前是，編民以役，破家相踵。公既去所以蠹役者，民爭應恐後。會歲侵，舉行荒政，供億軍需，無窘蹙峻迫狀，邑境帖然。當路取其規畫，下諸州縣，仿行之。上其治行。"（頁2）《本傳》云："知建昌之新城，歲適大歉，有強發民廩者，執其首，折手足以徇，盜爲止，勸分有法，貧富安之。"（頁12257）《行狀》載："改秩，宰建昌新城。素號難治，公始至，歲適大歉，民有強發廩者，公折其手足以徇，因請自劾。

---

[1] 崔與之《崔清獻公集》，《嶺南遺書》第3集，清道光三十年刊本，第5頁。《崔清獻公集》以下簡稱"本集"，凡引此書，均據此本，僅括注頁碼。

[2] 崔懋修，嚴濂曾纂《新城縣志》，《中國方志叢書》，成文出版社1976年版，第844頁。

守大異之。"（頁 27）

宋寧宗開禧元年乙丑（1205），四十八歲

在新城，任知縣。有詩一首。

曾遊宁都縣金精洞，有《題金精洞》詩。

　　《題金精洞》詩，《全錄》卷一一稱《金精山》，《江西通志》卷一五四收錄。詩云："翠壁丹崖倚碧穹，一壺天地畫圖中。青鸞有路三山遠，玉洞無塵萬境空。虛室尚留丹竈冷，靈泉直與海波通。客遊到此應忘返，自覺仙凡迥不同。"[1]案，金精洞在今贛州市寧都縣翠微峰，距新城百餘里。考崔與之任職及旅途路綫，詩應作於江西任職之時。姑繫於是年。

寧宗開禧二年丙寅（1206），四十九歲

在新城，任知縣。

逢開禧用兵，按時收購軍需，民不受擾，因受推薦。

　　《本傳》載："開禧用兵，軍旅所需，天下騷然，與之獨買以係省錢，吏告月解不登，曰：'寧罷去。'和糴令下，與之獨以時賈糴，令民自概。"（頁 12257～12258）《行狀》亦云："不擾而辦，爲諸邑最，趙漕使希懌令諸邑視以爲法，且特薦於朝。他司相繼論薦。"（頁 27）案，開禧北伐在開禧二年，《全錄》附集卷八何忠禮《崔與之事迹繫年》云："建昌軍屬江南西路，據《西山集》卷四五《趙正惠公墓誌銘》載，希懌於開禧間出任本路轉運使，時值開禧北伐，則希懌薦與之事當在本年。"（頁 296）

中年喪偶。

　　《全錄》卷二《言行錄中》據《曾就閑錄》云："中年喪偶，不再娶。官至貴顯，不蓄聲妓。"（頁 20）崔與之喪偶具體年月不詳，姑繫於是年。

---

[1] 謝旻等監修《江西通志》，景印文淵閣《四庫全書》，臺灣商務印書館 1986 年版，第 518 冊第 569 頁。

寧宗開禧三年丁卯（1207），五十歲

在新城。通判邕州。

任滿，力辭京城任職，通判邕州。

《行狀》載："趙漕使希懌令諸邑視以爲法，且特薦於朝。他司相繼論薦。時相欲留中，公不就，通判邕州。薦者咸以爲訝，勉公使留，公不可。諸公申其請，有旨與在內升擢差遣，公抗章控避，乞俟滿而後受。從之。"（頁27）《全錄》卷一《言行錄上》云："通判邕州，未赴，特旨與在內升差遣，公力辭，竟之本任。識者高其有難進之風。"（頁3）崔與之任新城知縣從嘉泰四年（1204）到開禧三年已任滿。案，邕州，今廣西南寧。

宋寧宗嘉定元年戊辰（1208），五十一歲

在邕州，任通判。有詩一首、文一篇。

通判邕州。有《壽邕州趙守》詩。

關於崔與之通判邕州時間，《廣西通志》卷五一載："崔與之嘉定中任（邕州通判）。"[1]《大清一統志》卷三六四載："崔與之，廣州人，開禧時通判邕州。"[2]兩處記載時間不同，或爲開禧三年（1207）朝廷任命崔與之爲邕州通判，嘉定元年到任。

本集卷五《壽邕州趙守》題下注云"邕倅"，可知爲通判邕州不久、叛亂未起之時。案，《全錄》卷八云"壽邑州趙守"，查南宋並無邑州，"邑"應爲"邕"。考邕州，此段時間無趙姓太守，不知此處"趙守"爲誰。

遇邕卒叛亂，奉命攝邕州太守，平叛。

《本傳》云："通判邕州，守武人，苛刻，衣賜不時給，諸卒大鬨。漕司檄與之攝守，叛者帖然，乃密訪其首事一人斬之，闔郡以寧。擢發遣賓州軍

---

[1] 金鉷等監修《廣西通志》，景印文淵閣《四庫全書》，第566冊第493頁。
[2] 和珅等《大清一統志》，景印文淵閣《四庫全書》，第482冊第484頁。

事，郡政清簡。"（頁 12258）《墓誌銘》亦云："遷判邕州，州守苛刻衣賜，邕卒大鬨，漕司移檄，令攝守事，誅其叛首，闔郡以安。擢發知賓州，刑政清簡。"（頁 190）案，賓州，今廣西賓陽。《廣西通志》卷五一載："崔與之嘉定中知邕州。"[1]《行狀》載："邕守武人，性苛刻，遇禁卒無狀，相率爲亂。公時攝賓陽，聞變亟歸。叛者將擁門拒之，公疾馳以入，執首亂者戮之，縱其徒不問，闔郡帖然。"（頁 27）案，此處"公時攝賓陽"誤，崔與之攝賓州是在平邕州亂之後。

適賓州軍鬨，以長於應變，擢知賓州。又因爲政清簡，蒙憲使特薦。有《謝賓州啓》。

《全錄》卷一《言行錄上》云："倅邕未期，適賓州軍鬨，諸臺以公長於應變，列辟賓守。其折姦萌不動聲色。憲使楊公方，爲時名流，按部至賓，見公處事識大體，愛民有實惠，期以經濟事業。諸郡獄訟，久不決者，悉歸之，剖決如神，一道稱快，遂特薦之。"（頁 3）《本傳》《墓誌銘》亦載崔與之在賓州爲政清簡。案，未期，即任職未滿一年。本段末有"家集見謝賓州啓"，即家藏本有《謝賓州啓》之記載，但《全錄》未收此文。

寧宗嘉定二年己巳（1209），五十二歲

在賓州，任知州。除廣西提點刑獄。

在賓州，任知州。除廣西提點刑獄兼提舉河渠常平。

關於崔與之任廣西提點刑獄時間及官職，《全錄》卷一《言行錄上》云："守賓年餘，除本路憲使。"（頁 3）崔與之守賓州在嘉定元年，"守賓年餘"，可知除廣西提點刑獄當在嘉定二年。《廣西通志》卷五一載："崔與之嘉定中任（廣西提點刑獄）。"[2]《全錄》附集卷八何忠禮《崔與之事迹繫年》云："（《言行錄》）又載與之之官爲'廣西提點刑獄兼提舉河渠常平'。"（頁 298）查《言行錄》無此記載，且《行狀》《本傳》《人物傳》等均無兼提舉河渠常平記載。唯《墓誌銘》云"尋特授廣西提點刑獄、兼河梁事"（頁 190）。

---

[1] 金鉷等監修《廣西通志》，景印文淵閣《四庫全書》，第 566 冊第 492 頁。
[2] 金鉷等監修《廣西通志》，景印文淵閣《四庫全書》，第 566 冊第 471 頁。

蓋河梁事即指提舉河渠。《宋代官制辭典》對“提舉常平廣惠仓兼管勾農田水利差役事”一職之解釋爲：“爲提舉常平司長官，總領本路常平、義倉、免役、坊場、河渡、農田水利、户絶田土、保甲義勇、抵當等事。”[1]

關於朝廷除崔與之此職的原因，宋寧宗《知賓州崔與之除廣西提刑制》云：“爾分符未久，治有休聲。茲予命汝持節於本道，豈徒爲爾寵哉？以爾習知風土之宜，則廣右之民有所未便及所願欲而不得者，皆可以罷行之。”[2]《全録》卷一《言行録上》亦引是文，並云：“公益自奮厲，以爲嶺右去天遠甚，官吏任情摧剥，須澄清之。視事日，首榜所屬，明示要束，吏姦民瘼，纖悉畢載，號令明肅，觀者懼焉。以公擊搏不避權勢，貪污之徒有望風解印綬去者。”（頁3）

推行《嶺海便民榜》，澄清吏治，當地人次其事爲《海上澄清録》。

《本傳》云：“尋特授廣西提點刑獄，遍歷所部，至浮海巡朱崖，秋毫無擾州縣，而停車裁決，獎廉劾貪，風采凜然。朱崖地産苦蕒，民或取葉以代茗，州郡征之，歲五百緡。瓊人以吉貝織爲衣衾，工作皆婦人，役之有至期年者，棄稚違老，民尤苦之。與之皆爲榜免。其他利病，罷行其衆。瓊之人次其事爲《海上澄清録》。嶺海去天萬里，用刑慘酷，貪吏厲民，乃疏爲十事，申論而痛懲之。高惟肖嘗刻之，號《嶺海便民榜》。”[3]廣右僻縣多右選攝事者，類多貪黷，與之請援廣東循、梅諸邑，減舉員賞格，以勸選人。熙寧免役之法，獨不及海外四州，民破家相望。與之議舉行未果，以語顔戣，戣守瓊，遂行之。”（頁12258）案，朱崖即海南，舊稱海南島爲朱崖洲。《全録》卷一《言行録上》云：“後真守高惟肖、廣舶趙汝楷見之，服爲吏師，梓行（《嶺海便民榜》）於世。”（頁3）案，顔戣，字子治，號泰初，祖籍福建漳州龍溪青礁。顔敏德三子。以父澤補知循州，歷任多在瓊海外，以安黎族有功。適逢諸峒民攻昌化軍（今海南儋州），顔戣討捕悉平之。理宗端平二年（1235）詔改昌化軍爲南寧軍，令顔戣守之。

---

[1] 龔延明編著《宋代官制辭典》，第488頁。

[2] 曾棗莊、劉琳主編《全宋文》卷六九〇三，第302冊第287頁。

[3] 《全録》卷一《言行録上》稱《嶺南便民榜》所疏十事爲：“一曰獄囚充斥之弊，二曰鞠勘不法之弊，三曰死囚冤枉之弊，四曰贓供攤之弊，五曰户長科役不均，六曰弓手土軍騷擾，七曰催科泛追，八曰緝捕生事，九曰姦猾健訟，十曰州縣病民。”（頁3）

除瓊管安撫使，未行，除直秘閣。將漕廣西。後以寶謨閣學士致仕。

《全錄》卷一《言行錄上》載："公爲廣西憲，欲渡海決囚，吏人云：'海濱有神最靈，若欲渡海，須預決於神，不然，鮮克有濟。'公曰：'海外諸州，官吏不法久矣，我欲爲民除害，豈問神耶？'遂理舟渡海。離岸方頃間，風濤大作，柁爲之折，公亦不禱於神。回舟整柁以行，諸吏畏恐，公乃就舟中陰禱於天。須臾，天色開霽，風浪帖息。及至海，劾四郡貪吏數人。自此，官吏始知有國法，不敢害民矣。至今海外立公祠堂，歲時祀公不絕。亦公恤民，一念上通於天故也。廣人集公政迹，爲《嶺海澄清錄》。"（頁4）案，《嶺海澄清錄》，即《海上澄清錄》。

歷遍所轄軍州，處理弊政，儆惡懲姦。

《全錄》卷一《言行錄上》云："因廣右境土荒寞，四州又越海外……公歷巡所部，朝嵐晝暑，星行露宿，以葉舟渡朱崖，衝冒川途之險而弗顧，自春徂冬，往返數千里，形容凋瘁，鬢毛悉斑。所至搴帷問俗，導人使言，有條利害以告者，必爲之罷行乃去，幽枉之民，遮車而訴者，駢肩纍迹於道。"（頁4）

寧宗嘉定三年庚午（1210），五十三歲

在邕州，任廣西提點刑獄。

寧宗嘉定四年辛未（1211），五十四歲

在邕州，任廣西提點刑獄。

寧宗嘉定五年壬申（1212），五十五歲

在邕州，任廣西提點刑獄。有詩二首。

在邕州。言知高州黃鳳治郡無狀，黃鳳被追官降職。

《宋會要輯稿》職官七載：嘉定五年五月三十日，"知高州黃鳳追三官，

永不得與親民釐務差遣。……鳳守昌化時，有銀綱因風濤失陷，仍妄稱被劫。既而廣西提刑崔與之復言鳳治郡亡狀，勒主客户納錢買鹽，發賣收利，故有是命"[1]。

又言知雷州鄭公明博易番貨。九月十二日，鄭公明放罷。

《宋會要輯稿》職官七載：嘉定五年九月十二日，"知雷州鄭公明放罷。以廣西提刑崔與之言其三次搬運銅錢下海，博易番貨"[2]。

作《張進武善風鑑謂予豸骨日聳早晚入臺求詩贈之》（共二首）詩。

此二詩所作時間待考。詩題中"豸骨日聳"指日漸消瘦，以致形銷骨立，應在極度勞累之後。崔與之在廣西任歷遍軍州，以致形容凋瘁，鬢毛悉斑，似與此相符。詩中又有"瘦插秋山聳兩肩"及"荒寥不直半文錢"之句，極言形容消瘦及處境荒寥。"誰將伏豸誇顴骨"指張進武以崔與之顴骨聳立而料其必入朝爲官，然而此時崔與之似已生退意，因此言"我有盟鷗託肺肝"。或是因終年勞碌而身殘力衰，又見官場亂象，故萌生退意，因此有"煩君束起前途事，我欲滄江買釣船"（頁94）之語。另外，《全錄》置此二詩於《壽邕州趙守》（作於開禧三年，即1207年）與《題吉水鼉潭李氏仁壽堂》（作於嘉定六年，即1213年）之間，由此輔證亦應作於這一時期，姑繫於是年。

寧宗嘉定六年癸酉（1213），五十六歲

在邕州，任廣西提點刑獄。召爲金部員外郎。赴臨安。有詩一首。

在邕州。召爲金部員外郎。

召爲金部員外郎之事，《本傳》有載，但未明確時間。《行狀》云："提點廣西刑獄……獎廉劾貪，多所刺舉，風采震勤。召除金部。"（頁27）知召金部郎在任廣西提點刑獄職之後。《宋代路分長官通考》載："嘉定六年癸酉，崔與之召爲金部員外郎。"[3]姑次於是年。

---

[1] 劉琳等校點《宋會要輯稿》，第9冊第5067頁。
[2] 劉琳等校點《宋會要輯稿》，第9冊第5067頁。
[3] 李之亮《宋代路分長官通考》，第1794頁。

二月一日，途次桂林，題名桂林白龍洞。

《臨桂縣志》卷五載："五羊崔正子趣召有行，括蒼管定夫，送別於白龍洞，煮茶，劉仙巖霧雨淒然，江山草木皆有離思。嘉定癸酉二月旦日。"[1]《全錄》附集卷二《增城崔正子去思碑記》亦載其事："增城崔公正子被旨奏事，以癸酉上春下浣□□□舟，先一日，括蒼管定夫、濟陽李誠之會飲湘南樓。已而遊屏風、彈子巖、棲霞洞，舟龍隱歸，集於修然亭。……公持憲再年，而行部之日居半，未嘗足歷巖洞，及茲召行，肯爲一日留。酒行，嘉歎曰：'天下巖洞稱誦，此地誠亦稀有。人生臭味，極合此會，良未易也，何景物與人情覺相愛戀，此意尤難忘。其爲我鐫此語於巖石，他日以墨刻寄，似亦足以慰所思云。'故書。"（頁194）

案，管定夫即管湛，字定夫，處州龍泉人（今屬浙江），僑居撫州臨川。歷官至大中丞、金部郎中。嘉定五年除廣西提刑、兼經略安撫橫山羅甸，代百姓輸上供麥苗，爲緡巨萬。三遷至大理少卿。有《定齋類稿甲乙集》。[2]劉仙巖，位於廣西北流市勾洞附近欖沖，在白龍洞之陽。《臨桂縣志》卷五又載："劉仙巖，《虞衡志》：在白龍洞之陽，仙人劉仲遠所居也，石室高廣出半山間。《紫溪集》：劉仙者，以郡人劉仲遠學道其中，上有仲遠足迹，名曰仙迹。前有道觀，長松落落。據床小憩，頗有蕭疏之狀。"[3]《圖書編》卷六七云："可朝夕遊者，則有若七星巖、水月洞。惟劉仙白巖一巖尤號奇觀。巖在城南七里，今名升仙巖，相傳仙人劉仲遠居此。登道攀緣而上，石室高寒，旁有穿雲仙迹。"[4]

過連州，書"有才者，固難得"等句，州人刻於石。

《全錄》卷一《言行錄上》云："公道經連州，時官民耆儒，迎謁於州治。將行，因書曰：'有才者，固難得，苟無德以將之，反爲累爾。窮達

---

[1] 蔡呈韶、金毓奇《臨桂縣志》，《中國方志叢書》，成文出版社1967年版，第70頁。《崔與之事迹繫年》云此條爲《臨桂縣志》卷二三載，誤。

[2] 張撝之等主編《中國歷代人名大辭典》，第2470頁。

[3] 蔡呈韶、金毓奇《臨桂縣志》，《中國方志叢書》，第71頁。

[4] 章潢《圖書編》，景印文淵閣《四庫全書》，臺灣商務印書館1986年版，第970冊第817頁。

自有定分，枉道以求之，徒喪所守。'州人以爲名言，刻於石。按：'此當在謝西蜀憲節歸，赴淮左帥時也。'"（頁3～4）案，崔與之帥淮左前先有金部員外郎之職，在蜀未擔任憲職，"謝西蜀憲節"誤，應爲謝廣西任提點刑獄任，由廣西桂林經連州再經吉水赴臨安途中事。連州，今屬廣東。吉水，今屬江西。

過吉水，有《題吉水䨞潭李氏仁壽堂》詩。

《全錄》卷八《題吉水䨞潭李氏仁壽堂》題下注云："嘉定癸酉，以廣西憲赴召經此。"（頁95）既證作詩時間，亦明確此時以廣西憲赴召之事實。詩有"清泉白石盟，甘心天一涯"，表達清廉之志。

在臨安。爲金部員外郎，巨細必親省決。

《本傳》云："召爲金部員外郎，時郎官多養資望，不省事，與之巨細必親省決，吏爲欺者必杖之，莫不震栗。"（頁12258）

寧宗嘉定七年甲戌（1214），五十七歲

在臨安。召知揚州兼淮東安撫使。赴揚州。有文三篇。

在臨安。正月，召知揚州兼淮南東路安撫使。

本集卷五《小詩謝山神》云："嘉定甲戌正月，以金部郎分閫東淮，正當金虜棄巢南奔之時，人不願往，以君命不敢辭。首尾五年而不得代。"（頁8）可知是年任知揚州兼淮南東路安撫使。《本傳》亦可作佐證："金南遷於汴，朝議疑其進迫，特授直寶謨閣、權發遣揚州事、主管淮東安撫司公事。"（頁12258）

《全錄》卷一《言行錄上》云："嘉定七年，金虜爲韃靼所攻，棄燕來汴。李全復據京東，兩淮腹背受敵，命公帥淮左。"（頁4～5）案，李全（？—1231），濰州北海人。擅騎射，能運鐵槍，號"李鐵槍"。擁楊安兒等聚衆山東，安兒死，娶其妹楊妙真，統領其衆。歸附宋將高忠皎，破金兵，授武翼大夫、京東副總管。後擢承宣使。寶慶元年（1225），謀害淮東安撫制置使許固，掠山東，繼降蒙古軍。又返楚州，外服宋而獲錢糧之利，實貢蒙古。陷宋鹽

城、泰州，罔攻揚州，爲宋軍擊殺。[1]

陛辭，有《論選擇守將招集民兵爲第一事奏》《帥淮東陛辭劄子》。

《本傳》云："寧宗宣引入內，親遣之，奏選守將、集民兵爲邊防第一事。"（頁 12258）《全錄》卷一《言行錄上》云："陛辭，首疏以選擇守將、招集民兵爲第一事。別疏略曰：'金虜垂亡，惟定規模，以俟可乘之機，最是要務。山東新附，置之內地，如抱虎枕蛟，急須處置。自古召外兵以集事，事成與否，皆有後憂。當來若欲招納，合計爲兵若干，錢穀若何，而倚辨爲農若干，田牛若何而措畫。今既來之，無以安之，使饑餓於我土地。及其陵犯，又無控禦之術，幾至稔禍。事勢如此，只得因病處方，無徒以受病之源，歸咎既往。乞下制司區處，要使命令一出，帖耳退聽。'"（頁 4～5）此處所謂"首疏"，《全錄》未載，蓋爲"寧宗宣引入內"時面奏，後人於《家集》僅錄其事，而佚原文。此處姑記爲《論選擇守將招集民兵爲第一事奏》；"別疏"，《全宋文》引《言行錄》所載，題爲《帥淮東陛辭劄子》[2]，是疏題下注"嘉定七年"。

在揚州。三月二十五日，請高郵軍應懋之與宮觀，上從之。

《宋會要輯稿》職官七五載：嘉定七年三月二十五日，"權發遣高郵軍應懋之與宮觀，理作自陳。以本軍城壁、樓櫓、釣橋損壞，牒本軍計料，顧乃藐然相視，從知揚州崔與之請也"[3]。

是年，有《與劉制置書》。

《與劉制置書》已佚，據劉克莊《跋崔菊坡與劉制置書》云："清獻與文肅書如此，可見當時路帥事閫帥之禮，時嘉定甲戌也。後四年戊寅，余從制帥李（珏）公行邊……"[4]可知，是年崔與之有書致當時閫帥劉文肅。案，劉文肅即劉榘。據《南宋制撫年表》，嘉定六年至嘉定八年間，劉榘知建康兼江淮制置使，嘉定八年十一月李大東接任，嘉定十年二月李珏任。[5]《全錄》附集卷八何忠禮《崔與之事迹繫年》亦言李公即"李珏"（頁 303）。"後

[1] 張撝之等主編《中國歷代人名大辭典》，第 891 頁。
[2] 曾棗莊、劉琳主編《全宋文》卷六六七九，第 293 冊第 293 頁。
[3] 劉琳等校點《宋會要輯稿》，第 9 冊第 5072 頁。
[4] 劉克莊《後村先生大全集》卷一〇八，《四部叢刊初編》，上海商務印書館 1922 年版，第 26 冊第 1 頁。
[5] 吳廷燮撰，張忱石點校《北宋經撫年表 南宋制撫年表》，中華書局 1984 年版，第 443～444 頁。

四年戊寅", 即嘉定十一年, 李珏任江淮制置使, 因此稱李珏"制帥"。《宋史》卷四七六《李全傳》載: "時江淮制置李珏、淮東安撫崔與之皆令純之沿江增戍。"[1]亦可佐證。

辟洪咨夔爲幕府, 多有詩詞酬唱。

《宋史》卷四六〇《洪咨夔傳》云: "崔與之帥淮東, 辟置幕府, 邊事纖悉爲盡力。"[2]《咸淳臨安志》卷六七云: "(洪咨夔)遂從崔與之帥淮、鎮蜀, 以直諒風議聞。"[3]案, 洪咨夔, 字舜俞, 於潛人。嘉定元年進士, 授如皋主簿, 尋試爲饒州(今江西鄱陽)教授。授南外宗學教授, 以言去。丁母憂, 服除, 應博學宏詞科。崔與之帥淮東, 辟置幕府, 邊事纖悉爲盡力。與之帥成都, 請於帝, 授咨夔籍田令、通判成都府。與之爲制置使, 首檄咨夔自近, 卒不受, 惟以通判職事往來效忠, 蜀人高之。尋知龍州(今四川江油)。後擢殿中侍御史, 擢咨中書舍人, 尋兼權吏部侍郎, 與真德秀同知貢舉, 俄兼直學士院。遷吏部侍郎兼給事中。[4]

據《洪咨夔年譜》載: "洪咨夔與崔與之多有詩文酬唱, 曾作《古意謝崔揚州七首》《寄崔帥卿》表達欽慕之意, 並作《沁園春・壽淮東制置》爲與之壽。"[5]這些酬唱均發生於洪咨夔爲崔與之幕府期間, 姑繫酬唱事於是年, 作品詳見後文考。

寧宗嘉定八年乙亥(1215), 五十八歲

在揚州, 任知州兼淮東安撫使。有文一篇。

在揚州。八月, 修揚州城。

《全錄》卷一《言行錄上》所錄洪咨夔《揚州重修城壕記》詳述揚州城重修情況, 並云: "經始於八年八月, 訖於九年九月。……節縮有道, 勸懲有章, 公私不以爲病。"(頁5)《本傳》亦佐證此事: "既至, 浚濠廣

---

[1] 脫脫等《宋史》, 第39冊第13818頁。
[2] 脫脫等《宋史》, 第35冊第12264頁。
[3] 潘説友《咸淳臨安志》, 景印文淵閣《四庫全書》, 臺灣商務印書館1986年版, 第490冊第699頁。
[4] 脫脫等《宋史》卷四〇六《洪咨夔傳》, 第35冊第12264~12267頁。
[5] 管琴《洪咨夔年譜》,《國學學刊》2012年第2期。

十有二丈，深二丈。西城濠勢低，因疏塘水以限戎馬。開月河，置釣橋。州城與堡砦城不相屬，舊築夾土城往來，爲易以覕。因滁有山林之阻，創五砦，結忠義民兵，金人犯淮西，沿邊之民得附山自固，金人亦疑設伏，自是不敢深入。"（頁 12258）《洪咨夔年譜》云："八月，與之下令修揚州城壕。"[1]

命官軍沿城外羊馬牆內環植柳樹以爲禁限。

《全録》卷一《言行録上》云："沿城外羊馬牆內，環植柳樹，官軍多以小枝應數。公出鋼，責將校，募諸營，選大如臂者，培插長茂，周遭六萬一千五百餘株。二三年後，小者可爲薪，大可爲櫃木。留根四尺，槎牙交錯，禁限工具，春至復生。"（頁 6）

有《上廟堂劄》駁斥朝廷"以張惶爲戒"詔。

《全録》附集卷八何忠禮《崔與之事迹繫年》云："與之在揚州積極備戰，朝廷卻下詔'以張惶爲戒'，對此，他上疏予以駁斥。"（頁 301）是疏《全宋文》題爲《上廟堂劄》[2]，《全録》卷二《言行録中》引是疏云："守邊以鎮靜爲先，以張皇爲戒，古今之通論也。然事勢有萌，猶戒張皇，備禦未周，徒爲鎮靜，識者隱憂。諜聞燕山已立新主，韃靼又復交攻，山東乘虛寇之，亦甚蹙迫。然且簽刷軍馬，敷料糧草，屯海州（今江蘇連雲港），屯清河（今江蘇淮安），屯招信（今江蘇盱眙）、濠梁，此其意向可疑。彼境之人皆言其垂涎歲賓不得，欲以兵脅取，豈容無備！如滁州，合整輯關隘，以爲障蔽；盱眙，合措置山砦，以爲聲援；楚州（今江蘇淮安），合經理清河口，守把淮口，以爲控扼。輪日教閱，激作士氣，常時戒嚴，以守爲戰，非惟緩急不致誤事，亦可集事。"（頁 11）

賑浙東饑民數千。洪咨夔有《壽崔帥卿七絶》其三稱頌。

《全録》卷一《言行録上》引《平齋文集》云："浙東大饑，流民渡淮求活，以數千計。公命僚屬於南門外，籍口給錢米，民得無饑亂以死，無不感慕。且請於朝，行之兩淮。"（頁 7）洪咨夔嘗有《壽崔帥卿七絶》其三贊曰：

---

[1] 管琴《洪咨夔年譜》，《國學學刊》2012 年第 2 期。

[2] 曾棗莊、劉琳主編《全宋文》卷六六一一，第 293 冊第 321 頁。

"寨下人家盎盎春，又推餘澤及流民。慶州小範青州富，合作先生社稷身。"[1]《宋史》卷三九《寧宗本紀三》記載，是年，"兩浙、江東西路旱蝗"[2]，姑繫於此。

寧宗嘉定九年丙子（1216），五十九歲

在揚州，任知州兼淮東安撫使。有詩一首。

在揚州。九月，揚州城重修訖，洪咨夔作《揚州重修城壕記》。

　　前文已述修城"訖於九年九月"，因此《揚州重修城壕記》爲是年修城完成後所作。洪咨夔《平齋文集》卷九《揚州重修城壕記》云："嘉定甲戌春，金部郎崔公出鎮是邦，厥初視事。登陴臨眺，進父老而問故，謂役費夥繁，民壞綺錯，且城東高卬平衍，虜嘗頓兵浚下增高，守禦非宜，坐是，噤不敢輕議。公慨然念天下事患不爲耳。度遠近，準高下，程廣狹，量淺深，圖成而鎮江都統馮榯實來聯請於朝，尋報可。……公以正大學問，發爲政事，所至聲迹章灼。擊楫東來，恩信孚浹，軍民歸命，恃爲長城。……公名與之，字正子，南海人。"[3]《全錄》卷一《言行錄上》收錄是文，記述崔與之重修揚州城壕之壯舉，《乾隆江都縣志》卷三一、《嘉慶重修揚州府志》卷一五亦收錄是文。而《全宋文》以是文爲崔與之作[4]，誤。

是年，因聶子述舟過揚州，作《送聶侍郎子述》詩贈之。

　　本集卷五是詩題下注曰"淮東帥"，其序云："嘉定丙子，侍郎爲蜀之行，舟過揚州，此詩贈之。"（頁8）案，聶子述，建昌軍南城人，字善之。光宗紹熙元年（1190）進士。累官吏部侍郎，寧宗嘉定中，爲四川制置使，勳名甚著。致政歸，會郡守被殺，朝廷遣將屠城，聶子述力陳民冤，乃止。[5]

積極開展守備之計。

　　一是建倉集糧。《全錄》卷一《言行錄上》云："揚州倉廥少，且圮壞，

[1] 洪咨夔《平齋文集》卷二，南宋刊本，第16頁。
[2] 脫脫等《宋史》，第3冊第763頁。
[3] 洪咨夔《平齋文集》，南宋刊本，第4～6頁。
[4] 曾棗莊、劉琳主編《全宋文》卷六六八一，第293冊第332頁。
[5] 張撝之等主編《中國歷代人名大辭典》，第1847頁。

新羅無所放處。公視北門內舊柴場地，於市河爲近，鼎創倉廠十二座積粟充裕。"（頁 6）二是創五砦。《本傳》云："因滁有山林之阻，創五砦，結忠義民兵，金人犯淮西，沿邊之民得附山自固，金人亦疑設伏，自是不敢深入。"（頁 12258）《全錄》卷一《言行錄上》亦云："淮東數百里皆夷曠，惟滁州、盱眙軍多山林，方山石固，山嘉輔，嚴崖高峙，上有泉源。公募民築五山寨，壘石爲城。……有警，邊民悉家於中併力捍禦。又慮姦民乘時剽掠，以路鈐劉諶老成忠義，用爲五寨都總轄鎮壓之。"（頁 7）姑依《崔與之事迹繫年》繫於是年。

寧宗嘉定十年丁丑（1217），六十歲

在揚州，任知州兼淮東安撫使。

練步軍、馬軍，使人馬相得，由是軍聲大振。

《全錄》卷一《言行錄上》云："備禦之計，人患兵少，公獨以兵不在多，在素練耳。以諸軍作三等教閱。……練習既久，上等出等，中等爲上，一等爲中，人皆可用。戰則上等居前鋒，中等佐之；守則上等當衝要，中等助之，下等供戰守雜役。遇敵戰勝，賞亦有差，仍下諸州縣屯戍，一體行之。由是淮東軍聲大振。""諸屯軍馬，歲例九月後三八日，壓馬出城三十里回，習爲文具。公至，始創籤牌，分寫八卦。如探得乾字，即令旗頭搴乾卦旗，出北門，將校率群騎，視所向以往，遇岡坡溝澗，徑趨直前，不令迂繞取道，使人馬相得，遇險不懾，緩急可恃爲用。""淮郡有萬弩社，公謂追襲邀擊，騎射爲優，遂請於朝，乞於本路屬邑更創萬馬社，募淮民爲之，縣額百人，應募者，閱試合格，官助鞍轡錢二十千，人復租稅三百畝。平時散在田里，緩急調用，仍選材智出衆者統之。"（頁 6～7）

《本傳》亦如此云："揚州兵久不練，分强勇、鎮淮兩軍，月以三、八日習馬射，令所部兵皆仿行之。淮民多畜馬善射，欲依萬弩手法創萬馬社，募民爲之，宰相不果行。"（頁 12259）姑依《崔與之事迹繫年》繫於是年。

寧宗嘉定十一年戊寅（1218），六十一歲

在揚州，任知州兼淮東安撫使。召爲秘書少監。有文六篇。

在揚州。正月，山東李全率衆來歸。

　　《續編兩朝綱目備要》卷一五載："嘉定十一年戊寅春正月壬午，李全率衆來歸。"[1]《本傳》云："山東李全以衆來歸，與之移書宰相，謂：'自昔召外兵以集事者，必有後憂。'"（頁 12259）此憂後來果應驗。

是年，李珏盛陳兵衛入境，崔與之以禮謁，勸其持重。

　　據劉克莊《跋崔菊坡與劉制置書》載："後四年戊寅，余從制帥李（珏）公行邊，清獻猶在場，李公盛陳兵衛入境，清獻以素對數十人過揚子橋來謁。李公寓維揚館月餘。清獻每曰：'白事必減騶從，屏呵導。'先至幕府見余輩。或問：'清獻公，方嶽重臣，奈何執禮如小侯？'清獻曰：'某昔爲郎官，李公上某自代，今體統當然，況情誼乎！'文肅亦薦清獻者，前輩於知己禮敬終身不衰，今人不復能然矣。……嘉定懲創丙寅、丁卯輕舉，中外以再和爲幸，而清獻告文肅，謂聘使往來，人情懈弛，必至之憂在於旦夕，宜急修守備以待。不旋踵其言皆驗。虜先犯浮光，清獻又勸李公持重。"[2]案，文肅乃黃幹，字直卿，福州閩縣人。父瑀，在高宗時爲監察禦史。受業於朱熹。寧宗即位，熹命幹奉表補將仕郎，銓中，授迪功郎，監台州酒務。丁母憂，學者從之講學於墓廬，甚衆。知漢陽軍（今湖北武漢）、安慶府（今安徽安慶），除大理丞，不拜。知潮州，辭不行，差主管亳州（今屬安徽）明道宮，逾月遂乞致仕，詔許之，特授承議郎。謚文肅。有《經解》、文集行於世。

劉琸渡淮攻泗，崔與之有《與劉都統琸書》。

　　《全錄》卷二《言行錄中》云："泗州盧鼓椎，遣殺降旗軍七人送歸南岸，告之曰：'盧元帥不殺降兵。'公謂我青面軍，彼所忌也。故設計誘之，以離其心，怠其力耳。即貽書劉都統曰：'官軍渡淮攻戰，自合奮不顧身。今已降虜，又復來歸，須從軍法，以沮賊謀，以固士心。'"（頁 12）《全宋文》據

---

[1] 佚名編《續編兩朝綱目備要》，中華書局 1995 年版，第 284 頁。

[2] 劉克莊《後村先生大全集》卷一〇八，《四部叢刊初編》，第 26 冊第 1 頁。

此録其文，並題《與劉都統琸書》。[1]案，劉都統即劉琸。《景定建康志》卷二六載："（劉琸）嘉定十年七月二十三日，改除鎮江都統制。"[2]

招諭楚州叛軍。

《本傳》云："楚州工役繁夥，士卒苦之，叛入射陽湖，亡命多從之者。與之給旗帖招之，衆聞呼皆至，首謀者獨遲疑不前，禽戮之，分其餘隸諸軍。"（頁12259）《全録》卷二《言行録中》云："楚州武鋒敢勇旗軍王勝等一百餘人，搶奪寨門，帶器甲逃去，入射陽湖，從者益衆。公即下諸處牢固守禦，又慮蔓不可圖，遣將官李椿賫旗榜往諭之，軍衆各稱揚州安撫恤軍愛民，願聽招諭。王勝懷疑，令溫富徙往招提寺別寨固守。及降，公摘王勝、溫富誅之。餘悉蠲罪，分隸諸戍。"（頁12）

因劉琸兵敗，急增沿淮一帶巡哨，並上《報朝廷書》以除朝廷憂慮。

《全録》卷二《言行録中》云："制司密遣劉琸等渡淮攻泗州，全軍敗覆。公慮虜兵乘勝衝突，亟遣強勇馬軍百騎，星馳盱眙，沿淮一帶巡哨，官給鎧仗及紅綠白布馬衫各百領，併諸色旗幟，令其隨處換易，晝夜往來，莫測出沒，或多或少，或分或散，遇平野則馳騁打圍。移文州縣，卻稱分頭遣去五百騎巡邊。又慮盱眙山城孤立，積穀九萬餘石，及鎮江、揚州節次搬去攻守之具甚多，亟選精鋭軍三千人，厚加激犒，星夜馳去捍禦。又慮朝廷憂顧，以書馳報曰：'天長、盱眙等處，各已增戍，雖無舟師，已密令將在淮馬船牢守，恐爲羊皮軍所襲。彼若車運小舟渡師，即是送死，可報東門之役；彼若錯置大舟，亦非旬日可辦，則備禦大略，已成倫序矣。盱眙添到策應軍五千餘，併收拾散亡，共可及萬人，内揚州撥去敢戰精鋭二千八百人，皆平時素練之士，儘可爲用。事已至此，只得隨機應之，願寬懷抱。'"（頁11~12）《全宋文》題此書爲《報朝廷書》。[3]

駁史彌遠遣三書使議和。有《答宰相論和議書》。

據劉克莊《跋崔菊坡與劉制置書》載："虜先犯浮光，清獻又勸李公持重。俄而我出泗上師失利，虜大入。廟謨以咎李公，議擢清獻代之，俾續

---

[1] 曾棗莊、劉琳主編《全宋文》卷六六八一，第293冊第323頁。

[2] 馬光祖修，周應合纂《景定建康志》，《宋元方志叢刊》，中華書局1990年版，第2冊第1768頁。

[3] 曾棗莊、劉琳主編《全宋文》卷六六八一，第293冊第322頁。

和議，先以貽書諭上意。清獻力言虜垂亡，不可和，李公不可去。後李公聞而歎曰：'若他人，必擠而奪之矣。'"[1]案，浮光，即光州别稱，今河南潢川。

《本傳》云："宰相欲圖邊功，諸將皆懷僥倖，都統劉琸承密劄取泗州，兵渡淮而後牒報。琸全軍覆没，與之憂憤，馳書宰相，言：'與之乘鄣五年，子養士卒，今以萬人之命，壞於一夫之手，敵將乘勝襲我。'金人入境，宰相連遺與之三書，俾議和。與之答曰：'彼方得勢，而我與之和，必遭屈辱。今山砦相望，邊民米麥已盡輸藏，野無可掠，諸軍與山砦併力剿逐，勢必不能久駐。況東海、漣水已爲我有，山東歸順之徒已爲我用，一旦議和，則漣、海二邑若爲區處？山東諸酋若爲措置？望别選通才，以任和議。'與之自劉琸敗，亟修守戰備，遣精鋭，布要害。金人深入無功，而和議亦寢。"（頁12259）案，東海，今屬江蘇；漣水，今屬江蘇。

《全録》卷一《言行録上》云："廟堂貽書，欲主和議，公答曰：'古今未有無夷狄之中國，而中國所恃以待夷狄者，不過戰、守、和三事而已。唯能固守而後可以戰，可以和，權在我也；守且不固，遂易戰而爲和，權在彼也。自大將屯重兵於山城孤絶之地，而淮東守禦全勢因此大壞，局面一差，著著費力，彼方得勢，而我與和，必遭屈辱。況虜寇尚留吾境，敵情多詐，從違未足深信，徒使軍情疑貳，邊防縱弛，必爲所誤。犬羊貪狠之性，非其力屈，未易和也。今招信之，寇雖未退，而五山寨錯落相望，邊民米麥，盡數在砦，野無所掠，其勢只得攻青平山，又復失利而去。統制陳世雄等軍，分頭頓兵，關集山砦，併力剿逐，其勢必不能久駐。又淮陰之寇，楚州已遣季先所部忠義人前去迎擊，敗之，更看事勢如何。且如東海漣水，爲我所有，山東歸順之徒，爲我所用。一旦議和，則漣海二邑，若爲區處，山東諸酋，若爲頓放。蕭牆之禍，必甚於顓臾，和未可遽言也。比因繆將喪師辱國，憤恨俱廢寢食，心氣大作，委無精力可以應酬，乞别差通敏者以任和議之責。'"（頁7～8）《全宋文》據此引，並題爲《答宰相論和議書》。[2]

---

[1] 劉克莊《後村先生大全集》卷一〇八，《四部叢刊初編》，第26册第1頁。

[2] 曾棗莊、劉琳主編《全宋文》卷六六八一，第293册第320頁。

移文戍軍警金人偷渡，遣精銳密布要害，俘馘甚衆。

《全録》卷一《言行録上》云："虜衰小舟渡淮，爲官軍驚遁。報至，公曰：'虜性多詐，强則示弱，弱則示强。今來衰殘，恐我遣師，故爲虛喝耳。'遂移文戍軍，仰預行體探，密作隄備，以俟其來，並力剿殺，毋容一人一騎脱去。後漬頭果告警，俘馘幾盡。"（頁 8）

加强淮陰、寶應、滁州防衛。有《白廟堂書》告盱眙守禦之道。

《全録》卷二《言行録中》詳述崔與之備戰事實："淮陰、寶應、滁州，築城浚壕，措置守禦，官軍勞苦。公委官相視，激賞費交子六萬貫，悉自搏節那融，不請科降。楚州青河口，寇所必趨，無險可恃。遇警，敵於對岸，覘我軍虛實，了然在目。若乘虛伺困，奔衝而來，不戰自潰。公乃築城置戍，可守可戰。申請乞置副都統於楚州，以總内外之兵。於是，山陰、淮陰如常山蛇。"（頁 10）案，淮陰，即清江縣，今江蘇淮安；寶應，今屬江蘇；滁州，今屬安徽；楚州，今江蘇淮安。常山蛇，古代傳説中一種能首尾互相救應的蛇。《繹史》卷八九載："故善用兵者，譬如率然。率然者，常山之蛇也。擊其首則尾至，擊其尾則首至，擊其中則首尾俱至。"[1] 又案，山陰，歷史上有朔州山陰縣，時已屬金；浙江紹興山陰縣，屬南宋。朔州山陰縣距江蘇淮陰縣千餘里，紹興山陰縣到淮陰亦近千里，均無法做到首尾相應。此處或江蘇山陽縣（今江蘇淮安）誤記爲山陰縣。淮陰、山陽僅隔二十餘里，可謂首尾相應。

《全録》卷二《言行録中》云："盱眙屯重兵，雖臨以大將，而有外實内虛之勢。公白廟堂曰：'用兵如奕棋，置子雖疏，取勢欲接，旁角失勢，腹心勝之。今局面似少差，使智者臨枰，不過急於求活。萬一敵以疑兵牽制盱眙，以勁兵由他道而來，則孤城隔絶於外，將有腹背之憂，豈能涉遠相援？乞移大將近里以養威，卻於統制官中選智勇可當一面者，總戍山城。蓋滁與盱眙，距天長各百三十里，大將駐天長，虎視四郊，則臨機隨勢策應，出入變化，不爲敵所窺，而淮東備禦之勢全矣。'"（頁 10～11）《全宋文》據此題爲《白廟堂書》。[2]

---

[1] 馬驌《繹史》，景印文淵閣《四庫全書》，臺灣商務印書館 1986 年版，第 367 册第 87 頁。

[2] 曾棗莊、劉琳主編《全宋文》卷六六八一，第 293 册第 321 頁。

有《上廟堂論不宜廢兩淮制置書》。

  《本傳》云：“時議將姑闕兩淮制置，命兩淮帥臣互相爲援，與之啓廟堂曰：‘兩淮分任其責，而無制閫總其權，則東淮有警，西帥果能疾馳往救乎？東帥亦果能疾馳往救西淮乎？制閫俯瞰兩淮，特一水之隔，文移往來，朝發夕至，無制閫則是事事稟命朝廷，必稽緩誤事矣。’議遂寢。”（頁 12259）《全宋文》題爲《上廟堂論不宜廢兩淮制置書》。[1]

十一月，罷知揚州，召爲秘書少監。

  本集卷五《小詩謝山神》記錄任命時間，“戊寅臘月，以少蓬召”（頁 8）。洪邁《容齋隨筆·四筆》卷一五《官稱別名》云：“秘書監爲大蓬，少監爲少蓬。”[2]《南宋館閣錄》續錄卷七云：“崔與之，字正子，廣州增城人，紹熙四年陳亮榜進士及第，治詩賦，十一年十一月除（少監），十二年十二月爲監。”[3] 案，《小詩謝山神》與《南宋館閣錄》所載時間不同，相差一月，詩序爲崔與之自己所寫，應更準確，姑繫於十一月，存疑。

上《第一次辭免秘書少監》，力辭召命。

  《第一次辭免秘書少監》，本集及《全錄》未收錄。而《全錄》卷四《第三次辭免秘書少監》有記載：“朝散郎、新除秘書少監崔某狀。昨准恩命，除秘書少監，控辭不獲，祗命而行。”（頁 40）本集卷五《小詩謝山神》亦云：“戊寅臘月，以少蓬召，而病且衰矣，自知不堪世用，決意南歸。”（頁 8）

寧宗嘉定十二年己卯（1219），六十二歲

離揚州。赴臨安。有詩二首、文十三篇。

在揚州。正月，臨行作《揚州官滿辭后土題玉立亭》詩。

  《全錄》卷八《揚州官滿辭后土題玉立亭》詩題“官滿”，說明在揚州任期滿；詩中有“五年於此駐高牙”“臨行更至平安祝”之語，可推知任職五年，詩作於罷職臨行之際；“天上人間一樹花”“不隨紅藥矜春色，爲愛霜筠

[1] 曾棗莊、劉琳主編《全宋文》卷六六八一，第 293 冊第 322 頁。
[2] 洪邁《容齋隨筆》，第 818 頁。
[3] 陳騤、佚名《南宋館閣錄》，景印文淵閣《四庫全書》，臺灣商務印書館 1986 年版，第 595 冊第 504 頁。

耐歲華"（頁96），可知是時梅花盛開。因此，此詩作於嘉定十一年末，或嘉定十二年初，姑繫於十二年正月。

南歸，軍民遮道垂涕相送。洪咨夔有《送崔少蓬南歸》五首。

《本傳》云："召爲秘書少監，軍民遮道垂涕。與之力辭召命，竟還。"（頁12260）《洪咨夔年譜》云："春，崔與之降秘書少監兼國史院編修官兼實錄院檢討官，旋赴臨安任。洪咨夔有詩（《送崔少蓬南歸》五首）。"[1]《送崔少蓬南歸》其三有"五年安邊功""仙帆去蓬萊"[2]句，亦可知在揚州任職五年後，崔與之乘舟歸去。

沿運河向南入江，沿江往西，觸風寒，有《第二次辭免秘書少監》。

《第二次辭免秘書少監》一文，本集亦未收錄。而《全錄》卷四《第三次辭免秘書少監》載："除秘書少監，控辭不獲，祗命而行，途中偶觸風寒，宿疾大作，輒上丐祠之請。"（頁40）此處可知，崔與之第一次辭免後，途中因風寒引宿疾大作，遂再辭秘書少監，請求直宮觀。案，"丐祠"，即請求奉祠。參見游酢譜崇寧三年甲申（1104）事。

至隆興府，上《第三次辭免秘書少監》，未獲允，遂中斷歸鄉，向東赴臨安。

本集卷五《小詩謝山神》詳述任命及辭免未許之經歷："舟次豫章，三疏丐閑而不得請，幡然東下。"（頁8）案，豫章，即隆興府，治所在今江西南昌，位於鄱陽湖西岸。《全錄》卷四《第三次辭免秘書少監》題下注"嘉定十二年"，並云："伏准省劄，備奉聖旨不允。依已降指揮，疾速前來供職。舟行聞命，臨深益危。""溯江而西，舟行以風爲程。""停櫂江滸，越起其行。""迤邐取道江西，度嶺而歸。""奉聖旨，依屢降指揮不允，仍疾速前來供職。"（頁40～41）從是文開頭自稱"朝散郎、新除秘書少監崔某狀"可知，此文作於除國史院編修官及實錄院檢討官之前。

聞除兼國史院編修官、實錄院檢討官，上《辭免兼國史檢討官》。

《南宋館閣錄》續錄卷九："崔與之，（嘉定）十二年正月以秘書少監兼（實錄院檢討官）。"[3]同卷又載"崔與之，（嘉定）十二年正月以秘書少監兼

[1] 管琴《洪咨夔年譜》，《國學學刊》2012年第2期。
[2] 洪咨夔《平齋文集》，南宋刊本，第20頁。
[3] 陳騤、佚名《南宋館閣錄》，景印文淵閣《四庫全書》，第595冊第545頁。

（國史院編修官）"[1]。《全録》卷四《辭免兼國史檢討官》題下注"嘉定十二年"，並云："朝散郎、新除秘書少監崔某狀。三上丐祠之請，奉聖旨屢降指揮不允，仍疾速前來供職。續准省劄，備奉聖旨，李大東兼詳定敕令官，崔與之兼國史院編修官，兼實録院檢討官。……辭至三而未獲，贅員史局，俾共二以奚堪。"（頁 41～42）亦可知爲國史檢討官在三辭秘書少監之後。

至南康，遊重湖閣，有《小詩謝山神》詩。

本集卷五《小詩謝山神》詳述任命及辭免未許之經歷："幡然東下，艤棹南康重湖閣，夜夢人告之曰：'死於廬山之下。'覺而識其事，並以小詩謝山神。"（頁 8）案，南康，即南康軍，位於鄱陽湖畔，廬山附近，以星子縣（今江西廬山）爲軍治；重湖，古代鄱陽湖別稱。重湖閣，《方輿勝覽》卷一七載："在尋陽門外延慶院。極目湖波，與天無際。"[2]

至池口，蒙江淮宣撫使辟充參謀官。

《全録》卷四《辭免秘書少監乞赴宣幕》云："朝散郎、新除秘書少監、兼國史院編修官、兼實録院檢討官崔某狀。昨已分閫，終更召攉，自顧衰病，有玷恩榮，請祠至三，已決歸計。天高聽邈，未賜矜從，君命有嚴，豈敢違戾！只得遵稟，回棹而前。舟次池口，忽睹本州進奏官報狀，某蒙江淮宣撫使辟充參謀官，雖曰未有被受，然已報行。今欲遵照屢降指揮，徑詣闕庭，緣上件辟命，已有所聞。若冒然而前，即是辭勞而就逸，避煩使而覬清遊，於心實不惶安。蓋緣除命在前，辟命在後，只合申審，乞免造朝，逕自赴幕。又恐伺候回降，必是遲延，今來殘虜寇邊，義當體國，豈容踟躕其行？"（頁 42）說明兩點：一是此時朝廷已除崔與之兼國史院編修官兼實録院檢討官等職。二是崔與之至池口時，被江淮宣撫使辟爲參謀官，所以彷徨踟躕，想辭勞就逸又怕遲延聖命。案，池口，在今安徽貴池。

至鎮江，有《辭免秘書少監乞赴宣幕》，未獲允。

《全録》卷四《辭免秘書少監乞赴宣幕》云："乞免造朝，逕自赴幕。……雖風雨未霽，今已一面順流東下，徑趨京口，聽候指揮，遵守施行。……劄付新除秘書崔少監，遵依元降指揮，疾速前來供職。"（頁 42）崔與之被江淮

---

[1] 陳騤、佚名《南宋館閣録》，景印文淵閣《四庫全書》，第 595 冊第 538 頁。
[2] 祝穆撰，祝洙增訂，施和金點校《方輿勝覽》，第 306 頁。

宣撫使辟爲參謀官後，徘徊江上，最後願聽候朝廷指示。朝廷未允崔與之赴宣幕，令其疾速來京供職。案，京口，今江蘇鎮江。

至臨安。除朝請郎，有《秘書少監乞補外》。

《全錄》卷四《秘書少監乞補外》題下亦注"嘉定十二年"，並云："朝請郎，秘書少監崔某狀。……自知無用於世，決意南歸，三請弗從，幡然祗命……頭風之疾已深，時復眩絶，每遇朝參月分，常有顛沛之虞，妄意欲求南中一郡，以爲歸計……伏念某守邊五年，服勤萬狀，及茲末路，困悴自憐。南州事簡民淳，得少休息，是亦閔勞均逸之意。欲望朝廷特賜敷奏，畀以南中家便州郡差遣，用榮其歸，實出天地生全大賜。奉聖旨不允。"（頁43）據前文，可確定以下兩點：一是《辭免秘書少監乞赴宣幕》自稱"朝散郎、新除秘書少監"，而此文自稱"朝請郎、秘書少監"，因此，此時崔與之已任試秘書少監，並除朝請郎。二是因頭風之疾已深，乞朝廷於南州近家某地安排職務，未獲允，此時直接用"奉聖旨不允"，與回臨安途中所謂"備奉聖旨不允……疾速前來供職"相異，亦可證崔與之已到臨安。

要之，崔與之由揚州辭官，一路舟行，本欲西行歸鄉，但因朝廷不允，終折返東赴臨安，歷數月之久，經千里往復之途。

在臨安，試秘書少監。有《應召赴闕疏》《除秘書少監廷對劄子》《議事立功疏》。

關於試秘書少監之職，宋神宗元豐四年（1081）定制，除授職事官，並依寄禄官高下分行、守、試，寄禄官低二品以下爲"試"。從前文可知，此時崔與之任職爲朝請郎、秘書少監，即所任職事官爲秘書少監（從五品），所任寄禄官職爲朝請郎（正七品上），即寄禄官品低於職事官二品。[1]據後文考，十二月崔與之除秘書監，有《辭免除秘書監》，並云"朝請郎，試秘書少監崔某狀"，可證此時確爲試秘書少監。

崔與之到臨安後，上《應召赴闕疏》。《全錄》卷二《言行錄中》云："尋有旨，令入奏，方回棹赴闕。首奏：'臣自外來，但知外患未息之爲可憂。致身內地，始知內治未立之爲可慮。蓋內外之情不通，最爲今日大患。人才

---

[1] 龔延明編著《宋代官制辭典》，第239、561頁。

之進退，言路之通塞，國勢之安危繫焉。用人必親其人，聽言必行其言。事之巨細，必有良規，而後可以獨運；事之利害，必有真見，而後可以獨斷。願於用人聽言之際，一付公論，詔大臣首清中書之務，力爲外禦之圖。延接諸賢，參稽衆論，凡大施設大經畫，合謀而參訂之，以求至當之歸。'"（頁12）《全宋文》錄此並題其名曰《應召赴闕疏》，題下注"嘉定十二年"[1]。崔與之指出，内外之情不通是當今大患，而人才之進退、言路之通塞則緊繫國家安危，建議朝廷用人要聽其言觀其行。

又上《除秘書少監廷對劄子》。《全錄》卷二《言行錄中》云："立國之道，在謹邊備，以爲藩籬，安人心，以爲根本，根本固，則藩籬壯。乞行下江淮制置司，應淮郡尚有賊盜去處，亟作措置，務要綏静，俾民復業，爲國强邊。又乞契勘極邊，曾經盜賊戎馬侵擾去處，稍加寬恤。去年殘欠，且與開豁，今年夏春，或免或減，等第施行，務有以係其心、寬其力。不惟可以實邊，緩急亦可以爲官軍聲援。"（頁13）《全宋文》錄此並題爲《除秘書少監廷對劄子》，題下注"嘉定十二年"[2]。從題名可以確定爲除秘書少監後廷對劄子。

夏，又上《議事立功疏》。《全錄》卷二《言行錄中》云："又奏：'事功之不立，由意嚮之不明，意嚮之不明，由規模之不定。殘虜雖微，窮獸必搏，要汲汲自治以待之，乘釁一動，收功萬全。臣昨乘障五年，力持守禦一説，始終不變，毀言日至，不遑恤也。……今虜退三閲月，朝廷幸目前之暫安，寖不經意；邊臣日上平安之報，而不言禦備之方。正恐不待秋高，邊塵已聳，必有潰裂四出之患。乞行下江淮制置司、安撫司，軍帥邊守，凡有城壁去處，各仰開具逐處見管官軍若干，民兵若干，屯駐大軍若干，椿積米麥草料若干。……其間有合商榷事件，庶幾豫爲之圖，毋致臨期誤事。'"（頁13～14）《全宋文》錄此並題爲《議事立功疏》。[3]

據《宋史》卷四〇《寧宗本紀四》載：嘉定十二年閏三月，金人犯淮南，"京東總管李全自楚州、忠義總轄季先自漣水軍各引兵來援，金人乃解去。

---

[1] 曾棗莊、劉琳主編《全宋文》卷六六七九，第 293 册第 294 頁。

[2] 曾棗莊、劉琳主編《全宋文》卷六六七九，第 293 册第 322 頁。

[3] 曾棗莊、劉琳主編《全宋文》卷六六七九，第 293 册第 295 頁。

全追擊，敗之於曹家莊，獲其貴將”[1]。因此，金人自淮南退師在本年閏三月末。又據“今虜退三閱月”“防秋在即”，可知此及前二奏疏，當不晚於是年夏。

上《論直言疏》《應詔具陳政事人才疏》，駁“直言爲好名”論。

《全錄》卷二《言行錄中》云：“時論直言爲好名，公奏：‘人才，國之元氣，進退消長之機，乃治亂安危之候。……’”（頁 14）《全宋文》據《言行錄》《廣東文獻初集》及《增城縣志》錄此文并題爲《論直言疏》。是疏較之《言行錄》所記更詳，疏云：“人才國之元氣，進退消長之機，乃治亂安危之候。涵養元氣，而壽其脉，有國者所當加意。而人才之消長，由士氣之屈伸；士氣之屈伸，由言路之通塞。彼其不敢昌言於公朝，而隱憂於私室；不敢明告於君父之前，而竊議於朋友之間，非盛世所宜有也。臣竊見近時諸臣朋友之情重，君臣之義輕，每聯朋比之私，殊乏公忠之益，雖由氣習使然，亦由朝廷未得振作之方也。夫舉直錯枉，振作之大權，若直言見斥，則庸臣以結舌爲高，誰肯批鱗逆耳者！孟子所謂：‘與讒諂面諛之人居，國欲治，可得乎？’良可歎也！”[2]此疏時間不詳，按《全錄》所載位置，應在試秘書少監之時，姑繫於是年，存疑。

《應詔具陳政事人才疏》云：“天生人才，自足以供一代之用，惟辨其君子小人而已。……陛下勵精更始，摧用老成……或謂世數將衰，則人才先已凋謝，如真德秀、洪咨夔、魏了翁，方此柄用，相繼而去，天意固不可曉。至於敢諫之臣，忠於篇團，言未脫口，斥逐隨之，一去而不可復留。人才豈易得，而輕棄若此？陛下悟已往而圖方來，昨以直言去位者，亟加峻擢，補外者早與召還，使天下明知陛下非疏遠正人，非厭惡忠言，一轉移力耳。……邊臣主和，朝廷雖知，而未嘗明有施行。憂邊之士剴切而言，一喝輒斥，得非朝廷亦陰主之乎？假使和而可行，亦當議而行之可也。比年以來，變故層出，盜賊跳梁，雷雹震驚，皆非細故。……惟有求直言可以裨助君德，感格天心。……近習之臣朝夕在

[1] 脱脱等《宋史》，第 3 冊第 772 頁。
[2] 曾棗莊、劉琳主編《全宋文》卷六六七九，第 293 冊第 296 頁。

側，易於親暱而難於防閑……"[1]觀疏中內容，應爲試秘書監期間應詔所作，姑繫於是年，存疑。

十二月，除秘書監兼國史院編修官、實録院檢討官。

《南宋館閣録》續録卷九云："崔與之，（嘉定）十二年正月以秘書少監兼（國史院編修官），十二月爲秘書監仍兼（國史院編修官）。"[2]又云："崔與之，（嘉定）十二年正月以秘書少監兼（實録院檢討官），十二月爲秘書監仍兼（實録院檢討官）。"[3]

有《辭免除秘書監》《再辭免除秘書監》，未獲允。

《辭免除秘書監》《再辭免除秘書監》題下均注"嘉定十二年"，並均自謂"朝請郎、試秘書少監"，均"奉聖旨不允"，説明作於由試秘書少監除秘書監不久時。

有《與弟書》。

《與弟書》云："須是閉門守常，不得干預外事。昨來面對，拳拳愛君憂國之誠，只得直言時事，廟堂大不樂。後來又因兩淮分置制帥，復入文字力爭，以爲非便，相忤益深。大抵官職易得，名節難全，及茲末路，政要結果分明。有如翱翔蓬萊道山之上，平生夢寐所不到，尚復何求。若得脱去，徜徉歸隱，以終天年，此莫大之幸。屢次丐祠，尚未得請，縱有譴責，不遑恤也。真老近來習字何如？且要養他氣質，使一言一動不得輕妄，仍不得以姑息待之。"[4]此書年代無考，姑依《崔與之事迹繫年》次於是年。（頁304）

寧宗嘉定十三年庚辰（1220），六十三歲

在臨安，試秘書監。除知成都府、本路安撫使，至成都。有詩九首、文三篇。

---

[1] 曾棗莊、劉琳主編《全宋文》卷六六七九，第293冊第297～298頁。

[2] 陳騤、佚名《南宋館閣録》，景印文淵閣《四庫全書》，第595冊第538頁。

[3] 陳騤、佚名《南宋館閣録》，景印文淵閣《四庫全書》，第595冊第545頁。

[4] 曾棗莊、劉琳主編《全宋文》卷六六七九，第293冊第326頁。

在臨安，試秘書監。正月二日，有《嘉定庚辰正月二日楊尚書率同年團拜於西湖因爲遊湖之集適湖水四合乘興鑑冰泛舟如所約也杜侍郎賦詩和之》詩。又有《柴秘書分符章貢同舍餞別用蔡君謨世間萬事皆塵土留取功名久遠看之句分韻賦詩得世字》《陳秘書分符星渚同舍餞別用杜甫老手便劇郡之句分韻賦詩得老字》《危大著出守潮陽同舍餞別用杜工部北風隨爽氣南斗近文星分韻賦詩得北字》《張秘書分符星渚同舍餞別用山谷晚風池蓮香度曉日宮槐影西之句分韻賦詩得晚字》《李大著赴豫章別駕同舍餞別用杜工部天上秋期近人間月影清之句分韻賦詩得天字》詩。

以上詩見本集卷五。除第一首有日期外，其餘未注時間。然觀其題均有某秘書、某大著，應在秘書少監或秘書監任中所作。姑繫於此，存疑。

除兼太子侍講。有《辭免除兼太子侍講》，不獲允。講解《漢書》。

《全録》卷四《辭免除兼太子侍講》題下亦注“嘉定十三年”，並云：“朝請郎、試秘書監崔某狀。伏准省劄，備奉聖旨：崔與之兼太子侍講。……奉聖旨不允。”（頁45）案，《全宋文》題此文爲《辭免除兼太子侍講申省狀》。[1]此時，崔與之任職爲朝請郎、秘書監，即所任職事官爲秘書監（正四品），所任寄禄官職爲朝請郎（正七品上），所以仍云“朝請郎，試秘書監崔某狀”，可知除太子侍講時實爲試秘書監職。

《全録》卷二《言行録中》引《曾就閑録》云：“爲講官時，説《漢書》二節，是前人無此發明。一云：漢文帝君臣不學……二云：周亞夫鞅鞅非少主臣，此是周嚴夫強項氣習……亞夫不學，毋怪首恭敬之事未有聞。”（頁14）觀其任職，應在任太子侍講（即“講官”）時。案，太子侍講，東宮官名，正七品，“爲太子講解經、史。在宋代東宮官中，唯講讀官，實有職事”[2]。

有《送袁校書赴湖州別駕》詩。

《全録》卷八《送袁校書赴湖州別駕》詩題下注云“秘書監”（頁97），因嘉定十三年三月崔與之權工部侍郎，此詩當作於嘉定十二年十二月至嘉定十三年三月之間，姑繫於此。

[1] 曾棗莊、劉琳主編《全宋文》卷六六八〇，第293冊第306頁。
[2] 龔延明編著《宋代官制辭典》，第31頁。

三月，爲權工部侍郎兼同修國史、實錄院同修撰，俱辭不允。

《南宋館閣録》續録卷七云：“崔與之，（嘉定）十二年十二月，除（監），（嘉定）十三年三月，爲權工部侍郎。”[1]《南宋館閣録》續録卷九云：“崔與之，（嘉定）十三年三月，以權工部侍郎兼（同修國史）。”[2]又云：“（嘉定）十三年三月，以權工部侍郎兼實錄院同修撰。”[3]

《全録》卷四《辭免除工部侍郎兼同修國史兼實錄院同修撰》題下注“嘉定十三年”，並云：“朝請郎、試秘書監、兼太子侍講崔某狀。伏准省劄，奉聖旨：宣繒除吏部侍郎，余應符除給事中，崔與之除工部侍郎，並日下供職。續奉聖旨：崔與之升兼同修國史、兼實錄院同修撰。……奉聖旨不允。”（頁45～46）案，《全宋文》題作《辭免除工部侍郎兼同修國史兼實錄院同修撰申省狀》。[4]

四月，除煥章閣待制、知成都府、本路安撫使，俱辭不允。

《全録》卷二《言行録中》云：“嘉定十三年四月，出帥成都。是時，二虜交攻，往來寇蜀，益都謀帥難其人，故有是命。”（頁14）《本傳》云：“權工部侍郎。未幾，成都帥董居誼以黷貨爲叛卒所逐，總領楊九鼎遇害，蜀大擾。與之以選爲煥章閣待制、知成都府、本路安撫史，至即帖然。”（頁12260）《宋史》卷四〇《寧宗本紀四》亦記載其事：“十三年春正月丁酉，扈再興引兵攻鄧州，鄂州都統許國攻唐州，不克而還。金人追之，遂攻樊城，趙方督諸將拒退之。……戊午，夏人復以書來四川，議夾攻金人。”[5]是時，四川成爲金、夏主要用兵目標。加之去年當地經歷紅巾軍起義，州縣殘破，使南宋在四川之統治出現極大危機，故宋廷於此時倉促任命崔與之爲成都帥，以安定蜀地局勢。案，鄧州，今屬河南；唐州，今河南唐河。

《全録》卷四《辭免除煥章閣待制知成都府本路安撫使》題下注“嘉定十三年”，並詳述治蜀之道：“朝請郎、權尚書工部侍郎、兼同修國史、兼實錄院同修撰崔與之奏。伏准省劄，奉聖旨：崔與之除煥章閣待制、知成都府、

[1] 陳騤、佚名《南宋館閣録》，景印文淵閣《四庫全書》，第595冊第503頁。
[2] 陳騤、佚名《南宋館閣録》，景印文淵閣《四庫全書》，第595冊第535頁。
[3] 陳騤、佚名《南宋館閣録》，景印文淵閣《四庫全書》，第595冊第542頁。
[4] 曾棗莊、劉琳等主編《全宋文》卷六六八〇，第293冊第306頁。
[5] 脫脫等《宋史》卷四〇，第3冊第774頁。

本路安撫使，填見闕。……蜀居江漢上游，而成都實爲根本重地，必碩德雅望，而後可以鎮服人心；必遠識長材，而後可以應酬事變。一道蕃宣之寄，全在得人。承平無事，猶重所選，厥今邊聲未寂，時事方殷，其可嘗試之乎！況天下之事，要須中外相應，大小相維，而後有濟。蓋中外當如一家，貧富休戚實同其責，而勢不可不相屬也；大小當如一體，疾痛疴癢皆切於身，而情不可不相孚也。臣一介奇窮，過蒙獎拔。東西惟命，其敢辭難？義所當爲，死且弗顧。但恐蜉蟻無援，孤立於萬里外，設或中外勢不相屬，大小情不相孚，或致誤事。一身獲戾，何足深計，而事體關繫，利害非輕，儻辭避之或稽，必顛隮之立見。……欲望聖慈，察其真實之悃，收回成涣，改畀長才。俾臣退奉真祠，獲全末路，實出洪造生全之大賜。奉聖旨不允。”（頁46～47）

有《知成都府本路安撫使陛辭奏》，論實邊安邊，富國強國。

《全錄》卷二《言行錄中》引《奏稿》云：“實邊而後可以安邊，富國而後可以強國。竊聞軍興以來，帑庾告竭，設若有警，縛手無策，而後有請於朝，恐無及矣。臣區區此行，職所當爲，義有可爲，誓當糜捐以圖報稱，不敢爲身計。至於廣科撥以寬民力，厚儲積以壯邊聲，陛下當爲蜀計。”（頁15）《全宋文》錄此並題爲《知成都府本路安撫使陛辭奏》，題下注“嘉定十三年”[1]。

薦洪咨夔爲成都通判。薦孫若蒙爲成都宰。

《宋史》卷四六〇《洪咨夔傳》載：“與之帥成都，請於帝，授咨夔籍田令、通判成都府。”[2]《行狀》云：“公善知人，平生薦引，惟游似、洪咨夔、林略、魏了翁、李性傳、程公許，後皆爲公輔。”（頁29）《洪咨夔年譜》云：“四月，崔與之除焕章閣待制、知成都府，本路安撫使。與之請於帝，授舜俞籍田令、通判成都府。舜俞不受，惟受通判職事。舜俞在《謝廟堂差幹官啓》中，闡明偏安或急進之道皆不足取，提出審重爲上策。”[3]

案，崔與之薦洪咨夔爲籍田令、通判成都府之時間有二説。《全錄》附集卷八何忠禮《崔與之事迹繫年》將其繫於嘉定十四年。（頁305～306）《平

[1] 曾棗莊、劉琳主編《全宋文》卷六六七九，第293冊第296頁。
[2] 脫脫等《宋史》，第35冊第12264頁。
[3] 管琴《洪咨夔年譜》，《國學學刊》2012年第2期。

齋文集》卷九《利州通判廳記》載："上更化十有三年，南海崔公以名法從出殿成都。束其屬，得宣城孫君若蒙正叔爲成都宰，與俱西。"[1]既有束其屬，理應包括洪咨夔。考《洪咨夔年譜》，嘉定十三年，"庚辰秋，余以太少贊丞入蜀"，"沿途過荆州、江陵、三峽等地"，"十月三十日，過巫山"[2]。説明此時經崔與之舉薦，已答應通判成都府，並在入蜀任職途中。姑繫於十三年。

赴成都途中。秋，作《致安丙書》勸阻聯夏攻金。師出果不克。

《宋史》卷四〇《寧宗本紀四》載：嘉定十三年春正月戊午，"夏人復以書來四川，議夾攻金人。……（八月）壬申，安丙遺夏人書，定議夾攻金人。癸未，四川宣撫司命利州統制王仕信引兵赴熙、鞏州會夏人……"[3]案，熙州，今甘肅臨洮；鞏州，今甘肅隴西。

《全録》卷二《言行録中》引《廬陵汪中録公遺事》云："公至成都，時安公丙以執政任宣閫，夏人書來約夾攻。公聞之，亟致書安公曰：'自金虜棄燕，山東、兩河勢如破竹，滅亡可待。異時震鄰之患，大有可憂。金人不顧死亡，南窺淮漢，宜及此時，招納豪傑，選將練兵，修固堡障以待。蜀連年被兵，士氣未振，豈宜輕舉？彼區區西夏，衰微益甚，何足爲吾之掎角？萬一失利，虧損國威，公必悔之。'其年，師出，攻秦、鞏二州不克，夏人先退，大將王仕信以逗撓伏誅，果如公言，安公深相敬服。"（頁17～18）

崔與之《與安丙書》云："自金虜棄燕，山東、兩河勢如破竹，滅亡可待。異時震鄰之患，大有可憂。金人不顧死亡，南窺淮、漢，宜及此時招納豪傑，選將練兵，修固堡障以待。蜀連年被兵，士氣未振，豈宜輕舉？彼區區西夏，衰微益甚，何足爲吾之掎角！萬一失利，虧損國威，公必悔之。"[4]

從以上三則資料可知，正月二十七日，夏人致書夾攻宋；八月十五日，安丙致書夏人定議夾攻金人；崔與之致書安丙不宜輕舉，後果如其言，安丙深敬服之。崔與之達蜀時間，《全録》卷八《答李侍郎》詩序明確爲"嘉定

---

[1] 洪咨夔《平齋文集》，南宋刊本，第13頁。

[2] 管琴《洪咨夔年譜》，《國學學刊》2012年第2期。

[3] 脱脱等《宋史》，第3冊第774頁。

[4] 曾棗莊、劉琳主編《全宋文》卷六六八一，第293冊第323頁。

庚辰冬，之官成都。至城外驛”（頁 100），而夏人約夾攻宋及安丙與夏人約定夾攻金事宜分別在正月與八月，此時，崔與之應在赴蜀途中，因此以書勸安丙。

舟次黃岡，有《寄黃州趙別駕詩》詩寄之。

本集卷五《寄黃州趙別駕詩》，《全錄》卷八題爲《寄黃州趙別駕庚辰入蜀舟次黃岡適趙倅奇夫沿檄行邊不遇以詩寄之》（頁 100）。

冬，在成都城外萬里橋遇李侍郎，有《答李侍郎》詩。

《全錄》卷八《答李侍郎》詩序云：“嘉定庚辰冬，之官成都。至城外驛，侍郎亦赴鎮常，得相遇於道，惠詩答之。”（頁 100）詩中有“邂逅萬里橋”“目斷三峽東”之句。案，萬里橋，即今成都市南門大橋。三國時，蜀漢丞相諸葛亮曾在此設宴送費禕出使東吳，費禕歎曰：“萬里之行，始於此橋。”該橋由此而得名。崔與之與李侍郎在成都城外巧遇，李侍郎“赴鎮常”，因此有“目斷三峽東”，即崔與之目送其身影往三峽以東的方向遠去。

在成都。於關外四州措置有方，首擊尾應，敵不敢犯。

《全錄》卷二《言行錄中》引《盧陵汪中錄公遺事》云：“又關外四州，蜀之扞蔽。中興，二吳百戰，死守和尚原、仙人、大散關之地。公權宣撫兼制置，申明賞罰，措置有方，首擊尾應，敵不敢犯。及丐閑，史相以其黨鄭損代，至，議棄四州地，於是劍門之險與虜共矣。累朝所有激賞庫金，席卷以遺權貴。鄭雖以此得罪，國家首蜀尾淮，上流失勢，漸不可支。蜀士夫流離出峽，言之必涕。或云禁中時時撫髀與歎。其後命余玠經復，迄無成功，惜哉。”（頁 17～18）

寧宗嘉定十四年辛巳（1221），六十四歲

在成都，任知府兼權四川宣撫司。有詩二首。

在成都。與安丙誠意相處。

《本傳》云：“時安丙握蜀重兵久，每忌蜀帥之自東南來者，至是獨推誠相與。”（頁 12260）

春，有《送魏秘書赴召》（共二首）詩。

《全録》卷八《送魏秘書赴召》其二中有"瞿塘水正生"（頁 101）之句，可知魏秘書應自蜀赴召。魏秘書即魏了翁。魏了翁曾在秘書省任職，嘉定十三年差知潼川府（今四川三臺），此時崔與之正在蜀任四川路安撫制置使，與魏了翁相知並舉薦，魏了翁"十四年元旦被召，次年始至"[1]。因此此詩應作於是年春，"瞿塘水正生"亦可佐證其時間。《全録》卷二《言行録中》載："在蜀擢拔尤多，若游似、洪咨夔、魏了翁……"（頁 16）案，魏了翁（1178—1237），字華父，號鶴山，邛州蒲江（今屬四川）人。慶元五年（1199）進士。官至端明殿學士。嘉熙元年（1237）卒，年六十，謚文靖，追贈秦國公。反對佛老，推崇朱熹理學。能詩詞，善屬文，其詞語意高曠，風格或清麗，或悲壯。著有《鶴山集》《九經要義》《古今考》《經史雜鈔》《師友雅言》等，詞有《鶴山長短句》。[2]

春夏之際，宋寧宗有《制詔宣賜夏藥》，賜崔與之夏藥。

此爲宋寧宗首次手詔賜崔與之夏藥。第二次宣賜夏藥在嘉定十五年，詳見後文，而崔與之嘉定十三年冬纔到成都任，因此，此次賜藥在嘉定十四年。兩次賜藥姑繫於春夏之際。《全録》卷九是文極贊崔與之："卿以漢庭侍從之臣，總蜀道藩宣之寄，遠在萬里，賢於長城。"（頁 108）

十一月，安丙卒，崔與之權四川宣撫司職事，軍政復立。

《全録》卷二《言行録中》云："（嘉定）十四年十一月，宣撫使安公丙薨。宣司奉印來歸，軍民屬望，公權宜納之，以安反側。亟聞於朝，繼得旨，權宣撫職事。"（頁 15）《御批續資治通鑑綱目》卷一八載：嘉定十四年十一月，"四川宣撫使安丙卒。丙在四川，以攻爲守，威功甚著。朝廷賴之，及卒，詔與之盡護四蜀之師，與之開誠布公，拊循將士，人人悅服，軍政復立"[3]。

《本傳》云："丙卒，詔盡護四蜀之師，開誠布公，兼用吳、蜀之士，拊循將士，人心悅服。先是，軍政不立，戎帥多不協和，劉昌祖在西和，王大

---

[1] 繆荃孫編，張尚英校點《魏文靖公年譜》，吳洪澤、尹波主編《宋人年譜叢刊》，四川大學出版社 2002 年版，第 11 冊第 7507 頁。

[2] 脫脫等《宋史》卷四三七《魏了翁傳》，第 37 冊第 12965～12970 頁。

[3] 商輅等《御批續資治通鑑綱目》，景印文淵閣《四庫全書》，第 694 冊第 104 頁。

才在沔州，大才之兵屢衄，昌祖不救，遂棄皂郊。吳政屯鳳州，張威屯西和，金人自白還堡突入黑谷，威不尾襲，而迂路由七方關上青野原，金人遂得入鳳州。與之戒以同心體國之大義，於是戎帥協和，而軍政始立。”（頁12260）案，西和，今甘肅隴南；沔州，今陝西略陽；鳳州，今陝西鳳縣。

十二月，除四川路安撫制置使。召請洪咨夔輔佐。

《全録》卷二《言行録中》云：“十二月，除四川路安撫制置使。先是，有日者在大慈寺見公，語幕客平齋洪公曰：‘帥嶺南古佛，西蜀福星也。至節前後。’當度劍時，宣闖猶無恙。已而如其言。”（頁15）

《宋史》卷四六〇《洪咨夔傳》載：“與之爲制置使，首檄咨夔自近，辭曰：‘今當開誠心、布公道，合西南人物以濟國事，乃一未有聞而先及門生、故吏，是示人私也。’卒不受，惟以通判職事往來效忠，蜀人高之。”[1]

十二月七日，劾杜植。

《宋會要輯稿》職官七五載：嘉定十四年十二月七日，“知永康軍杜值與宮觀，以其愚蔽自用，久病簡出，繆政多端，民被其害，爲知成都府崔與之論列故也”[2]。案，永康軍，今四川都江堰。

是年，簡州立“三賢閣”，以崔與之配張詠、趙抃祠。

魏了翁《簡州三賢閣記》具載其詳：“成都之天慶觀、仙遊閣，故有張忠定公繪像。嘉定十三年，南海崔公與之來守成都，清風令儀，底厲頹俗。明年，劉文節公一見，洒然異之，退語人曰：‘是宜配忠定公與趙清獻公。’崔公之門人洪咨夔等，乃即忠定之次，圖趙、崔二公而並祠焉，屬劉公爲之贊。厥十年，眉山家侯大酉，自將作監丞請外，擇守簡州。州有會勝堂，堂坯已久。僅存清獻詩刻。侯既復之，又爲閣其上，用成都近比，繪三賢而館之。”[3]案，簡州，今四川簡陽。《人物傳》載：“召爲禮部尚書，不拜，便道還廣。蜀人思之，肖其像於成都仙遊閣，以配張詠、趙抃，名‘三賢祠’。”（頁61）

---

[1] 脱脱等《宋史》，第35冊第12264頁。
[2] 劉琳等校點《宋會要輯稿》，第9冊第5088頁。
[3] 曾棗莊、劉琳主編《全宋文》卷七一〇五，第310冊第435頁。

寧宗嘉定十五年壬午（1222），六十五歲

在成都，任知府兼權四川安撫制置使。有詞一首、文二篇。

在成都。有《辭免除四川制置使》。

《全錄》卷四《辭免除四川制置使》題下注"嘉定十五年"，並云："朝請郎、煥章閣待制、知成都府、本路安撫使、暫權四川宣撫司職事崔與之奏狀。"（頁 47）案，崔與之嘉定十四年十二月除四川路安撫制置使，此文應作於嘉定十五年初。

二月十二日，有《致鍾啓初書》。

此書未見於本集。《全錄》卷一一《抄錄崔清獻郵劄》記載此文："嘉定十五年二月十二日，念惟世伯，昔曾卵翼與之，訓誨與之，恩同父子。是兄考即弟考也。兄皇皇營葬求而弗得，弟心何安？竊願於留餘諸穴，擇其近兄鄉里者凡三處，曰鬱崗，曰姜田，曰黃崗嶺，並以送兄，永爲塋恩，一以綿子孫。"（頁 151～152）

劾劉參、胡酉仲、安伯恕。二月二十八日，三人均罷。

《宋會要輯稿》職官七五載：嘉定十五年二月二十八日，"知石泉軍劉參、知涪州胡酉仲並放罷。新知合州安伯恕罷新任。以四川宣撫崔與之言，參貪婪深刻，濟以駔儈；酉仲凶狠貪殘，勇爲不義；伯恕輕浮浮躁，競濟以姦險"[1]。彈劾時間不詳，姑以三人被罷之日繫此事於此。

四月，轉朝散大夫，進封開國子加食邑。

《全錄》卷九宋寧宗《轉朝散大夫進封開國子加食邑》題下注"嘉定十五年四月"（頁 108）。《全宋文》題爲《崔與之轉朝散大夫進封開國子加食邑制》。[2]

春夏之際，宋寧宗宣賜夏藥。

《全錄》卷九宋寧宗《宣賜夏藥》題下注"嘉定十五年"，並云："賜與之，南陸賓曦炎歊，孔熾西陲，制閫牧御，良勞分放。尚藥之珍往賜，衛生之輔。"（頁 109）

---

[1] 劉琳等校點《宋會要輯稿》，第 9 冊第 5088 頁。

[2] 曾棗莊、劉琳主編《全宋文》卷六九〇九，第 302 冊第 377 頁。

帥蜀期間，廣積錢糧。秋，撥糧作不測支用。

《全録》卷二《言行録中》具載崔與之任蜀期間爲朝廷集糧以預防不測："公任蜀閫，適邊戍久不解甲，總計告乏秋糴。是時，主計者茫然。公即下成都府，撥三十萬錢引爲倡，仍牒茶馬司撥三十萬，三路漕司各撥二十萬，潼川、遂寧、漢州各撥一十萬，接濟總所急缺。乘時買，以備來歲支遣，且申朝廷，將上項錢理作科降。自昔用蜀，每病運漕之難。蓋蜀地僻遠，灘流險絶，每一綱運，動歷半期，且有沉折之患，成都苗頭歲十五萬石，舊及十萬，即折輸以實私橐，鮮有爲公家計者。公自庚辰冬到官，留意軍儲，並收正色，二三年間，所積頓厚。壬午秋，省倉見管二十九萬餘石，歲支有餘。遂撥十萬石，優立賞格。選官津運至利、沔、魚關等處安頓，以充朝廷椿積之數。通計舊糴三十餘萬石，專備經常外不測支用。"（頁16）案，遂寧，今屬四川；漢州，今四川廣漢。

冬，宋寧宗宣賜臘藥。

《全録》卷九宋寧宗《宣賜臘藥》題下注"嘉定十五年"，並云："賜與之，朕身處深宮，心懷外閫。……今賜卿銀合臘藥，至可領也。"（頁109）

是年，薦吳昌裔、程公許、林略、皮龍榮。

《宋史》卷四〇八《吳昌裔傳》載："制置使崔與之薦之，改知華陽縣。"[1]案，華陽縣，今四川成都。《宋史》卷四一五《程公許傳》載："制置使崔與之大加器賞，改秩知崇寧縣。"[2]案，崇寧縣，今四川成都。《宋史》卷四一九《林略傳》載："崔與之帥蜀，目之曰'此臺閣之瑞也'，薦之。遷武學博士、國子監丞、太常寺丞。"[3]《宋史》卷四二〇《皮龍榮傳》載："遷秘書郎，升著作郎。入對，因及真德秀、崔與之廉，龍榮曰：'今天下豈無廉者，願陛下崇獎之以風天下，執賞罰之公以示勸懲。'帝以爲然。"[4]崔與之薦吳昌裔等不詳年月，姑依《崔與之事迹繫年》次於是年。（頁307～308）

---

[1] 脱脱等《宋史》，第35冊第12301頁。

[2] 脱脱等《宋史》，第36冊第12454頁。

[3] 脱脱等《宋史》，第36冊第12555頁。

[4] 脱脱等《宋史》，第36冊第12581頁。

請朝廷毋以邊藩付趙彥呐。

《宋史》卷四一三《趙彥呐傳》載：“及崔與之代丙，始察其大言無實，謂他日誤事者必此人，請廟堂毋付以邊藩，尋奪其節制。”[1]姑次於是年。

請改葬楊巨源。

據《宋史》卷四〇二《吳昌裔傳》，楊巨源誅叛臣吳曦立有大功，然而不久即遭安丙冤殺。安丙卒，“制置使崔與之請官給其葬，加贈寶謨閣直學士、太中大夫”[2]。姑次於是年。

嘗奏士大夫、同僚相處應以國事爲大。

《全錄》卷二《言行錄中》云：“公每謂士大夫處同僚，常因小慎而誤國家大事，由不能勝己私，治客氣。故帥淮時，嘗奏：‘名位相統屬，而勢不合；文移相關白，而情不通；聲色笑貌相周旋，而意不葉，事鮮有濟。’及之蜀，亦以内外一家，大小一體爲對。所在制總，各司兵財之責。”（頁16）姑次於是年。

作《水調歌头》（題劍閣）。

本集卷五《水調歌頭》（題劍閣）云：“萬里雲間戌，立馬劍門關。亂山極目無際，直北是長安。人苦百年塗炭，鬼泣三邊鋒鏑，天道久應還。手寫留屯奏，炯炯照心丹。　對青燈，搔白髮，漏聲殘。老來勳業未就，妨卻一身閑。梅嶺綠陰青子，蒲澗清泉白石，怪我舊盟寒。烽火平安夜，歸夢到家山。”（頁14）案，《李忠簡公文溪存稿》言“蒲澗清泉白石，梅嶺綠陰青子”[3]，誤。《全錄》卷一〇載，弘治七年（1494），陳獻章作《跋劍閣詞後》，云：“右調《水調歌頭》，吾鄉先生宋丞相崔清獻公鎮蜀時，題劍閣，即此詞也。曩夢拜公，坐我於床，與話平生，仕止久速，偶及之。仰視公顏色可親，一步趨問，不知其已翱翔於蓬萊道山之上，欲從之上下而無由。因請公手書，公忻然，命具紙筆。”（頁138～139）梁善長《廣東詩粹》卷一云：“陳白沙嘗夢與菊坡對語，舉此詞，詩云‘萬里歸心長短句’，蓋指此也。”[4]

《全錄》卷二《言行錄中》云：“按：此一詞，可以見公之出處大節，確

[1] 脱脱等《宋史》，第35冊第12400頁。
[2] 脱脱等《宋史》，第35冊第12198頁。
[3] 李昂英《李忠簡公文溪存稿》卷四，《宋集珍本叢刊》，綫裝書局2004年版，第85冊第460頁。
[4] 梁善長編《廣東詩粹》，清乾隆十二年刊本，第13頁。

有定力。時可以爲，則守護蜀，殫智效勞。時不可強，則專樞首相，掉頭閉目，深得古人‘陳力就列，不能者止’之義。故論者謂，此詞愛君憂國，類《出師表》。又有謂出處當可合乎時中，夫豈過哉？”（頁15～16）潘飛聲在《粵詞雅》中贊其“起四句雄壯極矣，雖蘇、辛無以過之”[1]。姑次於是年。

寧宗嘉定十六年癸未（1223），六十六歲

在成都，任知府兼權四川安撫制置使。召赴行在。有詩五首、文七篇。

在成都。轉煥章閣直學士。

《全録》卷四《四川制置乞祠》題下注“嘉定十六年”，並云：“煥章閣直學士、朝散大夫、成都潼川府夔州利州路安撫制置使、兼知成都軍府崔與之狀奏。（頁48）案，與嘉定十五年《辭免除四川制置使》自稱“煥章閣待制”不同，此文已自稱“煥章閣直學士”。因此，是年轉煥章閣直學士。

二月，有《四川制帥手帖》《付吳統制》《又蒙鈞染》。

此三文均爲是年二月崔與之舉薦吳彥（時爲修武郎、興元府駐劄御前中軍統制）後，朝廷除吳彥差權金州都統制期間所寫。據《全録》卷八《御前劄子付金州都統吳彥御寶封御寶實封樞密院劄》附注云：“右四帖，乃統制吳侯彥之石刻，不知何時，始歸吾家，蓋先公之手迹也。前三帖僅二百五十七字，然謙虛篤實，見於情文，端方嚴重，形於點畫。即一事，而持己之敬，接人之誠，愛國之忠，藹然可掬。……此下一帖，則並刻樞密院劄也。”（頁88）

《全録》卷八《四川制帥手帖》云：“二月初，奏劄已上，並專書廟堂，薦懇甚力。……十三日押。”（頁86）《全録》卷八《付吳統制》既以“統制”稱吳彥，則爲崔與之未除金州都統制之前。《全録》卷八《又蒙鈞染》爲手書告知吳彥及時交割職事：“忽二十二日未時，准庚牌遞到省劄，有金州統制之除，亦賜敕書，已下李都統，差官時暫兼權中軍都統制職事，仍管幹營寨，候到即便疾速起送，前去金州交割職事，不須更來本司，恐成遲滯。二

[1] 潘飛聲《粵詞雅》，唐圭璋編《詞話叢編》，中華書局2005年版，第5冊第4883頁。

十二日，某手書上都統太尉吳。"（頁 87）案，《全宋文》題爲《付吳統制書二》。[1]可知，此三文均作於是年二月初至二十二日之間。

三月，有《御前劄子付金州都統吳彥御寶封御寶實封樞密院劄》。

《全錄》卷八《御前劄子付金州都統吳彥御寶封御寶實封樞密院劄》，從文中可知，三月十七日，奏劄到達朝廷，三月十八日，朝廷除吳彥金州都統制。[2]《全宋文》題爲《舉吳彥申狀》，題下注云"嘉定十六年三月"[3]。

四月，轉朝請大夫，以頭風疾作《四川制置乞祠》。

《全錄》卷九宋寧宗《轉朝請大夫》題下注"嘉定十六年四月"，並云："煥章閣學士、朝散大夫、成都潼川府夔州利州路安撫制置使崔與之，擅南海清淑之氣，續先儒正大之傳，輒自侍臣，護我全蜀。……可特授朝請大夫，賜如故。"（頁 109～110）《全錄》卷四崔與之《四川制置乞祠》云："近來頭風發動，甚於常時，呻吟叫號，痛刺如破。加以心忡健忘，肌肉盡銷，殘息如絲，旦暮人耳。"（頁 48）

六月，朝廷有《四川制置乞祠不允詔》。

《全錄》卷九宋寧宗《四川制置乞祠不允詔》題下注"嘉定十六年六月"，並云："卿道德足以鎮浮，智識足以制變。賦寬四蜀，民氣頓甦。塵靖三軍，軍聲益振。使朕無西顧之慮，而風動中原之遺黎……所請宜不允。"（頁 110）

六月十一日，召赴行在，有《辭免召赴行在》。

《全錄》卷四《辭免召赴行在》題下注"嘉定十六年"，並云："六月十一日，三省同奉聖旨，崔與之召赴行在。其四川安撫制置，命鄒孟卿暫權。續申鄒孟卿致仕，奉聖旨，崔與之候有四川制置使正官到日，起發赴行在。奉聖旨，鄭損除寶謨閣待制、四川制置使、兼知成都府，填見闕。崔與之候正官到日，起發赴行在。……方遡峽建西州之牙，復度劍守北門之鑰。風霜刮面，歲月壓頭，以衰配垂盡之年，得殘廢不治之疾。老而懷土，窮則思天。……伏望聖慈憫臣久勞，憐臣久病，鑑此由衷之情，俾之奉祠而歸。"（頁 49）

---

[1] 曾棗莊、劉琳主編《全宋文》卷六六八一，第 293 冊第 324 頁。

[2]《全錄》此文後載"嘉定十年三月十八日"（頁 88），誤，實爲"嘉定十六年三月十八日"。

[3] 曾棗莊、劉琳主編《全宋文》卷六六八一，第 293 冊第 318 頁。

八月，有《言黎州兵變奏》，劾何友諒。

《宋會要輯稿》職官七五載：嘉定十六年八月十九日，“新知漢州何友諒與祠禄。黎州禁軍之變，已將知郡虞方簡按劾去訖。尋行體訪，緣前知黎州何友諒垂滿之際，給帖補排軍五六十人，失之太濫；方簡到官，悉拘收文帖，又失之太邊。此曹包羞懷忿，變所由生”[1]。《全宋文》據此録是文，題爲《言黎州兵變奏》。[2]是文即記録崔與之彈劾何友諒對黎州禁軍之變處置不當，因有是命。案，黎州，今四川漢源。

冬，朝廷宣賜臘藥。十二月，朝廷有《辭免召赴行在不允詔》。

《全録》卷九宋寧宗《宣賜臘藥》題下注“嘉定十六年”（頁110）。臘藥，可推知在冬季。《全録》卷九宋寧宗《辭免召赴行在不允詔》題下注“嘉定十六年十二月”，並云：“全蜀之寄，擇帥惟艱。頃因俶擾之餘，煩我侍從之老，縣錦城而建制閫，度劍閣而控邊陲。……所辭宜不允，候鄭損到日交割訖，疾速起發，赴行在。”（頁110）

是年，夏人遣百騎入鳳州求援兵攻金人，崔與之未許。

《本傳》載：“先是，丙嘗納夏人合從之請，會師攻秦、鞏，而夏人不至，遂有皁郊之敗。與之至是飭邊將不得輕納。逾年，夏人復攻金人，遣百騎入鳳州，邀守將求援兵。與之使都統李冲來言曰：‘通問當遣介持書，不當遣兵徑入。若邊民不相悉，或有相傷，則失兩國之好，宜斂兵退屯。’夏人知不可動，不復有言。”（頁12260）文中有“逾年”，《崔與之事迹繫年》以爲安丙卒於嘉定十四年，後一年應爲嘉定十五年。（頁309）抑或逾不止一年。姑繫於是年，存疑。

招金人之南奔宋者。

《本傳》載：“初，金人既弊，率衆南歸者所在而有，或疑不敢納。與之優加爵賞以來之。未幾，金萬户呼延棫等扣洋州以歸，與之察其誠，納之，籍其兵丁餘人，皆精悍善戰，金人自是不敢窺興元。既復鏤榜邊關，開諭招納，金人諜得之，自是上下相疑，多所屠戮，人無固志，以至於亡。”（頁12260～12261）案，洋州，今陝西洋縣。

[1] 劉琳等校點《宋會要輯稿》，第9冊第5091頁。
[2] 曾棗莊、劉琳主編《全宋文》卷六六七九，第293冊第299頁。

積極收市軍馬，封植關外林木，厚間探者，蓄府庫。

《本傳》云："蜀盛時，四戎司馬萬五千有奇。開禧後，安丙裁去三之一，嘉定損耗過半，比與之至，馬僅五千。與之移檄茶馬司，許戎司自於關外收市如舊，嚴私商之禁，給細茶，增馬價，使無爲金人所邀。總司之給料不足者，亦移檄增給之。乞移大帥於興元，雖不果行，而凡關外林木厚加封殖，以防金人突至。隔茅關、盤車嶺皆極邊，號天險，因厚間探者賞，使覘之，動息悉知，邊防益密。總計告匱，首撥成都府等錢百五十萬緡助糴本。又慮關外歲糴不多，運米三十萬石積沔州倉，以備不測。初至，府庫錢僅萬餘，其後至千餘萬，金帛稱是。"（頁 12261）

作《送夔門丁帥赴召》（共二首）、《送成嘉父》、《送范漕赴召》（共二首）詩。

《宋史翼》卷一七《丁黼傳》載："時與之方帥四川，聞黼至，喜贈詩云：'同志晨星少，孤愁暮雨多。'"[1]《全錄》卷八此二詩分別有"胸中經濟學，爲國好加餐""同志晨星少，孤愁暮雨多"（頁 101）句。《嘉靖池州府志》卷七載："丁黼字乙伯，登淳熙乙酉進士。……除秘閣，知夔州路。嘉定癸未，召赴行在。"[2]案，《宋史紀事本末》卷二五云：嘉熙三年八月，"蒙古諸海將兵入蜀，制置使丁黼聞之，先遣妻子南歸，自誓死守。至是，諸海自新井入，詐竪宋將旗，黼以爲潰卒，以旗榜招之，既審，知其非。領兵夜出城南迎戰而死。蒙古遂取漢、邛、簡、眉、蓬州、遂寧、重慶、順慶府，尋引還。黼帥蜀，爲政寬大，蜀人思之"[3]。

《全錄》卷八《送成嘉父》詩中成嘉父不可考，其詩載於崔與之在蜀所寫幾首詩中間，疑作於此時期。姑繫於是年，存疑。

《全錄》卷八《送范漕赴召》詩中范漕亦不可考，詩中有"分鎮中邊蜀，歸途內外江"（頁 102）之句，說明范漕時在蜀任職。內外江或指都江堰內外江分水魚嘴工程。姑繫於是年，存疑。

---

[1] 陸心源撰，吳伯雄點校《宋史翼》，第 369 頁。

[2] 王崇《嘉靖池州府志》，《天一閣藏明代方志選刊》，上海古籍書店 1962 年版，第 24 冊第 49 頁。

[3] 馮琦原編，陳邦瞻增輯《宋史紀事本末》，景印文淵閣《四庫全書》，臺灣商務印書館 1986 年版，第 353 冊第 666 頁。

在蜀期間，大力拔擢人才。

《全録》卷二《言行録中》載："公身藩翰，而心王室，務薦賢以報國。在蜀擢拔尤多，若游似、洪咨夔、魏了翁、李庭芝、家大酉、陳韡、劉克莊、李鼎、程公許、黎伯登、李性傳、王辰應、王㴬、魏文翁、高稼、丁焴、家抑、張袖、度正、王子申、程德隆、郭正孫、蘇植、黃申、高泰叔、李錫，各以道德、文學、功名，表表於世。隆州進士李心傳，累舉不第，以文行聞於國……以白衣召入史館，亦公特薦。"（頁16～17）

寧宗嘉定十七年甲申（1224），六十七歲

出蜀。回廣州。有詩二首、文三篇。

在成都。鄭損至，即議棄四州地，金人大入。崔與之再臨邊，金人乃退。

宰相史彌遠見蜀中局勢安穩，逢"與之以疾丐歸"，遂派心腹鄭損代。考《全録》卷九宋寧宗《辭免召赴行在不允詔》嘉定十六年十二月所言"候鄭損到日交割訖"（頁11），説明鄭損到位之日在十二月至次年初，姑繫於十七年崔與之出蜀前。《全録》卷三記載鄭損"至即議棄四州地，金人大入。與之再臨邊，金人乃退"（頁36）。《廣東通志》卷四四云："與之謝病歸，史彌遠以其黨鄭損代之。損貪黷無能，金人大舉入寇，與之再臨邊，金人始退。初，關外四州和尚原、仙人、大散二關，與之知爲要害，嚴守之。損棄以與敵，上流失勢，蜀因不守。"[1]《本傳》亦云："與之以疾丐歸，朝廷以鄭損代，既受代，金諜知之，大入，與之再爲臨邊，金人乃退。"（頁12261）《人物傳》云："與之以疾丐歸，朝廷以鄭損代，損，史彌遠黨也。既受代，乾没無能。金人諜之，大入。與之再爲臨邊，金人乃退。初，關外四州、和尚原、仙人、大散二關，與之謂爲必守之地。恒備之。損棄以與敵，上流失勢，國遂不支。其後余玠經復，竟無成功。世皆咎損而恨與之之不久任也。"（頁61）

---

[1] 魯曾煜等編纂《廣東通志》，景印文淵閣《四庫全書》，第564冊第50頁。

三月，以權禮部尚書召，辭不拜。

《全録》附集卷七《宋寧宗除崔與之禮部尚書制》題下注云"嘉定十七年三月"，並云："煥章閣直學士、朝請大夫、增城縣開國子、食邑六百户、賜紫金魚袋崔與之，德宇深融，才猷縝栗。……可依前朝請大夫、特授權禮部尚書，賜如故。"（頁279）《御批續資治通鑑綱目》卷一八載：嘉定甲申十七年春三月，"召崔與之爲禮部尚書，以鄭損爲四川制置使，與之辭不拜"[1]。

將出蜀回廣州，李曾伯有《賀新郎》（萬里歸朝去）送崔與之。

《賀新郎》（萬里歸朝去）序云："甲申代親庭送崔菊坡出蜀。"案，李曾伯（1198—1268），字長孺，號可齋，覃懷（今河南沁陽）人，李邦彦子。歷仕通判濠州（今安徽鳳陽）、軍器監主簿、淮西總領、太府少卿等職。淳祐二年（1242），出任淮東制置使、知揚州。淳祐四年，兼淮西制置使。後遭彈劾而落職奉祠。淳祐九年，出爲知静江府、廣西經略安撫使。次年，轉爲京湖制置使，加龍圖閣學士。其後加授四川宣撫使，賜同進士出身。累官湖南安撫大使兼節制廣南等。景定五年（1264），起復爲沿海制置使、知慶元府。次年再遭論劾，被褫職。[2]

出三峽，有《嘉定甲申以禮部尚書得請便道還家作此詩》詩。六月，溯瀟湘，至岳州。八月十五日，至桂林。過清遠，作《峽山飛來寺》詩。歸途中有《辭免禮部尚書》《再辭免禮部尚書》《第三次辭免禮部尚書》，朝廷有《辭免禮部尚書不允詔》。

本集卷五《嘉定甲申以禮部尚書得請便道還家作此詩》題目[3]具載其詳，詩有"短篷疏雨春聽浪，瘦馬輕寒曉度關"（頁13）句。《行狀》云："五年，丐歸，除禮部尚書。公輕舟出峽，徑歸五羊。自是，不復出矣。"（頁28）本集卷二《再辭免禮部尚書》云："一旦生出三峽，已爲過幸。"（頁2）綜上，"峽"應爲三峽，此詩或作於剛出三峽時。

---

[1] 商輅等《御批續資治通鑑綱目》，景印文淵閣《四庫全書》，第694冊第109頁。

[2] 脱脱等《宋史》卷四二〇《李曾伯傳》，第36冊第12574頁。

[3] 考本集卷五第13～14頁知，《全録》卷八誤將《送洪晹巖赴班》後的附注混入此詩題目前，附注云："君疇班引後，宰古田。滿戍趨京，時文溪以宗正少卿召入，極力引薦，君疇自六院入臺，文溪力也。後以言事去國。"（頁103）

考崔與之曾先後四次辭免禮部尚書，諸文清晰記載其出蜀行迹及時間。

《全録》卷五《辭免禮部尚書》題下注"嘉定十七年"，並云："焕章閣直學士、朝請大夫、成都潼川府夔州利州路安撫制置、兼知成都軍府崔與之狀。"（頁52）説明作於剛剛權禮部尚書召之後，暫權四川任職時。《全録》卷五《再辭免禮部尚書》題下注"嘉定十七年"，並云："焕章閣直學士、朝請大夫、前四川安撫制置使崔某狀。""一旦生出三峽，已爲過幸。"（頁53）《全録》卷五作於寶慶元年（1225）的《辭免知潭州湖南安撫使》云："念某自去春益昌解印之後。"（頁57）説明兩點：一是嘉定十七年春新任四川安撫制置使已到任，崔與之在益昌（今四川廣元）解印交割；二是既謂"一旦生出三峽"，則作此文時還未出三峽。

《全録》卷五《第三次辭免禮部尚書》題下亦注"嘉定十七年"，且云："六月初至岳州，再具辭免。八月半至静江府，準省劄指揮，三省同奉聖旨，依已降召不允。"（頁54）説明此文作於八月十五日之後。案，岳州，今湖南岳陽；静江府，今廣西桂林。《全録》卷五《第四次辭免禮部尚書》亦補述其行迹："纔出三峽，即渡洞庭，溯瀟湘，取道桂林而歸。"（頁55）《全録》卷九宋寧宗《辭免禮部尚書不允詔》題下注"嘉定十七年五月"（頁111）。

《全録》卷一一《峽山飛來寺》詩題峽山飛來寺在廣東清遠北江沿岸，坐落在飛來峽上。詩有"江流上溯曹溪水"（頁159），曹溪在廣東省曲江縣東南雙峰山下。梁善長《廣東詩粹·例言》云："七言古體，宋崔菊坡與之高華壯亮，猶有唐人遺音。"[1]此詩幽遐深峭，別具風格，顯示其厭倦功名、歸隱嶺南、淡泊名利之心。因此應作於出蜀過岳陽，取道從桂林返廣州，途經清遠時。

出蜀途中。是年，吳泳有《與崔菊坡尚書書》。

《全録》卷九吳泳《與崔菊坡尚書書》云："某伏自尚書帥蜀東歸，曾飭一箋於江之上下，遣人追送，隸也不力，及夔子，而仙舻已過月峽矣。洪考功之還，緘前書，同詩卷冊囊，就附其舟以行。"（頁115）既稱崔與之爲尚書，應在朝廷除其爲禮部尚書之後。姑繫於是年。案，吳泳，字叔永，潼川人。嘉定元年進士，累官直舍人院、吏部侍郎，兼直學士院，權刑部尚書，

---

[1] 梁善長編《廣東詩粹·例言》，清乾隆十二年刊本，第4頁。

進寶章閣學士，知泉州，以言罷，有《鶴林集》。[1]又，月峽即明月峽，廣元嘉陵江西陵峽東段，乃出川咽喉，劍門蜀道之重要部分。

在廣州。九月，轉朝議大夫。

《全錄》卷九宋寧宗《轉朝議大夫》題下注"嘉定十七年九月"，並云："正奉大夫、守吏部尚書、兼修玉牒官葉時、崔與之等，以禮樂詩書之彥，爲言語侍從之臣，方基圖續，紹之初正，君臣倍合之始，爰升峻秩，用表殊恩，如在先朝，勿替嘉猷之告。……此理宗即位初詔也。"（頁112）《全宋文》題爲《崔與之轉朝議大夫制》。[2]

宋理宗寶慶元年乙酉（1225），六十八歲

在廣州。有文三篇。

在廣州。任煥章閣直學士、朝議大夫。有《第四次辭免禮部尚書》，不獲允。

崔與之辭官返粵後，居廣州而非故鄉增城。《本傳》介紹廣州摧鋒軍叛亂、崔與之臨危受命情形。崔與之"聞命亟拜，即家治事"（頁12262），即在家中設指揮所治平叛之事，可知崔與之居廣州。案，崔與之的廣州故居位於廣州越秀區朝天路上崔府街，至今尚存。[3]《全錄》卷一〇曾榮《重修祠堂記》云："公之祠有三，其在故宅者，洪武初，指揮使胡通據爲私第。公之五世孫子璲，徙城南之桂華以居，乃即居之東，重攜祠繪像，子孫環而居之，歲時祀事弗廢。"（頁138）桂華，即桂華堡，並非其故居，因崔宅爲胡通強占，後成爲崔與之五世孫徙居之處。

本集卷二《第四次辭免禮部尚書》題下注"寶慶元年"，並云："煥章閣直學士、朝請大夫、前四川安撫制置使崔與之狀。……奉聖旨依屢降指揮不允，仍日下前來供職，具已發日申尚書省。"（頁3）案，崔與之因一直推辭

---

[1] 昌彼得等編《宋人傳記資料索引》，第1088頁。

[2] 曾棗莊、劉琳主編《全宋文》卷七九六六，第345冊第81頁。

[3] 《新快報》2015年5月20日發表文章《朝天路上崔府街》云："我偶爾走過朝天路上的崔府街，認識了一位名人，他就是南宋名臣崔與之（1158—1239）。街口疊著幾塊'崔府街'石碑，一家屋簷下掛著一塊藍鐵皮白瓷字的'崔府街'牌子，透露出近八百年前這裡住過一位崔姓官人的信息。"

任職，故此處仍自稱“朝請大夫”。

轉中奉大夫。宋理宗即位，詔除知潭州、湖南安撫使。崔與之俱辭，有《辭免除顯謨閣直學士知潭州湖南安撫使》《辭免知潭州湖南安撫使》，不獲允。

《本傳》云：“理宗即位，授充顯謨閣直學士、知潭州、湖南安撫使，辭。”（頁 12261）案，潭州，今湖南長沙。

本集卷二《辭免除顯謨閣直學士知潭州湖南安撫使》題下注“寶慶元年”，並云“焕章閣直學士、中奉大夫、前四川安撫使崔與之狀”（頁 4），説明此時已由朝議大夫轉爲中奉大夫。

本集卷二《辭免知潭州湖南安撫使》題下亦注“寶慶元年”，並云：“某自惟冉冉殘齡，駸駸謝事，一衰已甚，百病相乘，名曰頭風，積成奇證，每一發動，與死爲謀。加以心病日深，形骸柴立，十目所共見也。長沙據上流之雄，事任甚重，詎容久闕正官。欲望朝廷特賜敷奏，別選名流，以副隆委載……奉聖旨，依已降詔不允，不得再有陳請。”（頁 5）

案，理宗即位後，崔與之屢召不起，故《宋史》卷四〇一《劉宰傳》云：“理宗初即位……一時譽望，收召略盡，所不能致者，宰與崔與之耳。”[1]

居廣州，築室西偏爲塾，匾“菊坡”，不問外事。

《行狀》云：“築室所居之西偏，扁‘菊坡’[2]，刻韓魏公‘老圃秋容淡，黃花晚節香’之句於門塾，蓋雅志也。公之門無雜賓，連帥部使者，時候其門，歲僅一再見，未嘗一問外事。”（頁 28）

理宗寶慶二年丙戌（1226），六十九歲

在廣州，奉祠閑居。有文三篇。

在廣州。四月，有《復李俊明劄》。

《全錄》卷一一《復李俊明劄》云：“惟時初夏，氣清而和，伏惟新恩

---

[1] 脱脱等《宋史》，第 35 冊第 12169 頁。
[2] 菊坡，在廣州越秀山應元宮附近（今廣州市第二中學初中部），爲崔與之讀書講學之處。其西偏有臺榭樹木，曰“吟風閣”，後改爲“長春仙館”。清代，廣東官運使方子箴與中丞蔣香泉將長春仙館改建爲“菊坡精舍”。

朝議鄉兄，稽古策勳，有物作助，臺候動止萬福。……某以疾丐閑，幸得請，屈伏牖下，餘息厭厭。忽聞捷音，不知夙疴，方圖致慶，乃爲故人所先，三復不勝。……四月日，煥章閣直學士、中奉大夫、提舉崇福宮崔某劄。"（頁152）崔與之提舉崇福宮在寶慶二年，三年即提舉南京鴻慶宮，因此可知，該文作於二年四月。案，《李忠簡公文溪存稿》卷一八附錄題爲《菊坡回劄》[1]，《全宋文》題爲《復李昴英劄》[2]。李昴英，字俊明。

有《再辭免知潭州湖南安撫使》，除寶謨閣學士，提舉嵩山崇福宮。

《全錄》卷五《再辭免知潭州湖南安撫使》題下注"寶慶二年"，並云："國家以忠厚之意待士大夫，制爲祠官之廩，庸示優恩，或老而丐歸，或病而求養，或久勞而欲均休。俾之少遂安閑，而又不失寸禄，以保全其末路，忠厚之至也。區區危悃，冒罪控陳。"又云："奉聖旨，除寶謨閣學士，依所乞，提舉西京嵩山崇福宮，任便居住。"（頁57～58）

有《辭免除寶謨閣學士》。

《全錄》卷五《辭免除寶謨閣學士》題下注"寶慶二年"，並云："煥章閣直學士、中奉大夫、新除提舉西京嵩山崇福宮、增城縣開國伯、食邑九百户、賜紫金魚袋崔與之狀奏。……祠官得請以爲榮，銘心知幸，學士爲真而非據，踽踽難勝，倘辭受之，或乖則顛隮之立見。……奉聖旨不允，令學士院降詔。"（頁58～59）

理宗寶慶三年丁亥（1227），七十歲

在廣州，奉祠閑居。除南海郡開國侯。

《全錄》卷五《辭免除煥章閣學士》題下注"紹定元年"，並云："寶謨閣學士、新除提舉南京鴻慶宮、南海郡開國侯、食邑一千二百户、賜紫金魚袋崔與之狀奏。伏准省劄，備奉聖旨：崔與之除煥章閣學士、提

---

[1] 李昴英《李忠簡公文溪存稿》，《宋集珍本叢刊》，第85册第548頁。

[2] 曾棗莊、劉琳主編《全宋文》卷六六八一，第293册第327頁。

舉南京鴻慶宮，任便居住。”（頁59）與寶慶二年所任“除寶謨閣學士”
“提舉西京嵩山崇福宮、增城縣開國伯、食邑九百户、賜紫金魚袋”相
比，在除焕章閣學士之前，有“新除提舉南京鴻慶宮、南海郡開國侯、食
邑一千二百户”等職。《辭免除焕章閣學士》作於紹定元年（1228），除焕
章閣學士、提舉南京鴻慶宮、南海郡開國侯當在寶慶三年或紹定元年，姑
繫於寶慶三年，存疑。

宋理宗紹定元年戊子（1228），七十一歲

在廣州，奉祠閑居。有文三篇。

在廣州。二月，有《宋朝議大夫鍾玉巖墓誌銘》。

《全録》卷一一《宋朝議大夫鍾玉巖墓誌銘》云：“紹定元年二月寶
謨閣學士、新除提舉南京鴻慶宮、南海郡開國侯、食邑一千二百户、賜
紫金魚袋、年家眷同學弟與之頓首拜撰。”文中記録二人家眷同學之誼：
“予少時，叨承宣議公提攜訓誨，俾與四兄同學同遊，皆在蘿崗也。”
（頁157～158）

有《辭免除焕章閣學士》。

《全録》卷五《辭免除焕章閣學士》題下注“紹定元年”（頁59）。

詔除知隆興府、江西安撫使，力辭不就，有《辭免知隆興府江西安撫使》，轉中大夫。

本集卷二《辭免知隆興府江西安撫使》題下注“紹定元年”，並云：“焕
章閣學士、中大夫、提舉南京鴻慶宮崔與之狀。伏准省劄，備奉聖旨：崔與
之差知隆興府、充江西安撫使，填見闕。令所在軍州，差撥兵級三十人，津
發，疾速之任，候任滿前來奏事。”（頁9）《全録》附集卷八何忠禮《崔與
之事迹繫年》云：“居廣州。詔除知隆興府、江西安撫使，力辭不就。轉中
大夫。”（頁311）案，《全録》卷五載《辭免知隆興府江西安撫使》，題下注
“紹定二年”（頁60），誤。

理宗紹定二年己丑（1229），七十二歲

在廣州，奉祠閑居。

理宗紹定三年庚寅（1230），七十三歲

在廣州，奉祠閑居。有詩一首、文二篇。

在廣州。有《再辭免知隆興府江西安撫使》，除徽猷閣學士。

《全錄》卷六《再辭免知隆興府江西安撫使》文下注"紹定三年"，並云："顧知一路蕃宣之寄，其責非輕，自度衰殘，若爲勝任。頃年頭風之疾，秋冬爲甚。今發作無虛日，自早晨爲其所苦，食後方少定。若遇風寒，則終日奄奄，無復生意，甚至攻注面目，牽引口齒，呻吟不已，繼以叫號，年事至此，能再少再壯乎？……某去冬因往外邑，營一歸藏之地，抱病而歸，幾於不救。今若扶儡出嶺，四千里行役，道途衝涉，祇自速斃而已。……奉聖旨，除徽猷閣學士，提舉南京鴻慶宮，任便居住。"（頁62～63）可知是年崔與之頭風病加重，幾於不救，朝廷除徽猷閣學士，任便居住。

有《辭免徽猷閣學士》，不獲允。

《全錄》卷六《辭免徽猷閣學士》題下注"紹定三年"，並云："所有徽猷閣學士恩命，未敢祗拜。"然"奉聖旨，降詔不允"。（頁63～64）

薦鄉人吳純臣、溫若春。

《全錄》卷二《言行錄中》載："公奏對間，一日，上問：'鄉里有何人才？'公薦吳純臣有監司之才，遂除廣西憲；溫若春宜清要之任，遂除秘書郎。後皆稱職。"（頁14）《南宋館閣錄》續錄卷八載："溫若春，三年十二月除（秘書郎）。"[1]姑繫於是年。案，吳純臣，廣州番禺人。嘗知連州，盡心民瘼，爲崔與之所薦，除提點廣西刑獄，辦案剖析無疑滯。凡四歷州官，告歸於家，人稱其急流勇退。卒年六十二。溫若春，字仲暄，廣州番禺人。累計偕不第凡三十五年。寧宗嘉定十三年特召

---

[1] 陳騤、佚名《南宋館閣錄》，景印文淵閣《四庫全書》，第595冊第519頁。

對策，奏名第一，賜同進士出身。調潼川英德學官及爲府學正，尋轉
校書郎。理宗紹定三年十二月，以崔與之薦授秘書郎。以朝奉郎致仕。
居家以勤儉聞。

因洪天錫任滿赴班，有《送洪暘巖赴班》詩。

本集卷五《送洪暘巖赴班》詩序云：“暘巖洪君天錫，清源人，與余鄉
李文溪丙戌同年，交情彌厚。君疇入廣帷幕數年，舉剡足當班，見文溪詩，
以餞其行。”是詩附注云：“君疇班引後，宰古田。滿戍趨京，時文溪以宗正
少卿召入，極力引薦，君疇自六院入臺，文溪力也。後以言事去國。”（頁13～
14）案，《全録》將此附注亂入其後《嘉定甲申以禮部尚書得請便道還家作
此詩》詩題中。清源，今福建仙遊。《閩中理學淵源考》卷三三云：“（洪天
錫）字君疇，號暘巖，晉江人，寶慶二年進士，授廣州司法。”[1]案，晉江，
今屬福建。《宋史》卷四二四《洪天錫傳》云：“寶慶二年進士。授廣州司法。
長吏盛氣待僚屬，天錫糾正爲多。丁內艱，免喪，調潮州司理。”[2]洪天錫
寶慶二年（1226）中進士，授廣州司法，有政績，丁母憂三年，因此，此詩
應作於三年後。再觀崔與之《送洪暘巖赴班》詩中有“法吏了繁劇”“曾此
趨幕職”“廣城”“武庫”“五羊”等詞句，可知爲廣州幕職（司法參軍）時
作。詩中還有“高誦歸去辭，永守兔園冊”表達自己去官隱居之意，與此時
身居廣州而屢辭朝廷徵召的情形相符。姑繫於是年，存疑。案，查《李忠簡
公文溪存稿》，李昴英詩爲《送黃提幹赴班》。[3]

理宗紹定四年辛卯（1231），七十四歲

在廣州，奉祠閑居。

轉太中大夫。

《全録》卷六《乞守本官致仕》題下注“紹定五年”，並云：“徽猷閣學
士、太中大夫、提舉南京鴻慶宮崔與之狀奏。”（頁64）說明此時崔與之已

[1] 李清馥《閩中理學淵源考》，景印文淵閣《四庫全書》，第460冊第428頁。
[2] 脫脫等《宋史》，第36冊第12655頁。
[3] 李昴英《李忠簡公文溪存稿》卷四，《宋集珍本叢刊》，第85冊第528頁。

由中大夫轉爲太中大夫。姑將轉太中大夫繫於前一年，即紹定四年。存疑。

理宗紹定五年壬辰（1232），七十五歲

在廣州，奉祠閑居。有文一篇。

有《乞守本官致仕》。

《全録》卷六《乞守本官致仕》題下注"紹定五年"，並云："臣竊惟七十致仕，禮之經也。昨嘗引年告老，期畢此生，適有南昌分閫之命。自顧衰頹，不堪驅策，疊具控免，幸獲矜從，然猶未忍棄捐，畀之祠廩，强顔祗命，終不遑安。……奉聖旨不允，令學士降詔。"（頁64）

理宗紹定六年癸巳（1233），七十六歲

在廣州。召赴行在，辭。有詞一首、文一篇。

在廣州。四五月間，有《賀新郎》（壽轉運使趙公汝燧）。

本集卷五《賀新郎》（壽轉運使趙公汝燧）詞云："雨過雲容掃。使星明、德星高揭，福星旁照。槐屋猶喧梅正熟，最是清和景好。望金節、雲間縹緲。和氣如春清似水，漾恩波、沾渥天南道。晨鵲噪，有佳報。　天家黃紙除書到。便歸來，升華天下，安邊養浩。好是六逢初度日，碧落笙歌會早。遍西郡，歡聲多少。人道菊坡新釀美，把一觴，滿酌歌難老。瓜樣大，安期棗。"（頁14）潘飛聲言此詞"壽辭出以典雅，亦復不易"[1]。案，《全録》卷八録此詞，無詞牌，與詩同列。（頁102）

案，趙汝燧，字明翁，號野谷，宋宗室，居袁州。寧宗嘉泰二年（1202）進士。劉克莊《刑部趙郎中墓誌銘》云："以討捕功增兩秩，歷湖南憲、漕，去貪戢暴，風行一道。移漕廣東，解總領餉，摧鋒之外。……時清獻崔公里居，以書與今觀文相國游公，稱公有乾、淳監司之風。改知安吉（今屬浙江）

---

[1] 潘飛聲《粤詞雅》，唐圭璋編《詞話叢編》，第5冊第4884頁。

州、廣東提刑，皆未上。"[1]李之亮《兩湖大郡守臣易替考》引《彬州志》載："趙汝燧（燧），紹定二年由中散大夫、祥符縣開國男知。四年，除湖南提刑。五年，除湖南提刑。"[2]後改湖南憲漕，廣南東路轉運使，故此詞應作於紹定五年後兩三年、趙汝燧任廣南東路轉運使之時，時崔與之亦在廣州。姑繫於是年，存疑。案，詞中有"梅正熟""最是清和景好""和氣如春"，應在四五月間；有"使星""金節""天家黃紙除書"，應爲新任職除書剛到之時。

六月十日，以二鹿壽廣東安撫使曾治鳳。

李昂英《義鹿記》載："端平之元夏五朔，府帥曾公縱鹿二於白雲山。昨歲六月十日，菊坡先生壽公物也，始縶之郡圃，攸伏，既入層林薈翳間，噗噗得所，猶屢顧不忍去。逾月，邦人爭爐瓣薌祝初度，頌聲讙雷，穌氣熏春，方稱觥公堂，鹿雄雌追隨，繇城北隅，復遄繞旗幢，呦鳴伎躍如舞。已去四十日，詰屈二十里，是胡爲來，若五仙羊導之。萬眾詫詡，屬某筆一段奇事。……公名治鳳，字君輝，清源人。番禺李昂英記。"[3]從文中可知，曾治鳳於端平元年（1234）五月縱二鹿於白雲山，此二鹿爲崔與之前一年六月十日賀壽所贈。據《南宋制撫年表》載："紹定六年曾治鳳任廣東安撫使，端平元年，崔與之任廣東安撫使。"[4]案，曾治鳳，字君輝，一字君儀，晉江人，曾用虎弟。開禧元年（1205）進士，歷官廣東提刑，知袁州（今江西宜春），復直煥章閣，帥廣東。性簡儉，不妄費，不嗜殺戮，寇發循惠間，郡請兵，不從，諭降之。端平初進直徽猷閣，改知建寧（今福建建甌），罷歸卒。[5]

十月十八日，召赴行在，作《辭免召赴行在》。

《宋史》卷四一《理宗本紀一》載：紹定六年冬十月，"己丑，詔崔與之、李埴、鄭性之赴闕"[6]。《全錄》卷六《辭免召赴行在》題下亦注"紹

[1] 劉克莊《後村先生大全集》卷一五二，《四部叢刊初編》，第37冊第1～2頁。

[2] 李之亮《宋兩湖大郡守臣易替考》，巴蜀書社2001年版，第396頁。

[3] 李昂英撰，楊芷華點校《文溪存稿》卷二，暨南大學出版社1994年版，第29～30頁。

[4] 吳廷燮撰，張忱石點校《北宋經撫年表 南宋制撫年表》，第580頁。

[5] 張撝之等主編《中國歷代人名大辭典》，第2358頁。

[6] 脫脫等《宋史》，第3冊第799頁。

定六年", 並云: "伏緣臣流年七十有六, 老將焉用, 病莫能興。近又爲風邪所中, 左臂偏枯, 殘息奄奄, 朝不保夕。"(頁 64～65)

十一月, 洪咨夔廷對, 薦崔與之、真德秀、魏了翁聚於朝廷謀事。

《咸淳臨安志》卷六七載: "紹定六年冬, 理宗始親政。召(洪咨夔)爲禮部郎官。入對, 言帝運英明之略, 莫先於養英明之氣。上問: '今日之務何急?'咨夔奏: '當進君子, 遠小人, 開誠心, 布公道。'又問: '近日事體如何?'咨夔言: '進擢收召未免混淆, 若大受用皇極之道, 精擇用春秋之法, 則兩盡矣。'又問在外人物, 咨夔言: '崔與之全德之老, 可爲朝廷重。真德秀、魏了翁當聚之本朝。'"[1]《宋史》卷四〇六《洪咨夔傳》亦如此載: "帝親政五日, 即以禮部員外郎召, 入見, 乞養英明之氣, 及論君子小人之分。帝問今日急務, 對以'進君子而退小人, 開誠心而布公道'。且言'在陛下一念堅凝'。又問在外人物, 對以'崔與之護蜀而歸, 閑居十年, 終始全德之老臣, 若趣其來, 可爲朝廷重。真德秀、魏了翁陛下所簡知, 當聚之本朝'。"[2]《宋史》卷四一《理宗本紀一》去: "禮部郎中洪咨夔進對: '今日急務, 進君子, 退小人, 如真德秀、魏了翁當聚之於朝。'帝是其言。"[3]

宋理宗端平元年甲午(1234), 七十七歲

在廣州。追封南海郡開國公。

在廣州。宋理宗親政, 詔求直言, 洪咨夔、王遂等力請召崔與之等入朝。

《宋史》卷四一四《鄭清之傳》云: "端平元年, 上既親總庶政, 赫然獨斷, 而清之亦慨然以天下爲己任, 召還真德秀、魏了翁、崔與之、李埴、徐僑、趙汝談、尤焴、游似、洪咨夔、王遂、李宗勉、杜範、徐清叟、袁甫、李韶, 時號'小元祐'。"[4]《延祐四明志》卷五《人物考》載: "遂召真德

[1] 潘説友《咸淳臨安志》, 景印文淵閣《四庫全書》, 第 490 冊第 699 頁。
[2] 脫脫等《宋史》, 第 35 冊第 12265 頁。
[3] 脫脫等《宋史》, 第 3 冊第 799 頁。
[4] 脫脫等《宋史》, 第 35 冊第 12420 頁。

秀、魏了翁、崔與之、趙汝談、徐僑、尤焴、洪咨夔、王遂、李宗勉、杜範、游似、袁甫、李韶凡數十人爲侍從等官。"[1]《閩中理學淵源考》卷三〇云："於是御史洪咨夔、王遂等力請召崔與之、魏了翁、真德秀入朝。"[2]

除吏部尚書，不拜。四月，《理宗御劄》其一詔勿復引辭。

《本傳》云："端平初，帝既親政，召爲吏部尚書，數以御筆起之，皆力辭。"（頁 12261～12262）

《全録》卷九《理宗御劄》其一題下注"端平元年四月"，並云："卿年高德邵，國之望也。朕親政以來，渴想猶切，虛天官以俟。洊覽奏牘，奚辭之確耶。……此朕惓惓於卿者，眷然有懷。其趣就道，勿復引辭。"（頁 112）吏部尚書，通常稱爲天官、冢宰、太宰，雅稱大冢宰，掌管全國官吏任免、考課、升降、調動、封勳等事務，是吏部最高長官，爲中央六部尚書之首。因此除吏部尚書應在此御劄前後。《全宋文》題此詔爲《趣召崔與之手劄》。[3]《全録》卷六《辭免除參知政事》云："（嘉定）甲申年，以春官召；（端平）甲午年，以天官召。"（頁 71）亦可佐證。

夏，追封南海郡開國公。

《全録》附集卷七洪咨夔《吏部尚書崔與之明堂進封南海郡開國公加恩制》云："洊十行之趣召，儼三命之滋恭。展也達尊，爛然全節。延英論事，莫遑汗盛夏之衣；宣室受釐，猶思前半夜之席。"（頁 274）既言"除吏部尚書"，可確定在除吏部尚書後，提舉西京嵩山崇福宮之前；"莫遑汗盛夏之衣"，可知在是年夏。

六月二日，除端明殿學士，提舉西京嵩山崇福宮。

《宋史全文》卷三二云：端平元年六月己巳，"詔新除吏部尚書崔與之爲端明殿學士，提舉西京嵩山崇福宮，以其懇辭召命也"[4]。

《全録》附集卷七洪咨夔《吏部尚書崔與之除端明殿學士提舉西京崇福宮制》云："東撫淮堧，制勝紛挐之表；西馳蜀道，計安震擾之餘。乃寧考簡知之深，予沖人注想之切。遲十年之圭覲，洊一旦之旌招。"（頁 275）此

[1] 馬澤修，袁桷等纂《延祐四明志》，《中國方志叢書》，成文出版社 1983 年版，第 384 頁。
[2] 李清馥《閩中理學淵源考》，景印文淵閣《四庫全書》，第 460 冊第 374 頁。
[3] 曾棗莊、劉琳主編《全宋文》卷七九六八，第 345 冊第 135 頁。
[4] 汪聖鐸點校《宋史全文》，第 8 冊第 2688 頁。

文亦見《平齋文集》卷一八，贊頌崔與之護國之功及朝廷提舉宮觀之賜。

《全録》附集卷八何忠禮《崔與之事迹繫年》云："《本傳》、《言行録》卷一及《人物傳》等，皆以爲朝廷先除與之吏部尚書，後因屢辭而改授宮觀。然而，《宋史》卷四一《理宗本紀一》卻將授宮觀時間繫於本年五月壬戌[1]（案，《欽定續通志》亦如此載[2]），即以爲早於除吏部尚書之時間，此與端平初年之用人政策不合，疑誤。"（頁 313）

案，《宋史全文》卷三二云："詔新除吏部尚書崔與之爲端明殿學士，提舉西京嵩山崇福宮。"[3]《平齋文集》卷一八載有《吏部尚書崔與之除端明殿學士提舉西京崇福宮制》[4]一文，均説明先除吏部尚書，再召爲端明殿學士，提舉西京嵩山崇福宮。《本傳》《人物傳》均云："端平初，帝既親政，召爲吏部尚書。數以御筆起之，皆力辭。……繼而授端明殿學士、提舉嵩山崇福宮，亦辭。"（頁 12261～12262）此處無異議。《宋史全文》載端平元年六月己巳提舉西京嵩山崇福宮，而《宋史·理宗本紀》《欽定續通志》將授宮觀時間繫於本年五月壬戌，二者有矛盾，存疑。前文已證，除吏部尚書時間爲四月前後，無論授宮觀時間是五月還是六月，均不存在《崔與之事迹繫年》所言"以爲授宮觀時間早於除吏部尚書時間"之説。

理宗端平二年乙未（1235），七十八歲

在廣州。權宜知廣州事，平摧鋒軍亂。有文十四篇。

在廣州。正月，有《舉通判宋翊知循州劄》。

《全録》卷八《舉通判宋翊知循州劄》文下注"端平二年正月"，其文曰："竊見通判廣州軍宋翊，練歷已深，廉介有守。昨試令之程鄉，又宰惠之歸善，一意撫字，安静無擾，邑人至今思之。循州介乎二邑之間，凡民情之休

---

[1]《宋史》："（五月）壬戌，以崔與之爲端明殿學士、提舉西京嵩山崇福宮。"（脱脱等《宋史》，第 3 冊第 802 頁）

[2]《欽定續通志》卷三八："（五月）壬戌以崔與之爲端明殿學士提舉西京嵩山崇福宮。"（嵇璜等《欽定續通志》，景印文淵閣《四庫全書》，第 392 冊第 506 頁）

[3] 汪聖鐸點校《宋史全文》，第 8 冊第 2688 頁。

[4] 洪咨夔《平齋文集》，南宋刊本，第 4 頁。

戚，風土之利病，耳目所接，罔不備諳。……倘使宋翊爲之，必有成效。"（頁88）案，宋翊，字叔晦，煜之孫。以蔭補官。端平初，通判廣州，廣帥崔與之疏薦，辟知循州。循與汀、梅接，壤寇盜充斥。翊甫至，集官民兵扼其要衝，率以俘獻。復增陴浚隍，募兵益戍，爲異日慮。急撫字，緩催科，是以循民安生樂業。斛面取贏丁錢虛額，一切去之，復奏於朝，永爲定式，循民德之。[1]循州，今廣東龍川。

二月二日，崔與之被廣人奉像生祠之，雖嚴拒而不能止。

《全録》附集卷三李昴英《書菊坡先生蒲澗生祠記後》詳記此事："端平二年二月二日，廣人奉菊坡先生像生祠之，先生拒之峻，不能止也。眾屬參預，宏毅齋游公似秉記筆，文絶奇偉。先生戒毋刻尤力。蓋謙不肯當。吁！先生騎箕尾去矣，運使劉公克莊始入記於石，命其客鍾大鳴視工，以淳祐之元中元後三日立。先生所以惠其鄉國，人所以尊其老，來者有稽焉。游公之文也，抑劉公之力也。……菊坡祠二：在蜀仙遊閣，劉後溪贊之；在南海之蒲澗，劉後村碣之。"（頁212）案，游似（？—1252），字景仁，號克齋，南充人（一説嶽池人），師事劉光祖。嘉定十四年（1221）進士，官大理寺司直。嘉熙三年（1239）爲端明殿學士，簽樞密院事，封南充縣伯，同年八月又拜參知政事。淳祐五年（1245）拜右丞相。

二月，因廣州摧鋒軍兵變，權宜知廣州，撫諭平叛。

《全録》卷二《言行録中》簡述此事："乙未二月循梅戍軍曾忠等回，由惠城倡亂，徑擣廣州。主將熊喬脱歸告變，庾使黃岌等以一郡生靈繫命於公，請登陴撫諭。公爲惻然，亟偕往，詰其故，叛卒一見，羅拜城下，以賊平久不得撤戍爲對。公遂召秘著李公昴英、節推楊公汪中，縋城諭賊，曉以逆順，許之自新，賊始引去。公授諸臺，嚴爲備禦，檄摧鋒統制毗富道會諸戍將追擊之。"（頁18）案，關於摧鋒軍兵變原因，《本傳》有詳細記載並介紹崔與之權知廣州，撫諭平叛之事："先是，廣州摧鋒軍遠戍建康，留四年，比撤戍歸，未逾嶺，就留戍江西，又四年，轉戰所向皆捷，而上功幕府，不報，求撤戍，又不報，遂相率倡亂，縱火惠陽郡，長驅至廣州城，聲言欲得連帥

---

[1] 魯曾煜等編纂《廣東通志》卷三九，景印文淵閣《四庫全書》，第563冊第680頁。

泪幕屬甘心焉。與之家居，肩輿登城，叛兵望之，俯伏聽命，曉以逆順禍福，其徒皆釋甲，而首謀數人，懼事定獨受禍，遂率之遁去，入古端州以自固。至是，與之聞命亟拜，即家治事，屬提刑彭鉉討捕，潛移密運，人無知者。俄而新調諸軍畢集，賊戰敗請降，桀黠不悛者戮之，其餘分隸諸州。”（頁 12262）從兩處引文“庾使黃崴等以一郡生靈繫命於公，請登陴撫諭”“至是，與之聞命亟拜，即家治事”可知，崔與之臨時權知廣州。案，古端州，今廣東肇慶。

《宋史翼》卷一六《李昴英傳》所載亦可佐證帥守曾治鳳、轉運使石孝淳潛逃，廣州群龍無主，庾使黃崴請崔與之主持大局並順利平叛之事：“端平二年，摧鋒戍卒叛，縣惠州趨番禺。承平久，人不知兵，郡大恐。帥守曾治鳳航海潛去，轉運使石孝淳避水之南，獨庾使黃崴請於崔與之守禦。與之登城撫諭，昴英與楊汪中皆出諭賊，甫縋城，群凶露刃森立，毅然不動。從容諭禍福，賊退。事聞，除大理司直，主管經撫司機宜文字。後與之平賊，以昴英有贊畫功，召除太學博士。”[1]

《全錄》卷二《言行錄中》記載叛卒初抵城，崔與之整頓軍務，帖息安民情況：“叛卒初抵城，薄北門，摧鋒本寨，纔一壁隔，人心憂危，懼生內變。公與庾使黃公議開府庫，大犒諸軍。令熊喬回本寨鎮壓，密護北門。區處有方，關防其備。時軍氣頗驕，大肆剽掠，擇其尤無良者誅之，於是帖息，民恃亡恐。”（頁 18）

三月二日，除廣東經略安撫使兼知廣州。三月十二日後，有《奏暫領經略安撫使知廣州印乞除官代狀》，不允。

《廣州府志》卷一七《官表一》載：“崔與之，端平二年以安撫使兼知廣州軍州事。”[2]袁甫《崔與之除端明殿學士廣東經略制》云：“敕：朕思用物望，共濟時艱。……鎮靜稱於治蜀，歸卧丘樊。粵從調瑟以來，謂可彈冠而起。班獨高於八座，疏胡聞於再辭。……少需不旬月之間，即見一指麾而定。朕知卿素履，慕古良臣。每熟覽於來章，屢興懷於前席。相見何晚，雖暫煩

---

[1] 陸心源撰，吳伯雄點校《宋史翼》，第 337 頁。

[2] 戴肇辰、蘇佩訓修，史澄、李光廷纂《廣州府志》，清光緒五年刊本，第 8 冊第 32 頁。

牧御之才；盍歸乎來，行大展經綸之業。"[1]前文已證崔與之除端明殿學士在端平元年六月，此制則謂端平二年三月與廣東經略巡撫使同時任命，此處存疑。此制有"少需不旬月之間，即見一指麾而定"，應爲崔與之廣州平叛之後。本集卷三《奏暫領經略安撫使知廣州印乞除官代狀》則指明此制時間爲"三月二日"："三月十二日，承提刑司遞到御前劄子：三月二日，三省同奉聖旨，崔與之除廣東經略安撫使，兼知廣州。"（頁 4）崔與之以宿疾大發，乞除官代任，朝廷未允。可以看出，此奏狀應作於三月十二日領御前劄子後不久。

《全錄》附集卷七宋理宗《端明殿學士崔與之辭免除廣東經略安撫使兼知廣州恩命不允詔》云："卿風節在朝廷，威名在夷狄，朕之韓、范也。頃辭聘召，佚老海濱，悍卒嘯凶薄番禺，幅巾登陴，赤心諭曉，衆狙屏氣宵遁，賢者有益於人國如此。就鎮鄉枌，全護海嶠，家國一體，孰如卿宜！矧弭盜於淮，卻寇於蜀，沉深有遠略，爲我強起可也。……朕方嘉卿勇義而識變，異檛非所樂聞也。所辭宜不允。"（頁 274）據文意，是詔作於除崔與之廣東經略安撫使兼知廣州、崔與之辭命之後，姑次於此。

寇平，即力辭閫事，悉歸所得帥廩錢、米於官。

《全錄》卷二《言行錄中》云："變聞於朝。三月，除公廣帥。始賊自廣遁去，趨肇慶郡境，招納亡命，從者回應，勢焰益張，入據府城。官軍進擊，賊棄城潛遁去，盤礴四會、懷集間，郡邑洶洶。公不敢辭，即家治事。賊自懷集，迤邐入封州境，山徑險峻，不可追擊。公亟與憲使彭公鉉遣將調兵，四面圍襲，氣勢翕合。賊屢戰北，窮蹙來歸，公以徒分隸諸軍，悉殲之。寇平，即力辭閫事，所得廣帥月廩錢一萬一千餘緡，米二千八百餘石，悉歸於官，一無所受。"（頁 18～19）案，四會，今屬廣東；懷集，今屬廣東。

四月十七日，有《奏乞謀帥爲代》。

本集卷三《奏乞謀帥爲代》題下注"端平二年四月十七日"，並云："自領事後，疲於應酬，心疾大作。……遂將廣州職事牒請提舉常平黃成兼攝，以分勞；經略司則牒請提舉市舶管瀛參相幕謀，以相扶助……亟賜謀帥以爲

---

[1] 曾棗莊、劉琳主編《全宋文》卷七四二五，第 323 冊第 280 頁。

代，庶免有誤國事。奉聖旨不允，令學士院降詔。"（頁5）

五月二日，有《申山前事宜併牒彭提刑節制諸軍隨宜調遣就行督捕事》，部署剿賊事宜。

《全錄》卷六是文題下注"端平二年五月初二日"，並介紹官軍降黃榜撫諭叛軍以悔過自新之舉措，具體分析曾忠等賊徒"終懷疑心，未易柔服，徒以受召爲名，而不遵黃榜指揮"（頁67）之情狀，並對剿賊事宜進行細緻部署。

六月，除參知政事。

《宋史全文》卷三二載：端平二年六月壬午，"端明殿學士、知廣州崔與之參知政事"[1]。《全錄》附集卷七洪咨夔《端明殿學士廣東經略知廣州崔與之除參知政事加食邑四百户制》云："具官某存心以事天，行義以達道，風節高乎一世，威名聳於四夷。泛三峽而歸，久適山林之樂；越五嶺而召，尚安水石之閑。甫升書殿以賦祠，旋即里門而宅牧。期釋宵衣之慮，忘居晝錦之榮。方飛鴞懷我好音，已蕭登陴之諭；迨急鹿鋌而走險，竟伸負固之誅。環扶胥黃木以懷生，極交阯蒼梧而息警。"（頁275）

七月五日，有《奏盜賊寧息乞賜除代》。

本集卷三《奏盜賊寧息乞賜除代》題下注"端平二年七月初五日"，並云："今當諸軍會合，狂寇蕩平，亟欲少求休息。六月二十一日，恭承明詔之頒，訓辭有曰：'旦夕除代，有人至而受之事，卿乃得即安。'……亟賜謀帥以爲代，庶幾早釋重負，以活餘生。"（頁8）

七月九日，有《申彭提刑管提舶之功》。

本集卷三《申彭提刑管提舶之功》題下注"端平二年七月初九日"，並云："端明殿學士、太中大夫、廣東經略安撫使、兼知廣州崔與之照對。……今來管提舶參謀帥幕，適與彭提刑素相厚善，心志相乎，通帥憲兩司之情，往來山前議事，相與參訂，從長而行，提刑遇事圓轉，區處得宜，斯克有濟。今寇盜寧息，實賴彭提刑山前制勝之功，管提舶幕中參謀之助。某衰老無能，因人成事，而不敢没其實，須至申聞者。"（頁7）

---

[1] 汪聖鐸點校《宋史全文》，第8冊第2700頁。

又有《申石運判李運判黃提舉之功》。

　　本集卷三《申石運判李運判黃提舉之功》載有三人身份事迹。石運判即朝議大夫、運判石孝淳，李運判爲朝散大夫、運判李華，籌集軍餉等方面功勞巨大；黃提舉即朝請大夫、提舉常平黃歲，時暫兼知廣州，操勞郡事，以使崔與之分身軍務，功勞巨大，遂申聞於朝廷。（頁 8～9）

卸任，彭鈜繼知廣州軍州事。

　　《廣州府志》卷一七《官表一》載："崔與之，端平二年以安撫使兼知廣州軍州事。彭鈜，端平二年知廣州軍州事。"[1]從前文可知，崔與之六月除參知政事，七月還申彭提刑、石運判、李運判等人功勞，説明仍在廣東經略安撫使廣州軍州事之職。《全録》卷六載，崔與之七月十八日作《辭免除參知政事》時自稱"端明殿學士、太中大夫、南海郡開國公崔與之"（頁 70），説明此時已卸任廣東經略安撫使廣州軍州事，即彭鈜知廣州軍州事應在六七月間。案，彭鈜疑即彭鉉，或爲《廣州通志》刊刻錯誤。

七月十八日，有《辭免除參知政事》，不獲允。

　　《全録》卷六《辭免除參知政事》題下注"端平二年七月十八日"，並云："所有上件省劄，寄留廣州軍資庫，未敢祗拜。"（頁 70）《全録》附集卷七魏了翁《奏乞趣詔崔與之參預政機》云："乃者陛下特頒御筆，遠自廣南召崔與之參預政機。除書一頒，中外胥慶。而與之方以年邁疾侵，固請謝事。夫當仕有官職，而以其官召之，則不得以疾爲解。陛下所以詔諭之者，非不切至，而與之重於一出，特爲晚節計耳。與之初辭宗伯，再辭天官，今又力辭政府。"（頁 276）宗伯，周代六卿之一，掌宗廟祭祀等事，即後世禮部之職，因亦稱禮部尚書爲大宗伯或宗伯；天官，爲吏部尚書；政府，指參知政事。"今又力辭政府"，即崔與之力辭參知政事之職。另，據《魏文靖公年譜》載：端平元年十二月，魏了翁召權禮部尚書，兼直學士院。端平二年五月造朝。七月，上十事，不報。十二月至鎮江。自此離京未返。[2]因此，此奏應作於端平二年七月至十二月間，姑次於是年七月崔與之首辭參知政事之後。

　　《全録》附集卷七魏了翁《賜崔與之辭免參知政事不允詔》云："自比年

[1] 戴肇辰、蘇佩訓修，史澄、李光廷纂《廣州府志》，清光緒五年刊本，第 8 冊第 32 頁。
[2] 繆荃孫編，張尚英校點《魏文靖公年譜》，吳洪澤、尹波主編《宋人年譜叢刊》，第 11 冊第 7512 頁。

以來，義理不競，名節隳頹。思得守誼握正、秉忠蹈方之士，表儀群辟，是用待卿爲政。夫當仕有官職而以官召之，則不得以疾爲解。卿猷念專固，不肯設中於心，以相從也。今外訌內鬨，事會遝來，豈卿閑遯時耶？《詩》曰：‘獨寐寤歌，永矢弗過。’舊説謂誓不過君之朝，而先儒非之，曰：‘此自陳不得過君之朝也。今卿以二説孰非孰是，奚厚奚薄？則去就決矣。朕命不易，卿來毋遲。”（頁 279）

七月二十一日，《理宗御劄》其二召請崔與之協濟國事。

《全録》卷九《理宗御劄》其二題下注“端平二年七月”，並表達召崔與之用事之誠意：“朕妙柬英耆，參預大政，命下之日，朝野交歡。亦惟卿名德素孚，有以壓服衆論也。屬時多虞，正賴協濟。毋事異辭，亟祗承渥。今專遣劄書賜卿，雖未能如古者安車聘召之禮，傾心注想，實則過之。其即戒行，以副朕尊用老成之意。”（頁 112）《全宋文》題爲《召崔與之詔》。[1]

閏七月，有《再辭免參知政事》，不獲允。

《全録》卷七《再辭免參知政事》題下注“端平二年閏七月”，並云：“閏七月二十一日，恭准御前金字牌，遞到御劄一封，趣臣就道。……奉御筆不允，令學士院降詔。”（頁 74）“趣臣就道”即《理宗御劄》其二“其即戒行”。

《全録》附集卷七宋理宗《使崔與之再辭免除參知政事趣令就道恩命不允不得再有陳請詔》題目有“再辭免除”，即第二次辭免除參知政事後，朝廷有不允詔。詔云：“異章至再，陳義何切！……卿旅力雖愆，精神逾勁，坐而謀國，必能折姦弭慝，翼朕攸濟。維日望之，强飯就道，毋憚於行。所辭宜不允，不得再有陳請。”（頁 273）

八月，有《第三次辭免參知政事》。

《全録》卷七《第三次辭免參知政事》題下注“端平二年八月”，且云：“奉聖旨，依屢降詔不允，不得更有陳請。”（頁 75）

十月，《理宗御劄》其三再召。有《第四次辭免參知政事》，不獲允。

《全録》卷九《理宗御劄》其三題下注“端平二年十月”，再次召請崔與之出仕：“朕親政之始，訪求耆碩，卿其首也。側席逾兩期，而俟駕之行，

---

[1] 曾棗莊、劉琳主編《全宋文》卷七九六九，第 345 册第 144 頁。

尚爾悠邈，豈朕好賢之意未篤耶？先朝如文彥博九十餘，老猶肯預聞國事，卿何如年，乃不爲朕一出？使貽恨同時，恐非仁賢之志。方虛政地，以待其勉趣車徒亟，式副延佇。再此親劄，宜體至懷。"（頁113）《全宋文》題爲《召崔與之詔》。[1]

《全錄》卷七《第四次辭免參知政事》題下注"端平二年十月"，並云："恭准御前金字牌遞御劄一封。""奉聖旨，依已降指揮不允，不得再有陳請。"（頁76～77）"御劄"即指《理宗御劄》其三。

十一月，有《第五次辭免參知政事》，不獲允。

《全錄》卷七《第五次辭免參知政事》題下注"端平二年十一月"（頁75）。

是年，有《與循州宋守書》（共二篇）。

二文見《全錄》卷八。《廣東通志》卷三九云："宋翊，字叔晦，煜之孫，以蔭補官。端平初，通判廣州，廣帥崔與之疏薦，辟知循州。"[2]因此，循州宋守即宋翊，爲崔與之是年所薦，具體任職時間不詳，姑繫於此。

理宗端平三年丙申（1236），七十九歲

在廣州。有文五篇。

在廣州。正月，有《第六次辭免參知政事》，宋理宗批答。

《全錄》卷七《第六次辭免參知政事》題下注"端平三年正月"（頁78）。是文後附宋理宗《崔與之辭免參知政事第六劄子批答》云："卿清忠足以範俗，直惠足以擾邦，國之紀也，民之望也。朕自去秋以來，數降詔書，趣卿政路。而奏牘來上，至於五六，殊咈朕意。夫有德者進，則朝廷尊嚴，强暴消靡。卿可便驅車造朝，秉德輔時，不責卿以事。"[3]

四月，有《第七次辭免參知政事》。詔除資政殿學士，提舉洞霄宮。

《全錄》卷七《第七次辭免參知政事》題下注"端平三年四月"，並云："奉御筆，除資政殿學士，提舉臨安府洞霄宮，任便居住。"（頁80）所以，

---

[1] 曾棗莊、劉琳主編《全宋文》卷七九六九，第345冊第146頁。
[2] 魯曾煜等編纂《廣東通志》，景印文淵閣《四庫全書》，第563冊第680頁。
[3] 曾棗莊、劉琳主編《全宋文》卷七九六九，第345冊第148頁。

寫此文時，已除資政殿學士，提舉臨安府洞霄宮時間亦應在四月。

七月，有《辭免除資政殿學士宮觀》，兩詔皆不允。

《全錄》卷七《辭免除資政殿學士宮觀》題下注"端平三年七月"，並云："所有新除省劄，寄留廣州軍資庫，未敢祇拜。"（頁81）從《全宋文》收許應龍《端明殿學士太中大夫崔與之辭免除觀文殿大學士提舉臨安府洞霄宮恩命不允詔》《端明殿學士太中大夫崔與之再辭免除觀文殿大學士提舉臨安府洞霄宮恩命不允詔》[1]題目可知，崔與之應兩次辭免宮觀，朝廷均未允。

九月二十一日，詔除正議大夫、右丞相兼樞密使。二十四日，被催促上道。

《全錄》附集卷七許應龍《資政殿學士太中大夫提舉臨安府洞霄宮崔與之特授正議大夫右丞相兼樞密使加食邑食實封制》云："載惟國事之多虞，正賴真儒之無敵。內綏諸夏，外撫四夷。克壯其猷，信無逾於元老；爰立作相，期共濟於巨川。廣井邑之提封，增賦租之奠食，仍兼樞管，峻陟文階。"（頁283）此制應作於除崔與之正議大夫、右丞相兼樞密使之前不久。

《宋史》卷四二《理宗本紀二》載：端平三年九月乙亥，"以崔與之爲右丞相兼樞密使"[2]。又，《宋史》卷二一四《宰輔表五》亦作本年九月乙亥（即二十一日）。[3]《全錄》卷二《言行錄中》云："端平三年十一月，拜右相，與左相李宗勉並命，喬行簡爲平章。"（頁19）以爲在十一月。考崔與之最早上《辭免特授正議大夫右丞相兼樞密使第一詔奏狀》已在十月，《全錄》所載誤。自詔除右丞相兼樞密使後，崔與之屢辭不就，而《宋史》仍作實任記載，亦誤。

《全錄》卷七《第二詔趣行辭免奏狀》云："繼承廣州轉示省劄，九月二十四日，奉聖旨，令廣東經略彭鉉以禮勸勉，催促上道，毋致遷延。"（頁83）可知，朝廷九月二十四日令廣東經略彭鉉催促崔與之赴任。

宋理宗有《崔與之未至命鄭性之李鳴復時暫協力贊治詔》。

《宋史全文》卷三二載：端平三年九月乙亥，"詔左臣相鄭清之、右臣相喬行簡並觀文殿大學士、醴泉觀使兼侍讀。以資政殿大學士崔與之爲右丞相兼樞密使。詔曰：'朕比歲明禋，雨雷傾迅，天心示戒，在於朕躬。輔弼之

[1] 曾棗莊、劉琳主編《全宋文》卷六九一七，第303冊第106~107頁。
[2] 脫脫等《宋史》，第3冊第811頁。
[3] 脫脫等《宋史》，第16冊第5615頁。

臣，控章引咎，聯車迭去，抗志莫留。勉徇高懷，俾安祠秩，疇咨一相，已遣蒲輪。雖鼎軸暫虛，而執政與宰相同，令鄭性之、李鳴復時暫協力贊治，無負朕倚注之意。'”[1]《全宋文》題此詔爲《崔與之未至命鄭性之李鳴復時暫協力贊治詔》。[2]

十月，有《辭免特授正議大夫右丞相兼樞密使第一詔奏狀》，不允。

《全錄》卷七《辭免特授正議大夫右丞相兼樞密使第一詔奏狀》題下注“端平三年十月”，並云：“照對端平三年九月十三日午時，承廣州送到尚書省劄子，備錄麻制頒降，授臣正議大夫、右丞相兼樞密院使。”（頁82）案，前文《宋史》《宋史全文》等皆明確除右丞相在九月二十一日，此處“端平三年九月十三日午時”誤，或爲九月二十一日。

《全錄》卷七吳泳《賜右丞相崔與之不允辭口宣》云：“卿清德瑞時，忠勳貫日。來伯夷於北海，豈應林壑之留；起安石於東山，實倚廟堂之望。毋容隱蔽，宜疾馳驅。”（頁282）後又擬《賜崔與之立辭免右臣相不允詔》云：“樂君之樂，固元軒冕之情，憂天下之憂，猶有君臣之義。何云來止。”[3]

《全錄》卷七許應龍《資政殿學士太中大夫提舉臨安府洞霄宮崔與之再辭免特授正議大夫右丞相兼樞密使恩命不允不得再有陳請令疾速赴都堂治事詔》云：“天下大老，咸徯來歸，若時登庸，中外胥慶。已令帥臣以禮勸勉，復遣中使諭旨趣行。宜乘安車，亟造廊廟，以副眷懷之切，以圖康濟之功。奏牘洊陳，乃堅遜避。雖道之云遠，不無跋履之勞；然民具爾瞻，實佩安危之寄。徒得君重，勉爲朕行，毋徇小廉，以孤衆望。所辭宜不允。”（頁278）此處“已令帥臣以禮勸勉”，即令復命廣帥彭鉉以禮勸勉就道；“復遣中使諭旨趣行”，即《全錄》卷二《言行錄中》“又以郡人李公昂英嘗從公遊……專往諭志”（頁20）。

十月，有《第二詔趣行辭免奏狀》。

《全錄》卷七《第二詔趣行辭免奏狀》云：“繼承廣州轉示省劄，九月二十四日，奉聖旨，令廣東經略彭鉉以禮勸勉，催促上道，毋致遷延。”（頁83）

[1] 汪聖鐸點校《宋史全文》，第9冊第2709頁。
[2] 曾棗莊、劉琳主編《全宋文》卷七九六九，第345冊第151頁。
[3] 曾棗莊、劉琳主編《全宋文》卷七二三六，第316冊第27頁。

可知，九月二十四日朝廷催促赴任，而後有《第二詔趣行辭免奏狀》，據第一詔奏狀作於十月，此狀亦應作於十月。

宋理宗嘉熙元年丁酉（1237），八十歲

在廣州。

在廣州。力辭右丞相兼樞密使。理宗四下御劄，俱辭。

爲促崔與之赴任，朝廷派多人勸勉。《全錄》卷一《言行錄上》引《家集》云："三奉詔書，四承御劄，中使關彬、鄒成、王淵銜命趣行，往復再三，宣賜路費金三百，曲示優崇延竚之意；復命廣帥彭公鉉以禮勸勉就道。又以郡人李昴英嘗從公遊，輙自班行，畀之便郡，專往諭志。公控辭十三疏，竟不爲動。"（頁 19～20）

案，此處"三奉詔書""四承御劄"概皆爲理宗御劄。"三奉詔書"即前文所言《理宗御劄》其一、其二、其三；"四承御劄"即《全錄》卷九《理宗御劄》其四、其五、其六、其七，表明朝廷求賢若渴之意。（頁 113～114）

《全錄》卷九《理宗御劄》其四題下注"嘉熙元年二月"，並云："朕親攬萬機，敷求賢哲用勵，相我國家。若時登庸，莫如耆德。卿才高經濟，節守清忠，信爲國之蓍龜，宜秉鈞於廊廟，誕敷渙號，允穆師言，已令帥臣優禮津發。昔衛武公九十而爲相，今卿年未八帙，壽考康寧，亟乘蒲輪，進登槐位。使蠻夷畏漢相之風采，人民瞻師尹之儀型。以尊朝廷、安社稷而有無窮之聞，豈不休哉！"（頁 113）《全宋文》題爲《趣召崔與之手劄》。[1]

《全錄》卷九《理宗御劄》其五題下注"嘉熙元年三月"，並云："卿允文允武，善斷善謀，簡自朕心，爰立作相。縉紳交賀，中外均歡。亟令帥臣，以禮導發，申飭專使，齎詔趣行。既側席以待賢，宜脂車而就道。胡屢稱於耆老，謂莫任於驅馳？昔衛國武公百歲，猶勤於箴儆，而我朝彥博九十，尚總於平章。矧卿力則弗衰，年猶未及。盍副四方之望，不遠千里而來，共圖事功，以安社稷。豈特卿有無窮之聞，抑使邦其永孚於休。"（頁 113～114）

---

[1] 曾棗莊、劉琳主編《全宋文》卷七九六九，第 345 冊第 156 頁。

《全宋文》題爲《召崔與之詔》。[1]

《全録》卷九《理宗御劄》其六題下注“嘉熙元年四月”，並云：“朕比以亞輔，起卿海濱，屢覽來章，引病力甚，良爲憮然。此去天氣上炎，度決未可就道，趣行之命，當俟涼秋。第今中外之務猥多，以卿老成之慮，夙懷康濟之猷，凡政事之孰當罷行，人才孰當用捨，卿宜條畫來上，朕當密自施行。毋事匿情，式副延佇。”（頁114）《全宋文》題爲《與崔與之詔》。[2]

《全録》卷九《理宗御劄》其七題下注“嘉熙元年十二月”，並云：“朕以卿夙負經綸之學，久孚中外之望，擢登揆席，一稔於茲。控免益堅，皆以年齡之晚、疾病之故、道路之長爲辭。朕非不亮卿言之懇切，然置國家之安危，計一身之利害，非世所仰望於卿者。矧比覽條奏，詳明精切，謀國致君，備極忠愛，所以日益注想，冀卿之幡然也。李昂英久從卿遊，今輟自班綴，俾以便郡，專往見卿，明諭朕志。秋冬之交，天宇清佳，卿宜即日就道，式副至懷。”（頁114）《全宋文》題爲《召崔與之詔》。[3]

關於崔與之“控辭十三疏”所指名目，查《全録》，崔與之共有奏疏三十六封，考前文崔與之所有辭狀，曾四辭禮部尚書，七辭參知政事，二辭右丞相，共十三封，爲除尚書、參知政事、樞密使等重要職務時所作，因此“控辭十三疏”當指這些辭狀，見表4-1。

表4-1　崔與之“控辭十三疏”表

時間		任命	辭狀	詔劄
嘉定十七年（1224）	三月	禮部尚書	《辭免禮部尚書》《再辭免禮部尚書》	
	五月			《辭免禮部尚書不允詔》
	八月		《第三次辭免禮部尚書》	
寶慶元年（1225）		禮部尚書	《第四次辭免禮部尚書》	
端平元年（1234）	四月	吏部尚書		《理宗御劄》其一

[1] 曾棗莊、劉琳主編《全宋文》卷七九六九，第345册第158頁。
[2] 曾棗莊、劉琳主編《全宋文》卷七九六九，第345册第160頁。
[3] 曾棗莊、劉琳主編《全宋文》卷七九七〇，第345册第164頁。

續表

時間		任命	辭狀	詔劄
端平二年 （1235）	六月	參知政事		
	七月十八日		《辭免除參知政事》	
	七月二十一日			《理宗御劄》其二
	閏七月		《再辭免參知政事》	
	八月		《第三次辭免參知政事》	
	十月			《理宗御劄》其三
			《第四次辭免參知政事》	
	十一月		《第五次辭免參知政事》	
端平三年 （1236）	正月	參知政事	《第六次辭免參知政事》	
	四月	資政殿學士	《第七次辭免參知政事》	
	九月二十一日	右丞相兼樞密使		
	十月		《辭免特授正議大夫右丞相兼樞密使第一詔奏狀》 《第二詔趣行辭免奏狀》	
嘉熙元年 （1237）	二月			《理宗御劄》其四
	三月			《理宗御劄》其五
	四月			《理宗御劄》其六
	十二月			《理宗御劄》其七

　　案，《全錄》卷七《第二詔趣行辭免奏狀》云：“昨者參政之除，七疏巽辭，期年而後得請。”（頁83）“七疏巽辭”，指七次辭免參知政事。《行狀》云：“俄拜參知政事，八辭不受。逾年，拜右丞相。上遣中使促召，命守帥彭鉉勸請，又命郎官李昂英銜命而至，遜辭凡十三疏。”（頁28～29）“八辭”誤，應爲七辭。

上知不可强，乃下御劄乞言，崔與之疏數千言以對。

　　理宗既知崔與之必不可强，乃下御劄乞言。崔與之疏數千言以對。是疏未錄，《全錄》卷一《言行錄上》略記其言云：“國家聖聖相承，惟用人聽言爲立國之本。自任則用人不廣，自是則聽言不專。而用人聽言之本，又皆歸

之清心寡欲。其論用人，則以德勝才爲君子，才勝德爲小人。以真德秀、洪
咨夔、魏了翁薦。其論聽言，則乞以和議之實意，備邊之大略，衆議而公行
之，毋事獨斷。又謂：內臣不可令授權訪外事，及問群臣能否，以開干預之
門。"（頁20）

謝事還里，祠禄均不受。不蓄聲妓，恬淡無欲。

　　《全録》卷一《言行録上》載："公自謝事還里，所得祠禄衣賜，悉辭不
受。客有問者，公答曰：'仕而食禄，猶懼素餐。今既佚我以老，而貪君之
賜，可乎？'聞者歎服。"（頁20）李昂英《跋菊坡先生手墨》記載更詳："公
拜集賢相，天子遣中使逾嶺趣行，且賜金二百兩，治裝蒲輪日在門。而公之
病已深矣，累疏力辭，始得請。以金付武臣鄧祖禹，護納內庫。蓋公帥鄉部，
時祖禹實爲事務官，所以委之也。"[1]

　　《全録》卷一《言行録上》引《曾就閑録》云："公自中年喪偶，不再娶。
官至貴顯，不蓄聲妓。買宅一區，未嘗增飾園池臺榭，亦未嘗增置產業。便
坐左右圖書，無玩好，書室所蓁，白宦雞一雙而已。其恬淡無欲，蓋由天性，
非矯也。"（頁20）

理宗嘉熙二年戊戌（1238），八十一歲

在廣州，奉祠閑居。

在廣州。二月十六日，有書寄李昂英。

　　李昂英《嘉熙戊戌奏劄》，文末附"李氏後人按語"，介紹銜命勉諭崔
與之任右丞相，並願作書論以聖意之事："讀奏劄畢，上曰：'右相有來期否？
朕自更化之初，簡在朕心，儀圖共治，渴欲一見。'公奏云：'臣崔與之，遐
方一老，辱陛下殊常之遇，但高年久病，而又道遠，恐未能上副陛下延佇之
意。'上曰：'聞其年事雖高，體力尚強，可勉爲朕一出。'公奏：'崔與之居
家庭之間，或可以勉強；涉道路之遠，恐難以驅馳。'上曰：'卿近得書否？'
公奏云'此月初旬，得二月十六日書'云云。上曰：'可作書道朕切望之意，

---

[1] 李昂英《李忠簡公文溪存稿》卷四，《宋集珍本叢刊》，第85冊第460頁。

勉其亟就道，以共圖康濟之功。'公奏云：'謹當作書，諭以聖意。'"[1]

五月十二日，詔提舉洞霄宮，任便居住。

《宋史》卷四二《理宗本紀二》載：嘉熙二年五月丙戌，"詔崔與之提舉洞霄宮，任便居住"[2]。《通鑑續編》卷二二載：嘉熙二年五月，"詔崔與之提舉洞霄宮"，並云："與之未嘗造朝，帝嘗虛位待之。至是，始得奉祠，任便居住，逾年卒。年八十二。"[3]

理宗嘉熙三年己亥（1239），八十二歲

在廣州。以觀文殿大學士致仕。卒，贈少師。有詩二首、文二篇。

在廣州。六月二日，以觀文殿大學士致仕。

《本傳》云："嘉熙三年，乃得致仕，以觀文殿大學士提舉洞霄宮。自領鄉郡，不受廩祿之入，凡奉餘皆以均親黨。"（頁 12263～12264）《宋史全文》卷三三載："六月庚子，詔以崔與之力辭相位，必欲掛冠，特授觀文殿大學士致仕，恩數視宰臣例。"[4]《全宋文》題是詔爲《崔與之特授觀文殿大學士致仕詔》，題下注"嘉熙三年六月二日"[5]。

七月一日，撰《歐陽氏山墳記》。

《全錄》卷八《歐陽氏山墳記》云："嘉熙三年七月一日，孫觀文殿大學士、正議大夫、提舉臨安府洞霄宮、南海郡開國公、食邑三千八百戶、食實封六百戶崔與之謹立。"（頁 91）案，《人物傳》云崔與之終官爲"至金紫光光祿大夫、開府儀同三司上柱國"（頁 64），不知何時所授，待考。又案，《全錄》附集卷八何忠禮《崔與之事迹繫年》云："《續資治通鑑》卷一六九以爲'南海郡開國公'爲與之卒時所追封，誤。"（頁 317）案，前文已證，端平元年（1234），崔與之封南海開國公。而《全錄》卷五載崔與之寫於紹定元年（1228）之《辭免除煥章閣學士》自稱"南海郡開國侯、食邑一千二百戶"

---

[1] 李昴英撰，楊芷華點校《文溪存稿》卷六，第 72 頁。

[2] 脫脫等《宋史》，第 3 冊第 817 頁。

[3] 陳桱《通鑑續編》，景印文淵閣《四庫全書》，第 332 冊第 919 頁。

[4] 汪聖鐸點校《宋史全文》，第 9 冊第 2736 頁。

[5] 曾棗莊、劉琳主編《全宋文》卷七九七〇，第 345 冊第 173 頁。

（頁 59），此處《歐陽氏山墳記》則稱"南海郡開國公、食邑三千八百户"，可見，是比開國侯爵位更高的開國公。[1]

有書寄李昂英。

李昂英《跋清獻崔公手墨》云："嘉熙己亥，某在著庭，清獻崔公自南海寄書來，別紙如此。"[2]可知，此前有書寄李昂英。

晚年宣導經世致用之學問，刪改處士劉皋語爲座右銘。

《全録》卷一《言行録上》引《曾就閑録》云："公嘗刪改處士劉皋語，命其客吳中隸書爲座右銘：無以嗜欲殺身，無以貨財殺子孫，無以政事殺民，無以學術殺天下後世。時臨江蕭大山崩客門下，八分書：'爲天地立心，爲生民立極，爲去聖繼絕學，爲萬世開太平。'以爲對，公喜之。"（頁 20）又録座右銘按語云："安節陳氏猷曰：'此銘乃先生事業之根本也。'先生生於紹興，去熙豐不遠，深見王氏之學，壞人心術，流爲靖康之禍，痛懲切戒惟恐不及，故著銘示志如此。卒之行業純正，盡酬厥言，蓋學力之至也。然於免役之法海，則毅然欲行於海外。何歟？先生之學，通而不滯，未嘗以人廢善，故章樸庵曰：'清獻公才、德、學、力方駕乎元祐、慶曆之間，而疏通實用，克齋厥美。'斯言盡之矣。"（頁 21）此言盡述崔與之才德學力駕乎元祐、慶曆間，崇尚"疏通實用"，即推崇學以致用之術，認爲王氏之學壞人心術。

爲人高潔，家法清嚴。垂殁，戒用佛事，子姪俱無出仕。

《全録》卷一《言行録上》引《曾就閑録》云："宰臣恩例，不妄予人。其姊嘗爲外甥求之，公曰：'官之賢否，繫民休戚，非可私相爲賜。'竟靳不予。"又云："家法清嚴，親故倚勢妄作，必見斥絕，終身不齒，鄉間德之。官秘書時，嘗遺其弟書曰：'須是閉門守常，不得干預外事。昨來面對，拳拳愛君憂國之誠，只得直言時事，廟堂大不樂。後來，又因兩淮分置制帥，復入文字力爭，以爲非便，相忤益深。……'公喜獎拔後進，然愛人以德，不可干以私。鄉邑呂公仁孫，初第之官，求先容。公正色曰：'入仕之始，

---

[1] 宋朝封爵制度基本上同唐制：分親王、嗣王（承襲親王的爲嗣王）、郡王、國公、郡公、縣公、郡侯、縣侯、縣伯、縣子、縣男。國公以下，均加開國字樣，如××郡開國侯、××縣開國子。

[2] 李昂英撰，楊芷華點校《文溪存稿》卷四，第 47 頁。

當以職業自見，不患人不己知。'後其居官清謹，密薦之當路，升狀及格，莫知從來。文溪先生擢魁甲，馳書謝公，答曰：'士以得時而爲難，名者造物之所惜，山川清淑之氣，蘊蓄幾百年，鍾此間出之奇……比聞春風得意之初，聲光不露，盛名之下，謙以將之，夫所養厚，則所受必大，區區贊喜，天爲是也。'"（頁 21）以上爲晚年逸事，姑繫於是年。

《全錄》卷一《言行錄上》又引《曾就閑錄》云："公之子，字叔似，性寬厚。納婦，有苗田六百石，爲資奩，公命歸之。垂没，戒用緇黄。子姪俱戒，無出仕。識慮高遠，非世俗所及。"（頁 21～22）《本傳》云："薨時年八十有二，遺戒不得作佛事。累封至南海郡公，謚清獻。"（頁 12264）以上均爲垂殁之事，姑繫於是年。

廣東經略安撫使趙師楷卒，有《哭趙清之》（共二首）詩。

崔與之《哭趙清之》二首見《全宋詩》，本集未載，《全錄》引明嘉靖年間《龍溪縣志·趙師楷傳》，題爲《悼趙師楷二首》。《福建通志》卷四六云："趙師楷，字清之，宋宗室。父伯壽，任漳州幕，遂爲漳人。紹熙四年進士，授浙漕，幹官有誣屬令者，漕使欲劾之，師楷曰：'若憑單詞，得無冤乎？'訪之，果誣。改知湘潭。以薦召對，論邊防及募兵事，寧宗嘉納之。除守撫州，改廣東市舶司。再被召，首陳正心之説。累官直寶章閣，出帥廣東，卒於官。"[1]《廣州府志》卷一七《官表一》載："趙師楷，嘉熙二年知廣州軍州事。"[2]《廣東通志》卷二六則載："嘉熙元年知廣州軍州事，（唐璘）三年任（知廣州軍州事）。"[3]

《龍溪縣志》卷八《趙師楷傳》云："師楷，字清之……登紹興第。授南安簿，升懷安丞。……除廣東市舶，革無名和買之需，遂爲計。度轉運使，攝帥事。被召，首陳正心之説。除大府丞。未幾，除直秘閣，知建寧府。進秩，除寶章閣，出帥廣東，卒於官。丞相菊坡崔公與其同年，相知素深，作詩哭之。……人謂菊坡之詩皆實錄也。"[4]案，此處"登紹興第"誤，應爲登紹熙第，即紹熙四年與崔與之爲同年進士。許應龍《東澗集》卷五有《趙

[1] 謝道承等《福建通志》，景印文淵閣《四庫全書》，第 529 冊第 562 頁。
[2] 戴肇辰、蘇佩訓修，史澄、李光廷纂《廣州府志》，清光緒五年刊本，第 8 冊第 32 頁。
[3] 魯曾煜等編纂《廣東通志》，景印文淵閣《四庫全書》，第 563 冊第 36 頁。
[4] 劉天授修，林魁、李愷纂《龍溪縣志》，明嘉靖刻本，第 51～52 頁。

師楷直寶章閣廣東經略安撫制》，説明趙師楷曾帥廣東任廣東經略安撫使。
《萬曆廣東通志》卷一〇載，趙師楷於紹定元年（1228）至紹定四年間任廣
南東路提舉市舶（紹定四年黃孟光任）。[1]《宋人傳記資料索引》載："趙師
楷，漳州龍溪人，宋宗室。紹熙四年（1193）第進士。……除提舉廣東市舶，
革無名和買之需，尋，帥廣東卒。"[2]《哭趙清之》其一中有"天南□□□
重臨，遺愛猶存蔽□陰"。"重臨"，即第二次任職廣東。李之亮《兩廣大郡
守臣易替考》："趙師楷，嘉熙元年至嘉熙三年帥廣州（廣東經略安撫使）。"[3]
綜上所述，趙師楷應卒於嘉熙三年。《哭趙清之》其二云："黃甲同登今有幾，
白頭相對古來難。死生轉盼星辰墜，聚散酸心幕雨寒。病里不堪聞楚些，海
山望斷淚汍瀾。"[4]即指二人同登進士，自己聽聞趙師楷死訊，然因亦在病
中，只能"海山望斷淚汍瀾"。

卒前數月，有歎東南民力竭之絕筆。

《人物傳》云："薨前數月，書曰：'東南民力竭矣，諸賢寬得一分，民
受一分之賜。'蓋絕筆也。"（頁 64）《全錄》卷九《克齋游公似跋公齋房大
書》亦云："東南民力竭矣，諸賢寬得一分，民受一分之賜。蓋公之絕筆
也。……克齋游公跋之曰：'故臣相清獻崔公，居今行古，每以前哲之微
言懿行自度，大書深刻，環列於房。'所書凡十二條：六經格言，則如'九
思九容'等事；先正格言，則如司馬溫公言所爲事未嘗不可對人言；趙
清獻公言'旦所爲事，夜必焚香告天下。不可告者，不可爲'等語。朝
夕顧瞻，周旋罔墜。"（頁 117）

有《遺表》言應常懷戒謹之志，毋不敬，思無邪。

《全宋文》題爲《遺表》，題下注"嘉熙三年十一月"，並云"事有萬變，
而隱乎微，人唯一心，而攻者眾"[5]。《全錄》卷三《言行錄下》亦云："事
有萬變，而隱乎微，人唯一心，而攻者眾。出而大小忠良之臣箴規之日少；
入而左右佞倖之徒，承順之時多。倘戒謹之志稍衰，則清明之躬易怠。蓋天

---

[1] 郭棐《萬曆廣東通志》，明萬曆三十年刻本，第 24 頁。

[2] 昌彼得等編《宋人傳記資料索引》，第 3556 頁。

[3] 李之亮《宋兩廣大郡守臣易替考》，巴蜀書社 2001 年版，第 35 頁。

[4] 北京大學古文獻研究所編《全宋詩》卷二七三八，第 51 冊第 32249～32250 頁。

[5] 曾棗莊、劉琳主編《全宋文》卷六六七九，第 293 冊第 299 頁。

下以身爲本，惟聖人以禮而自防。毋不敬則內敬常存，思無邪則外邪難入。大書特書，用以自警，安行勉行，久而有功。事天，則求其對越無愧於心；報親，則思其付託不輕之意。……握君子小人消長之機，而辨之在早；審中國外夷盛衰之勢，而防於未然。……故凡興居食息之間，無非恐懼修省之地，此則檢身之要者，在乎恪意以行之，上以綿萬年基業之傅，下以均四海生靈之福。"（頁 25）

十一月十一日，卒，贈少師，謚清獻。

崔與之卒月，有十月、十一月、十二月三種説法。

一説卒於十月。《忠簡公年譜》云："（李昴英）糾劾贓吏，損俸賑饑，全活者數萬人。十月，清獻崔公卒，請歸服心喪，不許。"[1]

一説卒於十一月。《行狀》未著崔與之卒年。《墓誌銘》稱"至（嘉熙）三年十一月，薨，年八十有二"（頁 192）。《全録》卷一《言行録上》亦云"嘉熙三年己亥仲冬，以疾薨"（頁 2），仲冬，即十一月。《全録》附集卷一劉復序云"宋嘉熙三年十一月十一日，觀文殿大學士、廣東路經略安撫使崔與之，以疾薨。年八十二，贈太師，謚清獻"（頁 166）。《全録》附集卷一周采《重刻崔清獻公言行録序》亦云"嘉熙己亥十一月，公卒"（頁 172）。

一説卒於十二月。李殿苞《忠簡先公行狀》云：嘉熙三年十二月，"菊坡崔公卒。訃聞，公請於朝，乞歸服心喪，不許"[2]。《御批歷代通鑑輯覽》卷九二云"冬十二月觀文殿大學士致仕崔與之卒，謚清獻"[3]。《廣東通志》卷六云"嘉熙三年己亥冬十二月，觀文殿大學士崔與之卒"[4]。《御批續資治通鑑綱目》卷二〇云"十二月觀文殿大學士致仕崔與之卒"[5]。

綜上，《墓誌銘》文末云作於"嘉熙庚子孟秋望後二日"，即卒後僅八個

[1] 李履中編，尹波校點《忠簡公年譜》，吳洪澤、尹波主編《宋人年譜叢刊》，四川大學出版社 2002 年版，第 12 冊第 7749 頁。
[2] 李昴英撰，楊芷華點校《文溪存稿》附錄二，第 252 頁。
[3] 傅恒等《御批歷代通鑑輯覽》，景印文淵閣《四庫全書》，第 338 冊第 705 頁。
[4] 魯曾煜等編纂《廣東通志》，景印文淵閣《四庫全書》，第 562 冊第 259 頁。
[5] 商輅等《御批續資治通鑑綱目》，景印文淵閣《四庫全書》，第 694 冊第 157 頁。

月時間，作者温若春與崔與之同鄉且爲其門人，所載應更爲準確，且《全録》各種序之作者多爲崔與之後學，均載崔與之卒年爲十一月，應更可信。因此，以十一月爲崔與之卒月。

葬於增城縣雲母里古華獅子嶺午丁之原。

《墓誌銘》云："晉爵南海郡開國公，食邑三千八百户，諭葬於增城縣雲母里古華獅子嶺午丁之原，錫葬田一百里。既崇其封，勒石以紀功德。……實在雲母之里、古華之崗。"（頁192）《全録》卷一〇陳璉《崔清獻公祠堂記》云："宋右丞相贈太師崔公既薨，葬增城雲母里古華山之原。"（頁134）

《全録》卷三《言行録下》引《歲收墓祭費》云："公第在廣城，墓在增邑西五十里，從考妣也。故文溪挽公詩曰：'死孝傍先君。'州縣有祠堂，每歲長官率僚屬，遇次丁致祭。後陳公龍復宰增邑，謂：'張文獻公，唐相也，曲江至今歲有墓祭，邑不可缺典。'乃專介往會祭，儀定以每歲菊節，縣率僚屬祭墓下，以公愛菊也。仍撥田隸菊坡舊居，創堂長、奉祠二職掌之。"（頁26）

卒後，粵川等地人爭相祠之。

《人物傳》云："淳祐間，廣帥方大琮肖像與張九齡祠於學，謂之'二獻'。咸淳間，經略劉應龍祠之於高桂坊，今南海縣學是也。郡人復祠之於故第，又祠之於蒲澗之菊湖，後皆毀。元至順三年，縣尹左祥祠之於增城縣學。洪武初，其五世孫子璲等即其居桂華堡祠之。天順元年，巡撫都御史葉盛合祠於郡學，名曰'仰高'，即二獻祠舊地也。其在故第鳳凰山陽者，宏治中巡撫都御史秦紘命有司重建。其在南海縣學者，近提學副使章拯命其九世孫復重建。其子姓至今蕃衍，多有文行者。子璲以賢良徵使觀政。將近觀以官，固辭而歸。論者高之。家藏御劄七通，所有言行録一卷，梓行於世。"（頁65）案，《廣州府志》卷一七《官表一》載："方大琮，淳祐二年知廣州軍州事。徐清叟，淳祐七年知廣州軍州事。"[1]

---

[1] 戴肇辰、蘇佩訓修，史澄、李光廷纂《廣州府志》，清光緒五年刊本，第8冊第33頁。

《全録》附集卷三李昴英《書菊坡先生蒲澗生祠記後》云："菊坡祠二：在蜀仙遊閣，劉後溪贊之；在南海之蒲澗，劉後村碣之。"（頁212）

《全録》卷三《言行録下》引《成都三賢祠記》云："張忠定公再治蜀，去之後十年薨，人思之，繪像祠於成都三井觀仙遊閣。又四十九年，而趙清獻公亦再治蜀，人思之如忠定。清獻没百三十有六年，待制崔公始來郡寓，文節公劉光祖謂公：'勁峻似忠定，廉約似清獻。立朝議論，愛君子，惡小人。又與昔賢同，宜以配之。'乃圖趙、崔二公並祠焉。各爲之贊曰：'今代崔公，二老奇拔，立朝抗論，謇謇諤諤，天産遐遠，扶世卑弱，蜀力憊甚，忍復殘割，公來護之，赤子是活，宜以公像，真仙遊閣。'"（頁26）

傳記資料

《宋史·崔與之傳》[1]

崔與之字正子，廣州人。父世明，試有司連黜，每曰"不爲宰相則爲良醫"，遂究心岐、黃之書，貧者療之不受直。與之少卓犖有奇節，不遠數千里遊太學。紹熙四年舉進士。廣之士繇太學取科第自與之始。

授潯州司法參軍。常平倉久弗葺，慮雨壞米，撤居廡瓦覆之。郡守欲移兌常平之積，堅不可，守敬服，更薦之。調淮西提刑司檢法官。民有窘於豪民逋負，毆死其子誣之者，其長欲流之，與之曰："小民計出倉猝，忍使一家轉徙乎？況故殺子孫，罪止徒。"卒從之。知建昌之新城，歲適大歉，有強發民廩者，執其首，折手足以徇，盜爲止，勸分有法，貧富安之。開禧用兵，軍旅所需，天下騷然，與之獨買以係省錢，吏告月解不登，曰："寧罷去。"和糴令下，與之獨以時賈糴，令民自概。通判邕州，守武人，苛刻，衣賜不時給，諸卒大閧。漕司檄與之攝守，叛者帖然，乃密訪其首事一人斬之，闔郡以寧。擢發遣賓州軍事，郡政清簡。

尋特授廣西提點刑獄。遍歷所部，至浮海巡朱崖，秋毫無擾州縣，而停車裁決，獎廉劾貪，風采凜然。朱崖地產苦蕘，民或取葉以代茗，州郡征之，歲五百緡。瓊人以吉貝織爲衣衾，工作皆婦人，役之有至期年者，棄稚違老，民尤苦之。與之皆爲榜免。其他利病，罷行甚衆。瓊之人次其事爲《海上澄清録》。嶺海去天萬里，用刑慘酷，貪吏屬民，乃疏爲十事，申論而痛懲之。高惟肖嘗刻之，號《嶺海便民榜》。廣右僻縣多右選攝事者，類多貪黷，與之請援廣東循、梅諸邑，減舉員賞格，以勸選人。熙寧免役之法，獨不及海外四州，民破家相望。與之議舉行未果，以語顏棫，棫守瓊，遂行之。

召爲金部員外郎，時郎官多養資望，不省事，與之巨細必親省決，吏爲欺者必杖之，莫不震栗。金南遷於汴，朝議疑其進迫，特授直寶謨閣、權發遣揚州事、主管淮東安撫司公事。寧宗宣引入內，親遣之，奏選守將、集民

---

[1] 脫脫等《宋史》卷四〇六，第 35 册第 12257～12264 頁。

兵爲邊防第一事。既至，浚濠廣十有二丈，深二丈。西城濠勢低，因疏塘水以限戎馬。開月河，置釣橋。州城與堡砦城不相屬，舊築夾土城往來，爲易以甃。因滁有山林之阻，創五砦，結忠義民兵，金人犯淮西，沿邊之民得附山自固，金人亦疑設伏，自是不敢深入。

揚州兵久不練，分强勇、鎮淮兩軍，月以三、八日習馬射，令所部兵皆仿行之。淮民多畜馬善射，欲依萬弩手法創萬馬社，募民爲之，宰相不果行。浙東饑，流民渡江，與之開門撫納，所活萬餘。楚州工役繁夥，士卒苦之，叛入射陽湖，亡命多從之者。與之給旗帖招之，眾聞呼皆至，首謀者獨遲疑不前，禽戮之，分其餘隸諸軍。

山東李全以眾來歸，與之移書宰相，謂：“自昔召外兵以集事者，必有後憂。”宰相欲圖邊功，諸將皆懷僥倖，都統劉琸承密劄取泗州，兵渡淮而後牒報。琸全軍覆沒，與之憂憤，馳書宰相，言：“與之乘邊五年，子養士卒，今以萬人之命，壞於一夫之手，敵將乘勝襲我。”金人入境，宰相連遺與之三書，俾議和。與之答曰：“彼方得勢，而我與之和，必遭屈辱。今山砦相望，邊民米麥已盡輸藏，野無可掠，諸軍與山砦併力剿逐，勢必不能久駐。況東海、漣水已爲我有，山東歸順之徒已爲我用，一旦議和，則漣、海二邑若爲區處？山東諸酋若爲措置？望別選通才，以任和議。”與之自劉琸敗，亟修守戰備，遣精銳，布要害。金人深入無功，而和議亦寢。

時議將姑罷兩淮制置，命兩淮帥臣互相爲援，與之啓廟堂曰：“兩淮分任其責，而無制閫總其權，則東淮有警，西帥果能疾馳往救乎？東帥亦果能疾馳往救西淮乎？制閫俯瞰兩淮，特一水之隔，文移往來，朝發夕至，無制閫則事事稟命朝廷，必稽緩誤事矣。”議遂寢。

召爲秘書少監，軍民遮道垂涕。與之力辭召命，竟還。將度嶺，趣召不已，行次池口，聞金人至邊，乃造朝奏：“今邊聲可慮者非一，惟山東忠義區處要不容緩。”前後累疏數千言，每歎養虎將自遺患。

升秘書監兼太子侍講，權工部侍郎。未幾，成都帥董居誼以黷貨爲叛卒所逐，總領楊九鼎遇害，蜀大擾。與之以選爲煥章閣待制、知成都府、本路安撫使，至即帖然。時安丙握蜀重兵久，每忌蜀帥之自東南來者，至是獨推誠相與。丙卒，詔盡護四蜀之師，開誠布公，兼用吳、蜀之士，拊循將士，人心悦服。先是，軍政不立，戎帥多不協和，劉昌祖在西和，王大才在沔州，大才之兵屢衄，昌祖不救，遂棄皂郊。吳政屯鳳州，張威屯西和，金人自白還堡突入黑谷，威不尾襲，而迂路由七方關上青野原，金人遂得入鳳州。與之戎以同心體國之大義，於是戎帥協和，而軍政始立。

先是，丙嘗納夏人合從之請，會師攻秦、鞏，而夏人不至，遂有皂郊之敗。與之至是飭邊將不得輕納。逾年，夏人復攻金人，遣百騎入鳳州，邀守將求援兵。與之使都統李冲來言曰：“通問當遣介持書，不當遣兵徑入。若邊民不相悉，或有相傷，則失兩國之好，宜斂兵退屯。”夏人知不可動，不復有言。初，金人既弊，率衆南歸者所在而有，或疑不敢納。與之優加爵賞以來之。未幾，金萬户呼延棫等扣洋州以歸，與之察其誠，納之，籍其兵千餘人，皆精悍善戰，金人自是不敢窺興元。既復鏤榜邊關，開諭招納，金人諜得之，自是上下相疑，多所屠戮，人無固志，以至於亡。

蜀盛時，四戎司馬萬五千有奇。開禧後，安丙裁去三之一，嘉定損耗過半，比與之至，馬僅五千。與之移檄茶馬司，許戎司自於關外收市如舊，嚴私商之禁，給細茶，增馬價，使無爲金人所邀。總司之給料不足者，亦移檄增給之。乞移大帥於興元，雖不果行，而凡關外林木厚加封殖，以防金人突至，隔第關、盤車嶺皆極邊，號天險，因厚間探者賞，使覘之，動息悉知，邊防益密。總計告匱，首撥成都府等錢百五十萬緡助糴本。又慮關外歲糴不多，運米三十萬石積沔州倉，以備不測。初至，府庫錢僅萬餘，其後至千餘萬，金帛稱是。蜀知名士若家大酉、游似、李性傳、李心傳、度正之徒皆薦達之。其有名浮於實，用過其才者，亦歷歷以爲言。沔帥趙彥吶方有時名，與之獨察其大言亡實，它日誤事者必此人，移書廟堂，欲因乞祠而從之，不可付以邊藩之寄，後果如其言。與之以疾丐歸，朝廷以鄭損代，既受代，金諜知之，大入，與之再爲臨邊，金人乃退。召爲禮部尚書，不拜，便道還廣。蜀人思之，肖其像於成都仙遊閣，以配張詠、趙抃，名三賢祠。

理宗即位，授充顯謨閣直學士、知潭州、湖南安撫使，辭，提舉西京嵩山崇福宮。遷煥章閣學士、知隆興府、江西安撫使，又辭，授徽猷閣學士、提舉南京鴻慶宮。端平初，帝既親政，召爲吏部尚書，數以御筆起之，皆力辭。金亡，朝廷議取三京，聞之頓足浩歎。繼而授端明殿學士、提舉嵩山崇福宮，亦辭，俄授廣東經略安撫使兼知廣州。

先是，廣州摧鋒軍遠戍建康，留四年，比撤戍歸，未逾嶺，就留戍江西，又四年，轉戰所向皆捷，而上功幕府，不報，求撤戍，又不報，遂相率倡亂，縱火惠陽郡，長驅至廣州城，聲言欲得連帥泊幕屬甘心焉。與之家居，肩輿登城，叛兵望之，俯伏聽命，曉以逆順禍福，其徒皆釋甲，而首謀數人，懼事定獨受禍，遂率之遁去，入古端州以自固。至是，與之聞命亟拜，即家治事，屬提刑彭鉉討捕，潛移密運，人無知者。俄而新調諸軍畢集，賊戰敗請降，桀黠不悛者戮之，其餘分隸諸州。

帝於是注想彌切，拜參知政事，拜右丞相，皆力辭。乃訪以政事之孰當罷行，人才之孰當用舍。與之力疾奏：“天生人才，自足以供一代之用，惟辨其君子小人而已。忠實而有才者，上也；才雖不高，而忠實有守者，次也。用人之道，無越於此。蓋忠實之才，謂之有德而有才者也。若以君子爲無才，必欲求有才者用之，意嚮或差，名實無別，君子、小人消長之勢，基於此矣。陛下勵精更始，擢用老成，然以正人爲迂闊而疑其難以集事，以忠言爲矯激而疑其近於好名，任之不專，信之不篤。或謂世數將衰，則人才先已凋謝，如真德秀、洪咨夔、魏了翁，方此柄用，相繼而去，天意固不可曉。至於敢諫之臣，忠於爲國，言未脫口，斥逐隨之，一去而不可復留，人才豈易得，而輕棄如此。陛下悟已往而圖方來，昨以直言去位者亟加峻擢，補外者蚤與召還，使天下明知陛下非疏遠正人，非厭惡忠言，一轉移力耳。陛下收攬大權，悉歸獨斷。謂之獨斷者，必是非利害，胸中卓然有定見，而後獨斷以行之。比聞獨斷以來，朝廷之事體愈輕，宰相進擬多沮格不行，或除命中出，而宰相不與知，立政造命之原，失其要矣。大抵獨斷當以兼聽爲先，儻不兼聽而斷，其勢必至於偏聽，實爲亂階，威令雖行於上，而權柄潛移於下矣。”

又曰：“邊臣主和，朝廷雖知，而未嘗明有施行。憂邊之士，剴切而言，一鳴輒斥，得非朝廷亦陰主之乎？假使和而可保，亦當議而行之可也。”又曰：“比年以變故層出，盜賊跳梁，雷雹震驚，星辰乖異，皆非細故。京城之災，七年而兩見，豈數萬户生靈皆獲罪於天者。百姓有過，在予一人，此陛下所當凜凜，惟有求直言可以裨助君德，感格天心。”又曰：“戚畹、舊僚，凡有絲髮寅緣者，孰不乘間伺隙以求其所大欲，近習之臣，朝夕在側，易於親昵，而難於防閑。司馬光謂'內臣不可令其採訪外事，及問以群臣能否'，蓋干預之門自此始也。若謂其所言出於無心，豈知愛惡之私，因此而入，其於聖德，寧無玷乎？"帝覽奏嘉歎，趣召愈力，控辭至十有三疏。

嘉熙三年，乃得致仕，以觀文殿大學士提舉洞霄宮。自領鄉郡，不受廩祿之入，凡奉餘皆以均親黨。薨時年八十有二，遺戒不得作佛事。累封至南海郡公，謚清獻。

李昂英《崔清獻公行狀》[1]

崔與之，字正子，增城人。家貧，力學自奮。先廣士有當試成均者，率憚遠不行，公毅然勇往。既中選，朝夕肄業，足迹未嘗至廛市。禮部奏名，廷策極言宮闈，皆人所難言。擢乙科。廣人由胄監取第者，自公始。

歷潯州司法，淮西檢法官，皆有守法持正之譽。改秩，宰建昌新城。素號難治，公始至，歲適大歉，民有強發廩者，公折其手足以徇，因請自劾。守大異之。開禧用兵，軍需苛急，公悉以縣帑收市，一毫不取於民。和糴令下，公依時直，躬自交受，令民自概，不擾而辦，爲諸邑最，趙漕使希懌令諸邑視以爲法，且特薦於朝。他司相繼論薦。時相欲留中，公不就，通判邕州。薦者咸以爲訝，勉公使留，公不可。諸公申其請，有旨與在內升擢差遣，公抗章控避，乞俟滿而後受。從之。

邕守武人，性苛刻，遇禁卒無狀，相率爲亂。公時攝賓陽，聞變亟歸。叛者將擁門拒之，公疾馳以入，執首亂者戮之，縱其徒不問，闔郡帖然。

擢守賓陽，提點廣西刑獄。甫建臺，遍歷所部二十五州，大率皆荒寂之地。朱崖隔在海外，異時未嘗識使者威儀，公至，父老駭異。諸郡縣供帳之類，一切不受，兵吏不給券，携緡錢自隨，計日給之；停車決遣，無頃刻暇，獎廉劾貪，多所刺舉，風采震動。

召除金部，屬金虜南奔，邊聲震恐，淮東密邇故汴，朝廷謀將帥難其人，除公直寶謨閣，知揚州，安撫淮東。公言："邊釁已開，相持六年，凡所措置，大抵虛文從事，宜擇守將、集民兵，以固基業。"

[1] 崔與之撰，張其凡、孫志章整理《宋丞相崔清獻公全録》卷三，第27～29頁。

除公工部侍郎，尋加煥章閣待制，知成都府、本路安撫使。公言："實邊斯可安邊，益州爲四路心腹，惟恃錢穀厚於他郡，軍兵帑庾告匱，宜厚儲積，以壯邊陲。"拜疏即行。初，安丙檄西夏夾攻金虜，不克，虜乘勝數盜邊，蜀大擾。丙薨，公便宜度劍，以鎮關表。除公制置使，盡護西蜀之師。西北二國合從，攻鳳翔，叩鳳州，借糧於我。公條畫事宜，密授諸將，隨宜酬答，騰榜諭陝西五路遺黎，俾築塢自固，倚我軍爲聲援。建言成都灘瀨險遠，艱於漕運，立運米常格，奏行之，自是兵皆足食，蜀賴以全。

五年，丐歸，除禮部尚書。公輕舟出峽，徑歸五羊，自是，不復出矣。築室所居之西偏，扁"菊坡"，刻韓魏公"老圃秋容淡，黃花晚節香"之句於門塾，蓋雅志也。公之門無雜賓，連帥部使者，時候其門，歲僅一再見，未嘗一問外事。

端平乙未二月，摧鋒叛兵，自惠陽擁衆扣州城，郡守曾治鳳宵遁，官吏群造里第，請公登城。公肩輿至，開諭禍福，又遣門人李昴英、楊汪中縋城親諭之，其徒俯伏聽令，咸欲釋甲以歸。而倡謀者黠甚，以嘗害博羅令，懼不允，相率遁去，入據古端州以自固。俄有旨，依舊端明殿學士、廣東經略安撫使，兼知廣州。公即家治事，區處條畫，揣摩調度，洞中事機。召兵四集，賊一戰不支，聚其衆於苦竹嶺，窮蹙乞降。公命分隸降卒於諸軍，而戮其桀黠者。

俄拜參知政事，八辭不受。逾年，拜右丞相。上遣中使促召，命守帥彭鉉勸請，又命郎官李昴英銜命而至，遜辭凡十三疏。上知公志不可回，詔即家條上時政，公手疏數萬言，上皆欣納。

家藏御劄七通，有文集十卷，其文明白謹嚴。家大酉書其端曰："東海北海天下老，亦有盍歸西伯時。白麻不能起南海，千載一人非公誰？"公善知人，平生薦引，惟游似、洪咨夔、林略、魏了翁、李性傳、程公許，後皆爲公輔。公嘗度劍閣，留題詞云："蒲澗清泉白石，怪我舊盟寒。"里人採其語，立公生祠於其地。及薨，贈太師，謚清獻。

初，公持節廣右，見於施行者，維揚倅高惟肖鋟梓曰《崔公嶺海便民榜》。珠崖之人，又編次其罷行擾民之政，曰《崔公海上澄清錄》。在蜀時，蜀人繪公像於仙遊閣，與張忠定詠、趙清獻抃並祠，號爲三賢。淳祐甲辰，廣帥方大琮祠公與張文獻九齡於郡庠，號爲二獻。

温若春《崔清獻公墓誌銘》[1]

有宋丞相子崔子清獻公，諱與之，字正子，當今社稷臣也。先世汴人，家嶺南之廣州。父世明，善歧黃學，濟活無算。公先而卓犖有奇節，常以天下爲己任。方金人陸梁，慨然有澄清之志。自恥伏誦牖下，無所建明，挈其書，遊太學以策獻，當寧奇之。

紹熙四年，舉進士，廣士由太學取科目者自公始。初授潯州司法，治常平倉有力，郡守奏最。調淮西檢法官。時民有迫於豪責，自殺其子，誣豪冀免者，審得實，議流之，公憐其窘逼，原情減等，卒徒之。尋知建昌之新城，適歲大祲，有強掠民虆者，折其手足以徇，盜徐止。乃勸賑焉，貧富賴之。開禧兵興，四方騷動，行和糴法，邑境帖然。遷判邕州，州守苛刻衣賜，邕卒大閧，漕司移檄，令攝守事，誅其叛首，闔郡以安。擢發知賓州，刑政清簡。尋特授廣西提點刑獄、兼河梁事，遍接所郡，葉舟渡海，寧禱於天，不媚波臣。所至，秋毫無擾，停車決事，風采凜然，一切朘削夙弊，悉罷之。瓊人次其事，爲《海上澄清録》。復申諭十事，大指以緩刑剔貪爲本，號《海外便民榜》，至今刊布焉。召除金部員外郎。時郎官多養眥望，不省事。公在官，巨細必親省決，胥吏有欺，杖之不少貸，莫敢舞文者。

會金人遷汴，朝議慮其進迫，特授寶謨閣，權發遣揚州事，主管淮東安撫司。帝引入內，親遣之，對以"選將材，集民兵"爲邊防第一事。既至，浚城濠，蓄塘堰，開河，設吊橋，築夾城，易土以甓，創立五砦於滁，屬忠義民兵守之。金人寇淮西，沿邊居民附山自固，無所掠，且疑有伏，自是無敢深入者。浙東饑，流民渡江，悉開門撫納，存活萬餘。楚州士卒苦不役，叛入射陽湖，亡命景從，給旗帖招之，聞呼受撫，首亂瞻望不決，卒擒戮之，餘隸諸軍，無敢復叛者。山東李全以眾來歸，公移宰相書，謂召外兵必有後患，議格不行。諸將皆懷僥倖，都統劉琸全軍覆沒，公憂憤，復馳書當國者，言五年勤勞，子養士卒，今以萬命沒於一夫之手，敵將乘勝襲我。金人果長

---

[1] 崔與之撰，張其凡、孫志章整理《宋丞相崔清獻公全録》附集卷二，第189～192頁。

驅入境，宰相三致書，皆主和議，公答書曰："議和必遭屈辱，況山砦相望，堅壁清野，寇無可掠，勢必不能久駐。"答書已，亟修守戰備，防禦邊陲，相度要害，布置精銳，金人深入無功，和議亦寢。時議姑闕兩淮制置，命兩帥互相爲援。公力言不可，議遂寢。

召爲秘書少監，軍民遮道。公力辭召命，竟還，將度嶺，趣召不已，行次池口，聞金人至邊，乃造朝。奏對數千言，上嘉納之，升秘書監，兼太子侍講，權工部侍郎。成都帥以黷貨被逐於叛兵，總領遇害，蜀大擾。公以煥章閣待制知成都府，本路安撫使，入境軍民安堵。先是，制置安丙久握重兵，每忌蜀帥之來。公至，獨推誠相與。尋制置卒，詔書護西蜀師。時軍政廢弛，諸帥不協，故金人乘間得入鳳州。公既受事，開誠布公，戒以同心體國，由是諸帥協和，軍政復振。未幾，金將呼延械以洋州歸降。公察其誠，納之，籍其精銳千餘，又設間招徠，以疑其衆，金人自是不敢復覬興元矣。十年生聚教訓，兵精馬壯，錢米贏餘，較前十倍，蜀人倚爲長城焉。歲在甲申，丐祠朝廷，以鄭損往代，公未出境，金人諜知之，復大入。公再爲臨邊，金人乃退。召爲禮部尚書，不拜，便道還廣州。蜀人思之，肖其像於成都之仙遊閣，與張詠、趙抃三賢並祠。

寶慶初，帝方勵精圖治，起用舊臣，授充顯謨閣直學士、知潭州、湖南安撫使，辭。提舉西京嵩山崇福宮，遷煥章閣學士、知隆興府、江西安撫使，又辭。授徽猷閣學士、提舉南京鴻慶宮。端平初，帝既親政，起爲禮部尚書，御書數召，皆力辭。繼授端明殿學士，提舉嵩山崇福宮，亦辭。俄授廣東經略安撫使，兼知廣州，詔賜以第，即家治事。

先是，摧鋒軍久戍有功，不賞，求撤戍，不報，相率爲亂，自惠陽長驅至廣州，聲言欲得連帥。公肩輿登城，叛卒望而俯伏，曉以順逆，皆釋甲聽命。首亂數人懼不免，率衆遁入端州。俄而調兵畢集，賊戰敗請降，戮其黠者，餘籍諸州。帝由是注念彌切，拜參知政事、右丞相，力辭。先後疏數萬餘言，皆忠君憂國之誠。帝覽奏嘉歎，趣召愈力，控辭至十三疏。嘉熙二年五月，乃得致仕，以觀文殿大學士提舉紫霄宮，逸老於家，榜其燕居，曰"菊坡"，蓋以晚節自防云。時南人未有學舍，公捐地建之，誘掖後進，學者稱爲菊坡先生。

　　至三年十一月，薨，年八十有二。訃聞，帝爲罷朝，輟樂，減膳，官致祭，謚曰清獻，晉爵南海郡開國公，食邑三千八百戶，諭葬於增城縣雲母里古華獅子嶺午丁之原，錫葬田一百里。既崇其封，勒石以紀功德。

　　若春屬門下士，受知獨深，屬爲之志，不敢辭也。吾師生平大略，宦情高潔，屢辭寵命，常存難進易退之心。嗜欲澹泊，中道喪偶，不求伉儷，官至顯遣，不蓄聲妓。恩俸悉周故舊，歲入還歸公府，陰籍不私其親，主爾忘身，公爾忘私，國爾忘家，將古所謂社稷臣者，於公有焉。略紀其實，用告後人，待之國史。爲之銘曰："浩然其氣，塞乎天壤。毅然其志，主乎安攘。挺然其節，如貞松之堅剛。超然其操，如秋菊之芬芳。佳城鬱鬱，天語煌煌，實在雲母之里、古華之崗。後之登斯壟而懷古者，當知功德之難忘。"

　　嘉熙庚子孟秋望後二日，門人溫若春頓首拜撰。

李昴英行年繫地譜

李昂英（1201—1257），番禺（今廣東廣州）人，字俊明，號文溪，寶慶二年（1226）進士。歷汀州（今福建长汀）推官，以退賊有功遷太學正，再遷太學博士。端平間爲校書郎，嘉熙間累遷著作郎兼史館校勘，權兵部郎中，出爲福建提舉。淳祐間入朝，請正史嵩之之罪，以伸杜範、劉漢弼、徐元傑之冤，擢右正言兼侍講。以論陳韡、趙與篱在外差遣，遂掛冠歸。三學諸生餞行並贊其"庾嶺梅花清似玉，一番香要一番寒"。居家數載，起爲江西提刑，兼知贛州。寶祐二年（1254），召爲大宗正卿，兼侍講，除右史，遷左史，擢吏部侍郎。寶祐三年，因論救御史洪天錫，劾董宋臣，俱貶，歸隱五羊文溪。寶祐五年卒，謚忠簡（或作文簡）。天性勁直，議論高邁，理宗稱其"南人無黨，中外頗畏憚之"。詩詞文俱佳。其詩質實簡勁，風格遒健；其詞風格近辛棄疾，以豪語見長；其文簡而有法，婉而成章。有《文溪存稿》二十卷。

字號

李昴英，字俊明，號文溪。

《宋史翼》卷一六《李昴英傳》云："李昴英，字俊明……家文溪之上，因以自號。"[1]《廣州人物傳》亦如此載。[2]李殿苞《忠簡先公行狀》云："公諱昴英，字俊明，別號文溪。"[3]案，"昴"乃星名，屬二十八星宿，傳說漢相蕭何爲昴星之精降生，後世以"昴降"稱其顯貴；"英"有英傑、英才之意。取"昴英"之名寓昴星降生以成英才之意。

案，楊慎《詞品》云："李公昴，名昴英，號文溪。"[4]後萬樹《詞律》亦繼以"公昴"爲名，更訛"昴"爲"昂"。乾隆十八年（1753）李氏後人李琯朗《忠簡先公名字、居里考辨》對此進行更正："升庵楊慎《詞品》謂先忠簡爲'李公昴，名昴英'，即誤矣。邇者紅友萬樹《詞律》載先公《城頭月》一首，並以'公昴'爲名，更訛'昴'爲'昂'。升庵已誤，紅友再誤也。又沈氏雄著《古今詞評》，至謂'李俊明，字公昴'，更以先公字爲名，而並去'昴英'之名，其錯謬尤甚。"[5]

李昴英晚年隱居文溪。《人物傳》云："自乙卯歸，澹然無復仕進意。家文溪之上，因以自號。上嘗賜前所居扁曰'久遠'、曰'文溪'、曰'嚮陽堂'。"（頁73）

籍貫

廣州鷺岡村人。

《本傳》云："李昴英字俊明，番禺人。"（頁336）《人物傳》亦如此載。案，

---

[1] 陸心源撰，吳伯雄點校《宋史翼》，第336、342頁。《李昴英傳》以下簡稱《本傳》，凡引此文，均據此本，僅括注頁碼。

[2] 黃佐《廣州人物傳》卷九，第68、73頁。《廣州人物傳》以下簡稱《人物傳》，凡引此書，均據此本，僅括注頁碼。

[3] 李昴英撰，楊芷華點校《文溪存稿》附錄二，第250頁。《忠簡先公行狀》以下簡稱《行狀》，凡引此文，均據此本，僅括注頁碼。

[4] 楊慎《詞品》卷五，唐圭璋編《詞話叢編》，第1冊第512頁。

[5] 李昴英撰，楊芷華點校《文溪存稿》附錄二，第256頁。《文溪存稿》以下簡稱"本集"，凡引此書，均據此本，僅括注頁碼。

廣州古稱番禺，秦漢時"以廣州之地總稱番禺"[1]，兩宋時廣州屬廣東東路所轄，爲諸州之一，範圍比當今廣州市大，而番禺隸屬廣州，地跨廣州市城東與現今番禺區。又案，楊慎《詞品》卷五云："(李昴英)資州盤石人。"[2]本集附錄二李琯朗《忠簡先公名字、居里考辨》亦對此進行辨正："先公當宋理宗朝，中原半陷，止位居清要，非丞相中書樞密之地，故西北人知公不甚詳。沈氏《詞評》爵里一本升庵，故於公皆云'資州'。而'資'字乃'廣'字之誤。升庵云'盤石人'者，'盤'字乃'羊'字也。集中字畫殘闕，'廣'字腳類'資'，彼既以'資'代'廣'，而資州有盤石，因'石'字上闕，遂以'盤'字補之，妄以著先公居里。先公居廣州龍頭市，即晉五仙騎羊化石之地，故舊集書廣州羊石李某著者，此也。"(頁256)資川屬潼川府路，盤石爲資川所轄四縣之一。

《番禺西望李氏族譜》載，曾祖李仙之徙居番禺鷺岡村。[3]鷺岡村，即今廣州市海珠區鳳陽大街鷺江村。

另外，現今廣州城內文德路與德政路之間，內街長塘街北段有一條李家巷，本是廣州老城一條古老內巷。據說李家巷就是李昴英辭官歸隱之處，當時其地瀕臨文溪，李昴英後人一直在這一帶聚居，於是形成李家巷。《廣州史話》載，李昴英曾在廣州城內建狀元橋、獅子橋、文溪橋。"狀元橋，位於今小北路和法政路的西口相交處"，"獅子橋，在今大石街的西南方雙槐洞口"，"文溪橋，在今中山四路和大塘街交接處"。[4]

世系

高祖緝，宋授朝議大夫。曾祖仙之，宋恩蔭承奉大夫，祖攟，宋迪功郎，贈朝議大夫，廣南東路經略安撫司助教。父天棐，宋授奉直大夫，官循州通判，封龍圖閣待制吏部侍郎。生母黎氏，贈南海開國夫人。繼母潘氏。另有母某氏。

《本傳》云："曾祖仙之，承奉大夫，自保昌來遷。祖攟，安撫助教。父

---

[1] 屈大均著，李育中等注《廣東新語注》卷三，廣東人民出版社1991年版，第72頁。

[2] 楊慎《詞品》，唐圭璋編《詞話叢編》，第1冊第512頁。

[3] 李濰森等《李氏族譜》卷首，清光緒十三年刊本。

[4] 徐俊鳴等《廣州史話》，上海人民出版社1984年版，第24頁。

天裴，龍圖待制。母黎氏將誕，夢大星降於庭，因名。"（頁336）《行狀》云："初祖邵，宋侍御史，由豫章至南雄。四世祖承奉大夫仙之，始自南雄溪塘鎮遷於番禺鷺岡村。傳六世，至奉直大夫天裴公，生五子，公居長焉。"（頁250）案，豫章，今江西南昌；南雄，今屬廣東。

《番禺西堂李氏族譜》輯有李昂英世系[1]：

第六傳，緝，朝琰之子，宋授朝議大夫。娶梁氏，生一子仙之。由南雄徙居龍頭市（即晉五仙騎羊化石之地，廣州城內惠福路）。生卒墓缺。

第七傳，仙之，緝之子，宋恩蔭承奉大夫。娶吳氏，生一子擇。徙居番禺鷺岡村。生卒缺，葬邑之用南里猛湧多石岡午子丁癸。吳氏葬海陽里白沙坑康褐塘。

第八傳，擇，號竹間，仙之之子。宋迪功郎，贈朝議大夫，廣南東路經略安撫司助教。娶張氏，生二子，長天裴，次天諒。諒生子胄英。生卒缺，葬邑之寧仁里杭塘臘蛇坑。張氏生卒缺，葬海陽里白沙坑康褐塘。

第九傳，天裴，字益忱，擇長子，宋授奉直大夫，官循州（今廣東龍川）通判，封龍圖閣待制吏部侍郎。娶黎氏，生五子。長昂英；次璧英，其後分居海晏沙尾、江南里人洞謝村、河南（指廣州珠江主幹道以南爲河道）沙頭、順德陳村、圭江兒山慕園；三奎英，其後分居新會；四軫英，其後分居河南康樂、鶴山七堡；五翼英，其後分居南海三元里米江、順德大門、番禺山門鷺江大塘。天裴生於孝宗淳熙二年甲午閏九月廿三日寅時，卒於嘉熙四年庚子十二月十九日，淳祐二年壬寅二月葬增城紹寧里瓦窰岡。黎氏生卒缺，葬海陽里白沙坑康褐塘。續娶潘氏，生於壬寅年，卒於理宗紹定五年壬辰十月廿三日戌時，葬寧仁里杭塘臘蛇坑。天裴列邑志十四卷封贈篇。

案，據上述可知李昂英父母基本信息。

父李天裴，字益忱，爲李擇長子。生於孝宗淳熙二年（1175），卒於理宗嘉熙四年（1240），享年六十六歲。李天裴曾授奉直大夫，官循州通判。後因李昂英顯貴而封贈龍圖閣待制、尚書吏部侍郎、番禺開國男。明人姚虞稱其"有隱德"。

生母黎氏，生年無考，卒於寧宗開禧二年（1206），墓葬地在海陽里白沙坑康褐塘。因李昂英從宦顯貴，贈爲南海開國夫人。

---

[1] 李瀗森等《李氏族譜》卷首，清光緒十三年刊本。

继母潘氏，生於孝宗淳熙九年，卒於理宗紹定五年（1232），享年五十一歲，墓葬寧仁里杬塘滕蛇坑。李昂英《文溪存稿》五封《家書》稱潘氏爲"亞媽"。

另有母某氏。據《道光廣東通志》卷二七〇載："寶祐五年丁巳，丁外艱歸。服闋，起補都憲御使，專理糧餉。未幾，丁祖母艱去。"[1]

弟四人，璧英、奎英、軫英、翼英。妹一人。堂兄胄英，爲叔父天諒之子。

據《番禺西漖李氏族譜》，李昂英兄弟五人，昂英爲長兄，二弟璧英，李昂英上京考進士時，璧英隨從，或爲同母弟；三弟奎英，死時約四十歲；四弟軫英、五弟翼英，本集隻字未提二人，或爲異母弟。

李昂英有妹嫁南海人林闓獨子林洪爲妻。據本集卷一二《林隱君墓誌銘》稱："南海林君，鄉曲稱好人焉。闓其名，端甫其字。訥然言，頹然貌，而所存逾人遠甚。不心乎利名，不色於喜怒，不耳乎人之過。……安然一生，七十有一歲而終。……子一人，名洪，娶余女弟者。"（頁119～120）

有堂兄李胄英，叔父李天諒之子，任端州尉，歷中議大夫。其後人分居於增城久裕陳路邊市橋。

妻陳氏、列氏。

《番禺西漖李氏族譜》載："（李昂英）娶陳氏、列氏，生五子。"[2]陳氏增城仙村人，生卒年無考。本集卷二〇李昂英中進士後所作家書中三度提及陳宅（陳氏娘家）亦可佐證："有便可報陳宅，必有錢助費"（《第二家書》），"某前者已修劄達之陳宅，不知彼曾來相賀否"（《第四書》），"六月初二日，陳全付至，家書與陳宅書信皆到，官券五百貫已如數得訖"（《第五書》）。（頁217～221）

列氏未明鄉貫，生卒年無考，亦未知爲副室還是繼室。[3]

子五人，長壽道，次守道，三志道，四性道，五由道。女一人，嫁王元甲。

長子李壽道，字、號未詳，生於寶慶二年（1226），其後無考。

次子李守道，字尚翁，號澗泉，生於紹定二年（1229）十一月，其時李昂英在汀州任上。以父蔭歷官文林郎、輅院大夫，賜紫金魚袋。娶崔與之長女爲妻。

---

[1] 阮元等修，陳昌齊等纂《道光廣東通志》，《續修四庫全書》，第674冊第581頁。
[2] 李瀠森等《李氏族譜》卷首，清光緒十三年刊本。
[3] 楊芷華《李昂英》，廣東人民出版社2006年版，第271～288頁。

咸淳四年（1268），李守道赴福州，途經惠州海豐縣，卒於縣北新街，葬於小北門外上塘村拜效臺，與崔氏同穴。其後分居沙灣、陳村、壯甲、碧江。崔氏生於紹定四年，比李守道小兩歲，卒於寶祐二年（1254）七月。繼室顧氏，東莞人，生於端平二年（1235），終於元至元二十五年（1288），別葬於鹿步都魚珠相對岡。

三子李志道，字立翁，號漁灣，生於紹定四年，卒於元大德元年（1297）。案，楊芷華《李昂英》云"三子志道，字立翁，號海灣"，誤。《宋史翼》卷一六《李志道傳》載："（李昂英）子志道，字立翁，號漁灣，少儁穎，以《春秋》領淳祐九年鄉薦。寶祐元年，成進士。時上御明德殿，再試稱旨，除授京邸教授，賜紫金魚袋。造育有法，士林宗之。明年，父昂英起爲大宗正，引嫌乞外職，改調浙江僉憲參幹諸軍事。志道嚴部伍，時簡閱，一意寬刑養重，一道稱平。五年丁巳，丁外艱歸。服闋，起補都憲御史，專理糧餉。未幾，丁祖母艱去。咸淳三年，召入爲朝散大夫、直寶謨閣、廣南東路經略安撫司、提點刑獄、節制兵馬兼屯田使、尚書工部侍郎。時直國步多艱，強敵在外，賈似道專政，權傾人主，志道屢疏乞歸，不許。德祐元年，以疾乞聞，得歸田里。端宗立，航海南奔，元兵侵逼。志道糾練鄉勇，躬督戰於潮州。上粟十萬石餽送餉軍。三月，益兵三千餘人。帝重其忠，賞給番禺、南海、新會、東莞、香山各縣田地約八千餘頃。端宗崩，帝昺立。與元人戰於厓山，師潰，宋亡。志道大哭，奉大行主於家鄉陽堂。率子弟宗戚鄉人朝夕哀奠。未幾，憤鬱而卒。"[1]據張舉《志道墓誌銘》載："宋亡，志道囑子孫勿仕元"，"墓葬蟠龍岡"，"左有白雲山爲青龍，右有峰梅山爲白虎"。[2]

四子李性道，字、號未詳，生於紹定五年，任直秘閣中大夫，以軍功物賜進士，廣州提刑參軍。《宋史》無傳，唯其在端宗景炎元年（1276）變節仕元，是年十月十日被抗元將領熊飛誅殺。其後分居東莞塔岡、番禺東邊頭柏堂隔山、順德簡岸、增城白石木招雅遥瀝口。

五子李由道，字義翁，號未詳。生於端平元年，景定三年（1262）進士，曾任都督府參幹。卒於元至元三十一年前。其後分居番禺石壁草堂沙亭、珠江勒竹、江南寶江、南海泮塘、順德沙堤麥湧。

---

[1] 陸心源撰，吳伯雄點校《宋史翼》，第342～343頁。
[2] 李灘森等《李氏族譜》卷末，清光緒十三年刊本。

　　有女嫁王元甲。王元甲，字士遷，號梅灣居士，番禺沙灣人。生於紹定三年，自幼機警勤學，咸淳七年進士，與張鎮孫同榜。官南恩州陽江縣主簿兼尉事，有惠政。宋末世亂，辭官鄉里，廬居先人墓旁。辭元將延聘。後出，與鄉人捍禦悍匪，功成退隱，陷居番禺沙灣。元大德五年卒，葬於南牌山。

　　李昴英孫輩衆多，知名者有李壽道子李亨寶、李守道子李肖文、李志道子李肖龍，陳大震《文溪李公文集序》又提及之憲文、以文。

　　李昴英姪輩可知有李演，見《送演姪》詩三首。時李演赴福建建寧縣尉之任，臨行，李昴英作詩勉勵。[1]

　　李昴英世系表，參見圖5-1：

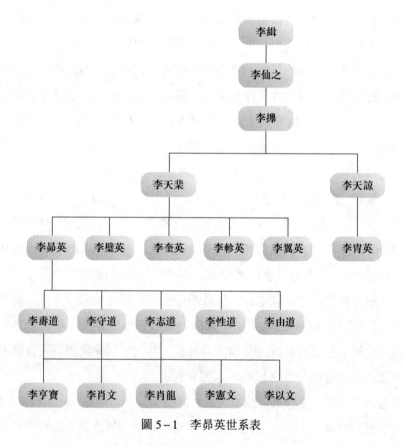

圖5-1　李昴英世系表

---

[1] 李濰森等《李氏族譜》卷首，清光緒十三年刊本。

著述

有《文溪存稿》二十卷行於世。

《人物傳》載："有《文溪存稿》二十卷行於世。"（頁 73）書前李春叟《重刻李忠簡公文溪集序》云："於是勉收燼餘，僅得奏稿雜文一百二十二篇、詩詞一百二十五篇，編次成集，命之曰《文溪存稿》。"（頁 2）《本傳》云："其文簡而有法，婉而成章，一時同館名流如江萬里、文天祥皆推服之。"（頁 342）

《文溪存稿》版本流傳（參考《宋人別集敍錄·李忠簡公文溪存稿》[1]）如下。

元代，有大德二年（1298）刻本，由李昴英門人李春叟編次刊刻，有奏稿、雜文一百二十二篇，詩詞一百二十五首，題名《文溪存稿》，門人陳大震作序。該本爲後來各本之祖。

明代，有刻本三種。其一，爲成化六年（1470）重刻本，由李昴英後裔李德孚刊刻於家塾，陳獻章作序，參元大德二年刻本。其二，爲嘉靖十年（1531）刻本，由李昴英裔孫李翶重刻，題爲《李忠簡公文溪存稿》，有文一百一十二篇，奏議二十一篇，詩詞一百六十七首，較前本有增益。其三，爲崇禎五年（1632）刻本，由李振鷺重修，共二十卷，記二卷，序一卷，題跋二卷，奏議四卷，書狀一卷，判、行狀一卷，祭文、墓誌、雜著一卷，詩五卷，詩餘二卷，家書一卷。今以崇禎重修本爲佳善。

清代，李氏裔孫遞相重刻。康熙四年（1665），有十四世孫李際明刊本，卷末附錄《事文考》《異同考》一卷；乾隆十八年（1753），裔孫李琯郎再重刻；乾隆三十八年有李履中修補本，爰取宋、明舊刻進行補正。道光二十年（1840），南海伍氏詩雪軒將此集刊入《粵十三家集》，底本爲康熙本，茲刻錄原書二十卷，其卷首各列傳、畫像、贊、行狀仍之，此外概從芟薙。光緒二十三年（1897），二十二世孫李翹芬重梓，底本爲家藏乾隆李琯郎重刻本。

1994 年，暨南大學出版社出版楊芷華校點本《文溪存稿》，爲新編《嶺南叢書》之一。該本以粵十三家集本爲底本，參校各本而成。

---

[1] 祝尚書《宋人別集敍錄》卷二七，第 1338～1341 頁。

爲文主張裨補時闕，講求氣度。其文質實簡勁，如其爲人；其詩不離宋格，骨力遒健。並被譽爲詞家射雕手。

　　本集卷四《題章公權進論稿》中，李昂英表明自己的文學主張："金珠珍矣，饑寒不可衣食，則適用莫粟布若也。雄深倔奇之文，自名一家，人爭寶之，價誠金珠矣；使非切於時，無裨人之國，亦徒可玩而已矣。讀章衡之《進論》，辭氣平暢，若不求工於文者。然論古成敗，商今利害，實可見之施行，其日用之布粟歟！世之捨金珠取布粟者，幾人耶？毋怪乎天下之未平治也。"（頁 46）明確提出"切於時、裨於國"之文學主張。《四庫全書總目提要》卷一六四《集部一七·文溪存稿》評李昂英詩文云："其文質實，簡勁如其爲人。詩間有粗俗之語，不離宋格，而骨力猶健，亦非靡靡之音。蓋言者心聲，其剛直之氣，有自然不掩者矣。"[1]這與本集卷三《方帥山判序》中其文學主張亦相統一："吾儒本領在所學，而發用在所筆。心正，則筆正矣。"（頁 34）即李昂英將立朝敢言、不畏權貴之精神氣節融入詩詞作品中，形成簡勁、遒健之風格特色。

　　李昂英被宋人黃升譽爲"詞家射雕手"[2]。其詞意象宏大、場面開闊，體現"清勁蒼秀、豪放軒昂"之詞風。李昂英有三十首詞傳世，黃升所輯《花庵詞選》續集選入其《摸魚兒》（怪朝來），李昂英因而列爲南宋八十八位知名詞人之一。明代毛晉《宋六十名家詞》，將《文溪詞》全部收錄，亦可見其詞史地位。

---

[1] 永瑢等《四庫全書總目提要》，第 4 冊第 310 頁。

[2] 毛晉《文溪詞跋》，毛晉輯《宋六十名家詞》，上海古籍出版社 1989 年版，第 513 頁。

宋寧宗嘉泰元年辛酉（1201），一歲

生於廣州。

《行狀》云："生宋寧宗嘉泰元年辛酉九月二十一日巳時。將誕，母南海開國夫人黎氏值大星降庭，因名。"（頁250）《人物傳》載：寶祐五年（1257）秋，"忽一夕大星隕舍東，闔城駭觀。後數日，昂英卒。年五十有七"（頁73）。以此逆推，李昂英應生於嘉泰元年。

寧宗嘉泰二年壬戌（1202），二歲

當在廣州。

本集卷二〇《丙戌科過省第一捷書》云：寶慶元年（1225），李昂英中進士之後，"三月十八日捷子到廣州，二十日到石灘。某頓首百拜，上覆大人朝議、亞媽孺人"（頁216）。石灘屬增城縣，增城與番禺皆屬廣州所轄八縣。《廣東通志》卷五四載："增城縣渡，曰石灘渡、和平渡、東洲渡、沙貝渡、東街渡、白石渡、仙村渡……"[1]從李昂英給父母報喜家書可證，李昂英父母當時居於增城。《忠簡公年譜》載，李昂英生母黎氏卒於開禧二年（1206）李昂英六歲時[2]，故知家書所稱"亞媽"乃繼母潘氏。李昂英少年時應與生母家居於番禺鷺岡村，曾讀書於番禺珠江海珠石，據此，幼年、少年時期當在廣州。

寧宗嘉泰三年癸亥（1203），三歲

當在廣州。

---

[1] 魯曾煜等編纂《廣東通志》，景印文淵閣《四庫全書》，第562冊第571頁。
[2] 李履中編，尹波校點《忠簡公年譜》，吳洪澤、尹波主編《宋人年譜叢刊》，第12冊第7747頁。《忠簡公年譜》以下簡稱《年譜》，凡引此書，均據此本，僅括注頁碼。

寧宗嘉泰四年甲子（1204），四歲

當在廣州。

宋寧宗開禧元年乙丑（1205），五歲

當在廣州。

寧宗開禧二年丙寅（1206），六歲

當在廣州。

母黎氏卒。

　　《年譜》云此年"母開國夫人黎氏卒"（頁 7747）。

寧宗開禧三年丁卯（1207），七歲

當在廣州。

宋寧宗嘉定元年戊辰（1208），八歲

當在廣州。

曾於海珠慈度寺讀書。

　　《行狀》云："少雋穎絶人，長讀書海珠山。博學多識，一覽成誦。"
（頁 250）《本傳》載："少雋穎，書史一覽成誦，博學多識，文思絶人。"
（頁 336）《人物傳》亦如此載。《廣東通志》卷五四載："海珠慈度寺，舊在
州東南。五代始創，歲久傾圯。"[1]姑繫於此。

---

[1] 魯曾煜等編纂《廣東通志》，景印文淵閣《四庫全書》，第 564 冊第 573 頁。

寧宗嘉定二年己巳（1209），九歲

當在廣州。

寧宗嘉定三年庚午（1210），十歲

當在廣州。

寧宗嘉定四年辛未（1211），十一歲

當在廣州。

寧宗嘉定五年壬申（1212），十二歲

當在廣州。

寧宗嘉定六年癸酉（1213），十三歲

當在廣州。

寧宗嘉定七年甲戌（1214），十四歲

當在廣州。

寧宗嘉定八年乙亥（1215），十五歲

當在廣州。

寧宗嘉定九年丙子（1216），十六歲

當在廣州。

寧宗嘉定十年丁丑（1217），十七歲

當在廣州。

寧宗嘉定十一年戊寅（1218），十八歲

當在廣州。

寧宗嘉定十二年己卯（1219），十九歲

當在廣州。

寧宗嘉定十三年庚辰（1220），二十歲

在廣州。

從學許巨川。

　　本集卷一《東莞縣學經史閣記》云："温陵許公……某弱冠遊芹泮，公期待之獨厚，且嘗至是邑，撰杖屢行黌舍，敬識其實。公名巨川，字東甫，嘗中異科云。"（頁 16～17）弱冠，指二十歲成年之時。姑繫李昂英從學許巨川時間於是年。案，許巨川，字東甫，號鈍齋。温陵（即泉州）同安（今福建廈門）人。受學於其伯祖許升，得伊洛之傳。嘉定七年中進士，初督廣州府學。嘉熙元年（1237）任東莞令，其後改判象州（今屬廣西），淳祐十年（1250）二月卒。《廣東通志》卷三九載："（許巨川）其學得伊洛之傳。初董廣州教事，篤意訓誨，士感其德，祠之學東。崔與之聞而嘉歎。嘉熙元年，令東莞，下車謁學，以堂廡圮陋，輒捐橐金新之。没官田一頃八十三畝歸於學。儲錢十萬爲異日修治費，邑務雖繁，常與諸生講解，以勵術業，尤愷悌愛民。劉克莊時爲計使，閱其斷訟，謂其'仁明兼至'。莞人亦建祠祀焉。"[1]《萬曆重修泉州府志》卷一八《人物志中》載許巨川："嘉定七年進

---

[1] 魯曾煜等編纂《廣東通志》，景印文淵閣《四庫全書》，第 563 冊第 672 頁。

士，歷廣州教授，篤意訓誨，成就甚衆。改秩東莞縣，拊摩愷悌，催科數負。殿中書劉克宗時爲計使，閱其斷訟以爲仁至義盡。主管治司，辟守象州，卒。"[1]本集卷一二《祭許象州文》云："維淳祐十年，歲次庚戌，二月朔越祭日，門人朝散大夫李某，謹以清酌告於近故判府朝議鈍齋許公。……弦歌東莞，課試始程。亦崇厥祠，書閣崢嶸。菊坡西山，皆極口稱。……某少撰杖屨，早蒙旦評。誨猶藥石，愛猶父兄。猶記廈旅，薦公姓名。年貌幾何，清問親聆。未幾去國，竟負師承。"（頁116）此文既説明許巨川卒年，又憶少年從學許巨川情況。

寧宗嘉定十四年辛巳（1221），二十一歲

在廣州。

寧宗嘉定十五年壬午（1222），二十二歲

在廣州。鄉薦第一。有詩一首。

在廣州。秋，以《春秋》得鄉薦第一。

　　《行狀》云："壬午弱冠，以《春秋》首薦於鄉。"（頁250）《本傳》載："弱冠，嘉定十五年，以《春秋》掄元首。"（頁336）

　　案，此處"弱冠"應指弱冠後不久，即李昴英二十二歲時。《廣東通志》卷三一云："嘉定十六年癸未蔣重珍榜：黄文曳、趙崇垓、劉亦周。寶慶二年丙戌王會龍榜：倫次陸、李昴英……"[2]《年譜》云："丙戌，登王會龍榜鼎甲第三名。是年進士榜九百八十七人。"（頁7747）宋代自英宗治平三年（1066）起，科舉正式定爲三年一次。每年秋天，各州進行考試（即州試、解試，元明清各朝稱鄉試），第二年春天，由禮部進行考試（即省試），省試當年進行殿試。綜合以上材料可以説明：其一，寶慶二年（1226），李昴英

---

[1] 陽思謙修，徐敏學、吳維新纂《萬曆重修泉州府志》，第1418頁。
[2] 魯曾煜等編纂《廣東通志》，景印文淵閣《四庫全書》，第563冊第346頁。

中進士第三名無疑；其二，李昂英第一次參加科舉在三年前，即嘉定十六年，未中；其三，嘉定十五年，李昂英參加鄉試，以《春秋》得第一。

十一月十六日，西遊抵清遠峽山登寺，有《峽山詩》詩。

本集卷一七《峽山詩》序云："壬午仲冬逾至三日，羊城進士李昂英西遊抵峽山，舟距寺而維焉。是夕也，風壯浪號，殷聲戰激，蛟騰黿湧，與舟盪摩，垂丙而不寧枕。翌日既望，攝衣登寺，睹其靈迹，森然昭布，不我誣也。嗟乎，是胡爲而來哉！境奇物勝，千態萬狀，神愛而茲來，則士之假道乎是者，亦必不凡矣。行將掬山之靑、歃水之綠，與山水俱甲天下，以實地靈人傑云。於是乎書。"（頁185）壬午即爲嘉定十五年。仲冬，十一月。既望，即爲十六日。據《廣州府志》卷一〇二《金石略六》載："（《峽山詩》）刻在清遠峽山寺，立石年月未詳。"[1]

寧宗嘉定十六年癸未（1223），二十三歲

在臨安。省試未中。

在臨安，省試未中。詳見前一年相關內容。

寧宗嘉定十七年甲申（1224），二十四歲

在廣州。

從崔與之遊。

《行狀》云："壬午弱冠，以《春秋》首薦於鄉，菊坡崔公深器之。諸老見其文，咸謂當遜一頭地。"（頁250）《本傳》載："計偕，崔與之深器重焉。"（頁336）"計偕"指舉人赴京會試。[2]本集附錄二姚虞《文溪先生傳》云："弱冠登上第，洪平齋、徐梅野諸公異其才，以爲'南方間氣'。"（頁248）據此可知，李昂英深受崔與之、洪咨夔、徐元傑等人器重，贊其文采。案，

[1] 戴肇辰、蘇佩訓修，史澄、李光廷纂《廣州府志》，清光緒五年刊本，第36冊第21頁。
[2] 參見崔與之譜紹熙元年庚戌（1190）事相關注釋。

徐元傑（1196—1246），字仁伯，號梅野，信州（今江西上饒）人。早從朱熹門人陳文蔚學，後師事真德秀。紹定五年（1232）進士，調簽書鎮東軍節度判官。嘉熙二年（1238），召爲秘書省正字，累遷著作佐郎兼兵部郎官。淳祐元年（1241），知南劍州（今福建南平）。丁母憂去官，服除，授侍左郎官，遷將作監。三年，丞相史嵩之服父喪未滿，有詔起復，徐元傑適輪對，力沮成命，遷兼給事中、國子祭酒、權中書舍人。五年，中毒暴卒。官至工部侍郎，諡忠愍。有《楳野集》十二卷傳於世。[1]

李昂英年少師從崔與之、得崔與之器重在何年？以上諸公評價李昂英"南方間氣"在何年？查本書《崔與之行年繫地譜》和管琴《洪咨夔年譜》（《國學學刊》2012 年第 2 期），三人行蹤見表 5-1。

表 5-1　崔與之、洪咨夔、李昂英嘉定七年至寶慶二年行蹤表

年份	崔與之	洪咨夔	李昂英
嘉定七年（1214）至嘉定十二年（1219）	在揚州	在揚州，任崔與之幕府	在番禺、增城讀書
嘉定十三年（1220）	在臨安	赴成都	在東莞，從許巨川學
嘉定十四年（1221）	知成都	在成都任通判	在東莞，從許巨川學
嘉定十五年（1222）	知成都	在成都任通判	在番禺，參加鄉試
嘉定十六年（1223）	知成都	在成都	在臨安，省試未中
嘉定十七年（1224）	知成都，出蜀，是年秋，在廣州	出蜀回，是年秋，還臨安；冬十一月，任秘書郎	在番禺
寶慶元年（1225）	在廣州	在臨安，任秘書郎	在番禺，再薦於鄉
寶慶二年（1226）	在臨安	在臨安，任秘書郎	在臨安，是年春，登進士第三名

從表 5-1 可知，崔、李有時空交集當在嘉定十七年：崔與之出蜀，是年秋達廣州，李昂英因省試未中回鄉。此時崔與之無論在文學還是在仕途上均已名揚天下，爲廣州名士，李昂英進士未中，從其學亦合情理。《行狀》云："時帝方諒陰，遂以台州王會龍書義第一，而屈公鼎魁三名。洪平齋、徐梅野諸公皆異其才，以爲'南方間氣'。"（頁 250）因此，洪咨夔、徐元

---

[1] 脫脫等《宋史》卷四二四《徐元傑傳》，第 36 冊第 12660～12662 頁。

傑異其才，應在中進士之後。案，台州，今屬浙江。

宋理宗寶慶元年乙酉（1225），二十五歲

在廣州。再薦於鄉。

> 《行狀》云："理宗寶慶元年乙酉，再薦於鄉。"（頁 250）《本傳》載："寶慶元年，再薦於鄉。明年，試春官。"（頁 336）案，試春官，即參加進士考試。春官，禮部別稱。

理宗寶慶二年丙戌（1226），二十六歲

在臨安。中進士第三名。有文五篇。

在臨安。春，登進士第三名。

> 《行狀》云："明年，試春闈，知貢舉官鄒應龍得公文，欲置首魁，而公治《春秋》，或曰：'上始即位，宜崇帝王之學。'時帝方諒陰，遂以台州王會龍書義第一，而屈公鼎魁三名。洪平齋、徐梅野諸公皆異其才，以爲'南方間氣'。由是名動海内，如景星鳳凰，士爭先快睹。"（頁 250）

> 《本傳》載："寶慶元年，再薦於鄉。明年，試春官，知貢舉鄒應龍欲置第一。時方諒陰，或曰上始即位，宜崇帝王之學，遂擢王會龍書義第一，昂英第三。粵中士，探花自昂英始。洪平齋、徐梅楚皆重其才，以爲南方間氣。"（頁 336）《宋史全文》卷三一亦可佐證：寶慶二年六月丙申，"御後殿，賜禮部正奏名進士王會龍等敕凡九百八十九人"[1]。案，鄒應龍爲寶慶二年主考官。本集卷二〇《第二家書》有"及見鄒尚書，彼再三丁寧：未要相見諸朝士。某自此不出"（頁 217），《第三書》有"某自歸榜後，終日奔走，及歸安下處，則諸公來訪，及同年諸友相見，求入局者甚衆，應酬無暇來見。鄒先生丁寧勿出，某恪守此戒"（頁 218），可見鄒應龍對門生李昂英之關心與教誨。案，鄒應龍，又作應隆，字景初，號仲恭，泰寧（今屬福建）人。慶

---

[1] 汪聖鐸點校《宋史全文》，第 8 冊第 2632 頁。

元二年（1196）舉進士第一名，初以黃門侍郎帥廣西，有重名，累官起居舍人。寶慶二年爲禮部試主考官。淳祐四年（1244）五月卒，贈少保，諡文靖。

三月，有《丙戌科過省第一捷書》《第二家書》《第三書》。

李昂英登榜後，有《丙戌科過省第一捷書》《第二家書》《第三書》《第四書》《第五書》。本集卷二〇《丙戌科過省第一捷書》小題云"三月十八日捷子到廣州，二十日到石灘"（頁216），點明寫作時間與地點。《第二家書》《第三書》《第四書》均介紹了中進士後生活、交遊經歷。《第四書》有"三附問安之書，想已俱到""三月廿八日，某人抵京，復接家書，深用慰浣"（頁219～220），可推知《第二家書》《第三書》均作於三月。

致書崔與之以表培育之恩。崔與之有《菊坡回劄》。

李昂英致崔與之感謝書信已佚，但從本集卷二〇附崔與之是年四月所作《菊坡回劄》可以證實："某以疾丐閑，幸得請伏牖下，餘息厭厭。忽聞捷音，不知宿疴，方圖致慶，乃爲故人所先，三復不勝慰。……尚希孚炤，右謹具呈。四月日。煥章閣直學在中奉大夫提舉崇福宮崔某劄。"（頁222）此書或與前三封家書作於同月，結合路途往返之由，姑繫於是年三月。

四月，有《第四書》。

本集卷二〇《第四書》云："某自箭橋移居學前，非報謁官員，不敢輕出，凡事不敢輕舉。張德明以私試回齋，適惠州朱新恩篆至，某遂拉之同樓。復留一房，以待倫耀卿，而四月初，彼猶未至也。""唱名亦未有日子，想只在五月初間矣。"（頁220）可知此時已在四月，而還未至五月唱名。因此，是書作於四月。

六月，有《第五書》。

本集卷二〇《第五書》則敘述殿試面見皇上的情形："六月初二日，陳全付至，家書與陳宅書信皆到，官券五百貫已如數得訖。十三日上御文德殿，移御榻臨軒，引見前三甲人，三名前作一班。相去纔咫尺，日表龍姿，儼然在前。餘四甲、五甲人，只在殿門之外，不及見也。禮畢，三名前就幕次，各賜食七品，羅滿几案，精美可挹，累科所無也。中貴快行衛士來索謝恩詩，即時就換袍笏。是時駕已入內，但抱敕黃拜殿門而已。三名先謝而出，即重戴乘馬，所喝迎導，如每科儀，但未過太廟，不審其儀也。"（頁221）得以面聖爲大事，或即時報知家人，姑繫是書於面聖當月。

是年，長子壽道生。

> 《年譜》載："登王會龍榜鼎甲第三名。是年進士榜九百八十七人。長子將
> 仕郎、轉澤議郎壽道公生。"（頁7747）

理宗寶慶三年丁亥（1227），二十七歲

在廣州。有詩一首。

作《和廣帥宋自牧勸駕韻》詩。

> 關於本集卷一五《和廣帥宋自牧勸駕韻》詩，據李之亮《宋兩廣大郡守
> 臣易替考》：宋筠於寶慶元年至紹定二年（1229）知廣州軍州事，紹定二年
> 方淙帥廣州。[1]《南宋制撫年表》載：宋筠，寶慶元年至寶慶三年任廣東安
> 撫使兼知廣州。[2]寶慶二年李昂英在京，三年至紹定元年在番禺。因此，此
> 詩應作於居鄉而宋筠帥廣期間，即寶慶三年。

宋理宗紹定元年戊子（1228），二十八歲

在廣州。

理宗紹定二年己丑（1229），二十九歲

在汀州，任推官。有文二篇。

在汀州，任推官。平息軍變。

> 《本傳》載："初調汀州推官，郡守初陳孝嚴鷙悍，不恤其下，江閩寇相
> 挺，郡無壁壘，力請增陴浚湟，以備不虞。會守虐殺兵校十數人，又欲造州
> 楮，強戍兵充口券，昂英爭不聽，吏持州楮請署押，屬色呼之，徑棄官歸，
> 亟出郡郊。倅貳偕士民數百邀而留之，曰：'環境皆盜，公忍棄吾民乎？'

---

[1] 李之亮《宋兩廣大郡守臣易替考》，第33頁。
[2] 吳廷燮撰，張忱石點校《北宋經撫年表 南宋制撫年表》，第580頁。

泊回，悍兵王寶已闃然閉關，將殺守、吏，士民擁之入，恒以身翼蔽守。昂
英開諭諸賊曰：‘若欲得守，盍先害我？’守以是獲免。”（頁336）案，汀
州，今福建長汀。《貴耳集》卷下載：“李昂英，字俊明，廣人也。主上諒陰
榜第三名及第，初任臨汀推官。陳孝嚴激軍變，盡出家貲撫定之。”[1]本集
附録二載《李昂英小傳》云：“李昂英，字俊明，番禺人。寶慶丙戌進士第
三人。紹定間授汀州推官，州守陳孝嚴鷙悍不恤下。時閩盜充斥，州無堅壁，
昂英請增埤、浚湟，不聽，而虐殺兵校十數人。昂英棄官出郊，士民數百邀
留之。比反，悍卒王寶閉城殺守，會招捕使陳韡遣宋慈梟首亂者，始解。”
（頁258）

十月，有《跋陳侯贈曹貢元士圭詩》《跋第二首》。

　　本集卷四《跋陳侯贈曹貢元士圭詩》文末云：“紹定己丑良月朔。”（頁
52）古人以盈數爲吉，數至十則小盈，故以十月爲良月。此文作於十月一日。
《跋第二首》列於《跋陳侯贈曹貢元士圭詩》後，有“曹君士圭請於郡”“陳
侯延之玉帳間”等句，應爲跋陳侯《贈曹貢元士圭詩》的後一首，二者寫作
時間相近，姑均繫於是年十月。

是年，次子守道生。

　　《年譜》載：“次子恩蔭文林郎、歷官軺院守道公生。”（頁7748）

理宗紹定三年庚寅（1230），三十歲

在汀州，任推官。有文一篇。

正月，作《送周士元序》。

　　本集卷三《送周士元序》文末云：“余館清漳逆旅，邂逅寧德周士元，
問其來，愀然曰：‘雙親耄矣，瓶無儲粟，不遙千里，將控諸誼人而未遭也。……
紹定庚寅月正李昂英序。”（頁42）案，周士元，事迹不可考。寧德，今屬
福建。

---

[1] 張端義《貴耳集》，《宋元筆記小説大觀》，上海古籍出版社2007年版，第4318頁。

理宗紹定四年辛卯（1231），三十一歲

在汀州，任推官。

三子志道生。

《年譜》載："三子癸丑進士、寶謨閣、工部侍郎志道公生。"（頁7748）

理宗紹定五年壬辰（1232），三十二歲

在汀州。除太學正。丁繼母憂，歸廣州。

在汀州。以平亂有功，除太學正。

《本傳》載："既而朱積寶合磽寇攻城，設備待之，調左翼軍，合民兵討賊，面授方略，躬督戰，相持五日，戰二十餘合，賊敗北。功聞於朝，特遷太學正。"（頁336～337）本集附錄二《李昂英小傳》云："已而逋寇朱積寶合磽來攻城，昂英佐攝守王杆，調左翼軍合民兵禦之，身自督戰，相持五日，賊敗去。"（頁258）

十月二十三日，**繼母潘氏卒。丁繼母憂，歸廣州。**

《本傳》載："特遷太學正。丁母艱……"（頁337）楊芷華《李昂英》云："朝廷因他所建立的戰功而特升他兩級，授他爲太學正。然而，還沒來得及動身赴京上任，十月間便傳來繼母潘氏的訃聞，李昂英就離開汀州返回番禺守喪。"[1]至廣州家中姑繫於是年十月。

是年，四子性道生。

《年譜》載："四子直秘閣、中大夫、以軍功特賜進士、廣州提刑、參軍性道公生。"（頁7748）

理宗紹定六年癸巳（1233），三十三歲

在廣州。丁繼母憂。

---

[1] 楊芷華《李昂英》，第40頁。

宋理宗端平元年甲午（1234），三十四歲

在廣州。丁繼母憂。有文一篇。

在廣州。夏，作《義鹿記》。

　　參見崔與之譜紹定六年癸巳（1233）六月事。文見本集卷二。

是年，五子由道生。

　　《年譜》載："五子壬戌進士、朝列大夫、都督府參幹中外諸軍事由道公
生。"（頁7748）

李春叟從其學。

　　李春叟，字子先，東莞人，李昂英門人、族子。本集載李春叟《重刻李
忠簡公文溪集序》云："僕從先生遊舊矣，賜牆及肩，未睹闃域……春叟耄
矣，於師門無能爲役，大懼放失，永負夙心。"（頁2）案，"牆"，即門牆，
乃師門之稱；"肩"，即"肩隨"，即與某人並行而略後，以示尊敬。《禮記·曲
禮上》記俗："年長以倍，則父事之；十年以長，則兄事之；五年以長，則
肩隨之。"[1]或李昂英比李春叟長約五歲。又據李春叟《重建經史閣記》云：
"春叟束髮執經於鈍齋先生之門，蒙被陶冶，期以遠業。"[2]説明其約十五歲
師從名儒許巨川，後許巨川勉其遠遊從師，遂遊學廣西。李昂英有《送族子
春叟遊西廣》詩，詩中有"桂林要揀一枝巢"（頁173），即指此。"李春叟於
嘉熙二年秋參加鄉貢，在此之前曾往西廣遊學一段時間，而師從李昂英則在
遊學西廣之前，由此推之，約在紹定六年至端平二年李昂英自汀州歸里家居
期間。"[3]《宋元學案補遺》卷一二《濂溪學案補遺·竹隱家學》云："李春
叟字子先，東莞人。用之子。夙穎悟，邑宰許巨川見而異之，勉其遠遊從師，
遂謁桂陽林思齊、陳翊、陸鵬升，受《春秋》。又以諸經參訂於公巖壽、盧
方春、周梅叟諸人。如趙順孫、陳存、盧鉞、呂直之，皆其友也。交薦入仕，
授惠州司户，有賢能聲。累除德慶教授。秩滿而歸，絕意仕進，暇日著《論

---

[1] 孫希旦《禮記集解》卷一，第19頁。

[2] 陳伯陶等纂修《民國東莞縣志》卷九一《金石略三》，《中國地方志集成·廣東府縣志輯》，上海書店出版
　　社2003年版，第19冊第882頁。

[3] 楊芷華《李昂英》，第240頁。

語》書，以補先志所未及。大抵撮晦庵要語爲之，又摘其玄微者爲詩，使學者詠諷自得，號《詠最集》。家居以經學訓後生，嶺海名士多出其門，文風益盛。朝廷敬其名，除軍器大監，辭不就，賜號梅外處士。元初，分司李僉事延先生邑學，禮以賓師。公暇，即造問政。隱居養高，年八十而卒。諸子多文藝可觀，曰同父者，嘗著《易說》，爲邑令掾。"[1]

理宗端平二年乙未（1235），三十五歲

在廣州。服除。助崔與之平摧鋒軍亂，除大理司直。

在廣州。服除，除武學博士，未赴。

《行狀》云："端平乙未，服闋，除武學博士，未赴。"（頁 251）《年譜》云：端平乙未，"除武學博士，未赴。……復除太學博士"（頁 7748）。案，除太學博士當在端平三年十月，詳見後文。

二月，摧鋒軍圍廣州，縋城諭賊，賊退。

《行狀》云："端平乙未……會廣州摧鋒軍戍建康，歸不逾嶺，復更戍江西，戍卒皆怨。卒有曾忠者，相率爲亂，焚惠州，二月遂圍廣州，聲言欲得連帥幕屬而甘心焉。帥守曾治鳳聞之，航海潛遁。石潛孝淳，避寇水之南。獨庾嶺黃公峸請於菊坡崔公，權宜措守。菊坡乃登城，曉以禍福，賊羅拜城下。而公獨毅然偕經幹楊汪中縋城出諭賊，賊擬刃欲向公，公不爲之動，從容明利害順逆，以感動其心。賊皆聽命，而首謀者畏懼誅，終不肯降。公知其黠，不可口舌說，徑歸，厲兵秣馬，遂啓關擊賊。賊知有備，遁去。"（頁 251）《年譜》云：端平乙未，"摧鋒軍曾忠作亂，圍廣州，公縋城諭賊"（頁 7748）。《本傳》載："端平二年，摧鋒戍卒叛，繇惠州趨番禺。承平久，人不知兵，郡大恐。帥守曾治鳳航海潛去，轉運使石孝淳避水之南，獨庾使黃峸請於崔與之守禦。與之登城撫諭，昂英與楊汪中皆出諭賊，甫縋城，群凶露刃森立，毅然不動。從容諭禍福，賊退。"（頁 337）《貴耳集》卷下載："曾治鳳帥廣，激曾忠之變，崔菊坡臨城，借用經略司印撫諭。李縋城入賊，曉

---

[1] 王梓材、馮雲濠撰，舒大剛等校點《宋元學案補遺》，第 2 冊第 749 頁。

以禍福，五羊城郭得全，賊之肇慶就捕，朝廷録功名之首。"[1]案，楊汪中，字季子，番禺人。幼孤，篤志好學，廣帥楊長孺見其文，重之，辟爲州學録。嘉定十二年（1219），領鄉薦，尋登進士第。調靖江民曹。桂帥以瓊管機宜辟之。平叛，弭變風裁凜然。端平中，改肇慶府推官，家居。會攉鋒戍卒干紀晝薄城，民大恐，汪中縋城諭之，賊退，及崔與之判本郡，汪中攝帥幕，密佐靖亂。尋移廣右市馬之役，邕蠻帖服。無何，攉知廬陵勸糶，濟邊區畫有法，改知歸善。卒，功業不竟，人多惜之。[2]

崔與之《奏暫領經略安撫使知廣州印乞除官代》詳細記述擊賊經歷：李昂英入賊營從容諭禍福，官兵啓城出擊，叛軍知其有備，"端平二年春二月九日，賊自廣州退遁，徑趨肇慶府界，經略司催趣循、連、南雄州三處戍兵，付統制毗富道統率。二十二日，賊至肇慶城下。二十三日攻城，官軍小郤。二十四日夜，賊棄城潛遁，官軍追逐至地名冷水坑，賊據險設伏以待之，官軍輕進，墮賊計中，遂致失利。賊今乘勢盤泊於四會、懷集兩縣之境，流毒漸廣，未有安靖之期。三月十二日，承提刑司遞到御前劄子，三月二日，三省同奉聖旨：'崔與之除廣東經略安撫使、兼知廣州。'"[3]《宋史》卷四〇六《崔與之傳》亦載："與之聞命亟拜，即家治事，屬提刑彭鉉討捕，潛移密運，人無知者。俄而新調諸軍畢集，賊戰敗請降，桀黠不悛者戮之，其餘分隸諸州。"[4]

以平叛事聞於朝，除大理司直。

《行狀》云："賊知有備，遁去。事聞，除公大理司直、主管經撫司機宜文字，起菊坡鄉帥，指授諸將，悉力討賊。不數旬而定，一道生靈賴以安。公贊畫之功居多，召除太學博士。"（頁251）《年譜》云："公縋城諭賊。賊平，除大理司直，復除太學博士。"（頁7748）《本傳》載："事聞，除大理司直，主管經撫司機宜文字。"（頁337）《貴耳集》卷下載："李縋城入賊，曉以禍福，五羊城郭得全，賊之肇慶就捕，朝廷録功名之首。"[5]許應龍作

---

[1] 張端義《貴耳集》，《宋元筆記小説大觀》，第4318頁。

[2] 魯曾煜等編纂《廣東通志》卷四四，景印文淵閣《四庫全書》，第564冊第43頁。

[3] 崔與之撰，張其凡、孫志章整理《宋丞相崔清獻公全録》卷六，第65頁。

[4] 脱脱等《宋史》，第35冊第12262頁。

[5] 張端義《貴耳集》，《宋元筆記小説大觀》，第4318頁。

《李昂英前任廣東機宜説諭叛卒有勞轉一官制》，是制云："凶徒倡亂，聲勢鴟張，直抵廣城，闔郡震恐。爾忠於體國，勇不顧身，徑造賊營，諭以逆順。繼居機幕，復贊籌謀，遣兵捍防，迄臻平定。厥績甚茂，盍進一階，以示褒寵。"[1]

理宗端平三年丙申（1236），三十六歲

赴臨安。除校書郎。有詞一首、文二篇。

在廣州。正月一日，作《詩隱樓記》。

本集卷二《詩隱樓記》文末云："吾友昭武黃君希聲，工晚唐詩，遊五羊，獲登菊坡先生門，因築舍其旁。……希聲名鏞，其詩有《樵溪初稿》云。端平丙申元日。"（頁30~31）文中所寫爲五羊之事，人應在廣州。案，《宋元學案補遺》卷七九《邱劉諸儒學案補遺·黃先生鏞》載："黃鏞字希聲，昭武人。工晚唐詩律。遊五羊，獲登菊坡先生門。因築舍於旁，字樓以'詩隱'。菊坡起帥鄉郡，繡使彭公督師，銜密畫往來其間，迄清亂略。有《樵溪初稿》。"[2]

或在是年正月十五日，作《沁園春》（纔到中年）。

本集卷一九《沁園春》（纔到中年）小題云"監司元宵招飲不赴"（頁211），面對元宵節熱鬧場面，有"回頭猛憶，破案囊螢""平生黃卷青燈"等句，充滿人生感慨。此題有"纔到中年"，應爲三十歲後；有"監司"，應在爲官地方期間；回憶早年清寒生活，或爲入仕不久。綜上所述，姑繫於是年，存疑。

在臨安，任太學博士。陛見，上《端平丙申召除太博賜金奏劄》。

《行狀》云："丙申至京，陛見賜對。帝曰：'前此五羊之寇，卿能縋城諭賊，可見膽略。'公奏曰：'疏遠小臣，辱陛下簡記，豈勝感激。'因賜公以金。公首言：陛下非不恪遵先朝之成憲，而干請爲撓；非不故使臣下之奉

---

[1] 許應龍《東澗集》卷六，景印文淵閣《四庫全書》，臺灣商務印書館 1986 年版，第 1176 冊第 473 頁。
[2] 王梓材、馮雲濠撰，舒大剛等校點《宋元學案補遺》，第 6 冊第 2933 頁。

命，而威令漸輕。給舍繳建節之濫而終莫回，大臣進除擬之目而不盡用。近習乘間，而宮府非一體；旁蹊捷出，而政事或多門。又言：願陛下赫然發憤，幡然改圖，念祖宗土地，不可尺寸與人，屬披輿地圖之志，毋使人有幾如是而不及郢之歎。凡數千言，帝皆納之。"（頁251）《人物傳》云："賜對。上奏劄。略曰：與治同道罔不興，與亂同事罔不亡。善覘國者，惟觀諸此。今雨血告妖，戎馬踐淮，襄峴失而江陵孤。三川潰而夔門危。祖宗區宇，將半陸沉，億萬生靈，重罹塗炭。陛下自視今爲何時。反觀行事，果與志同否邪？夫勢之安危，反掌易置，理之當否，酣嗜峻雕，未或不亡。此謹身之戒也……閱興亡之大，無出於四者。審安危之幾，當決於一心。陛下幸迹其所以致治，監其所以召亂者，赫然發憤，日課其事，月計其功，常若勍敵在前，禍至無日。則恢復之規模立矣。上賜金酬其直，且有膽略之褒。"（頁69～70）

本集卷六《端平丙申召除太博賜金奏劄》題目即注"端平三年"，並云："臣聞與治同道罔不興，與亂同事罔不亡，善覘國者，惟觀諸此。……大臣開誠布公，鞠躬盡瘁，屏常程之碎務，以澄心靜慮，移堂除於吏部，而一意籌邊，當如李綱以去就爭天下大計，毋徒曰鎮之靜也。士大夫當如宗澤所謂非臣子安居美食之時，共攄主憂臣辱之忿，各辦趨事赴功之心，毋徒睹風景而感慨也。邊臣當如劉錡所謂背城一戰，於死中求生，而併力拒敵，毋徒靠撒花以爲緩圍之策也。君臣上下，共惜分陰，共商緊著，日課其事，月計其功，常若勁敵之在前，常若禍至之無日。庶幾無秋高塵起之倉皇，而取襄荊蜀，固淮之規模立矣。臣區區憂國之心，不識忌諱，陛下裁赦。取進止。"（頁67～69）案，《年譜》云："陛見，上《謹身用人守法厲俗疏》。"（頁7748）此疏即《端平丙申召除太博賜金奏劄》。

十月，以太學博士召試館職。

《南宋館閣録》續録卷八載："李昂英，三年十月以太學博士召試館職。"[1]

十一月，除校書郎。

《南宋館閣録》續録卷八載："李昂英，三年十一月除（校書郎）。"[2]

---

[1] 陳騤、佚名《南宋館閣録》，景印文淵閣《四庫全書》，第595冊第527～528頁。

[2] 陳騤、佚名《南宋館閣録》，景印文淵閣《四庫全書》，第595冊第527～528頁。

十二月，兼榮王府教授。

　　《南宋館閣録》續録卷八載："李昂英，三年十二月兼榮王府教授。"[1]

　　案，《年譜》云：嘉熙二年，"除校書郎，兼榮王府教授"（頁 7748），誤。

宋理宗嘉熙元年丁酉（1237），三十七歲

在臨安。歷兼教授、秘書郎、宗正丞等。有詩一首。

在臨安。正月，改兼沂靖惠王府教授。

　　《南宋館閣録》續録卷八載："李昂英，嘉熙元年正月改兼沂靖惠王府教授。"[2]

　　案，《年譜》云：嘉熙二年五月，"改秘書郎，兼沂王府教授"（頁 7748），誤。

三月，爲秘書郎。

　　《南宋館閣録》續録卷八載："李昂英，元年三月除（秘書郎）。"[3]

三月至七月間，轉朝散郎。

　　李昂英轉朝散郎具體時間不清，李昂英任秘書郎兼沂靖惠王府教授在三月至七月間，七月爲宗正丞，而方大琮有《除秘書郎兼沂靖惠王府教授李昂英轉朝散郎制》，既言"秘書郎兼沂靖惠王府教授"，是文當作於是年三月至七月間，轉朝散郎當在此期，姑繫於此。案，方大琮（1183—1247），字德潤，號壺山，莆田人。開禧元年（1205）進士第三名。淳祐二年（1242）帥廣，淳祐七年病卒於任上，朝廷賜號忠惠。有《鐵庵集》三十七卷、《壺山四六》一卷傳世。

七月，爲宗正丞。

　　《南宋館閣録》續録卷八載："李昂英，元年七月爲宗正丞。"[4]

秋，主持科舉考試，被譽"得人"。

　　《行狀》云："丁酉，嘉熙改元。歲當秋闈，公被命衡文，取劉必成爲解首，人咸稱爲得人。"（頁 251）本集卷五《題劉潯州必成三分集》云："嘉熙

---

[1] 陳騤、佚名《南宋館閣録》，景印文淵閣《四庫全書》，第 595 冊第 527～528 頁。

[2] 陳騤、佚名《南宋館閣録》，景印文淵閣《四庫全書》，第 595 冊第 528、519 頁。

[3] 陳騤、佚名《南宋館閣録》，景印文淵閣《四庫全書》，第 595 冊第 528、519 頁。

[4] 陳騤、佚名《南宋館閣録》，景印文淵閣《四庫全書》，第 595 冊第 528、519 頁。

丁酉秋，余被命衡文貢闈，右科中得一奇士，揭之解首，則劉君必成也。明年，君廷對，魁其倫。”（頁60）

有《送族子春叟遊西廣》詩。

本集卷一六有《送族子春叟遊西廣》詩，楊芷華《李昂英》云：“乃送李春叟赴廣西遊學時所贈之詩。此詩未能考訂寫作年代，但參照李春叟生平事迹，赴廣西遊學必在嘉熙二年秋參加鄉貢前幾年。”[1]此處存疑，姑繫於是年。另可參本譜端平元年甲午（1234）事。

理宗嘉熙二年戊戌（1238），三十八歲

在臨安。除著作郎，遷大宗丞。有詩一首、文四篇。

在臨安。六月二十二日，有《書亡友張德明擁書樓》。

本集卷五《書亡友張德明擁書樓》文末云：“嘉熙二年六月二十二日。”（頁59）

秋，有《送魁星與李子先》詩。

本集卷一七《送魁星與李子先》詩云：“金斗高挑鬼狀獰，世傳此像是魁星。祥光閃爍開先兆，助子秋闈筆硯靈。”（頁187）子先即李春叟字，既是李昂英門人，又是族子。按《道光廣東通志》載，李春叟於嘉熙二年赴鄉貢凡三中舉，從該詩末句“助子秋闈筆硯靈”，可知其時李春叟赴鄉貢參加秋試，由此考訂該詩爲嘉熙二年所作。[2]

十月，以直秘閣新知贛州，不拜。奉詔召崔與之還朝，有《嘉熙戊戌奏劄》。除著作郎，遷大宗丞。

《人物傳》云：“會除崔與之右相，辭不拜。上以昂英嘗從遊，俾奉御劄趣召。除直秘閣，知贛州。與之力辭不行。昂英亦不拜贛州之命。遷大宗丞。”（頁70）《南宋館閣錄》續錄卷八載：“李昂英，二年十月以直秘閣新知贛州除（著作郎）。三年五月兼史館校勘。是月，兼權兵部郎官，九月，依前直

---

[1] 楊芷華《李昂英》，第168頁。
[2] 楊芷華《李昂英》，第151～152頁。

秘閣除福建提舉。"[1]案,《年譜》云是年:"上改過進德、親賢遠姦等疏,帝皆納。除直秘閣、知贛州。奉詔召清獻崔公還朝。尋遷知大宗丞,擢兵部郎。親老,乞外便養,除直秘閣、福建[建]寧憲倉提舉。"(頁7748)所載部分有誤,上疏及擢兵部郎、乞外便養等事發生於嘉熙三年。

　　本集卷六《嘉熙戊戌奏劄》云:"臣聞儲才宜預,搜才宜博。雖書生之常談,實今日之急務也。"(頁71)文末附"李氏後人按語"云:"讀至'非天下之奇才,孰能辦此',上曰:'天下事,有人才便可爲。近日更張帥閫,卿亦知否?'公奏云:'陛下區處得宜,切中事機。'讀奏劄畢,上曰:'右相有來期否?朕自更化之初,簡在朕心,儀圖共治,渴欲一見。'公奏云:'臣崔與之,遐方一老,辱陛下殊常之遇,但高年久病,而又道遠,恐未能上副陛下延佇之意。'上曰:'聞其年事雖高,體力尚強,可勉爲朕一出。'公奏云:'崔與之居家庭之間,或可以勉強;涉道路之遠,恐難以驅馳。'上曰:'卿近得書否?'公奏云'此月初旬,得二月十六日書'云云。上曰:'可作書道朕切望之意,勉其亟就道,以共圖康濟之功。'公奏云:'謹當作書,諭以聖意。'"(頁72)

十二月,有《跋陳光庭所藏蔣實齋遺墨》《書趙經幹彥捍自鳴録》。

　　本集卷四《跋陳光庭所藏蔣實齋遺墨》文末云:"嘉熙戊戌臘。"(頁55)

　　本集卷五《書趙經幹彥捍自鳴録》文末云:"嘉熙戊戌臘。"(頁65)

理宗嘉熙三年己亥(1239),三十九歲

赴建寧,任憲倉提舉。有文四篇。

在臨安。五月,兼史館校勘,兼權兵部郎官。

　　《南宋館閣録》續録卷八載:"李昴英,三年五月兼史館校勘。是月,兼權兵部郎官。"[2]

---

[1] 陳騤、佚名《南宋館閣録》,景印文淵閣《四庫全書》,第595冊第514頁。
[2] 陳騤、佚名《南宋館閣録》,景印文淵閣《四庫全書》,第595冊第514頁。

有《嘉熙己亥著作郎奏劄》《第二劄》《跋清獻崔公手墨》。

　　本集卷六《嘉熙己亥著作郎奏劄》題目即可知年份與地點。本集卷六《第二劄》云："臣聞邪正之用捨，國家之安危繫焉。於君子不可以過疑，於小人不可以偏信。……陛下公道宏開，私意盡克，收人望重朝廷以示聖德之廣大，遠庸邪，清班列以彰聖斷之剛明。"（頁75）《全宋文》題此文爲《著作郎第二劄》。[1]本集卷四《跋清獻崔公手墨》云："嘉熙己亥，某在著庭，清獻崔公自南海寄書來，別紙如此。"（頁47）"某在著庭"，應指在臨安任著作郎時。

以親老乞外便養。九月，除直秘閣、福建建寧憲倉提舉。

　　《南宋館閣錄》續錄卷八載："（李昴英）九月，依前直秘閣除福建提舉。"[2]本集卷七《淳祐丙午侍右郎官赴闕奏劄》第二劄》文後"李氏後人按語"云："上曰：'卿去國幾年？'奏云：'臣以嘉熙三年叨福建庚節，以臺臣劾去。'上曰：'是彭方。'"（頁80）亦可知提舉福建在嘉熙三年九月。《行狀》云："擢權兵郎，公以親老，乞外便養，蓋是時奉直公年已六十有四矣。帝從其請，遂除直秘閣，出爲福建建寧憲倉提舉。"（頁252）案，建寧，今福建建甌。

方大琮有《送俊明李提舉》（共三首）詩贈別。

　　方大琮有《送俊明李提舉》（共三首）以贈別。[3]前已有方大琮作除秘書郎兼沂靖惠王府教授之制，後李昴英任福建提舉。此三首詩應作於李昴英將赴任時。詩中有"幸甚聯臺餘五月"，説明兩人同朝做官僅短短五個月。五月，李昴英兼史館校勘，兼權兵部郎官。三詩大約作於是年九十月間。

是年，有《書瀧水趙宰汝軧生祠後》。

　　本集卷五《書瀧水趙宰汝軧生祠後》云："端平二年二月七日，狂卒曾忠嘯衆突南海城，余縋出行其壘，且周曉以逆順禍福，群凶帖聽，遁而西。又四年，讀瀧水民立《趙令君生祠記》，而後知賊據古端日，康之人大恐，瀧境內鮀黎獠假防縣爲名，鳴刃噪庭下，令從容折以理，即解散去。時菊坡公帥鄉部，如此好漢，惜郡將不以聞。余方在幕府，實負蔽賢愧。趙君有靖

[1] 曾棗莊、劉琳主編《全宋文》卷七九三八，第344冊第9頁。
[2] 陳騤、佚名《南宋館閣錄》，景印文淵閣《四庫全書》，第595冊第514頁。
[3] 方大琮《鐵庵集》卷二八，景印文淵閣《四庫全書》，臺灣商務印書館1986年版，第1178冊第293頁。

百里功，未嘗目，微邑人載之碣，殆不傳。今士大夫幾大樹將軍矧宗室子。君名汝軹，敏才而力學，所至有政可稱。南海李昂英書。"（頁 58）由"端平二年""又四年"，可知此文作於嘉熙三年。

在建寧。吏治澄清。歲大荒，捐俸賑貸，萬人得活。

　　《行狀》云："己亥，奉奉直公之任建寧，甫下車，貪吏望風解印去。歲大饑，公多方賑濟，捐俸以助之，活者甚衆。"（頁 252）《年譜》云："糾劾贓吏，損俸賑饑，全活者數萬人。"（頁 7749）《人物傳》云："除直秘閣福建提舉，登車志澄清，貪吏望風解印去。歲大荒，捐俸賑貸。活饑人甚衆。會崔與之薨……"（頁 70）《本傳》亦如此載。本集附錄二《李昂英小傳》云："嘉熙間，以直秘閣提舉常平茶鹽，甫下車，貪吏望風解印。歲大祲，捐俸賑貸，所活萬計。"（頁 258）

十一月，以崔與之卒，請歸服心喪，不許。

　　《人物傳》云："會與之薨，請歸持心喪。不許。"（頁 70）《本傳》亦如此載。案，心喪，即古時謂老師去世，弟子守喪，身無喪服而心存哀悼。崔與之卒於十一月，此詳見崔與之譜嘉熙三年己亥（1239）十一月事。

理宗嘉熙四年庚子（1240），四十歲

在建寧，任憲倉提舉。罷歸。有詩一首、詞一首、文一篇。

在建寧。因彭方劾，遭罷，奉父歸。

　　《行狀》云："會臺臣彭方以風聞劾公，公遂奉奉直公歸番禺。"（頁 252）本集卷七《第二劄》文後"李氏後人按語"云："上曰：'卿去國幾年？'奏云：'臣以嘉熙三年叨福建庚節，以臺臣劾去。'上曰：'是彭方。'"（頁 80）從中可以推斷，李昂英任福建提舉期間，因臺諫彭方彈劾而遭罷免。

四月，有《題鄭上舍玠大學策稿》、《蘭陵王》（燕穿幕）。

　　本集卷四《題鄭上舍玠大學策稿》文末注云："嘉熙庚子四月。"（頁 46）

　　本集卷一八《蘭陵王》（燕穿幕）詞云："別來情緒惡。瘦得腰圍柳弱。清明近，正似海棠，怯雨芳蹤任飄泊。"（頁 197）似借春愁離恨以感懷政治失意，抒發內心不平。李昂英罷歸這段時間既有離鄉之思，也處於政治失意

之時，且詞中有"清明近""正似海棠"等句，應在三月底或四月初。姑繫
於是年四月。

十二月十九日，行至臨江城南慧力寺，父卒。

《行狀》云："還至江西臨江城南慧力寺，奉直公以病終焉。時嘉熙四年
庚子十二月十九日也。"（頁252）案，臨江，今江西樟樹。《年譜》云：嘉熙
四年，"父奉直大夫、贈龍圖閣待制、尚書吏部侍郎、番禺開國男天麷公卒"
（頁7749）。

是年，有《寄贈竹隱李聘君》詩。

本集卷一五《寄贈竹隱李聘君》詩末有注："翁長子春叟，三薦於鄉，
名士也，清修可敬。"（頁161）從小注可知該詩作於李春叟三赴鄉貢即嘉熙
四年秋之後，姑繫於是年。案，竹隱，李用自號，李春叟之父。是詩後"李
氏後人按語"云："按《通志》，聘君名用，字叔大，東莞。少孤，侍母雖
盛夏未嘗去巾襪。德器凝重，造次必以規矩。初業科舉，及讀周、程之書，
即棄之，杜門潛心理學者，將三十年，人稱'竹隱先生'。公聞其賢，就見與
語。出語人曰：'吾今乃見有道君子。'嘗著《論語解》，究明伊、洛奧旨，以
溯洙、泗之源，學者傳習之。公進其書於朝，詔授校書郎，不受，遷承務郎，
以旌其高，安貧樂道，無求於世。理宗御書'竹隱精舍'額賜之，祠於邑學。"
（頁161）《宋元學案補遺》卷一二《濂溪學案補遺·承務李竹隱先生用》云：
"李用，東莞人。少孤，事母孝，棄舉業，究周程之學。著《論語解》，以薦
授校書郎，不就。雲濠謹案：陳氏璉表先生之墓云：李忠簡公昂英嘗以其著《論語解》
進於朝，授校書郎，不就。尋遷承務郎，以旌其高。理宗御書'竹隱精舍'賜之。"[1]

宋理宗淳祐元年辛丑（1241），四十一歲

在增城。丁父憂。有詩三首、文一篇。

在增城。丁父憂，累召不起。

《行狀》云："淳祐辛丑，奉柩歸里，哀毀終喪。"（頁252）《人物傳》云：

---

[1] 王梓材、馮雲濠撰，舒大剛等校點《宋元學案補遺》，第2冊第746頁。

“尋丁父艱，哀毀終喪。”（頁70）

七月十八日，有《書菊坡先生蒲澗生祠記後》。

　　本集卷五《書菊坡先生蒲澗生祠記後》文中有“入記於石”“以淳祐之元、中元後三日立”（頁58），可知此文作於淳祐元年七月十八日。案，中元，即七月十五日。廣州白雲山舊有著名景點“蒲澗濂泉”，爲宋、元兩代“羊城八景”之一。蒲澗是白雲山南流的一條山澗，因澗中多生菖蒲草，故名。

是年，有《建倉解歸詩復徐意一二首》《建寧解歸寄雪峰因大夢》詩。

　　關於本集卷一四《建倉解歸詩復徐意一二首》，從題目可斷爲淳祐元年建寧解職、歸里隱居時所作。案，徐意一即徐清叟。《宋史》卷四二〇《徐清叟傳》載：徐清叟，宋建寧府浦城人，字直翁，號德壹，煥章閣學士徐應龍子。嘉定七年（1224）進士。累遷太常博士，奏疏欲裁史彌遠恤典，召用真德秀、魏了翁。兼崇政殿説書，升秘書郎，升著作佐郎兼權司封郎官，遷軍器少監、太常少卿兼權户部侍講。三疏丐外，尋權工部侍郎。歷知泉州、靜江府、潭州，知廣州兼廣東經略安撫使，遷權兵部尚書兼侍讀等職。理宗淳祐九年，兼同修國史、實錄院同修撰，遷禮部尚書。拜學士、同知樞密院事。十二年進參知政事。後被劾提舉宮觀。景定三年（1262）致仕。卒諡忠簡。[1]是年李昂英解職歸里，徐清叟仍在朝中任職，其後於淳祐二年至淳祐七年方出任廣帥。本集卷一七《建寧解歸寄雪峰因大夢》，作年同上。[2]

理宗淳祐二年壬寅（1242），四十二歲

在增城。丁父憂。有文三篇。

在增城。五月，有《德慶府營造記》《跋録曹吴雍所藏鄒南谷書墨》。

　　本集卷二《德慶府營造記》文末云：“淳祐二年夏五月朔，朝奉大夫、直秘閣、主管建康府崇禧宮李昂英記。”（頁27）此文作於是年五月一日。

---

[1] 脱脱等《宋史》，第36冊第12572～12573頁。
[2] 楊芷華《李昂英》，第152頁。

本集卷四《跋録曹吳雍所藏鄒南谷書墨》文後云："南海吳公純臣，古君子人也，以憲節同寅。……淳祐二年五月望。"（頁54）此文作於是年五月十五日。

七月，有《題郭景舒梅野百詠》。

本集卷五《題郭景舒梅野百詠》文後云："淳祐二年七月，文溪李昴英俊明父書。"（頁63）

十二月，葬父於南鄉嶺大面山，築室墓下講學，累召不起。

《行狀》云："壬寅十二月，奉葬於增城南鄉嶺大面山，親書以紀。因築室墓下，聚宗族子弟講學，若將終身，累召不起。"（頁252）《人物傳》云："既葬，築室墓下，聚宗族子弟講學。若將終身焉。累召不起。淳祐初，杜範入相，首薦爲監司。以吏部郎官召。丐祠不允。"（頁70）

理宗淳祐三年癸卯（1243），四十三歲

在廣州。有詩二首、文三篇。

在廣州。九月九日，有《題節推張端義荃翁集》。

本集卷五《題節推張端義荃翁集》文末云："淳祐三年重九，文溪李昴英書。"（頁62）案，永瑢等《四庫全書總目提要》卷一二一《子部三一·貴耳集》云："《貴耳集》，張端義撰，端義，字正夫，自號荃翁。鄭州人，居於蘇州。端平中應詔三上書，坐妄言，韶州安置。此書即在韶州所作，凡三集每集各有自序。《初集》成於淳祐元年，序言生平接諸老緒餘，著短長録一帙。得罪，後爲婦所火，因追舊事記之，名《貴耳集》，以耳爲人至貴言，由音入事，由言聽古人，有入耳著心之訓，且有貴耳賤目之説也。集末一條自序，生平甚悉。《二集》成於淳祐四年之末，綴王排岸女孫一條，始涉神怪。《三集》則多記猥雜事故，其序有稗官虞初之文也。"[1]案，韶州，今廣東韶關。

---

[1] 永瑢等《四庫全書總目提要》，第23冊第97頁。

十月，有《跋吴都統所藏菊坡先生帖》。

本集卷四《跋吴都統所藏菊坡先生帖》文末云："淳祐三年良月。"（頁 55）良月即十月。案，吴都統即吴彦。本集卷首《文溪自贊》後有"門生蜀西吴彦立石"，即蜀西人，亦爲《文溪自贊》立石之人。《跋吴都統所藏菊坡先生帖》對吴彦經歷有補述："清獻崔公護坤維，晚必自出伺烽火，至報稍急，輒通夕不寐，思所以應，乃心無頃刻忘邊憂也。指縱諸將，每手筆驛以授，情通如家人，而人樂爲之用。都統吴侯彦，公所識擢，薦之之詞曰：'宣力邊防，輕財得士卒心，介胄之士才且廉，世不多得。'公以清勤身帥之驗也。是時，全蜀如金甌，無少玷缺。續貂以狗，而貽禍遂至於不可救藥。吴侯久已擯去，流落天南，邂逅共談西事，慷慨憤激，有老馬千里志。歸斯人於鄉國，使經理殘碎地，豈不愈於用新進輩哉？"（頁 55）吴彦自稱"門生"，或流落天南（廣州）後，成爲李昂英門下。

十一月十三日，有《題鄭南瑞礫鐵集》。

本集卷五《題鄭南瑞礫鐵集》文末云："淳祐三年十一月十三日。"（頁 63）

是年，有《送荃翁張端義之惠陽》《即席和人韻送荃翁》詩。

前文已證《題節推張端義荃翁集》作於淳祐三年九月九日，《送荃翁張端義之惠陽》《即席和人韻送荃翁》兩詩應作於此文之後不久，姑繫於是年。

理宗淳祐四年甲辰（1244），四十四歲

在廣州。有詩十三首、詞一首、文五篇。

在廣州。正月十五日，有《瑞鶴仙》（玉城春不夜）。

本集卷一九《瑞鶴仙》（玉城春不夜）小題云："甲辰燈夕。"（頁 210）甲辰，即淳祐四年。燈夕，即元宵節，是夕放燈。案，廣州市番禺區沙灣鎮三善村附近有鼇山，又名澳洲崗、三善崗，詩中有"鼇山海雲駕"，或指此山。

二月一日，有《東莞縣學經史閣記》。

本集卷一《東莞縣學經史閣記》文末云："某弱冠遊芹泮，公期待之獨厚，且嘗至是邑，撰杖履行黌舍，敬識其實。公名巨川，字東甫，嘗中異科

云。淳祐四年二月朔，門人朝請郎直秘閣李昂英記。”（頁17）

二月，有《跋魏鶴山贈醫者曾貫詩》《跋魏鶴山題尹商卿自信齋詩》。

本集卷四《跋魏鶴山贈醫者曾貫詩》文末云：“宋清氏以子厚傳之聞，姜大中以轉物翁詞之著。二醫皆工己疾，而不祈人之酬者也。長洲曾君客五羊，大書其門曰：‘病且貧者診乎我，藥施之。’是不忝鶴山贈句矣。淳祐甲辰仲春。”（頁53）此文後又有《跋魏鶴山題尹商卿自信齋詩》，不知作於何時，蓋與《跋魏鶴山贈醫者曾貫詩》同時，姑繫於是年。案，魏鶴山即魏了翁。

三月一日，有《廣帥方右史行鄉飲酒記》。

本集卷一《廣帥方右史行鄉飲酒記》文末云：“淳祐四年三月朔。”（頁15）

方大琮建“四先生祠”。

《行狀》云：“甲辰，廣帥方大琮行鄉飲禮，請公爲儐。既而大琮復立四先生祠。‘四先生’者，公與校書古成之、秘書溫若春、正言郭閶也。蓋謂公之行誼，可以媲美古人，故生與古人同祠焉。”（頁252）《廣州府志》卷一七《官表一》載：“方大琮，淳祐二年知廣州軍州事。徐清叟，淳祐七年知廣州軍州事。”[1]

是年，有《崔清獻公行狀》。

本集卷一一《崔清獻公行狀》云：“及薨，贈太師，諡清獻。……淳祐甲辰，廣帥方大琮祠公與張文獻九齡於學，號爲‘二獻’。”（頁115）崔與之嘉熙三年（1239）以觀文殿大學士致仕，同年十一月病逝，李昂英作此行狀應在崔與之卒後；文中又有“淳祐甲辰，廣帥方大琮祠公與張文獻九齡於學”之謂，所以應作於淳祐四年。

兩遊惠州羅浮山，有《羅浮梁彌仙遊爛柯山贈以曲笻方笠》《勸梁青霞歸羅浮舊隱》《戲題羅浮梁彌仙寫真》《夜夢漁父求詩覺能記其全書贈梁彌仙》《贈海珠湛老》《送湛師回羅浮花首山》《悼花首湛長老二首》《羅浮飛雲頂》《羅浮峒長寶谷王寧素送藥瓢》《贈雲峰演庵主》《看僧披剃》《古成之仙箕》等詩。

據本集卷一〇《與廣帥徐意一薦僧祖中書》云：“某歲在甲辰，兩遊羅

[1] 戴肇辰、蘇佩訓修，史澄、李光廷纂《廣州府志》，清光緒五年刊本，第8冊第33頁。

浮，至必住旬日。山廣大深遠不可窮，而山中人絕少。道人則有王寧素，年八十餘，碧瞳炯然照人。頭陀則有祖演，年高過之，髮色如黃金。"（頁105）

《文溪存稿》所見詩詞，大部分作於李昂英晚年歸隱文溪期間。一類寄情山水（白雲山、羅浮山、西樵山、海山樓、斗南樓等），另一類酬贈應對親友。後一類詩作有與羅浮山道人梁彌仙交往唱和的：《羅浮梁彌仙遊爛柯山贈以曲笻方笠》《勸梁青霞歸羅浮舊隱》《戲題羅浮梁彌仙寫真》《夜夢漁父求詩覺能記其全書贈梁彌仙》。有與海珠寺和尚湛長老的：《贈海珠湛老》《送湛師回羅浮花首山》《悼花首湛長老二首》。有與羅浮峒長王寧素道人的：《羅浮飛雲頂》《羅浮峒長寶谷王寧素送藥瓢》。有與羅浮山雲峰庵庵主頭陀祖演的：《贈雲峰演庵主》。另有《看僧披剃》《古成之仙箕》等。[1]

以上詩皆爲李昂英歸隱文溪後遊羅浮山所作，姑繫於是年，存疑。

理宗淳祐五年乙巳（1245），四十五歲

在廣州。授吏部侍右郎官。有文二篇。

在廣州。蒙杜範薦爲監司，授吏部郎官，乞祠不允，再召始應召。

《行狀》云：淳祐五年乙巳，"立齋杜公範入相，首薦公曰：'李昂英，好監司也。'以吏部郎官召，丐祠，不允。再召，始幡然改曰：'權姦去國，衆賢拔茅，正朝庭清明時也，吾敢有退心乎？'"（頁252）《人物傳》云："淳祐初，杜範入相，首薦爲監司。以吏部郎官召。丐祠不允。"（頁7749）

三月一日，有《題諸葛珏北溪中庸大學序》。

本集卷四《題諸葛珏北溪中庸大學序》文末云："余過江曲，得見所未見，茅塞豁然，尹番禺而始創黌舍者，此諸葛君也，珏其名。淳祐五年三月朔。"（頁51）

十月，遊惠州羅浮山，有《羅浮飛雲頂開路記》。

本集卷二《羅浮飛雲頂開路記》云："嶺以南之山長羅浮，一島浮海來杳於羅。傳疑昉漢地志，竅通句曲、茅山。……余半生夢羅浮，是歲再遊，

---

[1] 楊芷華《李昂英》，第74~75頁。

逍遥乎登臨，誰之賜歟？侯名汝馭，雪廬其自號云。淳祐五年十月，南海李昂英記並書。"（頁27～29）

理宗淳祐六年丙午（1246），四十六歲

赴臨安，任右正言兼侍講。數論姦邪，罷歸。有詩一首、詞一首、文十八篇。

在廣州。正月，作《元老壯猷之堂記》《廣州新創備安庫記》，《摸魚兒》（繞西園）。

本集卷二《元老壯猷之堂記》文末云："淳祐六年正月。"（頁25）案，是年，方大琮於經略安撫使司後園修建元老壯猷之堂。本集卷一八《摸魚兒》（繞西園）詞小題亦云："五羊郡圍築壯猷堂落成。"（頁199）因斷其作於是年。

本集卷一《廣州新創備安庫記》文末云："淳祐六年正月。"（頁21）案，此爲方大琮帥廣時，在廣州建備安庫，並賑濟災民無數，李昂英爲此寫此文。

二月，與次子守道赴臨安，途經英德。二月十八日及二十日，遊碧落洞，題石。

《道光廣東通志》卷二一三載："李昂英遊英德南山題名石刻兩處：番禺李昂英攜兒守道、友張逢午來遊，淳祐六年二月十八日。番禺李昂英入京，同郡張逢午偕行，郡守莆田顧孺履招飲南山石下，淳祐六年二月廿日。"[1] 案，英德，今屬廣東。

赴臨安途中。三月一日，有《題鄭宅仁詩稿》《題鄭宅心山居稿》。

本集卷五《題鄭宅仁詩稿》文末云："余識鄭君宅仁已數年，今見其近作如此。君，同年之弟也，愛而莫之助，可乎？淳祐六年三月朔。"（頁63）本集卷五《題鄭宅心山居稿》文末云："嗣歲識之於期集所，邸寓又相鄰，日夜劇談不休，蓋博物而多藝者。又十年四月，邂逅爛柯山，喜其詩益工，相與道舊，留三日而別。未幾，以死聞。同榜中如斯人，豈易得哉！君之弟

---

[1] 阮元等修，陳昌齊等纂《道光廣東通志》，《續修四庫全書》，第674冊第580頁。

宅仁，收遺稿得數千首，將板傳之，可謂篤友於之義矣。佳士不可作，同年多凋謝，抒卷恨然！淳祐丙午。"（頁61）據二篇題序内容可作如下判斷：一是鄭宅心、鄭宅仁爲兄弟，二文或作於同期，即三月一日前後；二是文中有二人"邂逅爛柯山""未幾以死聞"語，爛柯山，又名石室山、石橋山，位於浙江省衢州市，説明二文寫於浙江；三是李昂英二月二十日遊英德南山碧落洞，三月一日作《題鄭宅仁詩稿》，十天内不足以從英德到達臨安（兩地直接距離一千餘公里，按古代舟行或騎行計），或在赴臨安途中。姑繫《題鄭宅心山居稿》於是年三月一日，即與《題鄭宅仁詩稿》同時作。案，《宋詩紀事補遺》卷六七載："鄭宅心，永福人。寶慶二年進士，累官常州軍事推官。"[1]案，永福，今福建永泰。

三月十六日，有《題菊坡水調歌頭後》。

本集卷四《題菊坡水調歌頭後》文末云："淳祐六年三月既望，門人李昂英。"（頁48）既望爲十六日。

在臨安。夏，上《淳祐丙午侍右郎官赴闕奏劄》，劾三姦邪，不得報。

《行狀》云："丙午夏，赴闕。帝曰：'卿去國幾年？' 公奏曰：'臣以嘉熙三年叨福建庚節，以臺臣劾去。'因進二劄，言范鍾之昏耗，建儲之遲遲，史嵩之姦邪，吳知古之詭秘。"（頁252）《人物傳》云："丙午赴闕奏言。陛下斥逐負國之權姦，而阿匼取容者，猶尸素充位，以兩吏挾扶之耄狀。而協贊萬幾。蓋論時相范鍾也。"（頁71～72）

案，本集卷七《淳祐丙午侍右郎官赴闕奏劄》即分段闡述。一論范鍾，二論建儲，三論史嵩之，四論吳知古，並有"此段論范鍾""此段論建儲""此段論史嵩之""此段論吳知古"之注引，及"是陛下於正國本猶未勇也""是陛下去姦臣未勇也"等評論；認爲"乃者發乾之剛，奮夬之決，斥逐負國之權姦，屏棄朋私之醜類，正路開闢，化弦更張，此一機也。惜乎心術純白者，天不憖遺；阿匼取容者，尸如充位。以自顧年老子孫弱之心謀吾國，以兩吏扶持之耄狀而贊萬機，摸棱歲餘，竟成何事？陛下察其昏謬，亟聽引去，此又一機也"（頁76～78）。

---

[1] 陸心源編撰《宋詩紀事補遺》，山西古籍出版社1997年版，第2冊第1569頁。

《年譜》云："上《建儲疏》，劾奏范鍾、史嵩之、吳知古姦邪，不報。"（頁 7749）案，上《建儲疏》在是年十月，除右正言兼侍講之後，詳見後文。

再上《第二劄》，求選拔人才，薦方大琮。

《行狀》云："又言：欲培養根本，莫先於久麼節之任；欲網羅英俊，莫先於寬資格之拘。每劄中，讀至一事，帝必從容問之。讀畢，帝又問曰：'外間有何所聞？'公奏曰：'臣之所聞，已盡見於奏劄中矣。'帝深嘉納，且書御屏紀姓名。"（頁 252）

本集卷七《第二劄》奏"今日欲培養根本，莫先於久麼節之任；欲網羅英俊，莫先於寬資格之拘"，求不拘一格拔人才；文後原按補充理宗邊讀奏劄邊詢問李昂英情況之事，並提及李昂英向理宗力薦方大琮："如方大琮在南海，頗與士民相安，百廢具舉，而清苦自將，故能積羨錢近四十萬緡，治績爲諸鎮之冠。其人又時望所歸者，宜召用之，以示激勸。上曰：'如果有奇才，當不拘資格。'"（頁 79～80）

《人物傳》云："又言陛下於定國本猶未決，去權姦猶未勇，官媼閹寺猶未斥絕，是皆爲更化之累。上喜其直，書御屏記姓名。"（頁 71）

乞申杜範、劉漢弼、徐元傑三賢之冤。

《年譜》云："乞伸杜範、劉漢弼、徐元傑三賢暴死狀，帝動容，除右正言，記姓名御屏。"（頁 7749）《廣東通志》卷四四云："會丞相杜範、侍御劉漢弼、祭酒徐元傑相繼暴卒，人皆疑史嵩之所爲，廷臣莫敢言，昂英獨請正嵩之罪，復陳三事：曰定國本、曰去權姦、曰斥閹寺，帝嘉其直，書名御屏。"[1]

《人物傳》云："時丞相杜範、侍御劉漢弼、祭酒徐元傑相繼暴卒，人皆疑史嵩之所爲，廷臣莫敢言，昂英獨斥言不避，請正嵩之之罪，以申三賢之冤。又言陛下於定國本猶未決，去權姦猶未勇，官媼閹寺猶未斥絕，是皆爲更化之累。上喜其直，書御屏記姓名。"（頁 71）案，"帝嘉其直，書名御屏"應在此期間，或在第二劄，或在乞申三賢之冤後，不可考。

十月，除右正言兼侍講。

《行狀》云："十月，擢右正言。帝謂宰相曰：'李昂英，南人無黨，中

---

[1] 魯曾煜等編纂《廣東通志》，景印文淵閣《四庫全書》，第 564 冊第 43 頁。

外頗畏憚之。'除兼侍講。公感激親擢，知無不言。"（頁253）《人物傳》云：
"十月，擢右正言。上謂宰相曰：'李昴英，南人無黨，中外頗畏憚之。'除
兼侍講。益感知遇，知無不言。"（頁71）

十月一日，上《淳祐丙午十月朔奏劄》，復上《除正言上殿奏疏》。

《行狀》云："首抗疏乞早正儲貳。且曰：正天下之大本貴乎豫，定天下
之大計貴乎果。副貳早建，所以繫海內之望，成謀堅凝，所以釋人心之疑。
言極懇切。"（頁253）《人物傳》云："首抗疏乞早正儲貳。言極懇切。"（頁
71）《年譜》云："上《道心疏》，復上《建儲疏》。"（頁7749）案，《淳祐丙
午十月朔奏劄》，即《道心疏》；《除正言上殿奏疏》，即《建儲疏》。

本集卷七《淳祐丙午十月朔奏劄》云："陛下試端坐而靜觀，凡平日一
念敬忽之殊，而上天應如響斯答，隱顯無間，其不可誣。必道心主一，而不
制於人心；陽明常存，而不淬於陰濁。成湯聲色不邇，貨利不殖，蓋恐人欲
一勝，而不制於人心，陽明常存，而不淬於陰濁。……臣願陛下申諭大臣，
俾之去私見而徇公家，釋小嫌而就大事，則扶顛持危，庶乎其共濟！昔高宗
皇帝曰：'朕在宮中，聲色未常經心，只是靜坐內省，求所以答天意者。'此
可爲陛下法。張浚、趙鼎，本相善如兄弟，因二家賓客離間，遂至失歡，此
可以爲大臣戒。臣不勝惓惓。取進止。"（頁82～83）

本集卷八《除正言上殿奏疏》云："臣聞正天下之大本，貴乎豫；定天
下之大計，貴乎果。三王家天下，其初心豈專爲子孫地？所以弭爭端於未萌，
杜屬階於未形，而欲措斯世於久安耳。副貳早建，所以繫海內之望；成謀堅
凝，所以釋人心之疑，詎容一日稍緩哉！恭惟皇帝陛下，誕膺寶曆，光紹鴻
圖，惟天惟祖宗豈私於陛下？將以垂統無窮、爲萬世開太平者望陛下也。……
臣於此時，叨被親擢，事莫此爲大，謹以三說，上瀆聖聰，惟陛下垂聽焉。
一曰正名。文帝即位初年，有司遽以建太子爲請。今不可謂早計矣。……二
曰保養。……三曰教道。……"（頁84～86）

連上《論史丞相疏》《貼黃論史丞相》《列奏史丞相疏》。

《行狀》云："既而，史嵩之服除，有向用之意，朝論洶洶。公與殿中侍
御史章琰、監察御史黃師雍復奏史嵩之譎詐貪婪，狠愎殘忍，罪浮'四凶'，
盍遠竄荒裔。不報，又率同列抗疏，亦不報。公獨再疏曰：臣疏列史嵩之姦

狀，逾旬不報，屢入催奏，示聞制可。陛下一則曰保全大臣，二則曰保全大臣，臣何敢不將順？然事有害大禍深，與吾國勢不兩立者。嵩之包藏禍心，竊據相位，乃賣國之賊臣，蠹國之盜臣，擅國之强臣，誤國之姦臣，將爲害國之亂臣。疏三上，語益切，帝爲動容，即日與嵩之宮觀，勒令致仕。"（頁253）《人物傳》云："會史嵩之服闋謀復任，昴英復奏嵩之罪浮'四凶'，當遠竄荒裔，不報。又率同列抗疏，亦不報。於是自再疏曰：'臣疏列嵩之姦狀，逾旬不報，陛下一則曰保全大臣，二則曰保全大臣，何敢不將順。然事有害大社禍深，與國家不兩立者。嵩之包藏禍心，乃誤國巨姦，賊名巨蠹。'疏三上，語益切。上爲動容，即與嵩之宮觀。"（頁71）

本集卷八《論史丞相疏》云："嵩之譎詐貪婪，狠愎殘忍，罪浮於四凶，前後白簡之所攉數，皂囊之所鳴攻，既詳且悉，臣不敢更瀆天聽。大抵其挾虜要君如秦檜，其嫉賢妒能如李林甫，其陰害忤己者如盧杞，其藉權寵厚貲積如鄭注，其與近習盤結如元載，其穢行醜聲如楊國忠，其匿喪不持服如李定，其懷宰相不足爲之心如宗楚客。人臣有一於此，皆宜在誅絕之科，況身兼衆惡乎？……往轍可鑑，臣愚欲望陛下俯從輿議，獨運精剛，亟煩宸劄，寢嵩之服闋與宮觀之命，仍削官爵，遠竄荒裔，使群陰掃迹，衆正伸氣。於以安人心，於以壽國脈，天下幸甚。"（頁87～88）

本集卷八《貼黃論史丞相》云："臣昨論奏史嵩之姦惡罪狀，皆國人之公言，今既累日，未蒙付出，欲乞陛下決行宗社大計，早賜區處，恭俟睿斷。"（頁88～89）

本集卷八《列奏史丞相疏》云："臣等各有疏論列史嵩之罪惡，俯伏俟命，未蒙報可，遂具劄白之二三大臣，冀其密勿開陳。近聞陛下宣引宰執，必有商榷，在朝莫不歡躍，聳聽竄賁共、歡之命，又累日矣。嵩之得罪宗社，得罪綱常，通國一辭，謂宜誅絕，而陛下遲回，至今罪名未正。……臣等竊謂臣之事君，猶子之事父，諫而不止，又敬不違，乃職分當然。謹不避鈇鑕，聯合以請，欲望陛下察臣等拳拳愚衷出於爲國，早賜處分，以前所奏，付外施行。"（頁89）

上《再論史丞相疏》，請正史嵩之之罪。十二月，上詔史嵩之致仕。

本集卷八《再論史丞相疏》云："臣昨疏列史嵩之姦狀，將涉兼旬，屢入催奏，未聞制可，聖意淵深，外庭未孚，始相顧而疑，今相語以憂矣！陛下一則曰保全大臣，二則曰保全大臣。惡盈其貫，顯灼昭白，天地鬼神所不赦，陛下獨委曲包容，惟恐傷之，聖度恢恢，前古未有，臣何敢不將順？……嵩之包藏禍心，竊據相位，不以事天事陛下，而視國家如仇。此凶人耳，罪人耳，復以大臣待之可乎？自其漏我師期，於是乎有京洛之敗；假挾北使，於是乎有邀索之辱；導敵入寇，於是乎有淮甸之禍；是爲賣國之賊臣。席卷部內之帑藏，囊括諸路之利源，借國用匱乏之名，齰販貨易，籠歸私室，富且數倍於國，是爲蠹國之盜臣。給諫宰掾，朋分雜布，以障蔽人主之耳目，以竊弄人主之威柄，是爲擅國之強臣。科抑太繁而民怨，券給不均而兵怨，扼遏摧沮之過甚而士大夫怨，是爲誤國之姦臣。抽移江上之軍，入補周廬之額，用意殊叵測，向非陛下洞燭邪姦，力拒不納，且將爲害國之亂臣矣！……臣於嵩之，無纖芥之怨，發於忠憤不容但已，苟利社稷，一身之禍福所不暇計。欲望陛下盡取前後臣下所言書疏，參考其不道之本末，亟賜睿旨，併臣先所奏，付外施行，使天下臣民，明知去邪之真意，千載而下，竦服鋤姦之偉斷。臣退而瀆犯天威之誅，死無所恨，區區血忱，惟陛下察之！"（頁90～91）是疏後載宋理宗御筆云："昨史嵩之預乞掛冠，今已從請，可從所守本官職致仕，已降宮觀指揮，更不施行。"（頁91）

案，關於李昴英請正史嵩之之罪，史料所載，立場不盡相同。

劉克莊《忠肅陳觀文神道碑》云："以天變奏乞罷政，御批其後還之。是日殿院章琰、正言李昴英交章論公，逮晚，御筆：琰、昴英並與在外差遣。二人言公庇嵩之，搖國本，不知上嘗問嵩之罪，公奏罪莫大於不孝。又嘗密請遂建，上問：'卿欲誰立？'公奏：'昔□□□以此問包拯，拯對臣年七十，非邀後福者。臣亦年七十矣。'二事皆上所知，而章、李不考實，以觸上怒。琰素爲潛蒙養，昴英激汀卒之變，公嘗欲劾之，皆不悅於公，又欲爲潛開路。上既出二臣，公待罪不和塔，宣押赴堂，手詔：'卿之出處，皎然日月，焉可厚誣！'雖勉留甚至，而公去意決矣。"[1]

《歷代名臣奏議》卷三一一牟子才《論時政闕失疏》云："政和元年，陳

---

[1] 劉克莊《後村先生大全集》卷一四六，《四部叢刊初編》，第36冊第15～16頁。

瓘台州羈管。崇寧六年，鄒浩永州安置。此皆權姦當國，欺君玩世，借此以報怨也。今章琰、李昴英居瓘、浩之位，而又有瓘、浩區區之心，其排斥嵩之，論列陳韡，此其志豈有他哉，徒以國家比年以來氣勢微弱，精神萎薾，皆起於小人之誤國，所以悉意極陳，將以補闕政而裨聖聰也。不謂疏狂之言上觸宸怒，一斥五月，不復召還。前後臣鄰言之屢矣，而陛下終不省悟，遂使二臣墮在遠方，曾不得復齒縉紳之列。豈盛世美事哉？”[1]

《歷代名臣奏議》卷一五二牟子才《乞留徐霖狀》云：“今臣霖飄然徑去，不以富貴利達動其心，此其所謂過人遠甚。觀其申省之詞，有以如言去而復留，稱辭而又受甘伏簡書，是猛省截，斷斷無復回之理矣。況兼所論諫議大夫有失出詔獄、黨蔽姦臣之罪，京兆尹有李昴英所言森列可畏之事，則是與此二臣為敵矣。夫與人為敵而自出弱辭，自行狹路，而使敵有可攻之隙，其何以勝天下之公議耶？此臣所以敢謂臣霖決不復回也。陛下若果有意留之，惟有亟罷諫議大夫、京兆尹之職，則可以使之必回。不然，霖之去萬牛不可挽矣。……乃若諫議大夫、京兆尹之所為，未問其有罪無罪，合公議與不合公議，只以廉恥一節激厲之，彼豈不內自愧省，勇於一去，以存全國家之大體耶？切聞京兆尹宣押歸府之後，不復治事，騰章乞祠，則是猶知廉恥也。獨諫議大夫乞留徐霖之疏，乃反自以為是，更無一語求退，其逆疑陛下未必施行，則是全無廉恥也。”[2]

《宋史》卷四一五《程公許傳》云：“遷中書舍人，進禮部侍郎。嵩之免喪，以觀文殿大學士提舉洞霄宮，臺諫、給舍交章論奏，公許疏：‘乞睿斷亟下明詔，正邦典。’殿中侍御史章琰、正言李昴英以論執政及府尹，帝怒，出二人，公許力爭之。”[3]

《宋史》卷四二四《黃師雍傳》云：“嵩之終喪，正言李昴英、殿中侍御史章琰共疏乞竄斥之，師雍亦上疏論列，帝感悟，即其日詔勒令致仕。權直舍人院劉克莊封還詞頭，乞畀嵩之以貼職如宰臣去國故事，遂得守金紫光祿大夫、觀文殿學士致仕。……未幾，昴英劾臨安尹趙與𥔵及執政，琰亦劾執

[1] 楊士奇等編《歷代名臣奏議》，景印文淵閣《四庫全書》，第441冊第638～639頁。
[2] 楊士奇等編《歷代名臣奏議》，景印文淵閣《四庫全書》，第437冊第237～238頁。
[3] 脫脫等《宋史》，第36冊第12458頁。

政，帝怒昴英並及琰。鄭寀乘間劾琰、昴英，又嗾同列再疏，以昴英屬某人，琰屬師雍。師雍毅然不從，獨擊葉閶乃與簹腹心。琰、昴英去國，寀於是薦周坦、葉大有入臺，首劾程公許、江萬里，善類日危矣。未逾月，坦攻參政吳潛去，陳垓爲監察御史，時寀、與簹、坦、垓、大有合爲一，師雍獨立。寀惡之尤甚，思所以去師雍，未得，招四人共謀之。會大旱求言，應招者多指寀、坦等爲起災之由，牟子才、李伯玉、盧鉞語尤峻。坦等僞撰匿名書，誣三士，師雍榻前辨，謂：‘匿名書條令所禁，非公論也，不知何爲至前。’因發其僞撰之迹。適鉞疏譽師雍，寀乃以鉞附師雍，帝不聽，擢師雍左司諫。”[1]

《宋史》卷四二三《李韶傳》云：“嵩之服除，有鄉用之意，殿中侍御史章琰、正言李昴英、監察御史黃師雍論列嵩之甚峻，詔落職予祠。韶同從官抗疏曰：‘臣等謹按《春秋》桓公五年書：“蔡人、衛人、陳人從王伐鄭。”春秋之初，無君無親者莫甚於鄭莊。二百四十二年之經，未有云“王伐國”者，而書“王”書“伐”，以見鄭之無王，而天王所當聲罪以致討。未有書諸侯從王以伐者，而書三國從王伐鄭，又見諸侯莫從王以伐罪，而三國之微者獨至，不足伸天王之義，初不聞以其嘗爲王卿士而薄其伐。今陛下不能正姦臣之罪，其過不專在上，蓋大臣百執事不能輔天子以討有罪，皆《春秋》所不赦。乞斷以《春秋》之義，亟賜裁處。’詔嵩之勒令致仕。既而嵩之進觀文殿大學士，韶上疏爭之甚力。未幾，琰、昴英他有所論列，並罷言職。韶復上疏留之。”[2]

《續資治通鑑》卷一七二云：理宗淳祐六年十二月乙未，“殿中侍御史章炎，正言李昴英，監察御史黃師雍，論嵩之無父無君，醜聲穢行，律以無將之法，罪有餘誅；請寢宮祠，削官遠竄。翰林學士李韶與從官抗疏曰：‘春秋桓公五年，書蔡人、衛人、陳人從王伐鄭。春秋之初，無君無親者，莫甚於鄭莊，不聞以其嘗爲王卿士而薄其罰。今陛下不能正姦臣之罪，其過不專在上，蓋臣等百執事不能輔天子以討有罪，皆春秋所不赦。請斷以此義，亟賜裁處。’”[3]

---

[1] 脫脫等《宋史》，第 36 冊第 12658～12659 頁。
[2] 脫脫等《宋史》，第 36 冊第 12633～12634 頁。
[3] 畢沅《續資治通鑑》，第 4682 頁。

《御批續資治通鑑綱目》卷二〇云：淳祐六年十二月，"詔史嵩之致仕。嵩之服除，有嚮用之意，殿中侍御史章琰、正言李昂英、監察御史黃師雍，論其無父、無君，乞寢宮祠，削官遠竄。詔皆落職予祠。翰林學士李韶，與從官抗疏，言陛下不能正姦臣之罪，其過不專在上，蓋大臣百執事不能輔天子以討有罪。乞斷以《春秋》義，亟賜裁處。乃命嵩之以觀文殿大學士永國公致仕，詔不復用"[1]。

案，李韶（1177—1251），字元善，號竹湖，蘇州吳縣人，李彌遜曾孫。嘉定四年（1211）與其兄李寧同舉進士，歷寧、理兩朝仕臣。累官知泉州兼市舶。理宗端平間歷右正言、殿中侍御史。數劾宦官、女道士招權納賄，出知漳州。嘉熙三年（1239），疏請崇尚節儉，臥薪嘗膽，選用人才，改革弊政。淳祐中，累官翰林學士兼知制誥、兼侍讀。以直諫名與杜範合稱"李杜"。淳祐七年以端明殿學士提舉玉隆宮，十一年祠滿再任，卒年七十五。諡忠清。[2]

上《論帝屬貴臣不趨早朝奏劄》，奏請肅朝儀而振朝綱。

本集卷八《論帝屬貴臣不趨早朝奏劄》云："臣二十一日綴四參官起居，因俟候奏事，竊觀帝屬之班，稀疏為甚，赤墀步武，殆類晨星。……陛下正朝廷百官，要以心為本；欲其平旦清明，敬心油然而生，非但貴其仆仆拜起，以侈容貌采章之美也。臣以為其間真有採薪之憂，不能造朝者，當察其情；至於無他故而屢不至焉，是則恬安成惰，可不略加警策乎？欲望陛下申儆有位，使咸造在朝，庶幾人心不玩，主勢益尊，所以肅朝儀而振朝綱，亦非小節也。"（頁91～92）是文在本集中置於論《論史丞相疏》等文之後，《論陳樞密疏》之前，姑繫於此。

十二月，奏《論陳樞密疏》《論趙京尹疏》《繳奏劄子》，不納。

《行狀》云："十二月，公上殿，復劾樞密院陳韡、臨安尹趙與𥲅。未及讀劄，而帝即問所論謂誰？公以陳韡、趙與𥲅對，帝卻其疏不納。公引帝裾，復奏，帝怒，拂衣入宮。公留疏於御榻，再拜而退。諫議大夫鄭寀因乘間劾公，又嗾同列再疏。有旨罷公言職與在外差遣。翰林學士李韶上疏留公，不

[1] 商輅等《御批續資治通鑑綱目》，景印文淵閣《四庫全書》，第694冊第166頁。
[2] 脫脫等《宋史》卷四二三《李韶傳》，第36冊第12634頁。

允，遂出國門。”（頁253）《年譜》云：“劾奏史嵩之姦邪誤國，不報，三疏
乃罷嵩。奏劾陳韡、趙與懃誤國，不納，再疏，不納，掛冠歸。”（頁7749）
《人物傳》云：“時執政狠愎自用，尹京者恃皇族日橫。力詆之。上問爲誰，
以陳韡、趙與懃對。上卻其疏，昴英引上裾跪奏。上怒，拂衣入。留疏御榻。
再拜而退。有旨與在外差遣。”（頁71）《宋史》卷四二四《黃師雍傳》云：
“未幾，昴英劾臨安尹趙與懃及執政，琰亦劾執政，帝怒昴英並及琰。鄭寀
乘間劾琰、昴英，又嗾同列再疏，以昴英屬某人，琰屬師雍。師雍毅然不從，
獨擊葉閶乃與懃腹心。琰、昴英去國，寀於是薦周坦、葉大有入臺，首劾程
公許、江萬里，善類日危矣。”[1]

　　本集卷九《論陳樞密疏》云：“臣切見通議大夫參知政事、兼同知樞密
院事陳韡，自負膽略，亦銳功名。江閩討寇，雖屢書勞，妄殺平民，頗多枉
濫。後來調兵過江之輕舉，遂至匹馬隻輪之不返。志廣才疏，前功俱廢。”
（頁95）是文後有後人李際明按語，駁斥陳韡行狀關於李昴英激軍變之事：
“《知院陳公韡行狀》一段云：先公侍郎任汀州推官，激軍變，陳公時爲招捕
使，嘗欲劾之。後居言路，遂劾陳公以報怨。噫，有是哉！世所謂《行狀》，
皆各家子弟自爲之辭，非信史所載，不足證也。先公侍郎初筮汀推，不過一
寮屬耳，郡政不在手，何以激變？此乃郡守陳公孝嚴實激之，爲叛卒所執辱，
幾殞厥軀；先公挺身爲之排難，公論在人，不可誣也。使激變果出公手，招
捕公縱不見劾，郡守豈容不聞於朝以自白？此理甚明。觀其詞曰‘嘗欲劾之
而不果’，如是則當德之不暇，又何怨之云？且臺諫爲天子耳目官，朝廷選
擢，委寄非輕，所言皆社稷大計，若區區爲報私憾之地，小丈夫尚恥爲之，
先公大節表表，而肯爲是耶？況先公之於陳公，本無纖芥之憾，《行狀》所
云‘欲’之一字，特曲爲之詞耳。既無是理，必無是事，私門紀述，姑以文
過，豈可使先公受誣於地下，而千萬世之人受欺於曲筆？故不得不爲辯正。
孫際明識。”（頁95～96）

　　本集卷九《論趙京尹疏》云：“臣聞國朝舊制，不以宗室居宰輔，以其
有逼近之嫌也，其爲慮遠矣。畿府號衆大之區，委寄隆重，有利權，有兵柄，

[1] 脫脫等《宋史》，第36冊第12659頁。

有狡黠健悍之徒爲之分布奔走。是雖非宰輔之位，而權力過之。縱使處是職者果宗賢，且難久任。蓋積威積惠之深，人心所重在彼，非國家之便也。今有帥雄繁之地，涉嫌疑之迹，而頑然不知引退者，衆情皇惑。人言權故事，優畀職名，遣鎮外服，不惟國本安固，可以一人心之趨向，乃所以福與藼於安全之地，亦親親之仁也。小臣不識忌諱，罪當萬死，惟陛下赦之。取進止。"（頁96～97）

本集卷九《繳奏劄子》云："臣今早上殿讀第一劄將畢，陛下問臣次劄所論何人，臣以'陳韡、趙與藼'對。天語再三止之，令不須展讀。臣辯説移時，聖意堅執倍力，亦不許納奏劄，祇得踟躕而退。緣臣所言二臣，皆於國本有關，既切宗社，皆是國人之公論，臣所職者言，若置之不聞，而捃摭瑣碎，以塞諫紙，則物議交責，臣何顏立於風憲之地乎！謹不避誅殛，連元本繳進，欲望聖意察臣愚衷，祇是爲國，非出於胸臆之私，特垂省覽，亟賜付外施行。仍乞睿旨放臣歸田里，實荷聖恩保全之賜！"（頁97）案，"皆於國本有關"，本集原作"皆於國本有失"，誤。久遠堂刻本《李忠簡公集》、四庫本《文溪集》皆云"皆於國本有關"[1]。

十二月，有《淳祐丙午十二月正言奏劄》，論疏柔佞親忠直。

本集卷九《淳祐丙午十二月正言奏劄》文題點明寫作時間。是奏云："臣妄謂今之世不患無文墨之士，而患無氣節；不患無議論之士，而患無骨力，不於平時獎勸招徠，激昂砥礪，而遇事責其奮不顧身，何可得哉？故論事無所避，則臨大節而不可奪也；依阿以求媚，則臨難而苟免者也。……臣願陛下於柔佞者疏之絶之，忠直者親之信之。"（頁94）

有《送高禮部不妄知嚴州》詩。

本集卷一五《送高禮部不妄知嚴州》詩題高禮部即高斯得。案，高斯得，字不妄，紹定二年（1229）進士。初任地方官，後李心傳主管修史，辟薦其爲檢閱文字。端平二年（1235）父喪，服除，李心傳正修四朝史，辟薦其爲史館檢閱，尋遷史館校勘，又遷軍器監主簿兼史館校勘。時史嵩之專權，淳祐六年正月，高斯得因奏疏史嵩之之罪被排斥，年底離朝，出知嚴州。其時

[1] 李昂英《李忠簡公集》卷九，清乾隆十八年刻本，第4冊第7頁。

李昂英任右正言職，爲高斯得寫詩以贈別。[1]

掛冠歸，三學諸生以詩餞國門外。

　　《行狀》云：淳祐六年十二月，"有旨罷公言職與在外差遣。翰林學士李
韶上疏留公，不允，遂出國門。三學諸生用李師中送唐御史介韻餞公國門外，
有'庾嶺梅花清似玉，一番香要一番寒'之句，聞者壯之"（頁 253）。《人物
傳》云："再拜而退。有旨與在外差遣。三學書生以詩餞諸國門外。有'庾
嶺梅花清似玉，一番香要一番寒'之句。聞者壯之。"（頁 71）

理宗淳祐七年丁未（1247），四十七歲

在廣州。有詩十三首、詞一首、文七篇。

暮春，歸廣州，父老爭持彩幟郊迎。

　　前文謂淳祐六年十二月上疏被免職，至回廣州，應已至次年春。《行狀》
云："歸之日，父老爭持幟郊迎，里閭詫爲盛事。"（頁 253）本集卷九《寶祐
甲寅宗正卿上殿奏劄》作於寶祐二年（1254），其文云"臣去國八年，重違
闕下"，亦可推算，淳祐六年已離臨安。楊芷華《李昂英》云："李昂英罷職
返回故里之時，應已屆淳祐七年暮春。"[2]李昂英離臨安在十二月，行程近
二千餘里，路途需兩三月，此説可信。

在廣州。四月一日，有《重修南海志序》。

　　方大琮在廣州期間重修《南海縣志》，李昂英有《重修南海志序》。本集
卷三《重修南海志序》文末云："淳祐七年四月朔，職方氏李昂英序。"（頁
34）

有《書方右史請田知白作濂泉堂賓書後》《方帥山判序》。

　　方大琮興建濂泉書院，落成後，請李昂英出席。本集卷五《書方右史請
田知白作濂泉堂賓書後》稱："是邦老成人，無逾田知白者。聞其壯即厭科
舉，專志理學，使領袖書生爲宜。知白長余三十歲，有疑必就質焉。而不敢

---

[1] 脱脱等《宋史》卷四〇九《高斯得傳》，第 35 冊第 12322～12328 頁。
[2] 楊芷華《李昂英》，第 60 頁。

友也，因從……（按：以下缺）"（頁65～66）《廣東通志》卷四四云："田知白，番禺人，制行高潔。廣帥方大琮建濂泉書院，既落成，請李昴英首席。昴英曰：'郡中無如田知白者。'大琮躬詣之，以病辭。再往叩之，則遁矣。知白年逾八十，猶能燈下細書，貧而好酒，自號'醉鄉遺老'。時東莞黎獻隱居教授，亦以學行聞。"[1]

　　方大琮還將自己帥廣五年來所撰公文編刊成集，李昴英作《方帥山判序》。本集卷三《方帥山判序》云："公治廣之懿，固不專在此，而五年目力心思，大概聚於此，泯沒可乎？"（頁35）案，《廣州府志》卷一七《官表一》載："方大琮，淳祐二年知廣州軍州事。徐清叟，淳祐七年知廣州軍州事。"[2]李昴英作此序時，方大琮已在廣州任職五年，時爲淳祐七年。

有《廣州天慶觀衆妙堂東坡井泉銘》。

　　本集卷一七《廣州天慶觀衆妙堂東坡井泉銘》云："老經云，坡記成。名非古，堂遂輕。兩翁像，久晦冥。偉方公，舊貫仍。取彼欄，護此泓。新作蓋，環以銘。遺千年，飲清泠。續坡誰？李昴英。"（頁195）李昴英爲東坡井作銘，記錄方大琮取用定林寺鐵井欄以保護東坡井，冀其流傳千年、永不乾涸。關於東坡井，《明一統志》卷七九載："在（廣州）府治西玄妙觀，宋蘇軾寓居始鑿此井，得一石龜，故又名'石龜泉'。"[3]關於衆妙堂，《蘇詩補注》卷四四《廣州何道士衆妙堂》詩後補注云："《廣州志》：城西玄妙觀，即唐開元觀也。宋大中祥符間改天慶觀，觀内有衆妙堂。"[4]《大清一統志》卷三四〇載："衆妙堂，在南海縣元妙觀内，宋蘇軾有《衆妙堂記》。"[5]蘇軾《衆妙堂記》記述當年寓居天慶觀，後應廣州何道士之請作記之事。[6]是銘作於方大琮帥廣期間，具體時間不詳，姑繫於是年。

[1] 魯曾煜等編纂《廣東通志》，景印文淵閣《四庫全書》，第 564 冊第 77 頁。

[2] 戴肇辰、蘇佩訓修，史澄、李光廷纂《廣州府志》，清光緒五年刊本，第 8 冊第 33 頁。

[3] 李賢等《明一統志》，景印文淵閣《四庫全書》，第 473 冊第 667 頁。

[4] 蘇軾撰，查慎行補注《蘇詩補注》，景印文淵閣《四庫全書》，臺灣商務印書館 1986 年版，第 1111 冊第 861 頁。

[5] 和珅等《大清一統志》，景印文淵閣《四庫全書》，第 482 冊第 26 頁。

[6]《衆妙堂記》云："眉山道士張易簡教小學，常百人，予幼時亦與焉。居天慶觀北極院，予蓋從之三年。謫居海南，一日夢至其處，見張道士如平昔……廣州道士崇道大師何德順，學道而至於妙者也，作堂榜曰衆妙。以書來海南，求文以記之。"（孔凡禮點校《東坡文集》卷一一，中華書局 1986 年版，第 361～362 頁）

有《賀新郎》（繡谷流明幟）。

本集卷一八《賀新郎》（繡谷流明幟）詞小題云"陪廣帥方右史登越臺"
（頁200），詞中有"一笑五羊衢新穗"句，應指李昂英居鄉且方大琮帥廣期
間。姑繫該詞於是年。案，越臺，指漢時南越王趙佗所建之臺，故址在今廣
州越秀山。

**五月，方大琮卒。有《祭廣帥右史方鐵庵大琮公文》《又路祭方右史》，《挽
右史方鐵庵詩三首》《別陳霆》詩。**

據李之亮《宋兩廣大郡守臣易替考》載："方大琮，淳祐改元，除集英
殿修撰、知廣州、廣東經略安撫，明年至廣。新帥未至，七年五月庚申感微
疾，乙丑，終於州治。"[1]由此可知，方大琮卒於是年五月。《祭廣帥右史方
鐵庵大琮公文》《又路祭方右史》《挽右史方鐵庵詩三首》等詩文應作於是年。

本集卷一五《別陳霆》詩序云："永福陳霆，客鐵庵方公之館，見謂清
謹。予送公之喪，至浴日亭下，餞以小詩。"（頁152）從"送公之喪"可推
知作於是年。姑繫於五月。

徐清叟帥廣，有《迎廣帥徐意一大參五首》詩。

本集卷一七《迎廣帥徐意一大參五首》詩題的徐意一即徐清叟。《廣州
府志》卷一七《官表一》載："徐清叟，淳祐七年知廣州軍州事。邱迪矗，
淳祐八年知廣州軍州事。"[2]《宋兩廣大郡守臣易替考》云："徐清叟，淳祐
七年、淳祐八年任廣州軍州事。"[3]

十一月，除知贛州，不赴，有《辭免知贛州狀》。

《行狀》云："逾年丁未十一月，三省同奉旨除公知贛州。……俱辭不赴。"
（頁253）本集卷一〇《辭免知贛州狀》具體介紹李昂英辭免贛州情況："照
對某淳祐七年十二月初九日，准當年十一月空日尚書省劄子，備據某狀辭免
繳回差知贛州省劄，十一月三日三省同奉聖旨不允，並元省劄付某者。殊渥
仍頒，微躬無措。"（頁107）

[1] 李之亮《宋兩廣大郡守臣易替考》，第36頁。
[2] 戴肇辰、蘇佩訓修，史澄、李光廷纂《廣州府志》，清光緒五年刊本，第8冊第33頁。
[3] 李之亮《宋兩廣大郡守臣易替考》，第36頁。

十二月二日，除福建提刑。

《行狀》云："十二月，三省復奉旨：公依舊直秘閣、除福建提刑。"（頁253）本集卷一〇《辭免除福建提刑狀》云："准淳祐七年十二月二日，三省同奉聖旨，李某依舊直秘閣，除福建提刑，劄付某者。"（頁107～108）

又改知漳州，辭，不獲允。

《行狀》云："又改公知漳州。俱辭不赴。"（頁253）

是年，有《酌別張子元二首》《送張子元班見》《壽張新班》詩。

本集卷一三《酌別張子元二首》題下注云："子元已注今年班籍，去臘余以言職免歸，子元不待引見，毅然相隨南還。茲再入京送之，至鑑空閣下，用東坡韻酌別。"（頁131）"去臘余以言職免歸"乃指淳祐六年十月在朝所升任"右正言"職，故繫於今年。《送張子元班見》爲子元班籍之時，作年相同。《壽張新班》亦爲與張子元交遊所作，姑繫於是年。

理宗淳祐八年戊申（1248），四十八歲

在廣州。有詩一首、文八篇。

在廣州。正月二十二日，詔依舊直秘閣，除福建提刑。有《辭免除福建提刑狀》，未獲准。

本集卷一〇《辭免除福建提刑狀》云："照會某淳祐八年正月二十二日，准淳祐七年十二月二日，三省同奉聖旨，李某依舊直秘閣，除福建提刑，劄付某者。異恩遽至，小已若驚。伏念某起自單寒，最爲綿薄。樗櫟散材之無用，豈適時宜；草茅習氣之未除，易與物忤。……退處山林，庶可療採薪之病；稍遲歲月，不敢辭蹈刃之難。所有省劄寄留廣州軍資庫，未敢祗受，須至申聞者。"（頁107～108）

二月一日，有《韶石說送曲江趙廣文》。

本集卷一二《韶石說送曲江趙廣文》題下注："淳祐八年二月朔。"（頁122）

八月八日，有《題三衢陳大經詩卷》。

本集卷五《題三衢陳大經詩卷》文末云："淳祐八年八月八日。"（頁61）

案，三衢，即浙江衢州，因境内有三衢山，故稱。

八月二十日，有《跋鄧運判柞行實》。

本集卷四《跋鄧運判柞行實》文末云："淳祐八年八月二十日。"（頁50）

九月，有《上鄭丞相書》致鄭清之，乞免知贛州。

《行狀》云："戊申九月，又致書鄭丞相清之，求免知贛州。"（頁253）

本集卷一〇《上鄭丞相書》題下注云："淳祐八年九月乞免知贛州。"（頁103）

趙汝騰有"三老八士"之薦。

關於趙汝騰"三老八士"之薦，《行狀》云："戊申九月，又致書鄭丞相清之，求免知贛州。時庸齋趙公汝騰有'三老八士'之薦。'三老'，李公韶、陳公愷、徐公清叟也。'八士'，公其一也。所謂國之干將、莫邪者也，天下聞公之風，咸謂有唐子方、劉器之之風。"（頁253）案，趙汝騰（？—1261），宋宗室，居福州，字茂實，號庸齋。寶慶二年（1226）進士。歷知溫州、江東提刑、知婺州等，累官禮部尚書兼給事中。嘗奏論前後姦庚興利之臣，言甚切直。仕終端明殿學士兼翰林學士承旨。有《庸齋集》六卷傳世。[1]

是年，有《與秘書徐霖劄子》《題劉潯州必成三分集》《與廣帥徐意一薦僧祖中書》，《和徐意一韻贈寶積中空山》詩。

本集卷一〇《與秘書徐霖劄子》題下注："淳祐八年戊申。"（頁104）

本集卷五《題劉潯州必成三分集》云："嘉熙丁酉秋，余被命衡文貢闈，右科中得一奇士，揭之解首，則劉君必成也。明年，君廷對，魁其倫。又十年，以清潯使君寓南海，始熟其標致論議，競爽可人，與其所爲文不異。而吟尤工，豪逸雅澹兼衆體，題所編曰《三分》，取東坡戲郭功甫語也，謙退不自足如此，進未易涯。"（頁60）丁酉爲嘉熙元年（1237），"又十年"，約在淳祐八年，姑繫此文於是年。

本集卷一七《和徐意一韻贈寶積中空山》詩，考徐清叟父徐應龍卒於淳祐九年正月，徐清叟即離廣丁父憂，故其在廣東任上止於此時。因此，本詩爲淳祐七年至八年間作。姑繫於是年。

---

[1] 張撝之等主編《中國歷代人名大辭典》，第1659頁。

本集卷一〇《與廣帥徐意一薦僧祖中書》云：“某數年不到羅浮，夢寐
見之。近招寶積僧祖中來，出瓶中卓錫泉烹石樓新茗，共談山中事。清風忽
起坐間，飄飄然如行飛雲頂也。某歲在甲辰，兩遊羅浮，至必住旬日。”（頁
105）是文亦應作於淳祐七年至八年徐清叟帥廣期間，姑繫於是年。

理宗淳祐九年己酉（1249），四十九歲

在廣州。有詩十五首、文五篇。

在廣州。上《與廣權帥邱迪嘉治盜書》，全活者數百人。

《行狀》云：“己酉，權鄉帥邱迪嘉妄指平民爲盜，攝倅陳知章復恣爲羅
織，淫刑以逞，戮及無辜。公移書迪嘉諍之，嘉不聽，而暴愈甚。公遂繳告
敕留郡庫，乞辯平民之冤。於是全活者數百人……”（頁253～254）

本集卷一〇《與廣權帥邱迪嘉治盜書》云：“某晦藏林谷，不敢與聞户
外事，每荷龐漢陽先候之厘，且懼杜周甫寒蟬之誚，有聞而不以告，終愧於
心。民，吾同胞也，況父母之邦之民乎？方此上下疑懼之時，某儻以利害不
切己而不知恤，桑梓之人，交責以義，無以自立於父母之邦矣。……惟足下
是非之間，審之又審，謹之又謹，與其殺不辜，寧失不經，使平民免於屠戮，
於門之陰德豈易涯邪！”（頁105～106）

爲僉壬所陷，罷閣職。作《聞褫閣職免新任之報二首》詩。

《行狀》云：“於是全活者數百人，然亦以此爲僉壬所陷，竟褫閣職免新
任。公聞之，怡然賦詩曰：‘但得四方全性命，何妨三字減頭銜。’其勇於爲
仁如此。”（頁254）案，所賦詩即《聞褫閣職免新任之報二首》。

**有《題潛守黃連傳》《跋潛守治獄好生方》等文及《肇慶府倅王庚應平反廣
府帥司冤獄詩以紀其事》《苦秋暑引》《送廣東憲陳均二首》《哭清遠權宰樓
海司法二首》《送李路鈐萬入京》《代送邱漕迪嘉》詩。**

本集卷一三《苦秋暑引》題下序云：“己酉歲，廣漕邱迪嘉攝帥，苛虐
流毒，朝廷劄趙倉汝暨兼攝帥漕，其人刉忍，不授印，故作是詩。”（頁134）

本集卷一四《哭清遠權宰樓海司法二首》題下序云：“樓君宰清遠，峒

寇一夕入縣治，倉卒告變。君挺身出諭賊，竟遇害歿於兵。並序。"（頁147）
參照本集卷一〇《與廣帥邱迪嘉治盜書》一文，李昂英規勸邱迪嘉切莫貪功
邀賞時曾提及"自清遠凶徒日就擒獲，則足下之功亦偉矣，必不借此區區數
輩，以張功狀"（頁106）云云，可知不久以前，邱迪嘉已平息清遠暴亂，故
此二詩應繫於淳祐九年。

　　楊芷華《李昂英》云："圍繞邱迪嘉事件，李昂英陸續寫了文三篇、詩
十一首。"[1]並在注釋中列舉相關詩文有《題潛守黄連傳》《跋潛守治獄好生
方》《與廣權帥邱迪嘉治盜書》《肇慶府倅王庚應平反廣府帥司冤獄詩以紀其
事》《苦秋暑引》《送廣東憲陳均二首》《聞襫閣職免新任之報二首》《送李路
鈐萬入京》《代送邱漕迪嘉》等。[2]姑依此説次於是年。

六月二十五日，有《題循陽通守黄必昌大學中庸講義》。

　　本集卷四《題循陽通守黄必昌大學中庸講義》文末云："淳祐九年六月
二十五日。"（頁51）

秋，有《秋試已近用韻勉兒輩》《送次兒解試》詩。

　　本集卷一六《秋試已近用韻勉兒輩》詩末兩句云："歲當酉戌吾家旺，
月府先教竇桂香。"（頁170）"酉戌"有雙重意義。一是李昂英青年時期兩次
省試，先於寶慶元年乙酉（1225）再薦於鄉，接著又於寶慶二年丙戌春中進
士第三名；二是如今又逢歲交"酉戌"，正標明其時爲淳祐九年己酉與淳祐
十年庚戌相交之際。因該詩題目點明"秋試"，故繫於淳祐九年。[3]本集卷
一六《送次兒解試》，詩末句有"飛捷今秋好事重"（頁172），亦應作於是年。
既云"秋試已近""送次兒解試"説明在八月秋試前。《宋元學案補遺》卷七
九《邱劉諸儒學案補遺·侍郎李漁先生志道》云："李志道字立翁，號漁灣，
文溪子。少雋穎，以《春秋》領淳祐九年鄉薦。寶祐元年成進士，除授京邸
教授，賜紫金魚袋。造育有法，士林宗之。明年，文溪起爲大宗正。引嫌，
乞外職，改調浙江僉憲，參幹諸軍事。五年，丁外艱歸。服闋，起補都憲御
史，專理糧餉。未幾，丁祖母艱去。咸淳三年，召入爲朝散大夫，至尚書工

---

[1] 楊芷華《李昂英》，第63頁。
[2] 楊芷華《李昂英》，第65～66頁。
[3] 楊芷華《李昂英》，第154頁。

部侍郎。時值國步多艱，强敵在外，賈似道專政，權傾人主，先生屢疏乞歸，不許。德祐元年，以疾乞閑，得歸田里。端宗崩，帝昺立，與元人戰於厓山，師潰，宋亡。先生大哭，奉大行主於家罍陽堂，率子弟宗戚鄉人朝夕哀奠。未幾，憤鬱而卒。"[1]

有《觀入試者》《再用觀入試韻》詩。

本集卷一三《觀入試者》末四句云："槐黃早脱吾僥倖，因送兒曹得觀視。旁人休笑李秀才，三十年前亦如此。"（頁135）詩中有寫明觀試原因是送兒輩赴試。李昂英三子志道淳祐九年領鄉薦，此時距李昂英嘉定十五年（1222）初次參加鄉試已將近三十年，與"三十年前亦如此"相合。故將此詩與《再用觀入試韻》繫於此。

三子志道領鄉薦。有《送三舉人》詩。

《宋史翼》卷一六載："（李昂英）子志道，字立翁，號漁灣，少儁穎，以《春秋》領淳祐九年鄉薦。"[2]《宋元學案補遺》卷七九《邱劉諸儒學案補遺·侍郎李漁先生志道》云："（李志道）少儁穎，以《春秋》領淳祐九年鄉薦。"[3]

本集卷一五《送三舉人》序云："己酉鄉貢，鄰曲得三士，甚爲之喜。玉帳鹿宴有詩，已即席和二首，歸而別成一首，贈三傑之行，並序。"（頁159～160）是詩云："銅蟾滴硯不曾晴，命到通時文乃亨。善射定知楊破的，力耕必穫稼如京。錦旗門巷誇聯薦，橡筆春闈又中程。擢第三人如下問，定將四字語元城。"從詩意觀之，爲鄉鄰三人（包括三子志道）參加鄉試中舉後，送他們准備參加明年在京會試所寫。

季弟奎英卒。有《贈香山王公》。

本集卷一二《贈香山王公》云："先人與香山王公爲莫逆交，余兒時撰杖屨侍左右，見其情好親密如兄弟。先人下世今九年，執友凋幾盡，獨翁一箇在。扁舟遠遠，入城敘契闊。余適有季弟之戚，不能款曲陪色。"（頁123）

[1] 王梓材、馮雲濠撰，舒大剛等校點《宋元學案補遺》，第6冊第2938頁。
[2] 陸心源撰，吳伯雄點校《宋史翼》，第342頁。
[3] 王梓材、馮雲濠撰，舒大剛等校點《宋元學案補遺》，第6冊第2938頁。

李天裴卒於嘉熙四年（1240），九年後即淳祐九年，此處有"余適有季弟之
戚"，知季弟奎英卒於是年。

理宗淳祐十年庚戌（1250），五十歲

在廣州。有詩四首、文六篇。

在廣州。正月一日，有《書胡致堂敘古千文後》。

> 本集卷四《書胡致堂敘古千文後》文後載："淳祐十年月正元日，後學
> 李昴英書。"（頁45）案，胡致堂，即胡寅（1098—1156），字明仲，建寧崇
> 安人，胡安國之姪。胡安國（1074—1138），又名胡迪，字康侯，號青山，
> 謐號文定，學者稱武夷先生，後世稱胡文定公。

二月一日，有《跋菊坡太學生時書稿》。

> 本集卷四《跋菊坡太學生時書稿》文末云："淳祐十年二月朔。"（頁49）

二月，許巨川卒，有《祭許象州文》，《挽鈍齋先生許象州三首》詩。

> 本集卷一二《祭許象州文》云："維淳祐十年，歲次庚戌，二月朔越祭
> 日，門人朝散大夫李某，謹以清酌告於近故判府朝議鈍齋許公。"（頁116）
> 可知許巨川卒於是年二月。

> 本集卷一四《挽鈍齋先生許象州三首》亦應爲許象州卒後所作，姑繫於
> 是年。

四月十六日，有《題彭昌詩下車錄》。

> 本集卷五《題彭昌詩下車錄》文後云："余方耕釣文溪，上效東坡雨笠
> 曳屐，則軒渠甚適。乘車鷟榮，途者甚多矣，君必欲頹然山夫，筆其編甚矣，
> 其迂之過我也。淳祐十年四月既望。"（頁64）

五月一日，有《贈懷集莫貢士》。五日，有《贈傳神張森》。

> 本集卷一二《贈懷集莫貢士》文末云："淳祐十年夏五月朔。"（頁123）

> 本集卷一二《贈傳神張森》文末云："淳祐十年端午日。"（頁124）

是年，有《送葉耆卿試太學》詩。

> 本集卷一四《送葉耆卿試太學》云："清獻越庚戌，長風送捷音。"（頁

145）此處意即祝葉耆卿在庚戌年傳來捷音。

理宗淳祐十一年辛亥（1251），五十一歲

在廣州。有詞一首、文二篇。

在廣州。二月十六日，有《肇慶府放生咸若亭記》。

本集卷一《肇慶府放生咸若亭記》文末云："淳祐九年二月既望。"（頁12）

十一月二日，有《跋節愍王公行實》。

本集卷四《跋節愍王公行實》云："寇之犯益也，節愍王公翊，以議官權宜肘制置使印，收燼兵支孤城，野戰不勝，巷戰又不勝，然後徐結纓而入於井。此他人之責，而身之不避，壯矣哉！先是，菊坡崔公貽之書曰：'一段冰清，萬仞壁立。'竊意公平生忠義自許，惟菊坡深期之。其子閶，募死士赴難，道遇寇，且鬭且前，創甚，偶不死；今爲東莞丞，遂得見公《行實》與《守城日記》，風節凜凜，使人慨慕，且三歎菊坡知人之明。淳祐辛亥冬至，文溪李昴英書。"（頁49～50）案，節愍王公即王翊。《宋史》卷四四九《王翊傳》載："王翊，字公輔，郫縣人。寶慶元年進士。吳曦嘗招之入幕，及曦以蜀叛，抗節不拜，爲陳大義。曦怒，囚翊，欲烹之，曦誅而免。嘉熙元年，制置使丁黼辟爲參議官，先遣其家歸鄉里，爲文訣先墓，誓以身死報國。及北兵至，帳前提舉官成駒先走，黼倉卒迎敵，敗死。翊與司里王璨、運司幹官李日宣等募兵拒守。兵入公署，見翊朝服危坐，問爲何人，曰：'小官食天子之祿，臨難不能救，死有餘罪，可速殺我。'又問何以不走，曰：'願與此城俱亡。'北兵相謂曰：'忠臣也。'戒勿殺。敵縱火大掠，翊以朝服赴井死。兵後，其家出其屍井中，衣冠儼如也。"[1]

是年，有《摸魚兒》（敞茅堂）。

本集卷一八《摸魚兒》（敞茅堂），詞中有"前塵回首俱誤。安閑得在中年好，抱甕尚堪蔬圃"（頁198）。應作中年歸隱期間，表面抒寫閑適自得，

---

[1] 脫脫等《宋史》，第38冊第13242頁。

實則對現實不滿。姑繫於是年。

理宗淳祐十二年壬子（1252），五十二歲

在廣州。除直寶謨閣、知贛州。有詩五首、詞二首、文一篇。

在廣州。有《請謚李韶方大琮狀》，《美廣帥趙平齋拓貢院》《送廣帥趙平齋汝暨解印趨朝》《送恩平潛使君還里二首》《紀事和林尉韻》詩，《摸魚兒》（怪朝來）。

　　本集卷一〇《請謚李韶方大琮狀》云："獨有內翰端明殿學士李公韶、右史寶謨閣學士方公大琮，節行立於朝，功德著於民，乃聲實彰著，人所共知者，且其官品皆應命謚，而既歿數年，易名未舉，非闕典歟？昂英待罪奉常，不敢自默。"（頁108）已知方大琮卒於淳祐七年五月，李韶約卒於淳祐十一年，此文應撰寫於淳祐十二年李昂英罷官居廣州期間，時李韶故去兩年、方大琮亦已故去五年之久，朝廷卻違反常規，遲遲未賜謚。因作是文，並有"既歿數年"之說。

　　本集卷一五《美廣帥趙平齋拓貢院》詩末二句"南州盡說明年好，依舊科名得上臺"，句下有小注云"癸丑菊坡翁登科"（頁152）。案，崔與之於紹熙四年癸丑（1193）中進士，故詩句中所稱"明年"應爲同是"癸丑"之年，即寶祐元年癸丑（1253），則該詩作於前一年，即淳祐十二年。本集卷一三另有詩《送廣帥趙平齋汝暨解印趨朝》，可知趙平齋即趙汝暨。李之亮《宋兩廣大郡守臣易替考》云："趙汝暨，淳祐十年任。……景定二年。至景定五年，再任。"[1]景定五年（1264），再任時李昂英已卒。則《送廣帥趙平齋汝暨解印趨朝》亦應作於淳祐十二年趙汝暨離任時。關於趙汝暨拓貢院之事，《廣東通志》卷三九載："趙汝暨，宋宗室也。淳祐間兩帥廣，前後凡五年。公勤清平，始終如一。獄吏舊以鞫賊爲奇貨，一盜坐囚，百家股慄，一切禁絕，吏不得逞民受其賜。州貢院舊苦湫隘，廣斥之，出入場屋者便焉，運判

---

[1] 李之亮《宋兩廣大郡守臣易替考》，第36～37頁。

包恢大書其事，立於學宮。"[1]

本集卷一六《送恩平潛使君還里二首》，詩中"潛使君"即潛起，字雪巖。邱迪嘉、陳知章誣陷平民爲盜之際，潛起任循州通判，廣東憲陳均令其復核廣府帥司冤獄，奮然受任，大力平反冤獄，使蒙冤者十之八九得以釋免生還。其後調任南恩州（今廣東陽江）太守，亦施惠政於民。當其任滿歸里，百姓"聲歌洋溢行人口"（頁171），爭相爲其送行，李昂英亦寫二詩以贈別。二詩最遲應作於淳祐十二年，因爲第二年李昂英即離鄉赴江西任上，不可能爲潛守送別。姑繫於是年。《紀事和林尉韻》詩序云："保昌尉陳知章權廣倅，捕南海平民爲'瑤賊'，凡三十人。獄將具，余作劄子露香告於天，而後達於帥闈。不行其言。又以公姿狀達於憲臺，遠檄循倅。潛君審之，而後獄得少緩。林尉汝沆有詩，用其韻云。"（頁172）此詩應作於潛起平反冤獄後不久，姑次於是年。

本集卷一八《摸魚兒》（怪朝來），小題云："送王子文知太平州。"（頁199）太平州，即今安徽當涂。王子文，即王野，字子文，號潛齋，寶章閣待制王介之子，衢州常山人。以父蔭補官，登嘉定十三年（1220）庚辰劉渭榜進士第。《宋史》卷四二〇《王野傳》載："淳祐末，遷沿江制置使、江東安撫使、節制和州無爲軍安慶府兼三郡屯田、行宮留守。巡江，引水軍大閱，舳艫相銜幾三十里。憑高望遠，考求山川險厄，謂要務莫如屯田。講行事宜，修飭行宮諸殿室，推京口法，創遊擊軍萬二千，蒙衝萬艘，江上晏然。"[2]可知，王野曾節制沿江兩岸地區軍事，太平軍位於長江下游南岸，應爲其水軍巡江範圍。姑繫是詞於淳祐十二年。

十月，徐清叟任參知政事。有《水調歌頭》（地位到公輔）。

《宋史》卷四三《理宗本紀三》云：丙午太白犯斗，十二年冬十月癸丑，"以徐清叟參知政事"[3]。《通鑑續編》卷二二云：淳祐十二年壬子冬十月，"以徐清叟參知政事"[4]。以上可以説明，徐清叟十月任參知政事。本集卷

[1] 魯曾煜等編纂《廣東通志》，景印文淵閣《四庫全書》，第563冊第669頁。
[2] 脱脱等《宋史》，第36冊12576頁。
[3] 脱脱等《宋史》，第3冊第846頁。
[4] 陳桱《通鑑續編》，景印文淵閣《四庫全書》，第332冊第929頁。

一九此詞云："地位到公輔，耆艾過稀年。幾人兼此二美，而況是名賢。"（頁207）詞中有"過稀年"，徐清叟生於淳熙九年（1182），淳祐十二年時七十一歲。且詞中有"勁氣九秋天"，説明作於是年秋；詞下小題有"壽參政"，説明作於徐清叟任參知政事之後。姑繫於是年十月。

以徐清叟力薦，除直寶謨閣、江西憲使，兼知贛州。

　　《人物傳》卷九云："淳祐壬子，徐清叟參大政，力薦之。上思其賢，起家除直寶謨閣、江西提刑兼知贛州。"（頁71）《行狀》云："淳祐壬子十月，徐公清叟參知政事，又力薦公。帝思公賢，遂起家，除直寶謨閣、江西憲使、兼知贛州。（頁254）案，"憲使"，即提點刑獄公事，簡稱"提刑"或"憲"，掌管所轄地區司法、刑獄，審問囚犯、復核案件，監察、舉劾地方官員，其官署提點刑獄公事，簡稱爲"憲司"。

宋理宗寶祐元年癸丑（1253），五十三歲

在贛州。有詩六首、詞五首、文七篇。

在贛州。正月一日，作《賀新郎》（元日除書濕）、《賀新郎》（過雨璿空濕）。

　　本集卷一八《賀新郎》（元日除書濕）詞下小題云："餞廣東吳憲燧，時持節憲江西。"（頁202）小題中"憲"，即提點刑獄之簡稱，"廣東吳憲燧"即廣東憲吳燧。《南宋館閣録》續録卷七載："吳燧，字茂新，貫泉州，習賦，己丑進士。元年正月，以直秘閣廣東提刑，被旨令赴行在奏事。十月，除少監，十二月供職。二年四月，除殿中侍御史。"[1]寶祐元年正月，吳燧除廣東憲之職，途經江西作短暫停留。李昴英時已在江西任上，陪同遊賞，詩酒唱和。本詞乃爲吳燧餞行時作。本集卷一八《賀新郎》（過雨璿空濕）小題云"再用韻餞吳憲"（頁203），且兩詞韻腳完全相同，應作於同時。

　　案，吳燧（1200—1264），字茂新，一字茂先，號警齋，泉州同安人，祖居晉江。紹定二年（1229）進士。累官監察御史兼崇政殿説書，上疏以正紀綱、開言路爲首務。除大理少卿，不拜而去。寶祐元年正月，除授廣東憲之職。未

---

[1] 陳騤、佚名《南宋館閣録》，景印文淵閣《四庫全書》，第595冊第506頁。

久，擢殿中侍御史兼侍讀。寶祐三年洪天錫劾閹寺董宋臣，後擢殿中侍御史兼
侍講，時洪天錫論董宋臣等三人之罪，燧請行其言。因閹宦勢盛，洪天錫、李
昂英罷職離京，吳燧亦改官禮部侍郎奉祠。度宗立，再召爲兵部侍郎。[1]

九月九日，有《重九遊鬱孤臺和座客韻》《是日至馬祖巖和前韻》詩。

李昂英於淳祐十二年（1252）十月後赴贛州任職，寶祐二年正月赴京任
職，二詩均寫秋景，因此，均應作於寶祐元年。鬱孤臺位於贛州西北部賀蘭
山[2]，馬祖巖位於江西饒州府安仁縣（今江西餘江）[3]，亦可佐證。

又作《水龍吟》（驛飛穩駕高秋）、《滿江紅》（薄冷催霜）。

本集卷一八《水龍吟》（驛飛穩駕高秋）小題謂“和吳憲韻，且堅鬱孤
同遊之約”（頁205），應爲遊鬱孤臺後不久。本集卷一九《滿江紅》（薄冷催
霜）小題云“江西持憲節，登高作”，姑同繫於此。

九月二十一日，作《水龍吟》（唱恭初意如何）自壽。

本集卷一八《水龍吟》（唱恭初意如何）小題云“癸丑江西持憲自壽”，
其詞云：“唱恭初意如何，揭來五十三年矣。”（頁204）作者五十三歲時正任
江西憲使，既言自壽，應爲寶祐元年九月二十一日五十三歲誕辰自賀之作。

有《諭鄉飲酒行禮者》《諭鄉飲酒觀禮者》，《贛學鄉飲禮成二首》詩。

《年譜》云：“壬子，除直寶謨閣、江西憲使，兼知贛州。罷官酤，置平
糴倉，行鄉飲酒禮，親制鄉飲禮文並《禮成》詩二章，大夫士崇奉祠公，公
力辭。”（頁7750）案，“親制鄉飲禮文”即本集卷一二《諭鄉飲酒行禮者》
《諭鄉飲酒觀禮者》，《諭鄉飲酒行禮者》有“某承乏此邦，愧無善狀，惟於
風教所關，不敢後已。涓吉旦，迎賓儐介於庠，行鄉飲酒，將與多士共興禮
遜，此蓋以古風相期待也”（頁125），《諭鄉飲酒觀禮者》有“某講行鄉飲”
（頁126）之謂，既言“某承乏此邦”“某講行鄉飲”，應指在知贛州事時所行
鄉飲禮之事。“《禮成》詩二章”即本集卷一五《贛學鄉飲禮成二首》。李昂

---

[1] 張撝之等主編《中國歷代人名大辭典》，第1047頁。

[2]《江西通志》載：“鬱孤臺，《名勝志》一名賀蘭山，在（南安）府治，麗譙坤維，百步隆阜，鬱然孤峙，
　　故名。”（謝旻等監修《江西通志》卷四二，景印文淵閣《四庫全書》，第514冊第386頁）

[3]《江西通志》載：“馬祖巖，在安仁縣南六十里。四山壁立如不可入，巖前洞壑幽深，漸下數十丈，仰觀
　　有隙如綫，名‘一綫天’。巖上有瀑泉飛下十餘丈。巖間所構梵宇禪舍，俱極幽邃。”（謝旻等監修《江西
　　通志》卷一一，景印文淵閣《四庫全書》，第513冊第384頁）

英淳祐十二年（1252）十月後由廣州赴贛州任，再推行"罷官酤，置平糶倉，行鄉飲酒禮""大夫士崇奉祠公"等事，或已逾年，因此，以上與行鄉酒禮相關詩文或作於寶祐元年，姑繫於此。

又有《弋陽鄭氏翠麓亭》《送子先賢歸南海》詩及《蠲除受納官事例錢判》《太學果行齋學生蔡順孫等劄子乞差充鷺洲書院學賓職事判》《發妓孫惜回南安軍判》《革榷酤弊判》。

本集卷一七《弋陽鄭氏翠麓亭》，弋陽在江西，應作於江西任上。姑繫於是年。

本集卷一五《送子先賢歸南海》有"束書相伴到江西，我尚濡留子遽歸"（頁161）之句，因此亦應作於江西任上。子先，即門人李春叟。

《行狀》云："帝思公賢，遂起家，除直寶謨閣、江西憲使、兼知贛州。公慨然以洗冤澤物為己任，劾贓貪、決冤滯，一道肅然。置平糶倉，以惠饑氓；罷官酤，聽民自釀而薄其征。民至今以為便，郡人崇像祠之。"（頁254）李昂英任江西憲職，本集卷一一《蠲除受納官事例錢判》《太學果行齋學生蔡順孫等劄子乞差充鷺洲書院學賓職事判》《發妓孫惜回南安軍判》《革榷酤弊判》等判文均作於江西任上，姑繫於是年。

因江西峒酋亂，撰《諭峒長文》誨之。升直寶文閣。

《行狀》云："諸峒負險盤據，撫御乖方，則相挺為亂。公申嚴保伍之法，使相糾察。且諭峒酋各率子弟詣臺訓治，掇《魯論》首篇'有子曰：其為人也孝弟'一章，解義以訓飭之。酋豪各錄本以歸，私相告諭，自是革心向化，無復為梗。徐公清叟奏其事，詔以其本頒示天下，使為矜式，課治天下最。升直寶謨閣。"（頁254）《人物傳》卷九則載："課治最。升直寶謨閣。"（頁72）案，"升直寶謨閣"誤。經徐清叟薦，李昂英已除直寶謨閣、江西憲使、兼知贛州，查《李忠簡公集》卷首其孫李殿苞《忠簡先公行狀》，此處應為"升直寶文閣"[1]。

《年譜》云："江西峒酋亂，公撰《有子孝弟章講義》誨之，峒酋化。"（頁7750）案，本集卷一二《諭峒長文》即《有子孝弟章講義》，並云："有

---

[1] 李殿苞《忠簡先公行狀》，《李忠簡公集》，清乾隆十八年刻本，第1冊第42頁。

子曰：'其文人也孝悌而好犯上者鮮矣，不好犯上而好作亂者未之有也。'善事父母爲孝，善事兄長爲悌，犯上是干犯在上之人，作亂是爲爭鬪悖逆之事，蓋人能孝其父母，敬其兄長，便識道理，知名分，少有犯其上者，既不犯上，必不肯作亂。"（頁126）

理宗寶祐二年甲寅（1254），五十四歲

在臨安。除大宗正卿，官至吏部侍郎。有文二篇。

赴臨安。正月，除大宗正卿，兼國史院編修、寶録院檢討。

《行狀》云："寶祐甲寅正月，被詔除大宗正卿，赴闕，兼國史院編修、寶録院檢討。"（頁254）《人物傳》云："寶祐甲寅正月，被召除大宗正卿。赴闕，兼國史編修實禄院檢討。"（頁72）

在臨安。上《寶祐甲寅宗正卿上殿奏劄》奏劾賈似道、丁大全。

《人物傳》云："寶祐甲寅正月，被召除大宗正卿。赴闕，兼國史編修實禄院檢討。上殿一疏，慨論時事。略曰：'人主之心，必有大警悟，則天下之勢不患其岌岌然。此心雖微，而萬世基業，四海生靈，關系甚大。今災譴頻仍，民情浸暌，國用日竭，犬羊益張。陛下固勤勞於時艱，而有可娛之具陳於前。則有時而縱，固焦勞於外懼，而無可駭之言接於聽。則有時而忘。所以爲累者，必有由矣。孟軻謂國之危，由交征利，臧孫達謂官之敗由寵賂章。如聞北司竊弄勢權，掖庭憑寵干請。修内司之獻助，取兩浙之上腴，文昌八座；處恩澤之庸瑣，郡國麼節；多戚屬之膏粱，世當承平，猶不宜有，今何如時哉！歐陽脩曰：'枉費財物，利悉歸從。中外譏議，則陛下自受。'朱熹曰：'有私用，而後有私人；有私人，而後有私財。'二臣之言，似爲今日發。願陛下潛消外患，無以樂玩憂時。'賈似道執政，閻妃、丁大全表裏用事故也。既奏，左右皆側目。"（頁72）《人物傳》謂"人主之心，必有大警悟""賈似道執政，閻妃、丁大全表裏用事故也"（頁72）。本集卷九《寶祐甲寅宗正卿上殿奏劄》亦有"臣聞人主之心必有大警悟，則天下之勢不患其岌岌然"（頁97）之句，即奏劾賈似道、丁大全之劄。

九月，上《乞罷幸西太乙劄子》，帝皆納，除兼侍講。

《宋史全文》卷三五記述宋理宗幸臨西太乙宮時間：寶祐二年九月癸亥，“詔以景靈宮恭謝畢，詣西太一宮爲國祈祥”[1]。《人物傳》云：“上有西太乙之幸，又抗疏曰：……上嘉納。除兼侍講。”（頁72）

本集卷九《乞罷幸西太乙劄子》闕全文，其略曰：“方四郊多壘，此正臥薪嘗膽時，湖山在目，日涉遊觀。道路頗遙，駕還必暮，意料之外，事非一端。”（頁101）

十一月三日，贊皇子忠王禥冠禮，進太常卿。禮成，除右史，遷左史，兼權吏部右侍郎。

《人物傳》云：“時皇子忠王禥行冠禮，進太常卿。爲之贊禮成，除右史，遷左史，兼權吏部右侍郎。”（頁72）《資治通鑑後編》卷一四四記載忠王禥冠禮時間：“（寶祐二年）十一月壬寅日南至忠王禥冠。”[2]

除龍圖閣待制、尚書吏部侍郎，加中大夫，封開國男。

《人物傳》云：“除右史，遷左史，兼權吏部右侍郎，尋擢龍圖閣待制、吏部侍郎，加中大夫，封番禺開國男，食邑三百户。”（頁72）《行狀》云：“尋除龍圖閣待制、尚書吏部左侍郎，兼翰林學士監修國史，封番禺開國男，食邑三百户。”（頁254）

理宗寶祐三年乙卯（1255），五十五歲

在臨安。屢疏劾姦，不報。辭官歸廣州。有詩一首、文三篇。

在臨安。六月，上《乞行御史洪天錫劾閹寺之言疏》劾盧允升、董宋臣，不報。

淳祐年間，盧允升、董宋臣妄稱“五福太乙臨吳越之分”[3]，在西湖興

---

[1] 汪聖鐸點校《宋史全文》，第9冊第2837頁。

[2] 徐乾學《資治通鑑後編》，景印文淵閣《四庫全書》，第344冊第739頁。

[3] 《西湖遊覽志》卷二：“西太乙宮，宋理宗時，中貴盧允升等以奢侈導上，妄稱五福太乙臨吳越之分。乃即延祥園建太乙宮，而瑪瑙坡六一泉、金沙井皆歸御圃宮觀亭榭，理宗以御書額之。”（田汝成《西湖遊覽志》，景印文淵閣《四庫全書》，臺灣商務印書館1986年版，第585冊第86頁）

修太乙宮，理宗常思幸臨太乙宮。寶祐三年正月十五日又召妓入宮禁，朝野
之士義憤填膺。六月，御史洪天錫累疏不行，於是辭官離朝。[1]《人物傳》
云：“屬董、盧二巨閹，竊弄威福。御史洪天錫累疏攻之不行。昂英乃直前
敷奏。疏入不報。”（頁72）案，洪天錫，字君疇，泉州晉江人，寶慶二年（1226）
進士，與李昂英同年好友。初任廣州司法，方大琮帥廣即邀入幕府，又調知
古田縣，歷任地方官職，升京官諸司糧料院，後經李昂英推薦，任監察御史
兼說書。

　　又案，李昂英首疏即本集卷九《乞行御史洪天錫劾閹寺之言疏》，是疏
云：“今歲以來，天變頻仍，正當修人事以應之。倘人事又變，是以變弭變，
天怒何從而釋耶？臺臣非他官比，今以劾寺璫而去，紀綱紊矣。是非易置，
去留倒施，人事之變，孰大於此。”（頁101）文後附注云：“疏入不報。”

有《再疏乞與洪天錫俱貶》，不報，與洪天錫俱辭官歸。

　　《人物傳》云：“疏入不報，又再疏曰：‘邇來北司專恣，日甚一日，它
人不敢言，而天錫獨言之。俄解言職以去。中外莫不駭愕。始天錫登朝，臣
實薦之。如不行其言，乞與俱貶。’留疏拜辭。遂與御史俱出國門。時人惜
其去。”（頁73）

　　本集卷九《再疏乞與洪天錫俱貶》又云：“邇來北司專恣，日甚一日，
他人不敢言，察臣天錫獨言之，俄而解言職以去，中外莫不駭愕。始天錫登
朝，臣實薦之，如不行其言，乞俱貶。”文後附注云：“公遂與御史俱出國門。”
（頁102）

　　《行狀》云：“遂留疏拜辭，與御史俱出國門。搢紳士庶祖餞者，絡繹於
道，咸惜其去。時寶祐三年乙卯也。”（頁255）

七月二十二日，作《書胡侯竹巢七思集》。

　　本集卷五《書胡侯竹巢七思集》文末云：“寶祐三年七月二十二日，南
海李昂英書。”（頁60）

歸廣州，隱居文溪之上，無復仕進。

　　《行狀》云：“公遂歸隱於羊城文溪之上。又於城北白雲山構文溪小隱軒、

---

[1] 楊芷華《李昂英》，第71～72頁。

玉虹飲澗亭，遨遊山水間，漁釣自適，著書行於世，自是無復仕進意矣。時軍國多務，帝屢有大用意，竟爲憸嬖所尼。"（頁255）案，文溪在羊城甘溪下游，甘溪源出白雲山東麓的菖蒲澗，由於溪水清甜，稱爲甘溪。下游又有文溪或越溪等名。文溪主流流過今倉邊路，到清水濠附近入珠江；支流則經大石街、華寧里流入古西湖（今教育路、西湖路一帶），然後南入珠江。[1]關於小隱軒及玉虹二亭，據本集附錄三李琯朗《忠簡先公軒亭舊址》載："廣州城北白雲山西南曰棲霞山，下爲太霞洞，中有泰泉水。宋李昂英構文溪小隱軒及玉虹、飲澗二亭舊址。又，雲山寺前，公建雲泉亭，自爲作銘並詩，載集中。"（頁262）

是年，有《題羅浮沖虛觀化緣疏》詩。

本集卷一六《題羅浮沖虛觀化緣疏》詩末小注稱："寶祐乙卯，峒長黎道静住持沖虛觀，求詩化緣修造，輪奐一新。"（頁170）

理宗寶祐四年丙辰（1256），五十六歲

在廣州。有詩十九首、詞九首、文一篇。

在廣州。正月十五日，登羅浮山蓬萊閣，作《城頭月》（工夫作用中宵晝）。

本集卷一九《城頭月》詞小題云："和廣帥馬方山韻，贈斗南樓道士青霞梁彌仙。"（頁214）校記引用乾隆本《文溪集》卷末《事文考》中李琯朗《書先忠簡城頭月詞後》云："《城頭月》一調乃馬方山原作，非先公始也。考方山，名驥，爲廣帥經略安撫使，其贈彌仙云：'城頭月色明如晝，總是青霞有。酒醉茶醒，饑餐困睡，不把眉頭皺。　坎離龍虎勤交媾，煉得丹成就。借問羅浮，蘇耽鶴侶，還是先生否？'其住持斗南樓道士黎道静和云：'陽光子夜開清晝，照了無何有。弱水蓬萊，河車忽動，萬頃金波皺。　紅鉛墨汞相交媾，片餉丹成就。把握陰陽，一中造化，此訣人知否？'當時唱和二十餘人，錄成一帙刻之。篇長不能盡錄，跋其後云：'寶祐丙辰上元日，模此詞於羅浮之蓬萊閣。一時傳誦，彌仙由是知名。'然是詞或以馬方山起

---

[1] 徐俊鳴等《廣州史話》，第23～24頁。

句爲名未可知，然先公集中亦云《城頭月》而已。"（頁214～215）

春，作《贈曾士倬用許廣文韻》詩。

　　本集卷一五有《贈曾士倬用許廣文韻》。曾士倬，字子美，南海（今廣東廣州）人，李昂英晚年所授門人。據《道光廣東通志》載，曾士倬於寶祐四年中進士。[1]本詩乃曾士倬赴春試時，李昂英送行所作，故可確認作於寶祐四年春。

九月二十一日，作《賀新郎》（天地中間大）自壽。

　　本集卷一八《賀新郎》（天地中間大）小題云："丙辰自壽，遊景泰小隱作。"（頁204）據《方輿彙編》載："棲霞山，舊志一名景泰雲峰山。昔景泰禪師卓錫得泉，故名。……舊有寺，今廢，泰泉之水出焉。舊志，李昂英有文溪小隱軒及泰泉玉虹、飲澗二亭舊址。"[2]此處文溪小隱軒及玉虹、飲澗二亭，乃李昂英晚年歸隱期間，在白雲山景泰寺附近所修築。此詞小題中有"丙辰自壽"，可確定是在寶祐四年九月二十一日爲慶祝自己五十六歲壽辰所作。

捐資建海珠慈度寺，王野爲題寺額。

　　《廣東通志》卷五四載："海珠慈度寺，舊在州東南。五代始創，歲久傾圮。宋寶祐中，郡人李昂英讀書於此，登第，捐貲與僧鑑儀，徙創江心海珠石上，仍以慈度寺顔之。侍郎王野書額，寺前有文溪祠。"[3]《番禺縣志》卷二四云："郡人李昂英捐資與僧鑑儀，徙創江心海珠石上，仍名慈度。侍郎王野書額，寺前有文溪祠。"[4]

詔除端明殿學士，僉書樞密院事，不赴。

　　《人物傳》云："時軍國多務，有詔除端明殿學士，僉樞密院事，辭不赴。"

　　（頁73）

---

[1] 阮元等修，陳昌齊等纂《道光廣東通志》卷六七，《續修四庫全書》，第674冊第1131頁。

[2] 陳夢雷等編纂《方輿彙編》卷一二九九，《古今圖書集成》，中華書局1934年版，第163冊第5頁。

[3] 魯曾煜等編纂《廣東通志》，景印文淵閣《四庫全書》，第564冊第573頁。

[4] 李福泰等修《番禺縣志》，《中國方志叢書》，成文出版社1967年版，第296頁。

得御書"久遠""文溪""嚮陽堂"。

　　《人物傳》云："上屢有大用意，竟爲懘嫛尼焉。自乙卯歸，澹然無復仕進意。家文溪之上，因以自號。上嘗賜前所居扁曰'久遠'、曰'文溪'、曰'嚮陽堂'。"（頁73）《行狀》云："帝念公賢，因賜其所居扁，堂曰'久遠'、里曰'文溪'、洞曰'嚮陽'，御書大字賜之。"（頁255）姑繫此事於不赴任後。

是年，有《司法曾子美新第榮歸欲得余詩不敢效世俗諛語二首》、《壽安院記》、《同劉朔齋遊白雲寺二首》、《同劉朔齋遊蒲澗謁菊坡祠》、《水調歌頭》（萬頃黃灣口）、《滿江紅》（人似梅花）、《菩薩蠻》（雲山疊疊双眸短）、《賀新郎》（世羨官高大）、《山行》、《碧霄》、《白雲登閣》、《靈洲》、《遊峽山和東坡韻》、《峽山全清閣》、《登峽山疾風甚雨》、《峽山飛來殿》、《景泰寺》、《雲泉亭》、《後峒月溪寺》（共二首）、《北山證果寺》、《賀新郎》（細與黃花說）、《水調歌頭》（郭外足幽勝）、《摸魚兒》（曉風癡）等詩詞文。

　　本集卷一七《司法曾子美新第榮歸欲得余詩不敢效世俗諛語二首》，乃曾士倬中進士後衣錦還鄉之時，李昴英應其請求所作賀詩，與前述《贈曾士倬用許廣文韻》作於同年，估計最遲在歲暮。[1]

　　本集卷二《壽安院記》頌贊壽安院建造者劉震孫之德行，與建壽安院對廣州民壽人安之益，文末點其家學源流及名字籍貫："蓋元祐相國忠肅公，其六世祖也。家學源流，有所自來。公名震孫，字長翁，渤海人。"（頁32）相國忠肅公，即劉摯。據《道光廣東通志》卷二一八載："壽安院，在舊威遠門外，宋寶祐間，提舉劉震孫建，廨庫於南濠街，收其息以贍貧病者。元季毀。"[2]劉震孫，字長翁（《齊東野語》作"長卿"[3]），號朔齋。渤海人。爲北宋神宗朝名臣劉摯裔孫，寶祐三年來粵任提舉常平，爲李昴英晚年所交摯友。李昴英寶祐三年六月以後歸隱文溪，寶祐五年八月卒。《同劉朔齋遊白雲寺二首》、《同劉朔齋遊蒲澗謁菊坡祠》、《水調歌頭》（萬頃黃灣口）、《滿江紅》（人似梅花）、《菩薩蠻》（雲山疊疊双眸短）等詩詞，均爲與劉震孫交

---

[1] 楊芷華《李昴英》，第156～157頁。

[2] 阮元等修，陳昌齊等纂《道光廣東通志》，《續修四庫全書》，第673冊第573頁。

[3] 周密撰，張茂鵬點校《齊東野語》卷二〇，中華書局1983年版，第369頁。

遊唱和之作，姑繫於寶祐四年。

本集卷一八《賀新郎》（世羨官高大）小題云："餞廣帥馬方山赴召。"（頁201）案，馬天驥，字德夫，號方山，衢州（今屬浙江）人，紹定二年（1229）進士，寶祐元年帥廣，寶祐四年回朝任職，《宋史》有傳。[1]

《山行》、《碧霄》、《白雲登閣》、《靈洲》、《遊峽山和東坡韻》、《峽山全清閣》、《登峽山疾風甚雨》、《峽山飛來殿》、《景泰寺》、《雲泉亭》、《後峒月溪寺》（共二首）、《北山證果寺》等詩具體寫作時間不詳，因均爲廣州景物，並寫晚年歸隱故里，面對仕途受挫，將報國赤誠傾注於故鄉山水，積鬱爲大自然所薰陶、感化而走向超脱之情，姑繫於是年。本集卷一八《賀新郎》（細與黄花説）小題"賦菊"，詞中"至老枝頭猶健在""香耐久，看晚節"（頁202）等，自喻晚節如之秋菊，借菊言志。應作於晚年歸隱期間，姑繫於是年，存疑。

本集卷一九《水調歌頭》（郭外足幽勝）小題云"題舫齋"，詞中有"個中眠，個中坐，個中謳。個中收拾詩料，觸客個中留""休羨乘槎博望，且聽洞簫赤壁，樂處是瀛洲。日月蕩雙槳，天地一虛舟"（頁206）等句，應寫晚年歸隱生活。本集卷一八《摸魚兒》（曉風癡）所抒，亦關此情，應作於同一時期，姑繫於是年。

理宗寶祐五年丁巳（1257），五十七歲

在廣州。卒。有詩一首、詞一首、文三篇。

在廣州。三月三日，作《增城新創貢士庫記》。

本集卷一《增城新創貢士庫記》云："曲江以文獻重，增城以清獻重。清獻起陋巷，取巍科，至於今六十年矣……五年上巳日，郡人李昂英記。"（頁18）案，文獻即張九齡謚號，曲江（今廣東韶關）人；清獻即崔與之謚號，增城人。又案，三月三日爲上巳日。

---

[1] 脱脱等《宋史》卷四二〇《馬天驥傳》，第36冊第12578頁。

閏四月，作《念奴嬌》（麥秋時候）。

本集卷一九《念奴嬌》小題云："寶祐丁巳閏四月，偕十友避暑白雲寺。"（頁209）可確定其所作時間及地點。

是年，有《學士林君墓誌銘》《林隱君墓誌銘》，《送舶使周申》詩。

本集卷一二《學士林君墓誌銘》云："君諱植，字建之，譜系古汴名閥也。……寶祐甲寅正月初五日歿於正寢。易簀之際，作數詩偈，皆蛻生死語。悲夫！君室隴西氏。子元申，弱冠嗜繢文，婚於玉牒時溽之女。女二人，長適予之長孫亨寶，次將笄。戊午七月辛酉，龜筮襲吉，其孤泣血託槥竁於郡之永泰里虎欄之原，祔先塋也。余識其丘隴。"（頁120）林植於寶祐六年戊午七月十四日下葬，其時李昂英已卒，所以應當爲去世前寫好墓誌銘，由林子在其父葬於永泰里虎欄之原時補寫日期。姑繫該銘於此。案，林植，李昂英姻親，其長女嫁與李昂英長孫亨寶。

本集卷一二《林隱君墓誌銘》云："南海林君，鄉曲稱好人焉。闓其名，端甫其字。……安然一生，七十有一歲而終，將以寶祐七年八月甲申窆之於番禺縣峨官山。子一人，名洪，娶余女弟者，拜且泣以銘請。可書於其人，不於其姻。"（頁119～120）從文中看，"將以寶祐七年八月甲申窆之於番禺縣峨官山"，而李昂英卒於寶祐五年，可見此文亦李昂英生前最後一兩年所寫。案，窆，葬下棺也。

本集卷一六《送舶使周申》，詩末兩句"歸見耆英定相問，只言閉戶萬山深"（頁178），透露作者已久隱山林。查閱《道光廣東通志》，知周申於寶祐二年任提舉舶使，此年李昂英正離江西赴臨安任職，次年六月前仍在臨安，六月以後因劾巨閹盧允升、董宋臣遂解職歸里，從此再沒有出仕。故該詩作年應不早於寶祐三年六月，姑繫於此。

施財所建海珠寺成，僧鑑義作《海珠山慈度寺記》。

本集附錄三僧鑑義《海珠山慈度寺記》云："寶祐四年，郡人文溪李左史施財創寺於其上，奉佛安僧，請額'海珠慈度寺'，立爲甲、乙住持院。在南海之外，越臺之前。海舶之望野，實州治之正印。……時寶祐五年良日記。"（頁264）楊芷華《李昂英》云："《記》在海珠寺，《番禺志》載此文，左行題‘寶祐五年’。當即是時上石也。”[1]

八月九日，卒，諡忠簡，賜葬增城縣豐湖山。

《行狀》云：“丁巳，忽一夕大星殞舍東，遠近駭觀。後數日而公歿，時宋理宗寶祐五年丁巳秋八月初九日也。年五十有七。聞於朝，錫諡曰‘忠簡’。葬於增城縣雲母里豐湖山癸向之原。”（頁255）《萬曆廣東通志》卷一八云：“宋龍圖閣待制吏部侍郎李忠簡公昂英墓在增城綏福都豐湖山。”“宋循州通判贈太子太師李天裴墓在綏寧都尚鄉嶺。”[2]本集附錄三錄李琯朗《先公墓》云：“忠簡先公墓在增城縣綏福都豐湖山，癸向。載萬曆郭棐《廣東通志》，其墓，公生前自定云。見乾隆本卷末《事文考》。”（頁279）李昂英晚年隱居文溪，墓葬增城先君李天裴墓旁，與其挽崔與之詩“死孝傍先君”[3]同理，從考妣也。《嘉慶重修一統志》卷四四二《廣州府二》云“李昂英墓，在番禺縣南沙灣”[4]，當誤。

《人物傳》云：“丁巳秋，忽一夕大星隕舍東，闔城駭觀，後數日，昂英卒，年五十有七，諡忠簡。……景定三年，轉運使洪天錫因邦人之請，祠於海珠山。咸淳九年，士人又請於郡，與菊坡合祠，俱毀。今附郡庠之仰高祠云。近巡按御史陳言復祠於海珠。”（73頁）

卒後，歷代士大夫建諸祠紀念。

本集附錄三李琯朗《先公祠》記載李昂英祠情況。

四先生祠：祠爲廣帥方大琮建，以祀宋校書古成之、秘書溫若春、正言郭閶及公四人。公丁父奉直公憂，服闋家居講學，累召不起。淳祐四年（1244）甲辰，大琮行鄉飲酒禮，請公爲僎。既而，大琮於祠生爲公立位，與三賢同祠，謂公行誼可媲美古人。顏曰“四先生祠”，公亦榮矣哉。

江西贛州生祠：公淳祐十二年壬子十月除直寶謨閣、江西憲使兼知贛州。洗冤澤物，劾贓貪、決冤滯，置平糴倉，以惠饑民。罷官酤，聽民自釀而薄其征。郡民德之，崇像祠於贛城之東。

[1] 楊芷華《李昂英》，237頁。

[2] 郭棐《萬曆廣東通志》，明萬曆三十年刻本，第33頁。

[3] 崔與之撰，張其凡、孫志章整理《宋丞相崔清獻公全錄》卷三，第26頁。

[4] 穆彰阿等《嘉慶重修一統志》，《四部叢刊續編》，第262冊第12頁。

廣州府學鄉賢祠：公没於寶祐五年丁巳秋八月初九日，至景定二年（1261）辛酉三月，邦人奉公木主入祀。

番禺縣學鄉賢祠：景定二年辛酉三月，邦人士奉公木主與府學鄉賢同日入祀。

海珠山祠：山在廣州城南江中，公未遇時讀書之所。公没後，景定三年，漕使洪公天錫因邦人之請，即下帷處建祠以祀。至今有司春秋專祭於此，胙盡爲子孫所得，咸沾天恩焉。

崔李二公祠：咸淳九年（1273）癸酉，郡紳士請於大宦建祠，合祀崔菊坡公暨先公二人於廣州郡城南。

廣州府城西祠：明嘉靖十五年（1536）丙申，郡紳士以公與崔菊坡合祠湫隘，因請於僉憲李公默，復建祠於城西官巷以祀公。

廣州府城雨帽街祠：明萬曆二十九年（1601）辛丑，督學袁公茂英復以城西祠税監逼擾，非所以妥先公，乃建於雨帽街備倭府故址。清順治間，祠地入爲尚王府。至今春秋祀典，有司專祭於海珠山祠而已。

新安縣大奚山祠：先忠簡以靖寇功得食實邑七邑，新安縣大奚山其一也，嘉靖間爲土豪所據。琯朗族祖太守壁山公諱翱，時以部郎報政及家白於巡按王德溢，諸大宦轉督撫姚虞，田由是得復。姚公更檄新安縣令，卜是山形勝，特創祠堂，豎坊表以彰名迹，顏曰"錫田餘業"，以志先公忠鯁所遺。庶耕食其澤者，時歲伏臘，得以虔事，無忘先公。

廣州粤秀書院先賢祠：書院，清雍正間建以育士者。乾隆十七年（1752）冬，當事大人延仁和杭堇浦（名世駿）太史爲掌院。到即手劄中丞藩臬諸大人，請先公及明黃文裕諱佐二人入祀。至十八年十月十六日，奉木主祀焉。

順德縣陳村書院碑像亭：院亭在陳村樟村里，琯朗曾大父天曹公建爲子姓讀書之所。中有亭，豎先公行樂碑像以祀。載順德縣《建置志》。

子孫祠祀者凡五鄉：一在碧江、一在沙灣、一在陳村、一在石壁、一在市橋。散居各處，皆五鄉分枝者，不具贅。（頁277～278）

傳記资料

《宋史翼·李昴英傳》[1]

李昴英字俊明，番禺人。曾祖仙之，承奉大夫，自保昌來遷。祖擇，安撫助教。父天裴，龍圖待制。母黎氏將誕，夢大星降於庭，因名。少雋穎，書史一覽成誦，博學多識，文思絕人。弱冠，嘉定十五年，以《春秋》掄元首。計偕，崔與之深器焉。寶慶元年，再薦於鄉。明年，試春官，知貢舉鄒應龍欲置第一。時方諒陰，或曰上始即位，宜崇帝王之學，遂擢王會龍書義第一，昴英第三。粵中士，探花自昴英始。洪平齋、徐梅楚皆重其才，以爲南方間氣。

初調汀州推官，郡守陳孝嚴鷙悍，不恤其下，江閩寇相挻，郡無壁壘，力請增陴浚隍，以備不虞。會守虐殺兵校十數人，又欲造州楮，强戍兵充口券，昴英爭不聽，吏持州楮請署押，屬色呼之，徑棄官歸，亟出郡郊。倅貳偕士民數百邀而留之，曰：“環境皆盜，公忍棄吾民乎？”泊回，悍兵王寶已闃然閉關，將殺守、吏，士民擁之入，恒以身翼蔽守。昴英開諭諸賊曰：“若欲得守，盍先害我？”守以是獲免。既而朱積寶合礫寇攻城，設備待之，調左翼軍，合民兵討賊，面授方略，躬督戰，相持五日，戰二十餘合，賊敗北。功聞於朝，特遷太學正。

丁母艱，服闋，除武學博士。端平二年，撱鋒戍卒叛，縣惠州趨番禺。承平久，人不知兵，郡大恐。帥守曾治鳳航海潛去，轉運使石孝淳避水之南，獨庾使黃㽦請於崔與之守禦。與之登城撫諭，昴英與楊汪中皆出諭賊，甫縋城，群凶露刃森立，毅然不動。從容諭禍福，賊退。事聞，除大理司直，主管經撫司機宜文字。

後與之平賊，以昴英有贊畫功，召除太學博士，賜對，上奏劄，略曰：“與治同道，罔不興，與亂同事，罔不亡，善覘國者之法。今雨血告妖，戎馬踐淮，襄峴失而江陵孤，三川潰而夔門危。祖宗區宇將半陸沉，億萬生靈

[1] 陸心源撰，吳伯雄點校《宋史翼》卷一六，第336~342頁。

重罹塗炭。陛下自視今爲何時，反觀行事，果與治同道否邪？

“夫勢之安危，反掌易置，理之當否，亘古不移。酣嗜峻雕，未或不亡。此謹身之戒也。陛下嘗因明裡之天變而撤樂，嘗以誕節之震雹而輟燕，蓋深自警省矣。然縵立望幸之衆，易至移人；天錫飲量之洪，難免過度。作無益則玩物喪志，營不急則宴安易懷。錫賚之數無涯，宮庭之費不會，此冠布衣帛之時也。愧脫簪之諫，周室所以中興；堅覆觴之志，晉元所以再造。此豈甚高難行之事？

“無法家拂士者，國常亡。此用人之戒也。陛下選拔言官，多採直聲，或俾再入，間由外擢，其寄耳目也重矣。然切於救國者，疑其矯激；忠於報上者，謂其好名。絕江而歸，無復諭留之虛文；與郡以出，似非優待之美意。儻念國所以存，僅此一脈，必使臺諫得以盡其言。儻使强本折衝，在乎衆正，必使壯士得以伸其氣。衞多君子，國未可量。汲黯在朝，淮南寢謀。豈無益於人之國哉？

“亂其紀綱，乃底滅亡，此守法之戒也。陛下非不遵先朝之成憲，而干請爲撓，非不欲臣下之奉命，而威令漸輕，給舍繳建節之濫而終莫回，大臣進除擬之目而不盡用。近習乘間而宮府非一體，旁蹊捷出而政事或多門。賞罰無章，功罪奚別，法制不立，軍伍柔驕，朝廷之政本未清，軍國之威權幾褻。自昔陵夷，鮮不由此。無紀綱而周之祚微，有憑藉而唐之命永，可不監哉？

“四維不張，國乃滅亡。此厲俗之戒也。陛下欲洗濯士心，而意向未明，欲旌崇節義，而風厲未至。權臣孽息，褒榮加渥，群憸雖斥，簡記不忘。上之好惡或偏，下之趨向必異。平居習爲頑鈍無恥之風，臨難必無仗節死義之士，國何利焉？尚名節而東都之祚延，賤名檢而典午之禍作，可不懼哉？

“閱興亡之大，無出於四者。審安危之機，當決於一心。陛下幸迹其所以致治，監其所以召亂者，赫然發憤，日課其事，月計其功，常若勍敵在前，禍至無日，則恢復之規模立矣。”

上賜金酬其直。尋召試館職，除校書郎兼沂王府教授，遷著作郎兼屯田郎官。首言：“天變狎至，所以仁愛人君也。人言交進，所以忠愛人君也。天惟不言，故告戒寓於災異；臣當盡言，故論諫出於憂危。天變不足畏，人言不足恤，此王安石所以誤先朝者。今災沴頻仍，言路壅遏，當開心聽言，以弭天變。"上意嚮納。會除崔與之右相,辭不拜,上以昂英嘗從遊,俾奉御劄趣召,除直秘閣、知贛州。與之力辭不行,昂英亦不拜贛州之命,遷大宗正丞,擢權兵部郎中,以親老乞外便養,除直秘閣、福建提舉。登車志澄清,貪吏望風解印去。歲大荒,捐俸賑貸,活饑人甚眾。

會崔與之薨,請歸持心喪,不許。尋丁父艱,既葬,築室墓下,聚宗族子弟講學,若將終身焉。累召不起。淳祐初,杜範入相,首薦爲監司,以吏部郎官召。丐祠,不允。時杜範與侍御史劉漢弼、國子祭酒徐元傑稱三賢,合力薦。昂英幡然曰:"權姦去國,群賢拔茅,此清明時也,敢自佚乎?"六年丙午,赴闕,奏言:"陛下斥逐負國之權姦,而阿匼取容者猶尸素充位,以兩吏挾扶之耄狀而協贊萬機。"蓋論時相范鍾也。時丞相杜範、侍御劉漢弼、祭酒徐元傑相繼暴卒,人皆疑史嵩之執仇,廷臣莫敢言,昂英獨斥言不避,請正嵩之罪,以伸三賢之冤。又言:"陛下於定國本猶未決,去權姦猶未勇,宮媼閹寺猶未斥絕,是皆爲更化之累焉。"上喜其直,書御屏記姓名。

十月,擢右正言。上謂宰相曰:"李昂英南人無黨,中外頗畏憚之。"除兼侍講。益感知遇,知無不言。首抗疏乞早正儲貳,言極懇切。會史嵩之服闋,謀復任,昂英復奏嵩之罪浮四凶,當遠竄荒裔,不報。又率同列抗疏,亦不報。於是自再疏,曰:"臣疏嵩之姦狀,逾旬不報。陛下一則曰保全大臣,二則曰保全大臣,何敢不將順?然事有害大禍深,與國家不兩立者。嵩之包藏禍心,乃誤國巨姦,賊民巨蠹。"一時與御史章炎、黃師雍論嵩之無父無君,乞寢宮祠,削官遠竄。詔皆落職予祠。翰林學士李韶與從官抗疏言:"陛下不能正姦臣之罪,其過不專在上,蓋大臣百執事不能輔天子以討罪,乞斷以《春秋》之義。亟賜裁處。"乃命嵩之以觀文殿大學士致仕,不復用。疏三上,語益切。上爲動容,即與嵩之宮觀。

時執政狠愎自用,尹京者恃皇族日橫,力詆之。上問爲誰,以陳韡、趙與籌對,上卻其疏。昂英引上裾,跪奏。上怒,拂衣入,留疏御榻,再拜而退,有旨與在外差遣。三學諸生以詩餞諸國門外,有"庚嶺梅花清似玉,一番香要一番寒"之句。除知贛州,再除福建憲,又改漳洲,俱辭不赴。時趙汝騰有三老八士之薦,三老,李韶、陳愷、徐清叟,八士,昂英其一,所謂國之干將莫邪者也。

家食數載，杜門卻掃。會權帥丘迪嘉淫刑以逞，戮及無辜，移書請損之，不從，而暴愈甚。昂英遂繳告敕留郡庫，乞辯平民之冤，以是全活者數百人，然亦以此爲姦憸所中，褫閣職。淳祐十二年，徐清叟參大政，力薦之。上思其賢，起家除直寶謨閣、江西提刑兼知贛州。慨然以洗冤澤物爲己任。劾姦贓，決冤滯，一道肅然。置平糶倉以惠饑民，罷官酤，聽民自釀而薄其征，民以爲便，郡人崇像祠之。諸峒負險盤據，相挺爲亂，昂英申嚴保伍之法，使相糾察，且諭峒酋各率子弟詣臺訓治，掇《魯論》首篇“有子曰其爲人也孝弟”一章解義以訓飭之。酋豪各錄本以歸，私相告諭。自是革心向化，無復爲梗。徐清叟奏其事，詔以其本頒示天下，使民矜式。課治最，升直寶文閣。

寶祐二年正月，被召除大宗正卿，赴闕，兼國史編修、實錄院檢討。上殿一疏，慨論時事，略曰：“人主心有大警悟，則天下之勢不患其岌岌。此心雖微，而萬世基業、四海生靈關係甚大。今災譴頻仍，民情浸暌，國用日竭，犬羊益張，陛下固勤勞於時艱，而有可娛之具陳於前，則有時而縱。固焦勞於外懼，而無可駭之言接於聽，則有時而忘。所以爲累者，必有由矣。孟軻謂國之危由交征利，臧孫達謂官之敗由寵賂章。如聞北司竊弄勢權，掖庭憑寵干請，修內司之獻助，取兩浙之上腴。文昌八座，處恩澤之庸瑣，郡國麾節，多戚屬之膏粱。世當承平，猶不宜有，今何如時哉？歐陽脩曰：‘枉費財物，利悉歸衆，中外譏議，則陛下自受。’朱熹曰：‘有私用而後有私人，有私人而後有私財。’二臣之言，似爲今日發。願陛下潛消外患，無以樂玩憂。”時賈似道執政，閻妃、丁大全表裏用事故也。既奏，左右皆側目。

上有西太乙之幸，又抗疏諫曰：“方四郊多壘，正臥薪嘗膽之時。湖山在目，似涉遊觀，道路頗遙，駕還必暮，意料之外，事非一端。”上嘉納，除兼侍講。時皇子忠王禥行冠禮，進太常卿。贊禮成，除右史，遷左史兼權吏部右侍郎。尋擢龍圖閣待制、吏部侍郎加中大夫，封番禺開國男，食邑三百戶。屬董、盧二巨閹竊弄威福，御史洪天錫累疏攻之，不行，乃直前敷奏，疏入，不報。又再疏曰：“邇來北司專恣，日甚一日，它人不敢言，始天錫獨言之，俄解言職以去，中外莫不駭愕。始天錫登朝，臣實薦之，如不行其言，乞與俱貶。”留疏拜辭，遂與天錫俱出國門，時人咸惜其去。時軍國多務，有詔除端明殿學士、僉樞密院事，辭不赴。上屢有大用意，竟爲憸嬖尼焉。自寶祐三年歸，澹然無復仕進意。家文溪之上，因以自號。上嘗賜前所居扁曰久遠，曰文溪，曰嚮陽堂。五年秋，忽一夕，大星隕舍東，闔城駭觀。後數日，昂英卒，年五十有七，謚忠簡。

昂英天性勁直，議論高邁，其文簡而有法，婉而成章，一時同館名流如江萬里、文天祥皆推服之。平居溫然，接物寬而有容，至於臨大節、處大難，毅不可奪，雖鼎鑊在前不懾也。景定三年，轉運使洪天錫因邦人之請，祠於海珠山。咸淳九年，士人又請於郡，與菊坡合祠。所著有《文溪存稿》二十卷，行於世。

李殿苞《忠簡先公行狀》[1]

公諱昂英，字俊明，別號文溪。初祖邵，宋侍御史，由豫章至南雄。四世祖承奉大夫仙之，始自南雄溪塘鎮遷於番禺鷺岡村。傳六世，至奉直大夫天裴公，生五子，公居長焉。生宋寧宗嘉泰元年辛酉九月二十一日巳時。將誕，母南海開國夫人黎氏值大星降庭，因名。

少雋穎絕人，長讀書海珠山。博學多識，一覽成誦。嘉定壬午弱冠，以《春秋》首薦於鄉，菊坡崔公深器之。諸老見其文，咸謂當遜一頭地。理宗寶慶元年乙酉，再薦於鄉。明年，試春闈，知貢舉官鄒應龍得公文，欲置首魁，而公治《春秋》，或曰："上始即位，宜崇帝王之學。"時帝方諒陰，遂以台州王會龍書義第一，而屈公鼎魁三名。洪平齋、徐梅野諸公皆異其才，以為"南方間氣"。由是名動海內，如景星鳳凰，士爭先快睹。

初，授汀州推官，州守陳孝嚴鷙悍不恤其下，江閩寇相挺，郡無壁壘。公料其禍必至，力請增陴浚湟，以備不虞。適守虐殺兵校十數人，又欲造州楮，強戍兵充口券，公爭不聽。吏持州楮，請署押，公厲色呵之，徑棄官去。方出郡郊，倅貳偕士民數百，邀而留之，曰："環境皆盜，公忍棄吾民乎？盍回救民命！"泊回，則悍兵王寶已閉關殺吏矣。士民乃擁公入，公以身翼守，諭賊退，而賊鬨然，必欲得守。公叱曰："若欲得守，盍先害我！"自投於地。衆咋舌，共掖公起，乃散去，守始獲免。既，朱積寶合礦寇攻城，公

---

[1] 李昂英撰，楊芷華點校《文溪存稿》附錄二，第250～255頁。

設備待之，調左翼軍合民兵討賊，面授方略，躬督戰，相持五日，戰二十餘合，賊敗走。功聞於朝，有旨特遷二秩，除太學正，未行。是年壬辰十月，繼母夫人潘氏卒，公丁艱歸番禺。

端平乙未，服闋，除武學博士，未赴。會廣州摧鋒軍戍建康，歸不逾嶺，復更戍江西，戍卒皆怨。卒有曾忠者，相率爲亂，焚惠州，二月遂圍廣州，聲言欲得連帥幕屬而甘心焉。帥守曾治鳳聞之，航海潛遁。石漕孝淳，避寇水之南。獨庾嶺黃公崶請於菊坡崔公，權宜措守。菊坡乃登城，曉以禍福，賊羅拜城下。而公獨毅然偕經幹楊汪中縋城出諭賊，賊擬刃欲向公，公不爲之動，從容明利害順逆，以感動其心。賊皆聽命，而首謀者畏懼誅，終不肯降。公知其黠，不可口舌説，徑歸，屬兵秣馬，遂啓關擊賊。賊知有備，遁去。事聞，除公大理司直、主管經撫司機宜文字，起菊坡鄉帥，指授諸將，悉力討賊。不數旬而定，一道生靈賴以安。公贊畫之功居多，召除太學博士。

丙申至京，陛見賜對。帝曰："前此五羊之寇，卿能縋城諭賊，可見膽略。"公奏曰："疏遠小臣，辱陛下簡記，豈勝感激。"因賜公以金。公首言：

陛下非不恪遵先朝之成憲，而干請爲撓；非不故使臣下之奉命，而威令漸輕。給舍繳建節之濫而終莫回，大臣進除擬之目而不盡用。近習乘間，而宮府非一體；旁蹊捷出，而政事或多門。

又言：

願陛下赫然發憤，幡然改圖，念祖宗土地，不可尺寸與人，厲披輿地圖之志，毋使人有幾如是而不及郢之歎。

凡數千言，帝皆納之。

丁酉，嘉熙改元。歲當秋闈，公被命衡文，取劉必成爲解首，人咸稱爲得人。戊戌，召試館職，除校書郎兼榮王府教授，辭。五月，改授秘書郎兼沂王府教授，遷著作朝散郎兼屯田郎官。時庭屢召菊坡崔公爲右相不至，帝以公遊菊坡之門，俾奉御劄還召菊坡，因除公直秘閣、知贛州。而菊坡固辭不行。公還朝，亦辭贛州之命。尋遷知大宗丞，擢權兵郎，公以親老，乞外便養，蓋是時奉直公年已六十有四矣。帝從其請，遂除直秘閣，出爲福建建寧憲倉提舉。己亥，奉奉直公之任建寧，甫下車，貪吏望風解印去。歲大饑，公多方賑濟，捐俸以助之，活者甚衆。是年十二月，菊坡崔公卒。訃聞，公請於朝，乞歸服心喪，不許。會臺臣彭方以風聞劾公，公遂奉奉直公歸番禺。還至江西臨江城南慧力寺，奉直公以病終焉。時嘉熙四年庚子十二月十九日也。淳祐辛丑，奉柩歸里，哀毀終喪。壬寅十二月，奉葬於增城南鄉嶺大面山，親書以紀。因築室墓下，聚宗族子弟講學，若將終身，累召不起。甲辰，廣帥方大琮行鄉飲禮，請公爲儐。既而大琮復立四先生祠。"四先生"者，公與校書古成之、秘書溫若春、正言郭閶也。蓋謂公之行誼，可以媲美古人，故生與古人同祠焉。

乙巳，立齋杜公範入相，首薦公曰："李昴英，好監司也。"以吏部郎官召，丐祠，不允。再召，始幡然改曰："權姦去國，衆賢拔茅，正朝庭清明時也，吾敢有退心乎？"丙午夏，赴闕。帝曰："卿去國幾年？"公奏曰："臣以嘉熙三年叨福建庾節，以臺臣劾去。"因進二劄，言范鍾之昏耗，建儲之遲遲，史嵩之姦邪，吳知古之詭秘。又言：

欲培養根本，莫先於久廢節之任；欲網羅英俊，莫先於寬資格之拘。

每劄中，讀至一事，帝必從容問之。讀畢，帝又問曰："外間有何所聞？"公奏曰："臣之所聞，已盡見於奏劄中矣。"帝深嘉納，且書御屏紀姓名。

杜丞相範、劉侍御漢弼、徐祭酒元傑忽相繼暴卒，人皆疑姦相史嵩之所爲。而廷臣緘默，無敢言者。公獨斥言不避，廷紳學校始相繼論列，乞正姦相之罪，以伸"三賢"之冤。十月，擢右正言。帝曰："李昴英，南人無黨，中外頗畏憚之。"除兼侍講。公感激親擢，知無不言。首抗疏乞早正儲貳。且曰：

正天下之大本貴乎豫，定天下之大計貴乎果。副貳早建，所以繫海內之望，成謀堅凝，所以釋人心之疑。

言辭懇切。既而，史嵩之服除，有向用之意，朝論洶洶。公與殿中侍御史章琰、監察御史黃師雍復奏史嵩之譎詐貪婪，狠愎殘忍，罪浮"四凶"，盍遠竄荒裔。不報。又率同列抗疏，亦不報。公獨再疏曰：

臣疏列史嵩之姦狀，逾旬不報，屢入催奏，未聞制可。陛下一則曰保全大臣，二則曰保全大臣，臣何敢不將順？然事有害大禍深，與吾國勢不兩立者。嵩之包藏禍心，竊據相位，乃賣國之賊臣，蠹國之盜臣，擅國之強臣，誤國之姦臣，將爲害國之亂臣。

　　疏三上，語益切，帝爲動容，即日與嵩之宮觀，勒令致仕。十二月，公上殿，復劾樞密院陳韡、臨安尹趙與籌。未及讀劄，而帝即問所論謂誰？公以陳韡、趙與籌對，帝卻其疏不納。公引帝裾，復奏，帝怒，拂衣入宮。公留其疏於御榻，再拜而退。諫議大夫鄭寀因乘間劾公，又嗾同列再疏。有旨罷公言職與在外差遣。翰林學士李韶上疏留公，不允，遂出國門。三學諸生用李師中送唐御史介韻餞公國門外，有"庾嶺梅花清似玉，一番香要一番寒"之句，聞者壯之。歸之日，父老持幟郊迎，里閈詫爲盛事。

　　逾年丁未十一月，三省同奉旨除公知贛州。十二月，三省復奉旨：公依舊直秘閣、除福建提刑。又改公知漳州。俱辭不赴。戊申九月，又致書鄭丞相清之，求免知贛州。時庸齋趙公汝騰有"三老八士"之薦。"三老"，李公韶、陳公愷、徐公清叟也。"八士"，公其一也。所謂國之干將、莫邪者也，天下聞公之風，咸謂有唐子方、劉器之之風。家食數載，杜門卻掃。己酉，權鄉帥邱迪嘉妄指平民爲盜，攝倅陳知章復恣爲羅織，淫刑以逞，戮及無辜。公移書迪嘉諍之，嘉不聽，而暴愈甚。公遂繳告敕留郡庫，乞辯平民之冤。於是全活者數百人，然亦以此爲僉壬所陷，竟褫閣職免新任。公聞之，怡然賦詩曰："但得四方全性命，何妨三字減頭銜。"其勇於爲仁如此。

　　淳祐壬子十月，徐公清叟參知政事，又力薦公。帝思公賢，遂起家，除直寶謨閣、江西憲使、兼知贛州。公慨然以洗冤澤物爲己任，劾贓貪、決冤滯，一道肅然。置平糶倉，以惠民饑氓；罷官酤，聽民自釀而薄其征。民至今以爲便，郡人崇像祠之。諸峒負險盤據，撫御乖方，則相挺爲亂。公申嚴保伍之法，使相糾察。且諭峒酋各率子弟詣臺訓治，掇《魯論》首篇"有子曰：其爲人也孝弟"一章，解義以訓飭之。酋豪各錄本以歸，私相告諭，自是革心向化，無復爲梗。徐公清叟奏其事，詔以其本頒示天下，使爲矜式，課治天下最。升直寶謨閣。

　　寶祐甲寅正月，被詔除大宗正卿，赴闕，兼國史院編修、實錄院檢討。賈似道、丁大全方用事，公首疏論之。又上殿奏劄，援唐憲宗之言曰：

　　"朕幼在德宗左右，見事有得失，當時宰相未有再三執奏者，皆懷利偷安。卿輩亦宜用此爲戒，當力諫不已，勿畏朕譴怒而遽止。"此又陛下當責之大臣者也。

時宰、左右皆側目。帝將有西太一之幸，又抗疏力諫，其略曰：

方四郊多壘，此正臥薪嘗膽時。湖山在目，似涉遊觀；道路頗遙，駕還必暮；意料之外，事非一端。

帝嘉納。除兼翰林侍講學士。時皇子忠王冠，即度宗也，復進公太常卿，爲之贊禮，禮成，除右史，遷左史，兼權吏部右侍郎。尋除龍圖閣待制、尚書吏部左侍郎，兼翰林學士監修國史，封番禺開國男，食邑三百户。時宦者盧允升、董宋臣竊弄威福，御史洪天錫，公所薦也，三論之不報，遂解言職以去。公乃直前敷奏，其略曰：

今歲以來，天變頻仍，正當修人事以應之。倘人事又變，是以變弭變，天怒何從而釋耶？臺臣非他官比，今以劾寺璫而去之，紀綱紊矣。是非易置，去留倒施，人事之變，孰大於此？

疏上，不報。公又再疏曰：

邇來北司專恣，日甚一日，他人不敢言，察臣天錫獨言之，俄而解言職以去，中外莫不駭愕。始天錫登朝，臣實薦之，如不行其言，乞與俱貶。

遂留疏拜辭，與御史俱出國門。搢紳士庶祖餞者，絡繹於道，咸惜其去。時寶祐三年乙卯也。

公遂歸隱於羊城文溪之上。又於城北白雲山構文溪小隱軒、玉虹飲澗亭，遨遊山水間，漁釣自適，著書行於世，自是無復仕進意矣。時軍國多務，帝屢有大用意，竟爲憸嬖所尼。尋有詔除公端明殿學士、僉書樞密院事，公乞辭不赴。帝念公賢，因賜其所居扁，堂曰“久遠”、里曰“文溪”、洞曰“嚮陽”，御書大字賜之。

丁巳，忽一夕大星殞舍東，遠近駭觀。後數日而公歿，時宋理宗寶祐五年丁巳秋八月初九日也。年五十有七。聞於朝，錫諡曰“忠簡”。葬於增城縣雲母里豐湖山癸向之原。

景定三年壬戌，漕使洪天錫因邦人之請，祠公於海珠山。咸淳九年癸酉，士人又請於郡，與崔菊坡合祠。明嘉靖十五年丙申，舉人倫諫、梁津、李鸞、曾貫、周懋德、黎民表等以合祠湫隘，又請於僉憲李公默，特祠祀公於城西。後以稅監逼擾，萬曆二十九年辛丑，督學袁公茂英，復改建新祠於雨帽街備倭府故址，有司春秋專祭。今祠地入爲尚王府，而俎豆於海珠。

　　論曰：先公之生也，值大星降庭而生；及其歿也，亦以大星殞舍而歿；豈偶然哉？觀其由筮仕以迄宦成，皆以直節侃侃於時。百世而下，讀其書想見其人，所謂廉頑而立懦者，非先公其誰與歸！

引 用 文 獻

著作類

班固撰，顏師古注《漢書》，中華書局 1962 年版。

北京大學古文獻研究所編《全宋詩》，北京大學出版社 1991—1998 年版。

畢沅《續資治通鑑》，中華書局 1957 年版。

蔡呈韶、金毓奇《臨桂縣志》，《中國方志叢書》，成文出版社 1967 年版。

蔡上翔《王荊公年譜考略》，上海人民出版社 1973 年版。

曹學佺《蜀中廣記》，景印文淵閣《四庫全書》，臺灣商務印書館 1986 年版。

曹學佺編《石倉歷代詩選》，景印文淵閣《四庫全書》，臺灣商務印書館 1986 年版。

昌彼得等編《宋人傳記資料索引》，鼎文書局 1987 年版。

晁公武撰，孫猛校證《郡齋讀書志校證》，上海古籍出版社 1990 年版。

陈伯陶等纂修《民國東莞縣志》，《中國地方志集成》，上海書店出版社 2003 年版。

陳桱《通鑑續編》，景印文淵閣《四庫全書》，臺灣商務印書館 1986 年版。

陳均《九朝編年備要》，景印文淵閣《四庫全書》，臺灣商務印書館 1986 年版。

陳騤、佚名《南宋館閣錄》，景印文淵閣《四庫全書》，臺灣商務印書館 1986 年版。

陳夢雷等編纂《方輿彙編》，《古今圖書集成》，中華書局 1934 年版。

陳夢文修，方暨謨纂《瀏陽縣志》，民國二十二年抄本。

陳樹芝《雍正揭陽縣志》,《日本藏中國罕見地方志叢刊》,書目文獻出版社 1991 年版。

陳思編,陳世隆補《兩宋名賢小集》,景印文淵閣《四庫全書》,臺灣商務印書館 1986 年版。

陳祥道《禮書》,景印文淵閣《四庫全書》,臺灣商務印書館 1986 年版。

陳耀文《天中記》,景印文淵閣《四庫全書》,臺灣商務印書館 1986 年版。

陳振孫撰,徐小蠻、顧美華點校《直齋書錄解題》,上海古籍出版社 1987 年版。

程顥、程頤著,王孝魚點校《二程集》,中华書局 2004 年版。

池生春、諸星杓編,張尚英校點《二程子年譜》,吳洪澤、尹波主編《宋人年譜叢刊》,四川大學出版社 2002 年版。

崔懋修,嚴濂曾纂《新城縣志》,《中國方志叢書》,成文出版社 1976 年版。

崔與之《崔清獻公集》,《嶺南遺書》,清道光三十年刊本。

崔與之撰,張其凡、孫志章整理《宋丞相崔清獻公全錄》,廣東人民出版社 2008 年版。

戴肇辰、蘇佩訓修,史澄、李光廷纂《廣州府志》,清光緒五年刊本。

鄧鐘玉等《金華縣志》,《中國方志叢書》,成文出版社 1970 年版。

董誥等編《御製詩集四集》,景印文淵閣《四庫全書》,臺灣商務印書館 1986 年版。

董天工《武夷山志》,《中國方志叢書》,成文出版社 1974 年版。

杜大珪編《名臣碑傳琬琰之集》,景印文淵閣《四庫全書》,臺灣商務印書館 1986 年版。

杜詔等《山東通志》,景印文淵閣《四庫全書》,臺灣商務印書館 1986 年版。

范曄撰,李賢等注《後漢書》,中華書局 1965 年版。

范祖禹《范太史集》,景印文淵閣《四庫全書》,臺灣商務印書館 1986 年版。

方大琮《鐵庵集》,景印文淵閣《四庫全書》,臺灣商務印書館 1986 年版。

馮繼科《嘉靖建陽縣志》,《天一閣藏明代方志選刊》,上海古籍書店 1962 年版。

馮琦原編,陳邦瞻增輯《宋史紀事本末》,景印文淵閣《四庫全書》,臺灣商務印書館 1986 年版。

《福建金石志》，《石刻史料新編》，新文豐出版公司 1979 年版。

傅恒等《御批歷代通鑑輯覽》，景印文淵閣《四庫全書》，臺灣商務印書館
1986 年版。

高登艇、潘先龍修，劉敬纂《民國順昌縣志》，《中國地方志集成》，上海
書店出版社 2000 年版。

葛曙纂修《豐順縣志》，清乾隆十一年刻本。

耿文光《萬卷精華樓藏書記》，中華書局 1993 年版。

龔延明編著《宋代官制辭典》，中華書局 1997 年版。

顧浩等修，吳元慶纂《嘉慶無爲州志》，《中國地方志集成》，江蘇古籍出
版社 1998 年版。

郭棐《萬曆廣東通志》，明萬曆三十年刻本。

韓元吉《南澗甲乙稿》，景印文淵閣《四庫全書》，臺灣商務印書館 1986
年版。

何喬遠編撰《閩書》，福建人民出版社 1994 年版。

何晏集解，陸德明音義，邢昺疏《論語注疏》，景印文淵閣《四庫全書》，
臺灣商務印書館 1986 年版。

和珅等《大清一統志》，景印文淵閣《四庫全書》，臺灣商務印書館 1986
年版。

洪适《盤洲文集》，景印文淵閣《四庫全書》，臺灣商務印書館 1986 年版。

洪邁《容齋隨筆》，中華書局 2005 年版。

洪邁撰，何卓點校《夷堅志》，中華書局 1981 年版。

洪咨夔《平齋文集》，南宋刊本。

胡矩修，方萬里、羅濬等纂《寶慶四明志》，《宋元方志叢刊》，中華書局
1990 年版。

胡寅《斐然集》，景印文淵閣《四庫全書》，臺灣商務印書館 1986 年版。

胡之鋘修，周學曾、尤遜恭纂《道光晉江縣志》，《中國地方志集成》，上
海書店出版社 2000 年版。

懷蔭布修，黄任、郭賡武纂《乾隆泉州府志》，《中國地方志集成》，上海

書店出版社 2000 年版。

黄公度《莆陽知稼翁文集》,《宋集珍本叢刊》,綫裝書局 2004 年版。

黄公度《知稼翁集》,《宋集珍本叢刊》,綫裝書局 2004 年版。

黄去疾編,刁忠民校點《龜山先生文靖楊公年譜》,吴洪澤、尹波主編《宋人年譜叢刊》,四川大學出版社 2002 年版。

黄滔《黄御史集》,景印文淵閣《四庫全書》,臺灣商務印書館 1986 年版。

黄燕熙主編《黄氏通書》,天馬圖書有限公司 1997 年版。

黄之雋等編纂《江南通志》,景印文淵閣《四庫全書》,臺灣商務印書館 1986 年版。

黄仲昭《八閩通志》,福建人民出版社 1990 年版。

黄宗羲原著,全祖望補修,陳金生、梁運華點校《宋元學案》,中華書局 1986 年版。

黄佐《廣州人物傳》,商務印書館 1936 年版。

嵇璜等《欽定續通志》,景印文淵閣《四庫全書》,臺灣商務印書館 1986 年版。

嵇璜等《欽定續文獻通考》,景印文淵閣《四庫全書》,臺灣商務印書館 1986 年版。

金鉷等監修《廣西通志》,景印文淵閣《四庫全書》,臺灣商務印書館 1986 年版。

《靖康要録》,景印文淵閣《四庫全書》,臺灣商務印書館 1986 年版。

柯維騏《宋史新編》,明嘉靖刻本。

孔凡禮點校《蘇軾文集》,中華書局 1986 年版。

蒯正昌等修,劉長譜等纂《光緒重修江陵縣志》,《中國地方志集成》,江蘇古籍出版社 2001 年版。

李福泰等修《番禺縣志》,《中國方志叢書》,成文出版社 1967 年版。

李俊甫《莆陽比事》,《宛委別藏》,江蘇古籍出版社 1988 年版。

李履中編,尹波校點《忠簡公年譜》,吴洪澤、尹波主編《宋人年譜叢刊》,四川大學出版社 2002 年版。

李昂英《李忠簡公集》,清乾隆十八年刻本。

李昂英《李忠簡公文溪存稿》,《宋集珍本叢刊》,綫裝書局 2004 年版。

李昂英撰,楊芷華點校《文溪存稿》,暨南大學出版社 1994 年版。

李敏《弘治將樂縣志》,《天一閣藏明代方志選刊續編》,上海書店 1990 年版。

李清馥《閩中理學淵源考》,景印文淵閣《四庫全書》,臺灣商務印書館 1986 年版。

李燾撰,上海師範大學古籍整理研究所、華東師範大學古籍整理研究所點校《續資治通鑑長編》,中華書局 1992 年版。

李濰森等《李氏族譜》,清光緒十三年刊本。

李賢等《明一統志》,景印文淵閣《四庫全書》,臺灣商務印書館 1986 年版。

李心傳《建炎以來朝野雜記》,中華書局 2000 年版。

李心傳編撰,胡坤點校《建炎以來繫年要錄》,中華書局 2013 年版。

李永錫等修,徐觀海纂《乾隆將樂縣志》,《中國地方志集成》,上海書店出版社 2000 年版。

李兆洛編,張尚英校點《道鄉先生年譜》,吳洪澤、尹波主編《宋人年譜叢刊》,四川大學出版社 2002 年版。

李之亮《宋代京朝官通考》,巴蜀書社 2003 年版。

李之亮《宋代路分長官通考》,巴蜀書社 2003 年版。

李之亮《宋兩廣大郡守臣易替考》,巴蜀書社 2001 年版。

李之亮《宋兩湖大郡守臣易替考》,巴蜀書社 2001 年版。

李之亮《宋兩淮大郡守臣易替考》,巴蜀書社 2001 年版。

李之亮《宋兩江郡守易替考》,巴蜀書社 2001 年版。

李埴撰,燕永成校正《皇宋十朝綱要校正》,中華書局 2013 年版。

厲鶚輯撰《宋詩紀事》,上海古籍出版社 1983 年版。

梁國治等《欽定國子監志》,景印文淵閣《四庫全書》,臺灣商務印書館 1986 年版。

梁克家《淳熙三山志》,景印文淵閣《四庫全書》,臺灣商務印書館 1986 年版。

梁善長編《廣東詩粹》,清乾隆十二年刊本。

林海權、胡鳴編著《楊時故里行實考》，福建人民出版社 2008 年版。

林揚祖《道光莆田縣志》，《福建師範大學圖書館藏稀見方志叢刊》，北京圖書館出版社 2008 年版。

淩迪知《萬姓統譜》，《中華族譜集成》，巴蜀書社 1995 年版。

劉攽《彭城集》，景印文淵閣《四庫全書》，臺灣商務印書館 1986 年版。

劉克莊《後村先生大全集》，《四部叢刊初編》，上海商務印書館 1922 年版。

劉琳等校點《宋會要輯稿》，上海古籍出版社 2014 年版。

劉時舉撰，王瑞來點校《續宋中興編年資治通鑑》，中華書局 2014 年版。

劉天授修，林魁、李愷纂《龍溪縣志》，明嘉靖刻本。

劉儼修，張遠纂《康熙蕭山縣志》，《中國地方志集成》，上海書店出版社 2000 年版。

魯曾煜等編纂《廣東通志》，景印文淵閣《四庫全書》，臺灣商務印書館 1986 年版。

陸心源編撰《宋詩紀事補遺》，山西古籍出版社 1997 年版。

陸心源撰，吳伯雄點校《宋史翼》，浙江古籍出版社 2016 年版。

吕祖謙編《宋文鑑》，景印文淵閣《四庫全書》，臺灣商務印書館 1986 年版。

羅從彥撰，曹道振編《豫章文集》，景印文淵閣《四庫全書》，臺灣商務印書館 1986 年版。

羅大經《鶴林玉露》，《宋元筆記小説大觀》，上海古籍出版社 2007 年版。

羅願《新安志》，景印文淵閣《四庫全書》，臺灣商務印書館 1986 年版。

馬端臨《文獻通考》，中華書局 1986 年版。

馬光祖修，周應合纂《景定建康志》，《宋元方志叢刊》，中華書局 1990 年版。

馬驌《繹史》，景印文淵閣《四庫全書》，臺灣商務印書館 1986 年版。

馬澤修，袁桷等纂《延祐四明志》，《中國方志叢書》，成文出版社 1983 年版。

毛晉輯《宋六十名家詞》，上海古籍出版社 1989 年版。

毛念恃《宋儒龜山楊先生年譜》，《北京圖書館藏珍本年譜叢刊》，北京圖書館出版社 1999 年版。

茆泮林編，曹清華校點《宋孫莘老先生年譜》，吳洪澤、尹波主編《宋人年譜叢刊》，四川大學出版社 2002 年版。

繆荃孫編，張尚英校點《魏文靖公年譜》，吳洪澤、尹波主編《宋人年譜叢刊》，四川大學出版社 2002 年版。

穆彰阿等《嘉慶重修一統志》，《四部叢刊續編》，上海商務印書館 1934 年版。

彭泰來《高要金石略》，《石刻史料新編》，新文豐出版公司 1979 年版。

潛說友《咸淳臨安志》，景印文淵閣《四庫全書》，臺灣商務印書館 1986 年版。

錢大昕撰，洪汝奎增訂，張尚英校點《洪文惠公年譜》，吳洪澤、尹波主編《宋人年譜叢刊》，四川大學出版社 2002 年版。

秦蕙田《五禮通考》，景印文淵閣《四庫全書》，臺灣商務印書館 1986 年版。

屈大均著，李育中等注《廣東新語注》，廣東人民出版社 1991 年版。

阮元等修，陳昌齊等纂《道光廣東通志》，《續修四庫全書》，上海古籍出版社 2022 年版。

商輅等《御批續資治通鑑綱目》，景印文淵閣《四庫全書》，臺灣商務印書館 1986 年版。

邵博《邵氏聞見後錄》，《宋元筆記小說大觀》，上海古籍出版社 2007 年版。

沈定均續修，吳聯薰增纂《光緒漳州府志》，《中國地方志集成》，上海書店出版社 2000 年版。

沈翼機等編纂《浙江通志》，景印文淵閣《四庫全書》，臺灣商務印書館 1986 年版。

施德操《北窗炙輠錄》，《宋元筆記小說大觀》，上海古籍出版社 2007 年版。

司馬遷撰，裴駰集解，司馬貞索引，張守節正義《史記》，中華書局 1982 年版。

宋濂等《元史》，中华書局 1976 年版。

蘇軾撰，查慎行補注《蘇詩補注》，景印文淵閣《四庫全書》，臺灣商務印書館 1986 年版。

孫爾準修，陳壽祺纂《道光重纂福建通志》，《中國地方志集成》，鳳凰出版社 2011 年版。

孫希旦《禮記集解》，中華書局 1989 年版。

湯傳楪等《康熙歸化縣志》，清康熙三十七年刻本。

唐圭璋編《詞話叢編》，中華書局 2005 年版。

田汝成《西湖遊覽志》，景印文淵閣《四庫全書》，臺灣商務印書館 1986 年版。

屠英等修，江藩等纂《道光肇慶府志》，《續修四庫全書》，上海古籍出版社 2002 年版。

脫脫等《宋史》，中華書局 1977 年版。

汪大經等《興化府莆田縣志》，清乾隆二十三年刻本。

汪聖鐸點校《宋史全文》，中華書局 2016 年版。

汪藻《浮溪集》，《叢書集成初編》，商務印書館 1936 年版。

汪藻撰，胡堯臣刊《浮溪文粹》，景印文淵閣《四庫全書》，臺灣商務印書館 1986 年版。

王稱撰，孫言誠、崔國光點校《東都事略》，齊魯書社 2000 年版。

王崇《嘉靖池州府志》，《天一閣藏明代方志選刊》，上海古籍書店 1962 年版。

王得臣撰，俞宗憲點校《麈史》，上海古籍出版社 1986 年版。

王夢隱編，王震生增訂《賀鑄年譜》，吳洪澤、尹波主編《宋人年譜叢刊》，四川大學出版社 2002 年版。

王聘珍《大戴禮記解詁》，中華書局 1983 年版。

王士禎《居易錄》，景印文淵閣《四庫全書》，臺灣商務印書館 1986 年版。

王維樑等修，廖立元等纂《民國明溪縣志》，《中國地方志集成》，上海書店出版社 2000 年版。

王應麟《玉海》，中文出版社 1977 年版。

王栐《燕翼詒謀錄》，《宋元筆記小說大觀》，上海古籍出版社 2007 年版。

王梓材、馮雲濠撰，舒大剛等校點《宋元學案補遺》，人民出版社 2012 年版。

魏了翁《鶴山先生大全集》，《四部叢刊初編》，上海商務印書館 1922 年版。

魏時應修，田居中、張榜纂《萬曆建陽縣志》，《日本藏中國罕見地方志叢刊》，書目文獻出版社 1991 年版。

吳栻等修，蔡建賢纂《民國南平縣志》，《中國地方志集成》，上海書店出版社 2000 年版。

吳廷燮撰，張忱石點校《北宋經撫年表 南宋制撫年表》，中華書局 1984 年版。

吳曾《能改齋漫録》，《全宋筆記》，大象出版社 2019 年版。

夏修恕、屠英修，何元等纂《高要縣志》，《中國方志叢書》，成文出版社 1967 年版。

夏玉麟等修，汪佃等纂《嘉靖建寧府志》，《天一閣藏明代方志選刊》，上海古籍書店 1964 年版。

謝道承等《福建通志》，景印文淵閣《四庫全書》，臺灣商務印書館 1986 年版。

謝旻等監修《江西通志》，景印文淵閣《四庫全書》，臺灣商務印書館 1986 年版。

徐𤊽《徐氏筆精》，景印文淵閣《四庫全書》，臺灣商務印書館 1986 年版。

徐度《卻掃編》，景印文淵閣《四庫全書》，臺灣商務印書館 1986 年版。

徐兢《宣和奉使高麗圖經》，景印文淵閣《四庫全書》，臺灣商務印書館 1986 年版。

徐俊鳴等《廣州史話》，上海人民出版社 1984 年版。

徐夢莘《三朝北盟會編》，上海古籍出版社 2019 年版。

徐乾學《資治通鑑後編》，景印文淵閣《四庫全書》，臺灣商務印書館 1986 年版。

徐應秋《玉芝堂談薈》，景印文淵閣《四庫全書》，臺灣商務印書館 1986 年版。

徐自明撰，王瑞來校補《宋宰輔編年録校補》，中華書局 1986 年版。

許景衡《橫塘集》，景印文淵閣《四庫全書》，臺灣商務印書館 1986 年版。

許應龍《東澗集》，景印文淵閣《四庫全書》，臺灣商務印書館 1986 年版。

陽思謙修，徐敏學、吳維新纂《萬曆重修泉州府志》，臺灣學生書局 1987 年版。

楊時《龜山集》，景印文淵閣《四庫全書》，臺灣商務印書館 1986 年版。

楊時《龜山先生全集》，《宋集珍本叢刊》，綫裝書局 2004 年版。

楊時《楊龜山先生集》，清同治五年刻本。

楊時撰，林海權校理《楊時集》，中華書局 2018 年版。

楊士奇等編《歷代名臣奏議》，景印文淵閣《四庫全書》，臺灣商務印書館 1986 年版。

楊萬里《誠齋集》，《四部叢刊初編》，上海商務印書館 1922 年版。

楊希閔編，刁忠民校點《宋程純公年譜》，吳洪澤、尹波主編《宋人年譜 叢刊》，四川大學出版社 2002 年版。

楊芷華《李昂英》，廣東人民出版社 2006 年版。

姚旅《露書》，明天啓刻本。

佚名《楊龜山先生年譜》，《北京圖書館藏珍本年譜叢刊》，北京圖書館 1999 年版。

佚名編《續編兩朝綱目備要》，中華書局 1995 年版。

佚名纂修《莆田東里黃氏族譜》，明成化年間刻本。

《永樂大典》，中華書局 1986 年版。

永瑢等《四庫全書總目提要》，商務印書館 1931 年版。

游智開編，吳洪澤校點《游定夫先生年譜》，吳洪澤、尹波主編《宋人年 譜叢刊》，四川大學出版社 2002 年版。

游酢《宋·游酢文集》，延邊大學出版社 1998 年版。

游酢《游定夫先生集》，清同治六年和州官舍刊本。

游酢《游廌山集》，景印文淵閣《四庫全書》，臺灣商務印書館 1986 年版。

于敏中、梁國治等編《欽定西清硯譜》，景印文淵閣《四庫全書》，臺灣商 務印書館 1986 年版。

俞琰《讀易舉要》，景印文淵閣《四庫全書》，臺灣商務印書館 1986 年版。

曾日瑛等修，李紱等纂《乾隆汀州府志》，《中國地方志集成》，上海書店 出版社 2000 年版。

曾棗莊、劉琳主編《全宋文》，上海辭書出版社 2006 年版。

張端義《貴耳集》，《宋元筆記小說大觀》，上海古籍出版社 2007 年版。

張淏《寶慶會稽續志》，《宋元方志叢刊》，中華書局 1990 年版。

張撝之等主編《中國歷代人名大辭典》，上海古籍出版社 1999 年版。

張吉安等修，朱文藻等纂《餘杭縣志》，《中國方志叢書》，成文出版社 1970 年版。

張琴《民國莆田縣志》，《中國地方志集成》，上海書店出版社 2000 年版。

張栻撰，朱熹編《南軒集》，景印文淵閣《四庫全書》，臺灣商務印書館 1986 年版。

張廷玉《御定資治通鑑綱目三編》，景印文淵閣《四庫全書》，臺灣商務印書館 1986 年版。

張夏《宋楊文靖公龜山先生年譜》，《北京圖書館藏珍本年譜叢刊》，北京圖書館出版社 1999 年版。

張以誠修，梁觀喜纂《陽江志》，《中國方志叢書》，成文出版社 1974 年版。

張英等《御定淵鑑類函》，景印文淵閣《四庫全書》，臺灣商務印書館 1986 年版。

張玉書等《御定佩文韻府》，景印文淵閣《四庫全書》，臺灣商務印書館 1986 年版。

張元幹《蘆川歸來集》，上海古籍出版社 1978 年版。

張宗海等《民國蕭山縣志稿》，《中國地方志集成》，上海書店出版社 2000 年版。

章潢《圖書編》，景印文淵閣《四庫全書》，臺灣商務印書館 1986 年版。

趙燦修，唐廷伯等纂《康熙含山縣志》，《中國地方志集成》，江蘇古籍出版社 1998 年版。

趙汝愚編《宋名臣奏議》，景印文淵閣《四庫全書》，臺灣商務印書館 1986 年版。

趙升編《朝野類要》，中華書局 2007 年版。

鄭方坤《全閩詩話》，景印文淵閣《四庫全書》，臺灣商務印書館 1986 年版。

鄭岳輯《莆陽文獻》，《北京圖書館古籍珍本叢刊》，書目文獻出版社 1988 年版。

衷仲孺《武夷山志》，明崇禎刻本。

周密撰，張茂鵬點校《齊東野語》，中華書局 1983 年版。

周憲章纂修《萬曆歸化縣志》，明萬曆四十二年刻本。

周瑛、黃仲昭《重刊興化府志》，福建人民出版社 2007 年版。

朱軾《史傳三編》，景印文淵閣《四庫全書》，臺灣商務印書館 1986 年版。

朱希召《宋歷科狀元録》，《北京圖書館古籍珍本叢刊》，書目文獻出版社 1988 年版。

朱熹《伊洛淵源録》，景印文淵閣《四庫全書》，臺灣商務印書館 1986 年版。

朱熹、李幼武纂集《宋名臣言行録》，景印文淵閣《四庫全書》，臺灣商務印書館 1986 年版。

祝穆撰，祝洙增訂，施和金點校《方輿勝覽》，中華書局 2003 年版。

祝尚書《宋人別集敘録》，中華書局 1999 年版。

鄒柏森《栝蒼金石志補遺》，《石刻史料新編》，新文豐出版公司 1979 年版。

論文類

陳裕榮《崔與之年表》，《嶺南文史》1993 年第 3 期。

董承榮《楊時紀年表》，《紀念楊時誕辰 950 周年專集》，中國知網中國會議數據庫。

管琴《洪咨夔年譜》，《國學學刊》2012 年第 2 期。

金建鋒《汪藻年譜》，廣西師範大學碩士學位論文，2006 年。

柯貞金、譚新紅《〈知稼翁集〉版本考》，《中國韻文學刊》2014 年第 2 期。

蘭宗榮《羅從彥從學於楊時的時間辨誤》，《南平師專學報》1997 年第 3 期。

林海權《楊時故里考辨》，《東南學術》2008 年第 5 期。

林祖泉《南宋狀元黃公度的坎坷人生》，《福建史志》2010 年第 6 期。

林祖泉《唐末閩中才子黃滔》，《炎黃縱橫》2007 年第 4 期。

單亦艷、林桂榛《論江民表的〈性説〉》，《江蘇教育學院學報（社會科學版）》2009 年第 4 期。

史求真《龍池團與龍湖村地名考》，政協將樂縣委員會文史資料編輯組《將樂文史資料》第 3 輯。

宋經文《閩學鼻祖楊龜山》，《紀念楊時誕辰 950 周年專集》，中國知網中國會議數據庫。

辛更儒《法式善·知稼翁集·稼軒集抄存》,《人文雜誌》1986 年第 4 期。

游禮星《"使華亭"考釋》,《課程教育研究》2017 年第 34 期。

張其凡、金强《陳瓘年譜》,《暨南史學》第 1 輯,暨南大學出版社 2002 年版。

張其凡、孫志章《崔與之著述版本源流及其價值》,《安徽師範大學學報(人文社會科學版)》2007 年第 3 期。

張振謙《北宋宮觀官制度流變考述》,《北方論叢》2010 年第 4 期。

莊景輝、林祖良《聖墩順濟祖廟考》,《東南文化》1990 年第 3 期。

索　引

人名索引

編年繫地作品篇名索引

後　　記

　　少時讀書，不求甚解，囫圇强記，既不深研其中意境，也很少關注時空背景，因此對文章的理解都是淺嘗輒止、只鱗片甲。隨著年齡增長，記憶力衰退，更感到各篇作者、寫作時空模糊不清，經常張冠李戴，加上自身知識匱乏，干支紀年、古今地名變遷等都造成理解作品時空的困難，也影响到深入理解文章內涵。

　　隨著數字技術的日益成熟和全面推廣，文學傳播方式悄然改變，手機、電腦等成爲重要的閱讀工具，看視頻、圖像等閱讀形式成爲新時尚。數字媒體技術的廣泛應用，爲建設時空一體的可視化詩文閱讀平台、構建新時代文學研究與傳播新模式提供了可能。中南民族大學王兆鵬先生以其前瞻性眼光，率領研究團隊系統化開展唐宋文人編年繫地研究，建成一個融合作家世系傳承、行年事跡及作品創作時空等信息爲一體的大型數據庫，並與古今地圖結合，形成唐宋文學數字化編年地圖。我因忝列王師門下，曾在他的指導下嘗試過作家作品考證，有幸成爲團隊的一員。

　　考證需要大量時間精力，搜索大量書籍資料，比對各種相關信息，從中得出科學結論。因時間、精力、閱歷及藏書等因素影響，本書寫作經歷了漫長而艱苦的過程。對黃公度的相關考證是我嘗試考證的起點；對楊時、游酢的考證是王老師課題的邀請與期待；而對李昴英、崔與之的考證，是我作爲一個新粵籍人士（2008 年到廣東輕工職業技術學院工作）的責任。傳揚廣東古代文學及作家事跡，填補宋代廣東文人在唐宋文學地圖上的資料空缺，算是我在職業教育生涯中，不忘文學初心的一種主動的探尋與研究。開展古代閩粵籍文人的編年繫地研究，也是我未來的規劃與夢想。

　　考證過程貌似枯燥，卻頗多喜悅。當終於尋訪到需要的那部古籍，當終於釐清一個爭論不定的問題，當大量了解古人經歷與作品，感受他們在順境、逆境中保持獨立人格、崇高理想與愛國熱忱之時，我好像在與古人同行，與他們交流對話。一個個栩栩如生的古代人物、一幕幕溫情脈脈的交遊場景、一個個激動人心的論戰場面，歷歷在目，如身臨其境。我很高興我的工作不僅再現了多個文人寫作、生活的軌迹，也展現了具有獨特氣質的文人群體。儘管這項工作還有待不斷完善。

我國古代文學的研究蔚爲壯觀，春色滿園，而我作爲徘徊園外、未入其門的業餘愛好者，要特別感謝王兆鵬老師：他一手教會了我基本的考證方法，還爲我提供了大量的資料、經費及研究平臺，特別是給予我鼓勵與指導，讓我在繁忙的工作之餘，能在文學研究道路上繼續跋涉，也促使先天愚鈍、後天懶惰的我能不斷耕耘，有所收穫。感謝導師譚新紅先生一直以來的教誨，他不僅在文學方面培養我的基本研究能力，指導研究思路及方向，而且在科學嚴謹的研究態度方面給我樹立榜樣，並邀請我加入他的研究團隊。譚老師年長我幾歲，對我來說，亦師亦友，其間的伴隨、鼓勵與幫助，是我信心與勇氣的重要源泉。感謝魯東大學陳冠明教授，他耐心細緻地審完我粗疏的初稿，專門爲此作《〈兩宋閩粵作家行年繫地譜〉審讀劄記》，對書中大量的錯誤做了詳細記錄及糾正，讓我受益頗多。在搜尋古籍、梳理綫索過程中，"思窮每恨藏書少，才疏常嫌句子深"。此書的寫作還要感謝郭紅欣、朱興艷、邵大爲、汪超、鄭棟輝等參與編寫這套叢書的同門，他們不僅共享了許多古籍資料，解決了我研究過程中的許多問題，還爲本書的寫作提供了直接的指導。沒有王門全體成員的共同努力、相互幫助，本書的寫作或遇到更多的困難，經歷更多的搜尋求證之苦。

考證之學，永無止境，只要有新的信息、新的資料的發掘，總會有新的觀點、結論出現。臻於至善是我輩的理想，但存在瑕疵也不可避免。因此，不斷挖掘材料、不斷豐富譜主的行年考證，是未來的重要工作。希望各位學人多予指點幫助，以彌補書中缺憾，讓我能在這條路上走得更穩更遠。

柯貞金

2020 年 7 月於廣州

鄭重聲明

高等教育出版社依法對本書享有專有出版權。任何未經許可的複製、銷售行爲均違反《中華人民共和國著作權法》，其行爲人將承擔相應的民事責任和行政責任；構成犯罪的，將被依法追究刑事責任。爲了維護市場秩序，保護讀者的合法權益，避免讀者誤用盜版書造成不良後果，我社將配合行政執法部門和司法機關對違法犯罪的單位和個人進行嚴厲打擊。社會各界人士如發現上述侵權行爲，希望及時舉報，我社將獎勵舉報有功人員。

反盜版舉報電話　（010）58581999　58582371

反盜版舉報郵箱　dd@hep.com.cn

通信地址　北京市西城區德外大街 4 號

　　　　　高等教育出版社法律事務部

郵政編碼　100120